ebg
electronic business group

INTERNET MARKETING 2014-2015

Sous la direction de Soraya Cabezon

Disponible sur App Store

Pour en savoir plus sur les activités de l'Electronic Business Group (publications, commissions, soirées), rendez-vous sur **www.ebg.net**

Et pour tout renseignement supplémentaire ou pour nous envoyer vos commentaires et suggestions, envoyez un mail à ***Stéfani Morelli : stefani.morelli@ebg.net***

ISBN 14 : 2-914901-19-4

SOMMAIRE

- Internet Marketing 2014-2015 -

THE WHEEL OF FORTUNE
COMPETITOR
YOU

nomination
nomination.fr

COMMUNIQUE NOMINATION

NOMINATION lance sa nouvelle plateforme d'information B2B : veille personnalisée, meilleur suivi client, ciblage plus précis...

Nomination, leader de l'information et de la veille sur les décideurs lance une nouvelle version de son outil de prospection et de fidélisation. La plateforme Nomination est désormais construite sur-mesure autour des centres d'intérêts de chaque client et intègre un nouveau service de veille de comptes et contacts clés.

Fiabilité et exclusivité des informations : la garantie d'une prospection efficace et d'un meilleur suivi client

Serge Papo, Président de Nomination déclare : « Nomination est un outil de connaissance de l'individu et de son environnement professionnel actuel et ancien. Nomination est différent des réseaux sociaux dans la mesure **où toutes les informations sont à jour et vérifiées ».**

En effet, sur les réseaux sociaux 40% des informations sont fausses ou pas à jour. Par ailleurs, sait-on que 50% des décideurs ne sont pas sur les réseaux sociaux ?

L'adoption massive d'internet donne accès à une multitude d'informations. Accès rapide, facile, parfois gratuit.... certaines données sont aujourd'hui à portée de tous ; mais jamais la confiance dans l'information n'a été aussi mauvaise.

www.nomination.fr

Face à ces problématiques, Nomination apporte les réponses suivantes :

- **accès aux coordonnées directes** des décideurs et de leur assistante, ainsi qu'aux **biographies**
- consultation de l'**organigramme** des entreprises et de leurs filiales
- alerte sur les **décideurs récemment nommés**
- **veille personnalisée** sur les comptes et contacts clés (changements de poste, successeurs, nouveaux contacts identifiés…)
- mise à jour des données et import de contacts dans votre propre **CRM**…

Un outil d'intelligence marketing et commerciale

« Le futur de la relation commerciale sera d'accentuer ces tendances et d'aller vers l'ultra qualitatif, vers la vérification des données, vers la détection des moindres changements des décideurs, et enfin de trouver de l'intelligence » ajoute Serge Papo.
Dans cet objectif, Nomination propose un outil d'intelligence marketing et commerciale, qui facilite la recherche et l'accès à l'information, qui induit une méthodologie et qui donne de la confiance par la qualité des données qui s'y trouvent.

Ainsi plus conviviale et dotée de nouvelles fonctionnalités, il permet à chaque client d'accéder à une donnée stratégique pour son activité :

- **veille personnalisée** pour une visibilité immédiate sur vos opportunités d'affaires et votre suivi clients

- **ciblage précis** grâce à un large choix de critères de segmentation (secteur, CA, cotation, fonction, niveau de responsabilité, date de prise de poste, formation, parcours, hobbies,…)

- **moteur de recherche intelligent** permettant de trouver rapidement le bon contact

- **navigation** et **lecture** des informations agréables et **pratiques**

Plus grande réactivité, meilleure connaissance des mouvements de vos contacts clés, Nomination propose une solution permettant de saisir toutes les opportunités de votre **marché !**

A PROPOS DE NOMINATION

Depuis 2002, Nomination est le premier service d'information et de veille sur les décideurs en France. 30 salariés travaillent en continu à vérifier, actualiser et enrichir les informations constituant sa base afin de garantir à ses utilisateurs un accès à des données fiables, à jour et opérationnelles. Nomination permet ainsi un accès immédiat à plus de **200 000 contacts**, **400 nominations** par semaine, ainsi qu'à **50 000 organigrammes.**

Pour en savoir plus : **01 82 69 69 09** ou **www.nomination.fr**

– TOUTES LES CAMPAGNES INNOVANTES DE L'ANNÉE. DES ANALYSES APPROFONDIES, DES STRATÉGIES DIGITALES DÉCRYPTÉES ET ILLUSTRÉES. –

Les QR codes de ce livre ont été réalisés dans la bonne humeur par **Ocito**, également expert en SMS, push notification, appli et sites mobiles depuis 2002.

CAMPAGNES DIGITALES

ADOBE *Qui ?*
CAMPAGNE PHOTOSHOP ANTI-PIRATAGE *Quoi ?*

+ de **200 000** vues

Vidéos • Humour • Piratage

200 articles publiés

PROBLÉMATIQUE BUSINESS DE LA MARQUE

En mai 2013, l'éditeur de logiciels Adobe change de business model et passe d'une tarification « one shot » de licence PhotoShop à plus de 1 000 € à une offre mensuelle à 25 € avec l'offre Creative Cloud.

Pour les utilisateurs historiques, il s'agit d'une réelle proposition de valeur : l'abonnement permet de profiter des versions systématiquement upgradées des logiciels Adobe plutôt que d'attendre parfois plusieurs années pour rentabiliser l'achat d'une licence onéreuse avant d'accéder aux dernières fonctionnalités.

Pour les utilisateurs pirates, il s'agit d'une offre prix convaincante : pour 25 € par mois seulement, j'accède à une version légale du logiciel, en profitant de toutes les fonctionnalités et sans risque pour ma machine.

Le contexte

Etant donnés les nombreux avantages de cette nouvelle offre, et l'opportunité business qu'elle représente avec la perspective de nouvelles sources de revenus, **la marque Adobe s'est notamment interrogée sur la meilleure façon de la faire connaître auprès des pirates**, de façon innovante et appropriée afin de générer une adhésion de leur part autour de cette nouvelle offre.

La cible

En effet, comment convaincre à la souscription Martin, 25 ans, qui utilise régulièrement Adobe Photoshop à titre personnel ou dans le cadre de ses études, mais qui n'a jamais franchi le cap de l'utilisation légale ? Le logiciel est incontournable sur le marché, mais est assez cher à l'achat. Martin n'a en effet jamais acheté de licence et s'est **toujours servi des tutoriels disponibles sur la toile pour cracker la dernière version de Photoshop**. Une simple recherche sur Google ou YouTube suffit pour trouver le tutoriel qui lui permettra d'installer une version pirate du logiciel sur son ordinateur.

Les objectifs

L'objectif pour la marque consiste donc à convaincre cette cible sceptique, voire réfractaire à une utilisation légale, en démontrant astucieusement les avantages d'une offre légale sous forme d'abonnement à 25 € par mois. Cet objectif devra être mesurable en termes de visibilité tactique auprès de cette cible très captive, et d'appréciation de la campagne.

SOLUTION STRATÉGIQUE

L'idée stratégique

Aujourd'hui, ce sont plus de 20 000 requêtes par mois qui sont effectuées sur le moteur de recherche Google avec des mots-clés type "cracker photoshop" (soit finalement 20 000 clients potentiels par mois).

L'idée :
toucher les pirates « au bon moment », c'est-à-dire pendant leur démarche de piratage, avec une approche audacieuse, en affinité avec les codes de la cible, et à fort potentiel viral.

L'objectif :
créer de la notoriété pour l'offre Adobe Creative Cloud auprès de ces derniers et les convaincre d'y souscrire, car pour 25€/mois, le piratage et toutes ses contraintes n'ont plus de sens.

L'objectif final de cette campagne est de s'immiscer durablement dans la démarche menant au piratage, en positionnant dans les moteurs des recherches une vidéo officielle d'Adobe, qui explique aux pirates comment pirater son propre logiciel... avec une chute vantant les mérites de sa nouvelle offre à 25€/mois.

Une idée stratégique qui repose donc sur deux piliers :
l'idée créative et sa diffusion, qui permettra à la vidéo d'être vue auprès du public ciblé, et d'être suffisamment relayée pour qu'elle se positionne sur les premières pages de recherche « Google » quand on tape « cracker Photoshop » et ses variantes.

L'idée créative de la vidéo :
un vrai « faux tutoriel », assumé par Adobe, et expliquant comment cracker POUR Photoshop grâce à Creative Cloud.

Concrètement la vidéo tourne gentiment à la dérision et avec beaucoup d'humour les nombreux désagréments subis par les pirates, alors qu'il est désormais possible de profiter de Photoshop et de toutes ses nouveautés pour 25 € par mois.

Afin de parler à notre cible pirate, le parti pris créatif s'axe sur le détournement des codes des vidéos pirates : on retrouve une réalisation simpliste, une musique peu attractive, et de nombreuses références à des situations clés connues de tous. On passe ainsi des forums pollués par les publicités « pop up » intrusives au risque de télécharger un virus sur sa machine pour finalement craquer une version du logiciel dans une langue que l'on ne maitrise pas.

La stratégie de diffusion :
une approche RP pour faire découvrir la vidéo aux influenceurs et aux journalistes online, afin de générer un maximum de retombées, pour **améliorer le référencement naturel de la vidéo et la positionner sur les requêtes autour des mots « cracker photoshop » sur les moteurs**. En effet, les pirates ne sont pas une cible référencée en média,. Le seul moyen de les toucher à un moindre coût était que notre vidéo soit bien référencée dans les moteurs, type Google.

Les aspects innovants et de différenciation
L'aspect innovant de la campagne réside dans l'idée de s'immiscer dans le processus de piratage avec **une approche à la fois en rupture**

« Nous avons volontairement adopté une approche créative épurée, pour rester au plus près des codes des tutoriels pirates. »

---

o *Agence You to You*

Marie-Charlotte Henry,
directrice de clientèle You to You

---

avec les codes du marché et à fort potentiel viral : plutôt que d'adopter un discours sentencieux sur le piratage, jouons avec les codes des tutoriels pirates pour tourner gentiment à la dérision les nombreux désagréments subis par les pirates et in fine les convaincre des avantages d'un abonnement Creative Cloud.

En nous immisçant dans le processus de piratage avec une vidéo officielle d'Adobe, nous touchons les pirates au bon moment pour *a minima* faire connaître l'offre Creative Cloud et les convertir en abonnés.

Pour résumer, interférer dans le processus de piratage est un élément-clé de la stratégie de cette campagne.

Les KPIs
Très concrètement, le succès de cette campagne est mesuré par plusieurs indicateurs :
- le nombre de vidéos vues pour évaluer sa visibilité
- l'engagement qu'elle a généré pour mesurer l'adhésion de la cible à cette prise de parole (partages de la vidéo, articles à propos de la campagne)
- et enfin le référencement naturel de la vidéo dans les résultats des moteurs de recherche qui peut avoir un impact direct dans le processus de piratage.

Au-delà des objectifs de communications (mesurables), les abonnements générés par cette campagne restent l'objectif business principal (mais ne seront pas directement mesurables).

MISE EN PLACE OPÉRATIONNELLE

La durée
La campagne proposée est une campagne absolument tactique, sans limite de durée, visant à positionner d'une part du contenu de la marque dans le flot des contenus pirates existants et d'autre part à susciter des réactions et une prise de conscience autour de l'offre Creative Cloud auprès d'une cible très précise, avec un fort potentiel viral au moment de son lancement.

Les explications autour des choix créatifs
Nous avons volontairement adopté une approche créative épurée, pour rester au plus près des codes des tutoriels pirates. Au-delà du propos de la vidéo, c'est aussi la réalisation, le choix des sujets, les incrustations d'écran ou encore les termes employés qui sont autant de références connues de la cible qui ont été détournées ou tournées à la dérision. A cela, s'ajoute l'aspect audacieux d'une telle vidéo totalement assumée par la marque.

Les étapes
La vidéo a ainsi rencontré un vif succès auprès de communautés très captives, dès lors qu'elle a été relayée spontanément par des influenceurs et autres supports consultés régulièrement par la cible.

Elle a ainsi été repérée en premier par Gizmodo, puis a été rapidement relayée sur Twitter et Facebook par les communautés qui ont salué le caractère innovant et audacieux de la prise de parole de l'annonceur.

LES RÉSULTATS

Le dispositif a obtenu des résultats quantitatifs très probants !
En termes de visibilité, **ce sont plus de 200 000 vidéos vues qui ont été générées en quelques jours sur les blogs et les plateformes, sans aucun achat média de la part de la marque**. L'adhésion autour de la campagne a été très forte puisque plus de 200 articles en ligne (webzine et blogs) ont été publiés, de tonalité neutre ou positive. Enfin sur les réseaux sociaux, plusieurs milliers de tweets et de partages Facebook ont été publiés spontanément, créant ainsi pendant quelques jours **un véritable buzz dans cette sphère très captive.**

Cette approche stratégique s'est également traduite positivement pour la protection de la e-reputation de la marque. Désormais 85 % des résultats de recherche Google sur les requêtes pirates type « Cracker Photoshop » redirigent sur notre vidéo plutôt que sur les tutoriels pirates. La marque a donc bien pu positionner du contenu lui appartenant dans le processus de piratage.

Enfin, qualitativement, la plupart des influenceurs et internautes touchés par la vidéo ont reconnu et apprécié l'humour de la campagne et son approche innovante. La vidéo a été aussi bien relayée par les blogs high-tech que par les blogs plus généralistes sur le marketing/communication digital.

Gizmodo.fr : *« Une vidéo qui va vous décourager de cracker son logiciel, non sans humour ! » « c'est plutôt drôle, et bien mené »*

Softonic.fr : *« Adobe, conscient du problème de téléchargement illégal, répond donc par l'humour à ce phénomène. La vidéo est réussie et montre pleinement les dangers du téléchargement illégal. A regarder sans modération. »*

Lareclame.fr : *« Une communication aussi rare de la part d'un éditeur de logiciels méritait bien un article ! »*

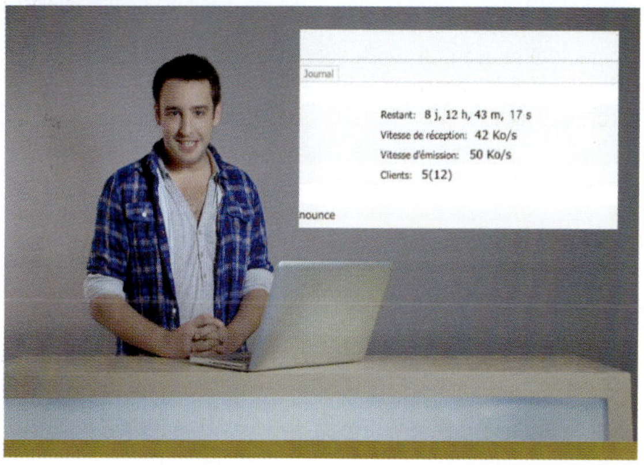

« L'objectif pour la marque consiste donc à convaincre cette cible sceptique, voire réfractaire à une utilisation légale, en démontrant astucieusement les avantages d'une offre légale sous forme d'abonnement à 25 € par mois. »

Quelques commentaires sur YouTube :
« Sympa la pub ! Sans compter le nombre de visites qu'ils vont recevoir avec des requêtes du style «Craquer Photoshop CS6». Bien joué Adobe ! :) »

« C'est rare que je regarde une pub jusqu'au bout mais celle-là vaut vraiment le coup :) »

« Adobe a de l'humour et pour une fois un éditeur de logiciel a une campagne de comm' anti-piratage intelligente ! »

« ENORME ! Comment craquer Photoshop CS6 en 4 étapes, par #Adobe ! »

Aujourd'hui la vidéo est toujours en ligne et remonte naturellement dans les moteurs de recherche. L'impact de cette campagne dans le processus de piratage a donc été pérenne.

AIR FRANCE KLM Qui ?
OPÉRATION FLYING BLUE MISTER MILES Quoi ?

830 000 visites

75 000 joueurs

150 000 vues

Fidélisation • Gaming • Vidéo virale

PROBLÉMATIQUE BUSINESS DE LA MARQUE

Le contexte
Flying Blue est le programme de fidélité de la compagnie aérienne Air France KLM. Dans le cadre du plan « Transform 2015 », Flying Blue devient un pilier central de la stratégie générale de l'entreprise, permettant d'accroître l'attractivité de son offre, la fidélité de ses clients et ses revenus.

Depuis sa création, Flying Blue propose à ses membres un programme complet basé sur la collecte de Miles permettant d'accéder à des billets d'avion dédiés et des services premium pour mieux vivre les voyages.

Au-delà de ces avantages inhérents à un programme de fidélité, Flying Blue développe depuis 2013 une stratégie de communication plus vivante permettant d'accroître sa notoriété et relancer son attractivité : « MORE LIFE ».

La problématique
À l'instar des communications récurrentes classiques (envoi annuel de la carte, relevé de Miles, etc.), comment le programme Flying Blue pouvait-il toucher ses membres d'une manière plus originale, plus moderne et générer ainsi de la présence d'esprit et de la proximité ?

SOLUTION STRATÉGIQUE

Flying Blue a imaginé une nouvelle façon de parler à ses membres, incarnée par un personnage unique dans le monde aérien : le plus grand voyageur du monde, Mister Miles.
Avec Mister Miles, Flying Blue peut prendre la parole de manière plus émotionnelle et décalée pour se connecter à ses membres et révéler le côté dynamique et vivant du programme.

Le dispositif
Pour lancer ce nouveau personnage, Flying Blue a proposé à ses membres, mais aussi à tous les autres, de partir à la recherche de Mister Miles via l'opération digitale « Mr Miles, catch him and fly » sur le site internet dédié : mrmiles.fyingblue.com.

MISE EN PLACE OPÉRATIONNELLE

Du 17 au 26 juin 2013, les internautes étaient invités à se rendre tous les jours sur le site pour tenter de retrouver Mister Miles.
La somme incroyable de 3 millions de Miles était offerte au total à tous ceux qui le trouvaient pendant les 10 jours du jeu.
Le dernier jour du jeu, les internautes qui trouvaient Mister Miles étaient automatiquement inscrits au grand tirage au sort pour gagner le grand prix de 500 000 miles, soit l'équivalent de 2 tours du monde en avion.

Le site de jeu a été conçu lui-même pour faire vivre une véritable expérience visuelle et onirique aux internautes sur desktop mais aussi sur mobile. Les joueurs pouvaient ainsi partir à la recherche de Mister Miles en parcourant les 7 continents imaginés et illustrés par l'artiste reconnue, Helene Builly.
Sur chaque continent des destinations étaient proposées pour trouver Mister Miles, illustrant les destinations aériennes d'Air France-KLM et les nombreux partenaires de Flying Blue.

Pour diffuser ce jeu, Flying Blue a créé une vidéo virale spécifique. On y voit Mister Miles se présenter de manière humoristique et étonnante, pour finalement inviter les joueurs à le trouver sur le site.

Enfin, l'opération trouvait un relais évident sur les réseaux sociaux. En effet, des indices permettant de retrouver Mister Miles étaient distillés quotidiennement sur le compte Twitter spécialement créé pour l'occasion : @FlyingBlueMrMiles. En quelques jours plusieurs milliers d'abonnés suivaient ces indices, créant à chaque post une ruée vers le site pour le trouver.

La campagne de relais
• Aucun achat média pour l'opération
• Promotion de l'opération aux membres Flying Blue par e-mails : e-mail de lancement puis e-mail de relance en semaine 2
• Relais de l'opération sur les owned media de Air France-KLM : page d'accueil des sites internet, posts sur les pages Facebook (plus de 3 millions de fans)

LES RÉSULTATS

Les résultats quantitatifs
• Plus de 830 000 visites de 220 pays différents et plus 10 millions de pages vues sur le site en seulement 10 jours.
• Plus de 4 minutes passées en moyenne par visite
• 175 000 joueurs inscrits au jeu
• Plus de 5 000 vainqueurs des différents lots (de 500 à 500 000 miles)
• 150 000 vues de la vidéo Mister Miles
• 68 000 likes Facebook
• 8 000 followers sur le compte Twitter créé pour l'opération

Les résultats qualitatifs
Au-delà de la quête proposée sur le site et les résultats importants, le personnage a provoqué immédiatement un attachement fort auprès des membres et internautes.
Un compte Twitter a même été créé pour aider les twittos à déchiffrer les indices et trouver Mister Miles.

Quelques verbatim :
Cynthia delottier k (@CyFideki)
@FlyingBlueMrM love the game !!! So goodidea ! I don't catch you yet, but I will!
Pascal M. (@pmorni)
@FlyingBlueMrM bye bye, we'll miss you
Sarah Wisler (@SarahWisler)
Check out the #MrMiles competition by @FlyingBlueMrM ! Some really cool ideas & Love the concept ! #marketing

O http://www.airfranceklm-finance.com

Air France KLM

« À l'instar des communications récurrentes classiques, comment le programme Flying Blue pouvait-il toucher ses membres d'une manière plus originale, plus moderne et générer ainsi de la présence d'esprit et de la proximité ? »

BABYLISS
LE HAIR BAR

Qui ?

Quoi ?

+ de 1h de file d'attente

1 500 photos

4h30 de vidéos

Evénementiel • Relationnel • Rétro-chic

PROBLÉMATIQUE BUSINESS DE LA MARQUE

Le contexte

BaByliss Paris est la marque de référence des appareils à coiffer. Fondée dans les années 60 par un coiffeur, la marque désire rafraîchir et dynamiser son image auprès de toutes les femmes. L'objectif est également d'optimiser la communication sur son nouveau boucleur automatique, le Curl Secret.

La cible

BaByliss Paris est une marque transgénérationnelle, elle accompagne l'utilisatrice dès son plus jeune âge et tout au long de sa vie. L'utilisatrice type est une femme de 30 ans, elle prend soin de sa coiffure au quotidien avec les appareils à coiffer. Avoir de beaux cheveux, c'est pouvoir affirmer son identité et se sentir belle. Elle change de coiffure au gré des tendances. Elle est toujours à la recherche de techniques et de nouveautés pour se coiffer facilement et rapidement tout en privilégiant l'aspect protection de sa chevelure.

L'autre cible est le réseau de distributeurs de la marque BaByliss Paris. C'est l'occasion de leur faire découvrir une nouveauté produit dans le cadre d'une opération événementielle nouvelle, de les engager dans la dynamique de la marque et de sa dernière innovation.

Les objectifs

BaByliss Paris veut véhiculer une image de marque tendance, innovante et proche de ses consommatrices. L'idée est de nourrir sa relation de proximité avec sa cible et de pouvoir conseiller et coiffer un maximum de femmes dans toute la France. L'objectif final étant de créer le buzz « on et off line » autour de sa dernière innovation, le Curl Secret.

SOLUTION STRATÉGIQUE

L'idée : Faire une tournée événementielle pour rencontrer le maximum de femmes en France et faire tester le Curl Secret en avant-première. Lancer **le 1er bar à cheveux itinérant**, « le Hair Bar » pour faire vivre une expérience de coiffure inédite et conviviale. Il s'agit d'une caravane Airstream, icône rétro-chic des années 50.

L'objectif est de parcourir six grandes villes de France en proposant des coiffures tendance grâce au Curl Secret.La tournée démarre à Paris et se poursuit à Lyon, Marseille, Bordeaux, Nantes et Lille.

L'équipe de coiffeurs du Hair Bar a pour mission de sublimer toutes les crinières grâce aux meilleurs outils de coiffure BaByliss

Paris dont le « Curl Secret », premier boucleur entièrement automatisé.

Les aspects innovants et de différenciation
S'entourer de jeunes marques dynamiques et créatives pour créer un concept branché et urbain.
BaByliss Paris s'est tournée vers les créatrices d'Adéli Paris, la marque qui a mis au goût du jour le « Headband ». Les participantes sont coiffées avec l'un des 3 modèles de « Headband » Adéli Paris, spécialement créés pour l'événement.

L'idée est de prendre soin de soi tout en aidant les autres. Il s'agit de proposer une prestation payante (12 euros), somme entièrement reversée à une association qui agit au quotidien pour les femmes. BaByliss Paris a choisi Rose Magazine, une association d'aide aux femmes atteintes de cancer. Cette association est orientée sur la beauté et le bien-être pour aider les femmes à mieux vivre face à la maladie.

Une plateforme digitale dédiée à l'évènement est ainsi créée sur Tumblr pour fédérer et relayer les contenus et les informations pratiques sur le Hair Bar, le Curl Secret et sa tournée dans toute la France.

Les KPIs
- La perception et l'accueil du Hair Bar
- le nombre de coiffures réalisées
- l'analyse des citations
- la vente des Curl Secret dans les points de vente.

MISE EN PLACE OPÉRATIONNELLE

La durée
Durée de préparation et d'actions : 8 mois
Durée de l'opération « Hair bar » : du 10 septembre 2013 à Paris (évènement presse et blogs) localisé devant la Mairie du 3ème jusqu'au 3 octobre, soit 24 jours.

Les explications autour des choix créatifs
L'expérience du Hair Bar est un moment de bien-être et de détente au cœur de l'environnement beauté de BaByliss. La caravane Airstream, est aménagée tout confort avec un dispositif d'écrans modernes. A l'image de la marque, le moodboard s'inspire du style rétro-chic avec une pointe de modernité du mobilier aux couleurs pastel et au design moderne. Un catalogue de coiffures « style bouclé » réalisables grâce au Curl Secret, a été créé afin d'être proposé aux participantes.

En plus de la plateforme dédiée à l'évènement sur Tumblr, deux supports partenaires ont été choisis pour leur puissance et affinité avec la cible ainsi que pour leur complémentarité « on et off line ».

O BaByliss Paris

Hayat Gaamouche,
Responsable communication BaByliss Paris
hayat_gaamouche@conair.com

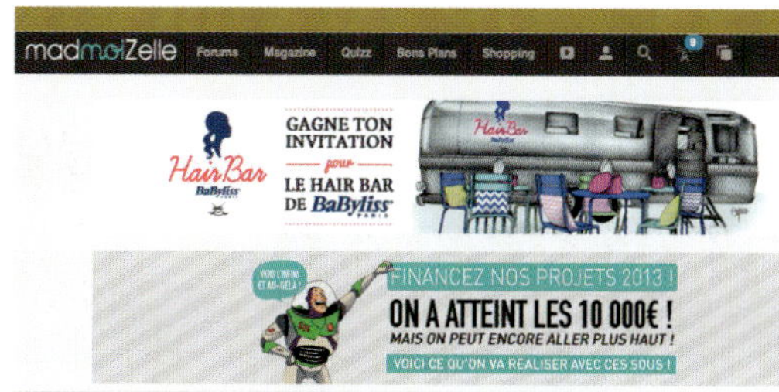

« L'expérience du Hair Bar est un moment de bien-être et de détente au cœur de l'environnement beauté de BaByliss Paris. »

Au niveau de la communication, il faut distinguer 3 moments :

Avant : médiatisation qui annonce l'évènement (concept et modalités)

Pendant : l'organisation de la circulation des contenus autour de deux axes de l'expérience Hair Bar BaByliss, à savoir l'expérience digitale (Tumblr) & l'expérience physique (être coiffée et conseillée dans l'univers du Hair Bar)

Après : l'analyse des résultats (adhésion au concept, analyse des citations, nombre de personnes coiffées), ainsi que l'impact sur les ventes.

Les étapes
Le concept Hair Bar
Création de l'identité visuelle du concept Hair Bar et de la caravane Airstream. Mise en situation 3D de l'espace Hair Bar. Application de l'identité visuelle sur le mobilier du Hair Bar ainsi que sur les goodies (miroirs de poche et tote bags). Simulation d'une journée type réelle pour optimiser le flux des visiteurs dans l'environnement du Hair Bar.

Médiatisation : avant / pendant & après
Mise en place de l'interface dédiée à l'évènement Hair Bar. BaByliss Paris donne RDV à ses consommatrices dès fin août sur son Tumblr babyliss-adeliparis.tumblr.com.

En plus de communiquer sur le concept et la mécanique, cette plateforme permet de relayer les photos et les vidéos des personnes coiffées vers l'ensemble de leurs réseaux sociaux (Facebook, Twitter et YouTube). BaByliss Paris et la marque partenaire Adéli partagent ces contenus sur leurs réseaux respectifs.

Les deux supports sélectionnés sont le **site madmoizelle.com (partenaire digital)** et le **magazine Grazia (partenaire presse).**

Sur **madmoizelle.com**, l'équipe a mis en place une visibilité avant et pendant la tournée avec un article annonçant l'événement, un jeu-concours permettant de faire gagner des invitations sur la tournée du Hair Bar (10 invitations par ville sur les 6 villes). L'équipe de tournage du site était également présente le 10 septembre à Paris pour filmer l'événement.

Avec **Grazia**, l'équipe a mis en place une visibilité avant, pendant et après :
• En amont via une page sur le magazine papier de la rentrée, hebdomadaire du 6 au 12 septembre (spécial cheveux).
• Une présence sur le site www.grazia.fr tout au long de l'opération, ainsi qu'un bilan en image après l'opération.
• La présence de la rédactrice en chef du site Grazia et de son photographe lors de **l'évènement « Presse, Blogs) du 10 septembre à Paris.**

Les deux supports partenaires ont à leur tour relayé les articles, photos et vidéos sur leurs réseaux sociaux, ce qui a permis de créer un véritable buzz autour de l'évènement et une mise en avant du produit star, le Curl Secret.

En somme, une visibilité qui multiplie les points de contact « on et off line » avec la cible finale.

LES RÉSULTATS

Un public conquis
Le public : 85 % du public de 18-35 ans
Un public qui a pris connaissance de l'événement via les réseaux sociaux et les blogs en grande majorité.
Les consommatrices ont parfois attendu l'événement pendant plus d'un mois. Elles sont venues entre copines, en famille, entre mère/fille...Certaines ont pris le train pour participer à l'événement. Certaines sont venues ... et revenues... 2 fois de suite...

On note également un accueil très positif lors de l'ensemble des sessions... parfois sous la pluie, ainsi qu'une compréhension immédiate et une adhésion forte au concept : *« ...une marque proche de moi, à mon écoute, généreuse, qui me fait plaisir, qui est dans le coup, qui vient à moi, qui me fait découvrir de nouvelles expériences »*

Affluence & attractivité des villes
1. Paris
2. Lille - Lyon
3. Nantes - Bordeaux
4. Marseille

Des attroupements et des files d'attente parfois de 30 mètres... sous la pluie...
sous le soleil... avec + d'1 heure de queue...

Plus de 1 500 photos réalisées + 4h30 de vidéo
Des éléments qui ont permis de nourrir l'e-réputation de la marque BaByliss Paris et en particulier de sa dernière innovation le Curl Secret. Ceci en amont de la campagne TV qui a fait suite à l'évènement.
Lancé en septembre, le Curl Secret est devenu le best-seller (N°1 des ventes de l'univers PEM) de certaines enseignes.

Visibilité de l'opération
Entre le 29 août et le 15 octobre, l'opération « HairBar BaByliss » a été fortement visible en ligne
905 articles ou verbatim riches « + de 25 mots », un chiffre 2x plus important que des actions comparables du marché de la beauté
+ de 650 000 personnes – chiffre constaté – ont eu un contact avec l'opération, via les blogs des blogueuses partenaires, des partenaires média, des profils Facebook personnels et partenaires. En prenant en compte « l'activité » Twitter, on peut estimer à **+ de 1 million** le nombre de personnes qui ont reçu une information concernant l'opération ou relayé l'opération.

« Le Hair Bar est un événement de communication externe qui a suscité un engouement en interne, auprès des collaborateurs de l'entreprise. Une journée a spécialement été organisée pour faire vivre l'expérience en interne chez BaByliss Paris. »

Changements qualitatifs
Le Hair Bar est un événement de communication externe qui a suscité un **engouement en interne**, auprès des collaborateurs de l'entreprise. Une journée a spécialement été organisée pour faire vivre l'expérience en interne chez BaByliss Paris.

Pour BaByliss Paris, cette 1ère initiative de communication événementielle « on et off line » avec un **dispositif digital** important est un véritable succès. Ceci a permis de nourrir et dynamiser très fortement le lien avec la cible consommatrice de la marque ainsi que les blogueuses et journalistes. Cette connexion privilégiée est donc à poursuivre.

BNP Qui ?
« MES COMPTES » PAR BNP PARIBAS Quoi ?

298 000 téléchargements sur tablette

1,64 MILLIONS de téléchargements sur mobile

Relation client • Campagne • Multi devices

PROBLÉMATIQUE BUSINESS DE LA MARQUE

Le réseau Banque de détail de BNP Paribas en France se caractérise par une présence forte sur la clientèle des particuliers et par une position de premier plan sur le marché des entreprises avec plus de 80 000 clients entreprises et institutions. Pour améliorer cette proximité, **le réseau d'agences est une priorité**, avec un plan de rénovation accompli à 75 % et le **lancement d'agences de nouvelle génération** avec 2 200 agences et centres d'affaires, près de 6 000 automates auxquels s'ajoute une organisation de **Banque en Ligne innovante** (Centre de contacts, Internet, Mobile, Net Agence, Net Epargne et Net Crédit) appuyée par une forte présence sur les réseaux sociaux via Facebook, Twitter et Foursquare.

L'innovation est au cœur de la stratégie de BNP Paribas. Pour preuve, BNP Paribas a été la première banque en France à publier sur l'App Store une application dédiée à l'iPad, le jour de son lancement en France.

Pour poursuivre sa démarche d'innovation en matière de développements mobile et tablette, BNP Paribas souhaitait refondre son application « Mes Comptes » et proposer une application innovante en phase avec son ambition d'être la meilleure banque en ligne.

S'adressant avant tout aux clients BNP Paribas détenteurs d'un mobile (iPhone, Androïd) et/ou d'une tablette, l'application vise également toutes les personnes désireuses de découvrir les services proposés par BNP Paribas sur iPad et mobile (démo, utilisateur invité).

La refonte de « Mes Comptes » répondait ainsi à un double objectif :
• Un **objectif centré utilisateur** en proposant un service innovant et de qualité, qui offre une expérience utilisateur unique pour une gestion optimale de ses comptes tout en permettant un accès simple aux services les plus utilisés quotidiennement.
• Un second **objectif axé business** en intensifiant la relation client par la multiplication des points de contact avec la banque et permettant ainsi de favoriser le commerce (souscription de produit et de services en ligne, ouverture de compte...)

Plus globalement BNP Paribas souhaitait réaffirmer son statut de leader sur le mobile banking.

SOLUTION STRATÉGIQUE

L'intégralité du design, de l'ergonomie et du contenu de l'application a été repensé et de nouvelles fonctionnalités ont été intégrées **pour offrir un plaisir d'usage inégalé tout en étant le plus efficace et didactique possible pour l'utilisateur**.

MISE EN PLACE OPÉRATIONNELLE

Pour être en totale adéquation avec les attentes de ses clients, une série d'études et de tests utilisateurs ont été conduits sur un panel de publics cibles clients, utilisateurs et non-utilisateurs des applications mobiles et tablettes. Les avis postés sur les stores concernant la première version des applications ont également été étudiés à la loupe pour mieux appréhender les attentes des mobinautes.
Ces diverses analyses ont permis de conduire un travail graphique et ergonomique en faveur d'une navigation plus fluide et confortable ainsi qu'un accès simple aux services quel que soit le device. Pour faciliter la lecture, des choix impactants ont été faits en faveur d'un design fonctionnel et visuel.

L'application fait donc la part belle aux icônes, infographies et data visualisations pour favoriser un parcours utilisateur efficace et ludique :

• Dès l'accueil, une option permet de voir **la météo du compte principal** selon des paramètres que chacun peut définir
• Avant la connexion, l'utilisateur peut accéder à un mur rassemblant les conversations en cours au sujet de la banque, de ses contenus et de ses bons plans sur les médias sociaux (Facebook, Twitter et YouTube)
• Après la connexion, **un tableau de bord personnalisable** donne un aperçu de la situation de tous les comptes et permet **d'accéder simplement à toutes les fonctions de l'application** *(compte principal, recherche multicritère des opérations sur les 13 derniers mois, accès aux coordonnées de son conseiller et prise de rendez-vous pour les clients de la Net Agence, souscription en ligne des produits d'épargne, de crédit, d'assurances et banque au quotidien, chat intégré, wall de fils d'infos Facebook, Twitter et YouTube de BNP Paribas...)*
• Les rubriques **les plus attendues par les clients** *(relevé d'opérations, virements et discussion avec un conseiller)* ont été particulièrement soignées.
• Il est possible de personnaliser le dashboard et d'uploader les photos de son choix.

LES RÉSULTATS

QUANTI
• **Tablette** (depuis le lancement new version iOS + Android)
Download : 298 000
Update : 644 000
• **Smartphone** (depuis le lancement new version iOS + Android)
Download : 1.64M
Update : 5.68M

QUALI
• **Rating IPAD :** 4 étoiles sur 5 avec 3 832 notes
4 étoiles sur 5 avec 62 notes
(version actuelle/ mise à jour 27 nov. 2013)
• **Rating iPhone :** 3,5 étoiles sur 5
avec 4 745 notes (toutes versions)
4 étoiles et demie sur 5 avec 386 notes
(version actuelle/ mise à jour 27 nov. 2013)
• **Rating Androïd** (phone et tablette) : 3,6 étoiles sur 5
avec 4 627 notes

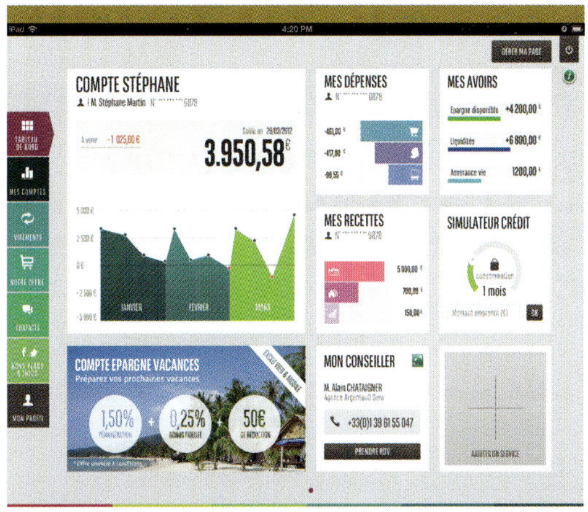

« Plusieurs analyses ont permis de conduire un travail graphique et ergonomique en faveur d'une navigation plus fluide et confortable ainsi qu'un accès simple aux services quel que soit le device. »

O *BNP Paribas*
Julie Lambertod, *Responsable Marketing Nouveaux Usages - Hello bank! / BNP Paribas*
Julie London, *Responsable Marketing Digital Expérience - Hello bank! - BNP Paribas*

O *Agence Dagobert*
Christelle Didelot, *Directrice Stratégie et Développement*
Vincent Saccomanno, *Directeur Général*

BREIZH COLA Qui ?
LE GRAND RAVITAILLEMENT Quoi ?

+300 % de fan Facebook

500 000 twittos touchés

+ 100 000 vues

Social Media • Fierté d'appartenance • Buzz

PROBLÉMATIQUE BUSINESS DE LA MARQUE

Le contexte

Disponible depuis peu en région parisienne, Breizh Cola, la 3e marque de cola de France, souhaite communiquer sur son arrivée dans ce nouveau territoire emblématique. Ainsi, après une première phase de teasing qui a permis de fédérer sur Facebook une communauté composée de Bretons, de naissance comme de cœur, l'agence a imaginé un dispositif viral original et décalé afin de séduire les Parisiens. Celui-ci propose à l'utilisateur de vivre une toute nouvelle expérience participative.

La cible

• Toute la communauté bretonne dont celle vivant en Ile-de-France (1,5 million) + les Franciliens.
• Les journalistes et les distributeurs d'Ile-de-France.

Les objectifs

Réussir le référencement, puis le lancement commercial de la marque à Paris.
• Créer le buzz et le bouche-à-oreille progressifs autour de la marque
• Faire connaître la marque bretonne aux Franciliens et développer sa présence sur les réseaux sociaux
• Mettre en avant l'arrivée imminente du produit dans les rayons des magasins d'Ile-de-France
• Gagner des parts de marché sur la cible jeune en Ile-de-France, Paris devenant la 5ème région bretonne.

SOLUTION STRATÉGIQUE

L'idée stratégique

Le cœur de la mobilisation repose sur les Bretons fiers de ce produit régional qui part à la conquête de Paris. Après avoir fédéré une communauté très active sur Facebook, le grand ravitaillement se matérialise par des vidéos buzz, également signées par l'agence, mettant en scène avec humour l'épopée d'une équipe de jeunes Bretons, chargée de convoyer le précieux cola jusqu'à la capitale.
Partant de l'usine Breizh Cola, 4 jeunes Bretons devront parcourir les 400 kilomètres qui les séparent de Paris à l'aide d'un véhicule à 4 roues très atypique : une Rosalie.
Habillée aux couleurs de la Bretagne, la petite équipe sillonne les routes de la Bretagne jusqu'à la capitale permettant à la communauté Facebook de suivre son avancée.

Le dispositif

• Dispositif participatif « connecté au réel » via une application Facebook récompensant les internautes et faisant intervenir tous les réseaux sociaux.
• A chaque nouveau like, partage Facebook, tweet, et partage Google+ sur l'application Facebook « Le grand débarquement » de la page Breizh Cola, les jeunes Bretons avancent de 10 mètres avec leur Rosalie vers Paris. La team doit parcourir 400 kilomètres pour atteindre la capitale grâce au « carburant social » fourni par les fans.
• A chaque partage, une vidéo bonus du parcours de la Rosalie

entre la Bretagne et Paris leur est dévoilée.
• Les participants à cette opération peuvent également s'inscrire pour tenter de gagner leur ravitaillement à la maison.
• Ces vidéos visent à illustrer et mobiliser les internautes autour du ravitaillement de Paris en Breizh Cola.
• Par ailleurs, un store Locator a été créé afin de permettre aux internautes de découvrir les points de vente qui ont été ravitaillés.

Les aspects innovants et de différenciation
La page Facebook bénéficie aujourd'hui d'une excellente croissance organique, expliquée par une ligne éditoriale décalée et simple. Les fans sont réactifs et s'expriment librement sur des sujets variés. Renforcée par un plan média et un jeu permettant de ravitailler les plus impatients (le quiz « Only The Breizh »), la communauté connaît un taux d'engagement très important.
Le dispositif mis en œuvre repose sur la synergie des réseaux sociaux (Facebook, Twitter et Google+).
• **Une opération participative « connectée au réel » :** chaque like et partage compte et fait avancer les 4 Bretons à bord de leur Rosalie de 10 mètres jusqu'à la capitale. La vidéo apparaissant après avoir participé change en fonction de l'avancement de la Rosalie (route de campagne, péage à l'autoroute...)
• **Une communication BtoB soutenue par la communauté bretonne :** le référencement de Breizh Cola en Ile-de-France a pu se faire grâce à la mobilisation de tous les Bretons.

MISE EN PLACE OPÉRATIONNELLE

La durée
Le grand débarquement a été lancé le 18 juin 2013. Cet appel de Breizh Cola à la communauté bretonne a permis de délivrer l'Ile-de-France le 14 juillet 2013.

Les explications autour des choix créatifs
L'opération de communication devait favoriser l'engagement de la communauté bretonne pour prouver aux distributeurs d'Ile-de-France que la demande de bouteilles de Breizh Cola dans les supermarchés est bien réelle. Cette campagne devait avoir un fort pouvoir viral sur les réseaux sociaux.

Les étapes
Pendant cette véritable épopée, le community management de la page a été assuré afin d'animer la communauté bretonne et de la soutenir dans toutes les étapes du grand ravitaillement.

En parallèle, un quiz « Breizh Cola » a permis d'augmenter la notoriété et la connaissance de la marque Breizh Cola et de faire gagner à ses fans de nombreux lots.
Un store locator pour savoir où se ravitailler dans les supermarchés d'Ile-de-France a été créé à la suite du grand débarquement de Breizh Cola.

LES RÉSULTATS

• + 300 % de fans + 30 000 (base à 10 000)
• 5 % d'engagement moyen sur les posts
• Plus de 500 000 internautes touchés sur Twitter
• + de 100 000 vues sur la totalité des vidéos

« Le cœur de la mobilisation repose sur les Bretons fiers de ce produit régional qui part à la conquête de Paris. »

○ *Agence : Extrême Senso*

Lucas Denjean, *directeur général et conseil Extrême Sensio*
Stéphane Kerdodé, *Fondateur Breizh Cola*
Daniel Alcabas, *directeur marketing groupe ECLOR*

COCA-COLA Qui ?
PARTAGEZ UN COCA-COLA Quoi ?

600 000 visites

33,6 MILLIONS de conversations sur les médias sociaux

Engagement communautaire • Personnalisation • Image de marque

PROBLÉMATIQUE BUSINESS DE LA MARQUE

Dans un contexte économique difficile, qui voit se renforcer une forme d'individualisme, il était important qu'une marque comme Coca-Cola, forte de ses valeurs historiques (partage et optimisme) recrée du lien entre ses différents publics, et ce, de la manière la plus innovante et participative possible afin de séduire les jeunes, ambassadeurs-clés pour la marque.

« Partagez un Coca-Cola », temps fort majeur de la marque Coca-Cola en 2013, repose sur une événementialisation des packs en magasin avec l'apposition des 250 prénoms les plus usuels sur les bouteilles de 50 cl. Ce dispositif a été déployé dans plusieurs pays d'Europe sous l'appellation « Share A Coke ».

L'enjeu était d'amplifier ce concept inédit pour le consommateur et de placer ce dernier au cœur des dispositifs de communication grâce à la plus grande campagne interactive jamais imaginée par la marque. En prenant l'alibi de la personnalisation des packagings, des messages ou des supports, Coca-Cola offre une expérience novatrice aux individus qui s'en saisissent comme ils le souhaitent pour rayonner auprès de leurs amis et au-delà.

La cible

Ce dispositif global - au-delà d'offrir à la marque une forte visibilité pendant une période-clé pour le marché - a pour objectif premier de recruter et fédérer les 12-25 ans en s'inscrivant fortement dans les valeurs de la marque.

SOLUTION STRATÉGIQUE

L'idée était d'encourager les « teens » à s'exprimer sur le support de leur choix et délivrer des messages à leurs proches au sein même des espaces propriétaires de la marque : **dans le prolongement de ses packagings, la marque s'« efface » pour devenir vecteur de lien entre ses publics.**

Un vaste dispositif a permis d'événementialiser le principe et valoriser les contenus créés par les internautes. La marque a fait de la place à ses consommateurs sur **1 milliard de packs porteurs** : prénoms (parmi 250) sur les 3 marques de la gamme Coca-Cola (Cola-Cola, Coca-Cola Light et Coca-Cola Zéro) ou des termes génériques ("amis", "famille", "voisins"...)

Une plateforme participative (www.partagezuncocacola.com) a été créée, où sont mis à disposition tous les moyens de délivrer son message à sa communauté (canettes, vidéos, messages/tweets) avec 3 promesses répondant à 3 niveaux d'engagement : « devenez le héros de la nouvelle copy », « votre message de partage affiché dans votre ville », « surprends tes amis en leur envoyant une canette à leur prénom »

Une tournée expérientielle dans les villes et les principaux festivals de musique de l'été a permis de partager les canettes personnalisées et les messages en live avec sa communauté.

Enfin, un vaste plan média a été orchestré autour de 3 objectifs (exposer, recruter, diffuser) et fortement événementialisé en phase de lancement (détail en annexe).

MISE EN PLACE OPÉRATIONNELLE

L'objectif est d'exposer, susciter mais également renouveler l'intérêt autour du concept de personnalisation.

• Plan event M6 en pré-lancement : les animateurs de M6/W9, dans les conditions de la copy, délivrent un message contextualisé
• Présence fil rouge sur les programmes phares de M6/W9 via des spots contextualisés afin d'assurer une présence continue et de renouveler l'intérêt de la cible tout au long de l'été.
• Implication de l'équipe de France de football au Stade de France (Partagez un Coca-Cola avec Franck, Karim, etc.)

Recruter des « teens » sur la plateforme participative, les engager

La plateforme dédiée www.partagezuncocacola.com est subdivisée en **3 modules de participation pour 3 niveaux d'engagement :**

1. Inciter les internautes à poster leur vidéo pour remporter le casting TV (VOL enrichie, plan média digital de soutien de la plateforme). Promesse : « devenez le héros de la nouvelle copy »
2. Inciter les internautes à poster leurs messages via un module Twitter connecté : les meilleurs messages sont affichés de manière géolocalisée. Promesse : « votre message de partage affiché dans votre ville »
3. Inciter les internautes à envoyer des canettes personnalisées à leurs amis. Promesse : « Surprends tes amis en leur envoyant une canette à leur prénom »

Diffuser les « vrais » messages sur les grands médias

• Volet « temps réel » : affichage interactif en juin sur plus de 2 500 panneaux digitaux (diffusion instantanée des messages intégrant notamment l'écran géant du Citadium à Paris)
• Révélation et amplification des meilleurs messages de la plateforme avec un plan TV (2 gagnants, 2 semaines de diffusion des copies UGC à hauteur de 80 % du plan TV) et 1 semaine d'affichage géolocalisé (environ 160 messages sélectionnés sur plus de 50 villes pour un total de 15 000 panneaux)

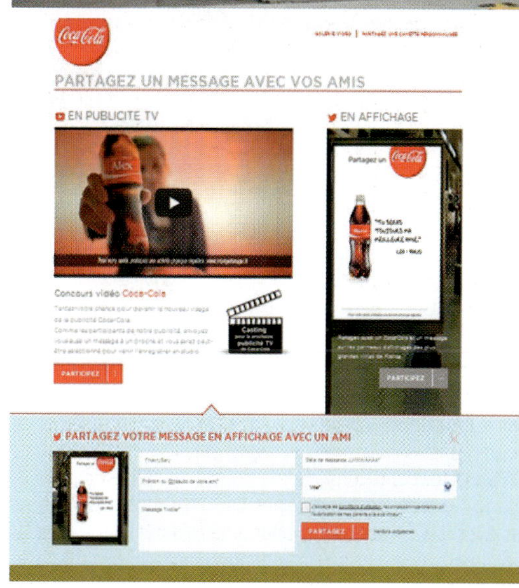

LES RÉSULTATS

• 33,6 millions de conversations générées sur les réseaux sociaux.
• 2ème publicité la plus vue sur YouTube pendant la période de communication.
• Plus de 600 000 visites sur la plateforme en 1 mois.
• 2 gagnants au lieu d'un, tant le contenu recueilli était riche.
• 15 000 panneaux d'affichage 100 % UGC (2 milliards de contacts au global sur ce média).
• Les demandes de personnalisation des canettes depuis la plateforme ouverte chaque matin à 10h sont telles qu'elles sont saturées au bout de 3 minutes.

« Coca-Cola offre une expérience novatrice aux individus qui s'en saisissent comme ils le souhaitent pour rayonner auprès de leurs amis et au-delà. »

Agence : Starcomm

DANONE Qui ?
NOUVEAU SITE CORPORATE Quoi ?

Hausse de trafic de **30%**

Temps de visite moyen **X2**

Storytelling • Communication • Corporate

PROBLÉMATIQUE BUSINESS DE LA MARQUE

La présence institutionnelle de Danone a évolué en s'élargissant **via de nombreux espaces de communication et de dialogue sur des thématiques corporate.**

Il devenait essentiel de repenser la présence institutionnelle de Danone sur le web en développant une présence cohérente et unifiée, avec des contenus impactants qui s'adressent autant au « grand public » qu'aux parties prenantes (candidats, journalistes et investisseurs/actionnaires).

Mais comment offrir une vitrine qui puisse être à la fois **le parfait reflet des ambitions et des engagements** du groupe et **innover sur la forme** tout en respectant l'exercice imposé que doit être un site corporate d'une entreprise cotée ?

SOLUTION STRATÉGIQUE

La réponse : **mettre les Hommes au centre du discours de marque !**

Le site porte ainsi la vision et les valeurs de la marque, raconte qui elle est, sa façon d'opérer, ses différences et ses singularités, par le prisme des hommes et des femmes qui la composent.

MISE EN PLACE OPÉRATIONNELLE

Pour s'assurer que tous les éléments constitutifs du site soient parfaitement en adéquation avec l'objectif, une série de workshops entre l'agence conseil et les différentes cellules métiers du client (marketing, communication, finance...) a été mise en place afin d'analyser l'existant et définir les nouveaux besoins.
Ainsi, un comité de pilotage mensuel a été monté et une série de points hebdomadaires ont été menés tout au long du projet.

Diverses expertises ont été mises au service de la refonte du site :
- Audit et conseil stratégiques
- Charte ergonomique et graphique (AI, UX Design...)
- Stratégie éditoriale et brand content
- Intégration, développement et production (BeLink)

Tous les éléments de construction du site donnent une **dimension superlative à l'approche humaine :**

Le design et l'ergonomie mettent en scène l'individu au cœur de l'action
La home page se scinde littéralement en deux parties via une **double entrée par profils** : « *Pour Tous* », destinée au grand public et « *Pour Vous* » s'adressant davantage aux candidats, à la presse et aux investisseurs.

Tout au long du site, la priorité a été donnée à l'image avec des choix iconographiques qui **mettent en scène l'individu au cœur de l'action** et qui traduisent le souhait de Danone d'offrir un univers accueillant où l'humain est au centre des préoccupations du groupe.

Les contenus éditoriaux placent les Hommes au centre du discours
Les contenus éditoriaux ont également fait l'objet d'un **travail minutieux de storytelling pour placer les Hommes au centre du discours de marque**. On découvre ainsi une succession de points de vue humains révélés tant sur les faits que sur les chiffres, qui contribuent à les rendre concrets et vivants. La tonalité éditoriale marque dans le ton une forme de conversation plus sensible et chaleureuse.

La place privilégiée faite aux communautés favorise l'engagement
L'onglet « Danone Live » a pour ambition de **favoriser l'engagement des internautes en plongeant ceux-ci au cœur de l'actualité de Danone** par la mise en avant de contenus chauds qui émanent à la fois des réseaux sociaux « externes » (Facebook, Twitter, etc.) et des réseaux propres au groupe Danone (CP, tweet, post Facebook, article de blog...)

L'accompagnement constant de l'internaute assure un parcours utilisateur efficace
Pragmatique et didactique, le footer fait **office de boussole pour guider l'internaute** à travers le vaste écosystème du groupe en proposant trois entrées stratégiques : par pays, par marques ou par thématiques.
Le moteur de recherche est quant à lui tourné vers l'accompagnement via l'auto complétion qui permet d'accéder instantanément à l'ensemble des contenus du site. Enfin, le nouveau danone.com s'offre **une version mobile dédiée, via un contenu light parfaitement adapté** pour répondre aux besoins des internautes en mobilité.

LES RÉSULTATS

QUANTI :
Le nouveau Danone.com enregistre pour la période du mois de décembre 2013 au mois de mars 2014 :
- Une **hausse de trafic de 30 %** comparativement à l'ancien site
- Un temps de visite moyen **multiplié par 2**
- Un taux de rebond qui passe de 50 % à 30 % soit **une baisse de 20 points**

QUALI :
Le site répond donc parfaitement aux impératifs d'un site corporate en adressant la bonne information au bon moment aux diverses cibles visées. Mais il va plus loin...
Il est **le reflet des valeurs de la marque** et porte parfaitement **les valeurs humaines** de l'entreprise dans toutes ses composantes. A tel point, qu'il **fédère et donne le cap au reste du Groupe Danone !**

O *Danone*
Sabrina Schneider, *Corporate contents, publishing & digital director / Danone - Corporate Communications*
O *Agence Dagobert*
Christelle Didelot, *Directrice Stratégie et Développement*
Vincent Saccomanno, *Directeur Général*

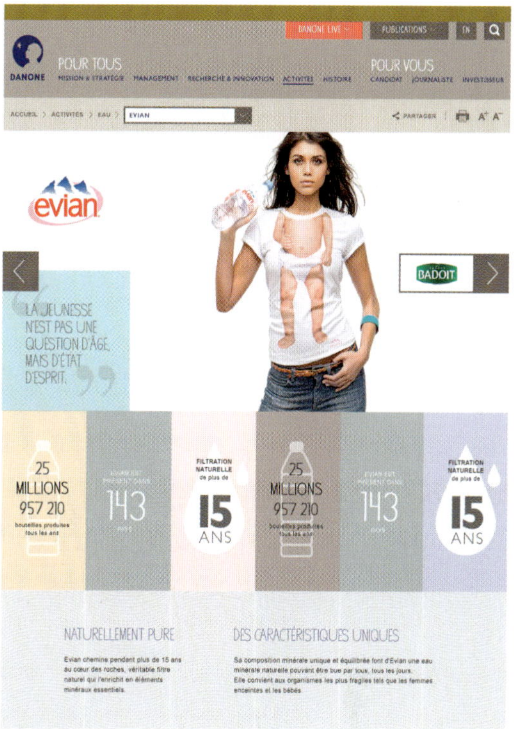

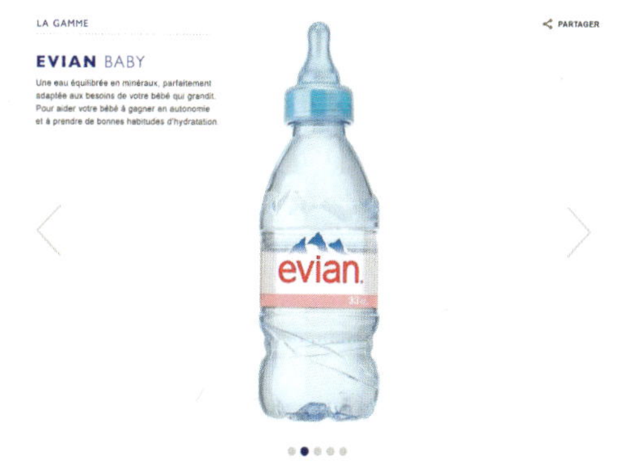

DECATHLON
Qui ?
L'ÉNIGME SPORTIVE DE NOËL
Quoi ?

25 000 utilisateurs

14 500 actualités

Géolocalisation • Web-to-store • Application facebook

PROBLÉMATIQUE BUSINESS DE LA MARQUE

Le contexte

Enseigne incontournable pour tous les sportifs, Decathlon et le groupe Oxylane entretiennent une présence forte sur le web et notamment les réseaux sociaux. Innovation, technicité et qualité de la relation sont trois combats au quotidien pour la marque. Pour refléter cet état d'esprit et proposer une expérience nouvelle à ses fans et clients, il fallait donc créer une opération innovante, engageante et différenciante.

La cible

Tous les sportifs, peu importe leur âge et leur niveau de pratique. La nouveauté de l'expérience proposée et l'approche ludique de la mécanique permettent de cibler des publics très différents et représentatifs de la diversité des clients Decathlon.

Les objectifs

- Faire vivre une expérience innovante et unique autour du thème de Noël.
- Faire découvrir les pages magasins.
- Utiliser la géolocalisation.
- Générer du trafic web to store.

SOLUTION STRATÉGIQUE

L'idée : Durant la période des fêtes, Decathlon embarque ses fans dans une expérience innovante et leur propose un défi 100% sportif : l'énigme de Noël. Le principe est simple : collecter les 8 indices disponibles durant toute la période du jeu et les assembler afin de découvrir quel objet se cache derrière le cadeau sportif mystère.

A chaque étape, l'utilisateur peut récupérer un indice en effectuant des actions bien définies : actions sociales (likes, invitations), géolocalisation (Google Street View), appel au Père Noël, etc. Chaque indice récolté permet de trouver l'objet mystère et augmente les chances de gagner au tirage au sort final. Le jeu est 100% multidevice pour permettre au plus grand nombre d'utilisateurs de participer en utilisant le support de leur choix : web, mobile, tablette.

Innovation et différenciation

La diversité des actions proposées fait toute l'originalité de cette énigme sportive qui se base sur le thème de Noël pour emmener l'internaute dans une aventure qui passe par son magasin, son sport favori et sa liste au Père Noël.

Les KPIs

- Visibilité et viralité.
- Trafic web to store généré.
- Acquisition d'adresses e-mail opt-in.

MISE EN PLACE OPÉRATIONNELLE

Le jeu est en ligne du 28 novembre 2013 au 22 décembre 2013 avec un rythme de 2 étapes en moyenne à franchir chaque semaine. Des notifications sont envoyées aux participants lorsqu'une nouvelle étape est accessible et ce afin d'augmenter le taux de réengagement. L'application est accessible dans un onglet dédié sur la page Facebook Decathlon France mais aussi sur un mini-site decathlon.fr. Sur ce mini-site, l'authentification est assurée par un Facebook Connect, les deux dispositifs étant donc réunis en termes de participations et de tirage au sort.

Les choix créatifs

Le design de l'application reprend les codes de communication de Decathlon et de son plan média de Noël. Le contenu des étapes a été pensé pour être ludique et vitaminé à l'image de la marque, entre passion du sport et goût pour l'aventure et l'innovation.

Les étapes

A chaque nouvelle étape accessible, une notification est envoyée aux participants afin de les inciter à participer et à valider l'action du jour. Dans le cas où l'utilisateur rencontre des difficultés à résoudre une étape, il peut utiliser jusqu'à 2 jokers. Seul préalable pour bénéficier de ces jokers : inviter des amis. L'application joue donc sur l'aspect viral et communautaire.

Exemples d'étapes :

Etape 1 : l'utilisateur est propulsé en **Street View devant le magasin** le plus proche de chez lui (détection en géolocalisation) et doit trouver un indice matérialisé par une étoile. Au clic sur l'étoile, une animation Flash apparaît, l'écran se couvre de neige simulant une tempête. Un skieur traverse « tout schuss » l'écran et laisse apparaître dans son sillage le premier indice.

Etape 5 : le Père Noël en personne livre l'indice au téléphone.

Etape 6 : l'utilisateur est invité à prendre en photo son magasin Decathlon paré de ses plus belles décorations de Noël. Au moment du téléchargement la photo, la géolocalisation détecte que l'utilisateur est bien présent dans un magasin, ce qui débloque l'indice.

LES RÉSULTATS

Près de 25 000 utilisateurs ont accédé à l'application durant la période de l'opération.Plus de 43% de ces utilisateurs ont accepté l'opt-in newsletter présenté en début de partie. L'expérience a séduit les fans de Decathlon, des fans qui ont laissé leurs avis sur la page Facebook de la marque notamment après leur discussion avec le Père Noël.

Au total après 25 jours de mise en ligne ce sont plus de 14 500 actualités qui ont été générées depuis l'application sur les murs des participants pour plus de 377 000 impressions dans les fils d'actualité de leurs amis. Cette visibilité donnée aux actions originales et innovantes comme le street view et l'appel au Père Noël ont assuré la viralité et le succès de l'application.

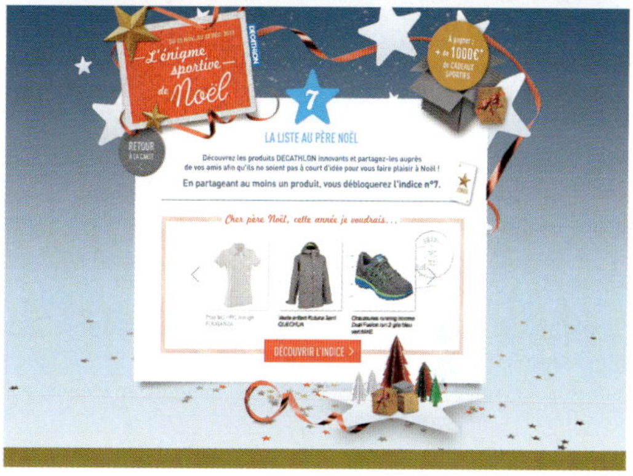

« Cette visibilité donnée aux actions originales et innovantes comme le street view et l'appel au Père Noël ont assuré la viralité et le succès de l'application. »

O *Agence Hobbynote*

EVIAN Qui ?
BABY & ME Quoi ?

100 MILLIONS de vues

+ de 100 articles non sponsorisés

Vidéo virale • Love brand • True view

4 PRIX aux Cannes Lions Festival 2013

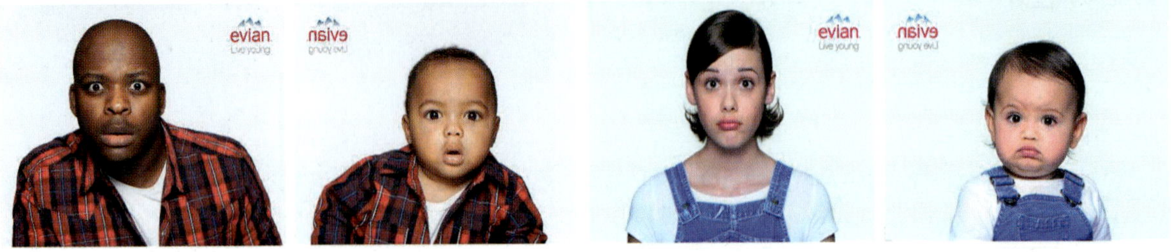

PROBLÉMATIQUE BUSINESS DE LA MARQUE

Le contexte

La campagne Baby and Me est le tout dernier épisode d'une saga qui comprend notamment les Roller Babies en 2009, Baby Inside en 2011 et Baby and Me en 2013. Cette saga puise dans l'ADN de la marque proche de l'univers des bébés, et ce depuis 1935 quand Evian communique pour la première fois sur « l'eau des biberons ». En 2009 avec les Roller Babies, Evian lance sa première campagne internationale au slogan mobilisateur «Live Young». La marque devient alors une véritable love brand internationale.

La cible

Bien que la maman avec enfant de moins de deux ans reste une sous-cible de la marque en France, Evian est d'abord une marque universelle qui, grâce à un taux de pénétration de 25 % en France, cible l'ensemble de la population française.

Les objectifs

La marque souhaite inscrire son nouveau film dans la continuité mais aussi apporter une nouvelle surprise après Roller Babies, ce qui constitue un véritable challenge créatif. Evian doit se construire comme une love brand à chaque communication, créer une relation de proximité avec son public et se valoriser bien au-delà du produit. Ce sont avant tout des objectifs d'image de marque et d'engagement.

SOLUTION STRATÉGIQUE

Pour poursuivre cette saga, il fallait un renouvellement créatif fort, afin de ne pas tomber dans la redite, tout en restant dans la continuité stratégique. Un véritable challenge car il s'agissait de surprendre sans marquer de rupture avec l'idée fondamentale de base.

Avec Baby and Me par ailleurs, le contexte publicitaire est différent de Roller Babies, l'évolution du média digital ayant été depuis 2009 spectaculaire. Du côté de l'annonceur les investissements ont augmenté de façon significative, chacun cherchant à créer une surprise toujours plus importante avec des moyens en croissance exponentielle. En parallèle, il y a également chez l'internaute une vraie guerre de l'attention, face à de nombreuses sollicitations, une information en temps réel pléthorique... Il a donc fallu adapter le plan média.

MISE EN PLACE OPÉRATIONNELLE

Si la TV reste le moyen le plus efficace pour atteindre un reach fort sur la cible, ce média doit être efficacement complété par le digital qui permet de toucher une cible particulière, plus exigeante et en attente d'une création publicitaire innovante et riche. De plus, le digital permet un dialogue avec la cible, un partage de contenu riche et au final un véritable engagement pour la marque.

C'est le partage sur le web qui a été privilégié dans cette campagne, plutôt qu'une événementialisation. La marque a favorisé des formats qui permettent à la campagne un véritable glissement d'un média à l'autre et une viralité.

Le format true view a été choisi car il n'est pas intrusif. La marque a parié sur le succès du film et sur le fait que les internautes allaient visionner la vidéo jusqu'au bout. Le contenu n'a donc pas été imposé. En effet, il s'agit d'un véritable film, nourri par une musique engageante, de la magie et de l'optimisme. Le film a été mis sur YouTube et sur de nombreuses plateformes chinoises, et le pari du partage a été gagné avec plus de 5 % de share. Au bout de 4 jours, la campagne totalisait déjà plus de 20 millions de vues. On peut donc parler de véritable buzz dans la viralité.

Parallèlement, la marque a eu l'idée de créer une application de « babification » sur les supports Android, iOS mais aussi Facebook : l'utilisateur pouvait prendre sa photo et l'application créait un « side by side » avec un « bébé moi», grâce à un système de reconnaissance faciale et une base de données de visages bébés castés au préalable. Victime de son succès, l'application a été rapidement engorgée, les serveurs prévus pour l'hébergement n'étant pas dimensionnés pour accueillir un afflux de requêtes aussi massif dans les premiers jours.

Côté événementiel, des Babymaton ont été installés en partenariat avec Photomaton, sur un serveur dédié, dans la rue et en magasins. Un véritable succès quand on constate les 30 minutes de queue pour prendre sa photo ! En Belgique par exemple, les équipes ont imaginé un Babymaton itinérant, en camion.

En résumé :
- Lancement du film 75' sur YouTube le 19 avril 2013.
- Lancement du film en TV la semaine suivante.
- Lancement de l'application la semaine qui suit.
- Le tout soutenu par le print et la presse.

Avec ce film, la marque Evian a réussi à aller au-delà du spot publicitaire pour proposer du divertissement, d'où est né un engagement communautaire fort et une véritable appropriation par le public : remix du film avec les Guignols de l'Info sur Canal+, nombreuses créations d'internautes dont un Harlem Shake.
17 millions de vues ont été atteintes sur des copies/remakes/parodies non créés par la marque.

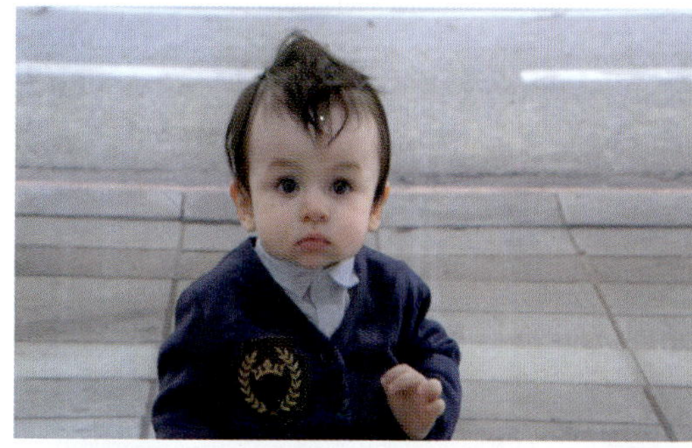

LES RÉSULTATS

Le succès de la campagne est dû à une création publicitaire forte qui transmet une véritable jubilation, le choix de la musique comme marqueur émotionnel et enfin le format true view comme vecteur de viralité.

- 100 millions de vues après 10 semaines / 129,1 millions de vues (en janvier 2014) après 6 mois
- 6 % de taux de clic.
- 6,6 % de taux de partage.
- 212 575 partages en social media.
- 7,3 millions de partages au total.

Plus de 100 articles non sponsorisés écrits sur la campagne.
- 100 % de vues opt-in.
- 4 prix aux Cannes Lions Festival 2013.

« Le format true view a été choisi car il n'est pas intrusif. La marque a parié sur le succès du film et sur le fait que les internautes allaient visionner la vidéo jusqu'au bout. Le contenu n'a donc pas été imposé. »

O *evian*
Laurent Houel, *directeur de la marque evian*
Laurence Foucher, *Global Evian digital manager*
O *Agence BETC*

GARNIER
OLIA

Qui ?

Quoi ?

+ 30 % de notoriété

+ 70 %
de retours positifs

Lancement de produit • Entertainment • Service client

PROBLÉMATIQUE BUSINESS DE LA MARQUE

Avec une triple expertise dans l'univers du capillaire, du soin (visage et corps) et de la coloration, Garnier est numéro un des produits de beauté naturels en Europe. Marque transversale du groupe L'Oréal, Garnier construit son ADN autour des 3 B, beauté, bien-être et bonheur.

Le portefeuille de marque Garnier dans la coloration s'est d'abord développé avec le lancement de Belle Color sur le marché depuis 1960, véritable marque patrimoniale et historique, à laquelle s'ajoutent Movida pour le positionnement ton sur ton et 100% Color, marque d'autorité couleur.

Sur le segment coloration, la nouveauté passe nécessairement par une innovation brevetée en laboratoire. Bien que les portefeuilles de marque soient animés par de nouvelles couleurs et de nouveaux lancements, le besoin de revenir au cœur du produit et à l'innovation s'est fait sentir chez Garnier, la dernière création de la marque datant de 2004 avec 100% Color.

Le contexte
La coloration à domicile est un produit pour lequel les femmes ont besoin d'accompagnement. Le constat : les femmes sont perdues en rayon face à la multiplicité des produits. Le parcours émotionnel de la femme, ce qu'elle vit en rayon jusqu'au résultat est souvent négatif. Souvent, le diagnostic couleur se révèle erroné, d'où une constante déception et une appréhension autour du produit coloration. La coloration à domicile, c'est une véritable expérience, à vivre seule et dont le résultat n'est pas toujours satisfaisant. Seule l'application du soin post coloration est un moment vécu de manière agréable par une majorité de femmes.

Les objectifs
Face à ce marché qui n'évoluait pas, il fallait envisager un nouveau produit avec une nouvelle formule et surtout un véritable concept autour de ce dernier, afin de lever tous les freins à son succès : en point de vente et en linéaire en clarifiant l'offre, à la maison en proposant une formule agréable, qui ne picote pas et qui sente bon. Il fallait également proposer une solution à la problématique de l'accompagnement et du diagnostic produit de manière à lever le frein de la déception au résultat.

La cible
Ce sont les femmes de 30 à 40 ans. La marque souhaite reconquérir une population ayant abandonné la coloration, par peur de s'abîmer les cheveux ou à cause de la complexité de l'application du produit et de l'expérience peu agréable qui en découle.

SOLUTION STRATÉGIQUE

L'idée stratégique
Les laboratoires Garnier ont travaillé pendant 10 ans sur une nouvelle génération de coloration, dont le principe est « la première coloration activée par l'huile, sans ammoniaque ». Cette nouvelle coloration s'appelle Olia. L'huile est fortement concentrée au cœur de sa formule colorante et offre autant d'efficacité qu'une coloration permanente classique tout en supprimant l'ammoniaque,

Si la marque est confiante dans le succès de cette nouvelle formule, le challenge réside dans la levée des freins évoqués plus haut. A la maison, le produit est agréable à utiliser grâce à son odeur et à une formule sans picotement. Il est joli visuellement, facile à mélanger et à appliquer. La consommatrice découvre également une double dose de soin, qu'elle pourra donc réutiliser.

Aspects innovants et différenciation
Comment arriver à clarifier l'offre et donner envie en point de vente ? Et comment traiter la problématique de l'accompagnement et du diagnostic des femmes ?

Pour résoudre la problématique du point de vente, la marque a développé 3 familles de couleurs pour plus de clarté en rayon. Et pour l'accompagnement et le diagnostic produit, un QR Code sur le packaging, relayé en merchandising, oriente les clientes vers une plateforme digitale. En effet, le constat est clair : le spot télévisé international ne suffit pas à déclencher l'acte d'achat. L'équipe France propose donc de déployer une plateforme digitale, pour offrir le contenu nécessaire et manquant aux clientes concernant le diagnostic et l'accompagnement.

MISE EN PLACE OPÉRATIONNELLE

Le digital
L'axe digital s'est construit autour de la problématique de l'expérience et du partage d'expérience. C'est pourquoi la marque a fait appel à « l'entertaineuse » Cristina Cordula, pour sélectionner 4 femmes ayant abandonné l'expérience coloration à domicile. Chaque femme a donc été filmée en compagnie de Cristina Cordula au moment de l'expérience coloration et a pu profiter des conseils pro de la styliste. La marque a donc travaillé sur la confiance produit, l'expérience et la facilité d'application.

Mais le fer de lance de la campagne digitale est la mise en place d'un véritable coaching coloration. En effet, Garnier dispose d'un service consommateur constitué d'experts, mais ce service n'est sollicité qu'en cas de réel problème. Avant le lancement, la marque a donc décidé de faire tester Olia à 1 000 femmes, pour générer de bons avis et marketer le service consommateur : un rendez-vous de 20 min par téléphone et une coloration ont donc été offerts à 1 000 femmes. Ce dispositif a été soutenu avec un mois de bannière et une collaboration avec les sites Auféminin, Beauté-test et Doctissimo.
Résultats : avant même la sortie du spot TV, 30 % des femmes interrogées connaissaient déjà Olia.

Soutenu par la TV et la presse, l'axe digital a donc joué un rôle-clé dans la construction de la notoriété de la nouvelle marque Olia et dans ses ventes.

« Comment arriver à clarifier l'offre et donner envie en point de vente ? Et comment traiter la problématique de l'accompagnement et du diagnostic des femmes ? »

O Garnier

Carine Dellière, *directrice Garnier France*

GEMEY MAYBELLINE Qui ?

BABY LIPS Quoi ?

1,6 MILLIONS de vidéos vues

74 400 visites

1,45 % de taux de clic

Jeu-concours • Génération de trafic • Vidéo

PROBLÉMATIQUE BUSINESS DE LA MARQUE

Le contexte
Marque emblématique du groupe L'Oréal et leader mondial du maquillage, Gemey Maybelline capitalise sur une image innovante, alliant formules de pointe et expertise des tendances.

Le marché français des baumes à lèvres dépasse aujourd'hui les 30 millions d'euros.
Un produit très bien vendu mais plus considéré comme utile que comme objet glamour. C'est un produit simple, positionné comme répondant à un besoin d'hydratation et au bien-être des lèvres, plus que destiné à mettre en valeur la personnalité des femmes.
À ce titre, celles-ci ne le considèrent pas comme un véritable 'produit de beauté'.

La marque se donne pour mission d'offrir à ses clientes des produits cosmétiques à la pointe, mais également accessibles et faciles à utiliser pour toutes les femmes.

La stratégie
Dans le domaine de la beauté, les consommatrices sont très exigeantes.
Elles sont à la recherche de marques, de produits de qualité qui leur ressemblent et leur permettront ainsi de faire ressortir leur personnalité.

La volonté de Gemey Maybelline est de proposer un 'baume à lèvres tendance', rompant avec l'image classique que les femmes ont de ce produit. La marque souhaite réinventer la catégorie produit, faisant de son baume à lèvres un 'symbole iconique tendance', que l'on ne cherche plus à cacher, au contraire on le montre.

Après deux ans de recherche et de succès en Asie et aux Etats-Unis, Gemey Maybelline lance ses très convoités *Baby Lips* en France pour séduire une large audience féminine.
Avec cette gamme de cinq baumes à lèvres, la marque a réinventé le plus intime des objets de soin pour les lèvres en un objet ultra-tendance, aux couleurs fluo et gourmandes.

La cible
Pour ce produit, la marque a pour cœur de cible les jeunes filles de 13 à 24 ans. Les jeunes filles sont soucieuses de leur apparence, elles cherchent des produits tendance tout en leur permettant d'exprimer leur personnalité. Elles attendent donc d'une marque qu'elle leur apporte originalité et glamour tout en reflétant leur personnalité.

SOLUTION STRATÉGIQUE

Pour promouvoir la gamme de baumes à lèvres, la marque et son agence ont fait appel à Piximedia pour mettre en œuvre un dispositif multi-devices (desktop + mobile) dynamique et exclusif conçu pour faire vivre à l'internaute une expérience impactante et interactive.

Les objectifs de l'annonceur

Objectifs marketing

- Travailler la notoriété de la marque-produit 'Baby-Lips' (promesse)
- Présenter la largeur d'offre (preuves)
- Rendre le produit désirable

Objectifs médias

- Visibilité événementielle pour lancement du produit
- Trafic sur le jeu-concours (*« I love Baby Lips »*) valorisant la gamme
- Couverture sur cible

MISE EN PLACE OPÉRATIONNELLE

La durée : du 21 octobre au 30 novembre 2013

L'objectif était de **surprendre l'internaute** et de lui faire **partager une expérience de marque unique**. La mise en place d'un dispositif enrichissant la découverte du produit par des images et des animations, ainsi qu'avec la création d'un jeu-concours, a permis à Gemey Maybelline de faire des internautes les ambassadeurs de la marque.

Composé d'une déstructuration de page, d'un habillage vidéo et d'un grand angle, ce dispositif immerge immédiatement les consommatrices dans l'univers coloré et glamour des baumes à lèvres Baby Lips.

Les différentes animations (*« les Baby Lips »* qui tournent sur la page) mises en place sur le format donnent vie aux produits et assurent ainsi une proximité entre la marque et les internautes.

L'expérience se poursuit via le jeu-concours *« I love Baby Lips »*.
L'idée : permettre aux internautes de poster et de partager sur les différents réseaux sociaux (Facebook/Twitter/Instagram) une photo sur le thème fluo à l'image des packagings des produits.

Le dispositif

Opération spéciale : **destructuration de page + habillage vidéo + grand-angle**

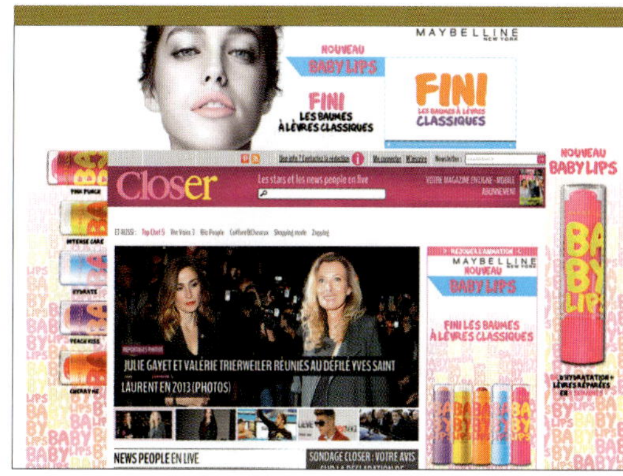

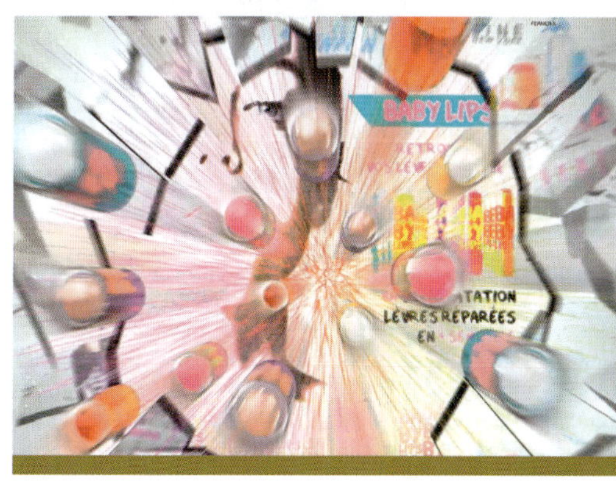

LES RÉSULTATS

Performance

Audience : **5 millions** de contacts / **2 millions** d'internautes uniques touchés / **1,45 %** de taux de clic
Visibilité : **1,8 million** de **vidéos vues** à 100 %
Trafic : plus de **74 400 visites engagées** sur le jeu-concours de la marque.

Cette campagne digitale a permis de montrer aux internautes l'aspect innovant de l'expérience utilisateur sur le média Internet via la création d'un dispositif impactant, original et intelligent, mais également respectueux du confort de navigation des utilisateurs (commandes de fermeture visibles sur le site).
Une prise de parole riche et colorée qui permet à la marque d'installer le produit tout en travaillant la proximité avec les internautes.

O *Piximedia*
www.piximedia.com
Mathieu Mazuel, *Directeur du développement*
Clémentine Riveron, *assistante marketing*

« Composé d'une déstructuration de page, d'un habillage vidéo et d'un grand angle, ce dispositif immerge immédiatement les consommatrices dans l'univers coloré et glamour des baumes à lèvres Baby Lips. »

GIORGIO ARMANI BEAUTY Qui ?

ROUGE ECSTASY Quoi ?

Notoriété produit • Buzz • Social media

6,3 millions de vues

30 945 clics

2 829 likes sur Facebook

PROBLÉMATIQUE BUSINESS DE LA MARQUE

Le contexte

Tout le monde connaît Giorgio Armani : le créateur, le businessman, le designer. Mais peu de femmes savent que Giorgio Armani est également **un acteur global du monde de la beauté**, proposant des produits cosmétiques innovants et de grande qualité. 2013 fut l'année de « l'explosion de couleurs » pour la marque, avec le lancement du premier rouge à lèvres « CC COLOR & CARE » Rouge Ecstasy. Une ligne de rouges à lèvres soin incomparables qui associent couleur intense et le confort ultime d'un baume hydratant. Un design sophistiqué rouge laqué, des lignes simplifiées, une fermeture magnétique exclusive en un clic : Rouge Ecstasy est un objet d'envie dans un écrin rouge.

Ce lancement constituait ainsi une réelle opportunité de faire émerger la marque comme un acteur global de la beauté, au sein d'un marché fortement concurrentiel.

La cible

Notre cible était les femmes, CSP+. Plusieurs marchés étaient concernés. La communication devait donc être adaptée à des pays aussi différents que l'Italie, Dubaï ou les Etats-Unis.

Les objectifs

L'objectif n°1 était la notoriété, à savoir faire connaître au plus grand nombre cette nouvelle ligne de rouges à lèvres Rouge Ecstasy et s'appuyer sur ce lancement pour promouvoir la marque Giorgio Armani beauty au global.

Via cette communication, la marque avait la volonté de surprendre, de mettre en place une création à laquelle on ne s'attend pas de la part de Giorgio Armani. Une volonté de viralité donc, tout en conservant les codes d'esthétisme et d'élégance de la marque, et en suivant le mantra du créateur M. Giorgio Armani : « Less is more ».

Les problématiques posées étaient les suivantes : comment engager l'audience ? Comment construire une forte notoriété autour de ce lancement ? Comment communiquer de manière originale autour de cette « nouvelle ère de la couleur » tout en restant une marque de luxe ?

SOLUTION STRATÉGIQUE

L'idée stratégique

Afin de répondre à cette problématique, l'agence a choisi de se concentrer sur une communication vidéo, diffusée en média à 100 % sur YouTube, via un format skippable.

Le parti pris : capter l'attention du public en rejoignant une tendance déjà existante sur le web, celle du beatbox. **« Amener la marque sur un territoire de conversations préexistant devient générateur de valeur dès lors que celle-ci s'en**

approprie les codes, et réussit à enrichir l'existant » explique Fabien Gagnot, Directeur Conseil de l'agence You to You.

Le beatbox correspondait exactement à nos objectifs : il permet de se concentrer sur la bouche et donc de valoriser la performance du rouge à lèvres qui tient même avec les mouvements les plus rapides et les plus techniques. Le beatbox permet également de surprendre et d'amener la marque dans un univers où on ne l'attend pas. Enfin, ce choix nourrit l'ADN luxe de la marque, en proposant une vision personnalisée de cet art de rue.

Dès lors, le challenge était de réinterpréter cet art de rue en l'abordant sous l'angle de l'ultra féminité, dans le respect des codes de la marque : élégance et simplicité, maîtrise et précision, mystère et sensualité. Le film a été construit comme un ovni digital : une nouvelle ligne de rouges à lèvres, une vidéo, un son différent, puissant, qui claque. Un beatbox au féminin hypnotique et obsédant signé Giorgio Armani beauty.

Les aspects innovants et de différenciation
Une marque de luxe qui s'essaie au beatbox ! Une petite révolution et une communication particulièrement audacieuse. Il n'est pas simple de mettre en place une approche « virale » pour une marque de luxe. Cela ne peut se faire que via l'audace, la volonté de surprendre, tout en conservant les codes d'esthétisme et d'élégance qui font partie du capital de marque. **« Avec Rouge Ecstasy, nous voulions avant tout surprendre notre audience et investir un territoire sur lequel personne ne nous attendait : celui de la communication disruptive. Ré-interpréter un art de rue selon les codes de la marque était l'occasion rêvée d'étonner et de parler à une nouvelle cible à laquelle nous ne nous étions encore jamais adressé »**, Abdellah Mellouk, International Digital Content Manager, Giorgio Armani beauty.

Les KPIs
Nous avons concentré notre attention sur tous les éléments révélateurs du buzz, comme le nombre de vidéos vues, le nombre de likes/commentaires sur Facebook et Twitter, le taux de viralisation et l'appréciation de la campagne sur les blogs, les forums et les médias sociaux.

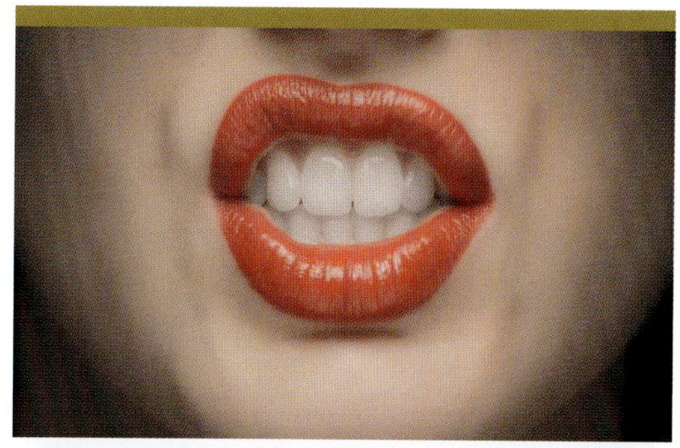

« Ce lancement constituait ainsi une réelle opportunité de faire émerger la marque comme un acteur global de la beauté, au sein d'un marché fortement concurrentiel. »

O *Agence : You to You*

Fabien Gagnot, *Directeur Conseil, You to You*

MISE EN PLACE OPÉRATIONNELLE

La durée
La campagne a été lancée le 8 août et a duré jusqu'au 31 octobre 2013.

Les explications autour des choix créatifs
L'enjeu créatif était de proposer une nouvelle vision du beatbox, tout en féminité, mêlant performance sonore et grâce visuelle. Un format « clip » que l'on doit avoir plaisir à regarder, oubliant qu'il s'agit d'une publicité.

Afin de développer une création jamais vue auparavant, et de coller parfaitement aux codes du beatbox actuel, l'agence a fait appel à **Felix Zenger, un beatboxer finlandais qui s'est fait remarquer sur YouTube avec une vidéo cumulant plus de 36 millions de vues.** Felix, accompagné de compositeurs, a développé la bande-son et coaché les mannequins pour leur apprendre à reproduire tous les sons, un par un.

Les modèles ont été choisis non seulement pour la beauté de leur bouche, mais aussi, et surtout pour leur capacité à reproduire les mouvements complexes du beatbox.

Les supports retenus

La vidéo
La vidéo est construite en forme de teasing/reveal. Le produit n'est pas dévoilé dès le début de la vidéo.

La campagne média étant basée sur YouTube, via le **format True View** (skippable), il fallait penser le format pour qu'il s'adapte parfaitement à ce support. Ainsi, à la 5ème seconde, au moment où les internautes peuvent skipper la vidéo, le beatbox se lance de manière surprenante, afin de frapper les esprits et de capter l'attention.

Le produit n'arrive pas directement. Le parti pris était de réellement divertir l'audience, et de capter l'attention, avant de convertir en intégrant le packshot directement à la création, comme un élément de la bande sonore, mettant ainsi en avant ce packaging innovant.

Le contenu d'atterrissage
En cliquant sur la vidéo, les internautes étaient redirigés vers Facebook. Une application dédiée a été mise en place, avec l'objectif de fournir du contenu exclusif autour de la campagne. Les internautes pouvaient ainsi découvrir les nuances de la ligne de rouges à lèvres Rouge Ecstasy, mais aussi explorer les backstage de la campagne, le procédé mis en place pour produire ce beatbox, et enfin télécharger une version remasterisée de la bande-son en format mp3.

Les étapes
1ère étape : créer le buzz
La vidéo a tout d'abord été remise en avant-première à une sélection d'influenceuses sur le secteur de la beauté, avec des produits Rouge Ecstasy à tester.

2ème étape : reveal
Un teasing sur les réseaux sociaux de la marque a été mis en place, pour arriver progressivement au reveal grand public de la vidéo. Ce reveal a été organisé en simultané sur tous les réseaux de la marque (mode et beauté) ainsi que sur les réseaux de Felix Zenger, le beatboxer.

3ème étape : soutien média
La vidéo a été soutenue sur YouTube de manière progressive, après le « D-day » de lancement média. Les activations se sont succédé, depuis les Etats-Unis jusqu'à l'Europe.

LES RÉSULTATS

Globalement, cette campagne a créé un buzz phénoménal sur les blogs et forums beauté, avec des articles très positifs saluant le caractère innovant et audacieux de la vidéo. Elle a été vue 6,3 millions de fois et a été partagée 22 210 fois sur YouTube. Nos objectifs ont donc largement été atteints.

• Nombre de likes vs dislikes : 2 829 vs 72
(98 % de reviews positives)
• 21 000 vidéos vues pour le making of.
• Une performance média exceptionnelle (durée moyenne de visionnage en situation de média « skippable » : 44 secondes)
• 30 945 clics vers l'application Facebook
• 462 000 résultats sur Google pour la requête « armani beatbox »

Quelques commentaires choisis :
Sur YouTube :
« I will be watching this every hour...of every day from now on... so visibly beautiful. », Kat Price

« The genius behind this is amazing. Not only is the video itself captivating, but what they were doing was to show not matter how many times their lips bumped or rubbed or stretched or anything - the lipstick didn't come off. It stayed on PERFECTLY the ENTIRE time. God, it was genius! », Molly M

« How to advertise makeup right. », Firefliesfled

Sur Twitter:
Jeannine Morris : *This beatbox video by Giorgio Armani beuty made my day yesterday ! Enjoy !*

Sur les blogs et la presse:
Kiss and makeup : *"Giorgio Armani beatbox you into (Rouge) ecstasy"*

Teen Vogue : *"This just in: Giorgio Armani beauty + beatboxing = Awesomeness"*

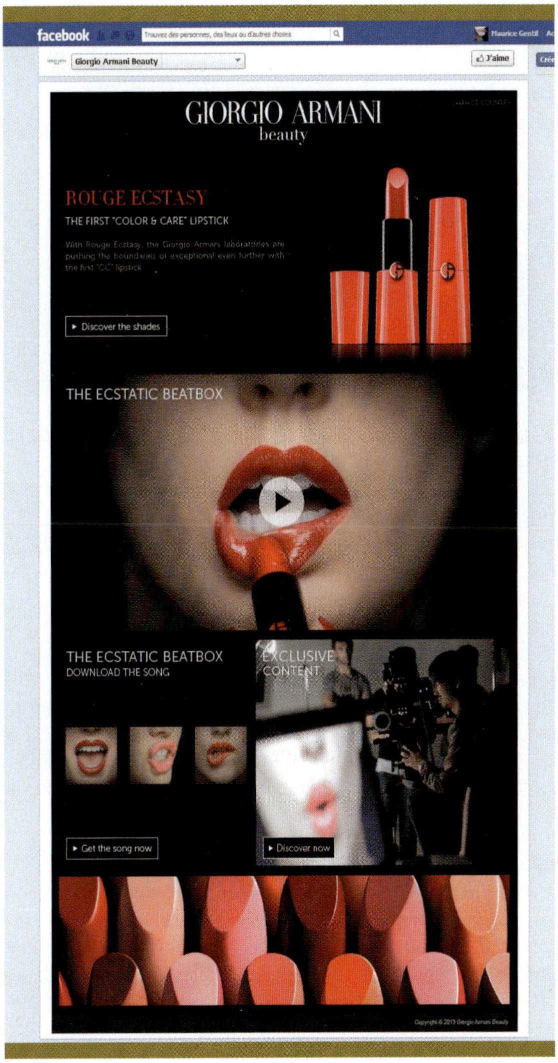

« Amener la marque sur un territoire de conversations préexistant devient générateur de valeur dès lors que celle-ci s'en approprie les codes, et réussit à enrichir l'existant. »

GÜ
LE CALENDRIER DE L'AVENT

Qui ? *Quoi ?*

10 000 fans Facebook

83 %
d'ouverture du calendrier

25 gagnants

Engagement communautaire • Facebook • Storytelling

PROBLÉMATIQUE BUSINESS DE LA MARQUE

Le contexte
Gü, c'est une marque de desserts pâtissiers uniques, tout droit venus de Londres et conçus par un (vrai) chef pâtissier : Fred Pannavoy. Installée en France depuis 2006, la marque a su convertir un grand nombre de consommateurs. Son ambition principale ? Commercialiser en grande surface des desserts à saveur ajoutée, élaborés à partir de recettes et d'ingrédients finement sélectionnés...

Récemment, la marque a souhaité consulter une agence digitale afin de compléter ses actions en médias classiques et nourrir ainsi son empreinte via plus de contenus, plus d'engagement et plus de ciblage.

La cible
La cible prioritaire est la femme citadine âgée de 25 à 49 ans, CSP +, la cible secondaire est l'homme citadin âgé de 25 à 49 ans, toujours CSP +. Nous conservons notre cible principale, à savoir tous les gürmands...

Les objectifs
L'objectif de cette campagne est de continuer à construire la notoriété de la marque. Il s'agit également de déclencher le 1er achat et de facto faire croître la pénétration marché. Enfin, cette opération permet de cultiver la forte personnalité de la marque.

SOLUTION STRATÉGIQUE

L'idée stratégique
Mettre en place une application Facebook capable de créer du lien et de capitaliser sur le temps fort commercial de la marque : les fêtes de Noël. L'idée ? *« Le Calendrier de l'avent by Fred, notre Chef pâtissier bien-aimé »* : un rendez-vous quotidien avec la marque qui propose de découvrir en vidéo comment Fred a revisité le chiffre du jour avec un ingrédient principal.
En ouvrant une case, l'internaute découvre alors l'ingrédient du jour, la performance créative et gourmande de Fred, les produits Gü associés, la recette et les anecdotes du Chef. En bonus, l'internaute peut tenter sa chance pour remporter une box Gü par jour.

Le dispositif media
Mise en place d'une campagne de recrutement Facebook du 2 au 24 décembre 2013 auprès d'une cible urbaine/hommes-femmes/15-49 ans. Les supports de communication choisis ont été les Facebook Ads (bannières latérales) et les Sponsored Stories (posts sponsorisés qui s'affichent sur les timelines) afin d'atteindre un objectif de gain de 10 000 fans et le dépassement de la barre des 80 000 fans sur la page Gü Desserts.
La stratégie créative sur cette campagne a consisté, en priorité, à mettre en avant la marque, avec son logo mystérieux, accrocheur et séduisant. Nous avons également choisi d'orienter le discours autour des box à gagner et du temps fort de Noël pour le côté promotionnel. Enfin, un troisième type de création

consistait à mettre en avant les chiffres du calendrier stylisés en food typographie, pour le côté surprenant et découverte de l'univers de la marque.
In fine, la création qui a remporté près de 90 % de clics a été... le logo Gü ! Un pari qui a donc été remporté haut la main par la marque sur cette campagne, d'autant plus que le type de création qui a obtenu le moins de clics était celui orienté promotion et dotations.

Les aspects innovants et de différenciation
Cette opération mise sur la gourmandise, à travers un storytelling sur le choix des ingrédients et des desserts. L'expertise est révélée par la valorisation des talents du Chef et de sa capacité créative. De plus, grâce à un discours complice, proche des gens et décalé, l'opération mise sur le petit zeste de folie de la communication.

Les KPI's
• Le nombre de fans/de likes générés
• Le reach
• Le taux d'engagement
• Le taux de clic sur les posts/les Facebook Ads

MISE EN PLACE OPÉRATIONNELLE

La durée : du 1er au 24 décembre 2013

Le parti pris créatif est de s'aligner sur l'identité premium et luxe de la marque. Ainsi, la technique choisie pour revisiter les jours du calendrier est la food typographie : proposer un graphisme moderne et dans l'air du temps constitué entièrement d'ingrédients transformés (coupés, fondus, râpés, en poudre).

La valorisation de cette technique s'est réalisée via la mise en place d'un tournage permettant d'illustrer par la suite le montage des 24 créations. Un véritable challenge pour la marque et un spectacle visuel pour les internautes. Du point de vue de l'application, l'agence a souhaité partir sur une interface desktop full-screen et une version dédiée au mobile.

Les étapes
1) Pour accéder à l'application, l'utilisateur doit devenir fan de la page Gü France
2) Une fois fan, l'utilisateur découvre le calendrier de l'avent revisité par Gü avec 24 cases à ouvrir
3) En ouvrant chaque case, l'internaute arrive sur la fiche ingrédient du jour et découvre ainsi : **une vidéo** de 7 secondes qui montre la performance créative du chef pâtissier Fred, **une anecdote** de Fred autour de l'ingrédient (choix, histoire, provenance), **une recette** de Fred autour de l'ingrédient (simple, inédite, gourmande), **les produits Gü associés** à cet ingrédient (et une redirection vers le site), **un bouton « Voir mon cadeau »** pour participer à l'instant-gagnant du jour, **un bouton de parrainage d'amis** pour augmenter ses chances de gagner et **un bouton de partage** de la fiche

« Mettre en place une application Facebook capable de créer du lien et de capitaliser sur le temps fort commercial de la marque : les fêtes de Noël. L'idée ? « Le Calendrier de l'avent by Fred, notre Chef pâtissier bien-aimé ». »

LES RÉSULTATS

• Près de 10 000 fans générés
• 30 % d'opt-in
• 83 % d'ouverture du Calendrier de l'avent par les fans
• 25 grands gagnants

O *Gü*
Stéphanie Neyer-Caytan, *Responsable Marketing France Gü*

O *Extrême Sensio*
Lucas Denjean, *Directeur Général et conseil Extrême Sensio*

HAUTE AUTORITÉ DE SANTÉ *Qui ?*

SCOPE SANTÉ *Quoi ?*

10 articles publiés

Data visualisation • Pédagogie • Ergonomie

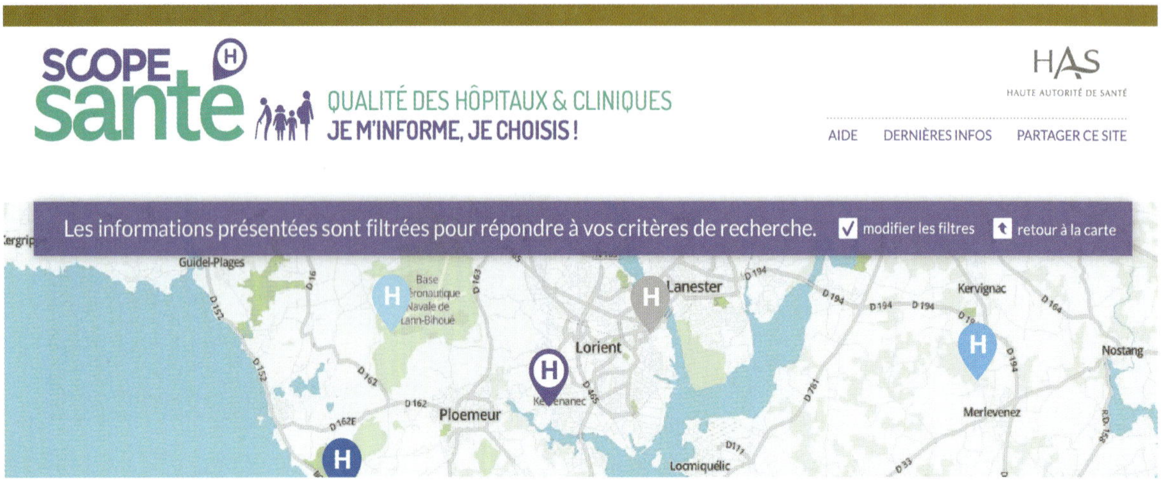

PROBLÉMATIQUE BUSINESS DE LA MARQUE

Le contexte

La Haute Autorité de Santé (HAS) se définit comme une autorité publique indépendante à caractère scientifique qui contribue à la régulation du système de santé par la qualité et l'efficience. Le législateur a confié à la HAS la mission de coordonner l'élaboration et la diffusion de l'information sur la qualité des prises en charge dans les établissements de santé en direction du grand public.

La cible

La plateforme Scope Santé est à destination du grand public. La cible est très large, puisqu'il s'agit de problématiques qui concernent toute personne devant être hospitalisée ou cherchant des informations sur les établissements de santé en France. Même s'ils n'en sont pas la cible, Scope Santé intéresse également en premier lieu les professionnels et gestionnaires de la santé.

Les objectifs

L'objectif du site est d'offrir une information fiable, actualisée, accessible, pédagogique, contextualisée et géolocalisée afin de permettre à un usager de prendre une décision ou d'échanger avec un professionnel de santé.

Quali

• mettre à disposition des usagers des données utiles, en termes de capacité, d'activité et d'évaluation de la qualité de près de 5 000 établissements de santé, publics ou privés,
• rendre accessibles et compréhensibles ces données,
• comparer les établissements en fonction de plusieurs critères (qualité des soins, données d'activité, équipements, etc.),
• contextualiser les informations disponibles en offrant des repères régionaux, nationaux,
• personnaliser les critères de recherche en fonction des priorités de chacun,
• proposer les établissements les plus adaptés en fonction des recherches de chaque internaute...

SOLUTION STRATÉGIQUE

L'idée stratégique

La proposition faite dans le cadre de ce projet a été de passer d'une présentation "tableau de bord" des données à leur scénarisation, conçue à partir des besoins de différents types d'usagers et d'utiliser la datavisualisation comme moyen de scénarisation et de pédagogie des nombreuses informations sur un thème complexe et sensible (l'évaluation de la qualité).
La datavisualisation consiste à "connecter" une base de données à une interface graphique afin de permettre à des utilisateurs d'accéder aux données utiles à leur recherche. Elle suppose, au préalable, un travail important d'architecture d'information.

Les aspects innovants et de différenciation

Grâce à Scope Santé, la HAS valorise l'information publique de santé pour en faire un bien commun dont la diffusion sert l'intérêt général. Les données disponibles sur Scope Santé sont mises à jour mensuellement. C'est un des principaux projets d'exploitation des données publiques de 2013 en France.

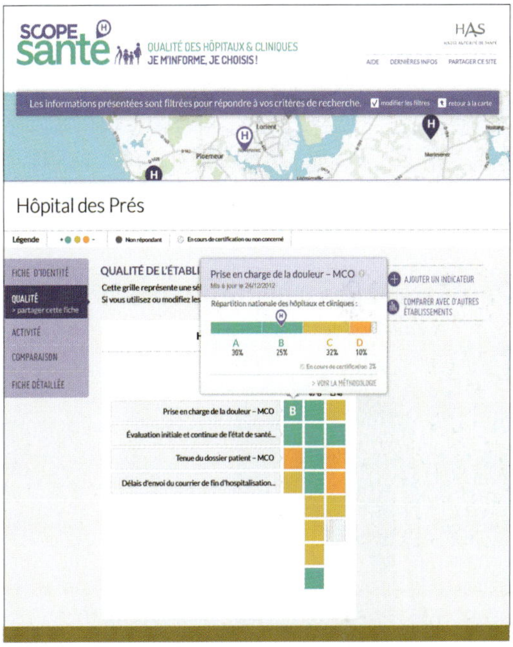

MISE EN PLACE OPÉRATIONNELLE

Les explications autour des choix créatifs
Le parti pris graphique est celui du Flat Design, popularisé par Windows 8, Google ou encore Apple. Le site arbore un design "à plat" faisant la part belle à la visualisation des données.
Scope Santé est résolument moderne, et présente en cela une avancée pour un site public traitant d'informations sur la santé.

La description du choix stratégique des supports retenus
Si la première version du site n'est pas responsive design (adaptation sur mobile-tablette), pour des raisons de lourdeur de l'application (liée aux très nombreuses données), la prochaine version devra prendre en compte cette contrainte afin de s'adapter aux usages des internautes, notamment en mobilité.

› Les étapes :

1. Initialisation et storytelling des données
Cette première partie a été réalisée essentiellement par des consultant(e)s en communication et en datavisualisation.
Dans un premier temps, cette équipe a travaillé avec des représentants d'usagers, ainsi qu'avec des passants afin d'identifier leurs attentes et besoins en matière d'information sur les hôpitaux.
Les parcours utilisateurs ont ensuite été définis, et une sélection des données publiques disponibles a été réalisée pour constituer la base de données.
Dans un second temps, les fonctionnalités complémentaires du site qui ne sont pas portées par la dataviz (glossaire, méthodologie, tutoriels...) ont été conçues.
Enfin, un plan d'assurance qualité visant à garantir la qualité des livrables tout au long du projet a été rédigé.

2. Conception et architecture de l'information
Pour cette seconde phase de réalisation, Entrecom a fait appel à des ergonomes. Des experts UI/UX & datavisualisation ont été mobilisés.

3. Direction artistique
Pour la direction artistique, un architecte de l'information et un directeur artistique ont été mobilisés. Leur mission consistait à réaliser l'identité graphique et le logo de la plateforme, designer le site Scope Santé et définir une charte graphique.

4. Développements informatiques
Des chefs de projets techniques et des développeurs front et back-end ont été en charge du développement technique de la plateforme, ce qui inclut : les développements du site (CMS), des web services et de l'application de dataviz ; la réalisation de plans de tests et des tests correspondants ainsi que la documentation projet.

« L'objectif du site est d'offrir une information fiable, actualisée, accessible, pédagogique, contextualisée et géolocalisée afin de permettre à un usager de prendre une décision ou d'échanger avec un professionnel de santé. »

LES RÉSULTATS

Les nombreuses retombées presse ainsi que la vidéo pédagogique mise en ligne ont permis de faire connaître Scope Santé au grand public.

O Agence : Entrecom

HP FRANCE
Qui ?
#ZOOMCHALLENGE
Quoi ?

4 403 tweets

72 000
personnes engagées
sur Facebook

Innovation • Jeux • Recrutement de fans

PROBLÉMATIQUE BUSINESS DE LA MARQUE

Comment démontrer l'innovation et la polyvalence de la nouvelle tablette HP Slate 7, tout en créant une mécanique de campagne novatrice ? Les campagnes purement digitales sont nombreuses, mais ne sont pas toujours capables de créer des expériences mémorables pour les participants.

La facilité à participer à des concours en ligne devient une excuse pour des mécaniques simplistes, sans véritables interactions humaines entre les joueurs. Notre parti-pris ? Créer une campagne digitale et sociale avec un élément off line intégral, afin de mettre en avant les possibilités de collaboration entre joueurs sur les réseaux sociaux, et la compétitivité des participants dans la phase off line.

En terme quantitatif notre objectif premier est de générer de manière organique - sans achat média - au moins un trending topic sur Twitter chaque fois qu'une Slate 7 est mise en jeu. Il s'agit également de favoriser le recrutement de followers du compte Twitter @HP_France et de fans de la page Facebook en utilisant un "like wall" sur le tab Facebook du concours.

En terme qualitatif notre volonté est de créer la surprise parmi les fans de la marque, à travers une mécanique qui reflète un esprit innovant et différentié. Notre objectif est de créer un véritable échange entre la marque et les fans, en proposant une mécanique nouvelle, intuitive et agréable.

SOLUTION STRATÉGIQUE

Une campagne globale est entreprise pour le lancement de cette nouvelle tablette avec dans un premier temps une activation RP à la fin février, des démonstrations produit et une campagne vidéo on line courant avril. Sur le plan digital une campagne SEM est activée, bannières et newsletter sont diffusées. La campagne social media s'inscrit également comme un élément-clé de cette campagne globale de lancement produit.

Elle prend la forme d'une chasse au trésor virtuelle, avec un trésor bien réel. L'idée est de cacher une HP Slate 7 dans un endroit secret d'une grande ville française, et de progressivement révéler sa localisation au travers d'une carte interactive disponible sur l'onglet dédié à l'opération sur la page Facebook HP France.

Au début de la chasse au trésor, la carte est présentée à son niveau de zoom minimum, montrant le globe terrestre dans sa totalité. Afin de faire augmenter le zoom, et de révéler la localisation du trésor, les joueurs doivent utiliser un hashtag spécifiquement créé pour l'opération : #ZoomHPSlate7. Plus celui-ci est utilisé, plus la localisation exacte du trésor est révélée rapidement. Twitter est choisi pour la facilité de participation, et sa forte capacité d'amplification. Les utilisateurs travaillent ensemble, syndiqués autour du hashtag pour découvrir la localisation de la tablette, tout en sensibilisant leurs followers sur le message de la campagne de marque.

Le virtuel fait irruption dans la vie réelle et la course au hashtag se transforme en véritable course à pied dans les rues des grandes villes françaises afin d'être le premier sur la zone identifiée pour décrocher le précieux trésor.

Nous déterminons comme étant nos KPIs le nombre de tweets contenant le hashtag #ZoomHPSlate7 ; le nombre de followers recrutés sur Twitter et de fans sur la page Facebook HP France ainsi que le reach et l'engagement sur cette même page.

MISE EN PLACE OPÉRATIONNELLE

Entre avril et mai, une opération de teasing est mise en place pour annoncer le lancement de la campagne et donner des pistes sur les possibles localisations de la tablette. Ce teasing s'effectue via la diffusion de contenus sur Twitter et Facebook, invitant les utilisateurs à venir consulter régulièrement les avancées sur le tab Facebook et en leur expliquant la mécanique à respecter pour gagner les lots.

La campagne se déroule sur 3 semaines dans le courant du mois de juin 2013. Une application Facebook est mise en ligne et 3 grandes villes françaises choisies en fonction du nombre de fans Facebook de la marque déjà présents dans chacune de ces villes. Il s'agit des villes de Paris - choisie pour ses 7 593 fans - , Marseille et ses 1 368 fans et Lyon, 1 269 fans.

La chasse au trésor débute à Paris la semaine du 3 au 9 juin 2013, s'en suivent l'opération de Lyon du 10 au 16 juin 2013 et de Marseille du 17 au 23 juin 2013.

LES RÉSULTATS

Quantitativement les objectifs fixés sont atteints.12,2 millions d'utilisateurs sont touchés sur Facebook et 72 000 engagés parmi lesquels 34 000 sur l'onglet dédié à l'application. Au terme des 3 semaines d'activation, nous enregistrons un recrutement de 8 412 nouveaux fans. En ce qui concerne Twitter, nous observons 4 403 tweets contenant le hashtag de la campagne #zoomHPslate7 lui permettant de passer en trending topic organique et de toucher 35 463 utilisateurs.

Sur le plan qualitatif, l'auditoire est séduit et adhère au jeu de manière très enthousiaste comme en témoignent ces commentaires d'utilisateurs :

@cine_games92 : *« On Twitte pour zoomer c'est une super idée de chasse au trésor je trouve » #zoomHPslate7 »*

@mamzellepo : *« Bon en tout cas même si je ne trouve pas la tablette je trouve ça assez fun l'idée de la chasse au trésor ! Good idea @HP_France #zoomHPslate7 »*

@Ikramouu : *« 30% Hiihii j'adore ce jeu : #zoomHPslate7 »*

@w_elodie : *« #zoomHPslate7 et dans la bonne humeur pour ce super jeu ! »*

« Notre parti-pris ? Créer une campagne digitale et sociale avec un élément off line intégral, afin de mettre en avant les possibilités de collaboration entre joueurs sur les réseaux sociaux, et la compétitivité des participants dans la phase off line. »

O *Hewlett Packard*

Nora REZAIK – *Social Media Manager HP France*
Pierre-Emmanuel HUTEAU – *Junior Social Media & Digital Marketing HP France*

HTC *Qui ?*
HERE'S TO CHANGE *Quoi ?*

6,5 MILLIONS
de personnes atteintes sur Facebook

10,3%
d'engagement Twitter

Humour • Vidéo • Social media

PROBLÉMATIQUE BUSINESS DE LA MARQUE

Fondée en 1997, HTC est un concepteur et fabricant taïwanais proposant un portefeuille de produits tels que smartphones et tablettes, équipés des systèmes d'exploitation Android et Windows Phone.

L'acteur évolue dans un marché dominé par les leaders Apple et Samsung cumulant plus de 60 % des ventes en Europe et la moitié du marché mondial.
Il se positionne comme le *summum* technologique grâce à des déclinaisons en plusieurs formats allant du mini à la « phablet » et veille à construire des produits offrant une expérience utilisateur personnalisée.

HTC bénéficie par ailleurs d'une forte préférence de marque et d'une communauté impliquée qu'elle entretient d'ores et déjà via sa stratégie e-CRM et l'animation constante de sa page Facebook.

Dans un marché concurrentiel fort où la déferlante des constructeurs chinois arrive à grands pas, HTC se devait de frapper un grand coup pour avoir sa place dans le top 5 et de renforcer le sentiment d'engagement de ses consommateurs partageant les mêmes valeurs que la marque.

La cible
Le cœur de cible visé par HTC se compose :
• Des early adopters : individus désireux d'essayer les nouvelles technologies en exclusivité, véritables détecteurs de mode, très actifs et ayant un mode de vie plutôt urbain.
• Des 18-34 ans amateurs de technologie dans un design premium.

Les objectifs
La campagne de buzz *Here's To Change* a pour vocation principale de renforcer l'image de marque d'HTC.
Sur la cible France et dans une logique virale, les objectifs définis sont :
• Obtenir un engagement important de la communauté.
• Fédérer les 18-34 ans autour de la campagne.
• Inciter les fans de la marque à liker leurs HTC préférés et proposer leurs jeux de mots.
• Respecter l'identité de la marque "Innovation et créativité".

SOLUTION STRATÉGIQUE

L'idée
Pour lancer sa nouvelle plateforme « Here's To Change », la marque a choisi d'adopter **un ton décalé et propice à l'humour**, lui permettant de fédérer ses consommateurs et maximiser l'engagement de sa communauté. Comment, me direz-vous ? En se jouant d'elle-même et de son nom via la déclinaison illustrée de l'acronyme HTC (signifiant à l'origine High Tech Computer). Nous retrouverons des visuels mettant en avant des expressions en respect avec la baseline « Here's To Change » telles que « Homme toison ciselée », « Horrible truite carrée » ou encore « Hipster Troll Carwash » pour les US, allouant ainsi un potentiel viral notoire.

Les aspects innovants et de différenciation
Mais ce n'est pas tout ! Pour en mettre plein la vue et en prémices de cette campagne, la marque s'est offert les services du célèbre acteur d'Iron Man « Robert Downey Jr » dans des vidéos au ton loufoque également.
Comment faire alors pour que la communauté française de la marque s'approprie cette nouvelle orientation autour d'un concept fun et viral ?

MISE EN PLACE OPÉRATIONNELLE

Durée de l'opération sur les réseaux sociaux
3 semaines - Du 4 au 24 novembre en France

Les supports
Un spot vidéo décalé où nous pouvions suivre Robert Downey Jr à la recherche d'une nouvelle signification pour le sigle « HTC », dans différentes scènes aux partis pris farfelus et burlesques.

3 vidéos teasing ont d'abord été publiées sur Vine, puis sur YouTube, précédant ainsi des spots publicitaires diffusés sur le web, à la télévision et au cinéma à partir du 15 août.

Les deux canaux choisis pour relayer l'opération sont Facebook et Twitter représentant en cumulé une communauté de 340 000 fans et followers. Grâce à l'engagement déjà existant des fans, aux possibilités de communiquer sur l'instant présent et aux solutions publicitaires existantes, ils se sont imposés comme les réseaux les plus appropriés aux objectifs de la campagne.

Les différentes étapes
Facebook & Twitter
A la façon d'un calendrier de l'avent, 15 visuels humoristiques et délirants inspirés du spot vidéo sont dévoilés du lundi au vendredi lors des 3 semaines de l'opération. Chaque publication met en avant un jeu de mots, surfant principalement sur l'actualité.

Sur Facebook, la Coverpic changeait au fil des jours pour dévoiler la totalité du dispositif.

LES RÉSULTATS

Facebook : 15 posts (ratio par rapport au mois de septembre)
• 6,5 millions de personnes atteintes (+ 84 %)
• 35 215 actions (+ 116 %)
• Focus 1ère publication : moins de 24 h après la publication du premier visuel, le 1er post Facebook a été vu par plus de 735 744 personnes, générant 4 465 likes, 274 commentaires et 490 partages.
Impacts sur chaque KPI : 2,5 fois plus de likes, 3 fois plus de commentaires, 7 fois plus de partages.

Twitter : 15 tweets
• Taux d'engagement moyen du compte en novembre : 10,3 % (2,8 en octobre.)
• Pic d'engagement à 16 % pour certains tweets (Here's To Colors notamment)
• Focus 1er jour de campagne : 160 000 impressions.

O *HTC France*
Anne-Sophie Frenove, *Head of Marketing & Communication*

« Pour lancer sa nouvelle plateforme « Here's To Change », la marque a choisi d'adopter un ton décalé et propice à l'humour, lui permettant de fédérer ses consommateurs et maximiser l'engagement de sa communauté. »

CROIX-ROUGE FRANÇAISE

Qui ?

Quoi ?

ENGAGER UNE COMMUNAUTÉ

+ de 300 000 vues

671 relais Twitter

43 articles

Cause marketing • Multicanal • Engagement

PROBLÉMATIQUE BUSINESS DE LA MARQUE

Depuis 150 ans, la Croix-Rouge française combat toutes les formes de précarité, en France et à l'étranger. Association historique reconnue, elle est devenue avec le temps une émanation des pouvoirs publics, dont elle assure certaines des missions traditionnelles, telles que le secourisme.

Ce statut à part présente des avantages – reconnaissance, crédibilité – mais aussi des risques. La collaboration entre RAPP et la Croix-Rouge a débuté, en partant du constat suivant : marque devenue institutionnelle avec le temps, l'association ne parvenait plus à engager les nouvelles générations. Leur profil : les 25- 50 ans, qui ont connu la crise et les grands scandales du charity business ; ils donnent moins de manière générale, et lorsqu'ils donnent, les dons s'orientent davantage vers les associations qui parlent le plus fort, même quand les actions concrètes ne suivent pas. Ils voient dans la Croix-Rouge un acteur de la solidarité si important, si puissant, qu'ils estiment qu'il n'est pas nécessaire de lui apporter un soutien.

Notre challenge
Comment utiliser les médias sociaux pour faire basculer cette perception et les faire s'engager auprès de la Croix-Rouge ?

Nos KPI
Incrémental viral (partages Facebook, retombées RP...), incrémental dons.

SOLUTION STRATÉGIQUE

Notre idée-clé
Disrupter la communication traditionnelle de la Croix-Rouge et passer en mode « créa-réactivité ».

La créa-réactivité, c'est le détournement des « buzz » qui font bruisser le web au profit des messages de la Croix-Rouge. Puisque les internautes ne viennent pas spontanément à nous, piratons leur consommation quotidienne pour nous y glisser et attirer leur attention sur les sujets qui comptent... quitte à adopter un ton plus direct et même choquant.

Notre terrain de jeu
Les émissions de TV, les buzz futiles à la Nabila, l'actualité politique... tout ce que nous pouvons associer avec du sens aux sujets de l'association.

Plus qu'un concept de campagne, il s'agissait également d'une nouvelle façon de travailler : certains buzz sont prévisibles (émissions de TV réalité), d'autres non ! Nous avons donc mis en place avec la Croix-Rouge un mode d'organisation innovant : une structure courte, associant planners, créatifs et clients, capables d'identifier un buzz utile et d'y réagir en moins de 48 h.

MISE EN PLACE OPÉRATIONNELLE

La durée
Veille constante tout au long de l'année 2013.
4 temps forts dans le courant de l'année.

Les explications autour des choix créatifs
Nous avons maintenu des communications traditionnelles comme le mailing et l' e-mailing auprès des donateurs réguliers et historiques. Afin d'engager des donateurs, ou futurs donateurs plus jeunes, nous avons investi les réseaux sociaux. Pourquoi les réseaux sociaux ? Car il s'agit d'un lieu de présence de cette nouvelle cible de communication, également en cohérence avec la stratégie temps réel que nous avons adoptée.

La description du choix stratégique des supports -
Nous avons principalement fait appel à notre base de données « influenceurs », constituée de blogueurs, journalistes, twittos... affines aux actions de la Croix-Rouge. Pour certains temps forts, nous avons renforcé le dispositif avec des Facebook Ads ou des tweets sponsorisés.

Les étapes
Pour chacune des actions menées, nous avons :
1. Identifié un élément de buzz, d'actualité comme la danse Harlem Shake ou l'actualité autour de Cahuzac
2. Proposé à la Croix-Rouge une action de communication
3. Publié un support de communication (tweet, post Facebook, vidéo...)
4. Mené une stratégie de RP digitale auprès de blogueurs, journalistes...

LES RÉSULTATS

A l'issue de chacune de nos actions, nous avons scanné le web afin d'identifier les mentions, articles, tweets... générés par la campagne. Le scan a été effectué via l'outil Sysomos.

Master Survivor :
- + de 300 000 vues sur YouTube
- + de 400 mentions sur le web (blog, Twitter, actualité...)
- Un passage TV

Harlem Shake :
- + de 400 000 vues sur YouTube
- 43 articles website/blog
- 20 articles dans des médias on line
- 671 relais Twitter
- Un passage TV

Patrimoine :
- 300 000 personnes exposées
- 4 432 partages

Eau contaminée :
- 870 000 personnes exposées
- 8 500 partages

Des actions qui interpellent et sont relayées avec peu de moyens sur des médias en affinité avec la cible. Des actions qui réveillent les consciences et font réagir.
Des actions qui ont généré une augmentation de 147 % des dons sur les réseaux sociaux.

O *Agence RAPP*

« Nous avons donc mis en place avec la Croix-Rouge un mode d'organisation innovant : une structure courte, associant planners, créatifs et clients, capables d'identifier un buzz utile et d'y réagir en moins de 48 h. »

MONDELEZ INTERNATIONAL

Qui ?

LU C'EST VOUS !

Quoi ?

+ 60 000 Fans recrutés sur Facebook

+ 4,5 MILLIONS de vues sur Youtube

+ 5 000 participations au casting

Proximité • Engagement • Viralité

PROBLÉMATIQUE BUSINESS DE LA MARQUE

Le contexte

LU est une marque du groupe Mondelez International. Créatrice de biscuits depuis 1846, elle rayonne en France en véritable love brand : 96% de notoriété, 86% de pénétration et 25 paquets consommés par seconde. Les français lui portent un attachement particulier depuis toujours, si bien qu'elle a été élue marque préférée des français en 2012.

Après plusieurs années de silence, LU fait son grand retour en communication en tant que marque ombrelle en 2011, avec une idée de marque forte s'adressant à tous les français en panne d'inspiration, dont le moral est en berne : « LU, Ouvrons le Champ des Possibles ».

Ce système de communication intégré autour de la marque ombrelle LU se lance par la TV, puis en affichage et enfin en digital. L'opération « Lu C'est Vous » est à la croisée entre communication affichage et digitale.

La cible

LU s'adresse à tous les consommateurs, petits et grands, à travers une large gamme de produits (de Lulu l'Ourson à Petit Ecolier, en passant par La Paille d'Or, Tuc ou Granola, etc...). Les consommateurs de LU ont souvent grandi avec la marque et lui portent un lien affectif très fort. En effet, le biscuit LU est au cœur du lien humain.

Les objectifs

Objectifs de communication : remettre le consommateur au cœur de la communication de la marque, l'engager derrière la marque LU, incarner l'ouverture du champ des possibles.

Objectifs d'image : progresser sur les items de proximité et d'engagement, de modernité et d'unicité.

SOLUTION STRATÉGIQUE

L'idée stratégique

L'opération « LU C'est Vous ! » a été imaginée pour « dire merci » aux consommateurs LU d'être une source d'inspiration chaque jour, de manière événementielle et novatrice. Lu a donc voulu célébrer ses consommateurs autour de ce « merci » particulier et innovant, qui ouvre le champ des possibles.

Les aspects innovants et de différenciation

L'opération « LU, C'est Vous ! » permet à la marque de remercier ses consommateurs : à travers la mise en place d'affichages événementiels et insolites, au cœur du lieu de vie de chaque gagnant. (un escalier à Nantes, un bus à Lyon, une bâche géante à Marseille...) En piégeant les gagnants en caméra cachée : ce ne sont donc pas des acteurs mais de vrais consommateurs LU dont les réactions authentiques sont filmées.

MISE EN PLACE OPÉRATIONNELLE

La durée : de Juin à Novembre 2013.

Les explications autour des choix créatifs
Pour l'agence Proximity BBDO, à l'initiative de l'opération « LU, C'est Vous ! », il s'agissait de « rendre hommage à tous les fans de la marque en réinventant le « merci » et en lui donnant tout son sens et surtout toute son ampleur ». Le choix créatif a donc été de ne pas remercier simplement les fans via des affichages classiques type abribus, mais par un affichage personnalisé de par son format, sa localisation et le support en lien avec les gagnants (un bus pour l'équipe de foot, un support d'affichage mythique à Marseille sur la Cannebière pour les plongeurs du Frioul...).

Les étapes
Tout commence par un casting national en juin : Une application sur la page Facebook de la marque proposait aux fans de se prendre en photo avec leur biscuit préféré. En parallèle, un camion de shooting itinérant LU est allé à la rencontre des habitants de 4 villes de France : Lyon, Marseille, Paris, Nantes, en proposant le même principe de shooting photo.

Au total, plus de 5000 participants ont répondu présents à l'appel de LU qui leur proposait de devenir les visages de sa prochaine campagne.

4 groupes de fans, un groupe de chaque ville visitée, ont été retenus pour leur énergie et leur enthousiasme et ont participé à un shooting professionnel à Paris avec Benny Valsson, le photographe de la dernière campagne de la marque. A ce stade de l'opération, ils ignorent encore tous où et quand ils seront mis en scène...

LU a affiché les gagnants de manière totalement inattendue à travers des affichages rupturistes au sein de leur ville. L'équipe de production est ensuite allée, avec l'aide de complices, surprendre en caméra cachée les réactions des gagnants qui découvraient leur visage dans le paysage urbain, au moment où ils s'y attendaient le moins...
A Marseille, c'est le club de plongeurs du Frioul qui se découvre soudainement sur une bâche géante, celle-là même qui avait rendu hommage au visage de Zidane sur la Cannebière !
A Paris, la gagnante est surprise de découvrir son énergie célébrée sur l'ensemble du quai d'une station de métro.
A Lyon, la stupeur est également totale pour le club de football de la Muroise au moment de croiser un bus à leur effigie !
Et à Nantes, étonnement et crise de rire pour ce couple qui s'est soudain vu affiché sur des escaliers de la ville.
La vidéo de ces mercis, la surprise des gagnants ainsi que l'histoire de toute l'opération ont été médiatisées sur Youtube pendant 3 semaines à partir de mi-octobre.

LES RÉSULTATS

Cette opération « Lu C'est Vous » a remporté un franc succès : à travers de nombreux commentaires très positifs sur les réseaux sociaux et d'excellents résultats supérieurs aux attentes.
+ de 5 000 participations au casting dont 3 300 participations sur Facebook
+ de 60 000 fans recrutés sur Facebook
+ de 450 000 contacts lors du Roadshow
+ de 4.5 millions de vues sur Youtube

« L'opération « LU C'est Vous ! » a été imaginée pour « dire merci » aux consommateurs LU d'être une source d'inspiration chaque jour, de manière événementielle et novatrice. »

O *Agence Proximity BBDO*

Mathilde Reymondier, *chef de Groupe LU*

MICHEL ET AUGUSTIN LES 4 VACHES EN OR !

Qui ?

Quoi ?

+ de **8 000** followers en temps réel

70 000 fans
Facebook participants

2 000 visiteurs uniques sur le site

Live tweet • Communauté • Événementiel

PROBLÉMATIQUE BUSINESS DE LA MARQUE

Le principe ?
Chaque année de décembre à fin janvier, Michel et Augustin organise une chasse à la vache en or.

4 vaches en or sont cachées dans un produit en édition limitée, le cookie des rois, quelque part en France avec 1 indice par jour sur Facebook, par tirage au sort, sur notre chouette site internet.

Pour les 4 gagnants qui dénichent la vache en or, direction une mission d'exception avec l'équipe Michel et Augustin sur les traces de l'un des ingrédients STARS.

Rétrospective :
1ère édition New York à la recherche des meilleures pâtisseries.
2ème édition Tokyo à la découverte d'ingrédients insolites.
Vive le thé vert !
3ème édition La Réunion, sur la route de la meilleure vanille des îles !

Les objectifs de cet événement ?
- Animer une période-clé de l'année : Noël.
- Faire vivre l'aventure en magasin grâce à un produit en édition limitée : le cookie des rois !
- Animer la communauté avec un jeu ludique et nostalgique de l'histoire de Charlie et la Chocolaterie.
- Créer du contenu qualitatif avant, pendant et après l'événement.

MISE EN PLACE OPÉRATIONNELLE

Focus sur la 3ème édition : les 4 vaches en or sur les traces de la meilleure vanille à La Réunion !

1/ L'ouverture de la chasse à la vache !
Début décembre, tous les leviers de communication Michel et Augustin annoncent l'événement.
Le header Facebook, la cover Twitter s'habillent avec la charte graphique des 4 vaches en or. Les trublions transmettent le message à tous leurs contacts via une signature e-mail personnalisée. Plusieurs publications Facebook et Twitter sont planifiées pour toucher TOUTE la communauté.
L'objectif étant d'informer le plus GRAND nombre que la chasse à la vache en or va commencer.
C'est aussi une étape cruciale pour rappeler les règles du jeu et mettre en avant la destination et l'ingrédient STAR. Ici la vanille des îles. Et c'est à La Réunion que l'on en trouve une des meilleures.

2/ La chasse à la vache en or
Chaque vache est révélée progressivement :
la vache en or est d'abord chassée sur notre chouette site Internet. Elle est cachée dans une de nos pages. C'est à l'internaute de la dénicher et ATTENTION. Notre site est riche. C'est donc une vraie chasse qui s'ouvre. Temps record : 3 minutes !

La chasse se poursuit quelque part en France. Elle est préalablement cachée par un de nos chefs de secteur dans le plus GRAND des secrets. Nous sélectionnons plusieurs lieux

avant de choisir LE lieu le plus propice à une chasse souriante : des endroits insolites, secrets, difficiles d'accès.
Pour dénicher cette vache, il est impératif de suivre les indices diffusés chaque jour sur Facebook et Twitter.

Puis c'est la chasse à la vache en or dans le cookie des rois ! Ce sont nos équipes produit qui cachent la vache chez notre partenaire fabricant de vrais cookies. Une vidéo qui retrace cette étape est diffusée sur nos réseaux sociaux. C'est à l'Epiphanie que la vache a une chance d'être dénichée. Nous appelons cela « Tirez les rois vaches ;) ».
Pour finir, c'est un tirage au sort qui détermine le dernier gagnant très très chanceux.

3/ La mission d'exception

Les 4 gagnants partent en mission d'exception avec nous, les trublions, pour dénicher la meilleure vanille des îles !
Direction La Réunion. Au programme :

• Course en équipe dans les allées du marché forain de St-Paul pour rechercher les ingrédients STARS de la cuisine créole. La vanille n'est jamais bien loin ;)
• Atelier de cuisine à base de vanille pour comprendre ses notes aromatiques dans le respect des traditions créoles : cuisson au feu de bois, à l'extérieur.
• Visite d'une vanilleraie pour TOUT savoir de l'art et la manière de cultiver la vanille.
• Au retour, présentation à toute l'équipe des trouvailles et dégustation pour échanges.

4/ Communication et contenu

Avant l'événement, nous avons mis en place un calendrier éditorial. Le but était l'habillage de tous nos médias aux couleurs de l'événement : réseaux sociaux, outils internes, diffusion du message lors des portes ouvertes tous les 1ers jeudis du mois, stickage de 20 000 produits, 350 box en magasins... Et aussi :

• Publicité dans la presse spécialisée et grand public
• Affichage dans les 10 plus grandes villes de France (pour la 2ème édition)
• Pendant la mission un LIVE tweet est animé via #4VEO pour suivre l'intégralité de la mission
• Publication chaque jour d'un album photo avec les meilleures photos de l'équipe
• Au retour, création d'une page dédiée avec : un carnet de recettes à base de vanille des îles, une infographie pour tout savoir de la vanille, un focus sur les rencontres et bonnes adresses à visiter.

LES RÉSULTATS

Les chiffres-clés ?
1 fois par an
4 gagnants ambassadeurs
1 mission d'exception
+ de 70 000 fans/participants à la chasse
+ de 8 000 followers suivent en temps réel la mission
+ de 2 000 visiteurs uniques sur notre site

« Les objectifs de cet événement ? Animer une période clé de l'année : Noël, et faire vivre l'aventure en magasin grâce à un produit en édition limitée : le cookie des rois ! »

O *Michel & Augustin*

ORANGINA SCHWEPPES FRANCE Qui ?

MISSION 404 : INTERNET DOIT RESTER VIVANT Quoi ?

65 000 likes

4 MILLIONS de vues

+ de 250 articles

Buzz • Vidéo virale • Humour

PROBLÉMATIQUE BUSINESS DE LA MARQUE

Contexte

Depuis plus de 75 ans, Orangina entretient un esprit drôle et décalé, fruit d'un riche passé publicitaire, marqué par les campagnes d'Alain Chabat, Jamel Debbouze ou plus récemment les cultissimes pin-up sexy mi-animales, mi-humaines. Ces campagnes publicitaires déjantées ont contribué à faire d'Orangina une marque culte auprès des jeunes adultes.

Publics concernés

La génération Y (les 15/25 ans) ainsi qu'un public plus large (les 15/65 ans) car c'est le propre de toute marque trans-générationnelle.

Problématique

Comment faire vivre la nouvelle plateforme de marque « Restez Vivants, Buvez Orangina » sur le digital, afin de générer de la présence à l'esprit et gagner en proximité auprès des 15/25 ans ?

SOLUTION STRATÉGIQUE

Orangina réunit pour la première fois deux collectifs phares de l'humour, Studio Bagel (la première chaîne YouTube) et Golden Moustache (le studio créatif lancé par M6) pour écrire, interpréter et réaliser un court-métrage dédié à la génération Internet. La marque a demandé aux 19 talents (10 chez Studio Bagel et 9 chez Golden Moustache) de travailler ensemble sur un projet hors du commun ; le résultat s'appelle Mission 404 (en référence au code d'erreur). Orangina repousse une nouvelle fois les limites de la créativité en proposant un format de 14 minutes, de l'inédit sur le web.

Fidèle à son esprit décalé, Orangina a laissé une vraie liberté de ton aux auteurs dans l'écriture, permettant d'aborder les thèmes incontournables du web tels les Nyan Cat, les spams ou encore YouPorn. Mission 404 s'appuie sur un scénario qui a de quoi défrayer la chronique : et si la toile était frappée par le plus gros bug jamais connu ?

MISE EN PLACE OPÉRATIONNELLE

Explication autour des choix créatifs

Truffé de clins d'œil au monde 2.0 et de références générationnelles, ce court-métrage au casting explosif met en scène la crème des révélations du web. Ce film touche les 15-25 ans au travers d'un sujet qui les passionne : Internet, une qualité de production et des talents qui les séduisent. De plus, pour être pleinement acceptée par cette génération rompue au marketing, la marque s'est intégrée de manière originale et naturelle dans le contenu via un placement assumé et plein d'autodérision. Il n'y a pas de logo [à l'exception de celui du générique], pas de branding. A part un, qui est évident, les six placements de produit ne sont pas faciles à détecter. Orangina apparaît seulement dans les crédits, en tant que producteur.

La stratégie de diffusion (les étapes/ la durée)
Mission 404 a été uploadé sur la chaîne YouTube Orangina et relayé par les 19 membres du cast (Studio Bagel et Golden Moustache) permettant ainsi de profiter de leurs audiences naturelles importantes.
J- 2 mois : fuites d'informations sur le tournage et préparatifs sur les pages de membres du cast.
J-5 : teasing sur les pages Twitter et Facebook d'Orangina et des casts (fuite d'informations et publications abordant la thématique du film).
J-1 : hangout avec les membres du cast et avant-première journalistes dans un cinéma avec les membres du cast.
6 Juin 2013 : lancement de Mission 404 sur YouTube
6 juin à 14 juillet : 6 semaines d'activation digitale autour du film. Pour faire vivre le film sur les réseaux sociaux, Orangina a proposé à ses communautés des contenus exclusifs : making of, trailers, vidéos annexes, jeux et fiches personnages. Cette présence s'est également effectuée sur Twitter au travers d'un jeu dont l'objectif était de trouver les bouteilles dissimulées dans le film.

LES RÉSULTATS

Le court-métrage Mission 404 et ses vidéos annexes ont fait rapidement le buzz avec 4 millions de vues, 65 000 likes et 9 300 commentaires sur YouTube, notamment auprès des 15-25 ans qui représentent 80 % de cette audience. Le film a bénéficié de la force de frappe de Studio Bagel et Golden Moustache, puisque les 19 talents qui les composent ont chacun des centaines de milliers de fans/followers, ce qui a permis au film d'atteindre 730 000 vues en seulement trois jours ! Avec plus de 50 % de vues naturelles, la vidéo a fait l'unanimité auprès du public, générant plus de 60 % de retombées positives saluant la marque et la boisson. Avec plus de 250 articles, de nombreux sujets TV et radio (Télématin, LCI et Europe 1 à deux reprises, BFM, M6 Capital, D8), Mission 404 a aussi permis d'élargir le public d'Orangina vers les 25-35 ans.

Mission 404 a connu un vrai retentissement sur les réseaux sociaux (10 000 mentions, 1 journée en trending topics sur Twitter). Beaucoup de mentions reprennent les répliques cultes, demandent une suite ou encore une adaptation cinématographique.

Quelques verbatim issus des commentaires Twitter ou YouTube :
Arthychox : *« Le placement de produit pour Orangina est très bien fait, les références sont géniales et la réalisation est parfaite, rien à redire, merci Orangina et merci Studio Bagel et Golden Moustache »*
Siropalafraise : *« La meilleure vidéo de tout YouTube ! »*

O Orangina Scheweppes
Stanislas DE PARCEVAUX, *Directeur Marketing - stanislas.deparcevaux@os-group.com*
Aline BONNET, *Responsable des stratégies média - Aline.Bonnet@os-group.com*
Florence BURTIN, *Responsable de marque - florence.burtin@os-group.com*
Romain BURGEVIN, *Chef de produit - romain.burgevin@os-group.com*

« Truffé de clins d'œil au monde 2.0 et de références générationnelles, ce court-métrage au casting explosif met en scène la crème des révélations du web. Ce film touche les 15-25 ans au travers d'un sujet qui les passionne : Internet, une qualité de production et des talents qui les séduisent. »

RADIANCE HUMANIS Qui ?

MON PARI SANTÉ Quoi ?

100 000 visites sur le mini-site

30 articles rédigés

2 400 paris

Notoriété • Image de marque • Relation presse 2.0

PROBLÉMATIQUE BUSINESS DE LA MARQUE

Le contexte

Radiance Groupe Humanis, marque du groupe Humanis dédiée aux particuliers et aux professionnels souhaitait mettre en place une opération grand public multicanale afin de soutenir son activité commerciale en septembre, période très concurrentielle dans le domaine de la complémentaire santé. L'idée de départ : profiter de ce temps fort pour lancer une opération axée sur la santé avec pour objectifs de :

• Traduire les engagements et les valeurs de Radiance Groupe Humanis à travers un concept créatif et fédérateur favorisant l'échange entre les prospects, les adhérents et la marque

• Faire l'expérience d'une nouvelle orientation média avec l'abandon de la campagne TV notamment au profit du digital

• Asseoir le positionnement de Radiance Groupe Humanis sur l'expertise santé et la prévention

• Dynamiser l'ensemble de son réseau : agences, professionnels, vente à distance et web

• Recruter des clients via une nouvelle opération de visibilité multi-générationnelle nourrissant la notoriété de la marque

• Booster les demandes de devis en ligne

• Mettre en avant la nouvelle offre de complémentaire santé et ses atouts

La cible

La cible de Radiance Groupe Humanis est une cible grand public plus particulièrement axée sur les 18-70 ans. On distingue trois cibles : les « jeunes », les « familles » et les « seniors ».

Les objectifs

Aspect quantitatif : recruter de nouveaux prospects, futurs clients, créer du trafic en agences et sur le site internet http://www.radiancehumanis.com/, augmenter la notoriété et la visibilité de Radiance Groupe Humanis et proposer une opération inédite à l'ensemble du réseau de distribution en lien avec les réseaux sociaux.

Aspect qualitatif : diffuser et asseoir les valeurs de la marque Radiance Groupe Humanis, positionner Radiance Groupe Humanis comme une mutuelle innovante et dynamique, sensibiliser une cible grand public dans une opération ludique autour de la santé, développer l'e-influence de Radiance Groupe Humanis avec une campagne comprenant un volet viral et fédérer les équipes internes autour d'un projet innovant.

SOLUTION STRATÉGIQUE

L'idée stratégique
La stratégie retenue est un concept incitant les particuliers à devenir acteurs de leur santé et à prendre de bonnes résolutions pour la rentrée 2013 : leur « pari santé ».

Le concept : « Mon pari santé »
Radiance Groupe Humanis prend les paris aux côtés des internautes et soutient leurs défis santé par un jeu-concours sur *www.monparisante.fr*

« Mon pari santé » repose sur le soutien de la communauté des parieurs et de ses amis : les parieurs sont accompagnés par les conseils en ligne de 3 chargés de prévention de Radiance Groupe Humanis et sont également invités à rechercher le soutien des autres parieurs et de leur entourage pour récolter des « j'aime » et avoir une chance de gagner.

Au travers d'un plan média régional et local étudié, d'un mini-site événementiel *www.monparisante.fr*, relié aux réseaux sociaux, Radiance Groupe Humanis a pu diffuser un message responsable « de prise en main de sa santé », renforcé par l'importance de la prévention. Cette initiative portait les 3 valeurs de la marque Radiance Groupe Humanis, en lien avec sa nouvelle complémentaire santé : Responsabilité, Solidarité et Innovation.

L'opération fut également portée par un jeu-concours incitatif « viral » : 3 « Radiance Santé Box », d'une valeur de 10 000 € chacune, étaient à gagner pour les 3 parieurs les plus mobilisés et ayant été les plus soutenus dans leur pari. Les « Radiance Santé Box » représentaient 3 voyages centrés sur le sport et le bien-être.

La mécanique de « Mon pari santé » :
L'internaute déposait un pari santé (enregistré selon sa nature dans 3 catégories : nutrition, addiction ou bien-être). Il était invité à mobiliser ses amis (via Facebook ou via une recommandation par mail) afin qu'ils le soutiennent. Le parieur entrait ainsi dans la communauté de « parieurs » qui était animée par des chargés de prévention. Les chargés de prévention Radiance Groupe Humanis, chacun dans leur « savoir-faire spécifique » (nutrition, addiction, bien-être) soutenaient les parieurs, via des commentaires personnalisés quotidiens et accompagnaient les défis tout au long de l'opération.

Des messages de coaching étaient envoyés régulièrement aux parieurs pour les motiver et un journal de bord personnalisé leur était envoyé toutes les semaines par mail, comprenant les derniers évènements (post, commentaires de soutiens) et des messages d'accompagnement personnalisés avec un article concernant le thème du pari.

Autour de ce concept central de jeu-concours, Radiance Groupe Humanis a souhaité aller plus loin avec une stratégie de RP digitales déployée pour favoriser la viralisation du jeu, en complément des campagnes médias traditionnelles et web également prévues, implémentées d'une campagne hors médias.

« Traduire les engagements et les valeurs de Radiance Groupe Humanis à travers un concept créatif et fédérateur favorisant l'échange entre les prospects, les adhérents et la marque. »

O ***Agence Youzweb***
Sylvie Duteil, *Responsable communication Radiance Groupe Humanis*

La stratégie retenue pour les RP digitales : challenger 20 blogueurs sur leur « pari santé » personnel : l'équipe de RP digitales s'est transformée en coachs santé accompagnant chaque blogueur dans son défi durant un mois.

Les aspects innovants et de différenciation

L'innovation de la campagne repose sur le choix du digital de la part d'un organisme mutualiste : viralité et expertise santé sont au cœur du dispositif et de la campagne on line proposant une expérience multi-cibles et multi-générationnelle (âge et catégorie CSP). Et également :

• Viralité, à travers une opération web connectée aux réseaux sociaux (Facebook, Twitter).
• Interaction et expertise avec une valeur ajoutée apportée par le community management effectué par des chargés de prévention de Radiance Groupe Humanis.
• La mise en perspective d'une valeur-clé pour Radiance Groupe Humanis « La solidarité » avec la mécanique de soutien.
• Une opération originale, impliquant toutes les cibles, et conçue autour des deux métiers stratégiques de Radiance Groupe Humanis : la santé et la prévention.
• Un affinitaire relayé jusque dans les agences Radiance Groupe Humanis, par un second jeu-concours proposant des cadeaux santé, plus nombreux et accessibles, tout en privilégiant un contact avec les conseillers.
• Un plan médias web très travaillé, comprenant une action stratégique auprès de 20 blogueurs influents.

Les KPIs

• Le nombre de parieurs enregistrés et de soutiens
• Les visites enregistrées sur le mini-site *www.monparisante.fr*
• L'évolution du trafic sur *http://www.radiancehumanis.com/*
• Les prospects récupérés
• L'évolution de la communauté Facebook de Radiance Groupe Humanis
• Le nombre de devis téléchargés via *www.monparisante.fr*
• Le nombre d'e-influenceurs impliqués dans la campagne
• Le nombre d'articles de blogs
• Le nombre de mentions et interactions sur les réseaux sociaux

MISE EN PLACE OPÉRATIONNELLE

La durée

L'opération « Mon Pari santé » a duré un mois et demi du 16 septembre au 15 octobre 2013.

Les explications autour des formats et supports retenus

L'opération « Mon pari santé » a été mise en place sur un site dédié avec une url spécifique : *monparisante.fr*

L'inscription au jeu-concours fonctionnait via un système de « Facebook connect » ou de formulaire, au choix. Les participants devaient remplir leur profil « parieur » avec une photo de profil et leur pari santé. Ils devaient ensuite inciter leurs amis à voter pour eux (via Facebook si usage du Facebook connect). L'opération a nécessité la mise en place d'une modération 24h/24, 7j/7. Le site proposait aussi, par l'intermédiaire des animateurs, des fiches « conseils pratiques » permettant aux parieurs de se motiver et de mieux réussir leur pari santé.

Afin de ne pas déstabiliser l'ensemble des cibles, un jeu parallèle était proposé dans les agences.

La médiatisation de cette opération a été déployée via les canaux suivants : PLV installée en agences, le hors médias : boîtes aux lettres et e-mailings, une campagne média traditionnelle nationale (incluant la radio, les cinémas locaux) , des partenariats médias avec notamment la couverture de 20 Minutes et TV Mag, une campagne média web nationale avec référencement payant, display, réseaux sociaux, pavés web, partenariats sites santé, l'e-mailing à la base de données de Radiance Groupe Humanis et des RP digitales via la recommandation de blogueurs influents pour favoriser le démarrage du jeu « Mon Pari santé » dans la sphère sociale (mentions sociales) et bénéficier d'une visibilité durable (articles de blogs). Afin de booster la transformation, une offre promotionnelle a été mise en place pour toute demande de devis sur la période de la campagne.

LES RÉSULTATS

A l'issue du jeu, l'annonce des gagnants a été faite sur la home page du mini-site *www.monparisante.fr*

• Plus de 2 400 paris enregistrés sur la durée de l'opération et 62 600 soutiens.
• Plus de 100 000 visites enregistrées sur le mini-site *www.monparisante.fr.*
• 2 600 prospects récupérés en ligne à la suite de l'opération.
• Impact notoriété sur la page Facebook Radiance Groupe Humanis : plus de 50 likes par jour sur la période de l'opération .
• 850 devis téléchargés via *www.monparisante.fr.*
• 20 e-influenceurs impliqués dans la campagne.

• Près de 30 articles de blogs, repris sur plus de 20 sites à fort trafic.
• 150 mentions sociales sur le hastag #monparisante et plus de 1 300 interactions sur les réseaux sociaux (retweets, likes, commentaires, partages des paris/articles).
• Trafic sur http://www.radiancehumanis.com/ multiplié par 5 sur octobre 2013 vs octobre 2012.
• Optimisation de la position de Radiance Groupe Humanis sur la requête « mutuelle santé » sur Google (4ème place le mois suivant l'opération).

Les changements qualitatifs

L'opération digitale a influencé la notoriété de la marque sur Internet. On note des bénéfices sur le long terme, sur le référencement naturel de Radiance Groupe Humanis. Radiance Groupe Humanis a pu créer et conserver une relation avec les internautes par l'expertise et le coaching santé.

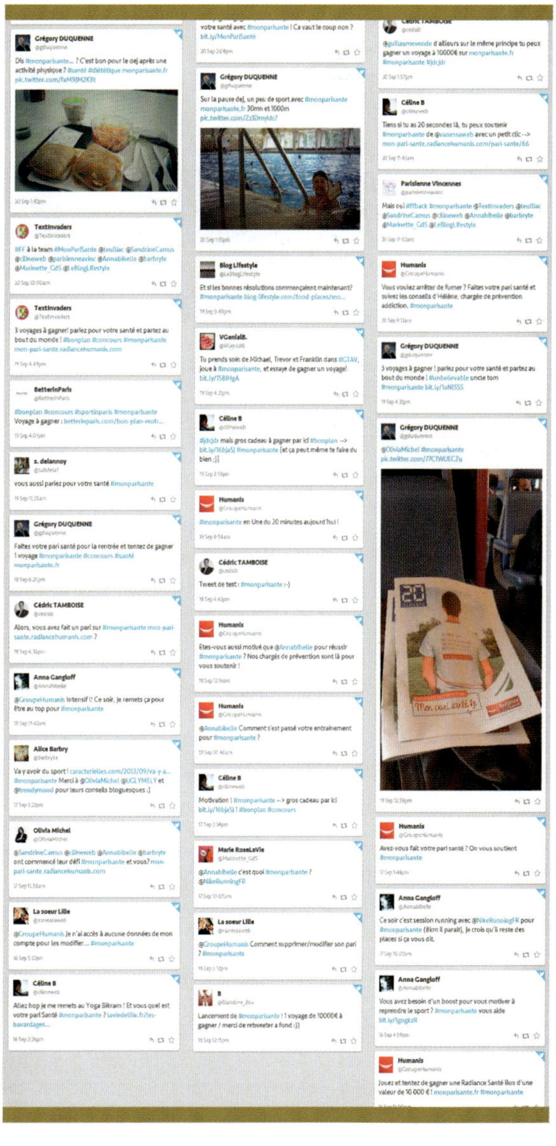

ORANGINA SCHWEPPES FRANCE Qui ?

VILLASCHWEPPES.COM Quoi ?

200 000 visiteurs uniques/mois

325 000 fans Facebook

11 600 followers

Brand content • Social media • Fun

PROBLÉMATIQUE BUSINESS DE LA MARQUE

Le contexte

Schweppes, marque de Soft Drink premium pour adultes, construit sa communication sur deux piliers : les égéries (notoriété auprès de l'intégralité de sa cible des 25-49 ans), et la Villa Schweppes (proximité avec son cœur de cible des 25-35 ans). Créée en 2008, la Villa Schweppes est devenue une référence dans l'univers de la nuit, mais ses interventions restent néanmoins localisées et ponctuelles.

La cible : Charlotte et Julien, 28 et 32 ans, CSP+, jeunes actifs dynamiques, urbains, aiment sortir et découvrir de nouveaux lieux branchés. Ils passent du temps sur Internet et les réseaux sociaux pour rester au courant des dernières tendances.

Les objectifs

• Générer l'engagement de son cœur de cible tout au long de l'année.
• Faire de VillaSchweppes.com plus qu'un site de brand content, un site média

SOLUTION STRATÉGIQUE

L'idée stratégique

Pour **intégrer la Villa Schweppes dans le quotidien de son cœur de cible tout au long de l'année,** la marque crée OnVillaNuit.com en mai 2012, un site Internet dédié à la diffusion de ses événements et de contenu journalistique autour du monde de la nuit.
En mai 2013, pour renforcer la notoriété de la Villa Schweppes, le site est renommé **VillaSchweppes.com**. Avec cette V2, la production éditoriale est accrue, l'offre est étoffée et le positionnement du site s'affine. **VillaSchweppes.com devient alors le magazine de la culture nuit, avec l'objectif de devenir un site média à part entière.**

Les aspects innovants et de différenciation
La création de contenu et le service sont désormais les deux piliers de VillaSchweppes.com : Le service repose sur le **Night Advisor** (moteur de recherche des soirées et lieux branchés), sur les playlists créées par des DJs en vogue (Naughty J, Greg Boust, etc.), et sur l'application mobile Villa Schweppes.

L'enrichissement du contenu a été permis par le renforcement de l'équipe de rédaction (5 journalistes permanents) qui publie désormais 12 articles/jour ; une rédaction ponctuellement renforcée par des rédacteurs en chef invités sélectionnés en affinité avec l'univers Villa Schweppes (par exemple Ayo, Julien Doré, Micky Green ou Grand Corps Malade). Ce dispositif, sollicité par les labels, est une étape importante dans **la reconnaissance du site comme média incontournable sur sa cible.**

KPI quantitatifs : nombre de visiteurs, pages vues, temps passé moyen, recul du taux de rebond, trafic provenant des réseaux sociaux

KPI qualitatifs : perception du site par les internautes, les influenceurs et les acteurs du monde de la nuit, et impact sur l'image de la marque.

MISE EN PLACE OPÉRATIONNELLE

Il a fallu un an entre le choix de la marque d'investir le paysage digital (mai 2012) et la mise en ligne de la version actuelle VillaSchweppes.com (mai 2013). Cette version est en constante évolution pour rester au plus près des attentes des internautes.

Explications autour des choix créatifs
• Codes graphiques de Schweppes (noir/jaune/blanc) et de l'univers de la nuit (noir)
• Ergonomie qui reprend les codes des sites médias
• Positionnement central des services : Night Advisor figé et bouton playlist dans la top-bar
• Boutons réseaux sociaux sur toutes les pages pour la viralisation des contenus
• Espaces dédiés à la vente d'espace média et aux dispositifs exceptionnels (Habillage, Grand Angle, Pavé)

Les étapes : 2008 : création de la Villa Schweppes à Cannes
Fin 2011 : l'agence KR Media recommande la création d'un site Internet
Mai 2012 : mise en ligne d'OnVillaNuit.com, créé et géré par Webedia
Mai 2013 : renaming de VillaSchweppes.com qui se positionne comme magazine de la culture nuit et site média spécialisé

LES RÉSULTATS

• 2,4 millions de visites en 2013
• Depuis la V2 en mai 2013 : 200 000 visiteurs uniques/mois, plus de 4 millions de pages vues[1]
• Comparaison OnVillaNuit.com et VillaSchweppes.com : hausse du temps moyen passé (d'une minute à 2 minutes) et recul du taux de rebond (de 60 % à 37 %)[2]

Les actions sur les réseaux sociaux ont vocation à générer du trafic vers le site :
• Trafic provenant des réseaux sociaux multiplié par 10 en 2013 : 17 % du trafic total fin 2013 (le référencement naturel représentant le principal vecteur de trafic sur le site).
• Plus de 3 millions de contacts/mois.
• 325 000 fans sur Facebook[3].
• 11 600 abonnés sur Twitter : 7ème dans le classement Twitter FMCG France[4].

L'amélioration des services et des contenus a permis à VillaSchweppes.com de devenir plus qu'un site de « brand content », un site média. Les artistes et les labels séduits par le site font désormais appel à VillaSchweppes.com pour leur promotion (dispositif Rédacteur en Chef Invité).

VillaSchweppes.com s'est donc imposé comme un véritable actif de marque, ancré dans le monde de la nuit et permettant à Schweppes une activation annuelle auprès de son cœur de cible.

[1] Google Analytics – 1er Mai au 30 novembre 2013
[2] Google Analytics – comparaison 2012 OnVillaNuit.com vs. 2013 VillaSchweppes.com (1er mai au 30 novembre pour les 2 années)
[3] Facebook – Décembre 2013
[4] Twitter – Décembre 2013

« VillaSchweppes.com s'est donc imposé comme un véritable actif de marque, ancré dans le monde de la nuit et permettant à Schweppes une activation annuelle auprès de son cœur de cible. »

O ***www.villaschweppes.com***
Stanislas DE PARCEVAUX, *Directeur Marketing*
stanislas.deparcevaux@os-group.com
Aline BONNET, *Responsable des stratégies média*
Aline.Bonnet@os-group.com
Emilie De Fautereau, *Marketing Manager Schweppes*
Emilie.defautereau@os-group.com

SEAT *Qui ?*
IBIZA *Quoi ?*

1,2 % taux d'ouverture global

18,6 MILLIONS d'impressions

Expérience interactive • Vidéo • Trafic

PROBLÉMATIQUE BUSINESS DE LA MARQUE

Le contexte
Depuis quelques années, l'industrie automobile européenne fait face à un marché en décroissance. Ce constat est particulièrement marqué en France. Cette évolution à la baisse des immatriculations de véhicules neufs exacerbe la concurrence.
Au-delà de l'évolution moyenne du marché, la situation est globalement très contrastée, avec des constructeurs français et italiens durement touchés et, à l'opposé une (très) forte percée des constructeurs asiatiques, coréens en tête.

En parallèle, les changements de vision du client, avec l'apparition de la pluri-modalité, ont pour conséquence de développer de nouveaux usages réduisant ainsi la dépendance à l'automobile.

Les entreprises du secteur renforcent leur différenciation, avec une offre produit chaque jour plus riche et segmentée. Du point de vue communication publicitaire, les constructeurs – soucieux de ré-enchanter la relation marque/consommateur – cherchent à renouveler le discours et à renforcer le lien avec leurs clients et prospects.

Dans ce contexte le digital est un complément idéal au off line pour créer la relation 'marque-consommateur' et proposer une nouvelle expérience utilisateur, informative, pratique, ludique et interactive.

Les objectifs
SEAT, une des marques de Volkswagen Group France, souhaite affirmer sa position sur le marché en insistant sur la valorisation de sa gamme « Ibiza ».
Pour répondre à des objectifs de notoriété, de différenciation et de satisfaction, la marque et son agence MediaCom ont décidé de jouer la carte de la personnalisation sur le volet digital.

L'objectif de la campagne est de mettre le consommateur au cœur de la démarche publicitaire, le volet digital de la campagne constituant la première étape de la relation marque/consommateur, incitant ce dernier à se rendre en point de vente.

La cible
SEAT souhaite toucher une cible « jeune », 21 à 39 ans, hommes/femmes confondus, en sortant d'une pure logique d'information pratique. La marque veut être appréciée des consommateurs en développant une proximité et une communication plus « divertissante » : faire connaître et valoriser le produit et ses équipements, dans un esprit de personnalisation.

SOLUTION STRATÉGIQUE

La solution Piximedia
Conscients des limites d'impact des formats classiques, les annonceurs sont à la recherche de formats rich media impactants pour optimiser la visibilité, la mémorisation et le rendement de leurs campagnes digitales.

Piximedia a donc mis en place un dispositif maximisant une visibilité qualitative incitant à l'interaction (vidéo + géolocalisation + garantie de diffusion) pour favoriser la découverte du produit et l'engagement des internautes par l'intégration de fonctions interactives pour créer une expérience de marque divertissante :

- #1 : donner envie / vidéo
- #2 : créer de la valeur / configurateur SEAT Ibiza
- #3 : mettre en relation / recherche point de vente via géolocalisation / réservation d'essai

Les objectifs de l'annonceur
• Objectifs Marketing
Visibilité pour valoriser la nouvelle gamme « Ibiza »
Mise en relation/création de trafic vers le point de vente (demandes d'essai/drive to concessionnaire)

• Objectif Média
Maximisation de couverture 'engagée' (nombre d'internautes qui 'entrent en relation' avec la marque)

MISE EN PLACE OPÉRATIONNELLE

La durée
Du 13 septembre au 1er octobre 2013.

Les différentes étapes
• Donner envie/créer de la valeur : **billboard vidéo + footer** (site magasin)

Le mix 'billboard vidéo + footer' maximise l'efficacité du vidéo-planning des marques en renforçant le potentiel d'interaction. Associant un billboard vidéo IAB (1000*250 px) et un footer Insite, ce dispositif offre l'assurance d'une visibilité maximale de la campagne tout en instaurant une conversation active et immédiate avec les audiences, via l'intégration d'un accès direct au site de la marque au sein même du dispositif (format Insite).

Compagnon du format billboard vidéo, le footer garantit à la marque un contact permanent avec l'internaute et augmente la mémorisation de la campagne de plus de 15 %[1].

Les deux formats associés ouvrent le site de la marque, le « multi-lien » de redirection donnant à l'internaute un accès direct à la page de son choix (découverte produit/réservation d'essai/configurateur), limitant ainsi la déperdition habituellement constatée.

- Mettre en relation : **grand-angle** (géolocalisation)

Le format grand-angle, utilisé dans une démarche « servicielle », complète idéalement le format 'visibilité' pour permettre à la marque de maximiser le trafic.
L'intégration d'une télécommande pour géo-localiser le 'distributeur SEAT le plus proche' donne aux internautes le contrôle de la publicité. Ils ne sont plus de simples spectateurs de la campagne, ils peuvent désormais interagir et aller au-delà de la simple prise de connaissance avec le produit.
Cette interaction souhaitée par l'internaute rééquilibre la relation « marque-consommateur ». Le consommateur est maître de la « mise en relation »/la marque n'est pas perçue comme intrusive, tout en profitant de demandes d'essai 'souhaitées'.

Dispositif
Billboard vidéo + grand-angle (avec géolocalisation) **+ footer**

LES RÉSULTATS

Performance
Audience : 18,6 millions d'impressions / 6,2 millions de contacts
Visibilité : taux d'ouverture global de 1,2 %
Trafic : 76 000 visites à 10 secondes

Diffusée en exclusivité sur la place de marché de Piximedia « Alliance Marketplace », avec 50 régies premium & lead connectés, cette campagne a littéralement boosté le trafic sur le site de la marque.
Une prise de parole qui maximise la visibilité et crée le lien avec les consommateurs.

[1] Etude Miratech Eye Tracking Novembre 2012

« Le mix billboard vidéo + footer maximise l'efficacité du vidéo-planning des marques en renforçant le potentiel d'interaction. »

O Piximedia : www.piximedia.com

Mathieu Mazuel, *directeur du développement*
Clémentine Riveron, *assistante marketing*

SOSH

Qui ?

SOSH TRUCK

Quoi ?

5 000 contacts terrain

+ 50% d'articles publiés

350 photos sur Instagram

Community management • Préférence de marque • Engagement

PROBLÉMATIQUE BUSINESS DE LA MARQUE

Le contexte

Sosh est la marque mobile 100 % connectée et sans engagement d'Orange, créée fin 2011. Sa notoriété a été en partie construite grâce à d'importantes campagnes média.

Sosh souhaite promouvoir son image fun, jeune, à l'affût des bons plans pour se différencier des autres marques de téléphonie mobile low cost. C'est une marque qui s'appuie sur sa communauté, qui évolue à travers elle. De fait, Sosh offre toujours à sa communauté des événements qui lui ressemblent.

Les objectifs

• La notoriété : augmenter la notoriété de Sosh et celle de sa nouvelle offre 4P mobile + livebox

• La préférence de marque : créer et consolider la préférence de marque

• Un projet innovant : légitimer l'investissement de Sosh dans la glisse par un projet innovant, tant dans l'expérience IRL que dans le storytelling digital.

SOLUTION STRATÉGIQUE

Depuis sa création, Sosh s'investit dans l'univers du sport et de la glisse en particulier. Sur son blog dédié à la « ride culture » (culture de la glisse), ridesessions.com, Sosh fédère des athlètes (la team Sosh) et une communauté grandissante autour de la passion du BMX, du surf, du snowboard, du skateboard, etc. Sosh crée de vrais événements digitaux ou IRL (par exemple le projet Antipodes). La marque s'investit aussi sur les événements incontournables du milieu de la glisse (Roxy Pro, Quick Pro, IF3, Mondial du vent, etc.).

La solution

Une rampe de skate itinérante placée à l'arrière d'un camion, le Sosh Truck, tournant dans Paris durant un week-end. Pour cet événement, la marque a fait appel à un nouveau membre de sa team, le skateur professionnel Sam Partaix. Il a ainsi invité son ami Eric Merlot, concepteur, à relever le défi d'imaginer une rampe en bois de 13 mètres de long et 2,5 mètres de large. Sam Partaix a également réuni 20 complices de ride, dont les meilleurs Européens, pour participer à cet évènement sans précédent, parmi lesquels : Joseph Biais, Bastien Duverdier, Julien Bachelier, Charles Collet, Lisa Jacob, Julien Béchet ou encore Julien Mérour ; mais aussi de jeunes espoirs comme Aurélien Giraud et Vincent Matheron.

Ainsi, les Parisiens ont eu le plaisir de découvrir le truck américain rutilant, affublé d'une rampe de skate de 13 mètres, sur laquelle les skateurs font leur show pendant deux jours.

MISE EN PLACE OPÉRATIONNELLE

Le Sosh Truck s'est déplacé en 3 étapes, ce qui a permis aux Parisiens de profiter du skateboard, peu importe l'endroit où ils vivent.
- La Fontaine aux Lions à la Villette vendredi 20 septembre à 14h
- La Cité universitaire samedi 21 septembre à 11h
- La Guinguette Eiffel sur le port Suffren à 16h

Chaque arrêt était l'occasion pour le skateur pro Sam Partaix et ses invités de « skater » la rampe mobile pour le plaisir de tous. Un concours pour récompenser le best-trick a eu lieu pour pimenter l'exhibition, animé par des DJs.

Les journalistes, les blogueurs, les influenceurs et les riders étaient réunis pour parler glisse et fêter la fin de l'été. En tout, 300 personnes étaient présentes à la Guinguette à cette occasion.

Wi-Fi on board
Grâce au Wi-Fi embarqué sur le « Sosh Truck », chacun pouvait instantanément partager les meilleurs tricks et ses émotions sur les réseaux sociaux.

Les Stickers RFID
Un jeu "Instant Gagnant" était organisé pour gagner des offres mobile et Livebox (opt-in pour Sosh) et un Photo Booth pour repartir avec un authentique souvenir digital. Cela permet de mesurer directement l'efficacité d'une opération terrain sur les réseaux sociaux : reach, nombre de likes, nombre de photos postées, nombre de check-ins sur l'événement, nombre de participations aux instants gagnants, etc.

L'online tracking
Les internautes pouvaient géolocaliser le camion en temps réel pour suivre sa progression ou se rendre à son prochain arrêt.

LES RÉSULTATS

L'intérêt
Le caractère innovant de l'opération n'a pas manqué de susciter l'intérêt des médias, tant mainstream que centrés sur la ride : Brain Magazine, Vice, 20 Minutes, 100% Mag, Blogosurf...

La conversation
Nous avons généré un volume de conversations et de participation considérable.

Les chiffres
- 5 000 contacts terrain
- Reach de 105 000 contacts Facebook grâce à près de 1 000 participations à l'animation Photo RFID
- 6 700 000 impressions
- 90 000 € d'équivalence publicitaire
- + de 50 % d'articles publiés
- 350 photos sur Instagram
- + 1 000 fans sur le social media
- + 30 % de vues sur le blog ridesessions.com

« Les Parisiens ont eu le plaisir de découvrir le truck américain rutilant, affublé d'une rampe de skate de 13 mètres, sur laquelle les skateurs font leur show pendant deux jours. »

O *Sosh : www.ridesessions.com*
Sandy Alibo, *Responsable Sponsoring sport de glisse Sosh*

– DES ARTICLES POUR MAITRISER LES TECHNIQUES DE STRATÉGIE DE CONTENUS, D'INBOUND MARKETING, DE DIGITAL RP ET DES EXEMPLES DÉTAILLÉS. –

BRANDING

STRATÉGIE, TENDANCES ET PERSPECTIVES

E-RELATIONS PRESSE ET RÉPUTATION

L'INBOUND MARKETING

DÉVELOPPER UN **BRAND CONTENT STRATÉGIQUE**

Le brand content désigne le fait qu'une marque crée ou édite du contenu. Celui-ci peut être informatif, culturel, pratique, ludique ou divertissant. Le contenu de marque apporte de la valeur (service, information, divertissement) : il est intéressant en soi, indépendamment de l'achat et de la consommation du produit. Il se présente comme un don adressé à une personne, qui dépasse la fonction commerciale et vise une implication dans une expérience enrichissante. La publicité classique obéit à une autre logique : focalisée sur un élément du produit ou de la marque, constituée de messages courts, destinés à être répétés et mémorisés, elle s'adresse avant tout aux acheteurs. Avec le digital, la publicité tend vers une logique de contenu et les distinctions s'estompent.

L'HISTOIRE ET L'ACTUALITÉ DU BRAND CONTENT

Historiquement, on constate que la prolifération des contenus devient possible à chaque fois qu'il y a démocratisation d'un média. Première forme de brand content, les magazines de marques commencent avec *The Furrow*, créé en 1885 par la marque de tracteurs John Deere. Ce magazine, qui existe toujours, propose des contenus utiles aux agriculteurs américains (avis sur les équipements, interviews, conseils pour la gestion de leur exploitation). Avec le digital, les possibilités de diffuser du contenu à moindre coût se sont considérablement développées : applications interactives, web TV, chaînes de télévision interactives (sur iTunes, YouTube ou via la télévision connectée).

Le développement actuel du brand content s'explique par la nécessité d'exister dans un environnement média morcelé. En effet, la multiplication récente des canaux contraint les marques à développer leurs communications comme un tout cohérent déclinable sur une multiplicité de points de contact. Le contenu est le moyen idéal d'irriguer ces différents canaux.

A l'ère du digital, la publicité imposée laisse place à une expression de la marque désirée et recherchée. Dans un contexte de défiance vis-à-vis des discours, les consommateurs sont sensibles aux contenus éditoriaux pertinents. Parce que : *« ça fait vrai », « ça sonne juste », « ça fait authentique »*. Ils apprécient ce mode de communication subtil qui fait appel à leur intelligence, et leur procure un sentiment de reconnaissance. Les marques et leurs agences ont pris la mesure du phénomène : Red Bull, Coca-Cola, IBM, Leroy-Merlin, Louis Vuitton, Hermès... Plus de 3000 exemples ont été répertoriés sur le site *http://veillebrandcontent.fr/*.

QualiQuanti • www.qualiquanti.com

> **Daniel Bô,**
PDG
dbo@qualiquanti.com

> *« Le développement actuel du brand content s'explique aussi par la nécessité de créer une cohérence dans un environnement média morcelé. »*

LES ATOUTTS DU BRAND CONTENT POUR UNE MARQUE

La force du brand content réside dans une multiplicité de fonctions. Il permet aux marques de :
• développer une relation vivante et riche avec le consommateur par le biais des contenus,
• générer et fidéliser une audience intéressée,
• enrichir leur offre par des conseils et des services,
• créer une bibliothèque de contenus mobilisables dans les points de contact de la marque : magasins, expositions, réseaux sociaux, médias privés, etc.,
• instaurer un univers culturel auquel le consommateur adhère et s'identifie.

Avec les contenus, les marques peuvent s'approprier les atouts réservés aux médias : influence, rayonnement, audience, animation d'une communauté, abonnement, partenariats avec d'autres acteurs. Le contenu de marque peut jouer également d'autres rôles : affirmation d'une expertise, génération de leads, monnaie d'échange... S'il a une vraie valeur, il peut non seulement créer des opportunités commerciales nouvelles, mais être lui-même monétisé, avoir son propre business model.

S'ouvre un nouveau champ concurrentiel autour des contenus des marques. Parallèlement au « market place » des biens et services, on peut parler de « market space », soit un espace d'expression nouveau, dématérialisé, où l'enjeu pour les marques, devenues agents culturels, est de capter du temps d'attention et de s'imposer dans un véritable théâtre d'influence.

LES CLÉS DE SUCCÈS DU BRAND CONTENT

Pour réussir une politique de brand content, il faut avoir une ambition éditoriale et une implication sincère dans ses contenus. Pour se distinguer des médias traditionnels, qui ont l'obligation de produire en masse pour remplir grilles ou colonnes, la marque doit privilégier l'originalité et, pourquoi pas, adopter une démarche expérimentale. La marque est une force de frayage : elle a vocation à ouvrir de nouvelles voies à travers l'exploration de nouvelles pratiques, de nouveaux thèmes et talents. Etre leader dans son champ culturel passe par une posture de recherche, hors des sentiers battus.

Pour favoriser l'association marque/contenu, il faut que le public ressente un lien étroit avec la marque, qui passe souvent par une bonne alchimie entre ses codes et le contenu lui-même. Et le dispositif doit être relié aux autres expressions de la marque, dans un objectif de cohérence.

Gage de sincérité, l'inscription dans la durée construit la légitimité et favorise l'attribution à la marque. Les bonnes stratégies éditoriales donnent naissance à une « *library* » (fonds patrimonial), avec une masse critique de contenus. Le brand content doit être génératif, se démultiplier au fil du temps et se déployer dans tous les points de contact.

En revanche, les marques doivent éviter les « *one shots* », initiatives isolées et ponctuelles, qui sont autant d'allumettes grillées successivement. La création de contenus est un processus dynamique et organique. On lance une initiative qui fait naître une communauté, puis on crée un événement qui donnera lieu à un film ou à une publication. L'enjeu est d'accompagner ce flux en acceptant de ne pas savoir à l'avance jusqu'où le succès mènera la marque. Les médias sociaux permettent de suivre les réactions et stimulent l'échange autour des contenus.

« Dans un contexte de défiance vis-à-vis des discours, les consommateurs sont sensibles aux contenus éditoriaux pertinents. Parce que : « ça fait vrai », « ça sonne juste », « ça fait authentique ». Ils apprécient ce mode de communication subtil qui fait appel à leur intelligence, et leur procure un sentiment de reconnaissance »

DU BRAND CONTENT À LA BRAND CULTURE

Le brand content correspond à la prise de conscience que les marques peuvent devenir des médias en élargissant leur discours au-delà du message commercial. Avec la brand culture, on élargit encore le regard sur la marque en s'intéressant à sa réalité multisensorielle faite d'objets, de techniques, de sons, d'implication physiologique, en la considérant comme une réalité sociale partagée non exclusivement discursive.

Par la production de contenu, la marque embrasse un rôle existentiel auprès du consommateur : elle transforme le statut de la consommation qui, de pure destruction du produit, devient civilisante, sociale et culturelle. Grâce au contenu, la marque réinvestit sa fonction fondamentale : fournir au consommateur non seulement un bien, mais également du sens et du lien. Les consommateurs ont besoin d'identifier les symboles, l'idéologie, les pratiques, les prescriptions sociales et psychologiques des marques dont ils s'approchent. Les consommateurs sont des animaux symboliques : ils veulent des valeurs et des idées pour « performer » les marques.

Chaque marque doit donc cultiver sa capacité à enchanter tant ses consommateurs que ses salariés et ses partenaires. C'est la finalité des marques dans leur fonction de création de croissance et de valeur.

Le brand content est un révélateur de la marque, dans le fond mais aussi dans la manière. En effet, le contenu révèle l'investissement de la marque dans tous les sens du terme : financier, mais aussi intellectuel, éthique, passionnel...

Ainsi le territoire d'expression des marques s'accroît considérablement : jusqu'ici cantonnées à informer le marché sur les propriétés de leurs marchandises, elles s'accaparent désormais tout le champ culturel qui les entoure : d'où vient la marque, quels sont ses ancrages et ses inspirations, comment est fait le produit, à quels types d'usages se rattache-t-il, quels sont les liens avec la culture environnante ? Etc.

La fabrication de contenus éditoriaux est donc un moyen privilégié pour construire une culture, expliciter son point de vue sur le monde et assumer son rôle d'agent culturel. La croisière jaune de Citroën illustre bien cette notion avec un résultat ultime pour un constructeur automobile : ouvrir des routes et projeter la voiture dans l'exploration du monde. BMW a créé avec le Guggenheim de New York et une équipe d'urbanistes un événement autour du thème « *What is comfort ?* », le confort urbain. Ils deviennent partie prenante du débat sur la mobilité à travers un projet quasi-politique.

LE MANAGEMENT PAR LA BRAND CULTURE

Comme le dit très justement Pascal Somarriba de Via Alternativa « *La brand culture apparaît comme une méthode holistique ouverte permettant d'assurer la cohérence tout en laissant place à l'innovation. Cette ouverture créative est indispensable si on veut une marque enchanteresse et riche de sens. Dans ces conditions, le brand content stratégique, c'est l'expression éditoriale de la brand culture* ».

Le contenu est une composante de cette brand culture qui inclut des éléments divers : nom, logo, produits, brevets, bâtiments, objets, couleurs, gestes, machines, pratiques, collaborateurs, fondateur, idéologies, histoire... Pour Pascal Somarriba « *Trop souvent ces éléments sont développés et évalués du point de vue de leur coût/performance, sans prendre en compte leur impact sur la cohérence et l'attractivité de la marque. On voit depuis quelques années des incohérences avoir des conséquences économiques énormes : l'usage de certains ingrédients ou composantes pouvant être perçus comme dangereux ou éthiquement discutables.* »

COMMENT DÉVELOPPER UNE POLITIQUE DE BRAND CONTENT STRATÉGIQUE ?

Le brand content stratégique c'est passer de la production et diffusion de contenus tactiques ou opportunistes à une vraie stratégie de contenus qui s'intègre dans la stratégie culturelle de la marque et en soit un des piliers.

Avant toute chose, il convient de bien observer le paysage éditorial, à partir d'un benchmark international de son secteur et des secteurs connexes. Deuxième point essentiel : anticiper l'intérêt du public et identifier un territoire appropriable avec pour objectif de définir une stratégie éditoriale. Cela passe par une compréhension intime de la marque, de son histoire et de ses potentialités culturelles. Analyse sémiologique et audit de brand culture permettent ce décryptage. Troisième élément indispensable : susciter en interne l'adhésion des équipes, ce qui est aussi le moyen de vérifier l'adéquation du contenu avec les valeurs de l'entreprise.

Cela dit, le « lâcher-prise » est important face aux imprévus générés par l'aventure des contenus. Pas question d'adopter une posture figée : il s'agit d'expérimenter en continu, de suivre l'intérêt du public (pré-tests, analytics, commentaires...), de vérifier que le contenu proposé étonne, intéresse, stimule, et de s'adapter en conséquence.

PERRIER *Qui ?*
THE SECRET PLACE *Quoi ?*

186 000 fans Facebook

3500 tweets

4 millions de visites

Social gaming • Interactivité • Branding

PROBLÉMATIQUE BUSINESS DE LA MARQUE

Perrier, marque leader en France sur le marché des eaux gazeuses, est une entreprise française rachetée par Nestlé en 1992. Grâce à des publicités qui ont marqué les époques et les mémoires, Perrier fait partie du patrimoine historique publicitaire des Français. L'inattendu et l'impertinent côtoient des créations en dehors des sentiers battus : c'est le cœur de l'ADN de Perrier, véritable love brand en France.

Face à un paysage compétitif très vaste, qui englobe non seulement les eaux mais aussi les boissons soft, l'objectif est de s'affranchir de la simple concurrence catégorielle, pour créer un lien fort et de l'engagement communautaire.

Suite à l'essoufflement du caractère iconique de la marque ces cinq dernières années (campagne avec Jean-Paul Goude par exemple), la campagne The Secret Place arrive à point nommé, avec un réel impact en digital, mettant au goût de jour l'avant-gardisme de la marque.

L'objectif

Le jeu a été élaboré afin de mieux s'adresser aux nouvelles générations, qui ne sont pas familiarisées avec la marque Perrier. Il y a également des objectifs branding, d'image et de notoriété (il est très difficile de mesurer l'impact d'une telle campagne sur les ventes).

SOLUTION STRATÉGIQUE

La campagne The Secret Place donne le coup d'envoi d'un dispositif de communication global mis en place pour célébrer les 150 ans de la marque. L'opération a également pour but d'offrir une dimension internationale à cette marque iconique en France mais qui bénéficie moins de cette perception dans les autres pays. Parmi les opérations de communication mises en place pour ses 150 ans, l'habillage des bouteilles en partenariat avec Andy Warhol en édition limitée fut une opération à succès.

The Secret Place est un jeu en ligne fondé sur la quête, un élément essentiel dans l'ADN de la marque. Il s'agit d'une soirée clandestine dans Paris, dans laquelle on accède par la porte d'un pressing. On est accueilli par la propriétaire qui indique la porte du fond du pressing. Lorsque celle-ci s'ouvre, on se retrouve dans un appartement majestueux avec des salles dotées d'univers bien définis, teintés d'un érotisme élégant, également cher à la marque : une salle de jeux, avec des paris, à la fois attirante et repoussante ; une salle festive avec un groupe et concert ; une salle sexy avec un barman dragueur...

A l'intérieur, le joueur incarne l'un des soixante personnages présents à la soirée. La mission du joueur : trouver les indices qui lui permettront de localiser la bouteille secrète. Avec à la clé des invitations à gagner pour 5 soirées privées, organisées à Miami, St-Tropez, Sydney ou encore Ibiza.

Le jeu interactif fait vivre différentes expériences au joueur : se tatouer, se marier, en somme une soirée folle qu'on aimerait tous avoir vécue un jour ! Le plus : le joueur vit la soirée dans la peau des personnages, en voyant ce que le personnage voit, ce qui dynamise la quête.

La cible du jeu est les 15/35 ans.

Les contraintes

Un projet d'une telle envergure nécessite l'acceptation et la compréhension de toute l'entreprise. Mais la plus grosse contrainte était d'ordre technique : il fallait proposer une expérience fluide et agréable durant le jeu. Un vrai défi technique en termes de serveur, qui a été relevé grâce à de beaux partenariats.

Les objectifs KPI

• Faire vivre 10 millions de vies (compteur de vie dans l'expérience : passage d'un personnage à un autre)
• Nombre de visites : 1,4 millions
• Recruter de nouveaux fans

MISE EN PLACE OPÉRATIONNELLE

Il a fallu 18 mois pour mettre en place le projet. L'expérience propose en effet 60 personnages différents, ce qui représente 10 000 scénarios de jeu possibles. Plusieurs films ont été élaborés pour créer la totalité des scénarios, ce qui représente 1h30 de captation.

L'agence Buzzman a d'abord planifié une période de teasing d'un mois sur la fan page de Perrier. Puis des indices ont été révélés au fur et à mesure sur la page pour que les joueurs progressent dans le jeu.

Entre le 2 avril et le 7 mai, les joueurs ont eu la possibilité de participer à un jeu-concours pour gagner l'un des 5 voyages. Résultats ? 4 millions de visites en un mois. Le jeu a grandement favorisé l'engagement communautaire.

La marque a également développé un mini-site digital, une application iOS et une application Android.

Pour soutenir l'opération, Perrier a déployé un plan média on line avec les posts Facebook et des formats plus classiques sur Youtube notamment. Pour générer encore plus de trafic, un plan e-RP a été mis en place : 400 influenceurs ont pu vivre l'expérience en avant-première. Chaque blogueur a reçu une box avec un tampon. Ce tampon permettait de débloquer un accès à The Secret Place, en montrant face à sa webcam son bras tamponné. Atmosphère secrète garantie. Ce dispositif a généré 40 000 visites supplémentaires.

LES RÉSULTATS

• 12 millions de « vies » dans le jeu
• 4 millions de visites
• Le nombre de fans a plus que doublé : de 86 000 à 186 000
• 430 000 vues sur YouTube
• 8 000 partages sur Facebook
• 3 500 tweets qui ont relayé l'expérience

« Un projet d'une telle envergure nécessite l'acceptation et la compréhension de toute la société. Mais la plus grosse contrainte était d'ordre technique : il fallait proposer une expérience fluide et agréable durant le jeu. »

LES WEB SERIES DE MARQUES

Portées par l'explosion des plateformes vidéo, mais aussi par le succès des YouTubeurs, les marques sont de plus en plus nombreuses à mettre en ligne sur Internet leurs propres web séries.

Véritables territoires d'expression, ces formats courts vidéos diffusés sur YouTube, Dailymotion ou encore Vimeo, à la croisée de la série télévisée, du court-métrage et du web, sont exclusivement destinés à être diffusés sur Internet, via des sites d'hébergement de vidéos ou des sites de marques.

Pour réaliser une web série à succès, les marques doivent apprendre à se raconter sans chercher à mettre en avant leurs produits, comme elles auraient l'habitude de le faire dans un spot publicitaire télévisé. Le but est de véhiculer des valeurs, de créer de l'affection ou encore d'améliorer l'image de la marque via la création d'un contenu éditorial de qualité. Pour cela, certaines n'hésitent pas à se tourner vers des web casteurs à succès (Norman, Hugo Tout Seul, Cyprien...) pour bénéficier de leur expérience et s'appuyer sur leur communauté existante.

UN FORMAT COURT

Le principal vecteur de partage étant l'émotion, les vidéos générant un fort engagement émotionnel sur le web sont celles qui ont les plus forts taux de partage. De même, toutes ces vidéos ne connaissent pas le même succès : seulement 1 % des vidéos de marques publiées concentrent 67 % des vues. Un internaute français passant en moyenne près de 2 heures par mois sur YouTube et y consultant 57 vidéos, soit moins de 2 minutes par vidéo, les formats se doivent d'être très courts afin de s'adapter à un public d'internautes zappeurs. C'est la raison pour laquelle le format ne dépasse généralement pas les 5 minutes, malgré la ressemblance avec une série télévisée classique.

Coûteuses à réaliser, une web série doit, pour avoir un retour sur investissement positif, respecter un certain nombre de règles : teasing en amont du lancement, stratégie de médiatisation (vidéos sponsorisées, diffusion en pré-roll...), qualité du contenu, format court, incitations au partage... Les détails doivent également être soignés : titres des vidéos optimisés en termes de référencement, importance accordée aux 5 premières secondes (80 % des vidéos étant « skippées », c'est-à-dire non visionnées, lorsqu'elles sont diffusées en pré-roll), descriptions, preview...

› Paul Cordina
Chef de Produit Digital et CRM Senior NESTLÉ
Co-auteur du livre *Community Management*, éditions Pearson (2013)

> *« La rentabilité des web séries reste toutefois compliquée à évaluer, et la mesure des résultats doit être prise en compte, afin de ne pas simplement regarder un compteur s'incrémenter en nombre de vues. »*

La rentabilité de ce type de production reste toutefois compliquée à évaluer, et la mesure des résultats doit être prise en compte, afin de ne pas simplement regarder un compteur s'incrémenter en nombre de vues. La prise en compte d'autres indicateurs est pour cela nécessaire : pourcentage de visionnages, nombre de vidéos vues par internaute, taux de partage, consultation de contenus additifs (sur le site Internet de la marque par exemple)...

QUELQUES EXEMPLES DE MARQUES RÉCENTS

Bouygues Telecom met en scène la famille Les Dumas
Afin de faire découvrir ses services, Bouygues Telecom a pris le parti de l'humour en mettant en scène en 2012 une famille comme les autres, Les Dumas, dans laquelle chacun des membres a un usage particulier des nouvelles technologies. On retrouve notamment dans cette web série les web casteurs Kémar et Kevin Razy, ou encore l'humoriste Stéphane De Groodt.

Composée de 12 épisodes avec une vraie liberté de ton, Bouygues Telecom y communique son habileté à répondre aux différents usages quotidiens des nouvelles technologies, sa proximité avec ses clients et sa compréhension des besoins numériques. Le produit ou service y est mis en avant à la fin de chaque épisode.

Nestlé met en avant la cuisine d'assemblage pour bébés
Nestlé Bébé a invité les parents et leurs bébés à s'inscrire à un concours sur son site Internet, pour participer au tournage de sa web série « Les Parents Toqués ». 6 familles passionnées par le goût ont été sélectionnées pour se retrouver durant une journée, et prendre part au tournage.

Elles ont ainsi enfilé leur tablier pour relever des défis à l'aide de la gamme Nestlé P'tit Pot, et rendre folles les papilles de bébé. Ce nouveau concept d'émission autour de la cuisine d'assemblage pour bébé est diffusé depuis octobre 2013 en exclusivité sur le site Internet bebe.nestle.fr, ainsi que sur la fan page Facebook et la chaîne YouTube de la marque.

Nescafé rapproche autour d'un café avec Really Friends
A l'occasion de ses 75 ans, la marque de café instantané Nescafé a choisi de réaliser une web série d'une trentaine d'épisodes de près de 4 minutes, chacun mettant en scène Arnaud, un parfait inconnu de 30 ans, qui décide de partir à la rencontre de ses amis Facebook muni de deux tasses de café et d'une caméra, afin de se réunir à l'improviste autour d'un café IRL, c'est-à-dire dans la « vraie vie », ce qui donne lieu à des rencontres amusantes, mais également émouvantes.

Une chaîne YouTube et une fan page Facebook ont été créées, permettant aux internautes de visionner, commenter et partager les aventures d'Arnaud. Parallèlement, une action RP a été mise en place et un kit contenant une GoPro, 2 mugs ainsi que le nécessaire pour préparer un Nescafé a été envoyé à une sélection de blogueurs influents. 7,5 millions de vues ont été cumulées au total, 60 % des vidéos ayant été visionnées en intégralité.

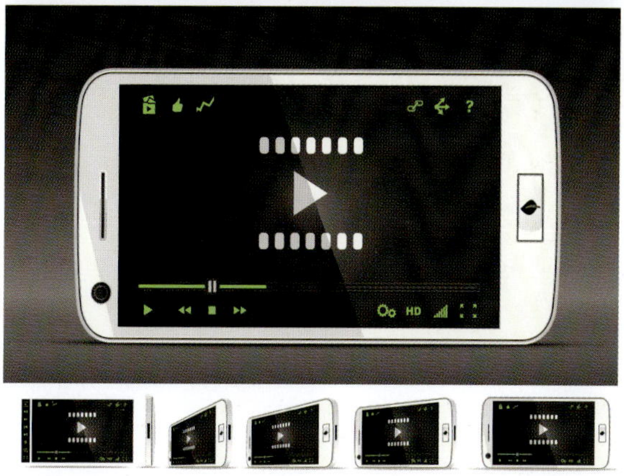

LA PLATE-FORME RELATION-NELLE **NESTLÉ BÉBÉ**

NESTLÉ, marque experte en nutrition infantile, propose un large choix de produits de qualité et innove en permanence. La marque souhaite créer et entretenir un lien unique avec cette cible sur-sollicitée et perpétuellement en mouvement, en véhiculant les valeurs de sa marque : la proximité, l'empathie et l'échange. Pour fidéliser les parents, il faut avant tout leur parler de leur bébé et leur donner la possibilité de partager leur quotidien et leurs impressions.

LA CIBLE

Laure, 29 ans, attend son premier enfant et comme 96 % des femmes enceintes (et 94 % des mamans avec un jeune bébé) surfe beaucoup sur Internet à la recherche de conseils, et est présente sur les médias sociaux : en clair, une « digital mum ». De manière plus générale, tous les jeunes parents de bébés de moins de 3 ans, avides de conseils et d'échanges sur l'évolution de leur enfant.

LES OBJECTIFS

Avec pour objectif de faire évoluer son programme relationnel vers plus de proximité et d'échanges, NESTLÉ donne la parole aux parents.

Quanti :
• Développer l'interaction et l'implication des parents sur le site Internet NESTLÉ Bébé.
• Recruter les membres au programme relationnel.
• Améliorer les items d'images de la marque.

Quali :
• Accompagner et tisser une relation forte avec les parents au cours de l'évolution physiologique de leur bébé.
• Multiplier les contacts en personnalisant toujours davantage le contenu proposé.

L'idée stratégique
L'arrivée d'un bébé représente toujours beaucoup de questions, pendant la grossesse, et encore plus après la naissance. NESTLÉ a donc décidé de faire évoluer sa plateforme relationnelle Le Club NESTLÉ Bébé vers davantage d'échanges et de dialogue, en donnant la parole aux parents membres de son programme relationnel.

L'enjeu est de s'inscrire dans le respect des valeurs de la marque, en créant une relation d'empathie et de proximité avec les parents. Le choix s'est tourné vers la mise en place de 3 opérations participatives :

LA WEB SÉRIE LES PARENTS TOQUÉS

La marque a permis aux consommateurs de se rencontrer dans la vraie vie, en invitant les parents et leurs bébés à s'inscrire en juillet 2013 à un concours de cuisine sur son site Internet, pour participer au tournage de sa web série « Les Parents Toqués ». 6 familles passionnées par le goût ont été sélectionnées pour se retrouver durant une journée au Siège de NESTLÉ France, et prendre part au tournage.

> Paul Cordina
Chef de Produit Digital et CRM Senior NESTLÉ
Co-auteur du livre *Community Management*, éditions Pearson (2013)

> « La marque souhaite créer et entretenir un lien unique avec cette cible sur-sollicitée et perpétuellement en mouvement, en véhiculant les valeurs de sa marque : la proximité, l'empathie et l'échange. »

Elles ont ainsi enfilé leur tablier pour relever des défis à l'aide de la gamme de produits NESTLÉ P'tit Pot, et rendre folles les papilles de leurs bébés. Ce nouveau concept d'émission autour de la « cuisine d'assemblage » pour bébé a été diffusé en exclusivité sur le site Internet de la marque, ainsi que sur sa fan page Facebook et sa chaîne YouTube.

• Des consommateurs qui ont une meilleure image de NESTLÉ quand ils font partie du programme, sur tous les items.
• 300 000 visiteurs uniques mensuels en moyenne se rendent sur le site Internet NESTLÉ Bébé.

LES PARENTS CHRONIQUEURS DE LEURS « FOLLES AVENTURES DES 1000 JOURS »

En septembre 2013, NESTLÉ Bébé a organisé un casting invitant les parents membres du Club NESTLÉ Bébé à devenir chroniqueurs de leur propre vie de jeunes parents. Une première pour la marque qui a décidé d'ouvrir son site Internet à ses membres.

Baptisée « Les Folles Aventures des 1000 jours » en référence aux 1000 premiers jours de la vie d'un bébé, l'opération met à la disposition de 5 parents souhaitant raconter leur quotidien, un espace rédactionnel et relationnel sous la forme de 5 journaux de bord, accessibles sur le site Internet bebe.nestle.fr. Outre ses chroniques de leur expérience de parents, la volonté de la marque est avant tout de créer une vraie relation entre les parents eux-mêmes, c'est pourquoi les chroniques sont ouvertes aux commentaires des internautes.

Parmi les 160 parents qui se sont portés volontaires, 10 ont été présélectionnés sur la qualité de leur plume, et ont pu accéder à la finale et être soumis aux votes des internautes durant 3 semaines. Plus de 12 000 votes cumulés d'internautes ont permis de désigner les chroniqueurs gagnants. Les 5 parents retenus bénéficient de leurs espaces toute l'année et plus s'ils souhaitent continuer l'aventure. A terme, d'autres parents pourraient rejoindre l'aventure...

L'AVIS DES « P'TITS TESTEURS » SUR LES PRODUITS DE LA MARQUE

L'espace « Les P'tits Testeurs », mis en place en septembre 2013 sur le site Internet NESTLÉ Bébé, permet aux membres du Club de pouvoir tester et faire tester à leur bébé les nouveautés produits et de donner leur avis. Ainsi, le premier test proposé, autour de la gamme NESTLÉ P'tit Gourmand Mini, a permis de générer plus de 4 500 demandes pour faire partie des 1 500 testeurs.

• Plus d'un 1,5 million de parents déjà membres du programme.
• Le Club NESTLÉ Bébé est fortement recruteur dès la naissance : 59 % des naissances sur une année.

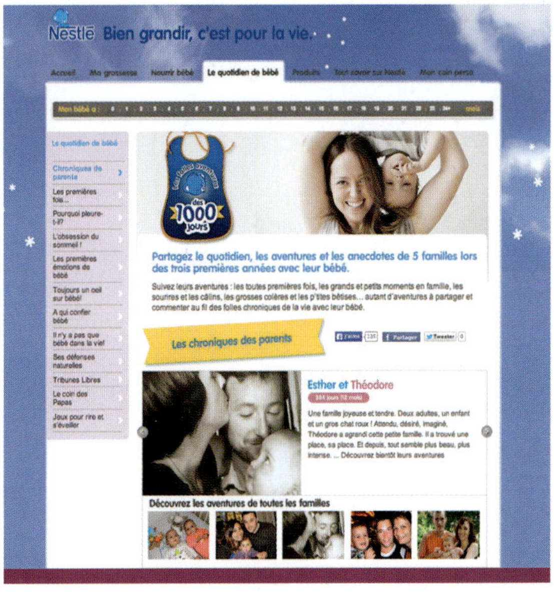

L'UTILE, AU CŒUR DE LA **STRATÉGIE DE MARQUE**

REPENSER LA PUBLICITÉ

Brand utility, brand content, native advertising... La multiplication de nouveaux termes relatifs à la communication de marque reflète la volonté des publicitaires et marketeurs d'adopter des approches innovantes pour construire une image de marque unique et créer un attachement durable à la marque.

Ces concepts s'intègrent dans une démarche visant à rompre avec la conception traditionnelle de la publicité. Parfois considérée comme une nuisance disruptive au sein de contenus intéressants, la publicité se veut aujourd'hui elle-même digne d'intérêt : divertissante ou utile, et avant tout engageante.
Le brand content est l'association de la marque à du contenu de qualité dépassant le cadre strict de sa proposition de valeur. L'advertainment en est un sous-type qui utilise des contenus divertissants pour promouvoir la marque.

Le native advertising est un format où le message publicitaire répond à des contraintes de fond (ligne éditoriale du média) et de forme (même aspect que le contenu éditorial). Le publi-communiqué, qui existe depuis longtemps, en est un exemple.

Enfin, la *brand utility* consiste à développer un service ou un ensemble de services à destination des utilisateurs dans un but promotionnel. C'est l'alliance entre la démarche publicitaire et non plus un simple contenu, mais un véritable service, ayant une utilité pratique pour l'utilisateur, souvent disponible gratuitement, pour une durée indéterminée.

DÉVELOPPER SA *BRAND UTILITY* : UN FACTEUR DE COMPÉTITIVITÉ

Parce qu'elle pousse les marketeurs à repenser la proposition de valeur en profondeur pour concevoir un service utile en adéquation avec les valeurs de la marque, la *brand utility* est un facteur d'innovation particulièrement crucial dans un contexte de crise et de concurrence soutenue. D'une part, on développe une proposition de valeur différenciante, d'où découle une communication « naturelle » efficace, fondée sur l'usage et le partage.

D'autre part, les marketeurs adoptent une approche fonctionnelle, utile et pratique, plutôt que chercher à divertir, faire rire, ou inspirer un style de vie. L'application Nike+, qui permet aux coureurs de connaître, d'améliorer et de partager leurs performances sportives illustre cela. Nike offre un service pour créer un lien durable avec les coureurs dans un contexte ciblé ayant du sens pour la marque.

Fifty-Five
> Lan Anh Vu Hong
Responsable Marketing
www.fifty-five.com

« Parce qu'elle pousse les marketeurs à repenser la proposition de valeur en profondeur pour concevoir un service utile en adéquation avec les valeurs de la marque, la brand utility est un facteur d'innovation particulièrement crucial dans un contexte de crise et de concurrence soutenue. »

PENSER « USAGE » AVANT « MESSAGE »

Développer sa *brand utility* consiste à examiner ce que les utilisateurs font, pour chercher à leur être utile dans un contexte spécifique associé à la marque ; c'est leur demander « que puis-je faire pour vous ? » Tel le boucher qui donne des conseils de recette et fidélise ainsi une clientèle qui vient acheter de la viande mais également des idées de repas, *Kraft foods* propose une application de cours de cuisine.

Plutôt que créer un nouveau produit ou besoin, il s'agit de raisonner en termes d'usages existants et de concevoir une prestation immatérielle offrant une information ou un service qui facilite le quotidien.

L'IMPACT DU DIGITAL, DU MOBILE ET DU SOCIAL

Les initiatives de *brand utility* ne sont pas spécifiques au monde digital. Ainsi, lors de festivals de musique, Nokia propose des cabines insonorisées pour permettre de téléphoner au calme. Cependant, le digital permet d'industrialiser la démarche en diminuant les coûts de reproduction : le coût d'inscription d'un nouveau membre sur Nike+ ou d'un téléchargement supplémentaire de l'application de Kraft Foods est quasi-nul.

Le digital permet en outre de mesurer l'engagement des utilisateurs avec précision : fréquence d'utilisation, habitudes de consommation... autant d'informations qui permettent de calculer le ROI des initiatives et de mieux connaître ses clients. L'éco-système digital permet également de profiter d'effets de viralité et de fédérer des communautés autour d'un service.

Enfin, la mobilité représente une opportunité unique de rester en contact avec l'utilisateur au quotidien et 24h/24, en toutes circonstances. Ainsi, Mastercard propose une application pour trouver le distributeur automatique le plus proche dans le monde entier, s'affranchissant des frontières et des horaires de bureaux. Plus l'activité facilitée par la marque est quotidienne, plus les contacts sont fréquents, et leur impact incrémental, potentiellement important.

LE DÉVELOPPEMENT DE MARQUE DURABLE

Développer sa *brand utility* revient à offrir un service en rendant une activité plus simple, plus rapide ou plus ludique. Ce qui a de la valeur a un prix ; un moyen de mesurer l'utilité réelle d'un service consiste à se demander si les utilisateurs seraient prêts à payer pour se l'offrir. La gratuité caractérise pourtant très souvent les initiatives de *brand utility*, d'abord parce qu'elle favorise une diffusion très large du service en minimisant les freins à l'adoption, ensuite parce que la *brand utility* participe à une stratégie de communication globale et que les frais engendrés peuvent être considérés comme des frais de publicité.

En créant des contextes communs permettant l'interaction régulière entre la marque et les utilisateurs, la *brand utility* permet non seulement d'acquérir de nouveaux clients mais aussi et surtout, de retenir les clients existants. A la croisée entre publicité et CRM, elle permet d'instaurer une relation de long terme avec l'utilisateur en maintenant une présence positive et contextualisée dans les esprits.

HEINZ *Qui ?*
LE HEINZ LUNCH GENERATOR *Quoi ?*

22 000 visites sur le site

4,5 MILLIONS
d'utilisateurs Facebook

Twitter • Jeu-concours • Engagement

PROBLÉMATIQUE BUSINESS DE LA MARQUE

Fondée en 1869 par Henry John Heinz en Pennsylvanie, Heinz s'est imposé comme la marque icône du ketchup à travers le monde. Leader en France, la marque reste au coude à coude avec son seul concurrent en volume, Amora. Le marché du ketchup est dominé par ces deux marques autour desquelles les marques de distributeurs ont su développer des produits concurrents.

Le ketchup Heinz se distingue par son goût inimitable de tomates et d'épices, proposé depuis 140 ans dans une bouteille transparente. C'est cette signature gustative qui tranche avec le goût des autres ketchups, plus doux et consensuels. Les consommateurs de ketchup choisissent donc Heinz par réel engagement et préférence de marque.

Cible
Majoritairement consommé par les foyers avec enfants, Heinz cible ses actions média auprès les mères de famille responsables d'achats 25-44 ans. Sur le web en l'occurrence, la marque s'adresse donc aux « digital mums ».

Objectif
Le ketchup est aujourd'hui consommé par 1 Français sur 2 ; une pénétration limitée par une consommation encore circonscrite aux usages sur le pouce (pâtes/frites/burger). C'est également un produit associé à la junk food et aux mauvaises habitudes alimentaires. En tant que leader du marché, Heinz vise à développer la consommation du ketchup en France en faisant une sauce adaptée aux plats du quotidien. L'objectif est de suggérer aux consommateurs de nouvelles habitudes liées au ketchup et de nouveaux usages.

SOLUTION STRATÉGIQUE

En lien avec son agence digitale 361, Heinz a développé le concept du «Heinz Lunch Generator» : une plateforme digitale inédite permettant de générer des recettes personnalisées autour du ketchup.

Le « Heinz Lunch Generator » propose essentiellement des recettes pour le déjeuner, pour des personnes qui n'ont pas vraiment le temps de se lancer dans la préparation de plats élaborés mais qui souhaitent tout de même profiter d'un bon déjeuner. Une solution clé en main ludique et didactique pour revisiter ses pauses déjeuner.

Élaborée par un chef, chaque recette évolue dans un univers distinct avec un logo qui lui est propre ainsi qu'une phrase d'accroche. De même, les visuels ont été travaillés avec un photographe culinaire et un styliste, de manière à développer les univers des recettes.

Pour générer la recette qui leur correspond, les internautes renseignent leur envie sur la base de 3 critères, l'humeur, l'appétit et le budget. Les items utilisés sont drôles et évocateurs :

- L'humeur : rock, swag, cocooning, Speedy Gonzales, entre potes, envie de nouveautés...
- L'appétit : gargantua, juste ce qu'il faut, light, équilibré, j'ai 10 minutes...
- Le budget : milliardaire, budget moyen, pas cher, fin de mois, caviar...

MISE EN PLACE OPÉRATIONNELLE

Durée

Le Heinz Lunch Generator a été lancé en octobre 2013 pour 1 mois.

Pour avoir accès aux recettes, il suffit de sélectionner un critère dans les trois catégories suggérées, puis la recette proposée s'affiche. Autre solution, l'internaute peut envoyer ses trois catégories sur le Twitter du dispositif @Heinzgenerator, puis il reçoit la recette par tweet. Une fois la recette générée, on a accès aux 21 recettes du Heinz Lunch Generator.

Même si le dispositif est directement relié à Twitter (identité visuelle du mini-site), l'opération est également relayée sur la page Facebook Heinz Ketchup France. Les commentaires permettaient de promouvoir le dispositif, d'expliquer son utilisation et de dévoiler certaines recettes.

Des posts sponsorisés pour une cible 25-44 ans ainsi qu'une Facebook ad soutenaient le dispositif. Sur Twitter, la marque a posté l'ensemble des combinaisons possibles et lorsqu'un internaute se trompait dans les catégories, « la brochette de yéti » apparaissait pour signaler l'erreur. Cette communication humoristique a fait le buzz auprès des blogueurs culinaires. Le compte Heinz Generator a été créé spécialement pour l'occasion et a été animé à raison de 5 tweets par jour, soutenus par des tweets sponsorisés tous les jours.

Pour un engagement maximal, la marque offre aux participants des lots à gagner par tirage au sort, en lien direct avec la thématique de l'opération : 150 lunches box Heinz, ainsi que 150 bons d'achat de 20 € sur le site Alloresto.com .

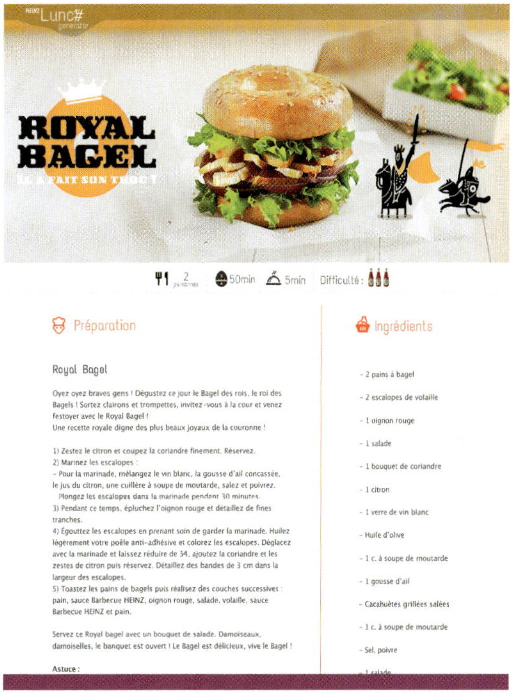

LES RÉSULTATS

- 23 millions d'impressions
- 4,5 millions d'utilisateurs touchés sur Facebook durant l'opération
- 14 000 recettes générées
- 22 000 visites sur le mini-site
- Des commentaires très positifs et enthousiastes
- Relais de l'opération sur une dizaine de blogs

« En lien avec son agence digitale 361, Heinz a développé le concept du «Heinz Lunch Generator» : une plateforme digitale inédite permettant de générer des recettes personnalisées autour du ketchup. »

O *Heinz*
Clémentine Aujay, *Chef de produit senior Heinz*

FERRERO *Qui ?*
DIALOGUE AVEC SES UTILISATEURS *Quoi ?*

Brand utility • CRM • Interaction

PROBLÉMATIQUE BUSINESS DE LA MARQUE

En 2013, Ferrero a lancé une nouvelle rubrique sur le site www.ClubKinder.fr, site CRM destiné à promouvoir l'univers de marque de Kinder.

Intitulée « **Les sorties** », cette section fournit aux utilisateurs des idées de sorties locales à faire avec des enfants. La rubrique et le site www.ClubKinder.fr en général s'inscrivent dans une problématique de branding ; ils participent à la construction et au renforcement de la « brand utility » de Kinder en offrant un véritable service aux utilisateurs dans une démarche promotionnelle visant à renforcer l'attachement à la marque.

Dès le lancement, les responsables du site ont souhaité mesurer la satisfaction des utilisateurs de cette rubrique pour l'améliorer, en termes d'ergonomie et de contenu. L'idée était d'agir vite afin de profiter du lancement encore récent de la rubrique pour l'ajuster exactement aux besoins des utilisateurs. Cela nécessitait de définir rapidement des axes d'amélioration, pour pouvoir transmettre aux prestataires des instructions précises (agences de web-développement, fournisseurs de contenus, etc.).

Le contexte
Kinder développe depuis quarante ans des produits chocolatés à destination des enfants et, plus généralement, des gourmands. Comme la plupart des produits du groupe Ferrero, les produits Kinder sont distribués indirectement, via un réseau physique traditionnel. La présence digitale de Kinder a pour objectif de renforcer l'attachement des consommateurs à la marque, en développant des services et du contenu en lien avec les produits Kinder. Le digital permet ainsi à Kinder d'instaurer et de renforcer une relation directe avec les utilisateurs. L'enjeu est de maintenir et faire évoluer un univers de marque Kinder cohérent, centré autour de l'enfance et de l'éducation.

La cible
Laure, 38 ans, maman de 2 enfants qui raffolent des produits Kinder (Kinder Surprise, Schoko-Bons, etc.) : elle associe la marque à l'univers de l'enfance, une valeur sûre pour faire plaisir aux enfants. Elle a remarqué que Kinder proposait aux parents d'enfants de 3 à 8 ans de rejoindre la marque sur Internet sur www.ClubKinder.fr pour y trouver des idées d'activités.

Les objectifs
• **Quantitatif :** augmenter le taux d'utilisation de la rubrique « Les sorties »

• **Qualitatif :** mesurer la satisfaction des utilisateurs qui consultent la rubrique et comprendre leurs besoins, pour identifier des pistes d'amélioration concrètes et leur offrir le service le plus utile et adapté possible.

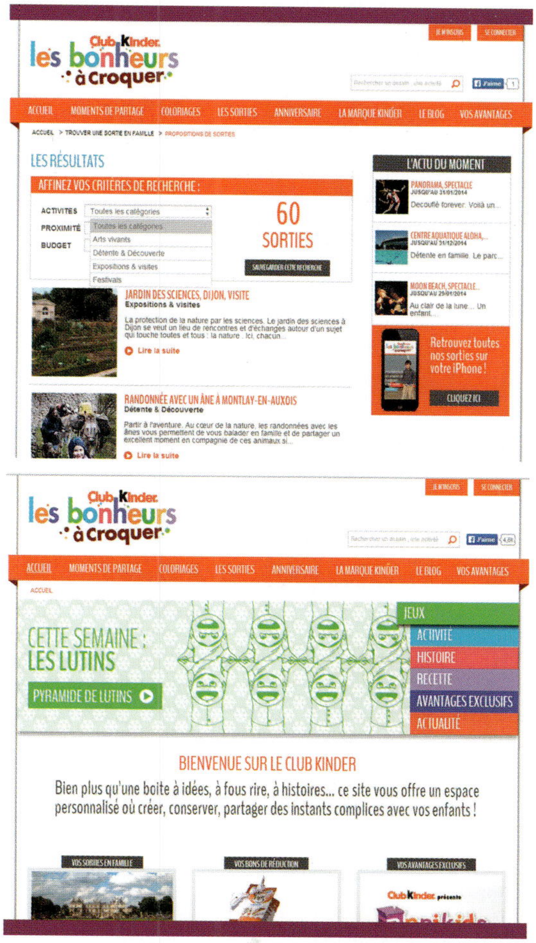

SOLUTION STRATÉGIQUE

L'idée stratégique
Kinder désirait trouver une solution technologique permettant de récolter rapidement les impressions des premiers utilisateurs de la rubrique, afin d'identifier, grâce à l'analyse combinée de ces données qualitatives et des données quantitatives issues de la web analyse, des pistes d'amélioration de la rubrique.

Le cahier des charges précisait la nécessité de trouver une solution agile, rapide et facile à implémenter, qui pourrait être réutilisée pour récolter des informations qualitatives en menant des mini-enquêtes sur des segments de population précisément ciblés.

La solution proposée par fifty-five est la mise à disposition d'une interface en SaaS (Software as a service, ou système de location d'une interface technologique sous licence), permettant en quelques clics d'élaborer et de publier des questionnaires déclenchés à des endroits précis du site et sur des segments d'utilisateurs ciblés pour prendre le pouls des visiteurs. La prestation de l'agence inclut un accompagnement pour l'implémentation de la solution, l'élaboration de questionnaires et l'analyse des résultats.

Les aspects innovants et de différenciation
Survey est une solution clé en main pour une utilisation autonome, permettant à Kinder :
• D'instaurer un dialogue et d'interagir avec les visiteurs de son site.
• De mieux comprendre les motivations des visiteurs et de mesurer leur satisfaction, afin d'améliorer les services proposés.

Ciblage :
Survey permet à Kinder de poser des questions à des groupes de visiteurs précis – en les segmentant par source de trafic, comportement sur site, type, ex. : Ambassadeur vs Sympathisant, Nouveau visiteur vs Visiteur connu, Acheteur, etc.

Rapidité :
la simplicité de l'interface de gestion des questionnaires permet aux équipes marketing de mettre en place des questionnaires sur le site en quelques minutes. L'interface de résultat permet d'analyser les résultats en temps quasi-réel.

Richesse d'analyse :
Survey permet de croiser les données de web analyse (données quantitatives) avec les données issues de questionnaires (données qualitatives), pour qualifier rapidement et simplement une base d'utilisateurs.

Agilité :
Survey permet d'aller droit à l'essentiel en posant très peu de questions, à des segments précis d'utilisateurs. En effet,

« Le digital permet ainsi à Kinder d'instaurer et de renforcer une relation directe avec les utilisateurs. L'enjeu est de maintenir et faire évoluer un univers de marque cohérent, centré autour de l'enfance et de l'éducation. »

O *Fifty-Five*

Claire Cambray, *Chef de projet CRM Club Kinder*
Louis Chavane, *Chef de produit Fifty-Five*

la web analyse fournit déjà un grand nombre d'informations comportementales, que Survey vient compléter à l'aide de courts questionnaires.

Survey permet ainsi de mener des études d'une façon innovante, par vagues d'itérations d'études courtes et fréquentes.

Les KPIs

• Taux de participation au questionnaire : « nombre de visiteurs ayant été exposés au questionnaire et ayant accepté de répondre » / « nombre de visiteurs ayant été exposés au questionnaire. »

• Taux de complétion du questionnaire : « nombre de visiteurs ayant été exposés au questionnaire et ayant rempli la totalité du questionnaire » / « nombre de visiteurs ayant été exposés au questionnaire. »

Les évolutions de l'idée

La rapidité de déploiement et d'édition du questionnaire ont permis aux équipes de Kinder d'ajouter en cours d'étude une question supplémentaire non prévue initialement, afin de connaître l'âge des enfants. Cela a facilité et enrichi l'analyse des réponses par la suite.

MISE EN PLACE OPÉRATIONNELLE

La durée

Durée de l'étude : 34 jours
Durée totale de la mission : 40 jours

Les explications autour des choix créatifs

L'aspect de la boîte de dialogue, customisable, a été validé par Kinder afin de respecter la charte graphique du site.

Les étapes

1. Installation de Survey

L'installation de Survey sur le site ClubKinder.fr s'est faite très rapidement par l'intégration d'un tag unique sur chaque page du site. La présence d'un système de gestion des tags (Tag Management System) a permis de déployer la solution en une dizaine de minutes seulement.

2. Définition d'une audience-cible

Le but étant d'améliorer la rubrique « Les sorties », l'équipe Kinder a choisi de proposer le questionnaire aux utilisateurs qui venaient de consulter la rubrique. Le déclenchement sur critère se fait en temps réel sur la base de signaux de web analyse, ce qui permet à Kinder de cibler un segment d'utilisateur précis.

3. Création du questionnaire

L'équipe a ensuite défini un jeu de questions en fonction de 2 axes : valider le bien-fondé de la rubrique et améliorer son contenu (le fond) ; vérifier que l'utilisabilité était satisfaisante (la forme).
Une fois le jeu de questions prêt, l'équipe a validé un layout de questionnaire respectant la charte graphique du site afin d'offrir la meilleure expérience aux utilisateurs.

4. Déploiement du questionnaire via l'interface Survey

Les questions et les réponses sont éditables dans l'interface de gestion de Survey.
L'interface permet de pré-visualiser le questionnaire à chaque étape de sa création et de le tester directement sur le site.
Une fois validé, le questionnaire est activé directement depuis l'interface. Il reste possible à tout instant de l'éditer ou de l'arrêter depuis cette interface.

5. Suivi automatisé et granulaire des réponses

Les réponses sont disponibles dans l'interface et automatiquement analysées, afin de fournir aux équipes Kinder des résultats fiables et directement exploitables.
L'interface permet également de faire une analyse croisée des réponses avec les segmentations (ex. : réponses des Nouveaux visiteurs vs Visiteurs connus, Sympathisants vs Ambassadeurs...), afin d'enrichir la segmentation et/ou le profil des visiteurs.

LES RÉSULTATS

Les utilisateurs se sont volontiers prêtés au jeu et près de 25 % d'entre eux ont complété le questionnaire. En un mois d'étude, ce sont près de 200 utilisateurs qui ont ainsi répondu aux 5 questions.

KPI
Taux de participation au questionnaire : 40 %.
Taux de réponse aux 5 questions : 61 %.

L'analyse des résultats a indiqué une opportunité pour Kinder en validant le bien-fondé de la rubrique, bien perçue et appréciée par les utilisateurs, tout en mettant au jour le besoin d'ajuster le contenu proposé.

• **Bonne réception de la rubrique par les utilisateurs :**
80 % la trouvent utile, 92 % la trouvent facile d'utilisation.

• **Bonne capacité de rétention de la rubrique :**
79 % des sondés déclarent vouloir retourner sur la rubrique et 72 % sont prêts à la recommander.

• **Besoin de retravailler le contenu :**
65 % des sondés trouvent que le contenu n'est pas assez riche, seuls 44 % ont trouvé une idée de sortie sur le site.

Ce dernier point validait le besoin d'agir vite pour apporter les changements nécessaires à la rubrique, sous peine de perdre les sympathisants qui avaient une bonne perception de la section mais n'avaient pas trouvé d'idée de sortie. Survey permit donc à Ferrero de rapidement retravailler l'ergonomie de la rubrique et le système de géolocalisation afin de mieux répondre aux attentes de ses utilisateurs.

« Le cahier des charges précisait la nécessité de trouver une solution agile, rapide et facile à implémenter, qui pourrait être réutilisée pour récolter des informations qualitatives en menant des mini-enquêtes sur des segments de population précisément ciblés. »

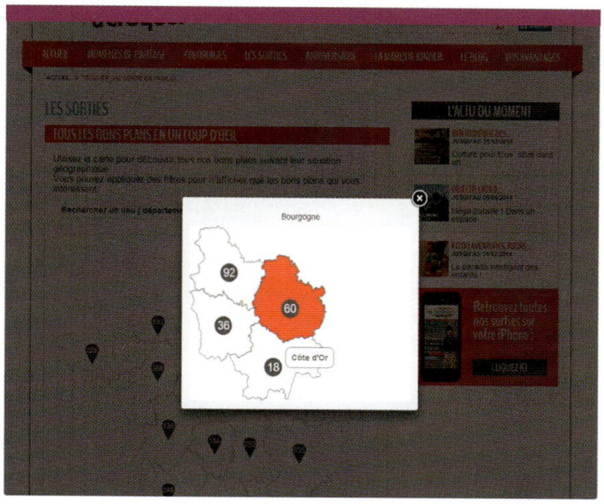

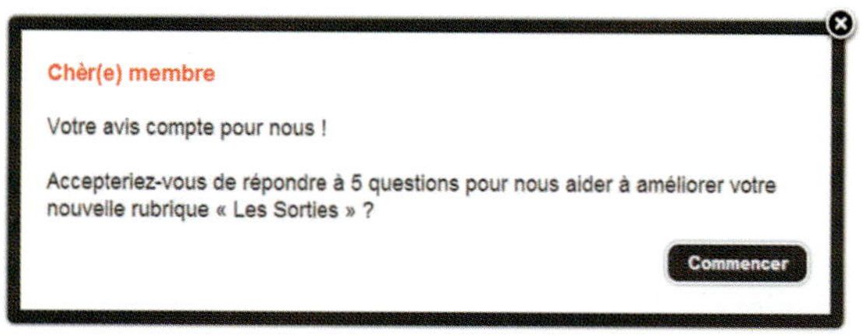

CONTENT MARKETING : **QU'ATTENDEZ-VOUS POUR CONCLURE ?**

Vous êtes chargé(e) de projet web, responsable marketing ou communication, voire chef d'entreprise, et vous sentez, intuitivement, que le content marketing serait un bon sujet pour 2014-2015. Ceci dit, vous avez du mal à y voir clair. Vous savez que les GIF animés de lolcats ne feront pas de miracle et songez à la masse de contenus que vous allez devoir créer, au responsable des contenus que vous allez devoir embaucher ; bref, vous imaginez un vaste chantier. **Prenez un peu de hauteur et vous verrez : vous avez déjà toutes les cartes en main !**

SI VOTRE PRODUIT RÉPOND À UN BESOIN (ET NOUS VOUS LE SOUHAITONS !), VOUS AVEZ UN TERRITOIRE DE LÉGITIMITÉ

« Llegó el verano », de Guillermo Viciano,
http://www.flickr.com/photos/gviciano/3677041027
CC BY-SA 2.0

- Vous vendez des vêtements ? Votre territoire : la mode, les tendances, les étoffes, le street style, les défilés, les stars... hop, montez sur le podium, défilez !

- Vous vendez des objets de décoration ? Le feng shui, la couleur, les textures, les formes, c'est votre dada... Dadaïsez !

- Vous vendez des assurances ? Listez les risques, expliquez comment les minimiser... Rassurez !

- Vous vendez des filtres à eau ? Vantez les vertus de l'eau pure et fraîche, à boire au naturel... ou dans vos boissons chaudes. Un petit café ?

Ne soyez pas timides, prenez vos aises, faites parler votre expertise !

Les Navigauteurs
www.lesnavigauteurs.fr

› Sandrine Gaussein-Casanova,
Directrice associée
sandrine@lesnavigauteurs.fr

« Vous avez un territoire d'expression, des contenus, des supports : reste à mettre un peu d'ordre, à relifter l'existant, fertiliser, et semer. »

AUTOUR DE VOTRE MARQUE, LES CONTENUS SONT PARTOUT

• Vous avez des mots ? Vous avez des images ? Vous avez des contenus !

« Une météorite s'est écrasée à plainpalais / Genève ???!!! », C'est quoi ce truc ??? » Mickaël Fonjallaz,
http://www.flickr.com/photos/mickaelfonjallaz/9062471831
CC BY-SA 2.0

C'est le printemps, faites l'inventaire. Commencez par explorer votre site : votre page Qui sommes-nous, vos fiches produits, les FAQ, vos articles de blog... tout est bon à lister (hum, sauf les tas de mots que vous avez achetés à 3 centimes pièce... ça, c'est la poubelle).

« Zo schattig, kakbloemen 063 » de Jim Maes,
http://www.flickr.com/photos/jiza/5758355542/
CC BY-SA 2.0

Vous avez fait le tour ? Fouillez dans vos cartons, vous pourriez bien y retrouver du bon vieux papier : des dépliants, des manuels d'utilisateur, des schémas griffonnés à la main... Et toutes ces photos et bribes de films de vos produits, sorties, évènements, dont vous n'avez jamais rien fait ? Ressortez-les.

Enfin, il y a ces contenus que vous avez mis hors ligne : mini-sites évènementiels, interviews d'un autre temps. Ils sont peut-être périmés en l'état, mais ne jetez pas, on y reviendra.

• Vos clients parlent de vous ? Les journalistes, les blogueurs parlent de votre territoire ? Autant de contenus à exploiter. Relevez les mentions de votre marque, de vos produits et services sur le web. Ouvrez le périmètre à l'ensemble de votre territoire et relevez les points de vue et discussions qui se sont générés sur les sujets qui vous concernent.

LES SUPPORTS ? FAITES VOTRE MARCHÉ !

Avez-vous une idée de tous les supports à votre disposition ?
• Vous jouez déjà à domicile : sur votre site, votre blog, votre newsletter, votre appli/site mobile, pour ne citer que les plus puissants de vos supports 100 % owned

• Les réseaux sociaux vous laissent l'embarras du choix : rien à inventer sur cette planète... Il reste simplement à choisir les bons chevaux et partir à la conquête de vos fans.

• Chez les autres : forums, webmags, blogs... si vous toquez poliment à la porte, on pourrait bien vous laisser vous y exprimer. Bref, tout est en place pour recevoir vos contenus. Si vous voulez vraiment faire quelque chose, prenez un papier, un stylo, et dessinez la carte de vos supports. Vous y voyez plus clair ?

ALORS, ON CONCLUT ?

Vous avez un territoire d'expression, des contenus, des supports : reste à mettre un peu d'ordre, à relifter l'existant, fertiliser, et semer.

« Sepia Grunge Sign - Recycling Symbol » de Nicolas Raymond
www.flickr.com/photos/80497449@N04/10435706823/
CC BY 2.0

« Vous avez des mots ?
Vous avez des images ?
Vous avez des contenus ! »

1. On audite
Reprenez votre inventaire des contenus, on va faire un peu de tri. Classez les contenus par type, format, sujet, message, support de diffusion... Datez-les, évaluez-les (à ce sujet, qu'en disent les internautes à grand renfort d'étoiles, de likes, +1 et autres RT ? S'ils ne se prononcent pas, Google saura vous dire : trafic, taux de rebond... son verdict est implacable).
Vous savez maintenant quels contenus il vous faut garder et quels contenus fonctionnent moins bien, vous devrez, au minimum, les relifter.

« Le responsable
des contenus, c'est lui,
elle, eux, et vous :
c'est le Comité éditorial. »

2. On se demande *Qui on est* et *À qui on parle*
Tout ce que vous avez fait, dit, ça venait de quelque part... Qui êtes-vous, comment pensez-vous ? Quel est votre positionnement sur ce territoire que vous avez investi ? Vous avez bien une opinion sur la question, des messages à faire passer ?

« macro_letterpress », de Guillaume Schaeffer,
http://www.flickr.com/photos/giz404/6328438026/
CC BY 2.0

Au besoin, payez-vous quelques séances d'analyse dans une bonne agence éditoriale. Et profitez-en pour éclaircir les motivations de votre audience, vos interlocuteurs, bref, vos clients !

3. On benchmarke
Et les autres, ils font comment ? Quels messages, avec quels formats, sur quels supports ? Ça marche chez eux ? Il y a probablement des best practices à identifier.

4. On charte
Vous savez ce qui vous différencie, vous savez quoi dire et à qui. Vous avez identifié les formats qui marchent, les supports sur lesquels vous allez communiquer... Formalisez tout cela dans une charte éditoriale qui tiendra lieu de feuille de route pour l'ensemble de vos collaborateurs. Et listez quelques KPI, pour alimenter les discussions... en cours de route.

5. On refond et on active l'engagement
Là oui, il y a un peu de travail. Reprenez vos contenus, rééditorialisez-les au regard de votre charte. Mettez-les à jour. Optimisez-les, reliez-les entre eux pour en faire un confortable hamac pour vos internautes. Et surtout, activez l'engagement avec des visuels de qualité hautement likables et des accroches prêtes à partager.

« Papiermühle Homburg » de Carsten Frenzl,
http://www.flickr.com/photos/cfaobam/9773666712/
CC BY 2.0

6. On décline et on sème
Vous avez une information et un contenu de base, associés à des visuels de qualité, des vidéos, des liens. Faites-en un billet de blog, un post Facebook, un tweet, un post Tumblr... Chaque information trouvera sa place sur une série de supports (selon la stratégie média définie en amont), mais jamais sous la même forme. Déclinez et adaptez chaque contenu aux différents supports, pour y engager les audiences présentes.
Puis engagez le dialogue !

7. On complète, au fil de l'eau, on anime...
A ce stade, oui, on peut créer de nouveaux contenus. Vous savez où vous allez et vous savez ce qu'il vous manque. Préparez une grille de production éditoriale et produisez. Concevez un planning de publication et animez !

8.... et comme on aime bien faire, on mesure et on ajuste !
Reprenez vos KPI, mesurez, ajustez votre grille, les déclinaisons de vos contenus, la stratégie de publication. Et puis, régulièrement, interrogez votre ROI : le ROI en €, bête et un peu méchant, et le ROI en d'un royaume qui se projette, avec sa foule d'ambassadeurs conquis à sa cause.

QUANT AU RESPONSABLE DES CONTENUS, C'EST LUI, ELLE, EUX, ET VOUS : C'EST LE COMITÉ ÉDITORIAL

« iLife » de Ritesh Man Tamrakar,
http://www.flickr.com/photos/_rmt_/5671823752/
CC BY-SA 2.0

Les contenus, c'est l'affaire de tous. C'est en collaborant que votre marque/organisation s'exprimera d'une seule voix et restera cohérente jusque dans la signature de ses mails. Une stratégie concertée sera aussi le moyen de mutualiser les efforts et les contenus. Bref, le comité éditorial, c'est LE responsable des contenus !

Vous voyez, le content marketing, ça vous connaît ! Cela fait déjà bien longtemps que vous avez commencé...

QUELLE MESURE DU **ROI DES CONTENUS ?**

Qu'est-ce que le ROI d'un contenu ? Facile, dira-t-on : le revenu qu'il génère ! Cette mesure monétaire est certes rassurante, mais le véritable ROI du contenu n'est-il pas plus impalpable et stratégique qu'une poignée d'euros sonnants et trébuchants ?

LE ROI, OU L'INVESTISSEMENT RASSURÉ EN €€€ D'ACHATS

La logique du ROI est de permettre de préciser un retour en euros à plus ou moins long terme pour un investissement donné. Au moment de justifier un projet éditorial, la question peut se faire délicate, car si l'investissement est certain, son retour en euros l'est moins.

Pour l'heure, nous mesurons de plus en plus finement les retours des investissements digitaux : le taux de conversion d'un parcours d'achat (optimisations on site), le nombre de fois que ce parcours est emprunté (optimisations des achats pub) ou encore la valeur en sortie du parcours d'achat (panier moyen). De la même manière, il est possible de calculer combien certains contenus (fiches produits, par exemple) ont rapporté : revenu pour mille vues, conversions...

Pour importantes que soient ces mesures, elles ne concernent jamais que 1 % des visiteurs qui convertissent.

SUR 100 VISITEURS, ON NE S'INTÉRESSERAIT AU RETOUR QUE D'UN SEUL D'ENTRE EUX ?

« Brujas » de Ana Vigueras (Anikaviro),
http://www.flickr.com/photos/paranoiasdelavida/3909294419
CC BY-NC 2.0

99 visiteurs sur 100 ne convertissent pas tout de suite : n'est-ce pas curieux de ne pas « les calculer » au prétexte qu'ils n'achètent pas ?

Imaginerait-on une boutique où seuls les acheteurs ont le droit d'entrer et les autres sont ignorés ?
Quand vous entrez dans un café parisien, que vous vous attablez à 11h45 pour un café et qu'on vous répond : «Si ce n'est pas pour déjeuner, on ne vous sert pas», qu'allez-vous penser du service ? Et qu'allez-vous en dire sur TripAdvisor ?
Vous voyez l'idée.

Ne serait-il pas temps d'intégrer une dimension **long terme** au ROI des contenus ?

Les Navigauteurs
www.lesnavigauteurs.fr

› Sébastien Bonnefoy, *directeur associé*
sebastien@lesnavigauteurs.fr

> *« 99 visiteurs sur 100 ne convertissent pas tout de suite : n'est-ce pas curieux de ne pas « les calculer » au prétexte qu'ils n'achètent pas ? »*

LA MESURE DU ROI EN TERMES D'ADHÉSION DE L'AUDIENCE

L'audience séduite par vos contenus pourrait bien constituer votre clientèle de demain ou, mieux encore, votre ambassade ; bref, du ROI en or.

Une multitude d'indicateurs mesurent l'appétence de l'audience pour vos contenus et évaluent, par engagement croissant :

- sa prise de connaissance ;
- son intérêt ;
- son approbation ;
- son relais.

Ces indicateurs rendent finalement compte de la **performance des contenus** : leur visibilité, les leads (plus ou moins chauds) qu'ils génèrent et la caisse de résonnance qu'ils construisent.

VISIBILITÉ	
PRISE DE CONNAISSANCE	*trafic sur le site web ou mobile et source des visites* *reach sur les réseaux sociaux (edgerank)*

« LEADS » GÉNÉRÉS	
INTÉRÊT	• taux d'entrée (visites à plus d'une page/visites) • taux de rebond • taux de revisite • nombre de fois où le contenu a été vu/lu/joué/utilisé/... • taux d'ouverture, de lecture, de clic, des e-mails/newsletters ***par qui ? (qualification de l'audience)***
APPROBATION	• nombre de likes / +1,♥,... par visite • nombre de nouveaux fans/followers/abonnés... • nombre de commentaires et rapport +/- ***par qui ? (qualification de l'audience)***

CAISSE DE RÉSONNANCE	
RELAI	• nombre de partages Facebook, G+, Tumblr, Repin, Retweet... • nombre de mentions sur les forums, blogs... • viralité ***par qui ? (qualification des ambassadeurs)*** ***et sur quels supports ? (qualification de l'audience par rebond)***

Avant de choisir - voire de créer - ses KPI, on peut se poser quelques questions-clés :

- quel objectif associe-t-on au contenu ?
- à qui la mesure est-elle destinée ? (direction générale, marketing, finance...)

et quel message souhaite-t-on faire passer ? (rentabilité des actions, économies réalisées, notoriété de la marque...)

LE REVENU PAR ACTION, OU LA RÉASSURANCE SUR LE ROI DES CONTENUS

Pour (se) rassurer, on peut imaginer conjuguer en revenus les différentes interactions avec l'audience. Par exemple 1 like = 0,05 €, 1 e-mail ouvert = 0,10 €, 1 nouveau fan = 1 €, 1 nouvel abonné à la newsletter = 1 €, 1 nouveau visiteur = à partir de 0,50 €/visite, en fonction du coût au clic en SEA, et ainsi de suite.
Les montants seront à apprécier au regard de chaque industrie.

L'OPTIMISATION DU ROI

Une fois ces éléments de réassurance apportés, on peut se consacrer au suivi d'autres types d'indicateurs, qui permettent de piloter la stratégie de contenu et, en définitive, le ROI. On mesurera notamment :

- la qualité du contenu (au-delà des retours de l'audience) : fond, forme, optimisation SEO, etc.
- la pertinence des contenus par rapport à l'audience et aux supports de publication : quand sont-ils consultés ? Dans quel contexte ? Sur quel device (desktop, mobile, tablette...) ? etc.

Le suivi de l'ensemble de ces indicateurs doit permettre de surveiller ses objectifs mais aussi de rendre compte des efforts fournis, de trancher entre ce que l'on voit comme bon pour son marketing et ce qui est bon pour son budget.

L'important reste de ne pas se tromper de combat : ce n'est pas parce que le ROI n'est pas toujours immédiat que le contenu ne sert pas. C'est tout simplement que le contenu intervient déjà bien en amont du tunnel d'achat.

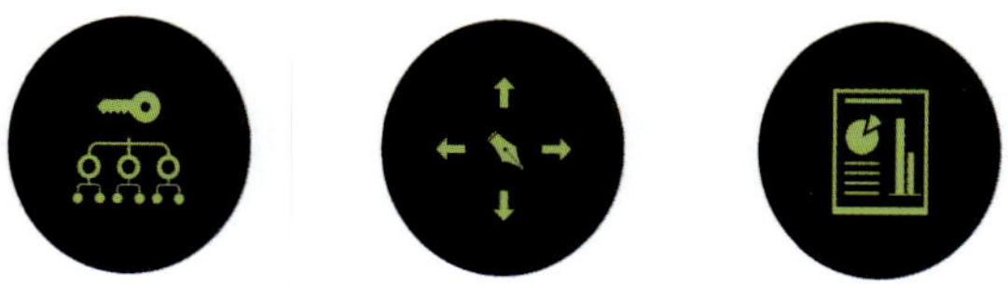

catégorisez vos KPIs selon vos objectifs

créez des indicateurs spécifiques de content marketing

intéressez-vous à l'engagement et au ROV (Return On Value)

METTRE EN PLACE SA STRATÉGIE DE CONTENU(S) : **EN PRATIQUE !**

Mettre en place une stratégie de contenus, c'est-à-dire "faire du content marketing", part d'une idée simple : si l'on propose, de manière durable, des contenus intéressants (choisissez votre sujet de prédilection), une audience va se constituer, et va accorder intérêt, temps et attention à ce que l'on pourra dire. Une fois la crédibilité et la légitimité obtenues, l'entreprise qui propose les contenus pourra tirer profit de sa relation de confiance, et ainsi remplir ses objectifs « business ».

DEVENIR UN MÉDIA

Le point à bien comprendre ici, c'est que le *Contenu* impose, pour les entreprises qui veulent en faire, de vraiment se comporter en média. Cela implique de se mettre dans la peau d'un rédac' chef : qui sont mes lecteurs ? Mes contenus sont-ils intéressants « pour eux » ?

En gros, faire du *content marketing*, c'est oublier pendant un moment que l'on veut vendre quelque chose.

En effet, parler de soi, de son entreprise, de ses produits, ou de ses exploits dans la presse n'intéresse pas grand monde autour de vous. Peut-être d'ailleurs avez-vous déjà un « blog d'entreprise », qui vivote avec quelques articles par an (incluant celui des bonnes résolutions dans lequel vous vous engagez à écrire plus souvent) et finalement peu de visites.

Pour devenir producteur de contenus, certaines étapes - toujours avec une priorité au bon sens - sont nécessaires. Suivez le guide.

RÉFLÉCHIR À SES OBJECTIFS

Toute stratégie (et tactique) marketing devrait commencer avec la définition de "pourquoi allez-vous faire ce que vous allez faire ?". Une fois que l'on a ses objectifs en tête, tout est nettement plus clair. Et pour le *content marketing*, il est notamment possible de courir après l'un (ou plusieurs) buts suivants : construire et/ou faire reconnaître une expertise particulière, faciliter ses relations presse/relations publiques, construire une audience précise à activer par la suite, générer des leads commerciaux, toucher des décideurs ou influenceurs d'un secteur précis, évangéliser sur un sujet "qui sera au goût du jour dans quelques mois", animer vos équipes et les faire monter en compétence, faciliter un recrutement...

Bref, les opportunités et les avantages ne manquent pas, encore faut-il que vous soyez bien au clair avec vos propres objectifs marketing et business. Et qu'éventuellement vous ayez déjà quelques chiffres cibles en tête pour juger, plus tard, votre réussite en la matière.

SAVOIR QUI SERONT VOS LECTEURS

Un contenu est avant tout créé pour ceux qui vont le consommer (et non pas seulement par Google). Si vous ne donnez pas le contenu que le lecteur a envie d'avoir, il ne reviendra pas, ne vous aimera pas (sur les réseaux sociaux), ne vous recom-

Invox - www.invox.fr
› Guilhem Bertholet, *directeur*
guilhem@invox.fr

> « La meilleure technique pour comprendre son futur lectorat est celle que l'on appelle des « personas ». Il s'agit tout simplement de donner vie à des lecteurs-types très concrets ».

mandera pas (à son vrai réseau), et au final vous manquerez vos objectifs business.

La meilleure technique pour comprendre son futur lectorat est celle que l'on appelle des « *personas* ». Il s'agit tout simplement de donner vie à des lecteurs-types très concrets. Et de se poser, notamment, les questions suivantes au sujet de chacun d'entre eux :

• Quelle est son histoire professionnelle ?

• Quel est son métier ? Son revenu ? Sa formation ? Dans quel cadre travaille-t-il ? Comment se rend-il sur son lieu de travail ?

• Quelle est son histoire personnelle ?

• Quel est son cadre familial ? Des enfants ? Une maison ? Quels sont ses loisirs ?

• Quelle est sa relation aux contenus ?

• Que lit-il déjà ? Des magazines professionnels ? Des newsletters sectorielles ? Des blogs ? Sur quels supports ? Est-il prêt à payer ? Fait-il une veille proactive ou est-il noyé sous les infos et manque-t-il de temps ? Va-t-il dans des événements ? En produit-il lui-même ? Quelle est sa capacité à comprendre des sujets complexes ? Est-il à l'aise avec le web ?

L'idée ici est vraiment de sortir de l'approche « CSP », pour ne pas s'en tenir simplement à « *Cadre sup' citadin de 30 à 45 ans qui aime la techno* ». Non, vous ne devez pas faire des catégories, mais bel et bien penser à DES PERSONNES. Ce sont les détails qui comptent.

BIEN RÉDIGER SA LIGNE ÉDITORIALE : ENTRE « GARDE-FOU » ET « GUIDELINES » DE RÉDACTION

Un média, et plus globalement une stratégie de contenus, nécessite non seulement de savoir à qui l'on parle (notre « leçon » précédente) mais aussi de savoir ce que l'on va raconter, et comment. C'est là qu'entre en jeu la notion de ligne éditoriale.

Une ligne éditoriale est tout simplement ce qui va donner leur personnalité – et leur homogénéité – aux contenus que vous allez créer. C'est, à la longue ce qui vous évitera de vous égarer en couvrant des sujets trop disparates. C'est aussi ce qui vous aidera à éluder certains sujets *"off topic"*. Ou à choisir tel ou tel traitement d'une information d'actualité. Ou à prendre une position claire sur un sujet un peu brûlant et contradictoire...

Pour résumer, votre ligne éditoriale doit expliciter les éléments suivants :

• Les sujets traités / les sujets volontairement évités
On parle ici des grandes rubriques de fond, de la thématique générale de votre sujet.

• L'angle à donner à la thématique
Pour un même sujet, il existe des milliers de façons d'en parler. Il faut donc définir, en plus des sujets, quel sera votre point de vue. C'est là que votre ligne éditoriale prend toute sa saveur. Pensez ici au traitement de la vie politique : le Canard Enchaîné et le journal de 13h de TF1 traitent les mêmes infos. Avec un angle éditorial bien différent...

• La personne qui s'exprime
Vous allez prendre la parole – il faut donc une voix, une signature. S'il s'agit de monter votre blog perso, vous signerez vos articles. Par contre, s'il s'agit d'un blog d'entreprise, il est possible que vous soyez plusieurs à devoir vous exprimer, ou alors vous vous exprimerez tous au nom de l'entreprise.

• Le ton employé
Cela concerne aussi le fait d'interpeller ou non le lecteur, d'être plus ou moins proche de lui. C'est peut-être la partie la plus compliquée à définir a priori, puisque c'est quelque chose qui ne nous est pas demandé fréquemment. On peut par exemple être neutre, distant, convivial, satyrique, cynique, politiquement correct, avoir un niveau de langage soutenu ou au contraire à la limite du grossier (ou du trivial)...

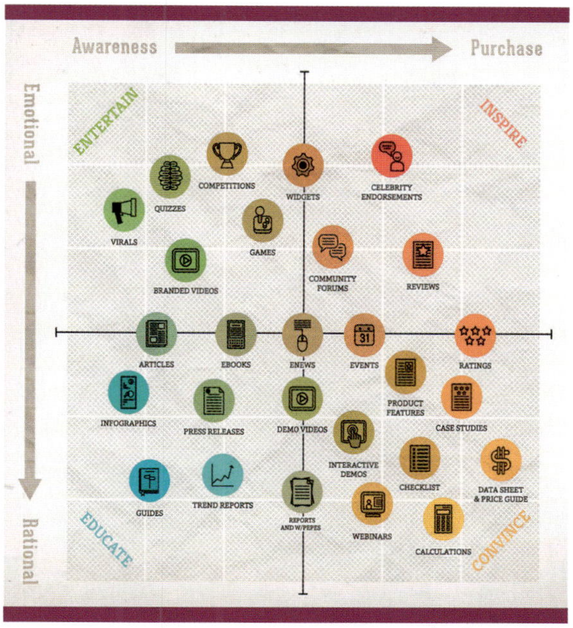

Infographie par SmartInsights

« Une ligne éditoriale est tout simplement ce qui va donner leur personnalité – et leur homogénéité – aux contenus que vous allez créer. C'est, à la longue ce qui vous évitera de vous égarer en couvrant des sujets trop disparates. »

METTRE EN PLACE SA VEILLE, POUR TROUVER DES IDÉES DE SUJETS

Créer du contenu, intéressant, sur la durée, régulièrement : c'est vraiment une épreuve de tous les jours. Il faut ainsi s'astreindre à une certaine rigueur et même une certaine routine.

Dans notre cas, c'est la veille éditoriale qui vient donner cette routine salvatrice. Contrairement à un auteur de romans ou de nouvelles, tout ce que vous allez écrire ne sort pas *uniquement* de votre imagination. Et donc, très rapidement (disons, en 2 mois, en moyenne), vous allez avoir épuisé tous les sujets « faciles » de votre thème de prédilection...

Le meilleur médicament contre le syndrome de la page blanche : une bonne veille !

C'est là que votre veille éditoriale va vous sauver la mise : en ayant suffisamment l'œil sur ce qui se dit sur votre secteur, vous aurez aussi une vraie capacité à savoir de quoi il faut parler !

Vous allez être ainsi amené(e) à voir passer « beaucoup » d'infos différentes sur votre secteur. Nous vous recommandons pour vous simplifier la vie d'utiliser un lecteur/agrégateur de flux RSS. Le meilleur à l'heure actuelle est sans contexte "Digg Reader".

Il faut ensuite trouver les sources qui vont garnir vos listes de lecture. On peut citer assez facilement ici vos concurrents – a minima ceux spécialisés sur votre thème. Vous pouvez ensuite élargir à toutes les publications en ligne abordant vos sujets : Google est votre meilleur ami à cette étape. Twitter, utilisé pour la veille, est aussi très intéressant : partez à la pêche aux bonnes personnes à suivre grâce à la fonctionnalité de recherche, et de proche en proche vous devriez avoir un panorama relativement complet de l'actu et des réflexions de votre secteur. N'hésitez pas à élargir enfin votre veille aux publications en langue anglaise, on trouve des perles de l'autre côté de l'Atlantique notamment !

AVOIR UN PLANNING ÉDITORIAL (ET S'Y TENIR)

Si, évidemment, il est souhaitable que vos contenus soient de qualité (après tout, c'est de votre image d'expert qu'il s'agit), il y a aussi des notions de quantité et de récurrence qui rentrent dans l'équation de la réussite de votre stratégie de contenus. Être persistant, régulier, s'inscrire dans la durée : voilà quelques ingrédients de la réussite de tout magazine / blog / newsletter...

Vous devriez avoir à ce stade des dizaines d'idées de contenus : il est donc temps de produire. Et pas de miracle ici : il faut tenir, rigoureusement, un calendrier éditorial, éventuellement impliquer quelques autres auteurs et contributeurs, et avoir des articles (ou autres formats) d'avance en permanence.

En pratique, un calendrier éditorial fonctionne de la manière suivante : vous listez des idées de sujets, en faites un "brief" plus ou moins détaillé, puis prévoyez une date de parution. Cela vous donne, très visuellement, un état du travail en cours et de quand sortiront les différents articles.

QUELQUES *ASTUCES DE PRO*, ENFIN

Avec un peu d'expérience au compteur, on se rend compte que certaines petites astuces renforcent encore l'efficacité d'une stratégie de content marketing. En voici quelques-unes pour vous accompagner dans vos premiers pas.

• Réalisez des interviews
Rentrez en contact avec les leaders d'opinion de votre secteur/ sujet, et proposez-leur de les interviewer. Tout le monde est gagnant : ils gagnent en visibilité, vous avez du bon contenu pour vos lecteurs, et vous avez mis le pied dans la porte !

• Trouvez les marronniers de votre secteur
Facilitez-vous la tâche : trouvez les articles qui auront du sens chaque année et mettez-les à jour régulièrement.

• Variez les formats de contenus
Images, vidéos, infographies, citations, ebooks, newsletters, slideshares, pinterest, etc. Il existe de nombreuses façons de rythmer votre ligne éditoriale en variant les plaisirs !

• Ne sous-estimez pas l'importance des newsletters
L'e-mail n'est pas mort - et en délivrant des contenus pertinents à vos abonnés, vous gagnez aussi le droit de leur parler directement, sur un mode plein de connivence.

• Recourez à de la curation
Il existe des milliers de bons contenus un peu partout sur la toile. Faites une sélection des meilleurs, éditorialisez un peu votre choix, et délivrez-les à vos lecteurs.

• Utilisez Wordpress
C'est tout bonnement la meilleure plateforme pour diffuser vos contenus. Ne créez surtout rien *"from scratch"* !

Soignez vos titres. Il se dit qu'un bon titre d'article fait 50 % du boulot... et au vu des modes de consommation de contenus (sur Twitter, Facebook, LinkedIn, dans les flux RSS, dans des agrégateurs), le titre d'un article est souvent la seule chose qui va nous donner envie de cliquer ou non... Soyez accrocheur sans être racoleur !

Nuage de tags - Crédits Business2Community

UNGE *Qui ?*
IMMO : CAMPAGNE GLOBALE DE CONTENT MARKETING *Quoi ?*

Visibilité • Notoriété • Fidélisation

PROBLÉMATIQUE BUSINESS DE LA MARQUE

L'Union Nationale des Géomètres-Experts (UNGE) est le syndicat de défense des intérêts économiques et sociaux qui regroupe les professionnels inscrits à l'Ordre des géomètres-experts. Répartie en une entité nationale et en chambres régionales et départementales, l'organisation a déployé une **campagne globale de content marketing** à travers une batterie d'actions **BtoB** et **BtoC** pour renforcer son image auprès du grand public et retrouver une place centrale dans le business du « cadre de vie » en liaison avec tous ses partenaires.

Le contexte

Constat de départ : la profession de géomètre-expert est connue de tous (c'est celui qui effectue par exemple le bornage d'un terrain) mais pas toujours assez précisément. Et surtout elle n'est pas assez bien positionnée au sein des professionnels du « cadre de vie » : notaires, syndics, promoteurs, agents immobiliers ou bureaux d'études, etc. D'autant qu'en dix ans, les bouleversements qu'a connus le marché de l'immobilier, de même que l'évolution législative et réglementaire au plan hexagonal mais aussi européen, ont considérablement complexifié les tâches, les actes et les missions qui doivent être accomplis. Les géomètres-experts, qui sont délégataires de service public pour une partie de leurs missions, cherchent à rénover et à dynamiser leur image dans une logique de service, de protection et de proximité.

Une image à améliorer donc, à la fois en interne et aux yeux des clients, mais aussi vis-à-vis des partenaires comme les notaires et les autres acteurs de l'immobilier et du cadre de vie qui soit concurrencent la profession soit ne pensent pas à y faire appel dans le cadre de partenariats. *« Dans l'inter-professionnalité du cadre de vie, si notre délégation de service public est reconnue, notre expertise et notre valeur ajoutée pour des missions connexes ne sont pas toujours perçues à leur juste niveau notamment par les donneurs d'ordres »* rappelle Michel Sagniez, Président de l'UNGE.

Une dynamique de content marketing digital (et traditionnel en complément) a donc été impulsée aussi bien en interne que vis-à-vis de l'extérieur.

SOLUTION STRATÉGIQUE

La présence internet large mais ciblée de l'UNGE, couplée à des actions off line, a ainsi été déployée progressivement entre 2012 et 2014 : **livre blanc, e-book, interviews vidéo, partenariats de visibilité avec des portails et des sites verticaux, banque d'articles à destination des adhérents, relations presse « 2.0 » prenant en compte les réseaux sociaux...**

En parallèle le site web, à l'adresse www.unge.net, a été refondu.

Les objectifs
En BtoC :
• **Notoriété :** distiller la « marque » géomètre-expert dans le grand public, afin de mieux faire connaître le métier et de faire comprendre sa valeur ajoutée dans l'ensemble de ses tâches (bornage, topographie, copropriété, urbanisme mais aussi diagnostics immobiliers et diverses autres expertises).
• **Visibilité :** faire émerger sur le web le métier de géomètre-expert.

En BtoB :
• **Image :** reconquérir une place de chef d'orchestre au sein des professions de l'immobilier et du cadre de vie.
• **Conquête :** attirer de nouveaux partenaires apporteurs d'affaires.
• **Fidélisation :** resserrer les liens avec les partenaires déjà en cours.

Les moyens : un contenu à valeur ajoutée utile et engageant
Sur tous ces points, sous l'impulsion renouvelée de la présidence, l'UNGE a fait le choix d'appliquer les recettes du content marketing. Le « marketing par le contenu », qui consiste à déployer des stratégies et des actions marketing à partir du contenu, lui-même directement issu du métier, des produits, des actualités des marques est en effet de plus en plus utilisé par les marques. C'est un mode de communication impactant, créant de fortes affinités car en lien direct avec la réalité d'une entreprise ou d'une organisation (ses technologies, ses compétences, ses réalisations…). Le content marketing permet alors, par exemple, de renforcer une image, de fidéliser les clients, d'augmenter les ventes…

La stratégie de l'UNGE orientée content marketing est logique : la marque génère naturellement des contenus à travers ses actions syndicales (formations, conseils), et surtout ses membres, par essence des experts techniques et juridiques de l'immobilier, peuvent être à l'origine de contenus à valeur ajoutée aisément partageables.

Le content marketing est une nouvelle discipline qui a une place à part entière au sein du web marketing. Sorte d'héritier 2.0 du brand content (contenu de marque statique), déployé dans l'univers du digital, le content marketing exploite toutes les vertus du Net pour mener des actions de marketing multiples et souvent virales à partir du contenu : partage, web social, convergence… Un contenu qui devient outil actif pour la notoriété, l'image, la conquête ou la fidélisation…

Le content marketing comprend plus de 20 formats digitaux textes, vidéo, webTV, visual content, etc. Bien sûr, il reste possible de coupler des actions de content marketing on line avec les moyens plus traditionnels du print, comme l'a fait l'UNGE, par le biais de formats intégrés ou de campagnes globales. Conseil, conception éditoriale, production des contenus, gestion et même diffusion sur le web social, par exemple : le content marketing consacre l'accession des marques au rang de média grâce au web.

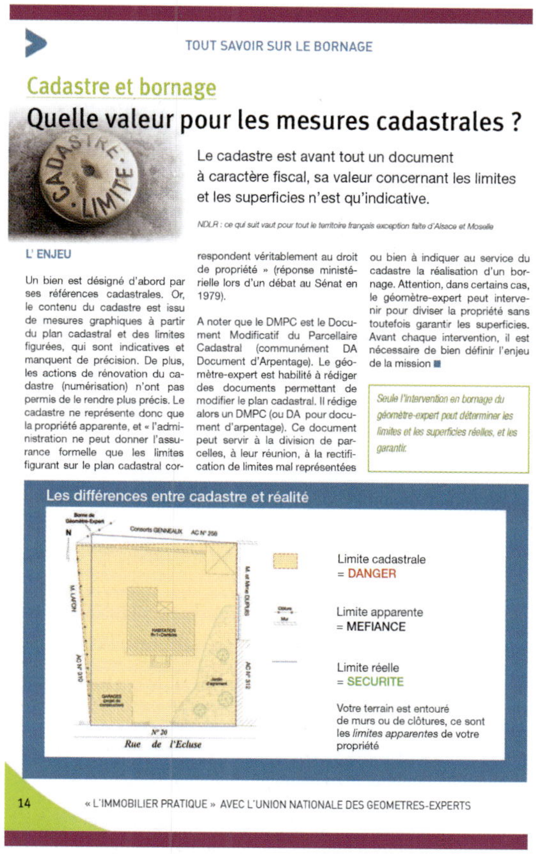

TOUT SAVOIR SUR LE BORNAGE

Cadastre et bornage

Quelle valeur pour les mesures cadastrales ?

Le cadastre est avant tout un document à caractère fiscal, sa valeur concernant les limites et les superficies n'est qu'indicative.

NDLR : ce qui suit vaut pour tout le territoire français exception faite d'Alsace et Moselle

L' ENJEU

Un bien est désigné d'abord par ses références cadastrales. Or, le contenu du cadastre est issu de mesures graphiques à partir du plan cadastral et des limites figurées, qui sont indicatives et manquent de précision. De plus, les actions de rénovation du cadastre (numérisation) n'ont pas permis de le rendre plus précis. Le cadastre ne représente donc que la propriété apparente, et « l'administration ne peut donner l'assurance formelle que les limites figurant sur le plan cadastral correspondent véritablement au droit de propriété » (réponse ministérielle lors d'un débat au Sénat en 1979).

A noter que le DMPC est le Document Modificatif du Parcellaire Cadastral (communément DA Document d'Arpentage). Le géomètre-expert est habilité à rédiger des documents permettant de modifier le plan cadastral. Il rédige alors un DMPC (ou DA pour document d'arpentage). Ce document peut servir à la division de parcelles, à leur réunion, à la rectification de limites mal représentées ou bien à indiquer au service du cadastre la réalisation d'un bornage. Attention, dans certains cas, le géomètre-expert peut intervenir pour diviser la propriété sans toutefois garantir les superficies. Avant chaque intervention, il est nécessaire de bien définir l'enjeu de la mission ■

Seule l'intervention en bornage du géomètre-expert peut déterminer les limites et les superficies réelles, et les garantir.

Les différences entre cadastre et réalité

Limite cadastrale = DANGER

Limite apparente = MEFIANCE

Limite réelle = SECURITE

Votre terrain est entouré de murs ou de clôtures, ce sont les *limites apparentes* de votre propriété

14 « L'IMMOBILIER PRATIQUE » AVEC L'UNION NATIONALE DES GEOMETRES-EXPERTS

« Les géomètres-experts cherchent à rénover et à dynamiser leur image à la fois en interne et aux yeux des clients, mais aussi vis-à-vis des partenaires qui sont de potentiels apporteurs d'affaires. »

O UNGE - www.unge.net

O Contenteo - www.contenteo.com

Michel Fantin, *Directeur opérationnel*
et auteur du livre « content marketing » (Editions ENI)
Michel.fantin@contenteo.com
Florent.damato@contenteo.com

« La stratégie de l'UNGE orientée content marketing est logique : la marque génère naturellement des contenus et surtout ses membres, experts par essence, peuvent être à l'origine de contenus à valeur ajoutée aisément partageables. »

Les marques se servent ainsi du contenu à plusieurs fins : présenter une activité, délivrer des conseils, suivre une actualité métier ou marché, mais aussi se « linker » avec leurs clients, générer du trafic par le référencement naturel, assurer de la fidélisation, mieux cibler ou créer du buzz... Le content marketing côtoie ainsi les SEO, SEA, SEM, affiliation et autres actions ROIstes...

Par exemple, les textes SEO compliant compatibles avec Panda sont devenus un passage obligé pour un référencement efficace. Du reste, depuis 2011, Google a véritablement érigé le content marketing (mêlé dans ce cas d'inbound marketing) en nécessité avec la notion de contenu « de qualité » et propriétaire. Le tracking et l'analyse permettent de mesurer précisément l'efficacité d'un contenu texte ou vidéo : l'annonceur peut tracker l'ensemble des contenus pour suivre le trafic (en VU et PV), le taux de sortie, le taux de rebond, les ventes en sessions directes s'il s'agit d'e-commerce. Il peut analyser les mots-clés rapportant le plus de trafic via le SEO et améliorer ainsi le contenu par un processus itératif d'optimisation, ce, afin de mieux répondre à la demande des clients. Texte et vidéo se complètent, et le VSEO prend une grande part : si l'on en croit une étude de Forrester Research parue en 2011, le contenu vidéo permettrait de multiplier par 53 l'efficacité du référencement naturel sur Google !

Les textes SEO compliant, les case studies textes et vidéo, les livres blancs et les vidéos virales se partagent aujourd'hui la vedette. Chacun, quelle que soit sa taille et sa cible, peut trouver chaussure à son pied en fonction de son budget, de la PME en région avec un clip de présentation diffusé de façon ciblée par e-mailing et sur le web social pro, ou plus largement en partage vidéo, au Groupe multinational en BtoB ou BtoC qui mettra en place une campagne pluri-formats. Dans ce dernier cas, un audit préalable peut être nécessaire pour faire matcher les contenus existants ou à créer avec les objectifs, et les déployer dans le cadre d'une stratégie de marketing et de communication

MISE EN PLACE OPÉRATIONNELLE

Contenteo a mis en place progressivement une stratégie de conception, production et diffusion de contenus textes et prochainement de vidéos à valeur ajoutée, à la fois globale et différenciée en fonction des cibles BtoB et BtoC, et des objectifs d'image, de notoriété, de conquête ou de fidélisation.

En BtoC :
• création d'un **fonds éditorial pratique** sous forme d'articles et de dossiers froids.
• **suivi de l'actualité de l'immobilier** avec le prisme de l'expertise technique et juridique.
• réflexion sur la **création d'un fil RSS** à partager sur des sites partenaires.

• mise à disposition de la **banque de contenus** ainsi constituée auprès des adhérents UNGE et des chambres, pour une exploitation sur le web géolocalisé, dans la presse régionale, etc.
• **diffusion de contenus** éditoriaux estampillés UNGE (avec une « signature » de la marque à travers des interviews de géomètres-experts) sur des portails média d'audience large.
• création d'un pilote pour une web série grand public à vocation virale.

En BtoB :
• conception et création d'une **ligne d'édition « Les fiches-conseils de l'UNGE »**, avec un premier ouvrage sous forme de **livre blanc « L'immobilier pratique »**, à usage des professionnels de l'immobilier et du cadre de vie pour mieux comprendre les obligations légales, les évolutions techniques, etc.
• **production du livre blanc**.
• **diffusion** du livre blanc auprès des cibles BtoB déterminées.
• **rédaction de contenus experts pour la revue professionnelle Géomètre,** signés UNGE.

En parallèle, le site web va s'enrichir progressivement de nouveaux contenus, qui facilitent en même temps le référencement sur Google et valorisent à la fois le syndicat, la profession et les adhérents.

LES RÉSULTATS

« L'Immobilier pratique » est diffusé en campagne globale et coordonnée sur le digital et en off line :
• off line : livre blanc diffusé à 37 000 contacts ciblés aussi bien en interne (sur les géomètres-experts adhérents de l'UNGE) qu'auprès de professionnels connexes (notaire, syndic, promoteur, agent immobilier ou bureau d'étude...).
• digital : la version e-book est prévue en diffusion newsletter et virale sur des cibles professionnelles du « cadre de vie » élargies.

Des contenus experts grand public ont été et continuent d'être diffusés sur des sites web spécialisés partenaires, qui bénéficient ainsi de contenus à valeur ajoutée de qualité sans investir financièrement dans leur production : Magimmo (Groupe seloger.com), Quotatis, ...

Exemple : Un article sourcé UNGE sur la réforme des surfaces, publié sur Magimmo est en 6ème position sur la première page de Google sur plus de 2 millions de résultats pour la requête « réforme des surfaces ». Un gain de visibilité très fort pour l'UNGE via le content marketing !
Un autre article expert sourcé UNGE sur Magimmo, sur une préoccupation première : la valorisation. L'expertise du géomètre-expert vient apporter un éclairage original au-delà du critère du marché.

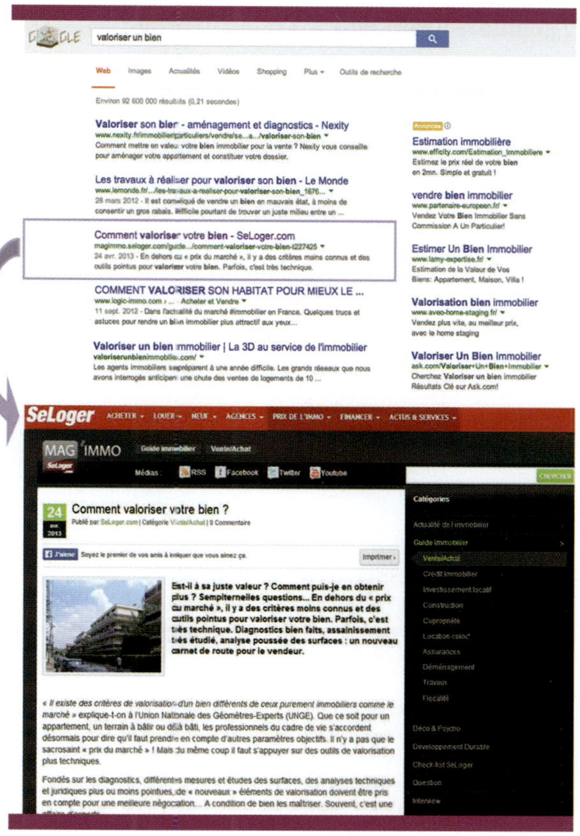

Un article sourcé UNGE sur la valorisation d'un bien immobilier publié sur Magimmo : en 3ème position sur Google sur plus de 92 millions de résultats sur la requête « valoriser un bien » ! Un gain de visibilité très fort pour l'UNGE via le content marketing.

BPI GROUP Qui ?
RH : « OP CULTURE WEB » LE LANCEMENT EN VIDÉO Quoi ?

Visibilité • Notoriété • Conquête BtoBC

PROBLÉMATIQUE BUSINESS DE LA MARQUE

BPI Group est leader en France du conseil en management et RH. Présent dans l'hexagone avec 26 bureaux, mais aussi à l'international à travers 40 pays, BPI group a mis en place une campagne de **content marketing** dans un double objectif de communication digitale disruptive et de soutien à la vente notamment par des vidéos BtoB.

Créé en 1984, BPI group s'affirme comme l'un des grands acteurs mondiaux de l'accompagnement RH des transformations. « *Dans un environnement incertain où les schémas de pensée et d'actions traditionnels deviennent obsolètes, le Groupe propose de construire avec tous les acteurs les solutions opérantes au service des nouveaux équilibres entre l'économique et le social, dans le monde mais aussi au plus près des territoires* » explique la direction communication et marketing.

Pionnier depuis 30 ans du conseil RH, et à l'origine du concept d'outplacement pour tous, le groupe cherche à conforter en permanence son avance au service de ses clients par une stratégie d'innovation soutenue notamment via un Think Tank et une direction de l'innovation, mais aussi un virage digital majeur avec BPI Online, des applications mobiles et des parcours emploi digitalisés.

« *BPI Group s'est trouvé confronté à la nécessité d'une rupture dans sa communication et a dû renforcer de sa position digitale tant en termes d'image à renouveler auprès du marché, des clients et prescripteurs DG et DRH qu'en termes d'outils de conviction client et d'aide à la vente* » explique Amélie Pouzet, responsable du marketing et de la communication.

Dans le même temps, en mars 2014, BPI Group a lancé à travers sa marque Leroy Consultants une offre de prestation d'outplacement intégrant les nouveaux outils, les techniques et les changements de comportements des candidats insufflés par le web : OP Culture Web. Comment en appuyer le lancement ? En impulsant une dynamique de marketing digital couplée à des outils plus traditionnels.

SOLUTION STRATÉGIQUE

La présence digitale BtoB de BPI Group, couplée à des actions off line, a été déployée progressivement entre 2013 et 2014 : plaquettes print et web, témoignages clients textes et vidéo, clip viral... le tout diffusé sur les réseaux sociaux. Contenteo a par ailleurs recommandé **la mise en place d'une stratégie vidéo globale de notoriété BtoB et de conquête** :
• sur le site www.bpi-group.com et sur d'autres supports digitaux
• utilisable en conviction client par les forces commerciales de BPI Group,
• pour le marketing général de la marque,
• déclinée en problématiques horizontales (métiers/offres) et verticales (expériences clients).

Les objectifs
Image : reconquérir une place de leader au sein des professionnels du conseil RH et management.
Conquête : soutenir les actions commerciales par des outils digitaux impactants.

Les moyens : un contenu BtoB de conviction à fort potentiel viral.

BPI Group applique les techniques du content marketing. La marque génère naturellement des contenus à travers ses actions de formations, de conseil ou d'études, et le secteur est avide d'informations à valeur ajoutée.

Parmi les 20 formats digitaux textes, vidéo, webTV, visual content que propose le content marketing, les clips viraux et les cas clients vidéo permettent de valoriser et de convaincre par une expérience à la fois attractive et enrichie de l'internaute. La marque peut alors présenter une activité, délivrer des conseils, suivre une actualité métier ou marché pour mieux se « linker » avec ses clients, générer du trafic, assurer la fidélisation et mieux cibler. Car Google et YouTube ont érigé le content marketing en nécessité avec la notion de contenu « de qualité » et propriétaire. Le tracking et l'analyse permettent de mesurer précisément l'efficacité d'un contenu texte ou vidéo : l'annonceur peut tracker l'ensemble des contenus pour suivre le trafic (en VU et PV), le taux de sortie, le taux de rebond... Il peut améliorer le contenu par un processus itératif d'optimisation, ce, afin de mieux répondre à la demande des clients. Texte et vidéo se complètent, et le VSEO prend une grande part, le contenu vidéo permettant de multiplier par l'efficacité du référencement naturel sur Google.

MISE EN PLACE OPÉRATIONNELLE

Contenteo a mis en place progressivement une stratégie de conception, production et diffusion de contenus à valeur ajoutée.

Les plaquettes print et web sont diffusées en campagne globale et coordonnée sur le digital et en off line, notamment en e-mailing, et servent de support aux commerciaux. Chaque plaquette print est exploitée en digital en donnant accès à des ressources ou des outils complémentaires (vidéo, livres blancs, témoignages clients).

Les témoignages clients textes sont diffusés en e-mailing ciblés.

Les vidéos sont mises en ligne sur les sites de partage et sur les réseaux sociaux.

Modes de traitement : il s'agit de vidéos BtoB destinées à créer un effet de communication disruptive et/ou à venir en outils marketing de soutien aux commerciaux.
Diffusion :
- web social
- e-mailing
- présentation en one to one

Formats vidéo :
- vidéo de buzz sur l'offre Web 2.0 OP Culture Web
- vidéos « métiers » destinées à valoriser le caractère innovant et différenciant des offres BPI Group, sous forme d'une série de vidéos « offres » ou « produits », déclinées principalement en témoignages clients ou en reportages en situation.

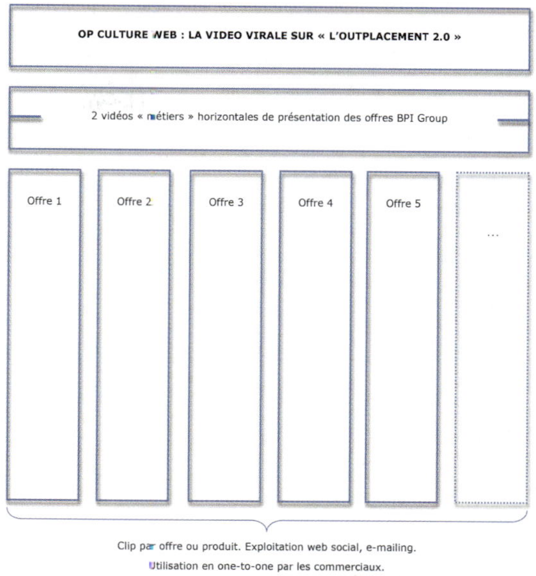

« BPI group est confronté à la nécessité d'une rupture dans sa communication et au besoin de renforcer sa position digitale. »

O *UNGE - www.unge.net*
O *Contenteo - www.contenteo.com*

Michel Fantin, *Directeur opérationnel*
et auteur du livre « content marketing » (Editions ENI)
Michel.fantin@contenteo.com
Florent.damato@contenteo.com

CHALLENGER SA **STRATÉGIE EXISTANTE**

Le digital requiert une nécessaire remise en cause permanente de toute stratégie existante… même si elle fonctionne actuellement. Pourquoi ?

La digitalisation est une opportunité. L'opportunité de changer les règles, de donner de nouveaux contours à toute entreprise et marché. Dans ce nouveau contexte, la stratégie est plus organique que jamais : elle s'exécute dans un environnement instable. Challenger sa stratégie existante permet de créer de l'ordre à partir du chaos tant en se penchant sur son modèle économique qu'en adoptant des process agiles et une vision centrée sur le client.

ADOPTEZ LE MODÈLE ÉCONOMIQUE QUI RISQUE DE VOUS TUER

Le cycle de vie des business models s'écourte année après année. La raison principale est liée à la mutation digitale qui s'effectue au niveau mondial et affecte toutes les chaînes de valeur :

• Les frontières physiques s'estompent, faisant notamment tomber des barrières à l'entrée pour les entreprises « local champions » jusqu'alors protégées sur leur territoire

• Le temps s'accélère avec une propagation facilitée des idées et process qui va plus vite que celle de la matière

• La société s'horizontalise avec l'émergence de producteurs individuels de biens et services (les « pro-am », les professionnels amateurs)

Pour relever ces défis, la méthodologie du « test and learn » s'impose et cette méthodologie nécessite des forces vives agiles et en interaction permanente. La digitalisation concerne à la fois des activités existantes et des activités nouvelles. Elle nécessite une expertise digitale nouvelle doublée d'une connaissance métier. Dans ce contexte, challenger son modèle économique s'impose, quitte à tester le modèle économique contraire pour pouvoir « pivoter », changer de direction avec succès par la suite. Parmi les outils à privilégier pour relever le défi, citons le « Business Model Canvas » développé par Alexander Osterwalder et Yves Pigneur.

The Business Model Canvas

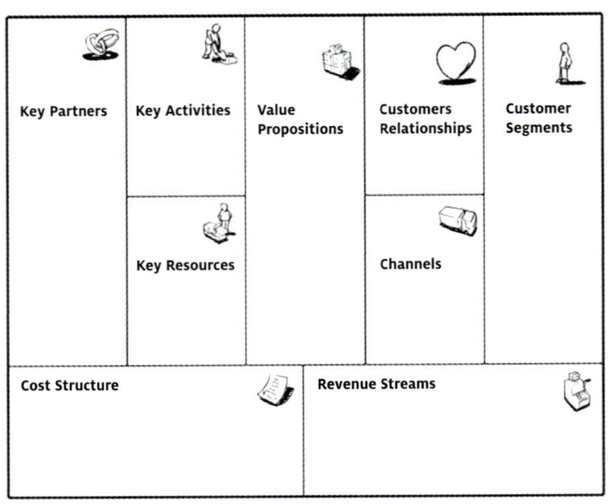

Agence Agilteam
> Emmanuel Fraysse
Directeur associé
> Emmanuel Faure
Directeur associé

> *« Pour confronter votre stratégie à la réalité, soyez agile et orienté «Customer Development». Cela se résume notamment par le fait de tester constamment avec les clients actuels ou potentiels. »*

SOYEZ AGILE ET TESTEZ EN PROCESS ITÉRATIF

Pour confronter votre stratégie à la réalité, soyez agile et orienté «Customer Development». Cela se résume notamment par le fait de tester constamment avec les clients actuels ou potentiels. La vision globale demeure, mais pour y arriver, les moyens varient selon cette méthode d'inspiration scientifique «test & learn». Par exemple, tout projet digital doit déboucher sur des livrables en moins de 3 mois (site web, application...).

Mieux vaut confronter les intuitions à la réalité dès que possible pour rectifier le tir. Le stratégique se traduit par des périodes tactiques de 3 mois sans « effet tunnel ». Instaurez un rythme du business clair toujours avec une mise en perspective au regard de la stratégie à moyen et long termes.

QUELQUES BONNES PRATIQUES

L'InnovationBook de la Poste vise à recueillir et promouvoir, au sein du Groupe La Poste, les meilleures compétences des acteurs de l'innovation pouvant les accompagner dans leur développement. Cette initiative est co-portée par la Direction des Achats et la Direction de la Stratégie, de la Prospective et de l'Innovation, avec les contributions/soutiens d'une dizaine de directions internes. La 1ère édition de l'InnovationBook comptait 190 acteurs externes (cabinets, agences, start-ups, écoles, académiques, chercheurs). Elle fut déployée en septembre 2013 auprès des 500 « porteurs » des sujets innovation au sein de La Poste.

Les digital academy fleurissent dans les entreprises, car avoir une stratégie, c'est bien, mais pouvoir l'exécuter, c'est mieux. Parmi les entreprises ayant instauré une digital academy, figurent Kering et Danone (programme « Digital for all »). L'idée globale est de permettre l'appropriation du digital par les salariés aux différents niveaux hiérarchiques. Cette appropriation leur permet d'avoir un autre regard et de participer plus efficacement à la vision stratégique.

S'il n'y avait qu'une idée à retenir, ce serait celle-ci : sortir des sentiers battus et être vraiment ouvert à la nouveauté. Ainsi, pour « connecter les points différents » et anticiper les tendances structurantes permettant de définir une vision globale, il est nécessaire de :
• Sortir de son industrie et du périmètre de son pays dans le cadre de tout benchmark
• Développer son écosystème en interrogeant des « djeuns », des « non-consommateurs », des partenaires, des clients...
• Adopter un autre regard sur sa stratégie et son avenir !

Par exemple, vous travaillez dans la pharmaceutique, une industrie dont les contraintes réglementaires sont trop souvent vues comme étouffantes, embauchez ou consultez des personnes qui ne sont pas issues du sérail. Objectif : sortir du produit copie, du « me too product ».

En conclusion, nous sommes à un point de basculement. Les équilibres actuels sont remis en cause et de nouveaux équilibres apparaissent. Ces changements profonds induisent simultanément équilibre et déséquilibre. Cela requiert une vision stratégique tout en souplesse, en cohérence, et le fait d'adopter un état d'esprit de challenger à l'affût de tout ce qu'il se passe, même pour les leaders de leur marché, car les gagnants d'aujourd'hui ne sont pas forcément les gagnants de demain. L'avenir reste ouvert.

LES CLÉS DE SUCCÈS D'**UNE CAMPAGNE DIGITALE**

La formidable croissance du média Internet en fait aujourd'hui un média de masse dont la consommation s'inscrit dans le quotidien de la grande majorité de nos contemporains.

Les **multiples facettes** de ce média et les spécificités de sa consommation (fréquence d'usage/ disponibilité permanente/ personnalisation...) bouleversent le rapport marque/consommateur.

Face à l'**exigence accrue des 'connected-consumers'**, les marques disposent d'un large panel d'opportunités pour enrichir leur communication, notamment en créant et en entretenant un « lien », chaque jour plus fort/étroit, avec le consommateur.
A ce titre, le on line complète idéalement le off line pour **renouveler la relation marque/consommateur.**

Pour autant, il n'y a pas de « recettes miracles » dans le bon usage du média Internet, mais plutôt la nécessaire prise en compte de la manière dont les consommateurs l'utilisent et se l'approprient. L'élément-clé réside dans le caractère protéiforme du média et sa consommation délinéarisée.

La fragmentation de l'audience qui en résulte nécessite de se recentrer sur les fondamentaux :
- **Objectifs Marketing des Marques**
- **Attentent des'Connected-Consumers'**

L'étude de Millward Brown sur la perception de la publicité sur Internet est riche d'enseignements :

***Ils reprochent :**
Intrusion/manque d'originalité/'copier-coller' du off line.

***Ils souhaitent être :**
Surpris/distraits/informés... mais seulement s'ils le veulent.
Nous sommes dans le 'permission marketing' : c'est l'internaute qui prend le 'lead' de la relation avec la marque.

« L'enjeu majeur des annonceurs est d'accroître l'impact de leur communication. Dans ce but la complémentarité on line/off line joue un rôle-clé. En synergie avec le off line qui permet à la marque d'annoncer/présenter de manière 'top-down', la valeur ajoutée du digital réside notamment dans le potentiel d'interaction marque/consommateur. À ce titre, la marque va pouvoir déployer un vrai 'chemin de conviction' sur le média digital. De manière opérationnelle, cela implique d'adapter ses prises de paroles aux objectifs marketing (brand/product/business) tout en maîtrisant le parcours client (visibilité/trafic/transformation) », résume Mathieu Mazuel, Directeur du Développement de Piximedia.

Piximedia

> **Mathieu Mazuel**, *directeur du développement*
mathieu.mazuel@piximedia.fr
> **Clémentine Riveron**, *assistante marketing*
clementine.riveron@piximedia.fr

« Comment faire vivre une expérience utilisateur impactante conciliant les objectifs marketing de la marque et les attentes – parfois contradictoires – des internautes ? »

COMMENT ALORS FAIRE VIVRE UNE EXPÉRIENCE UTILISATEUR IMPACTANTE EN CONCILIANT LES OBJECTIFS MARKETING DE LA MARQUE ET LES ATTENTES – PARFOIS CONTRADICTOIRE – DES INTERNAUTES ?

Pour réaliser une campagne digitale efficace, la Marque va créer son parcours de conviction avec une approche « consumers-centric ».

La marque entraîne l'internaute dans le storytelling de son offre. Ainsi, elle le fait rentrer dans son univers et adhérer à ses valeurs.

Tout l'enjeu réside dans l'interdépendance du fond et de la forme. La marque développe des couples message/formats pour accompagner l'internaute à chaque nouvelle exposition, des plus « visibles » pour émerger et installer sa prise de parole aux plus « intégrés » quant il s'agit de déclencher sans (trop) agresser.

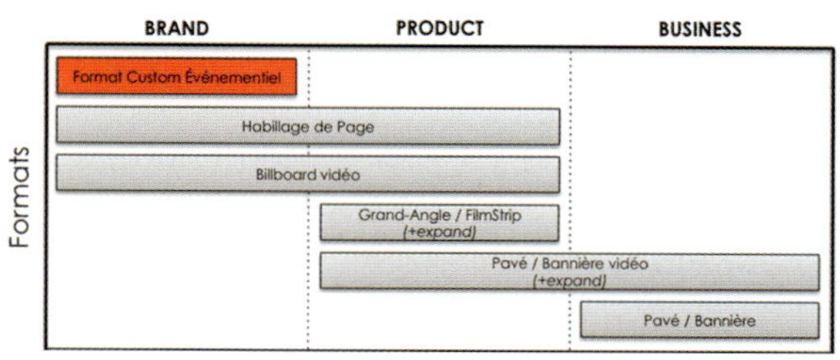

I/ Création - Message

Adapter les mix-formats à la scénarisation des étapes du parcours client

Optimisation du mix-format

a/ Couples « Messages/Formats
b/ Choisir le bon format
Du plus impactant au plus intégré.
Capitaliser sur le mix Objectifs de la marque/Perception de l'internaute

II/ Scénarisation

La marque défini les étapes/messages clés et le niveau d'exposition idéal.

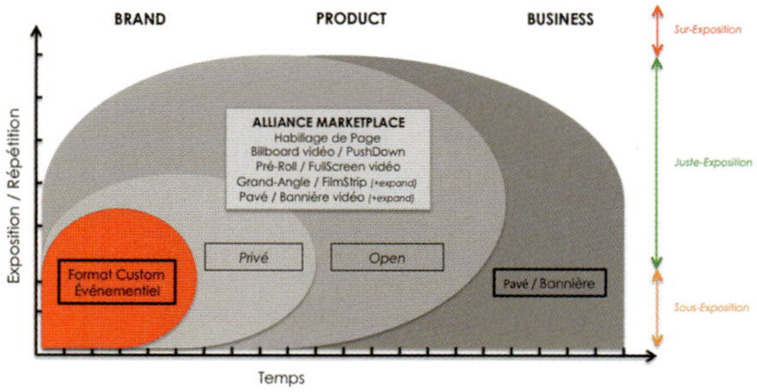

Séquencer les messages

a/ Maîtriser le Phasing

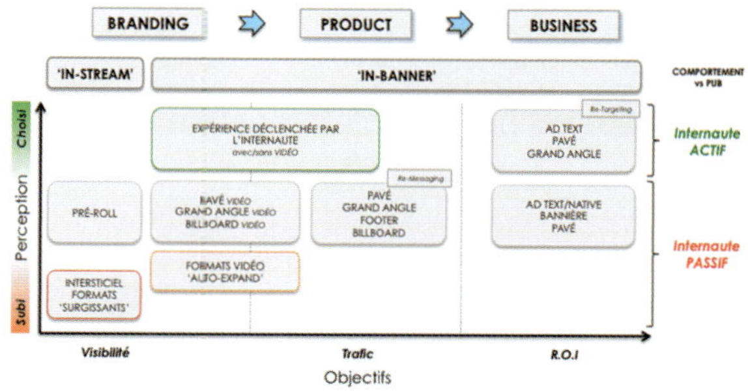

Exposition après exposition au sein d'une même exposition
b/ Optimiser le niveau d'exposition

III/ Diffusion

Maîtriser l'avancement dans le parcours de conviction de la marque exposition après exposition & mesurer l'atteinte des objectifs : visibilité – trafic – vente

L'agence met en œuvre

a) La maîtrise du capping pour # Permettre la scénarisation
Maximiser la « juste exposition »
b) La mesure et l'optimisation du dispositif
c) Le reporting de campagne et les « jours action »

Conclusion : pour faire vivre une expérience utilisateur impactante sur le média Internet, il n'existe donc pas de « recettes miracles ». Mais il est important de garder à l'esprit toutes les étapes du parcours de conviction.
Pour conclure, il est essentiel de répondre à quelques questions :

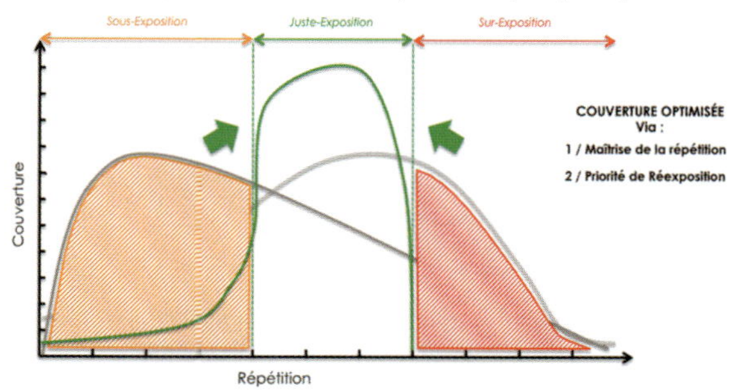

➻ QUOI ?	➨ LE BON MESSAGE / VS OBJECTIFS MARKETING
➻ A QUI ?	➨ LA BONNE PERSONNE / CIBLAGE
➻ QUAND ?	➨ AU BON MOMENT / SCENARISATION
➻ OÙ ?	➨ PERIMETRE DE DIFFUSION / MEDIAPLANNING
➻ COMMENT ? KPI'S	➨ ENGAGEMENT DE L'INTERNAUTE / FORMATS &

CARREFOUR *Qui ?*
CARREFOUR BEAUTÉ *Quoi ?*

37 MILLIONS de contacts

2,2 MILLIONS de vidéos vues à 100 %

+ de 300 000 visites engagées

Visibilité • Couverture • Transversalité

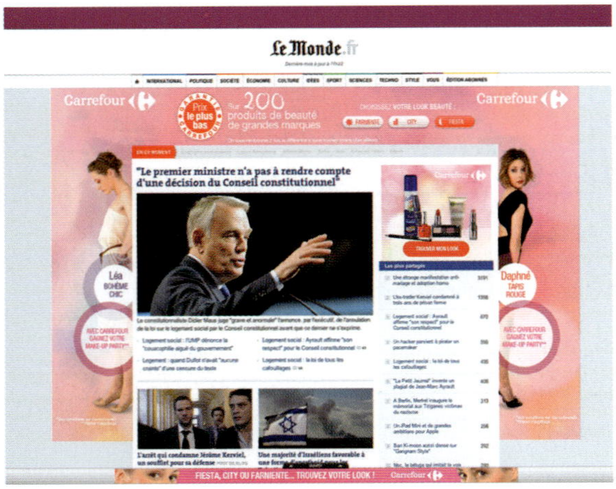

PROBLÉMATIQUE BUSINESS DE LA MARQUE

Le contexte
En cinquante ans, le groupe Carrefour est devenu un des leaders de la distribution dans le monde. Deuxième distributeur mondial et premier distributeur européen, il développe aujourd'hui différents formats et canaux : l'hypermarché avec une offre généraliste au meilleur prix, le supermarché, format alimentaire de référence, les magasins de proximité pour le service et la praticité, les magasins de cash & carry pour les professionnels, le drive et le e-commerce pour satisfaire les nouvelles attentes.

Carrefour poursuit une stratégie de fidélisation tout en travaillant sa différenciation, notamment en renforçant son offre produit sur le marché de la cosmétique.

La problématique
Le consommateur est de plus en plus exigeant, il change régulièrement de marque ou de produit. Pour faire face à ce phénomène et se démarquer de leurs concurrents, les marques se doivent donc d'offrir aux consommateurs une « expérience client » efficace. Ce constat de marché s'applique tant aux 'Marque-Produit' qu'aux 'Marques-Distributeur'.

La marque souhaite affirmer sa différenciation via son offre produit/service, tout en insistant sur la défense du pouvoir d'achat des consommateurs. La campagne, lancée avec ses agences Publicis Modem et Havas Media, a pour ambition de valoriser le bénéfice concurrentiel via l'offre « Beauté », tout en rassurant via la « garantie prix bas Carrefour ».

La cible
Ce sont les femmes de 25 à 49 ans

Les profils
Les femmes actives sont coquettes et soucieuses de leur apparence tout en étant à la recherche des bons plans qui vont leur faire gagner du temps. Elles attendent donc d'une enseigne qu'elle leur apporte le choix, la profondeur d'offre... au meilleur prix.

Les objectifs de l'annonceur
- **Objectifs Marketing**
  ››› Visibilité de l'offre différenciant Produit/Service/Prix
  ››› Génération de trafic qualifié pour apporter les preuves
- **Objectifs Médias**
  ››› Couverture optimisée de la cible
  ››› Scénarisation du 'parcours client' : Visibilité (valoriser la Promesse) => Trafic (apporter les Preuves)

SOLUTION STRATÉGIQUE

Pour le volet digital, les agences, en collaboration avec Piximedia, ont mis en œuvre un dispositif (créa & média) maximisant l'impact de la campagne Carrefour Beauté.

La Marque a capitalisé sur :
- Formats créatifs à très forte visibilité
- Double KPI's d'achat sécurisant l'investissement média :
  ››› Visibilité de la Promesse Marketing (30%)
  ››› Trafic sur le site (70%)

Les dates de la campagne
11 avril au 8 mai 2013

Le dispositif
- Expo #1 :
Format Billboard + Pavé + Footer ‹site magasin›
- Expo #2 :
Format Habillage Interactif + Pavé + Footer ‹vidéo›
- Expo #3 :
Format Filmstrip + Footer ‹site magasin›

MISE EN PLACE OPÉRATIONNELLE

L'objectif était d'accompagner l'internaute dans le parcours de conviction de la marque.

La mise en place d'un dispositif multi-site bénéficiant d'un capping transversal a permis, exposition après exposition, de délivrer les couples 'message/format' adéquats :
#1 : Séduction: volet vidéo
#2 : Valorisation: largeur d'offre « Beauté »
#3 : Ré-assurance: garantie prix bas Carrefour

Les étapes
Première exposition : visibilité
Billboard + Pavé + Footer : le billboard, combiné au pavé, permet d'assurer la visibilité de l'offre à 100 %.

Deuxième exposition : création de trafic
Habillage Interactif + Pavé + Footer : l'habillage interactif permet à l'internaute de découvrir via un curseur les trois choix de looks de la marque. Le pavé maximise la visibilité et la mémorisation de la campagne.

Troisième exposition : création de trafic
Filmstrip + Footer : le filmstrip, aux fonctionnalités uniques, présente aux internautes les différents looks de la campagne en fonction des heures de la journée (ciblage horaire + semaine/week-end).

Sur chacun de ces formats, l'addition du footer, le format « compagnon », garantit à Carrefour un contact permanent avec l'internaute et renforce la création de trafic sur le site de la marque.

Avec ces trois expositions, l'internaute a pu « tester » cette campagne digitale et vivre une expérience innovante, selon le format auquel il était exposé.

LES RÉSULTATS

Performance
Audience : **37 millions** de contacts et **24 millions** d'internautes uniques
Visibilité : **2,2 millions de vidéos vues** à 100 %
Trafic : plus de **300 000 visites engagées** sur le site de la marque.
Un dispositif hybride qui mixe Puissance & Affinité, mais également Visibilité & Trafic.

Une prise de parole scénarisée exposition après exposition via la Marketplace Alliance de Piximedia, qui permet à la marque de prendre par la main ses consommatrices afin de les accompagner dans leur parcours de conviction.

« L'habillage interactif permet à l'internaute de découvrir via un curseur les trois choix de looks de la marque. Le pavé maximise la visibilité et la mémorisation de la campagne. »

Carrefour : www.garantieprixleplusbas-beaute.carrefour.fr

Piximedia *(www.piximedia.com)*
Mathieu Mazuel, *directeur du développement*
mathieu.mazuel@piximedia.fr
Clémentine Riveron, *assistante marketing*
clementine.riveron@piximedia.fr

Hard to engage consumers ?

Take it easy !

CRÉEZ DU LIEN GRÂCE AU **VALUE EXCHANGE ADVERTISING**

Dans un univers numérique où les formats publicitaires se multiplient (display, vidéo pré-roll, vidéo in-read, native advertising...) il est de bon ton pour les marques de se demander quels formats touchent véritablement leurs consommateurs-cibles.

En effet, si nombre de marques adoptent la stratégie de la répétition des messages si chère à la TV, les consommateurs « matraqués » de manière permanente souhaitent désormais qu'une marque pense sa publicité de manière plus « utile ».

Comment faire alors pour que les internautes et mobinautes ne subissent plus votre message, mais qu'ils le ressentent comme un prolongement de leur expérience et qu'ils le vivent comme un moment de navigation à part entière plutôt que comme un frein à celle-ci ?

LA NAISSANCE DU VALUE EXCHANGE ADVERTISING

Le concept de value exchange advertising est basé sur un échange de valeur entre marques et internautes.

Cette tendance est née aux Etats-Unis de la recherche par les éditeurs de jeux en ligne d'un modèle économique viable.
Nombre de joueurs ne voulant pas payer pour jouer, ces derniers ont dû trouver un moyen de monétiser leurs contenus grâce à la publicité.

C'est ainsi que pour passer au niveau supérieur, gagner du temps ou accéder à certains contenus, les éditeurs de jeux en ligne vous donnent le choix de payer ou d'interagir avec des contenus publicitaires.

Ainsi je choisis une publicité qui me donne la possibilité d'avancer dans mon jeu favori.

ECHEC ET RENOUVEAU D'UNE TENDANCE

Rapidement la tendance a trouvé ses limites en s'enfermant dans l'univers du jeu et en brouillant son image au point qu'on ne puisse plus faire la différence entre l'intérêt de l'utilisateur pour la marque et sa soif d'avancement dans le jeu.

Le résultat fut désastreux et l'idée (excellente sur le papier) de diffuser la publicité dans un moment choisi en enrichissant l'expérience utilisateur fut reléguée au rang de publicité subie dans un univers peu qualitatif.

Mais des acteurs américains comme la société Kiip, créée par le brillant Bryan Wong, ont su faire renaître la tendance de ses cendres en concentrant l'échange de valeur autour de la marque. C'est ainsi que vous pouvez désormais gagner un bon de réduction Coca-Cola en passant un niveau dans votre jeu favori ou encore goûter en avant-première les derniers bonbons Skittles en partageant un article sur les réseaux sociaux.

Adikteev
www.adikteev.com
> Emilien Eychenne, *COO*
emilien@adikteev.com

« Désormais les nouveaux formats liés au value exchange advertising sont présents dans et hors du jeu sous forme de récompenses liées aux actions des internautes sur leurs sites favoris. »

VALORISER L'UTILISATEUR POUR VALORISER VOTRE MARQUE

Désormais les nouveaux formats liés au value exchange advertising sont présents dans et hors du jeu sous forme de récompenses liées aux actions des internautes sur leurs sites favoris.

L'un des intérêts de ces nouveaux formats est la possibilité de mettre en valeur l'utilisateur à travers la publicité. Elle ne se vit plus comme une intrusion dans ma navigation mais bien comme un enrichissement de celle-ci, car elle est liée à mes actions.

Ces formats permettent donc une forme de personnalisation de la publicité qui ne s'impose pas à l'utilisateur mais qui propose l'interaction avec au bout de l'expérience, une récompense.

Plus concrètement, si vous partagez une recette sur le site de cuisine 750g.com, vous serez peut-être récompensé par un annonceur qui vous donnera accès à une réduction, à un concours ou encore à des échantillons de ses produits, après vous avoir bien entendu pris un peu de votre temps pour vous délivrer son message.

FAVORISER L'INTERACTION À LA MULTIPLICATION DES POINTS DE CONTACT PASSIFS

S'il est dit qu'il faut donner pour recevoir, l'avenir de la publicité passe certainement par l'engagement des utilisateurs plutôt que par la multiplication des points de contact.

La publicité en ligne ne peut plus se contenter d'être vue, elle doit convertir l'utilisateur en consommateur ou au moins essayer.

En choisissant de valoriser votre message via une récompense liée à une offre commerciale, cette offre doit aussi vous permettre d'optimiser vos performances par l'enrichissement de votre base de données et/ou par l'achat.

C'est dans ce cadre que l'échange « marque – utilisateur » devient le plus intéressant puisqu'il ne s'agit plus simplement d'enrichir son expérience mais bien d'amener ce dernier à consommer.

À METTRE ENTRE TOUTES LES MAINS

Après s'être imposé dans les pays anglo-saxons, le value exchange advertising est en passe de devenir un incontournable de la publicité digitale tant sa pertinence dans un contexte économique morose et numérique saturé semble forte.

Les nouveaux formats qui y sont liés permettent désormais de toucher un large spectre d'utilisateurs sur le web et le mobile en allant bien au-delà des univers de jeux et en s'adressant à tous types d'annonceurs.

Par ailleurs les taux d'interactions constatés, de l'ordre de 5 % sur le web et de 20 % sur le mobile, contribuent à alimenter mon sentiment que ces nouveaux formats n'ont pas fini de faire parler d'eux...

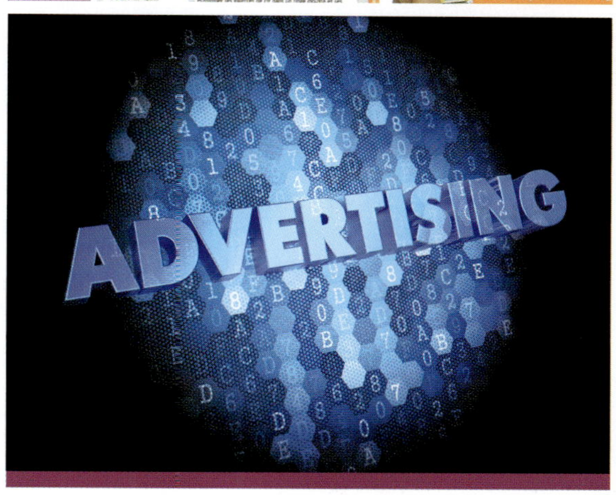

PAID/OWNED/ EARNED : VERS **UN NOUVEAU MÉDIA MIX**

Agence Agilteam

> Emmanuel Fraysse,
Directeur associé
Auteur de Business is Digital, c'est le moment (2013)
Enseignant à Sciences Po Paris

> Emmanuel Faure,
Directeur associé

"Autrefois, on passait un spot de 30 secondes à une heure de forte audience, on s'assurait de la parution de quelques articles favorables et le tour était joué. Aujourd'hui, on est face à une incroyable pluralité de publics et de canaux à manier qui fait que chaque récepteur du message peut, à tout moment, se transformer en groupe d'influence", comme l'énonce Florence Danton, Responsable Communication de l'Ecole de la Communication à Sciences Po Paris.

L'un des motifs du déclin de la publicité traditionnelle réside dans la perte de confiance des diginautes lassés par les publicités « old school » dont les promesses restent (trop) souvent lettre morte. Conséquence : l'influence des diginautes est grandissante vis-à-vis des organisations traditionnelles, à savoir annonceurs, producteurs, agences de publicité, médias traditionnels, etc. La socialisation inhérente à l'ère digitale fait évoluer les fondamentaux de la communication efficace.

L'avis des pairs prend le pas sur l'avis des experts, les diginautes croient de moins en moins aux discours formatés des marques. Ainsi, les équilibres entre les médias paid (payants), owned (détenus par les marques) & earned (viralisés par les diginautes) évoluent.

LE WEB SOCIAL INCITE À UN NOUVEL ÉQUILIBRE

Désormais, technologies et usages humains se croisent enfin. Le web social relie les diginautes et leur donne un pouvoir sans précédent. Cela conduit à l'émergence du consomm'auteur. Le consomm'auteur s'apparente à un consommateur actif, un consommateur auteur-acteur de sa consommation et non plus spectateur. Il produit lui-même des contenus digitaux.

La proportion de consommateurs actifs grandit année après année. Grâce au web social, un individu isolé peut avoir un impact réel au même titre qu'une organisation structurée. En impliquant les consomm'auteurs, les marques les transforment en porte-parole, en ambassadeurs faisant croître le poids du « earned » par rapport au « paid ».

LA CONVERGENCE DU PAID, OWNED & EARNED

Traditionnellement, 3 types de médias sont distingués :
- Paid média
- Owned média
- Earned média

« En impliquant les consomm'auteurs, les marques les transforment en porte-parole, en ambassadeurs faisant croître le poids du « earned » par rapport au « paid ».

Les médias achetés (paid) correspondent à la visibilité achetée par les marques sur des espaces tiers. Cette visibilité prend la forme de publicités payantes dans les médias traditionnels (TV, print, radio, affichage, cinéma) et dans les nouveaux médias (display, SEM)... Avantages : planification, contrôle (période, contenu, canal de diffusion...), rapidité et puissance. Inconvénients : coût élevé, perte d'efficacité, défiance de la part des consommateurs.

Néanmoins, sa puissance lui permet d'avoir des effets indirects bénéfiques sur le earned, nourri notamment par les diginautes qui font levier en termes de viralité si la campagne a attiré leur attention.

Les médias owned correspondent aux médias, aux canaux détenus par la marque : magazine clients, catalogues, blogs, sites web événementiels, espaces gérés par la marque sur les sites externes, applica¬tion mobile... La présence de la marque au sein de ses espaces « propriétaires » lui permet d'accéder directement à ses audiences. Le contrôle du message et la précision sont plus grands que dans le cas du paid, la création de valeur est bien plus durable et les coûts moindres. L'impact du owned peut être décuplé par une bonne viralité complémentaire (earned).

En revanche, il est lent à bâtir, il demande beaucoup de temps, peut échouer à atteindre massivement sa cible. Bâtir un média dans l'esprit des diginautes prend du temps. Le contexte d'infobésité (de l'information partout, tout le temps) nécessite une forte dose de répétition pour installer un réflexe de marque. De plus, toute marque ne constitue pas forcément un terreau fertile pour le owned. Les barrières peuvent être réglementaires ou éthiques, par exemple. (Exemple de site « Envie de Plus » par Procter & Gamble, www.enviedeplus.com)

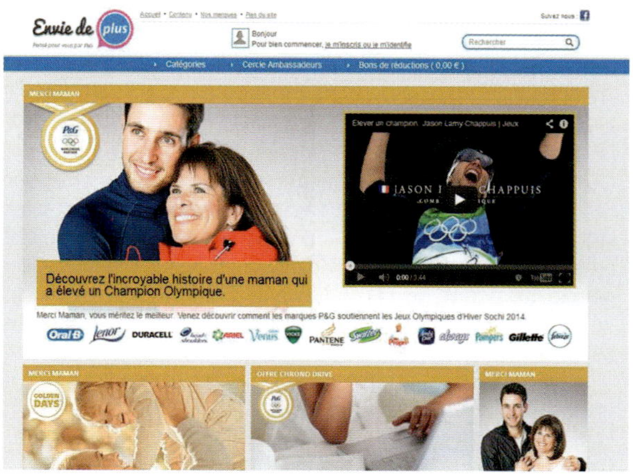

Les médias gagnés (earned) correspondent à tout ce qui a trait à la promotion virale réalisée par les internautes et à la visibilité spontanée en général. Les Relations presse figurent dans le earned... comme les billets de blog non sponsorisés, les « likes » sur les pages Facebook, mais aussi les conversations, commentaires utilisateurs et partages sur le web social. La puissance, la rapidité de diffusion et la crédibilité du earned sont considérables.

En revanche, il est peu prévisible et incontrôlable. Il peut aussi s'avérer négatif. Le earned est profondément émotionnel. Rappelons les 6 émotions primaires faisant réagir les diginautes : la joie, la surprise, la tristesse, le dégoût, la peur, la colère. Bien sûr, les ressorts positifs pour déclencher la joie ou la surprise sont à privilégier... Pour cela, le storytelling, l'art de transformer des faits en narration, de raconter une histoire est fondamental. (Exemple : un tweet autour du lancement de la nouvelle Twingo en mode « strip-tweet »)

Comment articuler paid/owned /earned médias ? Les 3 types de médias doivent être appréhendés en complémentarité pour optimiser l'impact de l'expérience de marque et l'engagement des diginautes. L'ordre même de priorité de ces types de média est en évolution : le « owned and operated » (média maîtrisé et opéré par la marque) est désormais intégré bien en amont dans les stratégies de communication. Les marques deviennent média avec du brand content pour créer de l'engagement du côté de leurs consommateurs et prospects, à la fois en on line et en off line.

Par exemple, certains constructeurs automobiles ont dévoilé leurs nouveaux modèles d'abord auprès des blogueurs, puis auprès des journalistes avant de lancer des campagnes paid.

Ces 3 types de médias sont en train de converger. Désormais, par exemple, toute campagne payante peut être source de buzz et se nourrir des contenus créés par les internautes en même temps. Il y a une forte porosité entre ces 3 formes de média et des effets de halo souhaitables, mais peu prévisibles.

« Le contrôle du message et la précision sont plus grands que dans le cas du paid, la création de valeur est bien plus durable et les coûts moindres. L'impact du owned peut être décuplé par une bonne viralité complémentaire (earned). »

The Convergence of Paid, Owned & Earned Media

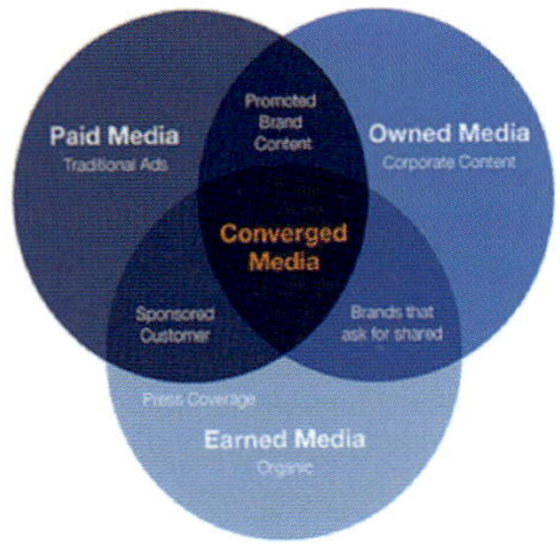

Source : « The Converged Media Imperative : How Brands Must Combine Paid, Owned & Earned Media » Altimeter Group (July 19, 2012)

Parmi les critères de choix entre paid/owned/earned figure notamment l'équilibre entre le reach et le contrôle du message. Autant le paid et le owned sont plus ou moins « sous contrôle », autant le earned est aléatoire et nécessite une bonne dose de lâcher-prise. Sachant que tout diginaute peut être média, si vous ne parlez pas de vous, d'autres le feront à votre place (en bien ou en mal). Il vous suffit de lancer une recherche sur votre marque dans un moteur de recherche pour constater la partie visible de votre earned.

La meilleure solution est de considérer les espaces digitaux d'une marque comme des hubs, des espaces interconnectés avec leur environnement (Facebook, Twitter, blogueurs, réseaux d'influents, sites médias…) et d'accompagner cette stratégie de brand content par une veille sur ce qui se dit sur la marque d'une façon globale. Objectif : pouvoir réagir et interagir dans une logique de dialogue avec les diginautes en temps réel et, si nécessaire, lancer une campagne paid pour tirer profit d'un nouveau contexte.

RETOURS CHIFFRÉS SUR LE POE À L'ÈRE DIGITALE

Le baromètre annuel de Havas est riche d'enseignements. Cette étude menée avec l'institut CSA analyse la perception de l'exposition aux marques par les consommateurs selon la fréquence à laquelle les individus ont le sentiment d'être en contact avec les marques dans leur vie quotidienne et les principaux points de contact perçus par les consommateurs qu'ils soient payants (paid), détenus par la marque (owned) ou générés par les consommateurs/leaders d'opinion (earned).

Impact du… en…	2010	2014
Paid	60%	54%
Owned	30%	32%
Earned	10%	14%

En 2013, le « paid » reste le plus impactant avec 54 % du total même si son impact s'érode année après année (60 % en 2010). Cette érosion se fait au bénéfice du « owned » (32 % en 2013 vs 30 % en 2010) et surtout du « earned » (14 % soit + 4 % par rapport à 2010).

Parmi le podium des marques les plus présentes à l'esprit des Français figurent 3 annonceurs : Coca-Cola (6ème), Orange (8ème) et Renault (10ème).

Quel est l'impact des médias POE selon les industries ?

Paid

Alimentaire	87%
Boissons	87%
Hygiène beauté	85%
Automobile	71%
Assurances	70%
Moyenne générale	**54%**

Owned

E-commerce	48%
Distribution spécialisée	42%
Voyage	31%
Grande distribution	36%
Moyenne générale	**32%**

Earned

Médias digitaux	26%
Mode et luxe	19%
Télécom et NTIC	17%
Automobile	17%
E-commerce	16%
Moyenne générale	**14%**

Parmi les points de contact du paid, la publicité média compte pour 79 % de la perception (+ 3 %). Le sponsoring et le mécénat s'arrogent 7 % de l'impact des médias payants (- 1 %). Les prospectus et e-mailing baissent à 14 % (- 2 %).

Quant au earned, l'opinion des proches, via le bouche à oreille/le web social, compte pour 49 %, suivi par les publications dans les médias à 32 %. L'impact de l'avis des internautes gagne 1 %, à 17 % par rapport à 2012.

EXEMPLES DE MARQUES FAISANT BON USAGE DU MIX POE

Quelques campagnes récentes ayant bénéficié d'un effet de halo POE :

- Evian et ses campagnes vidéo Bébés
- Red Bull et sa campagne Stratos - Saut dans l'espace de Felix Baumgartner
- Orangina et son contenu brand entertainement *« Mission 404 : Internet doit rester vivant »*

Le digital prend une place grandissante dans les dispositifs au regard de l'essor des consomm'acteurs.

DE L'IMPORTANCE DES ANALYTICS

Pour toute campagne, plusieurs expositions sont nécessaires pour convertir les diginautes : demande d'informations, achat... Le média mix est à adapter selon les situations.

Quelques parcours possibles :

1 > Bannières publicitaires
2 > Accès direct site
3 > Campagne SEM
>>> Inscription à la newsletter

1 > Accès direct site
2 > Accès SEO
>>> Achat

1 > Campagne display
2 > Réseaux sociaux
>>> Demande d'information via formulaire

Il apparaît que le paid devient de plus en plus cher et de moins en moins rentable pour bon nombre d'annonceurs. Devant cette explosion des coûts d'acquisition, le owned a pris son essor et le earned reste le Saint Graal : son potentiel laisse rêveur mais il est complexe de l'actionner avec succès à tous les coups. « Tester, tester, tester » reste la meilleure méthode. Le nouveau mix POE s'inscrit dans une stratégie d'influence globale tirant profit de l'expérience de marque et de l'utilité de la marque pour les diginautes. A vous de jouer !

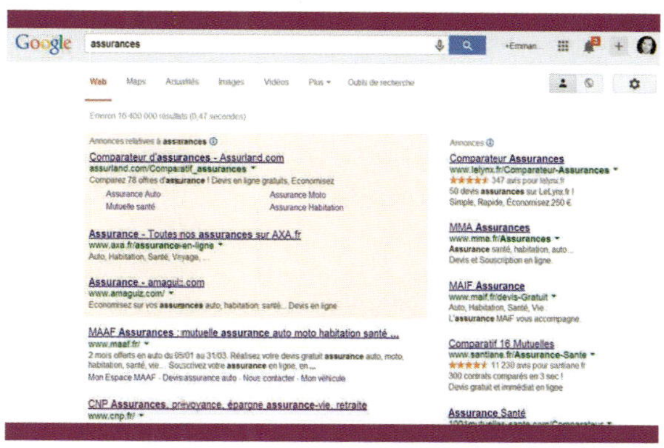

POURQUOI VOTRE MARQUE NE VAUT RIEN. OU **L'ART DE COMPTER**

Votre marque est fade, insipide. Votre marque n'a pas grand intérêt. Votre marque est très facilement remplaçable.
C'est en tout cas l'avis des consommateurs.
Ils le disent de manière très explicite. **Plus de 93 % des marques qui les entourent pourraient ainsi disparaître sans qu'ils en soient le moins du monde peinés**, d'après une récente étude sur le périmètre européen[1].
Pas d'accord ?
Ce sont malheureusement eux qui vous achètent... donc eux qui ont raison #SoSad.
Fâcheux, non ?

- Vous n'êtes pas du tout semblables à ma rose, vous n'êtes rien encore, leur dit-il. (...)
Et les roses étaient bien gênées.
- Vous êtes belles, mais vous êtes vides, leur dit-il encore. On ne peut pas mourir pour vous.
Le Petit Prince – @Antoine de Saint-Exupéry

La raison de ce désamour est simple : il y a un écart de plus en plus grand entre les marques et les consommateurs.
Initialement, les marques apportaient de la plus-value par rapport au produit qu'elles vendaient. Les produits étant tous semblables, elles y ajoutaient une dimension de réassurance, de statut, de plaisir et rendaient ainsi ces produits plus distinctifs.
Depuis, les marques se sont multipliées, tout comme les promesses qu'elles portaient, s'entraînant mutuellement dans une surenchère de communications de plus en plus éloignées des véritables envies et besoins de leurs clients... Egocentrismes des marques, exagérations, déconnexions... le consommateur se retrouve seul au milieu d'une vacuité assourdissante.

Les marques apparaissent maintenant sur nos flux Facebook entre les vacances des collègues et la naissance du bébé de notre cousine. Les marques vivent dans notre canapé, sur notre tablette en regardant Top Chef... ou aux toilettes sur notre smartphone. Les marques sont maintenant poussées au cœur de notre intimité. Pour autant, elles se comportent comme de parfaites inconnues, guindées et distantes, au ton corporate ou indifférencié[2]. Des entités déshumanisées dans un monde de vie et de mouvement.
Pourtant, les marques portent en elles-mêmes les germes de cette humanité qu'elles cherchent à atteindre. L'entité la plus froide, le composant le plus éloigné du glamour qu'est l'entreprise n'est-elle pas également une « personne morale » ? Certes, il nous manque le physique, l'incarnation dans le réel (que les nouveaux médias remplacent aisément), mais nous avons toute une richesse à partager.

« Les marques qui survivent ne sont pas les plus fortes ou les plus rapides. Ce sont celles qui s'adaptent le mieux aux nouveaux paradigmes. » #Darwin2014

La marque en tant que personne, en tant que Personnalité, est à notre époque le socle sur lequel s'appuyer pour compter demain.
Une marque avec de véritables aspérités. Qui a de la gueule, qui s'engage, qui affirme des convictions. Une marque dotée de qualités, et même de défauts. Une marque avec des projets et des ambitions... Une marque vivante, optimiste, qui a envie et qui me donne envie. Une marque qui se met au même niveau que moi, que mon voisin, que mon collègue : ouverte au dialogue, sensible à mes préoccupations, qui s'intéresse à moi de manière désintéressée. Une marque qui existe et ne se cache pas derrière une façade institutionnelle fadasse aujourd'hui dépassée.

[1] Étude Meaningfull brands Havas media 3013
[2] Capture d'écran de la page fan « Condescending Corporate Brand Page » ? https://www.facebook.com/corporatebollocks

Agence Dagobert
www.dagobert.com/fr/#!news

› Jérémie Abric
Directeur de la stratégie

› Guillaume Gartioux
Responsable communication
guillaume.gartioux@dagobert.fr

La personnalité de la marque est un formidable terrain de jeu sur lequel bâtir tout le reste. Car la personnalité seule ne suffit pas, il s'agit juste d'un terreau, d'un tuteur.
Trois graines sont à planter.

« Mais Nan ma chérie, tou as touuu faux : mais qui peut tomber amoùreux de quelque chose d'aussi faaade ?? »
Cristina Cordula

LA PREMIÈRE EST CELLE DE L'UTILITÉ

La marque doit dépasser sa promesse produit, aller au-delà en s'interrogeant sur sa capacité et sa légitimité à améliorer réellement le quotidien des gens. Service gratuit prolongeant son univers de marque ou engagement sociétal profond, les marques qui pensent aux autres au-delà de leurs produits touchent les individus. Les autres se font doubler dès qu'elles ne sont plus au top.
Castorama a créé un site Troc'heures permettant à des bricoleurs aux compétences complémentaires de se rencontrer. Ils peuvent ensuite s'échanger des coups de main, l'un accompagnant l'autre en plomberie, se faisant aider en retour sur de la maçonnerie. La marque démontre par ce service sa compréhension des problèmes de ses clients, l'intérêt qu'elle leur porte, et crée de la valeur ajoutée pertinente et fidélisante.

LA SECONDE EST CELLE DU PLAISIR

Rendre heureux, faire rire, proposer un moment extraordinaire : donner du plaisir est un objectif sur lequel toute marque qui veut compter devrait s'interroger. Introduire de l'émotionnel sincère dans la relation resserre les liens, amène dans une autre dimension, non-marchande et purement affective. Parce que les relations trop rationnelles deviennent souvent ennuyeuses, n'est-ce pas ;) ?
Quand Michel et Augustin lancent leur « nuit à la belle étoile » dans un grand parc parisien, invitant les habitants de la ville à partager une expérience unique (détournement d'un lieu public, retour à l'enfance, rencontres humaines...), ils ne se soucient pas de valoriser du produit, mais bien d'apporter du plaisir à ceux qui partagent leurs envies.

LA DERNIÈRE EST CELLE DU LIEN

Pont entre les deux premiers, elle définit les modalités relationnelles que la marque entretient avec ses publics. Est-elle volontairement distante ou au contraire très proche ? S'exprime-t-elle souvent ou préserve-t-elle ses effets ? Est-elle présente partout ou en des lieux très précis ? Ce rapport à l'autre est fondamental pour les marques qui veulent compter dans le paradigme actuel.
Oasis a clairement préempté une approche très complice, quotidienne, basée sur des détournements humoristiques des grands événements nationaux et internationaux. Apple au contraire revendique une distance dans sa prise de parole et dans sa fréquence de mise à jour, conservant ainsi l'aura du mystère.

« Dans la vie, il y a 3 types de marques.
Celles qui comptent et les autres. »
Proverbe

Alors, marre de ne servir à rien ? Envie de compter, aujourd'hui et demain ?
Commencez par travailler vos aspérités : définissez votre véritable Personnalité de marque, humaine et crédible. **P**oussez ensuite, en fonction de leur pertinence respective, les items d'**U**tilité, de **L**ien et de **P**laisir.
Et surtout, à tout moment, soyez honnêtes et cohérents.
La méthode **PULP** ne fonctionne qu'avec les marques sincères.

BIENVENUE DANS L'ÈRE DU **CONTENU JETABLE !**

Sur les réseaux sociaux aujourd'hui, un lien a une durée de vie moyenne de 3,5h.
210 minutes pour émerger parmi un flux continu d'informations mêlant sans distinction échanges privés entre amis, publications de marques ou encore actualités journalistiques.
Une situation qui oblige les marques à diffuser du contenu en continu pour espérer capter une audience volage et sur-sollicitée. Comment en sommes-nous arrivés à une telle situation ?

D'une part, le **comportement de l'internaute**. Peu de temps disponible, capacité d'attention limitée, consommation de l'information de plus en plus « mobile » (1h19 en moyenne passée chaque jour sur son smartphone en France[1]) depuis un écran petit et sur une temporalité fractionnée, recherche permanente du dernier buzz : « le zapping est devenu un véritable phénomène de société » d'après le sociologue Mohamed Bekouchi.
D'autre part, une **abondance d'outils et réseaux sociaux** qui répondent aux besoins de ces usagers zappeurs. Ces espaces démultiplient les possibilités de s'exprimer rapidement ou de saisir en un coup d'œil le sens d'une publication : un texte souvent limité en nombre de caractères, des photos filtrées, des vidéos de 15 secondes maximum, des gifs, des codants (hashtags...), etc.
Enfin, n'oublions pas le **fonctionnement dicté par les plateformes utilisées** : obligation de prendre la parole très régulièrement sous peine de disparaître du flux d'actualité de la communauté.

Trois phénomènes qui ont contribué à faire émerger un modèle de consommation de contenus « jetables » : aussitôt créé, aussitôt consommé, aussitôt digéré !
Comme tout phénomène de masse, cette tendance de consommation interpelle les responsables marketing ou communication. Elle les interroge quant à la mise en place d'une présence de leur marque sur ces espaces ou ces modalités. Et nombreux sont ceux qui franchiront le pas.

Cette ruée vers un espace de promotion *à première vue* gratuit, initié depuis plusieurs années maintenant, se fait malheureusement souvent en oubliant les implications en termes de temps, de compétence et de budget. En effet, passer d'une prise de parole limitée à quelques campagnes par an à un rythme quasi quotidien suppose d'avoir des choses (intéressantes) à dire, des contenus (attractifs) à montrer, mais aussi de savoir les diffuser en respectant les codes et usages en vigueur sur ces espaces.
Nombreuses sont alors les marques qui se limitent à maîtriser l'optimisation de la diffusion des messages. Connaître les jours, les heures, les mots et les médias à utiliser pour faire grimper le taux d'interaction... sans prendre le recul nécessaire quant à la qualité et pertinence du contenu partagé.
Une précipitation qui se traduit par une ligne éditoriale à faible valeur ajoutée pour la marque : actualité produit, bon plan, marronnier traditionnel, annonce RH, interaction insipide, etc.

[1] Étude Millward brown

Agence Dagobert

› Floriane Pelletier, *Responsable des Stratégies Sociales et Relationnelles*

› Jérémie Abric,
Directeur de la Stratégie

› Guillaume Gartioux
Responsable communication
guillaume.gartioux@dagobert.fr

> « Sur les réseaux sociaux aujourd'hui, un lien a une durée de vie moyenne de 3,5h. 210 minutes pour émerger parmi un flux continu d'informations. »

Ces messages ont-ils un réel impact sur les consommateurs et leur relation durable avec la marque ? Rien n'est moins sûr.

D'autres marques vont encore plus loin dans cette approche de la publication instantanée, avec le real time marketing, ou la conversation en temps réel, qui consiste à rebondir sur l'actualité pour se l'approprier.
Cependant, n'est pas Oasis ou Oreo qui veut. Cette approche suppose une organisation adéquate et des moyens importants (rôle de l'agence chez l'annonceur, implication du département juridique, capacité à décider rapidement, mise en place de news room dédiées, etc.), qui ne sont pas accessibles à toutes les bourses.

Comment concilier alors dans ce contexte une communication adaptée à la consommation de nos publics (rien ne sert de prêcher dans un désert) sans pour autant céder aux chants des sirènes et trahir l'essence de la marque ?

L'élément-clé est de conserver la vision stratégique de l'entreprise et de sa communication comme point d'entrée préalable à toute autre considération.
La stratégie générale de contenu pourra alors en découler logiquement, traduisant de manière intelligible et cohérente les messages-clés de votre discours, et mettant en œuvre votre positionnement de manière concrète. Et là, le plus dur est fait !
La seconde étape consistera à travailler, dans le traitement de ces contenus (et en complément de contenus plus classiques diffusés sur les canaux historiques), les 3 approches qui font la force et le succès des contenus éphémères.

1. DE L'IMPORTANCE DE LA FORME

Soyez sûrs qu'un contenu de qualité, fouillé, construit, etc. n'aura pratiquement aucune chance d'être lu et partagé si la manière de l'appréhender n'est pas « digeste ».
Le contenu en tant que tel doit être soumis aux règles de l'expérience utilisateur, encore appelé UX design.
Un exemple concret ? Rendez-vous sur le site média Theverge.com pour observer le traitement graphique de certains de ses dossiers de fond, notamment celui-ci : *http://www.theverge.com/2014/1/21/5307992/inside-the-mind-of-a-fanboy*
Une lecture simple, des contenus qui viennent au lecteur, une mise en forme qui incite à poursuivre le scroll.

2. DE L'IMPORTANCE DE LA LONGUEUR

Un traitement plus léger du sujet traité doit aussi permettre à ceux qui n'en ont pas le temps de saisir rapidement le sens du message délivré. C'est à ce moment qu'entre en scène le contenu « jetable », et cela peut se traduire par une infographie, une citation, bref un aperçu compréhensible pour qui n'a pas le temps de cliquer plus loin.

3. DE L'IMPORTANCE DU LOL

Enfin, au-delà du relais visuel et « digeste » de contenus de fond proposés par la marque, il ne faut pas oublier le côté « entertainment » propre aux réseaux sociaux.
Les messages de marque apparaissent entre deux actualités provenant de nos amis, au sein de réseaux à usage majoritairement privé.
Pour ne pas « déranger », la marque doit donc s'intégrer au mieux à la tonalité employée sur ces espaces. Le tout étant d'arriver à conserver un ton léger sans miser sur l'humour à tout prix, et surtout en restant cohérent avec l'image existante de l'entreprise par ailleurs.

Si la culture du « contenu zapping » ne peut être ignorée, elle ne doit donc pas donner lieu à toute sorte d'abus et de dérives.

Un contenu éphémère n'a de sens que s'il vient apporter sa complémentarité, sa pierre au grand édifice de la communication de marque. Il n'est, sinon, qu'une parole murmurée face au vent.

RP ET DIGITAL : **QUI A BESOIN DE QUI ?**

RP et digital sont souvent abordés sous l'angle : "le digital change la donne, il faut que les RP s'adaptent au digital et fassent leur métier différemment." Ce n'est pas faux, et nous allons aborder en première partie une infographie américaine présentant les évolutions du métier d'une agence RP 2.0. Néanmoins, le postulat contraire est vrai aussi, et "le digital pour exister a besoin de RP." En troisième partie, nous aborderons enfin l'un des enjeux-clés pour les RP aujourd'hui, à savoir l'objectivation des résultats et la mesure des actions.

L'IMPACT DU DIGITAL SUR LES RELATIONS PRESSE

L'agence PR américaine Inkhouse a réalisé une infographie assez complète de l'évolution du métier des RP, des RP traditionnelles aux RP 2.0 sous forme d'avant-après.

Ainsi, l'infographie constate les évolutions suivantes :
- Le journaliste devient le blogueur : les blogueurs au même titre que les journalistes sont devenus de véritables influenceurs à ne pas négliger dans une campagne RP ;
- Le SMS remplace le courrier : on ne contacte plus les journalistes avec le même formalisme, les SMS sont devenus d'un usage courant (même pour contacter le Président de la République ;-)
- Les médias tours coûteux en temps et en déplacement sont remplacés par des échanges par téléphone ;
- Les délais de publications se raccourcissent de 2 jours après l'interview pour le papier, à 2 heures après pour les blogs ;
- Les conférences de presse sont remplacées par des tchats sur Twitter avec les fondateurs ;
- Le suivi du nombre d'impressions a été remplacé par des mesures d'influence ;
- Les packshots photo par des pages Pinterest ;
- Votre produit par votre point de vue : ce n'est plus tant le produit en lui-même qui compte que son positionnement et le storytelling qui est fait autour ;
- Les revues de presse ont été remplacées par des listes de liens : la curation devient ainsi un élément-clé du dispositif RP ;
- Les press kits ont été remplacés par du contenu de blog ;
- Le journal TV par Twitter ;
- La TV par YouTube ;
- Les tableurs Excel par des infographies ;
- Et la lecture sur PC par la lecture mobile.

En somme, tout s'accélère et le temps de la relation se raccourcit. En revanche, ce qui reste immuable, c'est l'importance :
- De la crédibilité,
- De l'expertise,
- De l'authenticité et de la véracité des faits,
- De la préparation,
- etc.

1min30 • Agence d'Inbound Marketing

› Gabriel Dabi-Schwebel,
fondateur
gds@1min30.com

« Avec l'avènement du digital les marketeurs sont devenus friands de données permettant de mesurer l'efficacité de leurs actions. »

L'IMPORTANCE DES RELATIONS PRESSE DANS LE CADRE D'UNE STRATÉGIE DIGITALE

En effet, comme le conclut l'infographie, derrière le digital, derrière les sites internet et les réseaux sociaux, il y a des individus, des citoyens, des consommateurs, des influenceurs, des journalistes aussi ! Et tous ces êtres humains sont férus de relations, il ne faut pas l'oublier ! Ainsi, s'il est plus facile aujourd'hui d'initier une relation sur les réseaux sociaux, la rencontre IRL (In Real Life) reste nécessaire pour construire cette relation et établir la confiance. L'empreinte mémorielle d'un individu sera toujours plus forte si les échanges sociaux sont complétés par un coup de téléphone ou une rencontre physique.

Cette notion est très importante au sein de notre agence, c'est pourquoi nous avons souhaité la mettre en avant. En effet, 1min30, issue du digital, n'avait pas vocation initialement à proposer ce type de service. Inspirée par la méthodologie d'inbound marketing prônée par la société américaine Hubspot, les relations presse n'avaient a priori pas leur place...

En effet, l'inbound marketing tel que le promeut Hubspot se présente sous la forme d'un entonnoir en 3 étapes réunissant les compétences suivantes :
1. Générer du trafic par la création de contenu, le référencement et les réseaux sociaux.
2. Convertir le trafic en prospects identifiés par la mise en place de call to action (appel à l'action) telle que la proposition de télécharger des livres blancs, ou autres contenus premium.
3. Convertir les prospects en clients en leur envoyant des newsletters régulières ou en mettant en place des programmes de lead nurturing (culture des contacts) permettant d'accompagner les clients dans leur parcours de décision.

Nulle trace de relations presse dans cette approche qui consiste à faire venir les clients vers soi sans les interrompre par de l'outbound marketing, l'approche traditionnelle d'achat d'espace publicitaire intrusif. Et pourtant les relations presse en font incontestablement partie !

La publication d'articles concernant une entreprise dans la presse ou sur des blogs à forte audience permet de faire connaître l'entreprise, de sensibiliser le public à une offre et à une expertise dans le cadre de contenus informationnels de qualité. Au même titre que les réseaux sociaux c'est une excellente porte d'entrée vers le site de l'entreprise, génératrice de trafic direct - les visiteurs allant chercher la marque telle que lu dans la presse - ou de liens référents si un lien vers le site est présent dans l'article.

Les relations presse digitales sont d'ailleurs un outil indispensable dans le cadre d'une stratégie de référencement. En effet, Google avec ses nouveaux algorithmes privilégie de plus en plus les sources de qualité en cohérence avec la cible. Ainsi, des liens issus de blogs référents, de sites de presse reconnus seront toujours privilégiés à des liens de moindre qualité.

Alors pourquoi Hubspot n'inclut-il pas les relations presse dans sa méthodologie d'inbound marketing en 3 étapes ? Tout simplement parce que les relations presse ne s'automatisent pas et qu'on ne peut pas intégrer de fonctionnalités de relation presse dans sa suite d'outils ! Chacun voit midi à sa porte et Hubspot n'oublie pas qu'il est éditeur de logiciel avant tout !

1min30, en tant qu'agence marketing n'a pas les mêmes contraintes et nous avons ainsi complété notre vision de l'entonnoir de l'inbound en conséquence en accordant une place de choix aux relations presse.

« Les relations presse digitales sont un outil indispensable dans le cadre d'une stratégie de référencement. En effet, Google avec ses nouveaux algorithmes privilégie de plus en plus les sources de qualité en cohérence avec la cible »

MESURER LE RETOUR SUR INVESTISSEMENT DES ACTIONS RP GRÂCE AU DIGITAL

Néanmoins, en n'intégrant pas les RP dans son outil, Hubspot fait une erreur, car le digital introduit la possibilité de mesurer, y compris les actions RP. En effet, avec l'avènement du digital les marketeurs sont devenus friands de données permettant de mesurer l'efficacité de leurs actions. Une véritable culture ROIste s'est mise en place avec une multitude de nouveaux indicateurs à prendre en compte.

Cette évolution n'épargne pas les relations presse et il est primordial pour une agence de relations presse d'aller au-delà de la pige presse et du calcul de l'équivalent publicitaire. En effet, les outils de PRM (Prospect relationship management) et de CRM (Customer relationship management) peuvent être utilisés de la même façon dans le cadre du suivi des relations presse sans avoir nécessairement besoin de créer des nouveaux outils d'IRM (Influencer relationship management).

Vous trouverez, ci-dessous, une liste de nouveaux outils et de nouveaux indicateurs qui peuvent être utilisés dans le cadre des relations presse :

• Outils d'e-mailing, point n'est besoin de réserver ces outils aux clients et prospects. En effet dans le cadre de communiqués de presse diffusés largement, il est plus efficace d'utiliser ces outils plutôt que d'allonger la liste de destinataires cachés dans un outil d'e-mail traditionnel (Outlook, Gmail, Notes, etc.). Ces outils vont apporter une meilleure délivrabilité et des indicateurs pertinents d'efficacité du mailing et du communiqué tels :

› Le nombre d'e-mails envoyés,
› Le nombre de mauvaises adresses mails (suivi de la qualité de la base),
› Le taux d'ouverture (pertinence du titre du communiqué par rapport à la cible, horaire d'envoi, etc.),
› Le taux de clic si des liens étaient présents pour en savoir plus,
› Ainsi que le suivi individuel des actions des journalistes pour identifier par exemple qui a ouvert et qui a cliqué ce qui est une information utile pour la relance.

• Outils de veille sur les réseaux sociaux et Internet : ces outils permettent de suivre l'influence d'une marque et de modérer les commentaires des internautes sur les réseaux sociaux, les sites communautaires, etc. Dans le cadre des relations presse, ces outils peuvent être utilisés pour suivre les journalistes et les influenceurs et détecter en avance de phase leurs points de vue afin d'intervenir rapidement pour les compléter et les modérer.

Ces outils vont aussi introduire de nouveaux indicateurs :
> Nombre de reprises des communications de la marque,
> Nombre de mentions de la marque par une cible de journalistes identifiés,
> Suivi individuel des journalistes et influenceurs mentionnant la marque,
> Etc.

• Outils d'analytiques : Google Analytics et les autres outils d'analytiques peuvent être utilisés pour identifier les sources de trafic et mesurer la conversion par source, ils permettent ainsi de mesurer la contribution des relations presse au trafic d'un site :
> Nombre de visites depuis les sites référents (articles de presse, blog, etc.),
> Conversion de ces visites,
> Impact des relations presse sur les visites directes et les recherches de marques.

• Outils de tracking : en plus des outils d'analytiques sont apparus des outils tels Hubspot dont nous avons parlé plus haut qui permettent de suivre le parcours d'un visiteur sur un site Internet et de voir individuellement, les pages qu'il a consultées, les documents qu'il a téléchargés, etc. Ces mêmes outils peuvent être utilisés pour mettre en place des newsrooms riches en contenus permettant une communication individualisée avec les influenceurs d'une part :
> Suivi individuel des visites et des actions de l'influenceur sur la newsroom,
> Scoring de l'influenceur pour déterminer le meilleur moment pour l'appeler,
> Etc.

• Outils de CRM : de la même façon que les commerciaux suivent l'ensemble de leurs interactions avec un client dans leur outil de CRM, l'attaché de presse peut, et certains le font déjà, centraliser toutes les interactions réalisées autour d'une action RP.
> Nombre de relances,
> Compte rendu d'entretien,
> Date de prochaine relance prévue,
> Etc.

Bien sûr, il n'est pas nécessaire d'utiliser systématiquement tous ces outils et tous ces indicateurs pour chaque action RP au risque d'être noyé dans la complexité de ces outils et des chiffres inutiles. Néanmoins, selon les objectifs de la mission de relation publique, ses moyens, et sa durée, il pourra être pertinent de mettre en place ces nouvelles approches issues du digital.

LES RELATIONS PRESSE, **LA KILLER APP DU MIX MARKETING**

La Nouvelle Agence
www.lanouvelle-agence.com

› Yasmina Madafi
Directrice Associée

Au commencement étaient les timbres, que les attaché(e)s de presse collaient par centaines sur autant d'enveloppes, afin de faire parvenir leurs communiqués de presse à destination. Une actualité, un outil et une cible. C'était simple, mais ça n'a pas duré.

« LES RP SONT MORTES, VIVENT LES RP »

Les années 2000 ont apporté leur lot de changements aux métiers de l'influence, et ont commencé par annoncer la mort de certains d'entre eux. Avec la digitalisation croissante et la multiplication des cibles arrivaient de nouveaux médias, qui furent le centre de mire et le sujet d'insomnie de toutes les agences de communication. Formation aux nouveaux médias, intégration des blogueurs à nos fichiers presse, tables rondes sur l'influence, tout fut mis en route afin de hisser les attaché(e)s de presse vers l'ère digitale.

Mais les AP, comme on les appelle, en avaient vu d'autres. Et s'il est un talent que cette tribu possède, c'est bien la faculté de s'adapter à un nouveau paysage, aussi escarpé fût-il. Pour ma génération, ce fut sans doute encore plus simple : nous nous sommes digitalisés avec le siècle, et avons fait évoluer notre profession en même temps que nous changions nos usages quotidiens.

On vient de le dire, faire évoluer les RP dans ce nouveau siècle consistait en autre chose que de prendre en compte la blogosphère dans les fichiers presse. Car une autre actrice fit beaucoup pour changer nos manières : la crise ! Celle-ci contraignit les responsables marketing à se pencher sur leurs budgets, et à couper tout ce qui dépassait. Les actions qui ne dégageaient pas de ROI, ou en tout cas de bénéfices sonnants et trébuchants. Ce fut une nouvelle mission pour les RP que de s'atteler à la mesure de leurs actions, afin d'en dégager toute la valeur ajoutée.

Jusque-là, évaluer le succès d'une campagne RP consistait à comparer l'espace occupé par les articles générés avec leur équivalence publicitaire. Une méthode étrange qui nous faisait peser des oranges d'un côté et des tomates de l'autre, et en sortir des chiffres qui donnaient immanquablement l'avantage aux RP. Parce le message est plus fort, parce que ce n'est pas de l'espace acheté, parce que le discours a reçu l'aval d'un journaliste, etc.

SORTIR DU SILO

Avec l'arrivée des nouveaux médias, la cible devenait multiple et polymorphe, elle était partout - votre voisine de palier pouvait tenir un blog à succès et être un influenceur - et tous ces nouveaux interlocuteurs n'étaient pas «vraiment» journalistes. Pas au sens où on l'entend en France en tout cas, donc avec une carte de presse, une ligne éditoriale immuable, etc.
Qu'à cela ne tienne, nous n'allions pas rester uniquement attaché(e)s de presse, les Relations Presse allaient démontrer que l'ère digitale pouvait démultiplier leur potentiel d'actions, et faire des consultants des funambules multi-tâches et multi-devices, parcourant quotidiennement le chemin entre communication et marketing.

Consumer centric, connected people & nouveau consommateur... pour nous aussi !
La démultiplication des cibles posa nécessairement la question du contenu des campagnes RP. Parce que les nouveaux médias se multipliaient pendant que les rédactions fermaient, ou bien se séparaient de nombreux journalistes. Les communiqués de

> *« De créateur de communiqués de presse, le communicant se réinventa en pourvoyeur de contenus à valeur ajoutée, lui permettant de sortir du seul silo des relations presse. »*

presse, qui furent les sacro-saints outils des RP pendant une bonne centaine d'années, se retrouvèrent en concurrence sérieuse. Pour susciter l'intérêt de ces nouveaux médias, nous inventions des contenus créatifs afin de nous démarquer. Nous nous appropriâmes le concept de ligne éditoriale pour faire de nos clients des médias. Leur propre média. D'émetteurs d'informations sur leur propre marque, ils devinrent des créateurs de contenus sur leur écosystème : des tribunes libres, des baromètres, des avis d'experts, des cahiers de tendances, etc.

Car le nouveau lecteur était le même individu poursuivi par les digital marketers : cet internaute qui passe d'un écran à un autre, qui achète on et off line, qui commence sur Facebook et tweete sur Twitter, etc. De créateur de communiqués de presse, le communicant se réinventa en pourvoyeur de contenus à valeur ajoutée, lui permettant de sortir du seul silo des relations presse.

Des relations presse à l'influence et au mix marketing.
Les contenus créés ne restèrent pas longtemps entre les seules mains des communicants, ils trouvèrent un autre usage chez les marketers, qui en firent autant d'outils de vente. Il me semble que les marketers et les communicants travaillent davantage ensemble aujourd'hui, et construisent de concert la stratégie globale de l'entreprise - quand les RP arrivaient en bout de chaîne au siècle dernier...

LE TERRAIN DE JEU DIGITAL

Les sources de contenus sont multiples, et l'information est devenue instantanée. Dans cette nouvelle jungle digitale, les entreprises ont évidemment besoin d'être accompagnées, plus que jamais ! Parce qu'il faut savoir naviguer entre la presse traditionnelle et les stars digitales, amarrer habilement un discours ciselé, déployer des messages ad hoc... bref, la transformation digitale de la communication a multiplié les opportunités, mais également les risques de se tromper. Et de provoquer un séisme !
Une erreur, avant le web, était vite oubliée. Aujourd'hui, une phrase mal tournée ou une imprécision peuvent faire d'une marque la risée du web, patinoire glissante où il faut être accompagné d'un pro.

On l'aura compris, je fais partie des communicants qui ne regrettent pas le XXème siècle... notre écosystème digital est devenu aussi vaste que le monde, et les opportunités d'actions sont infinies.

Les RP et le digital, dans ma pratique quotidienne, font davantage que se parler : en réalité, les médias digitaux - et j'entends par là à peu près tous les espaces en ligne proposant du contenu - servent de caisses de résonnance aux actions de communication. Un message taillé par une équipe de communicants peut aujourd'hui trouver une infinité de supports pour le recevoir, en marge des médias traditionnels. Nos résultats s'en trouvent démultipliés, et la satisfaction de nos clients aussi.
Parce qu'il y a longtemps que les RP ne servent plus seulement à flatter l'ego des dirigeants. Pour faire passer le mot ou lancer la mode, quel levier est plus puissant que les relations presse, les relations publiques et l'influence ?

LES RP POUR PARLER, MAIS SURTOUT POUR VENDRE

Un message habilement placé dans le support qui convient déclenche à coup (presque) sûr un appel entrant, ou tout au moins des réactions positives. A chaque écho favorable qui paraît sur l'un de nos clients, son écosystème - client, partenaire, prospect, leader d'opinion - lui témoigne sympathie et encouragements. Dans le cas d'un éditeur d'applications par exemple, un article positif déclenchera immanquablement une hausse de ses téléchargements. Existe-t-il meilleur ROI que la croissance d'un chiffre d'affaires ?

Alors la différence entre les RP et les e-RP, vraiment je ne la connais pas. Ce sont les mêmes équipes qui écrivent les messages et qui les diffusent, et pour ma part, je m'adresse de la même façon à tout éditeur de contenus. Et plus ils sont nombreux, différents, curieux, créatifs, etc., plus ils feront évoluer notre métier. En tant que professionnels de l'intermédiation, notre juste place reste entre la marque et ses cibles, en passant par les carrefours d'influence. D'autres changements interviendront encore et bouleverseront de nouveau le paysage. La sphère digitale bouge à une vitesse folle, et nous apprenons tous les jours à mieux nous orienter dans ce dédale, mais aussi à rendre ce parcours fructueux pour nos clients. Tant que les marques auront à cœur de s'adresser à leurs consommateurs, elles feront appel à des médiateurs, qu'on appellera comme l'époque le voudra. Pour ma part, je suis prête à changer de nom, mon ADN ne bouge pas.

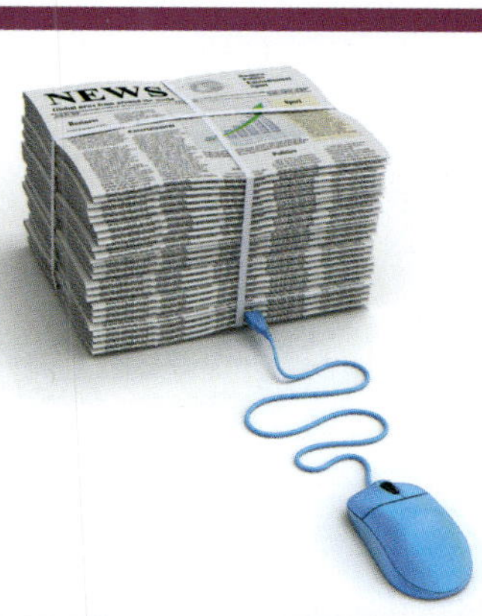

KEEP CALM

AND

CALL

« La grandeur d'un homme est comme sa réputation :
elle vit et respire sur les lèvres d'autrui. »

- Antoine de Rivarol

LE MONDE DE LA PRESSE EN LIGNE CONNAÎT LA MÊME DÉLINÉARISATION **QUE LA MUSIQUE ET LA VIDÉO**

Mobiles Republic
> Gilles Raymond
www.mobilesrepublic.com

Au cours des dix dernières années, la chaîne de valeur de l'industrie de la musique a été complètement remaniée par iTunes et certains de ses prédécesseurs. Au cours des cinq dernières années, l'industrie de la vidéo a été bouleversée par le succès international de YouTube. La presse en ligne est en train de subir un changement de même envergure, et à une échelle mondiale.

LE CHANGEMENT EST TOUJOURS TROP RAPIDE ET TROP DOULOUREUX

iTunes a été lancé en 2001. Ce qu'iTunes proposait était un nouveau moyen d'accéder à la musique par une approche appelée « *délinéarisation* ». Ce concept barbare reprend l'idée démodée des 4P (produit–promotion-placement-prix) des années 1960 et le remet violemment au goût du jour dans l'univers du contenu numérique du 21ème siècle ; le bon morceau de musique (et pas un album entier), au bon prix, au bon client, accessible via une interface de qualité qui permet de le trouver naturellement. Douze ans plus tard, après avoir totalement remodelé l'industrie de la musique et la chaîne de valeurs, un milliard de titres sont téléchargés chaque mois sur iTunes (*source : asymco.com*).

Cinq ans plus tard, la vidéo connaît la même évolution. En 2006, Google a racheté YouTube pour 1,6 milliard de dollars en actions. Six ans plus tard, outre le fait que plus personne ne critique le rachat par Google à un prix insensé d'une startup déficitaire, YouTube a radicalement changé les industries de la vidéo et de la télévision en proposant une nouvelle manière d'accéder aux vidéos avec, à nouveau, la même démarche stratégique qu'iTunes, la « *délinéarisation* ». Aujourd'hui, YouTube reçoit plus de 5 milliards de vidéos par jour (*estimation basée sur les chiffres de YouTube pour 2012*), et attire 1,8 milliard de visiteurs uniques par mois (*source : Google Adplanner*).

Ces cinq dernières années, des centaines de services ont été lancés, capitalisant sur la délinéarisation du contenu : Hulu, Netflix, Pandora, Spotify, Dailymotion, Deezer sont les plus connus.

LE MONDE DE LA PRESSE EN LIGNE PRÉSENTE LE MÊME ADN QUE CELUI DE LA MUSIQUE ET DES VIDÉOS

Après la musique et la vidéo, quel sera le prochain secteur à être délinéarisé à l'échelle mondiale ? A qui le tour ? Le monde des médias, et plus particulièrement de la presse en ligne, sera le

> « Le défi le plus douloureux du secteur de la presse est très clairement l'obligation de s'adapter aux changements rapides du modèle économique. »

prochain grand marché à connaître ou à subir cette évolution, ceci pour 5 raisons :

1. Une consommation mondiale et intensive : dans l'histoire des civilisations, jamais autant de personnes n'ont passé autant de temps à lire autant d'informations. Cette tendance ne fait que s'accélérer. À l'instar de la musique et de la vidéo, l'actualité est un contenu international, pour hommes et femmes, interculturel et intergénérationnel. L'actualité fait partie de chacun d'entre nous. Au 21eme siècle, pour être, il faut être informé.

Les sites de vidéo et de musique prouvent que plus l'offre de contenus est variée et large, plus le nombre d'utilisateurs finaux de ce contenu croît, et plus leur appétit en contenu augmente. C'est la fameuse théorie de la « long tail » développée par Chris Anderson et Clay Chirky. Les lecteurs de RSS démontrent l'existence d'un lien entre le nombre d'articles publiés et le temps que chaque utilisateur passe à lire l'actualité. D'après les chiffres de Comscore d'octobre 2013 (et si l'on estime que leur indicateur de temps est exact), l'application d'agrégations d'actualités Feedly est utilisée 126 minutes par visiteur unique par mois, Flipboard 64 minutes, News Republic (application éditée par la société que je dirige) 102 minutes, contre 57 minutes pour CNN, 31 minutes pour le Washington Post et 49 minutes pour le New York Times. En France, l'utilisateur final de News Republic sur Android lit en moyenne 323 pages par mois, soit trois fois plus que le lecteur du Monde (*source : interne + OJD*).

2. Cet usage, variant du simple au quadruple entre les applications classiques et les agrégateurs, illustre le potentiel de ce marché. Cela souligne également l'adéquation entre l'offre d'agrégations et l'appétence des consommateurs.

3. Exactement comme la musique ou la vidéo précédemment, l'industrie de la presse en ligne doit faire face à une grave crise, tant en amont qu'en aval : numérisation, multiplication des sources d'information et nouveaux canaux de distribution. Les défis se cumulent à tel point que nous n'assistons plus à une évolution du secteur, mais bien à une métamorphose : « *la média-morphose* ».

4. Le défi le plus douloureux du secteur de la presse est très clairement l'obligation de s'adapter aux changements rapides du modèle économique. Là aussi le secteur de la musique, et dans une moindre mesure de la vidéo, ont connu le même traumatisme. Les consommateurs s'attendent à pouvoir accéder gratuitement, ou quasi-gratuitement aux contenus. 57 % des lecteurs estiment que l'actualité doit être gratuite. (*Source : Étude sur le marché international Mobiles Republic*).

LA MÉDIA-MORPHOSE EST VISIBLE DANS LE MONDE ENTIER

Ces changements multicouches, ou « *média-morphose* », sur Internet sont dominés par Yahoo News et Google News. En mai 2013, Yahoo News a généré aux Etats-Unis plus de 76 millions de visiteurs uniques, plus que les audiences de CNN et Washington Post cumulées, et un tiers de l'audience totale sur Internet aux Etats-Unis ! (*Source : comScore*)

Cette tendance est encore plus forte sur les smartphones et les tablettes. Elle est représentée par le succès des agrégateurs d'actualités tels que Flipboard, News Republic, Pulse News... Rien qu'aux États-Unis, sur Google Play, parmi les dix applications d'actualités les plus téléchargées, six sont des agrégateurs d'actualités. Dans l'Apple Store américain, cinq applications sur les 20 premières sont des agrégateurs d'actualités. L'application mobile de CNN génère quatre millions de visiteurs uniques par mois aux États-Unis ; l'application mobile de USA Today est visitée par trois millions de visiteurs uniques par mois ; Feedley et Flipboard, deux agrégateurs d'actualités mobiles leaders sur le marché aux États-Unis, ont 5 millions de visiteurs uniques par mois (*Source : comScore juillet 2013*).

Il est certain que le paysage change rapidement pour la presse en ligne. L'ubiquité de l'écosystème mobile nourrit une demande en actualité à un niveau encore jamais vu dans notre histoire. Pour réussir, les éditeurs d'actualités doivent trouver des moyens de distribuer largement leurs contenus de manière rapide et répondre ainsi à l'appétence fantastique des consommateurs pour l'actualité : une information fiable, à volonté, quand ils le veulent, comme ils le veulent, gratuite et convaincante.

QUELLES SONT LES CONSÉQUENCES POUR LES FOURNISSEURS D'ACTUALITÉ ?

À quels changements peut-on s'attendre en ce qui concerne la chaîne de valeurs ? Comment les fournisseurs d'actualité doivent-ils se positionner ?

Même avec les succès de YouTube, la télévision traditionnelle continue à être regardée et de nouvelles chaînes de télévision continuent à apparaître et à avoir du succès. De la même manière, iTunes, Deezer et Pandora connaissent un fort succès, mais les CD continuent à se vendre. Nous ne vivons pas dans un monde manichéen, et les applications verticales de médias reconnues telles que CNN, New-York Times, Le Monde ou moins

« Les usages d'agrégateurs d'actualité montrent que les consommateurs sont assoiffés d'actualité. La corrélation est forte entre le nombre d'articles proposés et le nombre d'articles lus par le lecteur. »

célèbres, mais tout aussi populaires comme Metro continuent de croître, même à l'heure des agrégateurs d'actualité mobiles. Toutefois, comme nous avons pu l'observer dans le domaine de la musique et des vidéos, l'offre de délinéarisation proposée par les agrégateurs mobiles change la donne de manière significative.

Voici les impacts sur les différents niveaux de la chaîne de valeur :

1. Taux de pénétration d'une application d'actualité
Selon les données de l'échelle de Nielsen, un utilisateur de téléphone portable américain a environ 41 applications sur son portable (*Étude Nielsen 2012*). 66 % des utilisateurs de téléphones portables en France et 75 % aux États-Unis ouvrent des applications tous les jours (*source : Google-Ipsos Our mobile planet*). Aux États-Unis et en France, les propriétaires de téléphones portables utilisent les douze mêmes applications en un mois (contre neuf en Italie et onze en Allemagne) (*source : Google-Ipsos / www.ourmobileplanet.com*). Les éditeurs d'applications évoluent dans un environnement extrêmement compétitif : pour sortir du lot et s'assurer que leur application soit téléchargée au milieu d'autres disponibles sur les stores, mais surtout pour que leur application soit utilisée au moins mensuellement !

En se penchant sur les applications d'actualités, on constate qu'aux États-Unis, sur les 125 millions de visiteurs uniques d'applications mobiles ou Internet mobile, 95 millions ont ouvert une application d'actualité (*Comscore Aout 2013*). 76 % des utilisateurs ouvrent au moins une application d'actualité par mois. Avec ces taux, et en gardant en tête que les utilisateurs ouvrent seulement 12 applications par mois, on peut facilement en déduire que les utilisateurs de smartphones ouvrent en moyenne une à deux applications d'actualité maximum. En se basant sur ces chiffres, il ne fait aucun doute que les agrégateurs d'actualités sont aussi en concurrence directe avec la presse en ligne.

2. Usage
Les usages d'agrégateurs d'actualités montrent que les consommateurs sont assoiffés d'actualité. La corrélation est forte entre le nombre d'articles proposés et le nombre d'articles lus par le lecteur. News Republic atteint en moyenne sur Android presque 200 pages par visiteur unique par mois, allant jusqu'à 400 pages dans certains pays (*statistiques internes*).

3. Valorisation
Les agrégateurs sont donc de solides partenaires des fournisseurs d'actualités classiques, permettant de faire gagner à ces marques de la notoriété et du trafic. En réalité et en coulisse, la situation est très différente.

• **Notoriété des marques :** les marques des fournisseurs sont visibles sur chaque article proposé par un agrégateur. Pour les éditeurs mineurs, cela représente clairement l'opportunité de gagner en notoriété et de bâtir une reconnaissance entre le lecteur et la marque. Cela constitue un moyen de se faire connaître par des lecteurs qui n'auraient jamais entendu parler de cet éditeur autrement, ou qui en auraient entendu parler sans avoir eu l'occasion de lire un de ses articles. La question reste ouverte pour les marques plus importantes. Dans tous les cas, le prérequis est que l'agrégateur soit respectueux de la marque associée à un flux RSS bien configuré.

• **Renvoi de trafic :** en raison de leur expérience sur Internet, les éditeurs sont persuadés que les flux RSS génèrent un renvoi de trafic majeur dans le mobile. Malheureusement, cela n'est pas le cas et fait l'objet d'un malentendu de la part de nombreux fournisseurs. L'expérience en Europe et aux États-Unis, notamment menée avec des noms prestigieux tels que *Le Monde* ou *USA Today*, montre que le taux de clics se situe entre 0,8 % et 5 %, avec une moyenne inférieure à 1 %. En d'autres termes, un agrégateur qui prend des flux RSS, ou pire, qui aspire le contenu sur Internet, garde 95 à 99 % de la chaîne de valeurs !

• **Monétisation :** l'approche d'une monétisation avec partage de revenu est donc la seule solution viable pour la presse en ligne. A ce titre, elle a toute la légitimité et le savoir-faire pour monétiser ses espaces publicitaires directement, même s'ils sont distribués par des tiers. La condition sine qua non est bien sûr que la marque soit visible. Dans cette stratégie elle est gagnante via la valorisation de sa marque et la monétisation de son espace.

Minutes par Visiteurs Uniques par Mois par Application aux Etats Unis en Octobre

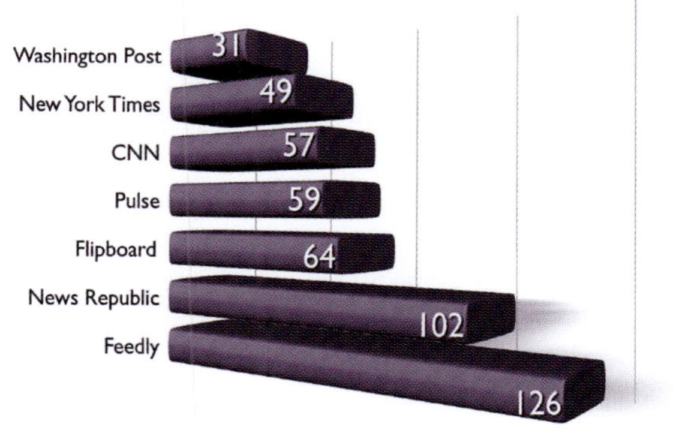

Source : Comscore

LES BONNES PRATIQUES DU MEDIA TRANSFORMER OU **COMMENT DEVENIR SON PROPRE MEDIA** À L'ÈRE DU DIGITAL

La Nouvelle Agence
www.la-nouvelle-agence.com

› **Sana Hales,** *Directrice Associée*

RENAISSANCE NUMÉRIQUE : INTERNET, LE 4e MÉDIA

La digitalisation des médias, les réseaux sociaux, la contribution active des communautés connectées ainsi que la consommation ubiquitaire des contenus bouleversent la relation autrefois unilatérale entre un média *mass-market* (télévision, presse écrite, radio) et une audience.

Il y a quelques années à peine, avant l'avènement de l'Internet, le public avait rendez-vous avec un média. On se retrouvait devant sa télévision pour suivre un divertissement, on allumait sa radio à l'heure d'un talk-show bien précis ou bien, chose de la vie quotidienne, on consultait son répondeur en fin de journée pour prendre connaissance de ses messages.

Cette relation est aujourd'hui bouleversée, et le média s'adaptant progressivement au numérique, on assiste à une défragmentation des audiences qui se retrouvent à la fois sur un ordinateur, un mobile, une tablette ou tout autre objet connecté - comme les Google Glass à terme. Cette audience se transforme en utilisateurs ou visiteurs uniques qui consomment du contenu à leur guise et à n'importe quel moment de la journée grâce aux offres de replay ou podcast.

Certains d'entre eux contribuent, enrichissent et commentent même ces contenus via des blogs, des réseaux sociaux ou autres sites de marque.

RELATIONS PRESSE ET DIGITAL, LE MÊME MÉTIER

Quel impact ce bouleversement peut-il avoir dans l'écosystème professionnel ? Comment évolue le métier même des relations presse face à une telle mutation ?

Le fondamental des RP est simple, selon nous : valoriser l'interaction entre une marque et un média, faire porter des informations utiles à propos d'une entreprise afin de la partager avec son audience. La digitalisation ayant également profondément modifié l'ADN du média, son contenu s'en est trouvé condensé, bref et pragmatique. Pour parler de notre «partie», les médias ou rubriques dédiées à l'industrie technologique se concentrent sur les grandes informations du marché et cherchent à informer sur les usages, opportunités ou limites de telle innovation.

« Le métier des relations presse face à la digitalisation du média poursuit son œuvre d'évangélisation et doit évoluer en trouvant de nouveaux territoires d'expression. »

Parallèlement, la proposition de titres se réduit comme peau de chagrin et tend à se concentrer pour faire face à la pression économique et à la chute des audiences - qui rappelons-le se fragmentent !

Les nouveaux projets innovants se multiplient pourtant, et les start-ups françaises s'illustrent dans de nombreux domaines (publicité, objets connectés, domotique, sécurité, Big Data, mobilité...). Elles ont besoin de visibilité pour accroître leurs opportunités de croissance. Comment y parvenir quand le média on line classique ne peut pas couvrir toutes les annonces, aussi pertinentes soient-elles ?

ELÉMENTAIRE, SE DOTER D'UN MÉDIA TRANSFORMER ET EN ADOPTER LES 10 RÈGLES FONDAMENTALES !

Le métier des relations presse face à la digitalisation du média poursuit son œuvre d'évangélisation et doit évoluer en trouvant de nouveaux territoires d'expression. Ces nouveaux territoires éditoriaux peuvent s'explorer au cœur même de l'entreprise.

Afin de développer les synergies entre une entreprise et ses publics elle doit l'inviter à devenir son propre média, se transformer en média digital intelligent et durable.

Comment y parvenir ? Les 10 règles fondamentales :

1. Qualifier ses audiences stratégiques,

2. Construire ses plateformes média & fils sociaux (site internet, blog, réseau social),

3. Développer une grille éditoriale qui interroge des problématiques concrètes visant à véhiculer une expertise ou des débats. Surtout pas d'autopromotion !

4. Personnaliser son contenu avec la mise en avant des personnalités de l'entreprise (édito du CEO, carte blanche à un collaborateur...),

5. Diffuser des contenus réguliers et diversifiés (privilégier les formats courts, la vidéo, l'infographie, les chiffres...),

6. Interagir avec son public sur des espaces d'échanges, groupes de discussions sur les réseaux sociaux professionnels,

7. Viraliser les contenus éditoriaux tels que tribunes libres auprès des médias et écosystèmes éditoriaux partenaires,

8. Promouvoir des contenus premium et motiver ainsi la génération de leads (livres blancs, études exclusives, cas clients...)

9. Impliquer tous les acteurs-clés de votre écosystème dans votre plateforme éditoriale : collaborateurs, clients, partenaires, organisations professionnelles,

10. Evaluer la pertinence de la plateforme éditoriale via des métriques d'audience et sociales afin d'améliorer constamment vos écrits !

Je dédie cette tribune au Professeur Pierre Miquel qui nous enseignait déjà dans ses cours d'Histoire des médias que chaque média enrichissait le précédent sans jamais le détruire.

L'INBOUND MARKETING, UNE APPROCHE **EFFICACE ET DURABLE**

L'INBOUND MARKETING, UNE APPROCHE EFFICACE ET DURABLE

Ce n'est pas un secret : les consommateurs sont de plus en plus sollicités et de moins en moins réceptifs aux messages publicitaires. D'autant que désormais, la technologie leur donne le contrôle. Le public est toujours mieux équipé, grâce au puissant dispositif que représente Internet, pour effectuer ses propres recherches, découvrir les produits et services qui l'intéressent et identifier les bons fournisseurs. **L'inbound marketing propose une méthode efficace pour répondre à ce nouveau paradigme**, en proposant aux entreprises d'être trouvées et choisies par ces nouveaux consommateurs.

Aligné sur le nouveau modèle de décision d'achat des internautes, l'inbound marketing, également appelé « marketing des contacts entrants », repose sur des process et des outils permettant aux entreprises d'accroître en souplesse et en puissance leur chiffre. Avantage non négligeable : **la technique est moins chère, à hauteur de 62 %, que les approches traditionnelles (plus intrusives) de marketing**.

RELATIONS PRESSE ET DIGITAL, LE MÊME MÉTIER

Les résultats de l'étude publiée par Voltier Digital fin 2011 sont sans appel :
• 44 % des courriers publicitaires ne sont jamais ouverts
• 86 % des personnes zappent les spots publicitaires à la télévision
• 84 % des 25-34 ans ont quitté un site en raison d'une publicité non pertinente ou intrusive
• le coût par lead de l'outbound marketing est plus élevé que celui de l'inbound marketing, dont les leads générés s'avèrent 62 % moins chers.

Inbound + outbound = encore plus de clients !
L'inbound marketing n'est pas sectaire : l'approche peut parfaitement être associée à de l'outbound marketing. Certains clients ne recherchent pas systématiquement leur fournisseur sur le Net, de la même manière que certaines cibles n'expriment pas leur besoin et ont, en conséquence, besoin d'être démarchées. Une approche pertinente, selon le stade de développement de votre entreprise : combiner les deux approches pour maximiser votre potentiel de marché.

A QUI S'ADRESSE L'INBOUND MARKETING ?

Internet a profondément modifié notre manière de communiquer, d'interagir et d'acheter, en BtoC comme en BtoB. Fini l'époque (pas si lointaine) où vous pensiez salons, publicité, cold calls, télémarketing et autres méthodes d'outbound dites « traditionnelles » pour atteindre vos cibles : aujourd'hui, **leur processus de décision d'achat débute avec et sur internet**, via l'utilisation des moteurs de recherche.

Une nécessité : vous adapter au processus d'achat de vos cibles
Les nouvelles méthodes propulsées par l'inbound marketing – référencement naturel, articles de blog, landing pages ciblées, outils de conversion et d'analyse – ont un point commun : elles veillent à **se montrer empathiques et à respecter le cycle d'achat des cibles que vous entendez atteindre**. A chaque

1min30 • Agence d'Inbound Marketing
www.1min30.com

> Gabriel Dabi-Schwebel
fondateur
gds@1min30.com

« Au-delà de la visibilité et de la notoriété que peut apporter une stratégie d'inbound marketing, son efficacité et sa réussite dépendront essentiellement de sa capacité à générer des leads et à augmenter votre chiffre d'affaires. »

étape, posez-vous les bonnes questions.
• **Étape 1 :** phase de sensibilisation. Vos clients potentiels savent-ils qu'il existe des solutions à leur problématique ? Ou continuent-ils à utiliser des solutions inefficaces sans en chercher d'autres ?
• **Étape 2 :** phase d'investigation. Vos clients potentiels pensent-ils à vous quand ils commencent leur recherche d'une solution à leur problématique ? Vous trouvent-ils facilement ?
• **Étape 3 :** phase de validation. Vos clients potentiels vous choisissent-ils après avoir étudié les différentes solutions du marché ? Présentez-vous de bonnes performances par rapport à la concurrence ?

Ils contrôlent leur impulsivité
L'inbound marketing repose sur une approche de lead nurturing, discipline centrée autour des prospects qui ne sont pas encore prêts à acheter. L'idée : leur fournir un contenu éducatif de qualité, en amont du cycle d'achat, afin de les aider à avancer dans leur réflexion et leur maturité.

LE CONTENU ET LES RÉSEAUX SOCIAUX AU CŒUR DE L'APPROCHE

Présenter votre entreprise, illustrer votre savoir-faire, votre connaissance de votre marché et de celui de vos clients... **Le contenu permet de souligner l'expertise** d'une entreprise pour permettre son identification en tant qu'acteur référent sur son domaine. Mais aussi, et surtout, de fournir aux visiteurs l'information qu'ils recherchent et dont ils ont besoin pour procéder à un acte d'achat. Et pour cela, il est préférable de leur parler d'eux plutôt que de vous !

Touchez vos cibles là où elles se trouvent.
Articles de blogs, newsletters, webinars, livres blancs, e-books ou encore infographies seront dès lors autant de moyens de promouvoir une offre au-delà de votre sphère d'influence traditionnelle et d'attirer vos prospects vers votre site internet. Il est indispensable de leur proposer des contenus utiles et utilisables, qui s'aligneront sur les différentes étapes de leur processus de décision, et qui sauront, *in fine*, **les convaincre que vous êtes le plus qualifié pour fournir une solution à leur problématique.**

Blog + SEO + réseaux sociaux = bingo !
Les moteurs de recherche ont su faire évoluer leurs algorithmes de classement afin de proposer des résultats toujours plus pertinents, s'appuyant sur des critères de plus en plus qualitatifs. Si les réseaux sociaux constituent un nouvel espace de visibilité à part entière, en publiant du texte avec des liens pointant vers votre site, vous améliorez votre positionnement dans les pages de résultat des moteurs de recherche.
Permettre le partage viral des contenus et de la marque à travers les médias sociaux assurera par ailleurs l'amélioration de votre référencement naturel à travers les liens entrants provenant d'autres sites faisant référence aux contenus produits. Pas de secret, donc : pour détonner, pensez blog, SEO et réseaux sociaux !

COMMENT MESURER L'EFFICACITÉ DE L'INBOUND MARKETING ?

Au-delà de la visibilité et de la notoriété que peut apporter une stratégie d'inbound marketing, son efficacité et sa réussite dépendront essentiellement de sa capacité à générer des leads et à augmenter votre chiffre d'affaires. Pour définir avec précision le ROI des actions engagées, quatre grands postes d'observation priment :
• La conversion des visiteurs en prospects ;
• La conversion des prospects en clients ;
• Le coût par prospect ;
• Le coût par client.

Mesurez, analysez : optimisez !
Pour mesurer de manière fine et pertinente le rendement de vos actions d'inbound marketing, il est nécessaire d'analyser votre trafic web afin d'optimiser votre business model et de mettre en place votre plan de progression, en fonction des attentes de vos clients. Vous retiendrez essentiellement les données suivantes :
• **Trafic web :** taux de rebond, visiteurs uniques, ratio visiteurs nouveaux sur visiteurs anciens, sources de trafic, sites web référents, pages les plus visitées, etc.
• **Optimisation pour les moteurs de recherche :** performance des mots-clés, classement dans les résultats de recherche, trafic obtenu via les moteurs de recherche, nombre de liens entrants.
• **Blog :** sources de trafic, articles les plus lus, nombres de souscriptions à votre blog.
• **Influence sur les réseaux sociaux :** taille et croissance de votre audience, dialogue avec clients et prospects, niveau d'engagement de vos cibles.
• **Newsletters :** nombre de clics, nombre de souscriptions, partage et transfert, taux de croissance de votre base d'abonnés.
• **Retombées des campagnes de lead nurturing :** nombre d'abonnés, taux de clic, taux de croissance, partage et transfert de contenus.

1M30 Qui ?
STRATÉGIE D'INBOUND MARKETING Quoi ?

RP 2.0 • Lead nurturing • ROI

+ de **13 000** abonnés

27 000 visiteurs par mois

+ de **1 000** téléchargements

PROBLÉMATIQUE BUSINESS DE LA MARQUE

Le contexte
Un livre dure plusieurs heures, un film 1h30, une série 52 ou 26 min, un tweet, une vidéo sur YouTube 1min30. Aujourd'hui, 1min30, c'est le temps d'attention disponible sur Internet.

Il faut qu'en 1min30, un visiteur sur un site internet ait compris ce que l'organisation fait, qui elle est, et ce qu'elle peut lui apporter. Il faut qu'au bout d'1min30, il ait envie de rester en contact, de se souvenir d'elle et donc de laisser une trace (like sur Facebook, suivi Google+, inscription newsletter, complétion d'un formulaire, etc.).

La cible
Internet a profondément modifié notre manière de communiquer, d'interagir et d'acheter, en BtoC comme en BtoB. Fini l'époque (pas si lointaine) où l'on pensait salons, publicité, cold calls, télémarketing et autres méthodes d'outbound dites « traditionnelles » pour atteindre ses cibles : aujourd'hui, le processus de décision d'achat débute avec et sur Internet, via l'utilisation des moteurs de recherche.

Les nouvelles méthodes propulsées par l'inbound marketing – référencement naturel, articles de blog, landing pages ciblées, outils de conversion et d'analyse – ont un point commun : elles veillent à se montrer non-intrusives et à respecter le cycle d'achat des cibles.

Les objectifs
Dans ce contexte, le constat est sans appel : il est nécessaire de pouvoir être trouvé avant ses concurrents par ses clients potentiels qui utilisent les moteurs de recherche pour trouver une réponse à leur problématique. L'inbound marketing propose une méthode efficace pour répondre à ce nouveau paradigme, en offrant aux entreprises d'être trouvées et choisies par ces nouveaux consommateurs.

L'agence 1min30 est partie du principe que ce n'est pas au cordonnier d'être le plus mal chaussé, et a donc appliqué la stratégie d'inbound marketing à elle-même avant de la proposer à ses clients.

SOLUTION STRATÉGIQUE

L'idée stratégique
L'inbound marketing s'oppose au marketing traditionnel qui vise à «imposer» l'entreprise et ses produits via la publicité et les techniques promotionnelles : il cherche à ce que prospects et clients s'adressent naturellement et spontanément à une entreprise qui leur aura délivré des informations et/ou des services utiles, par le biais d'une véritable politique de marketing relationnel.

L'agence 1min30 a mis en place une stratégie inbound marketing, mixant, dès le départ, blogs, réseaux sociaux et référencement, dans le cadre d'une approche du marketing digital souple, déployée en trois étapes :

Etape n° 1 : se faire trouver directement par ses clients
• La rédaction d'articles de blog de qualité.
• L'optimisation des mots-clés pour les moteurs de recherche.
• L'utilisation mixte des réseaux sociaux.
• Les relations presse et la publication d'articles concernant votre entreprise.

Etape n° 2 : convertir ses prospects en clients
• Les incitants à l'action (« call to action »)
• La création de « landing pages », ou pages d'accueil spécifiques.
• Le « lead nurturing », ou culture des contacts.
• L'automatisation et le pilotage d'actions interactives.

Etape N° 3 : analyser le processus de commercialisation pour améliorer l'offre
• La mesure intégrée du trafic et la génération de rapports relatifs à la prospection comme à la clientèle convertie.
• Des outils de mesure en temps réel du retour sur investissement (ROI).
• La mise en place et le suivi de tableaux de bords et d'outils de reporting et d'analytics.

Les aspects innovants et de différenciation
L'inbound marketing n'est pas régi par une logique de campagne ponctuelle, c'est au contraire une stratégie visant à installer une présence digitale dans la durée et à entretenir un dialogue constant avec ses prospects.

Aligné sur le nouveau modèle de décision d'achat des internautes, l'inbound marketing, également appelé « marketing des contacts entrants », repose sur des process et des outils adaptés aux différentes étapes de décision d'achat des cibles.

L'entonnoir de conversion de l'inbound marketing classe les types des contenus et techniques selon la place qu'ils prennent dans le processus d'achat. Ainsi des articles de blogs, vidéo, infographies permettront de générer du trafic sur le site internet de l'agence, tandis que les contenus premium, type livres blancs et études transformeront les visiteurs en prospects intéressés. Enfin, les outils types newsletter et marketing automation inciteront à la conversion des prospects en clients.

Avantage non négligeable : la technique est moins chère, à hauteur de 62 %, que les approches traditionnelles de marketing.

Les KPIs

Au-delà de la visibilité et de la notoriété que peut apporter une stratégie d'inbound marketing, son efficacité et sa réussite dépendront essentiellement de sa capacité à générer des leads et à augmenter le chiffre d'affaires. Pour définir avec précision le ROI des actions engagées, l'agence 1min30 a établi 4 grands postes d'observation :

- La conversion des visiteurs en prospects ;
- La conversion des prospects en clients ;
- Le coût par prospect ;
- Le coût par client.

Pour mesurer de manière fine et pertinente le rendement des actions d'inbound marketing de l'agence sur ces 4 postes et mettre en place un plan de progression, il a été entrepris d'analyser continuellement les éléments suivants :

• **Trafic web :** taux de rebond, visiteurs uniques, ratio visiteurs nouveaux sur visiteurs anciens, sources de trafic, sites web référents, pages les plus visitées, pages les plus populaires, pages référencées dans Google, taux de rebond ou encore performance des call to action ;

• **Référencement sur les moteurs de recherche :** performance des mots-clés, classement dans les résultats de recherche, trafic obtenu via les moteurs de recherche, nombre de liens entrants ;

• **Blog :** sources de trafic, articles les plus lus, nombres de souscriptions à votre blog ;

• **Influence sur les réseaux sociaux :** taille et croissance de votre audience, dialogue avec clients et prospects, niveau d'engagement de vos cibles ;

• **Newsletters :** nombre de clics, nombre de souscriptions, partage et transfert, taux de croissance de votre base d'abonnés ;

• **Retombées des campagnes de lead nurturing :** nombre d'abonnés, taux de clic, taux de croissance, partage et transfert de contenus.

O *Agence 1m30 / www.1min30.com*

Gabriel Dabi- Schwebel, *fondateur*
gds@1min30.com
Jean Boucher, *consultant en stratégie digitale*
jb@1min30.com

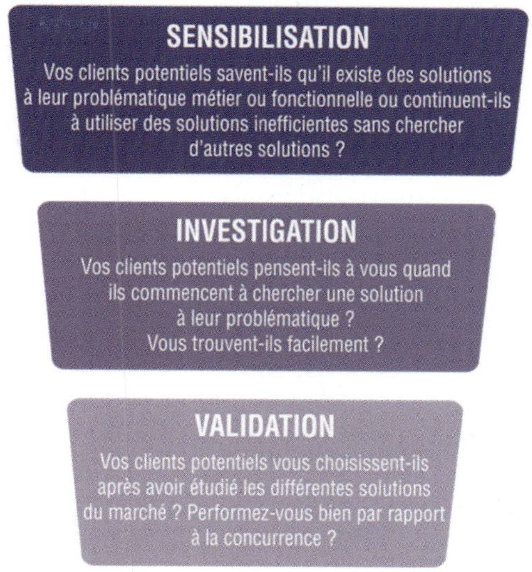

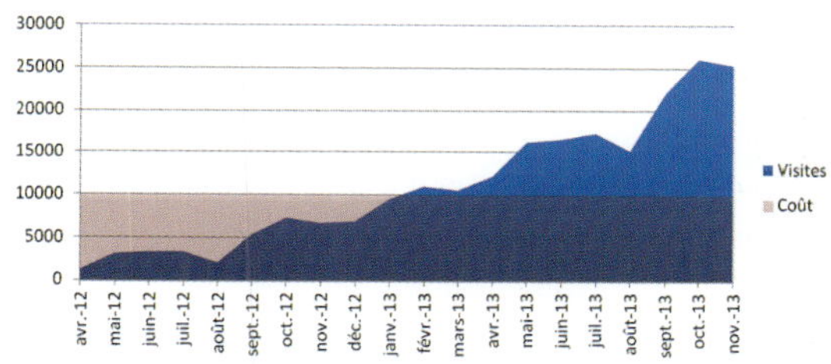

« Il est nécessaire de pouvoir être trouvé avant ses concurrents par ses clients potentiels qui utilisent les moteurs de recherche pour trouver une réponse à leur problématique. »

« L'inbound marketing, également appelé « marketing des contacts entrants », repose sur des process et des outils adaptés aux différentes étapes de décision d'achat des cibles ».

MISE EN PLACE OPÉRATIONNELLE

Les explications autour des choix créatifs
Afin d'attirer un trafic de qualité, ainsi que pour s'imposer comme acteur de référence dans son domaine, l'agence 1min30 a misé dès avril 2012 sur une stratégie de production de contenus centrée sur la qualité : qualité des publications rédigées, qualité et pertinence des messages et interactions avec les prospects.

Articles de blogs, newsletters, webinars, livres blancs, e-books ou encore infographies seront dès lors autant de moyens de promouvoir une offre et d'attirer les prospects vers le site internet de l'agence. Les contenus sont créés pour être utiles et utilisables, ainsi que pour s'aligner sur les différentes étapes du processus de décision des prospects, pour in fine les convaincre d'être l'agence la plus qualifiée pour fournir une solution à leur problématique.

Les étapes
Brique par brique, la stratégie d'inbound marketing de l'agence 1min30 s'est construite à travers la production de contenus et la mise en place d'outils correspondant aux différents éléments de l'entonnoir :
• **Fin mars 2012 :** lancement du site ;
• **Mai 2012 :** opération RP de lancement auprès de la presse marketing et des blogueurs, premier livre blanc ciblé sur les avocats ;
• **Juin 2012 :** petite progression de trafic avant la chute de l'été ;
• **Septembre 2012 :** deuxième livre blanc sur l'inbound marketing, la thématique de l'agence plus gros succès et accélération du trafic ;
• **Janvier 2013 :** troisième livre blanc sur les sites internet efficaces ;
• **Mai 2013 :** nouveau site internet et premier Observatoire 1min30 des sites internet français ;
• **Septembre 2013 :** lancement de la solution de marketing automation « 1min30 DMS »
• **Octobre 2013 :** lancement du livre blanc « Comment parler aux femmes »

En dehors de ces dates importantes, le développement de la présence digitale de l'agence s'est traduite par :
• La publication d'un article de blog par jour ;
• L'envoi d'une newsletter reprenant l'actualité du blog par semaine ;
• La rédaction d'un livre blanc tous les trimestres ;
• La rédaction d'une proposition par trimestre, détaillant une des offres de l'agence.

LES RÉSULTATS

Le retour sur investissement (ROI) d'une stratégie d'inbound marketing s'évalue à moyen terme. En effet, les débuts sont difficiles et l'agence a souvent eu le sentiment de prêcher dans le désert. L'étape de fidélisation a consisté à marquer des rendez-vous, construire un premier positionnement dans Google et cela a pris du temps. Les premiers mois sont les plus durs, d'autant plus que peu d'indicateurs sont pertinents à ce moment-là pour évaluer si on est sur la bonne voie.

Néanmoins, au bout de quelques mois, les premiers frémissements d'audience se sont fait sentir avec des premiers commentaires réguliers, des abonnés fidèles à la newsletter, des statistiques qui montent dans l'outil d'analyse de trafic.

20 mois après le lancement de sa stratégie, 1min30 constate une progression forte de ses KPI :

• **Trafic web et blog :** 27 000 visiteurs par mois sur notre site et notre blog aux dernières nouvelles, ce qui donne une visibilité rare à l'agence parmi ses consœurs ;

• **Référencement sur les moteurs de recherche :** positionnement dans Google sur quelques mots-clés stratégiques tels que « agence marketing », « agence web », « agence RP 2.0 », etc. ;

• **Influence sur les réseaux sociaux :** plus de 13 000 abonnés sur Twitter (+ 20 par jour depuis janvier 2013), ce qui place 1min30 parmi les agences web les plus représentées sur ce réseau ;

• **Newsletters :** nous nous approchons des 3 000 abonnés qui reçoivent chaque semaine notre newsletter ;

• **Retombées des campagnes de lead nurturing :** Près de 1 000 téléchargements par mois pour octobre et novembre 2013, et parmi tous ces leads en moyenne 1,5 prospect qualifié par jour à qui nous faisons un brief.

En termes de coût, on peut dire qu'ils sont constants tout au long de la période, cela correspond essentiellement à un investissement temps et financier :
• Rédaction d'un article par jour,
• Financement de la première opération de presse initiale,
• Financement de la rédaction et de la mise en page des livres blancs,
• Financement de l'observatoire.

De plus, les effets de l'inbound sont durables, même si l'investissement est arrêté, le site continue à générer du trafic et des leads alors que si les commerciaux s'en vont, ou si on arrête une campagne AdWords par exemple, tout s'arrête !

LES 11 COMMANDEMENTS D'UN SITE INTERNET QUI **CONVERTIT VOS VISITEURS EN PROSPECTS**

1min30 • Agence d'Inbound Marketing
www.1min30.com

> **Gabriel Dabi-Schwebel**
fondateur
gds@1min30.com

1. UN SITE INTERNET DOIT ÊTRE ORIENTÉ CLIENT

L'époque du produit roi est bel et bien terminée : désormais, c'est le client qui doit requérir toute votre attention. L'acquisition coûte cher : vous devez donc, à chaque étape de votre réflexion de marketing on line, réfléchir à ses besoins et à ses attentes en fonction de sa situation dans le processus de décision d'achat, pour mieux l'attirer vers le tunnel de conversion que représente votre site Internet.

Une seule question doit vous tarauder tout au long du processus de création ou d'optimisation de votre site web : comment aider mon client potentiel à accomplir au mieux son objectif ? Le but : parvenir à lui offrir précisément ce dont il a besoin, quand il en a besoin, sous la meilleure forme possible.

2. UN SITE INTERNET DOIT ÊTRE RICHE ET PROFOND

Votre site est beau, coloré et pétillant ? Well done, votre graphiste a bien travaillé. Cela suffira-t-il pour autant à retenir vos visiteurs et à leur prouver que vous les avez compris ? Pas de secret : votre meilleur outil de fidélisation reste le contenu. En effet, seule une démarche informative et de qualité saura nourrir une communauté avide de trouver des réponses à ses problématiques.

Présentez votre compréhension des problématiques de vos prospects, illustrez votre savoir-faire, votre connaissance de votre marché et de celui de vos clients. Le contenu permet de souligner l'expertise d'une entreprise pour permettre son identification en tant qu'acteur référent sur son domaine. Mais aussi, et surtout, de fournir aux visiteurs l'information qu'ils recherchent et dont ils ont besoin pour procéder à un acte d'achat.

3. UN SITE INTERNET DOIT ÊTRE VIVANT

Le blog d'entreprise, un gadget ? Et pourtant, c'est grâce à ce moyen peu coûteux, au cœur de toute bonne stratégie d'inbound et de content marketing, que vous pourrez faire vivre votre présence on line et vous démarquer durablement de vos concurrents en créant une relation privilégiée avec vos cibles.

La mise en place et l'animation régulière d'un blog présentent énormément d'atouts. Nous en avons retenu cinq incontournables.

« Le call to action a pour objectif d'inciter le visiteur à s'engager dans une relation avec votre entreprise, via un achat, une prise de contact, un partage ou un suivi d'information. »

- **Attirer de nouveaux clients, ciblés et qualifiés.** Une publication riche et régulière d'articles booste le développement de votre présence en ligne, en adéquation avec votre identité et votre image de marque.

- **Communiquer directement avec votre public.** Le schéma de vente traditionnel a bien changé : aujourd'hui, l'internaute se met lui-même en quête des informations dont il a besoin avant de procéder à un achat.

- **Affirmer votre expertise.** Vous savez de quoi vous parlez, et vous le faites bien ? En partageant vos connaissances, vous sensibilisez votre public à votre problématique : l'occasion de booster votre crédibilité et d'inciter vos interlocuteurs à vous suivre.

- **Favoriser l'engagement de vos cibles.** Grâce aux commentaires postés sur votre blog, aux réponses aux questions que vous posez à vos lecteurs et aux statistiques de consultation, vous affinez votre connaissance de vos prospects et de vos clients.

- **Développer vos ventes**, vos marges et votre business. Grâce à l'ensemble des raisons que nous venons de citer, nul doute que l'impact principal se situera sur votre génération de leads et votre capacité à convertir un public séduit en prospects, puis des prospects engagés en clients.

4. UN SITE INTERNET DOIT ÊTRE SOCIAL

Ils sont devenus un support incontournable pour adresser vos prospects et clients sur les segments du BtoC comme du BtoB : les réseaux sociaux vous permettent de comprendre les problématiques de vos cibles, de construire des relations durables et de créer de la valeur.

Pour fidéliser votre communauté, misez sur le partage : intégrez sur votre site et votre blog vos différents réseaux. De nombreuses solutions mettent leur efficacité à votre disposition : les liens vers les profils sur les réseaux sociaux, les boutons de partage, les flux vers votre blog et Twitter, les vidéos et les présentations SlideShare.

5. UN SITE INTERNET DOIT ÊTRE ACCESSIBLE ET ADAPTÉ

Selon Médiamétrie, 22,3 millions de personnes (soit 41,2 % des individus vivant en France) se sont connectées à l'internet mobile via un site ou une application au 3ème trimestre 2012. Et pourtant, une étude réalisée par Google révèle que seules 12 % des entreprises françaises proposent un site web conçu pour une navigation sur mobile, contre 32 % des sociétés américaines...

Ordinateur, tablette, e-reader, smartphone... Vos prospects et vos clients ont désormais accès à votre site Internet via des terminaux et des supports de taille variée. Il est donc primordial de mettre au point un design accessible depuis tous les écrans. On parle de « responsive design » : cette méthode permet à un site Internet de s'adapter automatiquement au support sur lequel il est consulté et à la taille du navigateur.

6. UN SITE INTERNET DOIT FACILITER LA CONVERSION

Vous avez su attirer votre prospect sur votre site, mais comment lui donner le dernier coup de pouce pour lui permettre de passer à l'acte que vous attendez ? Ces coups de pouce sont de deux ordres.

Egalement appelée « page d'atterrissage », la landing page est une page d'entrée sur votre site : en effet, les internautes n'arrivent pas forcément par la page d'accueil. Campagne publicitaire, lien de référencement naturel, e-mail... Les sources sont multiples. Dans tous les cas, la qualité de votre landing page est extrêmement importante : elle doit posséder un objectif unique, décliné par une sélection restreinte de mots-clés, et se conclure par un call to action.

Le call to action a pour objectif d'inciter le visiteur à s'engager dans une relation avec votre entreprise, via un achat, une prise de contact, un partage ou un suivi d'information. Ces liens incitatifs sont indispensables pour guider l'utilisateur afin qu'il accomplisse une action, en insistant sur l'urgence de la situation et l'aider à franchir les étapes de sa décision d'achat.

« Le contenu permet de souligner l'expertise d'une entreprise pour permettre son identification en tant qu'acteur référent sur son domaine. Mais aussi, et surtout, de fournir aux visiteurs l'information qu'ils recherchent et dont ils ont besoin pour procéder à un acte d'achat. »

Ces outils de conversion permettent également de favoriser la prise de contact en permettant aux visiteurs de saisir leurs coordonnées et les informations qui vous intéressent.

7. UN SITE INTERNET DOIT MAINTENIR LE CONTACT

Forme de scénario de « lead nurturing » la plus simple, la newsletter vous permet de tenir vos lecteurs informés des nouveaux contenus disponibles sur votre site ou votre blog. Avec elle, vous maintenez le contact avec un prospect identifié. Le but : rester présent dans son esprit pour qu'il pense à vous en cas de besoin.
Ce complément indispensable de votre blog permet d'accroître le trafic de votre site en proposant un rendez-vous régulier avec vos utilisateurs. Attention cependant, la newsletter ne permet pas pour autant de faire avancer votre prospect dans son processus d'achat.

8. UN SITE INTERNET DOIT MISER SUR L'HUMAIN ET LA PROXIMITÉ

Saviez-vous que la rubrique « Qui sommes-nous ? » compte parmi les plus visitées d'un site Internet ? Une fois le visiteur certain que vous avez compris ses problématiques, et que vous êtes apte à répondre à ses besoins, il a besoin d'être rassuré. Pour cela, soignez la présentation de vos collaborateurs et valorisez leur présence sur les réseaux sociaux. Enrichissez votre rubrique « Revue de presse » afin d'humaniser votre communication et de favoriser la vulgarisation de vos messages de manière ludique. Également, ajoutez des témoignages de clients qui contribueront à renforcer votre image d'expert.

9. UN SITE INTERNET DOIT ÊTRE FACILE À ADMINISTRER ET À ALIMENTER

Pour permettre à votre site d'évoluer plus facilement et avec régularité, nous vous conseillons de garder cet impératif à l'esprit : gardez la main sur votre site, ou vous ne serez pas en mesure de changer le contenu de vos pages et d'alimenter votre blog comme bon vous semble !

Avec un CMS (« Content Management System », pour « système de gestion de contenu » en français), nul besoin de démontrer des connaissances pointues en développement web : les outils sont précisément pensés pour faciliter la création et la mise à jour de chacun de vos contenus. Rien ne vous empêchera ensuite de vous former pour faire évoluer le site de manière plus pointue, sans pour autant faire appel aux services d'un informaticien.

10. UN SITE INTERNET DOIT... ÊTRE BIEN RÉFÉRENCÉ

Avec les évolutions constantes des moteurs de recherche, fini le temps où l'optimisation de votre référencement naturel passait par la mise en place d'une liste de trucs et astuces infaillibles. Il ne s'agit donc plus de truffer votre site Internet de mots-clés et de construire une pyramide de sites liés entre eux pour générer un maximum de liens entrants.

Aujourd'hui, les moteurs de recherche accordent une importance de plus en plus grande à la qualité du contenu, à son auteur, à la crédibilité des liens entrants, au temps de chargement, à l'optimisation de vos pages (on-page et off-page) ou encore à la présence sur les réseaux sociaux. Cette stratégie de référencement naturelle n'est pas exclusive avec le référencement payant – qui consiste en l'achat de liens sponsorisés. Au contraire, ces deux pratiques sont complémentaires pour bénéficier d'une indexation favorable sur les moteurs de recherche à la fois à court et long termes.

11. UN SITE INTERNET DOIT ÊTRE ANALYSÉ RÉGULIÈREMENT

Quelle est l'audience de votre site ? Comment se comportent vos visiteurs ? Qu'indique précisément votre taux de conversion ? Qu'en est-il de votre capacité à fidéliser ? La mesure de la performance de votre site ou de vos campagnes n'est pas importante : elle est indispensable. En premier lieu, définissez vos objectifs (vente, souscription, etc.), puis mettez en place des outils de mesure adaptés sur votre site, ensuite déterminez et suivez les indicateurs de performance en lien avec vos objectifs. Finalement, analysez les résultats et identifiez les leviers d'amélioration pour atteindre vos objectifs.

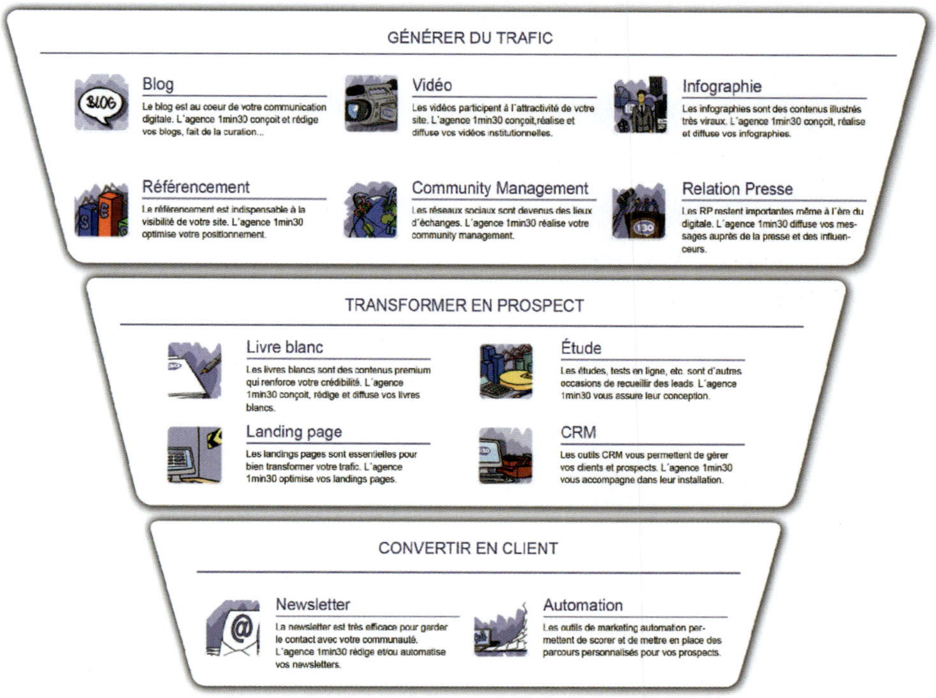

– COMMENT LES MARQUES S'APPROPRIENT-ELLES LES MÉDIAS SOCIAUX ?

COMMENT ENTRENT-ELLES EN CONVERSATION AVEC LEURS PUBLICS ?

LE SOCIAL MEDIA ÉTUDIÉ SOUS TOUS LES ANGLES ET ILLUSTRÉ PAR DES ÉTUDES DE CAS CONCRÈTES. –

SOCIAL -MEDIA

LE TRIOMPHE DE LA VIDÉO

REPENSER LE SOCIAL MEDIA

LES GRANDES NOUVEAUTÉS DE **FACEBOOK EN 2013/2014**

> Isabelle Mathieu
Consultante médias sociaux et webmarketing

Médias Sociaux et Webmarketing
Emarketinglicious.fr

1. QUE PEUT-ON AFFICHER SUR LA PHOTO DE COUVERTURE D'UNE PAGE FACEBOOK ?

La photo de couverture d'une page Facebook est la grande image qui se trouve en haut de la page, au-dessus de la ligne de flottaison. Publique, elle permet de représenter la marque de manière unique.

Les conditions relatives à la photo de couverture ont évolué plusieurs fois au cours de l'année. Fin 2013, il faut retenir qu'il est permis d'y afficher les données suivantes :

- des prix ou des informations d'achat, comme « 40 % de réduction ».
- des informations de contact : une URL, une adresse électronique, une adresse postale, etc.
- des références aux éléments de l'interface utilisateur tels que « J'aime ».
- des appels à l'action, comme « Dès maintenant » ou « Dites-le à vos amis ».

La règle concernant la limitation de texte à 20 % de la superficie de la photo de couverture d'une page Facebook n'est donc plus d'actualité. S'agissant du format, les dimensions conseillées pour la photo de couverture sont toujours 851 x 315 pixels.

Enfin, les marques utilisent aujourd'hui leur photo de couverture avec succès pour accomplir certains objectifs marketing tels que promouvoir le lancement d'un produit, diriger du trafic vers une application, générer des leads, etc.

2. COMMENT LA RECHERCHE DANS LE GRAPHE PEUT-ELLE ÊTRE BÉNÉFIQUE AUX ENTREPRISES ?

La recherche dans le graphe est le 3ème pilier de Facebook, après le fil d'actualité et le journal. Il s'agit d'un moteur de recherche sémantique qui permet d'interroger de manière naturelle le graphe de Facebook. Ce moteur de recherche se situe tout en haut dans la barre bleue de navigation principale de Facebook.

La recherche dans le graphe est une version améliorée de l'outil de recherche actuel dans la mesure où elle autorise l'accès à un champ plus large de résultats. Ainsi, il est possible de rechercher des personnes, des photos, des lieux, des centres d'intérêt et des statuts (actuellement en bêta).

Le graphe de Facebook est quant à lui une carte qui établit des relations entre des objets (profils, pages, etc.) et des connexions (les mentions J'aime, les liens d'amitié, etc.). En janvier 2013, Facebook annonçait que le graphe comprenait plus d'un milliard de personnes, plus de 240 milliards de photos et plus de trois milliards de connexions.

Lancée en bêta limitée début 2013, la recherche dans le graphe est sortie en version officielle en juillet 2013 auprès de tous les utilisateurs de Facebook en anglais américain, et uniquement sur ordinateur. Pour l'instant, la recherche dans le graphe n'est pas disponible en langue française. Mais vous pouvez y accéder en anglais américain en suivant la procédure suivante : sélectionnez la roue d'engrenage, cliquez sur « compte », puis sur « options » et enfin changez « Français (France) » pour « English (US) ».

« Facebook a apporté plusieurs modifications relatives au gestionnaire de publicité, aux annonces publicitaires et au processus de création. Ainsi, le nombre d'annonces publicitaires a été diminué presque de moitié. »

La recherche dans le graphe est importante car elle permet aux entreprises d'être trouvées sur Facebook par exemple lorsqu'un consommateur effectue une requête sur le nom de l'entreprise (ex. : « Coca-Cola »), un secteur d'activité (ex. : « food/beverages pages »), l'ensemble des entreprises locales à proximité (ex. : « places nearby »), etc.

De plus, elle autorise les entreprises à effectuer un certain nombre d'actions marketing telles que mieux connaître leur communauté, affiner leur stratégie de contenu, faire de la veille concurrentielle, identifier des campagnes de picture marketing réussies chez les concurrents, etc.

3. QUELS SONT LES POINTS-CLÉS DE LA NOUVELLE VERSION DE FACEBOOK INSIGHTS ?

En juin 2013, Facebook a déployé une nouvelle version de son produit Facebook Insights, soit le module d'analyse des statistiques des pages Facebook.

Les principales nouveautés sont les suivantes :

• Une interface plus agréable et des données plus faciles à identifier.
• La métrique « les gens en parlent » a été éclatée en éléments distincts consultables à différents endroits du produit : les personnes engagées, les check-ins, les tags, etc.
• La métrique « viralité » évolue pour inclure le nombre de clics sur les publications et apparaît désormais sous le nom de « taux d'engagement ».
• Les publications possèdent une « score card » ou encore une carte de résultats qui affiche plusieurs métriques dont par exemple les retours négatifs et le nombre de clics.
• Il est possible de savoir quand les fans d'une page Facebook sont en ligne (jour et heure).
• De même, l'administrateur peut aussi identifier maintenant quel est le type de contenu de sa page qui obtient la meilleure portée ainsi que le meilleur taux d'engagement.
• Différentes options de tri sont mises à disposition pour mieux interpréter les résultats obtenus par les publications.
• Il existe une fonctionnalité pour benchmarker certaines métriques pendant une période donnée.

Dernièrement, les données exportées ont été alignées avec les données accessibles sur le module de statistiques. De même, les informations sont accessibles maintenant en temps réel et il n'est donc plus nécessaire d'attendre 48 heures pour la récupération des dernières données. Enfin, il est possible de remonter jusqu'au 19 juillet 2011 pour obtenir les statistiques d'une page Facebook.

4. LE HASHTAG TROUVERA-T-IL SA PLACE SUR FACEBOOK ?

Le hashtag est apparu sur Facebook en juin 2013. Il s'agit d'un mot-clé précédé du signe dièse (ex. : #marketing). Le hashtag a pour objectif de transformer un sujet en un lien cliquable à l'intérieur d'une publication. Lorsqu'un utilisateur clique sur un hashtag, il peut consulter d'autres publications relatives au même sujet. La recherche à partir d'un hashtag est aussi possible via le moteur de recherche.

Dans l'absolu, les marques utilisent le hashtag sur Facebook pour faciliter la découverte de leurs publications, en augmenter leur portée et favoriser l'engagement des utilisateurs. Cette fonctionnalité est aussi pratique pour diffuser une campagne avec un hashtag unique sur plusieurs réseaux sociaux. Cependant, l'utilisation du hashtag ne s'est pour l'instant pas démocratisée auprès de l'utilisateur lambda de Facebook.

Le hashtag demeure un enjeu important pour Facebook qui souhaite que sa plateforme devienne un journal personnalisé où l'actualité est destinée à prendre plus d'importance dans le fil d'actualité. Il en va de même pour le développement de la télévision sociale sur le réseau social.

« Le hashtag demeure un enjeu important pour Facebook qui souhaite que sa plateforme devienne un journal personnalisé où l'actualité est destinée à prendre plus d'importance dans le fil d'actualité ».

5. PEUT-ON ORGANISER UN CONCOURS SUR FACEBOOK SANS PASSER PAR UNE APPLICATION ?

C'est désormais possible depuis le 27 août dernier. En effet, les marques peuvent maintenant organiser un concours directement sur le mur ou via une application.

Cette annonce s'est accompagnée d'autres changements. Il est par exemple autorisé de :
• collecter des données lorsqu'un utilisateur publie sur la page ou qu'il commente ou aime une publication.
• collecter des données lorsqu'un utilisateur envoie un message privé à la page.
Utiliser la mention J'aime comme un mécanisme de vote.

En revanche, il n'est plus permis de taguer ou d'encourager les utilisateurs à se taguer dans un contenu où ils ne figurent pas.

S'il est aujourd'hui possible de choisir entre un concours sur le mur et un concours via une application, la finalité de ces deux types de concours n'est pas du tout la même. Dans le premier cas, l'entreprise cherche à faire du buzz, génère des interactions et donc de l'engagement. Dans le deuxième cas, l'entreprise met en place une stratégie plus avancée avec une véritable acquisition de fans et une collecte de données utilisateurs.

6. QUELS SONT LES 3 CHANGEMENTS PRINCIPAUX DE L'ALGORITHME DE FACEBOOK ?

La visibilité des publications dans le fil d'actualité des utilisateurs est déterminée par l'algorithme de Facebook. Ce dernier a évolué plusieurs fois en 2013. Voici les 3 changements principaux à connaître :

Facebook a instauré le « story bumping », soit la présentation en haut du fil d'actualité de publications anciennes qui continuent à recevoir des interactions (mentions J'aime, partages, commentaires). Selon le réseau social, cette modification a entraîné une augmentation de 5 % du taux d'engagement sur les publications des amis et de 8 % sur celles des pages Facebook. Le pourcentage d'histoires lues est quant à lui passé de 57 % à 70 %.
Le « story bumping » a été annoncé en même temps qu'un autre critère : le « last actor » soit la prise en compte des 50 dernières interactions qu'un utilisateur a effectuées. On peut donc dire que plus un utilisateur interagit avec le même auteur (ami, utilisateur ou page), plus les publications de ce dernier sont susceptibles d'apparaître dans le fil d'actualité de l'utilisateur.

Début décembre, l'algorithme a été modifié pour mettre en avant les informations « pertinentes » provenant de sites média. Les photos « même » sont quant à elles désormais sanctionnées car Facebook considère qu'elles représentent un contenu de pauvre qualité. Enfin, le story bumping est mis à jour afin d'augmenter la visibilité des publications, qui reçoivent des commentaires récents des amis, en haut du fil d'actualité.

Mais le changement le plus important a eu lieu quelques jours plus tard lorsque Facebook a déclaré que la portée des publications serait désormais diminuée et que les entreprises devaient acheter des annonces publicitaires pour augmenter la visibilité de leurs publications.
Selon Facebook, cette décision résulte du fait qu'il y a toujours plus de pages Facebook qui se créent et que le nombre de publications devient trop important dans le fil d'actualité.
Aujourd'hui, même si les bonnes pratiques en matière de création d'engagement continuent à s'appliquer, elles ne suffisent plus pour garantir la visibilité des publications sur la plateforme.

En conclusion, Facebook officialise un modèle « paid media » à l'opposé d'un modèle « earned media ». Les entreprises ne peuvent donc plus construire sur le réseau social des communautés dans le but d'y diffuser des messages gratuitement.
Par ailleurs, le concept initial de Facebook évolue. De réseau social idéal pour passer du bon temps avec les amis et la famille, nous accédons aujourd'hui à un journal personnalisé qui met en avant les actualités de sites média.

7. QUELLES SONT LES NOUVEAUTÉS CONCERNANT LES ANNONCES PUBLICITAIRES ?

Facebook a apporté plusieurs modifications relatives au gestionnaire de publicité, aux annonces publicitaires et au processus de création. Ainsi, le nombre d'annonces publicitaires a été diminué presque de moitié. Il est aussi plus facile de choisir quel est le type d'annonce à sélectionner en fonction de l'objectif marketing à atteindre : clics vers un site web, mentions J'aime la page, engagement sur les publications, etc. De plus, la présentation des annonces publicitaires a été homogénéisée pour que leur format soit plus consistant sur la plateforme. Il est à noter que les annonces comportant des liens ont un format plus attractif grâce principalement à l'agrandissement de la vignette. Par ailleurs, les professionnels peuvent maintenant obtenir un aperçu de leurs annonces lors du processus de création en fonction de l'endroit où elles seront affichées. Enfin, le gestionnaire de publicité a été amélioré pour mieux mesurer le ROI des campagnes.

Au cours de l'année, les audiences personnalisées ont été déployées auprès de tous les annonceurs. Cette option autorise les professionnels à cibler des personnes en utilisant une adresse électronique, un numéro de téléphone, un identifiant d'utilisateur de Facebook ou d'application. Jusqu'à présent, les audiences personnalisées étaient réservées à quelques annonceurs importants.

Autre démarche intéressante en 2013 : l'apparition des audiences semblables. Cet outil permet aux annonceurs de cibler des profils similaires à ceux associés à leur base e-mailing uploadée pour les audiences personnalisées.

Enfin aux Etats-Unis, Facebook a lancé les catégories partenaires qui permettent de cibler des utilisateurs en fonction de nouvelles catégories basées sur les données provenant d'entreprises spécialisées tierces comme Epsilon, Datalogix ou encore Acxiom. Lorsqu'ils passent par le power editor, les annonceurs peuvent ainsi cibler des propriétaires de maison, des individus selon leur profession, des personnes sur le point d'acheter une Audi, etc. Fin 2013, Facebook comptait quelque 1 000 partenaires.

LES NOUVEAUTÉS DE TWITTER EN 2013/2014 **QUI CONCERNENT LES ENTREPRISES ?**

> Isabelle Mathieu
Consultante médias sociaux et webmarketing

Médias Sociaux et Webmarketing
Emarketinglicious.fr

QUELLES SONT LES NOUVELLES FONCTIONNALITÉS DE LA PLATEFORME ?

#1. Twitter renforce sa sécurité avec la double authentification sur son site. Il s'agit d'une option disponible dans les paramètres du compte qui nécessite d'ajouter un téléphone pour autoriser cette fonctionnalité sur le web. Cependant faute d'accord avec les opérateurs, cette méthode n'est pas accessible en France. Pour mettre en place la double authentification, il faut donc passer par la fonctionnalité « vérification de connexion » de votre téléphone portable. Vous recevez alors un code de secours qui sert à débloquer votre compte en cas de perte de votre téléphone. Une fois activée, lorsque vous vous connectez sur votre compte sur Twitter.com, le réseau social vous envoie une demande de vérification de connexion sur votre téléphone portable. Après acceptation, la page web se recharge et vous pouvez accéder à Twitter.

#2. Le réseau social enrichit le fil d'actualité en permettant l'affichage de vignettes pour les tweets contenant une photo ou une vidéo. Il suffit de cliquer dessus pour agrandir l'image ou faire démarrer la vidéo. De plus, les fonctionnalités « favoris », « répondre » et « retweeter » sont revues pour faciliter leur utilisation sans quitter le fil d'actualité. Ces modifications sont aussi accessibles sur Android et Iphone.

#3. La plateforme de micro-blogging a mis à jour l'interface de ses versions desktop et mobile pour faciliter les conversations. Avant cette modification, les conversations s'affichaient dans un ordre antéchronologique dans le fil d'actualité. Maintenant, lorsqu'un utilisateur répond à un autre utilisateur que vous suivez aussi, vous pouvez voir jusqu'à trois échanges s'afficher l'un après l'autre dans un ordre chronologique et précédés d'une ligne bleue.

#4. Les tweets imbriqués ont subi plusieurs modifications cette année. Leur format a été amélioré pour qu'il soit plus engageant et facile à lire. Ainsi, il est par exemple possible de lire le nombre de retweets et de favoris dans un tweet imbriqué. Le temps de chargement a été optimisé et leur insertion dans un billet est maintenant plus facile.

Les tweets imbriqués ont également gagné en contexte avec le module « related headlines » qui permet l'affichage d'actualités en relation avec leur contenu.

Enfin, les tweets imbriqués affichent des photos plus riches, mises en premier plan et centrée.
https://blog.twitter.com/2013/an-update-to-embedded-tweets.

#5. Les tendances identifient les sujets populaires à un moment donné sur la plateforme. Initialement, cette fonctionnalité était disponible seulement aux Etats-Unis, avant d'être déployée dans 130 villes dont la France. En avril 2013, 160 nouveaux pays bénéficient de cette fonctionnalité dont la Belgique, la Grèce, le Kenya, la Norvège, la Pologne, le Portugal et l'Ukraine.

#6. Twitter améliore les possibilités pour trouver des informations sur sa plateforme en proposant de nouvelles options. Ainsi, les utilisateurs peuvent maintenant rechercher des profils qui contiennent un terme précis, des « photos près de vous », des photos ou des vidéos tweetées par des personnes que vous suivez, des requêtes récentes et des termes suggérés en relation avec une requête initiale. S'agissant de la recherche sur les profils, Twitter ajoute du contexte social en indiquant comment vous êtes déjà connecté avec ces derniers.

#7. Twitter lance les fils d'actualités personnalisés qui permettent d'afficher des tweets sans suivre un ordre chronologique autour d'un sujet ou d'un événement par exemple. Il s'agit d'une fonctionnalité particulièrement intéressante pour la curation de contenu. Les fils d'actualités personnalisés sont publiques, ils disposent de leur propre URL sur Twitter.com et ils sont intégrables sur un site web via un widget. Pour créer un fil personnalisé, vous devez utiliser Tweetdeck, un client Twitter qui a pour but de gérer ses différents comptes sur les médias sociaux.

#8. Le réseau social a inauguré trois nouvelles cartes Twitter qui permettent de mettre en avant une application mobile, une galerie photo ou encore un produit mis en vente. Lancées en 2012, les cartes Twitter sont utilisées pour afficher plus de contenu dans les tweets. Pour les marques, il s'agit d'un moyen pour augmenter leurs conversions.

#9. Tous les utilisateurs peuvent accéder aux statistiques relatives aux performances de leurs tweets grâce au service analytics de Twitter qui était réservé jusqu'à présent aux annonceurs. Une fois connecté sur https://ads.twitter.com, il suffit de cliquer sur l'onglet « statistiques ».

QUELLES SONT LES NOUVELLES FONCTIONNALITÉS DES APPLICATIONS TWITTER EN VERSION MOBILE ?

L'un des axes important de développement de Twitter est le mobile. Et cette année, nous avons assisté à l'arrivée de nouvelles fonctionnalités pour améliorer l'expérience utilisateur et faciliter l'utilisation de Twitter à partir d'un mobile.

#1. Comme nous l'avons vu ci-dessus, Twitter a instauré un processus de double indentification sur IOS et Android. Cette méthode ne nécessite pas de numéro de téléphone et s'appuie sur l'envoi d'un code de secours à utiliser si vous ne n'avez plus accès à votre téléphone portable.

#2. Début avril, une première mise à jour a lieu pour les applications Twitter pour iOs et Android et sur le site mobile. Elle consiste principalement à montrer plus de types de contenu dans les tweets élargis c'est-à-dire des galeries photo, des applications et des listes de produits. Un lien est aussi en-dessous du contenu quand il est partagé à partir d'une autre application mobile telle que Foursquare ou Path. https://blog.twitter.com/2013/new-mobile-updates-for-android-iphone-and-mobile-web.

#3. Un mois après une 1ère mise à jour, les applications Twitter pour Iphone et Android sont pourvues de nouvelles fonctionnalités pour permettre aux utilisateurs de mieux tweeter. Lors de l'écriture d'un tweet, il est donc possible par exemple d'obtenir un affichage complet d'une photo jointe, d'afficher l'avatar et le nom de l'utilisateur de l'utilisateur qui tweete (pratique pour la gestion multi-compte) ou encore de préciser sa localisation.

#4. Depuis mai, les utilisateurs de l'application Twitter pour iOS peuvent désormais consulter les tendances en dehors de leur localisation, leur permettant ainsi de surveiller les sujets populaires dans d'autres pays à partir de leur mobile.

#5. Pour aider ses utilisateurs à ne rien perdre de ce qui est important dans leur réseau, Twitter lance les recommandations personnalisées qui suggèrent des comptes à suivre ou des tweets populaires au sein de leurs contacts.

#6. Les fonctions de recherche s'améliorent aussi sur les applications Twitter pour iOS et Android. En effet, les utilisateurs peuvent utiliser les filtres « photos », « vidéos », « personnes que vous suivez », « toutes les personnes », « actualités », « monde » ou « à proximité de vous ».

QUELLES SONT LES NOUVEAUTÉS CONCERNANT L'OFFRE PUBLICITAIRE DE TWITTER

#1. Twitter a sorti une carte de génération de leads pour aider les annonceurs à collecter des leads directement à partir d'un tweet. L'utilisateur se voit ainsi proposer de s'inscrire à une newsletter ou de recevoir une promotion par exemple. S'il est intéressé, il n'a plus qu'à cliquer sur le bouton situé en bas du tweet. Ses coordonnées (nom et e-mail) sont extraites automatiquement de son compte Twitter et récupérées par l'annonceur.

#2. Twitter a présenté plusieurs options inédites de ciblage cette année. Les annonceurs peuvent ainsi cibler des utilisateurs selon des mots-clés présents dans leurs tweets, leur sexe, leurs centres d'intérêts ou l'appareil utilisé.

#3. Les annonceurs ont désormais la possibilité de programmer leurs tweets organiques ou sponsorisés jusqu'à un an à l'avance. Cette option est accessible via ads.twitter.com en utilisant l'onglet dédié de l'outil de publication.

DARTY Qui ?
TWEETSPARTY Quoi ?

+ 500 Followers

250 Tweets

1 800 retweets en une semaine

Twitter • Image de marque • Vente

PROBLÉMATIQUE BUSINESS DE LA MARQUE

Le contexte
Darty est une enseigne fondée en 1957 et occupant aujourd'hui la position de leader français pour la vente d'électroménager, informatique, hi-fi et image. Si l'enseigne est largement implantée en France avec ses 226 magasins, elle occupe également l'espace sur le web avec son site de vente et sa présence sur les médias sociaux.

Le site darty.com est devenu une plateforme majeure de vente pour la société. Les réseaux sociaux sont eux utilisés davantage pour répondre à des objectifs de notoriété, d'affinité et de relation clients. Depuis la fin de l'année 2012, un réel effort a été fait sur la valorisation de la page Facebook de l'enseigne. Grâce à la mise en place d'une ligne éditoriale forte, la page a recruté plus de 150 000 fans en un an. Sur YouTube le groupe propose de nombreuses vidéos, des recettes et des conseils d'utilisation des produits.

Mais qu'en est-il de Twitter ?
Le réseau social est jusqu'alors en retrait dans la stratégie de Darty. Twitter est principalement utilisé comme relais d'information et plateforme de CRM social : avant l'opération, la communauté Twitter de l'enseigne était essentiellement active pour des raisons de SAV. En termes d'e-reputation, les tweets portent fréquemment sur des problématiques d'après-vente, il a été décidé d'orienter les conversations vers une stratégie d'avant-vente, voire même de vente !
Le compte est suivi par 5 800 internautes.

La cible
Ce sont de jeunes consommateurs : des étudiants et jeunes ménages.

Les objectifs :
- Augmenter les ventes sur Darty.com grâce à Twitter.
- Positionner Darty comme un leader du social commerce en France.
- Recruter des followers.
- Générer des retombées presse positives autour de l'opération.

SOLUTION STRATÉGIQUE

L'idée stratégique
Afin de revaloriser le réseau Twitter et de l'utiliser comme levier pour la vente, un simple relais de bons plans et d'offres promotionnelles n'est pas suffisant. L'agence Conversationnel a proposé de mettre en place la TweetsParty.

Durant la TweetsParty, les utilisateurs de Twitter ont la main sur les prix. Le principe est simple : l'enseigne, via son compte officiel, lance le 16 septembre une série de 8 tweets annonçant la possibilité d'accéder à 8 promotions exceptionnelles. Exceptionnelles, oui, mais mises en place uniquement à condition que les messages soient suffisamment repris sur le réseau social !

Exemple de messages publiés : « 100€ sur le Samsung Galaxy S4 Active, ça vous tente ? Faites passer à ce tweet la barre des 500 RT ! #tweetsparty » ou encore « Dès 350 RT atteints, l'iRobot sera 70€ moins cher ! La corvée de l'aspirateur ? On vous en débarrasse. #tweetsparty »

Le principe permet de générer automatiquement de la viralité sur les messages de la marque. Plus les internautes jouent le jeu, plus les messages de la marque gagnent en visibilité, plus les réductions se débloquent.

Les aspects innovants et de différenciation
Comme décrite ci-dessus, la TweetsParty s'impose comme un nouveau système de vente flash, plus participatif et viral que les ventes classiques. La TweetsParty permet de proposer des réductions en fonction de l'intérêt exprimé des internautes et c'est bien cela qui est novateur ! Ce sont les internautes qui, grâce à Twitter, activent les réductions qui les intéressent. Ces réductions dépendent directement de l'implication et de l'engagement de la communauté.

Les KPIs
Le critère central de mesure était la visibilité du compte Twitter : nombre de followers, nombre de retweets et nombre de mentions. Le second critère portait sur la réputation de la marque : tonalités des commentaires, des retombées presse et blog suite à l'opération. Enfin, en fonction des ventes.

MISE EN PLACE OPÉRATIONNELLE

La durée
• Phase de teasing et de recrutement de followers : du 11 au 16 septembre.
• Date du lancement de l'opération et du comptage de retweets : le 16 septembre.
• Date de fin de l'opération, fin des promotions : le 21 septembre.

Le choix stratégique et les supports retenus
Toute l'opération TweetsParty s'articule autour d'un site dédié (www.tweetsparty.fr). Les 8 messages publiés par la marque invitent les internautes à se connecter sur ce site.

Cette plateforme permet, d'un point de vue juridique, de regrouper toutes les informations et modalités liées à l'opération commerciale. Elle permet d'un point de vue utilisateur, d'avoir accès à la liste de tous les produits soumis à l'opération et de voir en direct l'évolution du nombre de retweets obtenus !
En effet, l'internaute retrouve pour chaque produit un compteur de retweets lui indiquant « plus que XXX retweets pour débloquer la réduction ! ». Il peut alors directement retweeter le message depuis ce site afin de faire évoluer le compteur et voir en direct l'implication de son action.

O *Agence Conversationnel*
Edgar Denis, *Social Media Manager*

« Twitter est principalement utilisé comme relais d'information et plateforme de CRM social : avant l'opération, la communauté Twitter de l'enseigne était essentiellement active pour des raisons de SAV. »

Afin d'augmenter l'audience de l'opération et de créer la première vague de RT, les messages de @Darty_Officiel ont été sponsorisés. Le ciblage de chaque message a été établi en fonction des catégories d'internautes pouvant être intéressées par tel ou tel produit : les étudiants pour les produits high-tech (smartphone, station d'accueil, casque audio...), les jeunes ménages pour l'électroménager (robot aspirateur, machine à laver...).

Les étapes

Phase 1 : Du 11 au 16 septembre :
teasing et recrutement de followers

Avant l'opération, la communauté Twitter de l'enseigne était essentiellement active pour des raisons de SAV, alors que sur Facebook, la communauté est beaucoup plus engagée et affinitaire.
Un teaser a été publié à partir de J-5 avant la TweetsParty, mettant en scène de petits oiseaux bleus devenant de plus en plus nombreux de jour en jour. L'objectif de cette étape est d'une part d'éveiller la curiosité des internautes, mais également d'inviter les fans de la page Darty sur Facebook à suivre sur Twitter le compte @Darty_Officiel afin de ne rien rater de la prochaine opération.

Phase 2 : Le 16 septembre :
lancement des messages et ouverture du site.

Le 16 septembre, le compte @Darty_Officiel publie les 8 messages à retweeter afin d'obtenir les réductions. Dans un premier temps, ces messages sont sponsorisés, chaque produit faisant l'objet d'un ciblage particulier. Cette sponsorisation des messages permet d'augmenter leur visibilité et de créer l'impulsion initiale autour de l'opération.

En parallèle, le site www.tweetsparty.fr ouvre ses portes. L'internaute retrouve sur celui-ci : la liste des produits bénéficiant de réductions, le nombre de retweets obtenus pour chaque message. Il peut également partager les réductions de son choix sur ses réseaux sociaux et demander à ses amis de participer pour accélérer le déblocage des réductions.

Tout au long de l'opération, le community management sur le compte de l'enseigne a été renforcé afin de répondre immédiatement à toutes les questions et remarques des internautes ! Le CM (fonction assurée pour l'occasion par l'agence conseil) a été largement sollicité par les internautes. Plus de 100 réponses durant les 3 premiers jours de l'opération.

De nombreux internautes s'inquiètent de ne pas voir décoller les compteurs : « @Darty_Officiel ben il en manque encore pour atteindre le but !! ». Il faut dans un premier temps mobiliser les troupes ! « @bellenegress Plus qu'à partager l'info ! Un casque à 9,90€ ça vaut le coup ! L'union des internautes fait la force de la #tweetsparty ! ;) ». Et en effet, la réduction sera débloquée quelques heures après, le message ayant reçu plus de 140 retweets.

Au fur et à mesure que les produits sont débloqués, des messages sont publiés pour féliciter les internautes : « Bravo à vous ! 500RT atteints = 100€ de réduc' sur le Galaxy S4 Active ! Pour profiter de l'offre c'est par ici : tweetsparty.fr »

LES RÉSULTATS

Les résultats et les retours sur cette opération ont été très positifs pour Darty, quantitativement et qualitativement.

En termes d'engagement :
• Le taux d'engagement du compte @Darty_Officiel passe de 0,5 % à plus de 4 %.
• Le compte a recruté 500 followers, passant d'environ 5 800 à 6 300 abonnés.
• Le nombre de retweets total obtenu s'élève à plus de 1 800 en une semaine permettant de débloquer 4 des 8 réductions proposées !
• Plus de 2 200 mentions de @Darty_Officiel sur la période.
• Plus de 250 tweets utilisent le hashtag #tweetsparty.

En termes d'image :
• Une très grande majorité des commentaires liés à l'opération est à tonalité positive.
• Une dizaine d'articles revenant sur l'opération est publiée sur des blogs marketing et communication digitale.

En termes de ventes :
• Les offres ont été très demandées pendant l'opération (et après également par les retardataires).
L'internaute comme l'enseigne ont donc été séduits par cette opération ! On remarque que les produits les plus demandés

sont les produits d'achat d'impulsion. Le smartphone a reçu plus de 500 retweets en 2 jours alors que l'imprimante n'en a pas reçu assez pour débloquer son prix.

L'enseigne souhaite d'ailleurs reconduire l'opération et tester de nouveaux systèmes de ventes. De nombreuses mécaniques de ce type peuvent être imaginées et démontrer qu'avec un peu d'originalité, les réseaux sociaux peuvent générer des ventes.

Et après ?
L'opération a été reconduite par Darty avec un mécanisme revu pour être davantage «conversationnel» : l'agence a compté le nombre d'utilisations du hashtag #tweetsparty pour débloquer des codes promo (dans la première version, les retweets ont été comptés).
L'opération a été un nouveau succès, avec un chiffre évocateur : plus de 900 messages publiés par les internautes en moins de 24h.

« Le principe permet de générer automatiquement de la viralité sur les messages de la marque. Plus les internautes jouent le jeu, plus les messages de la marque gagnent en visibilité, plus les réductions se débloquent. »

LES BONNES PRATIQUES POUR **RÉUSSIR SUR GOOGLE+**

Deux ans et demi après son lancement, Google+ a su convaincre 300 millions d'utilisateurs actifs dont 110 millions au cours des 6 derniers mois. Le réseau social dépasse ainsi Twitter et même si Facebook est encore loin devant (plus d'un milliard d'utilisateurs actifs), Google+ reste une formidable opportunité pour les marques, encore bien souvent sous-exploitée. Voyons ensemble les bonnes pratiques pour réussir sur ce réseau social...

Avant d'aller plus loin, il est nécessaire de bien comprendre les spécificités de Google+ comparées à celles des deux autres principaux réseaux sociaux que sont Facebook et Twitter.

SIMILARITÉS AVEC FACEBOOK ET TWITTER ET SPÉCIFICITÉS DE GOOGLE+

Le réseau social de Google étant beaucoup plus récent que ses deux confrères, il a pu tirer parti de leurs expériences passées. Il reprend ainsi certains éléments ayant fait le succès de Twitter et d'autres de Facebook afin d'apporter une expérience utilisateur améliorée.

Comme Twitter, Google+ est un réseau social asymétrique. En d'autres termes, un utilisateur peut suivre un autre utilisateur sans que celui-ci ne le suive réciproquement. Néanmoins, comme sur Facebook, vous pouvez contrôler l'accès à vos différentes informations en fonction des catégories de contacts regroupés dans des cercles qui sont la fonction emblématique du réseau social.

Au niveau des formats utilisés, Google+ s'apparente plus à Facebook. Comme sur ce dernier, on retrouve des profils personnels, des pages et des communautés (équivalentes aux groupes Facebook mais avec des possibilités supplémentaires).

Les publications reprennent également des formats similaires à ceux vus sur Facebook tels les textes, photos et vidéos en y ajoutant un format propre : les hangouts qui sont des conversations vidéos entre différents membres.

Côté interactions, on retrouve 2 fonctionnalités similaires à ce que propose Facebook : le +1, équivalent du « j'aime », et le partage. Néanmoins Google+ se distingue en proposant son système de cercles particulièrement efficace pour gérer ses contacts.

Les cercles vous permettent d'organiser vos contacts de façon très simple. Dans le cas d'une page Google+ cette option sera particulièrement utile pour communiquer de façon personnalisée selon le profil de vos abonnés.

FORCES ET FAIBLESSES DU RÉSEAU

Si on compare Google+ à Facebook, voici les forces et faiblesses du réseau :

Forces :
• **Son système de cercles** est unique et permet de gérer très efficacement ses contacts et la portée de ses messages.
• **Il est intégré à l'ensemble des services Google.** On peut, par exemple, ajouter un correspondant Gmail à un cercle Google+ directement depuis l'interface mail de Google. On peut

Webmarketing & co'm
www.webmarketing-com.com

› **Sylvain Lembert,** *Consultant Webmarketing et Fondateur Webmarketing & co'm*
sylvain@webmarketing-com.com

> *« Les hashtags donnent une possibilité supplémentaire de navigation aux membres du réseau. En utilisant les hashtags populaires, vous garantissez une meilleure visibilité à vos publications. »*

également connecter sa page YouTube à sa page Google+ et les commentaires YouTube sont depuis peu gérés entièrement par Google+ donnant une visibilité supplémentaire au réseau social.
• **L'absence de publicité** sur le réseau social améliore l'attention des utilisateurs et facilite l'engagement et les échanges.

Faiblesses :
• **L'audience de Google+** reste encore loin derrière celle de Facebook.
• **L'absence de statistiques** rend difficile l'analyse de la portée des communications faites sur le réseau.
• **L'absence de dispositif publicitaire** rend difficile le recrutement de membres pour sa communauté.

Google travaille pour renforcer les forces de son réseau et pallier ses faiblesses, nul doute que Google+ a de beaux jours devant lui. Il est donc indispensable de se lancer dès maintenant pour mettre au point sa stratégie de communication et être prêt le jour J.

10 BONNES PRATIQUES POUR TRAVAILLER SA VISIBILITÉ SUR GOOGLE+

1 / Proposer du contenu de qualité, suscitant l'engagement :
comme sur Facebook, il est indispensable de proposer un contenu de qualité à ses abonnés afin de susciter l'engagement et obtenir de la visibilité grâce à l'obtention de +1 et de partages pour ses publications. Il vous faudra adapter votre ligne éditoriale à la thématique de votre page et son audience.

Néanmoins, voici 3 conseils s'appliquant à toute thématique :
• Utilisez des photos esthétiques qui pousseront les abonnés à interagir en donnant un +1. A noter que les images animées sont particulièrement appréciées sur Google+.
• Adoptez un ton ludique et donnez des informations qui sauront surprendre votre communauté. L'humour sera un atout pour créer une proximité avec vos abonnés.
• N'hésitez pas à poser des questions ouvertes à vos abonnés en leur demandant, par exemple, leur avis sur une information que vous relayez. Interpeller ainsi ses abonnés permet de générer des commentaires sur la publication et augmente ainsi sa visibilité.

2 / Poster au bon moment :
Google estime son heure de publication la plus effective entre 10 et 13h.

3 / Utiliser les hashtags :
les hastags donnent une possibilité supplémentaire de navigation aux membres du réseau. En utilisant les hashtags populaires, vous garantissez une meilleure visibilité à vos publications. A noter que depuis quelques mois Google+ propose une intégration automatique. Si vous publiez une information sans associer de hashtags, Google ajoutera un hashtag automatiquement en fonction de la nature de votre message.

4 / Utiliser les bons formats graphiques pour votre couverture :
la couverture est l'image s'affichant en haut des profils et pages Google+. Afin de maximiser l'impact visuel, il est recommandé d'avoir une image ayant un rapport longueur / largeur de 1,77. Le format minimal recommandé est de 1080 par 608 pixels et vous pouvez aller jusqu'à 2120 par 1192.

5 / Obtenir un lien personnalisé pour sa page :
par défaut, les liens Google+ ressemblent à ça : plus.google.com/108187044046269811844. Heureusement, une option vous permet d'avoir un lien personnalisé et plus facilement mémorisable de ce type : plus.google.com/+MaPage.

6 / Utiliser les images animées :
Google+ permet l'utilisation d'images animées aussi bien dans les publications que dans les images de profil et de couverture. N'hésitez pas à les utiliser, elles sont particulièrement appréciées si elles sont bien utilisées.

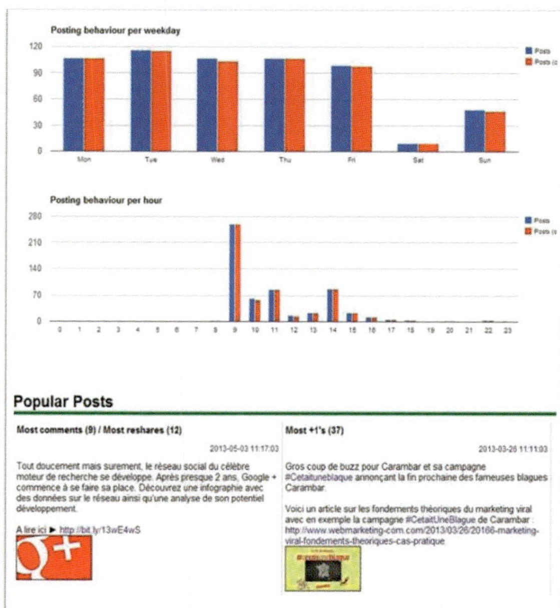

Allmyplus

« Les communautés peuvent vous donner une visibilité supplémentaire. Ce sont des lieux d'échanges, il convient donc d'apporter une information utile aux membres et de ne pas publier de messages trop promotionnels »

7 / Bien gérer ses cercles :
les cercles qui sont au centre du concept de Google+ sont également son meilleur atout par rapport aux autres réseaux sociaux. Il convient donc de les utiliser de façon adéquate pour en tirer parti. Ils vont vous permettre d'organiser votre communauté et de contrôler efficacement la portée et la personnalisation de vos messages.

Afin d'optimiser vos publications, réfléchissez bien à la segmentation de votre communauté. La segmentation de vos membres par centres d'intérêt vous permettra de toucher la bonne audience en fonction de la thématique de vos publications et vous assurera un engagement maximal.

Identifier les membres les plus actifs de votre communauté pour les intégrer à un cercle spécifique est également une bonne pratique pour réserver un traitement particulier à ces derniers.

8 / Utiliser les notifications (avec parcimonie) :
lorsque vous publiez une information à destination d'un cercle, vous avez la possibilité de notifier par e-mail les personnes présentes dans ce cercle. C'est un outil de promotion de vos messages puissant (et unique à Google+) qui vous permettra de mettre en avant les informations les plus importantes.

Ces notifications doivent être utilisées avec parcimonie, Google limite l'envoi de notifications. Il convient donc de bien sélectionner les messages ainsi que les membres auxquels vous allez envoyer une notification. D'où l'intérêt de bien segmenter sa communauté. Pour activer la notification, il suffit de cocher la case "Envoyer une notification par e-mail".

Taguer les membres de votre communauté aura un effet similaire à l'option "envoyer une notification". Le tagage permettra, par contre, d'être beaucoup plus précis en interpellant uniquement les personnes intéressées par la thématique de votre message.

Vous pouvez taguer n'importe quel membre de votre communauté en utilisant l'arobase suivie de l'identité du membre.

9 / Intervenir sur les communautés :
les communautés peuvent vous donner une visibilité supplémentaire. Ce sont des lieux d'échanges, il convient donc d'apporter une information utile aux membres et de ne pas publier de messages trop promotionnels. Pour trouver des communautés en adéquation avec votre cible, il suffit d'utiliser le moteur de recherche de Google+. En faisant une recherche sur le mot-clé « voyage », vous obtenez les résultats suivants :

Sélectionnez la communauté vous intéressant puis cliquez sur "rejoindre la communauté" :

Une fois que vous avez rejoint la communauté, échangez avec les membres, commentez leurs publications en leur apportant vos réponses ou en diffusant des informations utiles.

Une fois familiarisé avec la communauté, vous pourrez intervenir et gagner ainsi en visibilité.

10 / Bien utiliser les hangouts :
les hangouts sont des chats sous forme de vidéo, qui peuvent inclure jusqu'à 9 personnes, plus un hôte. Les hangouts peuvent être utilisés de façon interne, comme lors des réunions d'équipe ou des formations, mais vous pouvez également les utiliser pour montrer vos produits ou répondre directement aux questions de vos clients.

Les hangouts peuvent vous permettre de promouvoir votre activité et de donner des RDV aux membres de votre communauté. Ces derniers pourront être annoncés plusieurs jours avant sur la page via une publication de type évènement.

Vous pourrez profiter de vos cercles personnalisés afin d'inviter les personnes les plus susceptibles d'être intéressées. Ce type d'évènement peut aussi vous permettre de récompenser les membres les plus actifs afin d'entamer une relation plus poussée avec eux.

RECOMMANDATIONS COMPLÉMENTAIRES POUR PARFAIRE VOTRE UTILISATION DE GOOGLE+

Afin de développer votre communauté, voici quelques recommandations complémentaires.

Nous l'avons vu, Google+ ne propose pas encore de statistiques. Néanmoins, en utilisant des outils complémentaires tels Allmyplus et Google+ Echo vous pourrez analyser plus finement vos actions marketing sur le réseau social.

Google+ Echo est un service proposé par Google pour suivre la viralité de vos posts. L'outil marche aussi bien pour les profils personnels que pour les pages. Il peut vous permettre de mieux comprendre les mécanismes de viralité et d'identifier les influenceurs de votre communauté.

Pour y accéder, cliquez sur la flèche présente en haut à droite sur chacun des posts. Une fois le menu affiché, cliquez sur "Afficher la fonctionnalité écho".

Allmyplus, quant à lui, vous donnera des informations intéressantes pour analyser l'activité de votre page.

CONCLUSION

Google ne cesse d'apporter de nouvelles fonctionnalités et d'améliorer son réseau. Dernièrement, le moteur a annoncé un nouveau format publicitaire permettant de relayer les publications Google+ sur le réseau publicitaire Google Adwords. Avec ce type de publicités, il sera bien plus facile de recruter des membres pour sa communauté et générer de l'engagement pour sa page. L'année 2014 s'annonce une année riche en nouveautés pour le réseau social, si vous n'avez pas encore de page Google+ pour votre marque, c'est le moment de vous lancer. En espérant que cet article vous aura donné les bonnes pratiques pour rencontrer le succès sur Google+ !

Exemple avec la page Google+ de CDiscount

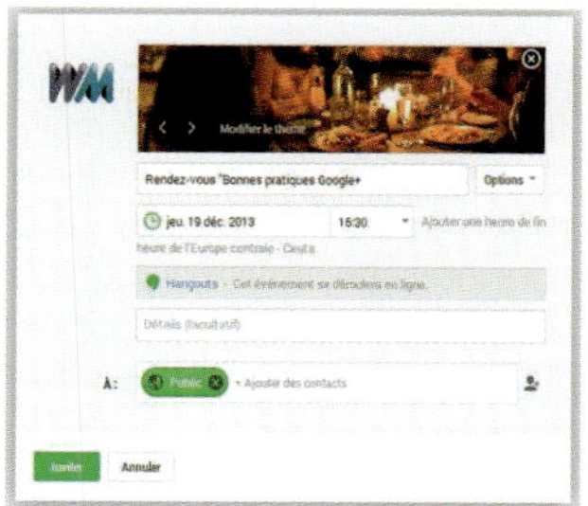

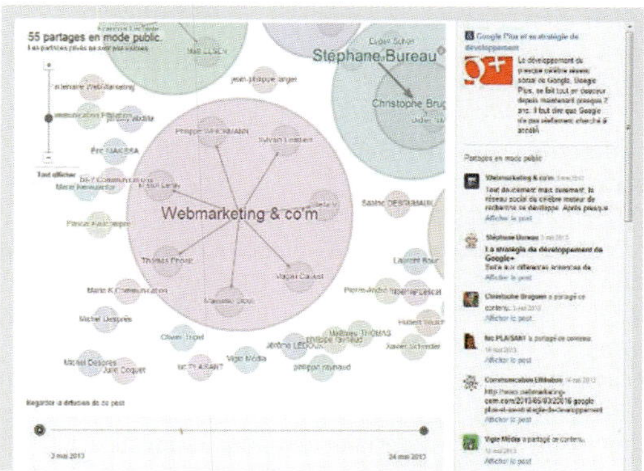

Google+ Echo

CITROËN *Qui ?*
LE SOCIAL DETOUR *Quoi ?*

Temps réel • Lancement de produit • Social media

18 000 likes sur Instagram

30 000 nouveaux fans

300 000 vues YouTube

PROBLÉMATIQUE BUSINESS DE LA MARQUE

Le contexte
En juin 2013, Citroën lançait son nouveau monospace, compact et connecté, le nouveau Citroën C4 Picasso. Citroën souhaitait alors amplifier ce lancement via les réseaux sociaux.
Le challenge ? Faire interagir nos fans autour du lancement de ce nouveau véhicule, tout en respectant l'esprit de la campagne de publicité **« Le monde entier dans votre voiture »**.

La cible
L'opération devait s'adresser aux fans de la marque Citroën, premiers ambassadeurs et prescripteurs potentiels du Nouveau Citroën C4 Picasso, et par extension aux clients potentiels du véhicule.

Les objectifs
Quanti :
- Augmenter l'engagement de nos fans.
- Etendre notre « reach » au-delà du notre communauté de fans.

Quali :
- Traiter nos fans en « VIPs » en leur permettant de tester le Nouveau C4 Picasso en avant-première.
- Recueillir les avis de nos meilleurs fans sur cette nouvelle voiture.
- Produire un contenu spécialement pour le digital.

SOLUTION STRATÉGIQUE

L'idée stratégique
L'équipe digitale de Citroën a décidé de se positionner en facilitateur de conversation, plus qu'en simple émetteur de messages publicitaires.
Les caractéristiques du nouveau Citroën C4 Picasso offraient une opportunité unique de mettre en pratique cette approche : avec un espace intérieur généreux et de très nombreux services connectés, il était naturel de faire du véhicule en lui-même un espace de partage et d'échange avec nos fans.
Nous avons littéralement embarqué « le monde entier » dans notre véhicule en organisant une tournée européenne à la rencontre de nos fans, baptisée « **Le Social Detour** ».
Nos fans étaient invités à suivre Le Social Detour via nos pages Citroën sur les réseaux sociaux. Ils pouvaient aussi interagir en temps réel avec l'équipe digitale Citroën qui se trouvait à bord du véhicule, et lui proposer de venir faire un détour par chez eux, pour qu'ils découvrent le Nouveau Citroën C4 Picasso !

Les KPIs
Deux indicateurs-clés ont été analysés pour évaluer les performances de l'opération :
1) Le «reach», c'est-à-dire « combien de personnes nous avons touchées ».
2) L'engagement : combien de nos fans ont aimé, repris ou commenté les contenus produits pendant l'opération

MISE EN PLACE OPÉRATIONNELLE

La durée : 6 semaines, du 14 juin au 23 juillet 2013

Les explications autour des choix créatifs
Nos choix créatifs tournaient autour de 3 thèmes : Humain, Simple et Connecté. En phase avec la relation que nous souhaitons créer avec nos fans, mais aussi à l'image de la voiture, elle-même connectée.

Les étapes
Une première étape a consisté en un appel à nos fans sur Facebook pour leur proposer d'aller à leur rencontre et de leur faire essayer le nouveau Citroën C4 Picasso.

Forts des sollicitations de nos fans pour les rencontrer, nous avons pu monter un « Roadbook » ambitieux de plus de 11 800 km !

- Nous avons traversé 5 pays : Départ de Paris, pour une arrivée en Grande-Bretagne au festival de Goodwood, en passant par l'Espagne, la Belgique et l'Allemagne, soit 46 étapes en 40 jours de route.
- Nous avons rencontré plus de 1 400 fans, soit en nous rendant directement chez eux, soit à travers un certain nombre de manifestations regroupant des fans et collectionneurs de la marque.
- Parmi ces fans, nous avons rencontré des VIP : l'actrice Julie GAYET, la chanteuse Joyce JONATHAN, le champion de rallye Pierre LARTIGUE, le pilote de rallye Mikko HIRVONEN.

Tout au long de notre parcours, nous avons pu diffuser des extraits de nos rencontres avec nos fans grâce à un dispositif de restitution:

- Un hashtag : #LeSocialDetour
- 7 canaux activés pour capter et relayer en temps réel le voyage : Facebook, Twitter, Flickr, Instagram, YouTube, Google+ et Vine.
- Un Tab (onglet) Facebook dédié, agrégeant l'ensemble de l'opération : le programme, une carte interactive pour suivre le déplacement du véhicule, les informations sur le véhicule, et aussi toutes les mentions on line du Social Detour qui s'incrémentaient dans une timeline dédiée.
- 2 véhicules Citroën C4 Picasso, marqués aux couleurs du Social Détour (incluant un QR Code renvoyant vers le tab Facebook de l'opération), connectés et équipés de 4 GoPros, 2 tablettes, 2 smartphones, un appareil photo numérique, une caméra numérique et une station de montage mobile.

Le Social Detour fut assuré par une équipe dédiée montée à bord du nouveau C4 Picasso :

- 2 community managers,
- 1 réalisateur / photographe pour capter et éditer du contenu à la volée,
- et 1 responsable événementiel en charge de l'agenda et de la logistique.

LES RÉSULTATS

Quantitafif : 4,2 millions de membres Facebook touchés et 30 000 nouveaux fans, 280 000 utilisateurs uniques « engagés » sur Facebook, 500 000 impressions sur Twitter, 300 000 vues sur YouTube, 18 000 «likes» sur Instagram.
Qualitatif : Les meilleurs posts de l'année sur Facebook en termes d'engagement, 1 900 contenus originaux produits (photos, mini vidéos Vines, vidéos), et surtout 1 400 fans rencontrés et enthousiasmés par le nouveau Citroën C4 Picasso.
Vidéo du cas study : http://youtu.be/KTpeK4ehUcY
Vidéo du best of France : http://youtu.be/aQi3cXQnbJg

« L'équipe digitale de Citroën a décidé de se positionner en facilitateur de conversation, plus qu'en simple émetteur de messages publicitaires. »

O *Agence Edelman*
Marie Laloy, *Head of digital, Citroën*

VINE, 6 SECONDES **CHRONO**

Agence armstrong

› Pierre Laromiguière
Président
pierre@byarmstrong.com

DÉFINITION RAPIDE

Vine est une application mobile qui permet de partager des vidéos de 6 secondes maximum qui tournent en boucle. Elle a été rachetée par Twitter avant même son lancement le 24 janvier 2013.

Elle s'appuie sur 3 aspects essentiels :

• **Simplicité & instantanéité :**
L'application est extrêmement simple d'utilisation : il suffit d'exercer une pression sur l'écran pour filmer et de lever son doigt pour stopper.
Aucune post-production n'était initialement possible, mais depuis le 24 octobre une mise à jour de l'application permet de remonter chaque plan et jusqu'à 10 posts peuvent être sauvegardés. Cependant, l'application ne permet toujours pas d'uploader des contenus.

• **Créativité :**
Le format de 6 secondes max, l'absence de filtres, les vidéos qui tournent en boucle (sur le principe des gifs), le son complexe à intégrer du fait d'un montage pour le moins spartiate et l'impossibilité d'uploader des contenus sont autant de contraintes qui deviennent des opportunités obligeant l'utilisateur à être très créatif.
C'est un nouveau terrain de jeu, un nouveau format éditorial, extrêmement addictif.

• **Partage :**
Vine étant une plateforme sociale, vous pouvez suivre les contenus postés par vos amis, mais comme sur Twitter, vous pouvez également accéder à d'autres utilisateurs, dont des célébrités : people, politiques, artistes... Vous pouvez également découvrir les contenus les plus populaires ou visionner des « chaînes » thématiques.

DÉFINITION RAPIDELES CHIFFRES CLÉS

Vine annonçait 13 millions d'utilisateurs début juin 2013, puis 40 millions mi-août 2013 ! La croissance déjà impressionnante semble s'accélérer avec le temps. L'intégration idéale au sein de Twitter et le format ultra-court sont certainement l'une des raisons de ce succès.
Le 9 avril, soit moins de 3 mois après son lancement, Vine était devenue l'appli la plus téléchargée de l'App Store.

« Tourner un Vine peut prendre 5 h »

« L'application permet de réaliser 125 plans-séquences en 6 secondes »

POURQUOI 6 SECONDES ?

Selon les fondateurs de Vine, l'idée initiale n'était que de monter bout à bout des séquences vidéo, sans limite de durée. Leurs amis testeurs ayant du mal à partager leurs réalisations, ils ont donc décidé d'en limiter la durée effective. La contrainte de durée associée à l'effet *loop* sont alors clairement apparus comme les points-clés de l'appli[1].

En effet, l'intérêt principal d'une vidéo de 6 secondes est qu'on n'a pas le temps de zapper ; et puis c'est léger à partager et à afficher, même sur un mobile en 3G. En outre, les vidéos se lancent immédiatement, inutile d'appuyer sur un bouton play qui d'ailleurs n'existe même pas.

De plus, ce format vidéo ultra-court épouse parfaitement l'air du temps et sa nouvelle tendance de fond, le content-snacking, surtout chez les plus jeunes d'entre nous.
Enfin, fruit du hasard ou heureuse coïncidence, cette durée de 6 secondes correspond à la législation sur les *samples*.

Quant à Instagram qui a lancé dans l'urgence son format vidéo, il a choisi une durée de 15 secondes... Le format court des spots de pub TV. Un format qui laisse plus de place mais ne boucle pas. De plus, on peut uploader une vidéo qui n'a pas été réalisée à partir de l'application. Les filtres viennent ajouter l'esthétique si particulière à Instagram. N'oublions pas que les marques qui y rencontrent le plus de succès sont les marques de mode et de luxe.

QUELLES SONT LES CONTRAINTES ET LES CONDITIONS DE TOURNAGE ?

La durée est évidemment la contrainte à laquelle on pense en premier, mais l'application permet de réaliser jusqu'à 125 plans en 6 secondes, ce qui permet d'intégrer énormément d'éléments scénaristiques ; les boucles et le contrôle fin de la lecture des vidéos permettent d'en découvrir alors toutes les subtilités.

En outre, le fait que ces vidéos soient réalisées à partir d'un smartphone limite grandement le champ des possibles. « Tourner » un Vine peut prendre plusieurs heures et peut même nécessiter une « équipe de tournage ». Les vidéos d'Adam Goldberg par exemple, particulièrement celles tournées lors du Festival de Cannes sont extrêmement complexes à réaliser et ont nécessité 4 heures de tournage en moyenne et beaucoup de matériel pour installer une ambiance sonore et recréer des conditions de lumière.

Le 3ème aspect le plus contraignant réside dans le fait que l'on ne peut pas tricher ! Tout doit être enregistré en direct, et le son doit être raccord. A contrario, la simplicité et le côté ludique de l'application perMettent également de tourner très rapidement pour peu que l'on soit moins à cheval sur la forme. Orange France l'a démontré avec l'opération #4G6s (parmi les exemples ci-dessous) : 145 vidéos Vine ont été tournées en 6 h !

QUEL EST L'INTÉRÊT DE CETTE PLATEFORME POUR LES MARQUES ?

Les principaux Viners ont déjà accumulé plusieurs millions de *followers* et leurs meilleures réalisations dépassent allégrement les 500 000 *likes* et autant de *revines* (l'équivalent du retweet). La quasi-totalité d'entre eux était inconnue avant Vine, quelques

3

4

« En réalité, un message, s'il est bon, n'a pas besoin de plus de 6 secondes pour être formulé et compris. »

célébrités ou *YouTubeurs* émergent çà et là, mais ceux qui rencontrent le plus de succès sont nouveaux. Ils ont trouvé un style qui fonctionne en 6 secondes.
Il existe donc déjà des vecteurs d'audience et de contenu pour les marques qui veulent exister sur la plateforme. Ces dernières contractualisent alors ces nouveaux talents qui vont produire le contenu sur le compte de la marque et le relayer sur leur propre compte via un revine et/ou à travers un Vine incitant les *followers* du talent à se rendre sur le compte de la marque.

La 2ème possibilité consiste à se servir de Vine comme d'un outil original – et peu onéreux – de production de contenu vidéo qui sera alors partagé via d'autres plateformes, principalement Twitter où l'existence d'une offre publicitaire permet de relayer plus largement le message.
Plusieurs marques, médias et personnalités se sont illustrés sur ce nouveau terrain de jeu, en poursuivant différents objectifs :

• Offrir un contenu exclusif, humoristique et créatif
C'est la première utilisation de l'application, notamment par des personnalités comme Jérome Jarre ou Ian Padgham, connus pour ses vidéos humoristiques, pour l'un, et pour ses animations, pour l'autre. En France, ce sont les *YouTubeurs* qui se démarquent le plus sur le terrain de l'humour : Norman fait des vidéos, Hugo Tout Seul, Cyprien... Mais pas seulement : Charlotte Le Bon et Kyan Khojandi comptent également plusieurs milliers de *followers*.
Du côté des marques, certaines se sont illustrées lors des différentes Fashion Week en 2013. C'est le cas de Burberry en septembre à Londres qui produit une invitation, suit les coulisses, filme le défilé et résume ses plus beaux moments, le tout sur Vine.

« L'intérêt d'une vidéo de 6 secondes, c'est que l'internaute la consomme à 100 % »

• Présenter des produits
Une des premières marques françaises à avoir testé le format Vine est La Redoute, en mars 2013. La marque réalise 3 films qui reprennent le spot TV mais aussi le catalogue en présentant des produits associés à leur prix. Plus créatif, Ballantine's lance après l'été BallanVine's, une chaîne Vine qui vous propose des recettes de cocktails à base de whisky en seulement 6 secondes. Pour en citer un dernier, Samsung Mobile démontre la simplicité de son dernier appareil en présentant ses différentes fonctions dans des tutoriels de 6 secondes.

• Développer une histoire
L'acteur-réalisateur-musicien-photographe américain Adam Goldberg (Friends, Entourage, Il faut sauver le soldat Ryan, 2 days in Paris...) était précurseur sur Vine, récoltant ainsi le surnom de « King Of Vine » pour la qualité de ses vidéos et son nombre de *followers*. Plus de 180 000 *followers* suivent son compte ainsi que les épisodes de sa web série, The Goldberg Sisters, qu'il réalise sur la plateforme. Pour Orange Cinéday, l'acteur a réalisé des Vines à l'occasion du 66e festival de Cannes : en 6 secondes, il

retourne les bandes-annonces des films en compétition du jour, et suit les tribulations du fantôme de Cocteau.
6 secondes suffisent également à raconter des expériences scientifiques : General Electrics lance #6secondsciencefair, un concours qui défie les internautes de présenter une expérience scientifique en 6 secondes.

• Profiter de l'instantanéité
Vine profite de la puissance de Twitter et fonctionne sur le même pilier : le marketing de l'instant. L'opération #4G6s d'Orange France est basée sur le principe de cette immédiateté. Pour démontrer l'instantanéité de son réseau 4G et notamment dans la lecture des vidéos, Orange challenge les internautes en live en couplant les réseaux Vine et Twitter. Les internautes sont invités à lancer des défis via des tweets, à 4 humoristes (Bérengère Krief, Arnaud Tsamère, Tony St Laurent et Kheiron) qui répondent directement par une vidéo Vine. Pendant les 6 heures de l'opération, plus de 2 500 défis ont été lancés sur Twitter et 145 Vines produits.

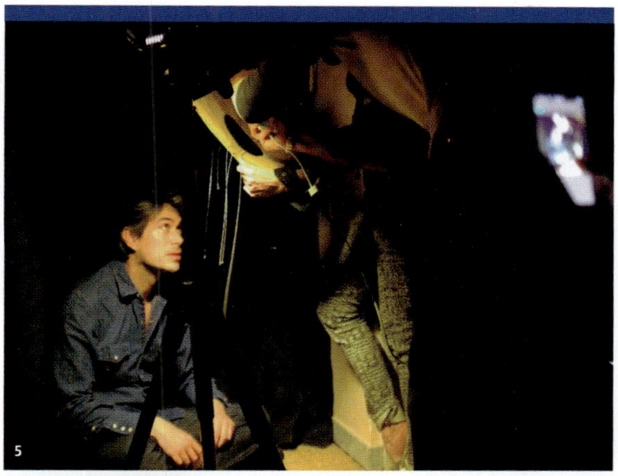
5

6

7

COMMENT MESURER LE SUCCES D'UNE CAMPAGNE SUR VINE ?

Le succès d'une campagne se mesure d'abord à l'engagement qu'elle génère sur Vine mais également sur Twitter, soit les nombres de *followers*, de *likes* et de *revines/retweets*. Pour engager, le contenu doit être qualitatif, instructif, divertissant... susciter une émotion, un intérêt pour l'internaute. Vine permet de travailler l'image de la marque, de lui donner un capital sympathie, de la rendre intéressante et innovante et de se fondre dans la consommation de contenus de l'internaute.

En France, nous sommes encore loin de l'émulation que suscite l'application aux Etats-Unis. Aujourd'hui, le compte de marque français qui compte le plus de *followers* est le compte Vogue Paris. Quand on pense qu'aux Etats-Unis, le Français Jérôme Jarre a déjà plus de 4 millions de *followers*, on imagine de belles perspectives pour l'application en France en 2014...

[1] http://www.wired.com/business/2013/06/qq_vine/

- Visuel 3 : Opération #CannesOnVine pour Orange Cinéday, réalisée par ©armstrong, mai 2013
- Visuel 4 : Tournage de l'opération #CannesOnVine. Trailer 19 *https://vine.co/v/bVTgQQKXvWK*. Photo de ©EmmanuelleBousquet, mai 2013
- Visuel 5 : Tournage de l'opération #CannesOnVine. Trailer 10 *https://vine.co/v/b9K1QMwjMmp*. Photo de ©EmmanuelleBousquet ,mai 2013
- Visuel 6 : Tournage de l'opération #CannesOnVine. Photo de ©EmmanuelleBousquet, mai 2013
- Visuel 7 : Tournage de l'opération #CannesOnVine. Photo de ©EmmanuelleBousquet, mai 2013

ORANGE Qui ?

ORANGE #4g6s Quoi ?

145 défis **Vine**

5,2 MILLIONS
d'impressions sur Twitter

5 000 tweets

Vine • Humour • Twitter

PROBLÉMATIQUE BUSINESS DE LA MARQUE

Orange est l'un des principaux opérateurs de télécommunications dans le monde, présent dans 32 pays et servant plus de 232 millions de clients, dont 175 millions de clients du mobile et 15 millions de clients haut débit fixe. Orange est également l'un des leaders mondiaux des services de télécommunications aux entreprises multinationales sous la marque Orange Business Services.

Contexte
La 4G désigne la quatrième génération de réseaux mobiles. Elle succède à la 3G apparue il y a une dizaine d'années. Chaque génération améliorant les performances, la 4G permet de surfer jusqu'à dix fois plus vite qu'en 3G. Grâce à la 4G, surfer sur un mobile devient aussi confortable et rapide qu'à la maison. Ainsi le visionnage des vidéos est plus agréable, plus fluide et de meilleure qualité, les photos sur les réseaux sociaux sont partagées plus rapidement et la télévision est accessible en haute définition.

Depuis 2011, la 4G et son déploiement deviennent la principale préoccupation des opérateurs français, qui se livrent à une course effrénée pour acquérir des bandes de fréquence. Suite aux différents appels d'offres, les opérateurs se voient diviser des bandes de fréquences qu'ils ont ensuite développées. Les réseaux 4G s'ouvrent peu à peu aux grandes villes de France.

Cible
Toute la population, mais le cœur de cible reste une population jeune, urbaine et connectée.

Objectif
Le groupe souhaite faire la promotion du nouveau réseau 4G d'Orange au grand public et également en promouvoir l'instantanéité et les intérêts.

SOLUTION STRATÉGIQUE

L'idée stratégique
Pour le lancement de la 4G par Orange, l'agence Armstrong organise une opération digitale en live sur les réseaux Vine et Twitter. La marque a fait appel à quatre jeunes artistes/humoristes pour cette opération. Après quelques jours de teasing, le voile a été levé sur leur identité : il s'agit de Bérengère Krief, Kheiron, Arnaud Tsamère et Tony Saint Laurent. Le principe : les humoristes doivent relever toutes sortes de défis adressés par les tweetos français. Il s'agit de la toute première opération live sur Vine.

Les aspects innovants et de différenciation
En lançant le hashtag #4g6s et le nom de l'artiste à qui s'adressait le défi, les internautes avaient carte blanche sur les défis à lancer aux humoristes. Ces derniers, accompagnés d'un réalisateur, avaient donc 6 secondes, durée d'un vidéo sur la

plateforme Vine, pour faire leur improvisation et poster ensuite leur sketch sur Vine et sur Twitter, via le compte Twitter de la marque Orange @orange-france.

MISE EN PLACE OPÉRATIONNELLE

La durée : mercredi 17 avril de 14h à 20h.

Le dispositif
Pourquoi la plateforme Vine a-t-elle été choisie pour ce dispositif ? « La 4G rime en particulier avec instantanéité : c'est cette dimension que nous souhaitons illustrer avec cette opération, la capacité à faire passer des messages et émotions fortes, de façon immédiate et efficace. De plus, ce dispositif, proposé par l'agence, va nous permettre de passer un moment fort d'interaction avec nos clients et nos followers », explique Séverin Cassan, directeur de la communication digitale d'Orange France.

En effet, Vine offre la possibilité de publier des vidéos très courtes, de 6 secondes chacune, ce qui illustre parfaitement l'instantanéité, principal atout d'un réseau 4G. De plus, l'improvisation correspond bien à la notion d'immédiateté du réseau. Le choix des humoristes a également été un choix judicieux : grâce à des humoristes de la nouvelle génération, dont deux comédiens de la série à succès « Bref », la marque a su s'adresser à la génération Y.

Orange a soutenu le dispositif par l'achat de tweets sponsorisés pour apparaître dans les trending topics et ainsi améliorer la viralité de l'opération le jour j. D'ailleurs, le compte Twitter d'Orange a été le seul à publier les défis des quatre humoristes, afin d'offrir une visibilité optimale aux comptes Vine et Twitter de la marque : « nous avons voulu éviter le risque d'une faible participation des internautes, du fait que Vine soit nouveau en France et qui plus est accessible uniquement via iPhone/iPad. Demander aux internautes de réaliser et poster eux-mêmes des vidéos Vine n'aurait jamais eu ce succès », ajoute Severin Cassan.
Sur le blog Orange, le Collectif, la marque se permet même quelques conseils de défis : « Soyez créatifs ! Deux exemples pour débrider votre imagination : « @BerengereKriefdanse le Harlem shake ! #4G6s » ou « @tsamere, tu n'es pas seul, embrasse toute ton équipe #4G6s ». Vous pouvez délirer, mais veillez à rester poli... » Les internautes se sont donc exécutés. Voici des exemples de défis lancés :
- @tsamere est-il capable de voler ?
- @tsamere danser comme dans un clip de Beyoncé

LES RÉSULTATS

Sur les plus de 2 000 défis proposés par les internautes, les quatre humoristes en ont réalisé 145. Au final, on compte près de 5 000 tweets publiés avec le hashtag #4G6s durant l'opération pour 5,2 millions d'impressions sur Twitter. Les tweets des internautes sont très positifs.

O *Orange France*
Severin Cassan, *directeur communication digital et social media*

« En lançant le hashtag #4g6s et le nom de l'artiste à qui s'adressait le défi, les internautes avaient carte blanche sur les défis à lancer aux humoristes. »

- Visuel 1 : Opération #4G6s pour Orange France, réalisée par ©armstrong, avril 2013
- Visuel 2 : Kheiron et Arnaud Tsamère en tournage pour l'opération #4G6s pour Orange France, réalisée par ©armstrong, avril 2013

LA REDOUTE *Qui ?*
LANCEMENT DE SA *Quoi ?* NOUVELLE PLATEFORME

16 Vine

205 tweets

20 retombés presse

Plateforme de marque • Vine • Storytelling

PROBLÉMATIQUE BUSINESS DE LA MARQUE

Le Contexte

La Redoute est aujourd'hui un e-retailer mode et maison qui réalise plus de 80 % de son chiffre d'affaires sur Internet. N°1 français des ventes de mode en ligne, la marque est pourtant trop souvent associée à son catalogue et est parfois perçue comme manquant de modernité.

La Redoute se nourrit, depuis ses origines, des changements d'usages liés à l'évolution de la société et de ses modes de consommation pour se renouveler sans cesse. A l'ère du numérique, confrontée à une concurrence sans limites, mais toujours aimée des Français, La Redoute doit montrer qu'elle est un acteur incontournable.

La cible

La cible type de La Redoute pourrait être incarnée par Sophie... Sophie est la « digital-mum » par excellence. A 37 ans, elle mène de front sa vie professionnelle et sa vie de maman et de femme. Connectée à son ordi ou son smartphone, elle vit sa journée comme un marathon mais manque parfois de temps pour tout faire. Le soir, elle prend du temps pour jouer avec son fils puis, dès qu'il est couché, se connecte sur Internet pour relever ses mails, checker ses comptes ; il lui arrive de chercher des infos, de consulter des blogs et d'acheter de temps en temps en ligne. Sophie a toujours aimé La Redoute, elle a d'ailleurs des souvenirs de moments passés à feuilleter chaque nouveau catalogue avec envie, mais aujourd'hui elle ne sait plus vraiment pourquoi elle est attachée à cette marque dont elle perçoit moins l'avantage concurrentiel.

Les objectifs

Il est aujourd'hui important pour La Redoute de se positionner comme un véritable sélectionneur et marquer les esprits en véhiculant une image moderne et différenciante pour passer ainsi du statut de marque patrimoniale à celui d'une marque must have & digitale, ancrée dans le quotidien des Français.

SOLUTION STRATÉGIQUE

L'idée stratégique

L'objectif de la nouvelle plateforme de marque est de positionner La Redoute en tant que e-retailer moderne et prescripteur de tendances.

La Redoute parle à tout le monde mais doit recréer un lien fort avec les jeunes adultes et les trendsetters pour qui La Redoute est souvent un souvenir d'enfance apparenté au catalogue.
Partant du constat de base que les jeunes adultes tendance sont souvent hyper connectés et à l'affût du nouveau réseau social innovant, le choix s'est porté - en complément d'une campagne média globale - sur le tout nouveau réseau social : Vine.

Plus qu'un partenariat, Vine a inspiré un nouveau storytelling à la marque.

Les aspects innovants et de différenciation
Le cœur de la campagne était de jouer sur le format innovant de Vine pour que les internautes participent en racontant des histoires de leur vie de tous les jours, avec le #lespetiteshistoires. Plus encore, le style unique de Vine a directement inspiré la campagne TV : raconter des histoires courtes sous le prisme des objets du quotidien, objets que l'on peut, a fortiori, acheter sur laredoute.fr

Les KPI
• Buzz & interactions
• Retombées RP
• Prix BtoB

MISE EN PLACE OPÉRATIONNELLE

La durée
Du 15 au 26 mars 2013.

Les explications autour des choix créatifs
Lancer la nouvelle plateforme de marque en l'installant dans la modernité : le jeu-concours proposait aux utilisateurs de Vine de raconter leurs «petites histoires»... en s'associant à un partenaire à la forte caution mode : Le Daily ELLE.

Les étapes
La Redoute propose durant la campagne un jeu-concours exclusif sur Vine. L'internaute peut poster sa propre vidéo avec le hashtag #lespetiteshistoires.
Un jury composé de rédactrices du magazine Daily ELLE et de stylistes de La Redoute détermine 7 gagnants qui remportent les produits des spots TV.

LES RÉSULTATS

Sur le plan quantitatif, des résultats en accord avec les KPI prédéterminés.
• 16 vines réalisés
• 72 conversations autour de l'opération et l'innovation
• 205 tweets sur Vine & La Redoute
• + de 20 retombées presse (sur logo + nouveau territoire + vine)
• Silver Winner dans la catégorie Mobile Advertising aux Lovie Awards

Sur le plan qualitatif, des résultats au-delà des attentes.
Des magazines féminins et des médias influents (Women's wear Daily, Elle...) ont salué cette initiative inattendue, générant plus de 800 K impressions.

Le tweet le plus retweeté « La Redoute a lancé un concours Vine » a eu l'effet escompté : associer La Redoute avec le plus innovant des médias, gagnant par là même le respect d'une cible d'influenceurs non négligeable.

O *La Redoute*

Cynthia DEBONTE, *responsable Publicité & Brand Content*

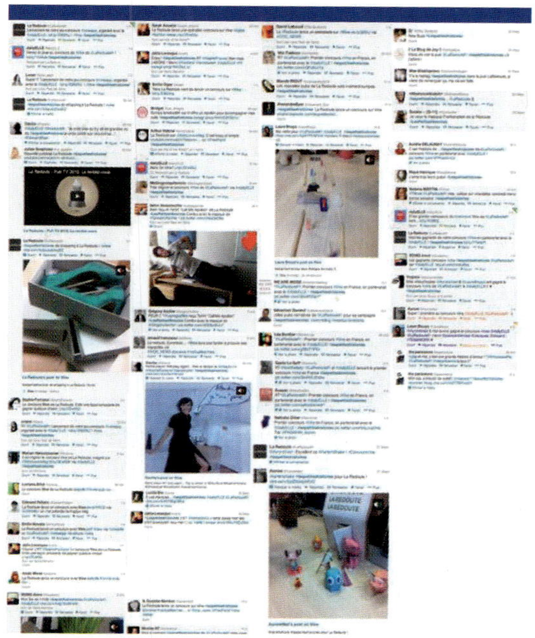

« Le cœur de la campagne était de jouer sur le format innovant de Vine pour que les internautes participent en racontant des histoires de leur vie de tous les jours, avec #lespetiteshistoires. »

PINTEREST, PLUS QU'UN RÉSEAU SOCIAL, UNE **NOUVELLE APPROCHE DU WEB VISUEL**

Sous l'impulsion d'Instagram, de Tumblr et maintenant de Pinterest, le web se fait de plus en plus visuel. Et cette tendance est exponentielle : chaque jour, plus de 450 millions de photos sont partagées sur les réseaux sociaux ! Un vrai défi pour les entreprises qui se doivent désormais d'être web-visuelles !

Pendant longtemps, le partage sur Internet se résumait à l'échange de textes, d'avis et de commentaires. Avec l'avènement des réseaux sociaux et l'explosion des ventes de smartphones, la photo numérique jusqu'alors réservée à quelques-uns se retrouve désormais accessible à tous. Une vraie révolution dont les entreprises n'ont pas encore totalement pris la mesure...

Et pourtant, pour faire la démonstration de ses produits en les mettant en situation, tester de nouvelles gammes, organiser des jeux participatifs, donner envie de découvrir et de pousser la porte d'un magasin, quoi de plus parlant qu'une photo ? Mais encore faut-il que la photo ait du sens pour être partagée. C'est sur ce point précis que Pinterest amène une vraie valeur ajoutée aux visuels.

Pourquoi ? Tout simplement parce que les photos Pinterest sont partagées par les utilisateurs sur le seul critère communautaire des centres d'intérêt ! Ainsi, plus encore que Facebook qui table sur le partage d'informations relevant de la vie privée, Pinterest mise sur des partages plus fédérateurs et instinctifs, et surtout bien moins « impliquant » pour les utilisateurs.

LE CENTRE D'INTÉRÊT, PIERRE ANGULAIRE DE LA STRATÉGIE VIRALE PINTEREST

La portée communautaire universelle et non plus personnelle de Pinterest est tout particulièrement intéressante pour les entreprises car elle ouvre de vraies opportunités virales pour un travail de fond sur la notoriété et l'image de marque. En effet, plus encore que de simples shootings produits classiques de type e-commerce, Pinterest permet aux entreprises de faire passer, au travers des photos épinglées, une certaine connivence avec l'utilisateur sur un centre d'intérêt particulier et des valeurs partagées.

C'est cette connivence d'intérêts qui se doit d'être au cœur même des campagnes Pinterest ! Cela implique une réflexion en amont de toute campagne, mais aussi, et c'est là où les choses se corsent, une réelle implication de l'entreprise au quotidien pour animer et partager. En clair, une présence réussie sur Pinterest nécessite de bien connaître les centres d'intérêt des communautés influentes, d'adapter les visuels en conséquence et de participer au maximum aux groupes d'intérêt en épinglant et ré-épinglant des visuels proposés par la communauté.

› Nathalie Daout
Consultante Social Media

www.nathaliedaout.fr
@globalref

> *« Si les tableaux créés sont plus institutionnels par nature, ils doivent rester humains et inciter au partage. »*

Ce travail de fond est indispensable pour fédérer les internautes autour d'une campagne visuelle d'entreprise. L'entreprise qui se contente de poster des images en provenance de son site pour faire sa pub gratuitement sur Pinterest passe à côté du potentiel viral intrinsèque de ce média social.
Ceci est d'autant plus vrai que les campagnes Pinterest s'inscrivent dans la durée. En effet, grâce à l'option « re-pin » (ré-épingler), la durée de vie du partage sur Pinterest est notablement plus élevée que sur les autres réseaux sociaux. A titre de comparaison, la durée de vie du partage sur Twitter oscille entre 5 à 25 minutes, sur Facebook 80 minutes, et sur Pinterest 32 semaines !

QUELS VISUELS POUR QUELLES CAMPAGNES ?

Sachant tout le potentiel viral immédiat et de long terme de Pinterest, il est important avant même de poster un premier visuel de bien réfléchir sur la stratégie la plus pertinente à adopter. Comme nous l'avons vu, cette stratégie peut être simplement commerciale (pin d'images issues de la galaxie web existante de l'entreprise) et/ou axée sur l'image et la notoriété en jouant à fond la carte communautaire et participative.

Dans le premier cas, il « suffit » de poster quelques images régulièrement en privilégiant des visuels inédits. C'est simple, gratuit, et cela permet d'assurer une présence minimale. Dans le second cas, l'implication de l'entreprise doit être plus importante. Les visuels choisis doivent être réfléchis pour faire passer un message, des valeurs et non plus simplement faire de la démonstration produit. Si les tableaux créés dans cet esprit sont plus institutionnels par nature, ils doivent rester humains et inciter au partage. Ils peuvent par exemple mettre en avant les préoccupations environnementales ou humanitaires de l'entreprise, son engagement qualité, son travail en matière d'innovation, etc.

Ces messages visuels porteurs de valeurs permettent de donner du corps à l'entreprise et de la rapprocher de ses clients cibles potentiels et aussi de ses futurs collaborateurs dans le cadre d'une campagne de recrutement, par exemple. Les deux stratégies ne s'opposent pas, elles se complètent. A ce titre, elles doivent être conçues en parallèle, mais dans la même unité de ton.

LES PINS GÉOLOCALISÉS

En novembre 2013, Pinterest se lance dans la géolocalisation, nouvelle fonctionnalité importante dans sa stratégie du réseau social. Les épingles géolocalisées permettent d'associer un visuel à une carte géographique sur laquelle est pointé un lieu. C'est donc un lieu qui est mis en avant et pour lequel sont renseignés l'adresse, l'horaire d'ouverture ou encore les coordonnées téléphoniques.

Cette fonctionnalité répond à la problématique de diversification des cibles de Pinterest. Les épingles élargissent le réseau à la cible des hommes passionnés de voyages par exemple. Elles offrent également la possibilité de planifier un événement. Le lancement de la géolocalisation a donné lieu à un partenariat du réseau social avec My Little Paris. En effet, les lectrices de la newsletter pourront désormais géolocaliser les bonne adresses proposées par My Little Paris sur Pinterest, grâce au bouton « Pin it », intégré sur l'ensemble du site.

LA DÉMOCRATISATION DU **MARKETING SUR INSTAGRAM VIA LA PUBLICITÉ**

UN NOUVEAU BUSINESS MODEL

Trois ans après sa création, Instragram se lance dans un nouveau modèle économique. Le développement d'Instagram en 2013 ne s'est pas uniquement ressenti par le biais des réseaux d'influence et des agences de photographie mobile. De manière certainement plus marquante pour sa communauté et le public au sens large, Instagram a fait son premier pas vers la création de revenus, et d'une valeur tangible pour les marques en lançant la publicité. Cette évolution du réseau n'est pas une surprise, notamment suite à son rachat par Facebook. L'utilité de la base de données construite en trois ans est d'ailleurs une question à poser.

LA PUBLICITÉ SUR INSTAGRAM : L'EXPÉRIENCE UTILISATEUR AU CENTRE DES DÉCISIONS

Au début de l'année 2014, la publicité sur Instagram en est encore au stade de développement. Seules certaines marques triées sur le volet par l'équipe d'Instagram sont autorisées à utiliser les fameux «Promoted Posts». Leur sélection a été décidée en fonction du contenu déjà existant sur leurs comptes respectifs, ainsi que de l'intégration du nom de la marque auprès du marché américain.

Ainsi, les marques prenant part à ce test sont : Adidas, Ben & Jerry's, Burberry, General Electric, Lexus, Levi's, Macy's, Michael Kors, PayPal et Starwood. Des entreprises aux spécialités diverses allant du prêt-à-porter jusqu'au service de paiement.
Une autre distinction notable se fait au niveau de leur popularité sur le réseau de photos et vidéos mobile : comptant moins de 10 000 abonnés, PayPal est un petit compte, surtout lorsqu'il est comparé à Adidas, l'un des géants sur Instagram qui, du haut de ses 1,3 million d'abonnés, occupe la 4e place du classement de marques par influence.

Jusqu'à présent, chaque post publicitaire est validé minutieusement par l'équipe d'Instagram, y compris par son fondateur Kevin Systrom lui-même, avant de pouvoir être publié dans le flux des utilisateurs.

Il est probable qu'un tel processus de validation au cas par cas ne soit plus possible quand le volume de publicités s'étendra au reste des annonceurs sur Instagram. C'est à ce niveau qu'intervient la possibilité pour les utilisateurs de cacher les publicités qu'ils n'aiment pas, influençant directement le contenu poussé dans leur flux. Un autre bouton permettant de faire parvenir un retour écrit à Instagram est en place et favorise davantage l'optimisation des créatifs publicitaires validés sur le réseau.

Pour finir, Kevin Systrom, CEO d'Instagram a affirmé à plusieurs reprises son souhait de garder intacte l'expérience des utilisateurs de l'application malgré l'arrivée de posts sponsorisés. En novembre 2013, il affirme : «*Ads on Instagram should feel like they should be on Instagram. We always want to be sure the community has a voice*».

PREMIÈRES PUBLICITÉS SUR INSTAGRAM : DES DÉBUTS PROMETTEURS

L'impact sur les consommateurs
Facebook a officiellement communiqué les résultats des pre-

Nitrogram
http://nitrogr.am

> **Thibaut Davoult,** *Directeur du contenu*
thibaut@nitrogr.am

> *« Kevin Systrom, CEO d'Instagram a affirmé à plusieurs reprises son souhait de garder intacte l'expérience des utilisateurs de l'application malgré l'arrivée de posts sponsorisés »*

mières publicités publiées par les marques Levi's et Ben & Jerry's.

Pour Levi's :

• Une portée («reach») de 7,4 millions d'utilisateurs résidant aux Etats-Unis sur une période de 9 jours et visant un public âgé de 18 à 34 ans.

• 24 % des personnes ayant vu plusieurs publicités se rappelaient celle de Levi's («add recall»).

"Not only were we able to reach a large audience with our ads on Instagram, but the metrics clearly show we engaged with them in a memorable and authentic way", Julie Channing, Director of Digital, Levi's®.

Pour Ben & Jerry's :

• *Reach* de 9.8 millions d'utilisateurs.

• Augmentation de 33 % en *Add recall.*

• Lancement d'un produit : augmentation de 17 % du public disant connaître l'existence du produit.

L'IMPACT SOCIAL SUR INSTAGRAM : L'ANALYSE DE CAS MICHAEL KORS

La marque de prêt-à-porter haut de gamme Michael Kors a été la première à publier une publicité sur Instagram, c'était le 1er novembre 2013. La marque choisit de poster une photo mettant en scène une montre créée par le designer new-yorkais, dans un décor qui laisse rêveur et qui évoque le temps, celui que l'on prend.

Voici ses chiffres-clés, analysés par la plateforme Nitrogram:

• 128 000 «Likes» en 18 heure s, une augmentation de 370 % par rapport au taux d'engagement moyen.

• Reach de 4,5 millions (estimation de l'audience globale atteinte).

• Plus de 33 000 nouveaux abonnés au compte suite au post, soit un impact **16 fois supérieur** à la moyenne pour la marque.

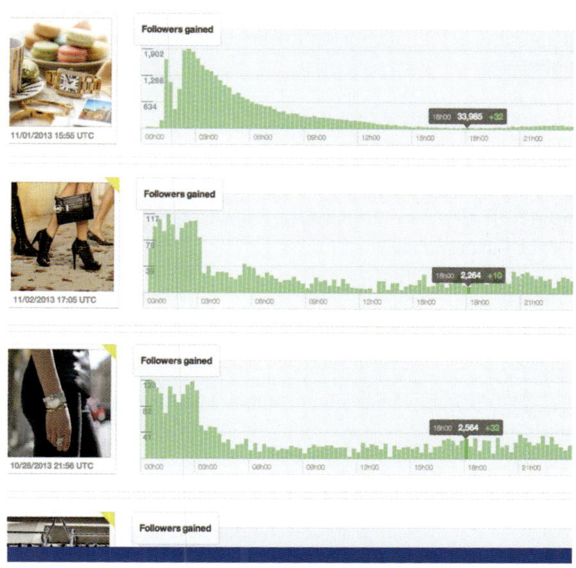

Seul bémol notable sur cette première publicité : les commentaires. En effet, 20 % des avis postés sur la photo étaient négatifs. Par la suite, la communauté d'Instagrammeurs s'est montrée plus tolérante envers ces publicités, comme l'a montré le déclin du taux de commentaires négatifs postés sur les trois essais suivants de Michael Kors, et l'augmentation du ratio de commentaires présentant une intention d'achat des produits mentionnés.

Ces statistiques présentent un impact social hors du commun. Une raison de plus pour les marques de s'intéresser à Instagram. Quant à l'arrivée des publicités en France, rien n'est encore annoncé. Malgré tout, les marques de prêt-à-porter mènent le mouvement d'adoption de ce réseau social en pleine expansion dans notre pays. Nous prévoyons une accélération de cette tendance en 2014 ainsi qu'un élargissement vers d'autres industries.

MERCEDES-BENZ USA Qui ?
TAKE THE WHEEL Quoi ?

Instagram • Communauté • Contenu visuel

50 000 abonnés au réseau Instagram

PROBLÉMATIQUE BUSINESS DE LA MARQUE

Le contexte

Dès ses débuts, Instagram fut pris d'assaut par les aficionados de la photographie, qui ont imposé leur patte sur cette nouvelle plateforme et font maintenant partie de ses utilisateurs les plus populaires.

Les annonceurs ne restent pas indifférents face à ces nouvelles stars des réseaux sociaux. Si 2012 voyait naître les premiers efforts de création de réseaux d'influence sur Instagram, 2013 a confirmé cette tendance : les agences de photographes Instagram se sont multipliées, à commencer par Mobile Media Lab et Tinker Mobile.

A PROPOS DE MERCEDES SUR INSTAGRAM

Le célébrissime constructeur automobile allemand connaît un fort succès sur le réseau de photos et vidéos mobiles. Son compte principal, @mercedesbenz est le 3e plus gros compte dans la catégorie automobile, derrière BMW et Audi. Avec plus d'un demi-million d'abonnés (chiffres Nitrogram 50, janvier 2014), il est également le 27e compte de marque à l'échelle mondiale toutes catégories confondues.

Un tel succès ne vient pas sans difficulté, notamment concernant la localisation du compte : en visant une cible globale, ce compte principal ne peut pas partager de contenu régionalisé, se cantonnant à des promotions du groupe international. Par exemple, lancer une nouvelle voiture destinée à un marché précis est impossible par le biais de ce compte global.
Ceci a justifié la création du compte nord-américain @mbusa, visant ce marché en adéquation avec les sorties des nouveaux modèles de la marque automobile.

Lors de sa création, @mbusa fait face à un obstacle de taille : se faire connaître par son audience-cible américaine, et ce malgré l'hégémonie du géant compte global déjà installé.

Autrement dit, et comme toute marque visant à lancer sa présence sur un nouveau réseau social, la problématique est simple : comment augmenter son nombre d'abonnés ? La solution à ce défi tient en deux étapes : produire du contenu qui captivera l'attention des Instagrammeurs, et faire venir ces derniers sur le compte.

UNE SOLUTION : LA CAMPAGNE *TAKE THE WHEEL*

La durée

L'opération se déroule du 18 juillet au 5 septembre.

La campagne

Take the Wheel est une campagne aux multiples facettes. Elle cible une «dream-team» d'influenceurs sur Instagram, et permet également au public de participer pour gagner des prix.

Dans un premier temps, cinq utilisateurs influents ont été sélectionnés pour prendre les rênes du compte @mbusa le temps d'une semaine, soit cinq photos partagées chacun. Le profil de ces influenceurs ? Des photographes professionnels pour la plupart, des «early-adopters» qui comprennent la psychologie de la plateforme et partagent des images parfaitement adaptées à sa communauté. Si bien qu'ils sont régulièrement promus au sein de l'application mobile en tant qu'exemples à suivre pour les nouveaux inscrits. Leur popularité est telle qu'ils totalisent 2,5 millions d'abonnés à eux cinq. Une large audience, et autant d'impressions potentielles pour Mercedes.

Ces cinq influenceurs postaient initialement sur leur propre compte, et y exposaient le nom de la marque en mentionnant @mbusa à leurs fans. Ils utilisaient également le hashtag #clatakethewheel, permettant à la marque d'analyser les résultats obtenus par chaque photo publiée. L'auteur de la photo la plus «likée» remportant la nouvelle voiture produite par Mercedes : le modèle CLA.

Le compte officiel @mbusa re-postait ensuite ces photos sur son flux officiel, développant ainsi son contenu et sa présence sur le réseau.

De même, les membres de la communauté Instagram au sens large pouvaient partager leurs meilleurs clichés sur ce hashtag. Leur objectif ? Attirer l'attention des 5 influenceurs, responsables d'élire un «6e conducteur» qui se verrait aussi offrir un modèle CLA. C'est finalement Niki Csanyi (@csanyi), une «Instagrammeuse» New Yorkaise de talent, aux modestes 3 000 abonnés qui a remporté le prix.

Ici encore, Mercedes USA a capitalisé sur le contenu de qualité produit par Csanyi en re-postant ses photos sur son propre flux officiel.

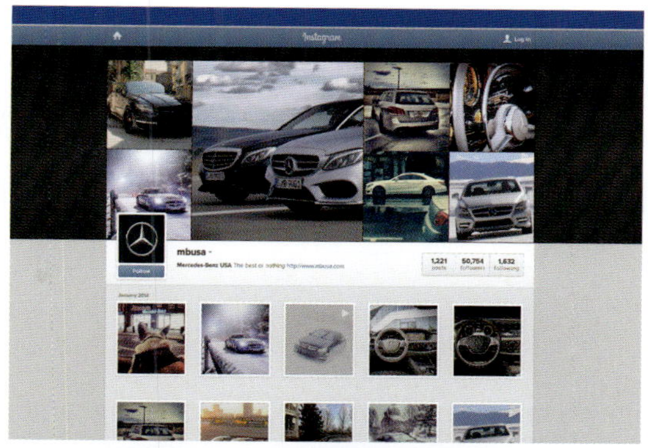

« La campagne Take The Wheel répond à deux besoins : attirer les fans vers un nouveau compte, et les retenir grâce à un contenu de qualité. »

LES RÉSULTATS

Grâce à la campagne *Take The Wheel*, Mercedes USA a assuré un départ fulgurant sur Instagram en passant de zéro à 50 000 abonnés pendant la durée de la promotion.
De par sa nature mixte entre «influencer marketing» et classique concours Instagram, *Take The Wheel* est une des campagnes les plus marquantes de l'année 2013. Sa structure visant à attirer les fans américains sur son nouveau compte et à les convertir en abonnés grâce à du contenu de qualité a créé un précédent pour toute marque visant à développer une présence sur le réseau de photos et vidéos mobile.

O Nitrogram : http://nitrogr.am

Thibaut Davoult, *Directeur du contenu*
thibaut@nitrogr.am

CUMULUS NETWORKS *Qui ?*
DÉVELOPPER SA COMMUNAUTÉ *Quoi ?*

Image de marque • Audience • Accompagnement

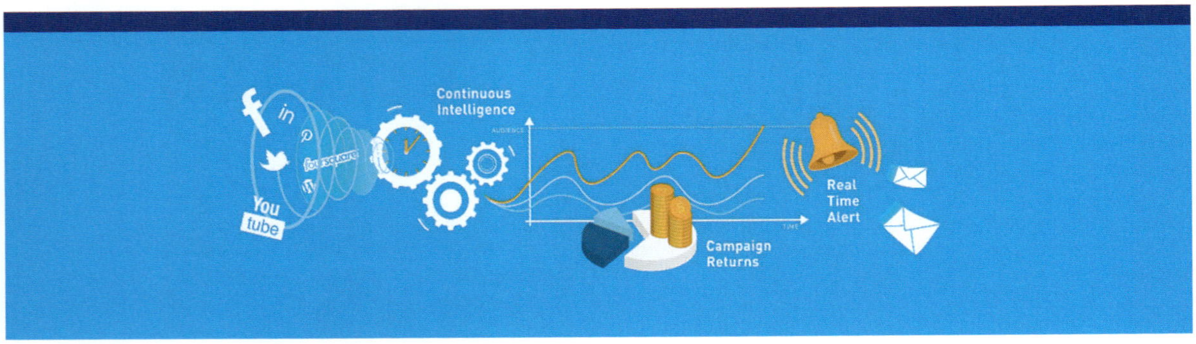

PROBLÉMATIQUE BUSINESS DE LA MARQUE

« *Au lancement de notre technologie au public, notre l'objectif était de créer une communauté d'experts reconnus qui certifient et légitiment la viabilité de notre offre* »
Leila Modarres, Directeur Marketing - Cumulus Networks

Le contexte
Cumulus Networks est l'histoire d'une rencontre entre deux experts, un révolutionnaire et un pionnier du monde des réseaux. JR Rivers (Cisco) et Nolan Leaker (VMWare) se sont associés en 2010. Leur ambition était d'apporter une révolution dans l'utilisation de l'architecture des réseaux informatiques et télécoms, chasse gardée de géants comme Cisco. Pièce majeure de leur innovation de rupture : une application Linux qui permet de séparer le hardware des éléments logiciels.

Les applications de réseaux sont maintenant émancipées des spécificités logicielles des équipementiers. C'est l'infrastructure informatique qui s'adapte aux applications logicielles et non plus l'inverse.

La virtualisation des réseaux change profondément le rapport des entreprises à la gestion de l'administration de leurs réseaux qui est aujourd'hui lourde et coûteuse. Les sociétés peuvent désormais gérer plus facilement des volumes de données toujours plus gros. Cette innovation apparaît aujourd'hui comme une révolution majeure qui s'apparente à celle du « Cloud Computing ».

« *La solution Cumulus Networks permet de réaliser des performances de connexion réseau 10 fois plus élevées à des coûts très faibles* » - Client de Cumulus Networks

Durant ses trois premières années, l'entreprise concentra ses efforts sur la conception et l'industrialisation de sa solution. Sa technologie et son nom de marque étaient inconnus du marché. Ces efforts lui permettent aujourd'hui de proposer un produit fiable et extrêmement compétitif.

Passer à une architecture de réseaux qui s'appuie sur une technologie Cumulus Networks est un choix qui implique tout le système de communication de l'entreprise. Les clients ont donc besoin d'être rassurés sur la fiabilité de la solution avant d'effectuer une telle migration.

La cible : des early adopters a l'on-boarding de tout un marché.

Cumulus Networks cible toutes les entreprises qui disposent d'une infrastructure réseau. Aujourd'hui le segment prioritaire est celui des « early adopters » qui certifieront la solution aux yeux du marché. Ce sont des experts, férus de nouvelles technologies qui souhaitent disposer d'une connexion rapide, précise et peu coûteuse à l'ensemble de leur flux de travail.

L'objectif de cumulus networks : développer une image de marque forte

Publiquement dévoilé durant l'été 2013, l'enjeu était de réaliser une entrée remarquée et réussie sur le marché. Entrer sur le marché sous l'effet d'un buzz lui permettrait de gagner rapidement des parts de voix sur ses concurrents et de se faire entendre sur un secteur saturé.

« *Au lancement de sa campagne de communication, Cumulus Networks fit appel à la meilleure agence RP digitale de la côte ouest des Etats-Unis qui lui assura une présence dans les journaux les plus importants du secteur (Gigaom, Techmeme et AlthingsD). Avec une entrée sur le marché réussie, Cumulus Networks souhaitait piloter au quotidien sa communication pour pérenniser ses investissements RP et préparer les suivants.* » Renaud Boutet, Co-fondateur - Focusmatic

La compréhension de son impact sur l'écosystème permettrait à la start-up d'adapter, budgéter et anticiper toutes ses prochaines actions de communication.

L'objectif était de créer une image de marque forte afin de fédérer des adoptions et construire une communauté durable.

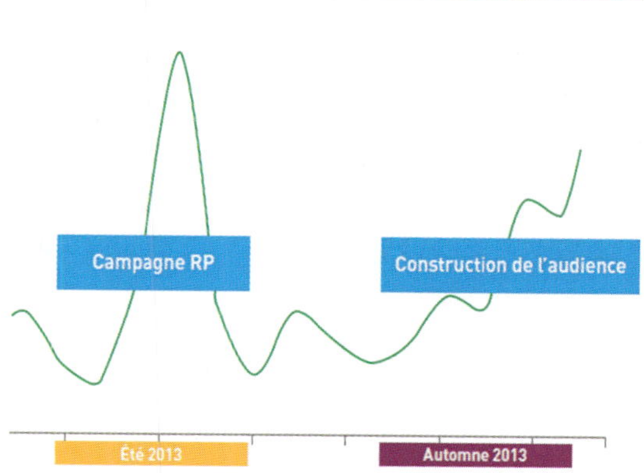

SOLUTION STRATÉGIQUE

La cible étant très consommatrice d'Internet, nous avons La stratégie était d'analyser finement la situation du marché au moment de son annonce publique et au fil de son évolution sur le marché. La compréhension détaillée des mécanismes de diffusion permettrait à la start-up de mettre en place un processus de pilotage précis et temps réel de sa communication digitale.

De plus, il était important d'avoir une visibilité quotidienne de l'évolution de Cumulus Networks sur son environnement concurrentiel. Se positionnant sur un secteur à forte concurrence, Cumulus Networks est dans un cycle décisionnel très court où chaque information a une durée de vie limitée.

« L'objectif était de créer une image de marque forte afin de fédérer des adoptions et construire une communauté durable. »

Cumulus Networks décida de mettre en place une solution de monitoring sur le web et les réseaux sociaux capable de détecter les leaders d'opinion par thématiques et par média. L'entreprise comprendrait alors comment parlent les influenceurs sur chaque support et comment est constituée l'audience d'un acteur ou d'un message.

Personnaliser les interactions pour une communauté engagée

La diffusion des messages serait désormais personnalisée à des segments clairement identifiés. Cumulus Networks sera en mesure de réagir rapidement à toute publication virale et ainsi prolonger son cycle de vie.

La flexibilité de l'outil de monitoring permettra de réajuster en temps réel les analyses en fonction de l'arrivée de nouveaux acteurs ou de changements stratégiques.

O *Focusmatic :* http://focusmatic.com

Cumulus Networks
http://cumulusnetworks.com

« *Offrir des réponses et des informations différenciées, de qualité sur chaque audience permet d'engager et de légitimer son temps de parole sur le digital* » Renaud Boutet, Co-fondateur - Focusmatic

Les KPIs

Une vision claire des articles publiés sur les différents canaux média permettra à Cumulus Networks d'analyser en profondeur chaque message pour en connaître son contenu, ses auteurs ainsi que son chemin de propagation.

Cumulus Networks connaîtra parfaitement sa part de voix sur le marché par rapport à ses concurrents sur chaque sujet, type de source et auteur. La solution étant totalement personnalisable, les KPIs s'adapteront en fonction de l'évolution des besoins de l'entreprise.

MISE EN PLACE OPÉRATIONNELLE

La durée

La mise en place de la solution de monitoring de Focusmatic se déclencha le jour du lancement de la campagne de communication. Le paramétrage initial de la solution prit une heure et s'affina au fil du temps. Afin de mieux apprécier les effets de la campagne de lancement, Focusmatic effectua une remontée historique dans l'empreinte digitale de l'écosystème de Cumulus Networks.

« *L'audience ne fait pas la viralité d'un message* »- Focusmatic

La solution de monitoring différencie et inter-croise par une approche dite de business intelligence les messages par types de supports média, auteurs (Cumulus Networks, ses concurrents, les blogueurs...). Les magazines, blogs ou personnes influentes ont ainsi été classés par pertinence et ordre d'importance.

Cumulus Networks constata qu'un magazine à forte audience n'est pas forcément vecteur d'un grand taux d'engagement. Ainsi, sur les trois principaux médias digitaux utilisés lors de la campagne de lancement, un seul eut un pouvoir viral sur sa communauté.

« *L'audience est ici calculée sur des faits et non sur la mise en place de ratios préalablement paramétrés* » Emmanuel Gueidan, Co-fondateur, CTO Focusmatic.

Une analyse fine et un accompagnement au quotidien

Un travail sur la détection des signaux faibles apparentés à « Cumulus » et aux acteurs de son écosystème, porteurs de noms communs (Insieme, Arista...) fut réalisé. Par exemple, « Cumulus » est un mot de recherche associé à la météo. Cela n'entre pas dans le cadre de l'analyse. Focusmatic procéda à une réduction du bruit qui parasite les résultats. Seuls les messages concernant Cumulus Networks et son écosystème ont été isolés pour être analysés.

Dès les premières heures qui ont suivi la mise en place de la solution de monitoring, la start-up put identifier les relais d'informations les plus performants et comprendre comment interagissent les acteurs du marché. Il fut alors très facile de les engager autour de son innovation produit et ainsi faire perdurer l'effet de buzz lié au lancement. Rassemblés autour de valeurs et sujets communs, les acteurs de cette audience formaient le premier embryon de la communauté Cumulus Networks.

Dans un second temps, des rapports journaliers contenant le suivi des facteurs-clés de succès de la start-up furent mis en place : la part de voix de Cumulus Networks sur le secteur, l'audience des messages les plus importants, la visualisation du chemin de viralité des messages, les influenceurs.

Des notifications d'alertes qui permettent à l'entreprise de rester informée en temps réel de tous les messages importants ont également été programmées. Chaque message est ainsi très rapidement traité et rediffusé à une audience ciblée. L'impact d'un message grossit avec son audience et la communauté de l'entreprise se développe naturellement.

Aujourd'hui, l'utilisation de la solution de monitoring social par Cumulus Networks se fait au quotidien et suit ses objectifs initiaux : donner du sens aux données pour cibler des carrefours d'audience et déployer des actions opérationnelles ciblées en temps réel.

RÉSULTATS : CUMULUS NETWORKS A RÉUSSI À CAPITALISER SES EFFORTS DE LANCEMENT

« Le monitoring social agit comme un réel compagnon dans le suivi de notre campagne de lancement et dans la construction de notre audience. Nous pouvons décrypter les sujets les plus porteurs et les personnes influentes de notre secteur d'activité. Aujourd'hui nous avons une communauté « d'early adopters » active et influente. Notre image de marque s'est créée sur de bonnes bases : l'expertise, l'innovation, la proximité.

En qualifiant et engageant notre communauté, nous avons généré une audience solide qui s'agrandit naturellement de jour en jour. En tant qu'experts et prescripteurs, nous sommes aujourd'hui une source d'intérêt et de fiabilité dans l'information que nous diffusons. Aujourd'hui, nous occupons 10 % des parts de voix du marché avec seulement 7 mois de présence. Nous pouvons désormais anticiper nos dépenses et visualiser chaque impact en temps réel. »

Leila Modarres, Directeur Marketing - Cumulus Networks

« Passer à une architecture de réseaux qui s'appuie sur une technologie Cumulus Networks est un choix qui implique tout le système de communication de l'entreprise. Les clients ont donc besoin d'être rassurés sur la fiabilité de la solution avant d'effectuer une telle migration. »

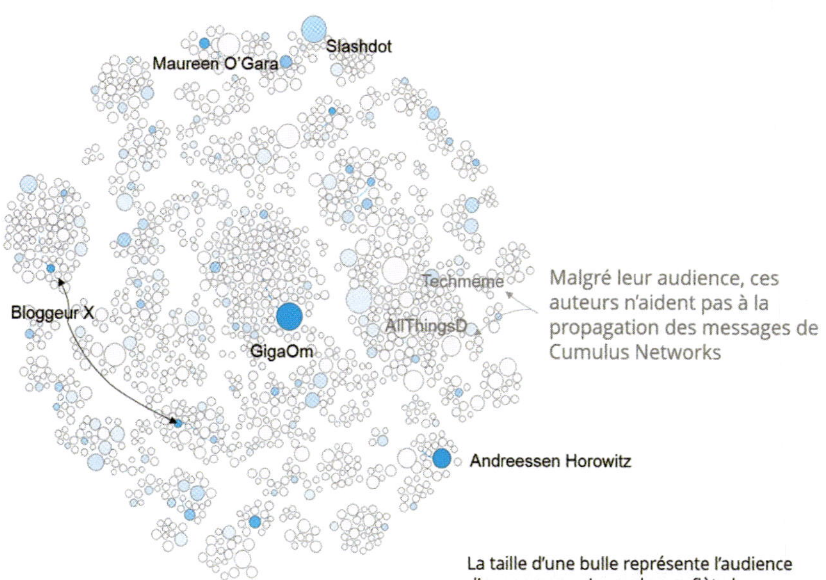

La taille d'une bulle représente l'audience d'un message. La couleur reflète la propensité à aider à la diffusion

MESURER SON SOCIAL **ROI SUR LES MÉDIAS SOCIAUX**

1. LE DIFFICILE CALCUL DU ROI

L'une des principales raisons de la réticence de certaines entreprises à adopter les médias sociaux est la difficulté pour elles de mesurer leurs actions et leur ROI (*Return on Investment*), c'est-à-dire le ratio financier de la mesure de rentabilité de leur investissement, traduit par la formule suivante : (gain lié à l'investissement – coût de l'investissement)/coût de l'investissement. Le ROI sert à anticiper la rentabilité dans le futur. Il est basé sur deux leviers : l'augmentation du chiffre d'affaires et la réduction des coûts. Il est en effet difficile de mesurer le succès d'une action lorsqu'aucun objectif pertinent n'a été mis en place en amont, ou d'estimer le chiffre d'impact sur les ventes d'une présence communautaire (à moins de décorréler cette présence du reste des autres médias utilisés, ce qui est très difficile) en ayant pour indicateurs un nombre de fans ou d'abonnés, un taux d'engagement, ou encore un nombre de « J'aime » et de partages sur une publication.

La simple prise en compte du nombre de fans ou d'abonnés d'une marque (pouvant être manipulé par l'achat, l'usage de robots ou d'autres moyens), de mentions, de partages et d'engagements n'est en rien suffisante. Sans analyse, ni exploitation ou segmentation, ces indicateurs n'ont pas grand intérêt. Dans la grande majorité des cas, l'impact d'un « J'aime » sur Facebook reste neutre. 74 % des fans d'une marque n'ont pas changé d'opinion sur elle depuis qu'ils la suivent, 79 % des fans clients déclarent que leur comportement d'achat vis-à-vis de cette marque n'a pas évolué, et 80 % des fans non-clients déclarent que leurs intentions d'achat n'ont pas changé. Cet impact est parfois même dommageable, puisque 4 % des fans ont une moins bonne opinion d'une marque depuis qu'ils la suivent, et 8 % des fans non-clients sont découragés d'acheter la marque[1]. Le « J'aime » de marque n'a donc pas de signification universelle. En outre, il est interprété de manière différente selon les internautes : alors que pour certains il signifie qu'ils « aiment » en effet la marque, pour d'autres, il veut simplement dire qu'ils l'autorisent à les contacter ou qu'ils veulent suivre la marque à des fins de veille. La nature du lien à la marque est donc à nuancer.

Des chiffres liés à une audience adressée n'ont de sens que s'ils sont rapportés aux sources de provenance, à une activité et aux moyens financiers et humains alloués. Pour être en mesure de calculer un ROI, il convient avant tout de connaître l'ensemble des moyens mis en œuvre en termes d'investissements, et de savoir déterminer précisément l'architecture communautaire de sa marque, au risque de devenir dépendant de ces plateformes, et de mener des démarches infructueuses[2]. Ces *metrics* ne sont pas des actifs financiers, et ils ne peuvent pas être comptabilisés comme du chiffre d'affaires, ni apparaître au bilan de l'entreprise. Cependant, cela ne signifie pas pour autant qu'ils n'ont pas de valeur. Comme le rappelait Henri Ford, « les deux choses les plus importantes n'apparaissent pas au bilan de l'entreprise : sa réputation et ses hommes». Ce sont les indicateurs d'une démarche de construction de relations humaines que l'entreprise met en œuvre, et qui pourra produire des résultats dans le futur. Alors que les campagnes traditionnelles repartent à chaque fois de zéro en achetant de l'audience média, abandonnée ensuite à la fin de la campagne, les campagnes relationnelles basées sur une plateforme communautaire capitalisent sur leur audience existante, pour la faire progresser pour la prochaine campagne.

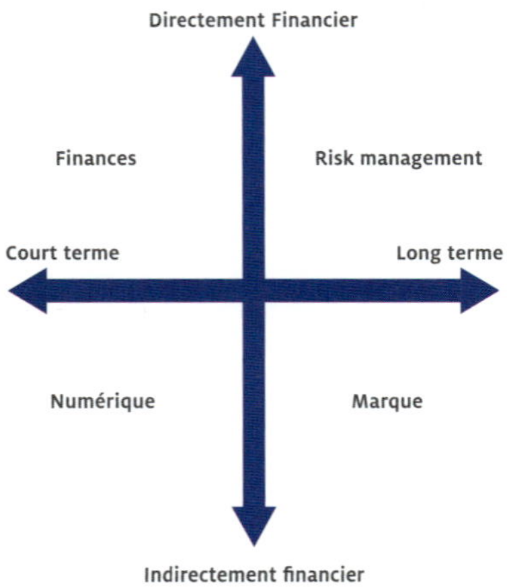

Quatre perspectives d'une stratégie marketing sur les médias sociaux par Forrester 3.

1. Isobar (2012) Je te like... moi non plus.
2. Cédric Deniaud (2012) "Social Media Dashboard : quels indicateurs (KPI) suivre sur les médias sociaux ? », Mediassociaux.fr : *http://www.mediassociaux.fr/2012/05/15/social-media-dashboard-quels-indicateurs-kpi-suivre-sur-les-medias-sociaux/*
3. Gregory Pouy (2012) Comment le digital fait évoluer le marketing ? *http://gregorypouy.blogs.com/marketing/2012/12/comment-le-digital-modifie-le-marketing-presentation-vidéo.html*

› Paul Cordina
Chef de Produit Digital et CRM Senior NESTLÉ
Co-auteur du livre « Community Management », éditions Pearson (2013)

« La dimension purement financière du ROI est enrichie d'une dimension humaine. Les deux autres aspects apportés au traditionnel ROI sont le ROO (Return on Objectives) et le RONI (Risk of Non Investment). »

2. LE SOCIAL ROI

Plutôt que de vouloir se focaliser exclusivement sur un ROI difficilement transposable aux actions réalisées sur les médias sociaux, il est préférable de mesurer le social ROI. Cette expression traduit la dimension sociale des actions menées sur les médias sociaux, permettant d'évaluer l'efficacité, la performance et la rentabilité.

La dimension purement financière du ROI est enrichie d'une dimension humaine. Les deux autres aspects apportés au traditionnel ROI sont le ROO (*Return on Objectives*) et le RONI (*Risk of Non Investment*).

3. LE RETURN ON OBJECTIVES (ROO)

Le ROO, c'est-à-dire le retour sur objectifs, permet de « mesurer » *a posteriori* l'atteinte des priorités déterminées lors de la mise en place de la présence sociale de la marque, et de ne pas se contenter de simplement « compter ». Cette démarche impose donc une définition claire des objectifs poursuivis, qui permettront une mesure d'efficacité appropriée à l'atteinte de ces intentions.

4. LE RISK OF NON INVESTMENT (RONI)

Le coût de ne pas aller sur les médias sociaux peut également être abordé (RONI : *Risk of Non Investment*). Quel est-il ? Celui de perdre le contact avec son consommateur, qui est devenu social. Les annonceurs sous-investissent sur Internet et les médias sociaux : d'après Nielsen, alors qu'Internet représente 30 % du « temps média consommé », seulement 8 % des dépenses marketing lui sont consacrées. La réputation des marques se joue souvent sur ces supports. Même absente des médias sociaux, une marque n'empêchera pas les internautes de parler d'elle. Être présent sur les médias sociaux peut permettre d'optimiser la présence de la marque dans les résultats des requêtes sur les moteurs de recherche (SERP ou *Search Engine Response Pages*) et lui donner la capacité de répondre aux sollicitations. Lorsqu'on sait que celle-ci représente son premier actif, et que la marque et la valorisation d'une société sont souvent corrélées, la nécessité d'y aller apparaît mieux.

5. UNE APPROCHE TRANSVERSALE

L'Institut Forrester propose une approche afin d'évaluer les bénéfices à court et long termes, financiers ou non, en prenant en compte les différentes parties prenantes et objectifs de l'entreprise.

Cette approche prend en compte quatre perspectives :
- **Financière :** les actions menées ont-elles permis d'augmenter le chiffre d'affaires ou de baisser les coûts ?
- **Management du risque :** dans quelle mesure l'entreprise est-elle mieux préparée à gérer une crise, une actualité subie, un *bad buzz* ou un *fail* potentiel qui pourrait affecter sa réputation ?
- **Digitale/numérique :** les actions ont-elles permis de renforcer la présence de la marque sur Internet ?
- **De marque :** l'attitude des consommateurs envers la marque s'est-elle améliorée ?

Sur le web social, le ROI n'est donc pas seulement financier et de court terme. Comme le rappelle Grégory Pouy, si c'est ce que recherche une marque, autant qu'elle se concentre sur des campagnes de liens sponsorisés Google AdWords : « google is like advertising at a store, Facebook is like advertising at a party[3]. » Cependant, les bénéfices du web social, et donc de la construction d'une relation avec ses consommateurs, sont ailleurs.

Il convient plutôt de se concentrer sur les interactions générées. De même, beaucoup de personnes s'inscrivent ou rejoignent un réseau sans y être actives, la multitude des réseaux pouvant décourager les internautes de les utiliser. La courte durée de vie de beaucoup d'applications ou encore le désabonnement (en cliquant sur « Je n'aime plus » ou le désabonnement silencieux, c'est-à-dire en masquant les publications de la marque sur son fil d'actualité) sont également à prendre en compte.

Le ROI est proportionnel à la durée de l'opération. Un effort constant est nécessaire afin de voir la communauté s'accroître et atteindre un palier minimal, permettant ensuite la mise en marche d'un effet boule de neige et un ROI assuré.

DÉTERMINER SES **KPI SUR LES MÉDIAS SOCIAUX**

Les KPI (*Key Performance Indicators*) non seulement renseignent sur la rentabilité des investissements réalisés, mais permettent également d'optimiser les actions. C'est en se concentrant sur les bons indicateurs qu'ils seront un bon outil d'aide à la décision, et non un simple reporting permettant de se valoriser en interne. Avant de définir les indicateurs à suivre, il est primordial de déterminer les objectifs stratégiques poursuivis. Les résultats chiffrés permettront alors de répondre aux questions posées en termes de performance, et de calculer le ROO des actions menées.

L'organisation en silos entraînant souvent des perspectives éloignées entre les différentes entités de l'entreprise, il convient de répondre à cette difficulté en alignant les objectifs et les priorités nécessaires. La marque devra se tenir éloignée des attentes déraisonnables et court-termistes, veiller à ne pas retenir trop d'indicateurs de mesure, et ne pas avoir une approche par types d'outils vite indigeste, la profusion d'informations pouvant être tentante, mais favorisant souvent la difficile prise de décision, voire l'inaction. L'analyse humaine primera avant tout.

Les cinq indicateurs-clés listés ci-dessous ont pour particularité de ne pas se focaliser sur une approche par types d'outils, trop indigeste, mais se concentrent plutôt sur les différents objectifs à atteindre, pouvant être assignés à une présence sur les médias sociaux.

VISIBILITÉ

Il est intéressant d'étudier la visibilité des actions sur Internet. Un dispositif sera jugé efficace s'il est vu, et donc bien référencé par les moteurs de recherche notamment. Trop de plateformes mises en place sont malheureusement peu visibles, car non optimisées ou pas médiatisées en conséquence. Une optimisation en termes de référencement naturel (SEO) sera à prévoir en amont, afin de remonter naturellement sur les requêtes voulues. Les liens pointant vers vos contenus amélioreront votre référencement naturel.

Une comparaison avec ses concurrents permet de déterminer sa part de voix, c'est-à-dire les citations de la marque rapportées sur le total des citations (marque + concurrent A, B, etc.).

Il convient également de s'attarder sur le profil démographique du public touché, afin de s'assurer que celui-ci correspond au cœur de cible de la marque. Un bémol est toutefois à mettre : il ne s'agit que d'un premier pas. Il faudra ensuite non pas considérer ces individus comme une audience à adresser, mais plutôt comme un public à séduire, afin d'être considéré et pouvoir exister dans cet écosystème.

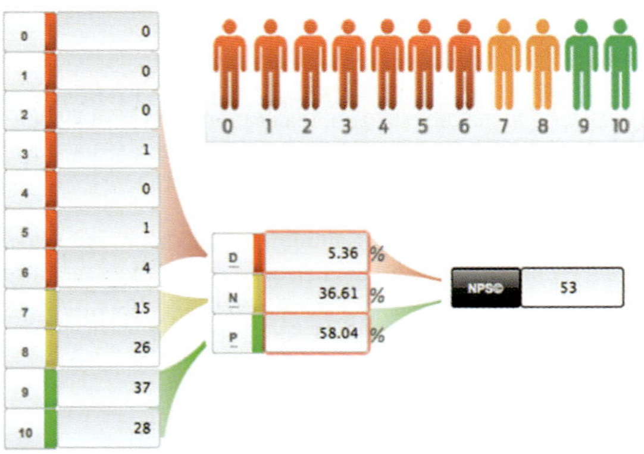

Exemple de calcul d'un net Promoter Score

ACQUISITION

Une analyse des sources de provenance des visiteurs permettra de déterminer les leviers les plus performants, et ceux à optimiser. Pour cela, un coût d'acquisition (coût par membre recruté, fan, etc.) moyen souhaité devra être déterminé, et le taux de transformation, c'est-à-dire la conversion des visiteurs, suivi de près. Il faudra également comparer ces coûts pour la marque avec des coûts moyens constatés pour les entreprises, à l'image de ce qui se fait pour les CPC moyens avec Google AdWords.

› Paul Cordina
Chef de Produit Digital et CRM Senior NESTLÉ
Co-auteur du livre « Community Management », éditions Pearson (2013)

RECOMMANDATION

Le taux de recommandation d'une entreprise et sa croissance sont corrélés. Ceci est d'ailleurs le fondement du *Net Promoter Score*. Cet indicateur de fidélité client développé en 2003 par Fred Reichheld a pour objectif de déterminer un score uniforme et facilement interprétable pour la satisfaction client, qui peut être comparé au fil du temps, ou entre différentes marques/sociétés. Il évalue dans quelle mesure un individu recommande une entreprise, un produit ou service à son entourage.

Il est calculé en prenant le pourcentage de promoteurs et en y soustrayant le pourcentage de détracteurs. Exprimé en nombre absolu (entre −100 et +100), s'il est positif, il est considéré comme l'indication d'une bonne satisfaction client.

Le taux de viralité permettra quant à lui de déterminer la viralité des contenus. Il est égal au pourcentage de visiteurs qui invitent un ami × le nombre moyen d'amis invités × le pourcentage des amis qui acceptent l'invitation. Un contenu est considéré comme viral si le résultat est supérieur à 1.

ENGAGEMENT

Le suivi de cet indicateur est essentiel afin de s'assurer que la communauté est active. La mesure des interactions liées aux contenus proposés (sur les médias sociaux : nombre de mentions « J'aime », votes, commentaires, *retweets*... et sur un site ou un blog : pages vues par visite et durée de la visite) permettra de déterminer si les membres sont actifs et réalisent des actions engageantes en participant, indispensables pour aider au dynamisme de la communauté et rendre vos messages visibles. Les niveaux d'interaction sont différents et ne se valent pas : un « J'aime » en réponse à la publication d'une page de fans étant moins engageant que la rédaction d'un commentaire, ou la rédaction d'un billet sur un blog. La marque devra mesurer et détecter les types de contenus générant le plus de retours, et adapter sa stratégie de publication de contenu en conséquence. Sur Facebook, le taux d'engagement désigne la proportion de fans réagissant aux messages postés *via* la fan page. Pour le déterminer, il suffit de rapporter le nombre de « personnes engagées » au nombre total de fans. Ce chiffre est biaisé car il agrège des variables très différentes (les **mentions « J'aime » et les clics sur les publications** – signes d'affinité – et les **partages** – signe de recommandation – ayant une notion positive ; les **commentaires** – signe de conversation – pouvant être positifs, neutres ou négatifs).

L'agrégation de ces variables rend donc l'interprétation de cet indicateur peu lisible. Il est à relativiser et à comparer à celui de pages ayant un univers concurrentiel proche pour du benchmark, tout en considérant la taille de la communauté (plus la communauté est grande, plus le taux d'engagement diminuera mécaniquement), et selon les objectifs des pages (communication ou service client par exemple). Aussi, il est préférable de suivre séparément la mesure des mentions « J'aime », des partages, des commentaires et des clics, afin de pouvoir comparer des données similaires.

Stéphane Allard suggère la formule suivante : (utilisateurs engagés / utilisateurs atteints) × 100. Celle-ci a cependant pour inconvénient de nécessiter l'accès aux données privées de la page de fans Facebook, rendant le comparatif avec des pages concurrentes impossible. De même, même si le « J'aime » est l'interaction la plus commune sur Facebook, elle ne correspond qu'à un « capital attention », qui n'est en rien suffisant pour évaluer le succès d'une fan page Facebook de marque.

TONALITÉ

Il est nécessaire de connaître le ton des échanges réalisés sur Internet et les médias sociaux afin de déterminer le sentiment global des internautes sur la marque : est-il positif, neutre ou bien négatif ? Les internautes sont-ils satisfaits par les produits, les actions de la marque ? Un nombre de « J'aime » ou encore un taux d'interactions élevé ne signifient pas pour autant que la marque est appréciée. Les mentions peuvent être négatives ou critiques envers la société. Moins d'engagement est donc parfois souhaitable. Ceci viendra compléter la part de voix précédemment calculée.

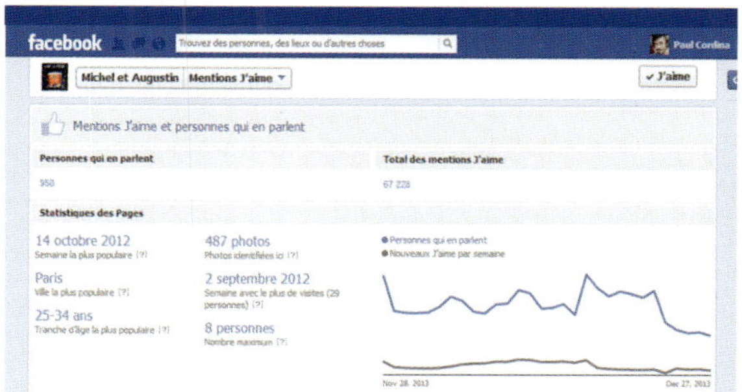

Exemple de profil démographique d'une Fan Page Facebook

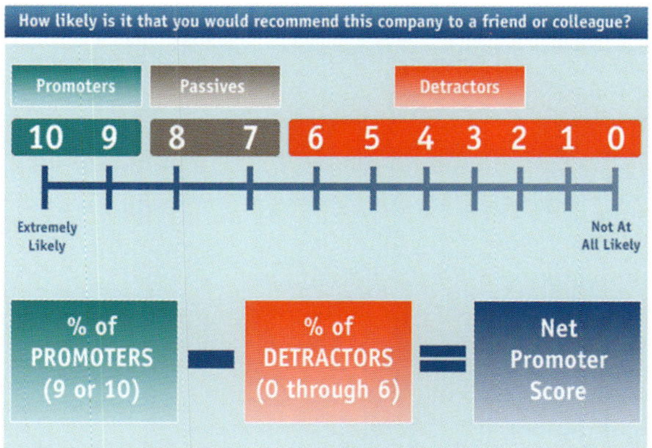

Calcul du Net Promoter Score d'une marque/société

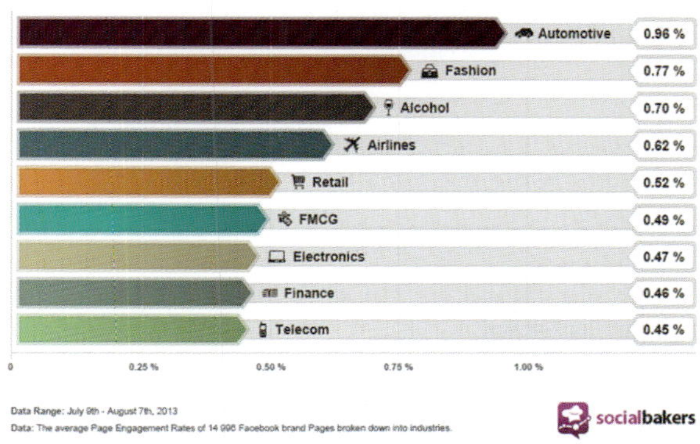

Taux d'engagements moyens par industries sur Facebook en 2013

COMMENT ANTICIPER, GÉRER ET **SURFER SUR UN BAD BUZZ ?**

La Redoute, Barilla, Findus, Abercombie & Fitch... aucune marque ne semble à l'abri de ces crises éclair sur le numérique. Entre maladresse communicationnelle, propos polémiques, contexte social subi ou campagne sulfureuse, le web est devenu un écosystème codifié où les internautes dictent les succès et les échecs commerciaux. Une démocratie où l'attention et la sensibilité peuvent être aussi bien utilisées pour congratuler que pour conspuer. Les marques comme les particuliers sont donc soumis à l'appréciation de l'inconscient collectif : une population métissée versatile et intransigeante qui peut facilement mettre ses différences de côté le temps de fustiger une entité faisant momentanément les gros titres.

COMMENT ÉVITER UN BAD BUZZ ?

Le meilleur moyen de se prémunir d'un mauvais karma sur la toile reste de l'anticiper. Pour ce faire, l'entreprise doit réaliser une introspection pour définir son ADN de marque en étudiant les points faibles pouvant représenter des menaces potentielles. L'objectif est de se doter d'une liste d'informations sensibles (délimiter la probabilité et la gravité du risque encouru) et de prévoir une typologie de réponses associées. Même si la plupart des bad buzz concernent surtout les grands comptes, chaque société doit réaliser ce travail en amont pour ne pas être dépourvue le moment venu. Il est également conseillé de sensibiliser ses salariés dans le but d'éviter qu'ils ne portent préjudice à l'image de l'entreprise. Un salarié filmé en train de lancer un colis par-dessus le portail d'un client et partir « ni vu ni connu », des salariés qui se filment en train de « jouer » avec les pizzas qu'ils préparent... Pour éviter toute bourde, l'entreprise peut instaurer une charte numérique afin de sensibiliser les salariés sur les usages et les enjeux digitaux, notamment sur les médias sociaux. Pour repérer les signaux faibles, l'entreprise doit réaliser une veille régulière pour surveiller son e-réputation. Sonder le web dans sa profondeur pour trouver où sont présents les échanges, les ambassadeurs, et surtout repérer les clients mécontents qui une fois pris en charge peuvent devenir des prescripteurs d'opinions.

COMMENT FAIRE FACE À UN BAD BUZZ ?

Analyser le problème (pourquoi, où, quand, qui ?)
Par essence, un bad buzz en chasse un autre, il est éphémère. Néanmoins, l'entreprise peut tenter d'atténuer sa durée et sa viralité. La première étape consiste à se poser les bonnes questions pour analyser la situation :

- depuis combien de temps la marque est-elle pointée du doigt ?
- quelle est la cause du problème ?

Agence Useweb

› Ronan Boussicaud
consultant social Media / Webmarketer
rboussicaud@gmail.com

« Le community manager est un acteur-clé de la stratégie de communication adoptée. Avec de la réactivité, de l'empathie et de la simplicité dans le discours utilisé, il peut redresser la barre et éviter la contagion sociale. »

- où est apparu le bad buzz ? Sur quelle(s) plateforme(s) ?
- qui a relayé l'information (particuliers, blogueurs, médias) ?

L'entreprise doit impérativement analyser le cycle de vie du bad buzz. Si elle est réactive, il lui suffira d'opérer une phase de médiation pour identifier les signes avant-coureurs et éteindre le foyer avant qu'il ne se propage. Si l'affaire a déjà été relayée par de nombreuses sources, l'objectif est de repérer l'élément déclencheur et de cartographier les protagonistes principaux (clients mécontents, trolls, avocats de la marque, concurrents, etc.) L'ensemble de ces phases d'anticipation et d'analyse définira en grande partie la typologie de réactions à adopter ainsi que la hiérarchisation des priorités.

Préparer la réponse la plus adaptée (quoi, comment ?)
Chaque cas est unique, ce qui fait qu'il est difficile de proposer des recettes prémâchées pour rebondir sur un bad buzz. Toutefois, votre réponse va clairement conditionner la suite des événements. La prise de parole doit donc être rapide mais réfléchie pour ne pas vous enfoncer davantage.

Après avoir décrypté le problème sous-jacent, il est conseillé de prendre la parole pour apporter une solution simple dans les 48h au maximum. S'il s'agit d'une maladresse de la part de la marque, comme la photo de l'écureuil pendu par les testicules publiée par la Caisse d'Épargne, il vaut mieux s'excuser tout bonnement et jouer la carte de la transparence. S'il s'agit d'internautes vindicatifs, il suffit parfois de les contacter en privé et de comprendre leur demande.

Une fois que la marque sait ce qu'elle souhaite dire sur le fond, il faut choisir la forme. Est-ce un billet ? Une vidéo ? Une interview ? Le format doit être réfléchi en fonction du ton que l'on souhaite adopter et des cibles que l'on désire atteindre. L'entreprise sera ainsi en mesure de répondre via des interventions stratégiques. Après le tollé de son spot publicitaire macabre, Cuisinella avait par exemple opté pour une interview de la présidente afin de rationaliser ce choix discutable. Une stratégie payante qui permet de couper court au bad buzz.
(http://i1.ytimg.com/vi/b-c97wWKUvM/maxresdefault.jpg)

Une fois le contenu créé, il faut le communiquer sur des plateformes adaptées. Il peut s'agir du site internet corporatif, de son blog, d'un espace dédié ou des médias sociaux sur lesquels les internautes échangent. Il peut être salvateur de faire converger les échanges sur un support que la société maîtrise pour s'assurer que les messages qu'elle souhaite véhiculer soient bien visibles et entendus. Nestlé avait par exemple créé un site dédié à l'huile de palme en vue d'informer le grand public sur son utilisation. Acadomia avait de son côté fait un mauvais choix en créant une page Facebook alors que les parents lésés étaient présents sur d'autres plateformes.

Reprendre le contrôle (par qui ?)
Le community manager est un acteur-clé de la stratégie de communication adoptée. Avec de la réactivité, de l'empathie et de la simplicité dans le discours utilisé, il peut redresser la barre et éviter la contagion sociale. Pour cela, une bonne connaissance de l'entreprise et des groupes sociaux gravitant autour d'elle est nécessaire pour rester fidèle et cohérent au positionnement de la marque. Il doit être bien intégré pour disposer de circuits décisionnels courts et avoir suffisamment de recul et de sang-froid pour échapper aux maladresses qui envenimeraient la situation. L'exemple de Tanguy, le community manager de Bouygues Télécom est devenu un cas d'école.

La marque doit parfois compter sur une autre personne pour représenter la société. Lors de litiges de fond (attaque d'une ONG comme Greenpeace qui dénonce une pratique de l'entreprise pour sensibiliser la conscience collective par exemple), des directeurs peuvent s'imposer comme les individus les plus légitimes pour prendre la parole. De manière plus impersonnelle, les réponses corporate peuvent fonctionner. L'opérateur Orange avait rapidement coupé court aux échanges virulents suite à une panne importante par une vidéo ludique et explicite. Le tout est de communiquer une réponse précise et d'adopter un positionnement clair.

« Faire du bruit pour supplanter les huées est un pari qui peut s'avérer payant, à condition de bien préparer le terrain. »

L'après bad buzz
La vague de contestations passée, une phase de cicatrisation s'initie. L'e-reputation entachée doit alors être purgée pour déclasser les contenus désobligeants des premières pages des moteurs de recherche, la mémoire collective du web. Par exemple, l'auto-complétion de Google a pendant longtemps proposé « homme nu » lorsque l'on recherchait « la redoute ». À part pour certains cas comme Abercombie & Fitch, un bad buzz n'a que rarement d'impact réel sur les ventes. Pourtant, dès lors qu'une société crée la controverse, l'opinion publique attend d'elle un éclaircissement sur ses choix. Face à ce climat tendu, mieux vaut rester vigilant durant cette période de rémission pour éviter toute rechute, car au moindre faux pas, ce sont toutes les anciennes bourdes qui peuvent revenir sur le tapis.

COMMENT TRANSFORMER UN BAD BUZZ EN UN GOOD BUZZ ?

Renverser la vapeur
Dans le creux de la vague, il est possible de refaire surface pour surfer sur le phénomène et faire que la roue tourne en sa faveur. Faire du bruit pour supplanter les huées est un pari qui peut s'avérer payant, à condition de bien préparer le terrain. Pour que ces opérations fonctionnent, il est préférable de jouer avec les codes des groupes sociaux qui conspuent la marque et miser sur des émotions positives pour désacraliser la situation, tout en acceptant la critique. Le web a ses propres langages qu'il faut savoir apprivoiser pour que son message soit reçu comme on le souhaite.

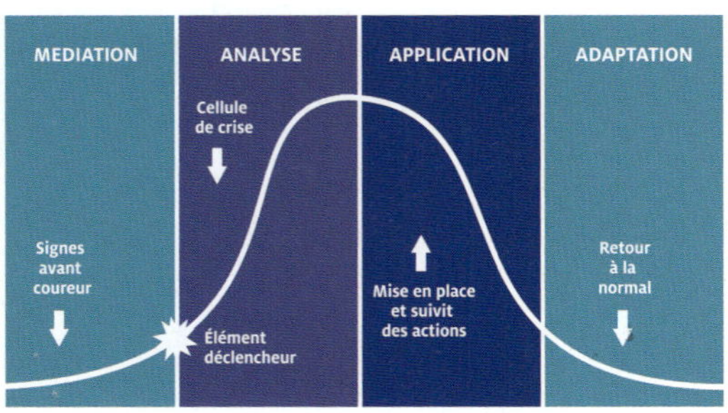

Le succès des mêmes, les collections de fails et l'appétence pour les détournements illustrent bien ce besoin de ne pas prendre trop au sérieux les entreprises. La marque ne doit pas pour autant dépasser les limites en abusant de cette « culture du lol ». La société Veet en a fait les frais avec sa campagne « mon minou tout doux » qui a créé la polémique. Suite à l'épisode houleux de l'homme nu, la Redoute a par exemple choisi de mettre en place un jeu-concours où les internautes devaient trouver des erreurs cachées parmi une sélection de photos. Domino's pizza a lancé un jeu-concours pour créer une toute nouvelle recette de pizza directement d'après les idées des clients. Après les détournements de ses emballages, Monoprix a eu l'idée de créer une application Facebook où il était possible de créer soi-même une carte de vœux sur le produit de son choix.

Autant de démarches qui démontrent qu'avec de l'écoute et un soupçon d'autodérision, les bad buzz peuvent se transformer naturellement en « good buzz ». Or il ne s'agit pas ici d'une science exacte, juste de stratégies de réponses savamment distillées.

QUELLES LEÇONS EN TIRER ?

Les 10 règles d'or à retenir

- avertir que l'on a pris connaissance du problème avant d'apporter une réponse argumentée
- ne pas se précipiter pour répondre sur le coup de l'émotion
- ne pas supprimer un commentaire négatif (effet Barbra Streisand possible)
- accepter les critiques et s'en servir pour faire évoluer ses produits/offres
- surveiller les signaux faibles de sa e-reputation, surtout en fonction du contexte social
- étouffer les rumeurs avant qu'elles ne prennent de l'ampleur
- rester transparent et ne pas chercher à mentir
- ne pas formuler des promesses que l'on ne peut pas tenir
- ne pas utiliser de faux avis/comptes pour redorer son image
- se méfier des sujets tabous ou qui font débat pour vous exposer inutilement (racisme avec les propos homophobes du président de Barilla, homoparentalité avec la campagne d'Eram, etc.)

En résumé, il faut faire preuve de bon sens et tenter de se mettre dans la peau du consommateur pour ajuster sa communication ou revoir sa copie.

ÉTUDE DE CAS : LA GESTION DU **BAD BUZZ CHEZ LA REDOUTE**

LE CONTEXTE

Le 4 janvier 2012, en période de soldes d'hiver, un homme nu est découvert sur une photo du site laredoute.fr. En effet, pour présenter un article (t-shirt enfant) en situation, la marque a publié une photo d'enfants courant sur la plage. Mais on aperçoit au second plan un homme qui sort de l'eau complètement nu. En effet, en zoomant sur la fiche produit du t-shirt pour enfant, grâce à la fonctionnalité du site de la marque, plus aucun doute ne subsiste. Cette photo est ensuite mise en avant auprès du grand public grâce au tweet d'un internaute.

En moins d'une heure, l'information est très rapidement reprise sur les réseaux sociaux et par les différents médias (presse, JT télévisés...). La Redoute sera même « trending topic » Monde sur Twitter pendant quelques heures.

Des parodies fleurissent sur internet et amusent les lecteurs. L'affaire de « l'homme nu » sera l'un des plus grands buzz sur les réseaux sociaux en 2012.

DE LA DÉCOUVERTE DE L'HOMME NU À LA GESTION DU « BAD BUZZ »

Après avoir identifié la présence de l'homme nu sur le site, le point le plus important pour La Redoute a été de dépublier, le plus rapidement possible, la fiche produit où se trouvait le désormais célèbre « homme nu ».

Le second challenge de La Redoute a été de cartographier l'étendue du buzz sur Internet et l'ensemble des médias, *en sachant que des dizaines de tweets à la minute ont été publiés les premières heures.*

La cellule de crise de La Redoute a construit une communication officielle pour présenter ses excuses à l'ensemble de ses clients. Moins d'une heure et demie après avoir détecté le début du « bad buzz », La Redoute publiait ses excuses sur sa page Facebook : « Nous sommes conscients que celle-ci puisse heurter la sensibilité des internautes. Nous allons renforcer le processus de validation de l'ensemble des communications de la marque pour que cela ne puisse se reproduire à l'avenir » et son compte Twitter : « La #Redoute vous présente ses excuses pour la photographie publiée sur son site et fait le nécessaire pour la supprimer »

La Redoute
> Amélie Poisson,
Directrice Communication & marketing

« Pour augmenter le capital sympathie de La Redoute, l'autodérision a été la clé de cette opération. »

COMMENT UN BAD BUZZ DEVIENT-IL UN ATOUT POUR LA MARQUE ?

Pour rebondir et capitaliser de façon positive sur le « bad buzz », La Redoute a imaginé une opération de communication qui s'appuie sur le désormais célèbre « homme nu ».

Pour augmenter le capital sympathie de La Redoute, l'autodérision a été la clé de cette opération.

Trois semaines plus tard, le 1er février 2012, La Redoute rebondit avec humour sur ce buzz en lançant un jeu-concours participatif sur son site Internet pour aider à trouver d'autres erreurs qui se seraient glissées sur son site.

Le jeu-concours est lancé avec une vidéo d'Anne-Véronique Baylac, la directrice e-commerce et développement. Dans cette vidéo, elle fait le mea culpa de la marque, elle révèle également que beaucoup d'autres erreurs ont été repérées sur les pages du site. Elle appelle donc les internautes à retrouver les 12 erreurs. Le premier à signaler chaque erreur peut gagner un cadeau.

Etant donné qu'un homme nu est à l'origine de l'affaire, La Redoute s'engage à habiller gratuitement chaque gagnant de la tête aux pieds pour le remercier.

Le 1er février à 14h30, une vidéo lançant le jeu-concours est mise en ligne sur YouTube et des messages relayant l'opération sont publiés sur la page Facebook et le compte Twitter La Redoute. Au fil de la journée, les erreurs trouvées par les internautes sont publiées sur Facebook. En moins de 24h, toutes ont été trouvées. Par ailleurs, la marque a pu profiter de nombreux détournements *«Les détournements réalisés par les internautes et autres marques participent à créer un véritable good buzz avec des pics de conversations dont les tonalités pleines d'humour sont désormais associées au mot clé 'La Redoute' «*, analyse Daphné Parot de l'agence Relatia qui a mené une étude sur l'impact de l'homme tout nu de la Redoute.

RÉSULTATS & ENSEIGNEMENTS

L'affaire de « l'homme nu » sera l'un des plus grands buzz sur les réseaux sociaux en 2012. Depuis, La Redoute est devenue un cas d'école sur les réseaux sociaux comme exemple de bonne gestion d'un bad buzz.

E-réputation

• Avec l'affaire de l'homme nu, La Redoute a été citée dans plus de 2 800 sources, dont 70 % sur Twitter.
• La Redoute a été mentionnée dans les JT de Canal +, M6, TF1... et citée dans des émissions telles que Le Grand Journal sur Canal+.
• La Redoute a été pendant plus d'une heure Trending Topic Monde sur Twitter.

Opération de communication

• Au mois de juin 2012, La Redoute (via l'agence CLM-BBDO) reçoit le Lion d'Or de la communication de crise. La Redoute gagnera aussi le Prix Stratégies de la communication d'entreprise et le Phénix de Bronze de L'Express.
• La vidéo lançant le jeu-concours est la meilleure vidéo non sponsorisée de La Redoute en termes de nombre de vues sur YouTube : plus de 259 700 vues !

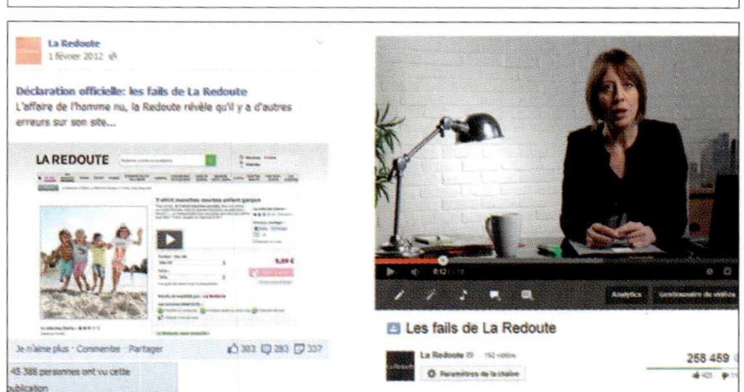

RÉSEAUX SOCIAUX ET PUBLICITÉ SUR MOBILE : UN **HEUREUX MARIAGE**

Social Moov • fr.socialmoov.com

› **Axel Prévot,** *directeur Conseil*
axel@socialmoov.com

Selon l'INSEE, en 2012, 40 % des personnes résidant en France ont déjà surfé sur Internet, en dehors de chez elles, via un ordinateur portable, un téléphone portable ou un appareil de poche. Elles n'étaient que 10 % cinq ans auparavant.

Quant aux dernières études menées par l'IAB et le cabinet IHS, celles-ci indiquent que le marché mondial de la publicité sur mobile a généré, en 2012, un chiffre d'affaires de 6,9 milliards d'euros. Ce qui représente une hausse de 82,9 % par rapport à 2011, où le marché pesait alors 3,3 milliards d'euros.
Enfin, en 2013, un téléphone mobile sur deux vendu dans le monde était un smartphone.

Forts de ces différents constats, les réseaux sociaux ont donc dû très rapidement s'adapter à ce support, aussi bien au niveau des services proposés, qu'au niveau de leur offre publicitaire.

Pourquoi les réseaux sociaux ont-ils dû repenser leur offre publicitaire pour les mobiles ? En quoi ce support modifie-t-il obligatoirement les formats proposés ? Comment les spécificités du mobile ont-elles permis de proposer aux annonceurs de nouveaux outils encore plus puissants ?

LES RÉSEAUX SOCIAUX À LA CONQUÊTE DES MOBILES...

Prenons Facebook, le leader de l'industrie des réseaux sociaux, avec plus d'un milliard d'inscrits. Facebook est un service qui a été pensé pour les ordinateurs. Au départ. Mais constatant que la proportion des connexions via smartphone ne cessait d'augmenter, Mark et ses équipes ont dû concentrer leurs efforts sur ce nouveau support. Aujourd'hui, en France, 61 % du temps passé sur Facebook se fait via un récepteur mobile.

Twitter a quant à lui été développé spécifiquement pour les mobiles. Les fameux 140 caractères représentent d'ailleurs le nombre de caractères d'un SMS + un pseudonyme Twitter. Cependant, durant plusieurs années, le business model de Twitter n'était pas vraiment clair. Désormais il l'est. La monétisation du service par la publicité.

Que ce soit Facebook ou Twitter, chacun a donc dû adapter l'expérience utilisateur et son offre publicitaire.

Au niveau utilisateur, l'ergonomie a bien sûr été optimisée pour les smartphones, et des services complémentaires de géolocalisation, de chat, de partage de photos, ont vu le jour. Mais c'est surtout les algorithmes de diffusion de l'information qui ont dû

> « Les réseaux sociaux ont donc dû s'adapter à ce support aussi bien au niveau des services proposés qu'au niveau de leur offre publicitaire. »

intégrer les contraintes mobiles : moins de place, donc moins d'information. En somme, un espace encore plus compliqué à toucher pour les marques, à moins d'utiliser les formats adéquats...

L'utilisateur est une chose. Les annonceurs, et les outils marketing qui leur sont proposés en sont une autre. C'est sur ce second point que les géants du web social ont le plus travaillé lors des douze derniers mois. Particulièrement Facebook.

... POUR PROPOSER DE NOUVELLES EXPÉRIENCES PUBLICITAIRES AUX UTILISATEURS...

Facebook réalise 49 % de son chiffre d'affaires sur mobile. C'est dire l'importance de ce levier alors que ce dernier n'était même pas intégré à l'offre promotionnelle Facebook en mars 2012. Quels formats Facebook a-t-il développés lors des derniers mois de façon à maximiser l'investissement sur le placement mobile ?

Tout d'abord, il y a 18 mois, il était tout bonnement impossible de faire de la publicité mobile via Facebook, le newsfeed mobile n'étant pas éligible à la diffusion d'ads. Mais l'introduction en Bourse de la firme a changé la donne, il a fallu prouver que la monétisation sur mobile était bel et bien en route, et dès mai 2012 les annonceurs ont pu diffuser des pages post ads (post sponsorisés) dans le fil d'actualité utilisateur sur mobile.

Mais la vraie grande nouveauté a surtout été l'apparition du format Mobile App Install permettant aux annonceurs de diffuser dans le flux d'actualité mobile des publicités invitant au téléchargement d'applications mobiles. Ce format comporte une image large de 1200*720 pixels (qui s'adapte aux différents supports : tablettes, mobiles...), un bouton de call to action download, et un lien de redirection vers le store de façon à télécharger l'application en 2 clics seulement.

Ces formats reçoivent en moyenne des taux de clic autour de 1,5 %, alors que ceux des ads diffusées dans la timeline avoisinent les 0,5 % et que les vignettes de droite connaissent quant à elles des taux proches de 0,040 %. Ces formats sont donc un must have pour l'ensemble des acteurs souhaitant favoriser l'installation de leur application, tout en gardant un targeting précis et cohérent avec leur cœur de cible. Car bien que nous soyons sur mobile, Facebook conserve toutes ses propriétés uniques de ciblage : par critères socio-démographiques, par intérêts, par connexions à l'application, etc.

Enfin, le contexte social est toujours présent, et favorise bien entendu le taux de conversion. Nous installons ainsi deux fois plus facilement une application déjà utilisée et/ou recommandée par un ami.

Twitter n'a pas eu cet exercice de mue à opérer sur ses formats publicitaires, puisque ces derniers ont été pensés de facto pour s'intégrer parfaitement à l'interface Twitter, elle-même étant optimisée pour les mobiles.

Les trois formats mobiles proposés par Twitter sont les tweets sponsorisés (pour générer de l'engagement et mettre en avant une information), les comptes sponsorisés (pour recruter de nouveaux followers) et les tendances sponsorisées (pour accentuer le branding lors d'une opération de communication globale). Les tweets sponsorisés peuvent d'ailleurs être améliorés grâce à l'ajout de Twitter cards, modules développés pour le download d'application mobile, la vente e-commerce ou l'expérience rich

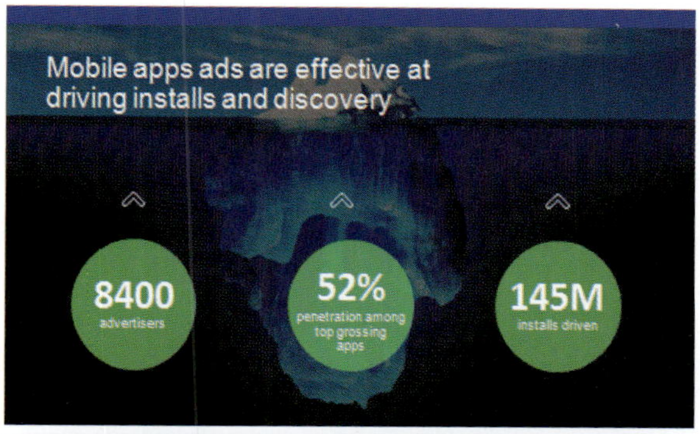

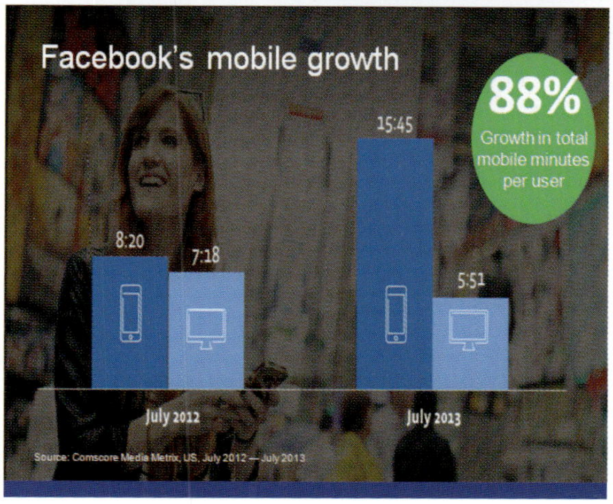

« Aujourd'hui, en France, 61 % du temps passé sur Facebook se fait via un récepteur mobile. »

« Facebook réalise 49 % de son chiffre d'affaires sur mobile. »

« Les réseaux sociaux sont aujourd'hui un prolongement des médias traditionnels dans la sphère privée. »

media. Mais tous ces formats complémentaires restent en pleine évolution.

Récemment, certains utilisateurs américains ont vu apparaitre des formats incitant à une installation rapide d'application sur leur timeline. Matt Galligan, cofondateur de Circa, a remarqué ce format fin décembre 2013. L'application Twitter sur iPad lui propose d'installer le jeu Knights & Dragons. Un raccourci vers l'App Store est intégré au tweet. Il n'a alors plus qu'à cliquer pour lancer le téléchargement. Le tweet sponsorisé affiché n'apparait d'ailleurs pas sur la timeline de Knights & Dragons qui a un compte Twitter, de façon à éviter d'encombrer la timeline de la marque.

Le réseau social teste ainsi cette fonction et ne l'a, semble-t-il, pas encore déployé pour tout le monde. Twitter l'avait déjà mise en place récemment au sein de MoPub Marketplace, une start-up spécialisée dans la gestion des flux de publicité qu'il a rachetée en septembre 2013. Ce nouveau format vise clairement à concurrencer les formats de mobile app install Facebook, fer de lance des excellents résultats du géant de Palo Alto en 2013.

Mais là où Twitter fonde en grande partie sa valeur ajoutée, c'est sur l'instantanéité. Et c'est bien sur cette notion de publicité live que Twitter veut s'installer comme leader du marché. La synergie avec la télévision pourrait d'ailleurs bien lui permettre de repenser la façon dont les annonceurs communiquent en cross canal.

... QUI IMPOSENT DÈS LORS AUX MARQUES UNE NOUVELLE STRATÉGIE DE COMMUNICATION

La multiplication des supports et des acteurs dans l'industrie du webmarketing a fondamentalement complexifié les notions d'attribution et de retour sur investissement. Aujourd'hui les leviers ne doivent plus se penser de façon individuelle, mais bien en multi-touch. Chaque levier faisant partie d'une stratégie globale au centre de laquelle se trouve le consommateur. Il n'est plus question du retour sur investissement d'un support en particulier, mais bien de celui du plan média général qui s'appuie sur plusieurs points d'entrée.

Et c'est dans cette complémentarité que les réseaux sociaux peuvent alors exprimer tout leur potentiel. Car les réseaux sociaux sont aujourd'hui un prolongement des médias traditionnels dans la sphère privée. Ainsi Facebook et Twitter sont majoritairement consommés avec une autre source de contenu en parallèle : TV, site web, radio...

Il devient alors nécessaire de créer des expériences cross canal, où chaque levier complète l'autre. Prenons l'exemple concret d'une campagne télé relayée en live sur Facebook – une expérience média de Social TV. Cette campagne fut menée par nos soins lors de la diffusion des NRJ Music Awards sur TF1. Le sponsor de l'évènement diffusait durant 72H de nombreux spots télévisés sur TF1, mettant en avant son dernier produit. Via une technologie innovante, nous avons pu déclencher automatiquement des publicités dans le fil d'actualité Facebook à chaque apparition des spots TV sur TF1. L'idée étant de prolonger l'expérience utilisateur sur mobile et tablette suite à l'exposition télé.

Les résultats obtenus sont excellents. Les coûts par engagements sont deux fois inférieurs à ce que l'on peut constater en moyenne lors de campagnes de post sponsorisés classiques. La consommation de vidéos dédiées au web a été en augmentation notable. Mais l'on entrevoit surtout via ces procédés innovants une infinité de stratégies pour les marques dans les mois à venir.

Décliner ce modèle sur Twitter, ou sur d'autres plateformes conversationnelles, relayer une publicité TV et/ou radio immédiatement sur les réseaux sociaux tout en proposant une expérience enrichie, permettre aux consommateurs de tester directement un service après sa promotion, pousser une vente évènementielle d'un support à l'autre, encourager le partage rapide d'une vidéo après sa diffusion télé, ou préparer le consommateur à une nouvelle campagne via un teasing régulier, ne sont que quelques-unes des pistes de réflexion qui vont devenir parties intégrantes des stratégies média de ces prochains mois.

Les réseaux sociaux, dont le pilier majeur a toujours été le contenu, vont donc pouvoir remettre au centre de leur modèle le brand content, notamment grâce à l'avènement de la consommation web mobile, dont l'instantanéité, l'omniprésence et les possibilités, laissent présager d'un avenir complexe mais terriblement excitant pour les annonceurs.

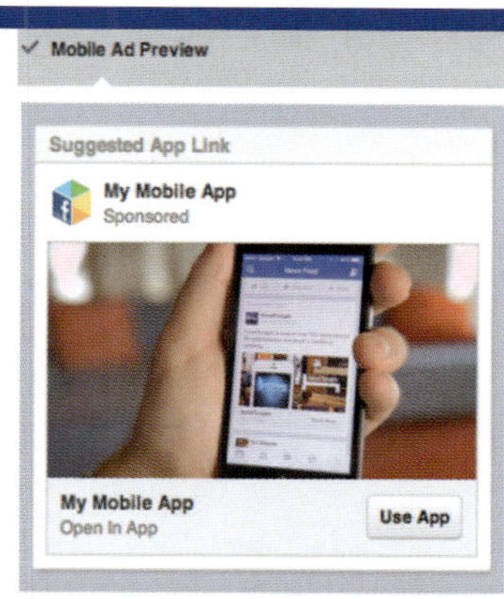

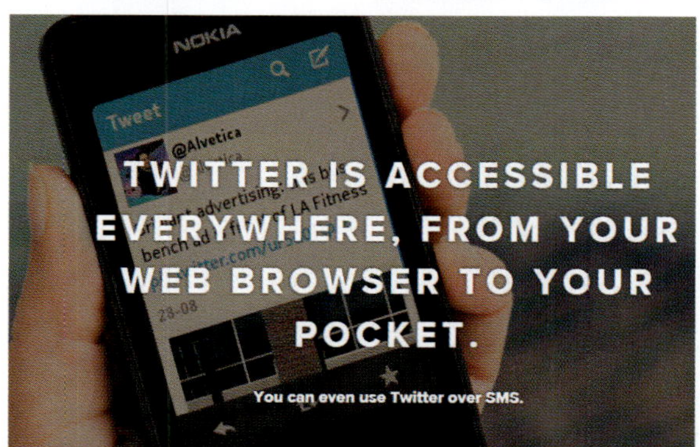

DIGITALISATION SOCIALE, **TOUT EST QUESTION DE CONTEXTE !**

On prend un café
www.onprenduncafe.com

Lionel Damm
Directeur Associé
lionel.damm@onprenduncafe.com

DU USER CENTRIC AU SOCIAL USER CENTRIC

Ces dernières années, les médias sociaux ont bouleversé les modes de communication, c'est un fait globalement acquis dans la conscience collective marketing.

De Shanghai à Los Angeles, en passant par Paris ou Moscou, les socionautes sont de plus en plus nombreux, et ne sont plus représentés par quelques utilisateurs de niches.

PREMIER CONSTAT :

Compte tenu du volume de socionautes présents, les médias sociaux peuvent aujourd'hui être considérés comme des médias de masse.

Les marques ont d'ailleurs saisi les premiers intérêts à être présentes sur ces réseaux : gain de visibilité, espaces publicitaires moins chers que sur les supports traditionnels et, enfin et surtout, une nouvelle manière de contacter leurs clients potentiels.

Il fallait être sur les réseaux. Vous y voilà donc.
Passée la phase de la simple présence, d'autres questions suivent :
Pourquoi suis-je présent ?
Que vais-je pouvoir raconter sur ces espaces ?
Et surtout comment ?

Transposer les réflexes marketing habituels peut être tentant et constitue souvent l'erreur commise dans l'utilisation des nouveaux outils sociaux.
Or, il est essentiel de prendre en compte les codes de chaque réseau, sa communauté, ses attentes et ses comportements spécifiques. On ne le dira jamais assez, les réseaux sociaux sont avant tout une histoire d'Homme à Homme.

DEUXIÈME CONSTAT :

Même s'ils sont de plus en plus considérés comme média de masse, les réseaux sociaux ne peuvent être appréhendés dans une logique marketing statique, linéaire et impersonnelle. Ils doivent prendre en compte les mutations connues des socionautes :

Penser user centric était un premier pas.
Il faut maintenant aller plus loin et penser social user centric. L'individu ne doit plus seulement être apprécié dans son individualité, mais bien envisagé comme partie intégrante d'une ou de différentes sphères sociales.

Comment valoriser mon utilisateur au sein de sa communauté ? Comment lui proposer une expérience, des services, des contenus qu'il puisse s'approprier, et qui prennent sens partagé avec sa communauté ?

TROISIÈME CONSTAT :

Nous sommes passés de la prise en compte de l'individu à la prise en compte de l'individu au sein de sa communauté

Un socionaute multi-plateforme et «décloisonné» :
Au départ, une communauté avait tendance à être cloisonnée

« le vrai défi des marques consiste aujourd'hui à raconter différentes parties d'une même histoire sur différentes plateformes de manière cohérente. »

sur un réseau social : certaines communautés étaient uniquement présentes sur Instagram, quand d'autres l'étaient uniquement sur Twitter... La tendance est aujourd'hui à la multiplication des plateformes et surtout au décloisonnement des réseaux.

Vous pouvez aujourd'hui retrouver une même personne sur Facebook, Twitter ou Vine, plusieurs plateformes sur lesquelles le socionaute va échanger du contenu différent en termes de format (photos, vidéos, textes), mais aussi et avant tout du contenu produit en fonction du contexte dans lequel il se trouve. Ces deux ingrédients vont ainsi définir son choix d'utilisation d'un réseau :
il va privilégier Foursquare pour partager sa localisation avec sa communauté, et Instagram pour partager le coucher de soleil auquel il est en train d'assister.

Si les marques ont aujourd'hui tendance à segmenter leur positionnement selon les réseaux, ou à dupliquer leurs contenus sur les plateformes, le vrai défi consiste aujourd'hui à raconter différentes parties d'une même histoire sur ces plateformes de manière cohérente.
Il va donc non seulement falloir parler au socionaute différemment, mais aussi et surtout ne pas lui raconter la même histoire sur ces différentes plateformes au risque de l'ennuyer.

QUATRIÈME CONSTAT :

De multi-plateforme, nous devons aujourd'hui passer à une logique trans-plateforme et trans-média, et inviter le socionaute à vivre une expérience enrichie se complétant sur les différents réseaux.

Un socionaute multi device
Le mobile est en passe de devenir le premier lieu de connexion pour ces socionautes.
Son avènement permet aujourd'hui de suivre un utilisateur dans tous les moments de sa vie et de multiplier les prétextes de contact avec sa communauté.
Dans le métro, devant sa télé ou en magasin, les points de contact avec sa communauté se sont multipliés.
Le périmètre d'action sociale est bel et bien centralisé autour de l'utilisateur et son usage multi-devices des médias sociaux.

CINQUIÉME CONSTAT :

Nous sommes passés d'une consommation des réseaux sociaux normée par un cadre de consommation à une consommation changeante pour chaque utilisateur en fonction du contexte dans lequel il se trouve.

TOUT ÇA POUR ÇA ! L'EXPÉRIENCE UTILISATEUR

On revient très régulièrement sur cette notion d'expérience utilisateur, à la différence près que maintenant, une véritable expérience se joue sur tous les canaux en même temps. L'expérience utilisateur s'est trop souvent résumée à un cloisonnement dans un silo avec un début d'expérience et une fin.

Evidemment, l'utilisation des médias sociaux est partie prenante de cette expérience utilisateur où ce socionaute devient actif, participe, maîtrise les actions et surtout peut les vivre avec sa communauté, ses amis, ses proches... en même temps !

En capitalisant sur cette multi-présence et cette multi-connexion, notre socionaute peut vivre une grande expérience enrichie, et dépasser le simple wow effect. C'est l'accompagnement au quotidien qui vous permettra d'être au plus proche de lui et surtout, de son contexte d'utilisation.

Il ne faut pas négliger le lien affectif qui va se créer au fil du temps, quand vous serez toujours présent pour répondre à ses attentes et surtout au bon endroit.

On a décidé de ne pas faire de

PRINT

TOUT SIMPLEMENT PARCE QUE CE N'EST
NI NOTRE MÉTIER, NI CE QUI NOUS ANIME.

“

Ce qui nous motive,

c'est **l'expérience utilisateur**, le lien avec **les socionautes**, celui qui se construit et **qui évolue**.

Ce qui nous attire ce sont **les dispositifs** qui sortent de l'ordinaire, **les vraies histoires**, avec **des vrais gens**.

Ce qu'on aime, c'est notre boulot.

Notre boulot, c'est de penser **l'angle social de vos stratégies**.

”

on prend un café

www.onprenduncafe.com

LOSC *Qui ?*
CRÉER UNE COMMUNICATION COMMUNAUTAIRE *Quoi ?*

+ de 44 000 likes le soir d'un match

17 MILLIONS d'impressions

445 000 fans

PROBLÉMATIQUE BUSINESS DE LA MARQUE

Le contexte

Fort de ses résultats sportifs, le LOSC fait partie depuis plusieurs années du top 4 des équipes de L1. Bien plus qu'un club, le LOSC est une marque qui se doit de vivre dans un environnement s'élargissant au-delà du sportif. Il est alors important d'explorer de nouveaux champs de communication afin d'aider la marque à vivre en dehors des événements sportifs.

La cible : cible amatrice d'événements, 15 – 35 ans, connectée

Les objectifs

- Rendre les utilisateurs acteurs de la marque
- Engager et animer continuellement les communautés LOSC
- Fédérer les supporters autour d'une même dynamique

SOLUTION STRATÉGIQUE

L'approche de l'agence

Nous avons recommandé à l'équipe dirigeante du club de capitaliser sur les moments forts des rencontres sportives pour fédérer les utilisateurs et leur laisser le pouvoir de devenir acteurs de ces événements. La marque ne disposant pas d'espaces collaboratifs spécifiques, nous avons déployé un plan d'action sur les réseaux sociaux offrant alors la meilleure opportunité pour créer l'interaction. Repartant du positionnement global de la marque, l'agence a transposé et adapté les orientations stratégiques aux réseaux sociaux en poussant au maximum cette volonté d'interaction. Ainsi, les joueurs ne sont plus seuls sur le terrain ! L'équipe est propulsée par son 12e homme.

Le positionnement

L'approche consiste à intégrer le supporter en tant que membre de l'équipe. Les espaces sociaux servent à mettre le supporter en immersion au sein de l'équipe. Il peut y vivre des moments uniques qu'il ne trouvera pas ailleurs.

On retrouve alors deux types de supports :

• les supports sportifs : le site web, les contenus vidéo et la page Facebook qui permettent à tous les supporters de s'exprimer sur l'aspect sportif

• les supports sociaux : Twitter, Tumblr, Instagram, Vine, qui mettent le supporter au cœur de l'action et du live des matchs.

Les espaces live sont capitaux à la mise en œuvre de l'approche. Notre objectif est de créer une très forte interaction sur une période courte pour rassembler grâce au earn media, tous les supporters le temps d'un match.

MISE EN PLACE OPÉRATIONNELLE

Quelques actions opérationnelles

Campagne « nous sommes les dogues »

Avant même la fin de la saison, un club sportif se doit de préparer la saison suivante, hormis les transferts de joueurs, l'un des temps forts de l'intersaison est le travail sur les maillots de la saison suivante et l'événementialisation de cette nouveauté.

Le LOSC ayant la volonté d'impliquer les supporters dans cette campagne marketing de lancement des nouveaux maillots, nous avons impliqué les fans Facebook les plus actifs dans cette campagne. Un shooting photo avec le nouveau maillot était réservé à 29 supporters, qui se sont ainsi retrouvés au cœur de la campagne d'affichage du LOSC dans la métropole lilloise.

LOSC Fan Cup
LOSC Fan Cup est un dispositif mis en place sur la page Facebook du LOSC, visant à récompenser les fans les plus actifs de la page. Cette animation a été proposée pendant toute la deuxième partie de saison du championnat de Ligue 1, de février à juin 2013. Grâce à un système de points par interaction avec la page, nous avons créé une application de classement des fans en temps réel. A la fin de chaque mois, le concours était arrêté et le fan ayant accumulé le plus de points durant les 30 derniers jours se voyait récompensé. Comment ? Avec un diplôme « Fan du mois », dédicacé par un joueur professionnel du club. Outre l'envoi de ce diplôme au domicile du gagnant, celui-ci recevait un maillot du club dédicacé par le joueur et était mis en avant sur la page Facebook à plusieurs reprises en tant que Fan LOSC du mois. Afin de lutter contre le spam des fans sur la page LOSC, des règles étaient mises en place sur la fréquence et le volume de messages postés.

Live tweet sur écrans géants
Un des enjeux majeurs du LOSC en cette saison 2013/2014 est de créer tout un engouement autour de l'expérience au stade. Pour cela, à côté de nombreux dispositifs d'animation, nous avons mis en place un live tweet permettant d'afficher sur les écrans géants du stade Pierre Mauroy les réactions et encouragements des supporters, et ce, en direct (avec modération a priori).

Tumblr des soirs de match
Dernière action mise en place, un tumblr destiné à regrouper tous les contenus générés grâce aux supporters les soirs de match. Ce tumblr devient une véritable bible des animations au stade grâce à ces supporteurs qui tweetent, qui donnent leurs pronostics et qui participent aux différentes animations au stade.

A côté de ces actions détaillées, d'autres actions permettent l'atteinte des objectifs :
- des animations concours afin de développer le CRM
- des publications graphiques adaptées à une utilisation mobile et favorisant l'interaction
- des jeux spécifiques autour des partenaires du LOSC

LES RÉSULTATS

Facebook :
- Mai 2014 : 445 000 fans
- Audience par jour : + 125 000 utilisateurs (+ 250 000 un soir de match)
- Impression organique/mois : + 17 millions
- Engagement un soir de match : + 4 000 commentaires / + 44 000 j'aime sur les contenus / + 4 000 partages
- 5e au championnat de Ligue 1 sur Facebook

Twitter :
- Août 2012 : 15 000 followers
- Décembre 2012 : 26 000 followers
- Juin 2013 : 37 000 followers (+100% en un an)
- Mai 2014 : + 95 000 followers
- + 15 000 mentions/mois

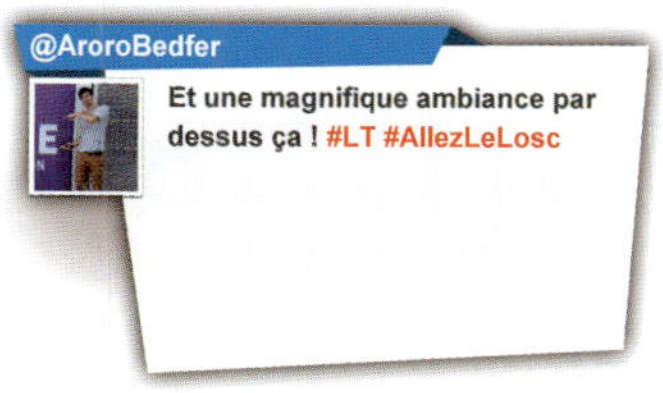

« Un des enjeux majeurs du LOSC en cette saison 2013/2014 est de créer tout un engouement autour de l'expérience au stade. »

O On Prend Un Café
www.onprenduncafe.com
Lionel Damm, *directeur associé*
lionel.damm@onprenduncafe.com

LA VIDÉO RÉVOLUTIONNE VOTRE COMMUNICATION : **COMMENT VOUS DÉMARQUER ?**

CatchMyWorld

› Geoffroy Fouquet
Directeur général & co-fondateur
geoffroy.fouquet@catchmyworld.com

Les médias n'existent plus... ou plutôt ont évolué ! Ces quelques mots permettent de caractériser l'évolution du marché de la vidéo à laquelle nous assistons tous les jours.

Les médias et nous tous avons dû nous adapter aux nouveaux usages liés à ce que les technologies de diffusion et de consultation permettent. L'usage exponentiel de la vidéo sous toutes ses formes, dans tous les lieux, sur tous les écrans, à tout moment et « on demand » est l'exemple le plus remarquable de cette évolution.

Le marché de la vidéo et de ses différents formats est en perpétuel mouvement : l'évolution dont nous parlons aujourd'hui annonce une révolution future dictée par la notion de temps réel... **mais comment se démarquer dans cette stratégie de communication vidéo ?**

LA VIDÉO SOUS TOUTES SES FORMES

La vidéo en ligne est au cœur de la consommation de contenu multimédia. L'audience web en France atteint 48 millions d'internautes (ComScore décembre 2012) quand il en a atteint 182 millions aux Etats-Unis. Quand le marché de la vidéo en ligne via PC n'a connu qu'une légère augmentation de 1 %, il a explosé via mobile de près de 110 % !

Cette tendance, amorcée depuis déjà quelques années par YouTube largement en tête devant Dailymotion, continue de s'amplifier, d'autant que la proposition de contenus sur le web gagne constamment en qualité et que les internautes sont de plus en plus habitués à consommer et à diffuser ces contenus via différents devices avec une forte augmentation pour les smartphones suivis par les tablettes.

Notons 2 choses :
• La vidéo est la 3e activité courante des usagers entre 15 et 24 ans sur smartphone derrière le SMS et la photo.
• A l'horizon 2015 : 85 % à 90 % du temps passé sur le web sera consacré à la lecture de vidéos.

QUELQUES NOUVEAUX ACTEURS

On peut citer dernièrement :
• Vine (40 millions d'utilisateurs), le service de mini-vidéos de 6 secondes de Twitter.
• Mobli (12 millions d'utilisateurs) permettant de poster photos et vidéos.
• Instagram (150 millions d'utilisateurs) devenu en 2 ans le leader dans le domaine de la photo et proposant depuis quelques mois

« Le LIVE permet de rentrer dans l'univers de la marque : c'est ce qu'attend aujourd'hui la communauté de « fans » afin que ceux-ci redeviennent des ambassadeurs de marques. »

de poster des courtes vidéos de 15 secondes.
• Viddy ou Socialcam, dont ce dernier est la propriété de la plateforme Justin.tv.

Cette profonde transformation de la consommation de contenu multimédia n'est bien évidemment pas sans impact pour les producteurs de contenus comme pour les annonceurs, chacun cherchant à trouver une stratégie adaptée à la nouvelle donne.

Le risque étant de ne pas prendre de recul sur ce marché colossal et de s'éparpiller dans le but de venir combler une présence dont le retour sur investissements temps & coûts serait quasi nul.

LA NOUVELLE PLACE PRISE PAR LA VIDÉO : UNE CHANCE POUR LES MARQUES

La communication vidéo traditionnelle a été longtemps limitée par la technologie et, de fait, un territoire d'expression plus contraint. De son côté, la vidéo en ligne elle-même a été longtemps limitée par l'audience. Aujourd'hui, l'audience rencontre la technologie, les plateformes se développent et les devices intègrent des fonctionnalités jusqu'alors inutilisées.

Les marques peuvent se saisir de ces nouvelles possibilités pour intégrer à leur campagne de nouvelles dimensions créatives, développer des logiques d'engagement plus fortes et bien entendu de partage.

Au-delà de la création, élément essentiel pour marquer les esprits, la vidéo en ligne donne aussi une opportunité unique aux annonceurs de **développer une relation plus forte à leur marque** en engageant leur audience et en développant les interactions avec celle-ci.

LA TENDANCE 2014 : LA DIFFUSION LIVE

La créativité et les nouveaux territoires ouverts par l'Internet sont aujourd'hui en train de révolutionner la production et la façon de penser le contenu vidéo.
Le temps passé à interagir avec les vidéos ou autres dispositifs est un temps précieux pour la marque qui installe l'audience dans son univers, et permet ainsi une expérience plus riche que le seul message délivré dans un spot traditionnel de 30 secondes.

Le mobile contribue aujourd'hui fortement à amener cette notion d'engagement à un niveau supérieur : avec l'ajout de technologies comme la géolocalisation ou le temps réel, ce sont de nouveaux modes d'engagement mais aussi de communication qui apparaissent.

A l'ère de la 4G et dans un écosystème social complexe où il devient de plus en plus difficile de se démarquer et, par conséquent, de mobiliser son audience, une tendance forte, pouvant redistribuer les cartes de cet écosystème, est en cours d'éclosion : **la diffusion en direct LIVE.**

POURQUOI SE DÉMARQUER ET COMMENT ?

Pourquoi se démarquer ?
La vidéo a ainsi déjà révolutionné la communication. Passant en 2012 de 60 h de vidéos mises en ligne chaque minute sur YouTube à 72 h en 2013, la vitesse à laquelle le contenu se renouvelle montre bien le danger de poursuivre une stratégie de communication vidéo sans prendre de recul.

Le buzz de quelques dizaines de vidéos masque les millions de vidéos mises en ligne passées inaperçues dans un écosystème où les internautes sont des zappeurs de contenus. La vidéo est

« Le temps passé à interagir avec les vidéos ou autres dispositifs est un temps précieux pour la marque qui installe l'audience dans son univers, et permet ainsi une expérience plus riche que le seul message délivré dans un spot traditionnel de 30 secondes. »

un très bon vecteur de communication mais perd, chaque jour, un peu plus de son pouvoir d'engagement et de mobilisation de son audience.

Comment se démarquer ?
La communication à travers la vidéo est clairement rentrée dans les mœurs : c'est parce qu'elle est devenue un passage obligé que l'on assiste à une lassitude. Il est nécessaire de se démarquer, de surprendre son audience et de s'ouvrir à elle afin de créer un lien simple mais fort, base d'une relation saine et durable.

L'Internet a fonctionné pendant des années comme un « monde » à part : il s'agit aujourd'hui de l'humaniser en créant une relation réelle entre annonceurs (ex. : les marques) et audience (ex. : les fans) basée sur l'échange en direct LIVE.

Aujourd'hui, nous assistons à la diffusion en LIVE de certains grands évènements. Apple, Victoria Secret ou Etam (...) donnent aujourd'hui rendez-vous une à deux fois par an autour de shows uniques retransmis en LIVE sur Internet. Les internautes initialement zappeurs, se mobilisent fortement derrière ces évènements et deviennent alors de très bons ambassadeurs de marques ; on sait à quel point leurs avis sont plus importants qu'un argument marketing.

Il est donc essentiel de (re)créer un lien particulier avec son audience : la vidéo est aujourd'hui devenue impersonnelle et les « fans », pourtant les meilleurs ambassadeurs pour les marques, ne se sentent plus privilégiés.

Replacer son audience au centre de son attention en faisant tomber le rideau marketing est très certainement la clé : la diffusion en direct LIVE est votre alliée.

INSTALLEZ VOTRE AUDIENCE DANS VOTRE UNIVERS : OSEZ LE LIVE

Osez la diffusion en LIVE, mais quelles sont les plateformes et de quoi avez-vous besoin ?

• **Livestream et Ustream** sont les plateformes historiques sur ce marché venant en concurrence frontale avec la nouvelle évolution de YouTube vers le LIVE. Elles représentent aujourd'hui des alternatives aux contenus télévisés classiques mais elles ne mobilisent pas et n'engagent par l'audience au sein de leurs plateformes.

• **Twitch et Justin.tv** se sont spécialisés dans la diffusion de LIVE gaming via PC.

• **Bambuser et CatchMyWorld** sont des plateformes offrant une place plus importante à une communauté de particuliers. **CatchMyWorld**, plateforme de social media complète, développée autour de l'interaction en direct LIVE via smartphone, tablette ou PC, a l'avantage de s'adresser clairement aux 2 publics : les particuliers d'un côté et les marques de l'autre dans le but de créer des interactions entre ces 2 parties.
CatchMyWorld est probablement la plateforme la plus à même de créer la rencontre entre l'audience de « fans » et des marques.

L'utilisation de **Facebook** pour la diffusion LIVE est envisageable pour des évènements one shot mais très mal adaptée pour créer une interaction LIVE régulière avec son audience : c'est en effet la régularité du rendez-vous avec sa communauté qui doit être recherchée afin de créer une relation forte et durable.

LES OBJECTIFS DU LIVE :

Marques, sites e-commerce, pure players, blogueurs, (...), recréer de l'humanité dans vos échanges avec votre audience est essentiel dans une stratégie de communication. Une fois la plateforme choisie permettant d'atteindre votre communauté quel que soit le device (smartphone, tablette ou PC), il est important de jouer véritablement le jeu de la diffusion LIVE en préparant le cadre de votre intervention tout en gardant le naturel de ce format.

Ce qui fait l'originalité, l'identité de votre marque doit apparaître dans votre échange LIVE avec votre communauté. Cela doit permettre la création d'un rendez-vous régulier, d'un dialogue aboutissant à un lien fort et unique découlant naturellement du caractère unique de cette interactivité. Le LIVE permet de rentrer dans l'univers de la marque : c'est ce qu'attend aujourd'hui la communauté de « fans » afin que ceux-ci redeviennent des ambassadeurs de marques.

Grâce à des fonctionnalités comme le Record « on demand » (développé par CatchMyWorld), diffuser en LIVE permet simultanément d'ajouter des contenus vidéo uniques pouvant être partagés immédiatement.

Enfin, comme un vendeur en magasin, ce mode de diffusion doit permettre d'humaniser la relation et de créer du trafic qualifié vers son propre site e-commerce.

CONCLUSION : REVENEZ AUX FONDAMENTAUX !

L'année 2014 promet d'être riche pour les marketeurs qui devront réfléchir aux nouvelles manières de s'adresser à ces consommateurs hyper-connectés.

Les stratégies marketing des marques ont hissé la vidéo à la 1ère place s'adaptant tout naturellement au mode préféré de consommation de l'information des internautes. Cependant, un nouvel équilibre est à retrouver et il est nécessaire de se démarquer afin de mobiliser son audience, devenue zappeuse.

Revenez aux fondamentaux ! Ne recherchez pas à tout prix le buzz mais construisez une relation forte et unique avec votre audience... **la diffusion en direct LIVE est votre meilleur atout** et des plateformes comme CatchMyWorld vous apportent tous les meilleurs outils : vous serez innovant, forcément unique (si vous jouez le jeu) et vous maîtriserez vos coûts et votre temps investi tout en replaçant votre communauté au centre de votre communication afin qu'elle redevienne votre meilleur ambassadeur.

RENAULT *Qui ?*

VIDÉO INTERACTIVE « NOUVELLE CLIO RS » *Quoi ?*

43 700 utilisateurs engagés

Vidéo interactive • Lancement produit • Engagement

PROBLÉMATIQUE BUSINESS DE LA MARQUE

Le contexte

Constructeur automobile depuis 1898, Renault est aujourd'hui l'un des champions numériques. La marque est à l'écoute des nouvelles technologies et place l'innovation au cœur de sa stratégie digitale.

Créé par Publicis Conseil, le film publicitaire de la Nouvelle CLIO RS est baptisé « Re-start your heart ». Après l'opération TV, lancée le 24 mai 2013, Renault a souhaité prolonger l'expérience du film dans l'univers digital pour promouvoir ce nouveau modèle.

La cible

Dotée d'innovations techniques, la Nouvelle Clio RS associe polyvalence, confort, performances et sportivité. Le véhicule s'adresse aux amateurs et amatrices de voitures de sport, mais aussi aux consommateurs et consommatrices exigeants.

Les objectifs

• Proposer une expérience unique, personnalisée et fortement engageante avec le film Clio RS dans l'univers digital.
• Présenter des attributs fonctionnels du véhicule à partir de la vidéo existante d'une façon originale et convaincante.
• Optimiser le soutien aux ventes au travers d'un dispositif vidéo on line.
• Générer du trafic vers les centres d'essais Renault.

SOLUTION STRATÉGIQUE

L'idée stratégique

Avec la technologie Touchalize, Digitas a proposé à Renault un dispositif de vidéo interactive :
Innovant : le concept permet de découvrir les particularités de la Clio RS en interagissant avec la vidéo.
Multicanal : le dispositif est disponible sur ordinateur, mais aussi sur les supports mobiles et tablettes, via des applications sous iOS et Android.
Ludique : le dispositif offre aux utilisateurs la possibilité de prendre le contrôle de la vidéo en permettant par exemple d'écrire la fin de l'histoire.

Le dispositif Nouvelle Clio RS propose une vidéo interactive qui transforme l'expérience digitale en échange entre la marque et son public/ses consommateurs. Le film de 45 secondes est augmenté avec des hotspots interactifs invitant à prolonger le parcours utilisateur dans l'univers virtuel du véhicule :
• « Découvrez son design » : lorsque les utilisateurs cliquent sur ce hotspot, ils découvrent des éléments plus précis du design de la voiture en 3D.
• « Découvrez sa sportivité » : en cliquant sur ce hotspot les utilisateurs peuvent se connecter avec la voiture et tester virtuellement sa motorisation ou ses différents modes de conduite : normal, sport et racing.
• « Découvrez R-Link » : ce hotspot intègre les caractéristiques hautement technologiques et propose aux utilisateurs de tester

la tablette connectée R-Link d'un simple toucher.

• « Poursuivez dans votre Clio RS » : ce dernier hotspot permet aux utilisateurs d'interagir avec la vidéo et de changer la couleur du véhicule pour créer une expérience personnalisée.

Chacun de ces hotspots permet d'accéder à une page dédiée au véhicule afin d'en savoir plus ou encore de réserver directement un essai chez le concessionnaire le plus proche.

Les utilisateurs peuvent également à tout moment partager leur expérience avec la vidéo interactive sur Facebook ou Twitter.

Les aspects innovants et de différenciation

Le dispositif « Nouvelle Clio RS » comporte plusieurs dimensions innovantes :

• La campagne de vidéo interactive multicanal. Ce dispositif a démontré un exploit technologique au service de l'expérience de marque. Renault a choisi la technologie Touchalize pour proposer à son public d'interagir avec la vidéo « Nouvelle Clio RS » à travers tous les supports : ordinateur, tablette, mobile.

• L'engagement avec la marque. Grâce aux interactions proposées, le temps passé dans le dispositif est bien plus élevé que 45 secondes (la durée du film d'origine).

MISE EN PLACE OPÉRATIONNELLE

La durée : le dispositif est lancé en juillet 2013

Les explications autour des choix créatifs

L'essentiel est de proposer une expérience interactive et unique avec le dispositif, tout en gardant une cohérence avec la vidéo d'origine, ainsi que le parcours utilisateur qui varie en fonction du support.

Les étapes

Le dispositif est lancé en France et à l'international (16 langues).

Le déploiement inclut :

• Mise en place d'un mini site
• Mise en ligne des applications tablettes : iPad et Android
• Mise en ligne des applications mobiles : iPhone et Android

Pour soutenir le lancement du dispositif une vidéo explicative et promotionnelle a été diffusée sur YouTube. Le dispositif a été également promu sur les réseaux sociaux.

LES RÉSULTATS

43 700 utilisateurs engagés avec la marque depuis 6 mois

Grâce à la possibilité d'interagir avec la vidéo, les utilisateurs se projettent dans l'univers de la marque et découvrent les attributs du véhicule. Le pouvoir de prendre contrôle de la vidéo et d'avoir une expérience personnalisée avec les différentes couleurs augmente significativement le temps passé dans le dispositif. En effet, cette immersion des utilisateurs dans l'univers du produit stimule leur engagement avec la marque et leur intérêt vis-à-vis du véhicule.

« Grâce à la possibilité d'interagir avec la vidéo, les utilisateurs se projettent dans l'univers de la marque et découvrent les attributs du véhicule. »

O *Renault*
Antoine Commergnat, *Manager e-Marketing & e-Commerce*
Fabrice Roche, *Chef de Projet Marketing Digital*
O *Touchelize*
Guillaume Lemoine, *PDG, fondateur*
Elena Lemoine, *Directrice marketing, co-fondatrice*

LA VIDÉO PROGRAM-MATIQUE, LE **PARADIS DU BRANDING**

Les années 2010 voient l'avènement d'une toute nouvelle façon de communiquer sur Internet : la publicité vidéo. Avec la catch-up, des chaînes TV comme M6 ou TF1 ont ouvert la voie quelques années auparavant de ce qui est maintenant devenu une évidence pour les marques : une bonne campagne TV se prolonge naturellement sur la toile. Ce phénomène que nous connaissons sous le nom de publicité vidéo en ligne est à présent le segment publicitaire le plus dynamique du web. Mais pourquoi ?

3 raisons principales :

• l'essor des nouveaux usages liés aux nouveaux écrans a pour conséquence que la télévision ne permet plus de bien toucher les cibles convoitées comme les jeunes et les CSP+. Le visionnage de vidéo en ligne atteint maintenant près de 10 millions de Français chaque jour selon Mediametrie/Netratings (source France Novembre 2013).

• le pouvoir émotionnel de la vidéo par rapport à la bannière display, est simplement incomparable en termes d'impact. En témoignent les résultats d'une étude IPSOS/StickyADS.tv réalisée pour un annonceur auto fin 2013 : le score d'un spot de publicité diffusé simultanément en TV et sur Internet a été 3 fois supérieur au score de notoriété top of mind de l'audience exposée seulement au spot en TV.

• les possibilités d'interaction avec la marque sont très nombreuses puisque les créations interactives permettent maintenant à l'internaute de jouer avec le spot vidéo, de demander à être rappelé par un conseiller, de demander un essai auto voire même de partager la publicité sur son mur Facebook et générer des vues 'bonus' (earned media) pour l'annonceur.

En bref, la publicité vidéo sous toutes ses déclinaisons (preroll, midroll ou postroll dans le flux – aussi appelé instream) permet au digital d'entrer dans le territoire sacré des marques, celui du branding, de la notoriété, de l'image ; un territoire jusque-là réservé au média roi, la télévision.

MAÎTRISER UN UNIVERS AUX ENJEUX MULTIPLES

Où diffuser ? Quelle création ? Avec quels objectifs ? Quelles métriques ? Quels pièges éviter ? Pour les équipes marketing des marques les enjeux sont très complexes. Mais alors, comment bien réussir sa campagne vidéo ? Très simplement en utilisant des outils technologiques pour optimiser tous les paramètres du trading média vidéo.

Aujourd'hui les ad exchanges, appelés aussi trading media automatisé ou programmatique, sont devenus la réponse logique à un univers digital devenu très complexe mais porteur de promesses à forte valeur : cibler son audience impression par impression (publicitaire), ajuster sa création vidéo en fonction de son taux de visibilité mesuré, choisir URL par URL où la publicité est diffusée et pour finir acheter au meilleur prix les meilleurs espaces publicitaires.

STICKY ADS TV

> Gilles Chetelat
COO
gilles@stickyads.tv

« la publicité vidéo sous toutes ses déclinaisons permet au digital d'entrer dans le territoire sacré des marques, celui du branding, de la notoriété, de l'image ; un territoire jusque-là réservé au média roi, la télévision. »

L'ABC DU TRADING MEDIA PROGRAMMATIQUE : À SAVOIR AVANT D'ACHETER

Imaginez le marché de Rungis dans les années 70, un marché de gros où les professionnels trouvent de tout, mais pas d'outil pour garantir l'efficacité de l'achat et de la vente : c'est la criée... Aussi curieux que cela puisse paraître, la criée est restée longtemps le moyen « normal » d'acheter l'espace sur les médias digitaux depuis la fin des années 90. Les ad exchanges en induisant une transparence entre la demande et l'offre ont littéralement bouleversé le marché.

La demande, ce sont les annonceurs qui veulent acheter les meilleurs espaces publicitaires, via leur agence média et/ou via un ou des trading desks, des sociétés spécialisées dans l'achat programmatique. Cet écosystème défend les intérêts des acheteurs d'espaces publicitaires

L'offre vidéo, c'est la somme des espaces publicitaires disponibles à la vente. On y retrouve des contenus vidéo produits par des chaînes TV ou des sites média nationaux (comme la presse) ou encore des portails internationaux généralistes (MSN ou Yahoo) ou spécialisés en vidéo (YouTube ou Dailymotion). Cette offre est disponible dans des ad exchanges (ou places de marché) qui regroupent les contenus selon leur qualité (de production TV ou amateurs –User Generated Content), les types d'espaces publicitaires (dans le flux ou instream –le preroll, hors du flux ou outstream –la bannière vidéo). Cet écosystème défend les intérêts des vendeurs d'espaces publicitaires.

COMMENT RÉUSSIR SA CAMPAGNE VIDÉO DANS UN CONTEXTE DE RARETÉ ?

Le marché de la vidéo en ligne est très prisé. Tous les annonceurs veulent des espaces publicitaires sur des sites média (catchup TV ou sites de presse), et tous veulent avant tout du preroll (instream ou publicité vidéo diffusée avant un contenu vidéo).

Imaginez 12 personnes qui viennent de traverser ensemble le désert sans boire et qui arrivent devant... 1 verre d'eau à se partager. C'est une situation où l'offre est 12 fois supérieure à la demande. C'est exactement cette situation qu'a connue le marché français de la vidéo programmatique en janvier 2014 selon StickyADS.tv ; l'offre vidéo est donc rare. C'est un facteur déterminant à bien connaître avant d'aborder le point suivant sur la qualité des inventaires.

Quels critères de qualité de l'offre ? Pour un annonceur, voici les paramètres principaux qui font la qualité des inventaires vidéo :

• Savoir précisément où sont diffusés les publicités vidéo (c'est-à-dire connaître les URL des sites de diffusion),

• Vérifier que les sites de diffusion sont en langue française et en extension .fr (France) ; ces inventaires ont souvent plus de valeur que des sites en langues étrangères en .com diffusés en France (IP FR),

• Sélectionner des taux de visualisation de la publicité supérieurs à 70 % (plus de 70 % des personnes exposées voient la publicité entièrement). Ce sont en général les contenus de chaînes TV qui obtiennent les meilleurs scores avec 90 % ou plus de taux de visualisation,

• S'assurer que les publicités sont bien déclenchées par l'utilisateur (et pas en autoplay) ; un simple moyen de détecter des anomalies sur ce point est d'identifier des inventaires où les taux de clics (CTR) sont inférieurs à 1 % alors que la moyenne marché est plutôt entre 2 et 3 %.

• Optimiser avec de la data sur quelle audience (SocioDemo) est diffusée la publicité en priorité tout en restant sur des inventaires média connus.

La chaîne de la valeur au-delà de l'offre et la demande vidéo décrite plus haut doit également intégrer les notions de DSP

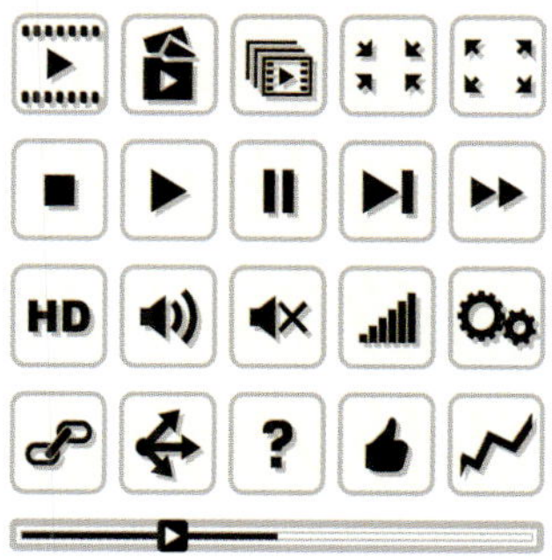

« En RTB, tous les acheteurs/annonceurs via leur DSP placent des enchères en temps réel pour préempter les espaces publicitaires qu'ils ciblent. »

(Demand Side Platform ou plateforme d'achat) et de SSP (Supply Side Platform ou plateforme de vente). Ces plateformes permettent aux écosystèmes de la demande et de l'offre d'offrir la capacité d'acheter au mieux les inventaires (pour les annonceurs) ou de vendre au meilleur prix (pour les sites éditeurs).
Pour ce qui est de l'achat d'inventaire, un DSP est une plateforme qui permet d'optimiser son coût d'achat tout en suivant en temps réel tous les paramètres de qualité de la diffusion cités plus haut.

Un annonceur averti pourra donc demander au trading desk à qui il compte confier une partie de son achat d'espace vidéo, quelles métriques parmi celles mentionnées plus haut il sera en mesure de fournir à l'issue de chaque campagne, ce qui dépendra in fine des informations que sait lui remonter le DSP avec lequel il opère.

Fig1. Chaîne de la valeur vidéo programmatique

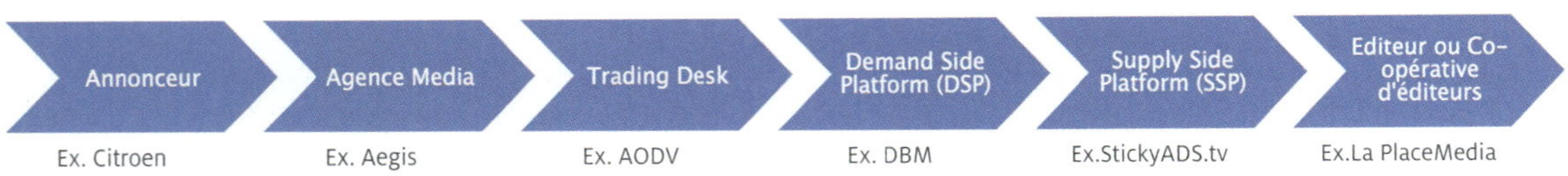

ACHETER SON MÉDIA VIDÉO AU MEILLEUR PRIX...

Vous l'avez compris, dans un marché vidéo où la demande dépasse l'offre, il est important de bien maîtriser quels sont les modes d'achat/vente qui sont disponibles. Pour simplifier il existe 2 grands principes transactionnels : les enchères en temps réel (ou Full RTB) et les deals privés (ou Private Deals). En RTB, tous les acheteurs/annonceurs via leur DSP placent des enchères en temps réel pour préempter les espaces publicitaires qu'ils ciblent. Les deals privés sont des accords de gré à gré entre acheteur et vendeur pour « réserver un inventaire » à un prix fixe par exemple. En vidéo, avec une offre encore rare, les acheteurs tendent à « sécuriser » leurs achats avec des deals privés ; c'est le cas de 60 % des transactions programmatiques en janvier 2014 selon StickyADS.tv. Le Full RTB est cependant intéressant pour situer le prix marché des inventaires (celui fixé naturellement par l'offre et la demande), vérifier la pertinence de ses deals privés et aussi bénéficier de périodes de plus faible demande où les prix des transactions sont donc plus intéressants.

En résumé, pour acheter au meilleur prix en programmatique, l'annonceur et son trading desk doivent sûrement combiner deals privés et full RTB afin de se garantir à la fois l'accès à un certain volume d'inventaire (en full RTB les volumes ne sont pas garantis) tout en gardant un œil sur l'évolution des prix du marché.

LE DOUBLE SOUHAIT DES MÉDIAS : VALORISER CONTENU ET CONTEXTE MÉDIA

En vidéo, les médias sont en train de faire l'agréable expérience... qu'ils détiennent le pouvoir car ils disposent de la matière première (les espaces publicitaires vidéo) et ceux-ci sont plutôt rares pour le moment. C'est une très bonne nouvelle pour les médias vidéo, leur objectif quotidien consiste donc à s'assurer non seulement que tous leurs espaces publicitaires vidéo (ceux qui rapportent le plus par rapport au display classique) sont vendus et qu'ils sont valorisés au meilleur prix de vente.

Voici les 2 clés des bonnes pratiques pour les éditeurs de sites vidéo :
• La transparence des environnements de diffusion (les URL sont connues de l'acheteur) ce qui permet de valoriser le contexte média des emplacements publicitaires,
• La pré-qualification des audiences par le vendeur d'espace à l'aide de la data (sa data propre ou tierce) ce qui permet de proposer des deals privés à valeur ajoutée aux acheteurs.
La bonne nouvelle est que ces objectifs éditeurs rentrent également dans les attentes des acheteurs. L'écosystème vidéo programmatique est donc vertueux !

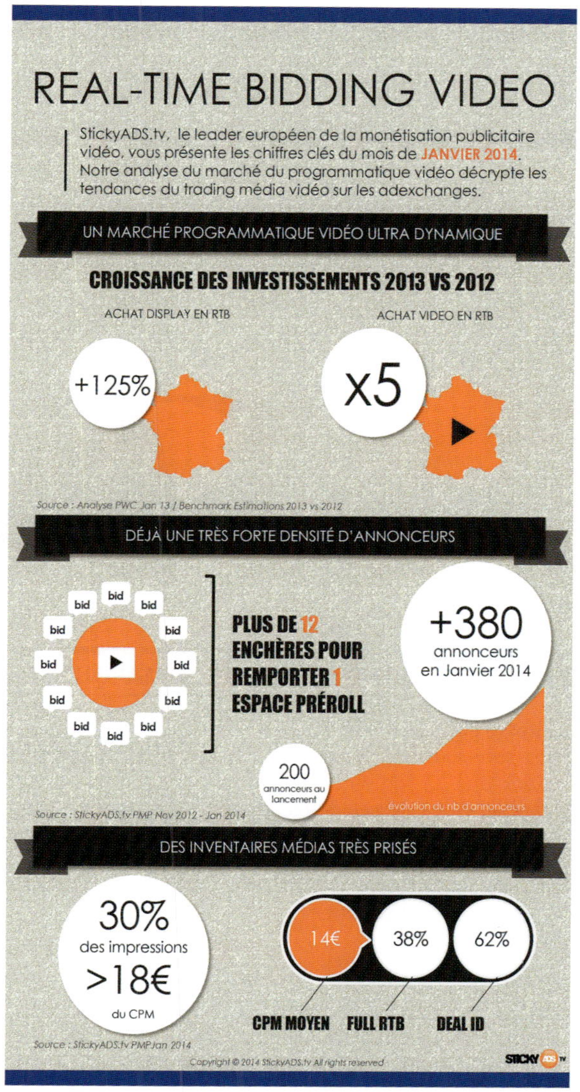

L'AVENIR DU TRADING MEDIA OFF

Voici donc une tendance de fond, la transformation du trading média vidéo, qui a de bonnes chances de révolutionner l'achat/vente d'espaces publicitaires en off, et notamment de la télévision.

La vidéo programmatique met cependant en évidence ce que nous appellerons le paradoxe de l'intermédiation : améliorer le trading passe par l'ajout d'intermédiaires technologiques (ex. plateformes DSP et SSP) qui au final permettent d'apporter plus de transparence aux transactions.

Une fois cet écosystème vidéo programmatique maîtrisé par tous et ses bénéfices devenus évidents, il y a de fortes chances pour que les emplacements TV s'achètent et se vendent en full RTB.

MICROSOFT XBOX ONE Qui ?

REACH NOW MICROSOFT Quoi ?

5 969 329 vidéos diffusées

4 418 217 vidéos visionnées

2,25 % taux de clics global

Reach now • Multi format • Synchronisation TV-web

PROBLÉMATIQUE BUSINESS DE LA MARQUE

Contexte et Challenge

Le 22 novembre 2013, Microsoft a lancé sur le marché français la Xbox One. La sortie de Forza et Ryse, deux jeux attendus du public, s'est faite peu de temps après. Le concurrent direct de Microsoft ayant lancé une console de jeux durant la même période, le vrai challenge de l'agence Mediabrands, en charge de l'orchestration de cette campagne, a été d'apporter un maximum de reach tout en mettant en place des dispositifs novateurs à l'image de l'annonceur.

La cible

Le numéro un mondial des éditeurs de logiciel souhaitait toucher lors de cette campagne deux cibles distinctes : les joueurs âgés de 15 à 35 ans ainsi que les responsables des achats.

SOLUTION STRATÉGIQUE

L'idée stratégique

Afin de toucher une cible adepte des nouveaux écrans, il a été décidé de mettre en place un dispositif innovant et apportant une véritable complémentarité TV-web, le Reach Now. Le Reach Now a été le premier dispositif de synchronisation TV-web lancé sur le marché français.

La technologie brevetée du fingerprinting (reconnaissance visuelle créée par ClickOn) permet de détecter un spot quand il passe à la télévision. Lorsqu'il y a détection, Overviews préempte tous les espaces disponibles sur un univers vidéo de plus de 250 sites médias premium.

Au moment de la coupure publicitaire TV, pendant laquelle certains téléspectateurs consultent leurs PC, mobiles ou tablettes, le spot de Microsoft a été diffusé en multiformats (pre-roll, interstitiel, intext-roll et video expand) sur tous les écrans. Cette diffusion a permis à l'éditeur de logiciel de toucher les multitaskers mais également les sous-consommateurs TV (cœur de cible de la campagne).

Les aspects innovants et de différenciation

La campagne XboX Microsoft a été la première campagne de synchronisation TV/web massive (18 synchronisations) mise en place depuis le partenariat Overviews et La Place Media.

En diffusant le spot sur les deux réseaux vidéo, Microsoft a préempté près de 72,9 % du web français. En prenant la décision stratégique de travailler sur l'ensemble des formats proposés lors d'un Reach Now, Mediabrands a assuré à son client une large visibilité ainsi qu'une forte mémorisation (+ 50 % sur de l'intext-roll).

Les KPIs

Lors de cette campagne, Overviews devait délivrer 5 737 500 vidéos (Xbox One, Forza et Ryse) et garantir un taux de complétion de 70 %.

Les évolutions de l'idée
Le seul impératif a été de diffuser la campagne Ryse (jeu interdit au moins de 18 ans) après les prime times, tout en réussissant à atteindre l'objectif de diffusion de vidéos.

MISE EN PLACE OPÉRATIONNELLE

La durée
Le Reach Now Microsoft s'est déroulé sur un mois. La campagne de 18 synchronisations était composée de 6 synchronisations Xbox One, 6 synchronisations Ryse et 6 synchronisations Forza.

Les étapes
Pour réaliser les synchronisations Reach Now, Overviews n'a besoin que des spots TV à reconnaître, des informations relatives aux écrans choisis qui seront synchronisés et des spots à diffuser (les équipes Overviews réencodent les spots en interne). Cette simplicité dans la mise en place de la synchronisation TV/web permet d'optimiser le choix des synchronisations en temps quasi réel (en l'espèce, certaines optimisations ont été réalisées H-8). Les synchronisations ont duré entre 5 et 10 minutes lors de cette campagne.

LES RÉSULTATS

5 969 329 vidéos ont été diffusées lors des synchronisations TV/web Microsoft (soit 231 829 vidéos de plus que prévu).
4 418 217 vidéos ont été visionnées entièrement (soit un taux de complétion de 74 %).
Le taux de clics global (comprenant donc l'IPTV et la TV connectée, devices sur lesquels aucun clic command ne peut être posé) a été de 2,25 %. 700 000 vidéos ont été diffusées lors de la synchronisation Ryse du 27 décembre (reach enregistré le plus important).

Les changements qualitatifs
Les dispositifs de synchronisation TV/web sont les prémices d'une intégration plus poussée de l'achat média off et on (TV et vidéo en ligne). La vidéo programmatique permet d'aller encore plus loin dans le ciblage des nouvelles audiences vidéo au-delà de la TV.

Overviews enregistre ainsi sa 200ème synchronisation. Une demande toujours croissante qui traduit un réel besoin et place la complémentarité TV/web au centre de toutes les stratégies de communication. Overviews s'affirme comme la régie capable de proposer des solutions adaptées à toutes les problématiques qui prolongent l'expérience publicitaire vidéo.

« Il nous semblait évident de choisir l'offre de synchronisation d'Overviews dans le cadre d'un lancement stratégique comme celui de la Xbox. Diffuser nos vidéos sur leur réseau de sites médias premium en même temps que nos passages en prime répondait à nos objectifs de couverture instantanée, d'émergence et de mémorisation » ajoute Sylvain Gimenez, Directeur Général de MAP.

O *Overviews / www.overviews.tv*
Jean Bellon-Serre, *Président*
Sofia Bekhti, *Responsable Marketing & Communication*
sofia@overviews.tv

O *StickyADS.tv*
Gilles Chetelat, *Directeur Général Co-fondateur*
http://www.stickyads.tv

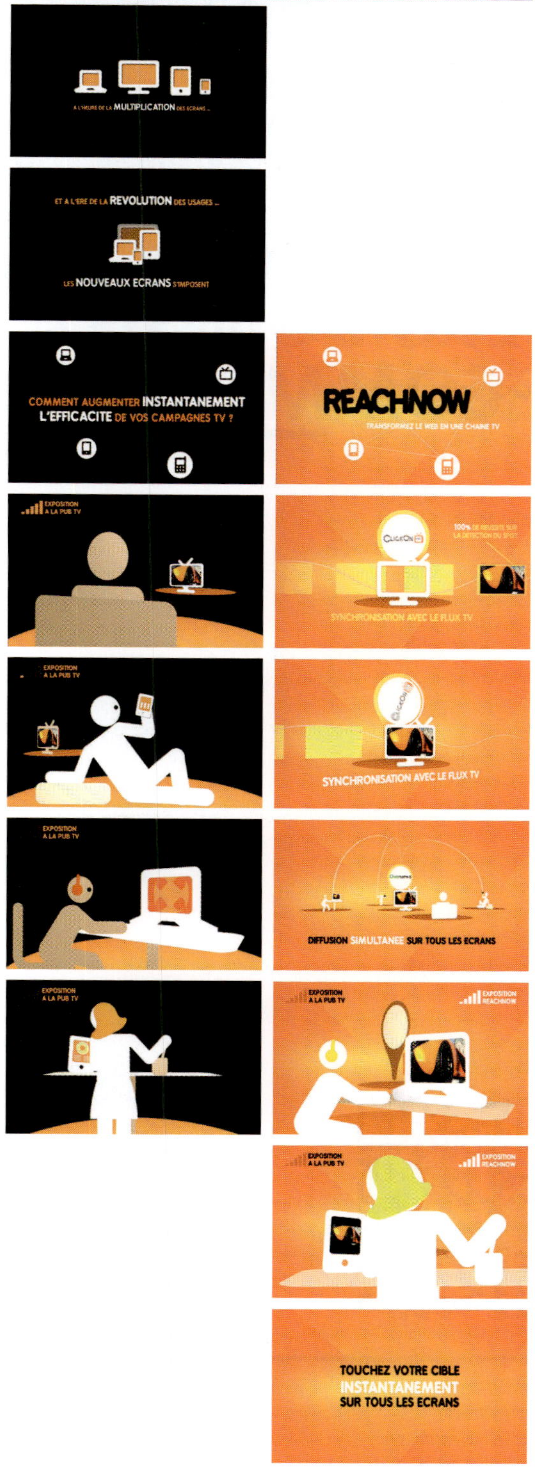

LE LIVE POUR GÉNÉRER **DU TRAFIC QUALIFIÉ VERS SON SITE E-COMMERCE**

CatchMyWorld
www.catchmyworld.com

› Geoffroy Fouquet
Directeur général & Co-fondateur
geoffroy.fouquet@catchmyworld.com

Annonceur : M&GO
www.mymouillere.com

LE CONTEXTE

Dans un monde ultra connecté où les internautes ont un comportement de plus en plus zappeur, comment innover à moindre coût dans sa stratégie de communication multi-device et générer du trafic qualifié vers son site e-commerce ?

M&Go, créée en 2012 sur l'idée de relancer la sur-chaussure, vise à remettre au goût du jour un équipement du XIXe siècle que le consumérisme associé au manque de design avaient fait disparaître. A défaut de nom s'imposant naturellement pour le désigner, la proposition a été d'utiliser le nom prédestiné de son créateur, Mouillere, pour le baptiser.

La Mouillere est ainsi née de l'association d'un entrepreneur, Luc Mouillère, et d'un jeune designer, Jean Christophe Dumont. Dans un esprit alliant à la fois le pratique et l'élégance, mais aussi la joie et le plaisir des couleurs, la Mouillere a trouvé son fabricant en France.

LES OBJECTIFS

- Améliorer la visibilité et la notoriété de la marque dans le monde entier.
- Poursuivre la stratégie de communication vidéo en innovant via la diffusion en direct LIVE.
- Enrichir très facilement le contenu de la marque.
- Mobiliser et impliquer les internautes autour du produit.
- Créer du trafic qualifié vers le site e-commerce de la marque.
- Rapidité de mise en place, maîtrise des services et faible coût.

L'IDÉE

Diversité est le maître mot de la Mouillere (diversité des couleurs, des utilisations, des motivations, des circonstances). Pour illustrer cette diversité, la communication visuelle est apparue comme essentielle à la fois pour véhiculer l'image de la marque, mais aussi pour illustrer concrètement et rapidement, au plus grand nombre et quelle que soit leur langue, les usages possibles de la Mouillere.

C'est ainsi qu'une demi-douzaine de courts métrages ont été produits et diffusés sur YouTube et Facebook. Mais il est aussi apparu que ce mode de réalisation et de diffusion avait ses limites et n'était pas suffisamment réactif pour toucher le plus grand nombre. Inventer des Mobuzz et les diffuser sur la toile paraissait beaucoup plus prometteur. C'est l'aventure qui a été tentée avec CatchMyWorld.

SOLUTION DE LA PLATEFORME CATCHMYWORLD

Créée en 2013, CatchMyWorld est une plateforme innovante de social media construite autour de la vidéo et plus particulièrement autour de la **diffusion en direct LIVE** accessible à tous dans le monde entier.

Forte d'une communauté mondiale se regroupant au sein de CatchMyWorld et diffusant ses passions et des moments uniques

« Dans un monde ultra connecté où les internautes ont un comportement de plus en plus zappeur, comment innover à moindre coût dans sa stratégie de communication multi-device et générer du trafic qualifié vers son site e-commerce ? »

en direct LIVE à travers ses smartphone, tablette ou ordinateur, nous avons décidé d'ouvrir notre plateforme à des comptes institutionnels (marques, sites e-commerce, pure players...) afin de créer une interaction LIVE entre nos internautes et les marques.

CatchMyWorld a développé les technologies les plus simples permettant de créer un évènement, de le diffuser en direct LIVE dans le monde entier via smartphone (iPhone, iPad, Android Phone), tablette ou PC et de mettre en ligne instantanément les meilleurs moments via une technologie de Record « on-demand ».

LES ÉLÉMENTS-CLÉS DU CHOIX DE LA PLATEFORME

CatchMyWorld a été retenu par M&GO pour :

- sa quasi instantanéité de mise en place via la création du profil de marque.
- sa technologie innovante permettant de rentrer en connexion LIVE avec une communauté mondiale.
- sa facilité à mettre en ligne du contenu original résultant des diffusions LIVE.
- sa diversité de communication via différents supports vidéo.
- ses solutions e-commerce pour créer du trafic qualifié vers le site de la marque.
- son faible coût totalement maîtrisé.
- sa plateforme adaptative quel que soit le device en responsive design.

L'AJOUT DE CONTENUS EXISTANTS

La création du compte de M&GO s'est effectuée par un choix judicieux des catégories dans lesquelles la marque a été référencée. En lien avec les produits qu'elle propose, nous avons choisi les catégories suivantes liées à la mode et aux loisirs :

- chaussures adultes
- accessoires
- sport/loisirs, étant donné que les Mouillere sont, par exemple, très utilisées dans le domaine de l'équitation.

Puis, afin de créer une visibilité rapide et de faire connaître la marque auprès de la communauté CatchMyWorld, nous avons utilisé les contenus disponibles Facebook et YouTube de M&GO. Cela a permis de faire connaître la marque de façon institutionnelle et d'acquérir en quelques jours une communauté de Catchers (followers) de la marque M&GO.

LA CRÉATION DE CONTENUS UNIQUES EN DIRECT LIVE

L'innovation de la stratégie de communication de M&GO a été mise en place en utilisant pleinement les services de diffusion en direct LIVE de CatchMyWorld.

Différents storyboards ont été rapidement définis afin de donner des rendez-vous LIVE à notre communauté et aux Catchers de la marque permettant d'interagir en direct avec la marque, d'impliquer les internautes dans l'univers de la marque en les plaçant au centre de la communication, de créer une proximité et une relation forte et humaine avec les internautes et de présenter de manière ludique et interactive les produits vendus par M&GO.

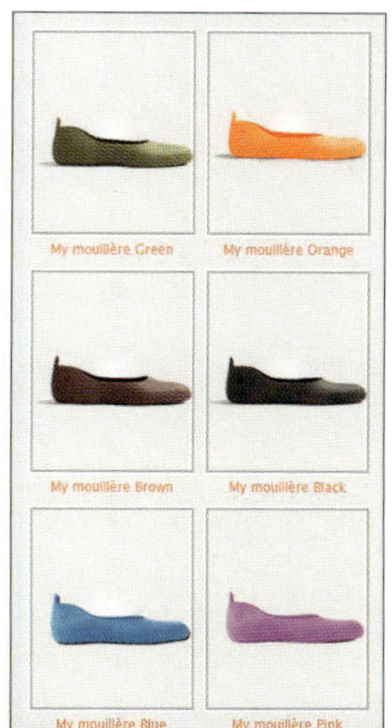

« Parce que diffuser en LIVE permet de créer un lien unique et privilégié avec votre communauté afin qu'elle se mobilise derrière vous et devienne ambassadrice, nous pensons qu'il est important d'en sauvegarder les meilleurs moments afin de prolonger cette relation une fois votre LIVE terminé. »

LA TECHNOLOGIE LIVE DE CATCHMYWORLD

CatchMyWorld propose la technologie la plus simple et la plus aboutie du marché permettant de diffuser très facilement en direct LIVE dans le monde entier via son smartphone (iPhone, iPad, Android Phone), tablette ou PC.

2 possibilités s'offrent alors pour diffuser en LIVE :

- planifier l'évènement à l'avance (jusqu'à 14 jours) en définissant la date et l'heure approximative : c'est la solution que nous conseillons pour les marques afin de créer un maximum de buzz et de mobiliser leur communauté.
- Nous gérons automatiquement la conversion de la date/heure de l'évènement suivant le fuseau horaire des membres localisés dans le monde entier.
- diffuser en direct LIVE instantanément si une opportunité s'offrait afin de créer une connexion immédiate avec la communauté CatchMyWorld.

Dans ces 2 cas, nous avons mis en place une gestion active et paramétrable (par les membres) des notifications via différents niveaux d'alertes permettant d'informer de votre diffusion LIVE dès qu'elle commencera. Pour tous les membres présents sur la plateforme, votre LIVE sera mis en avant intelligemment sur toutes les pages CatchMyWorld. Pour les membres non encore connectés, une notification mail et/ou push sur smartphone et tablette sera envoyée selon le paramétrage de vos fans Catchers.

Egalement, des solutions de partage sur Facebook/Twitter/Google+ sont à disposition de manière à mobiliser l'ensemble de votre réseau en quelques clics.

LE LIVE OÙ QUE VOUS SOYEZ

La technologique LIVE de CatchMyWorld via smartphone et tablette permet d'innover et de se différencier de ses concurrents. Cela offre une possibilité permanente d'interagir avec sa communauté.

Notons que le déploiement de tablettes en magasins, initialement pensé par les marques dans une stratégie multicanal, permet aujourd'hui de créer un point de contact régulier et tout à fait intéressant entre le monde de l'internet et celui des magasins physiques : le LIVE permettant, entre autres, de réhumaniser les relations entre marques et acheteurs/prospects !

RECORD LIVE « ON-DEMAND » : ENREGISTREZ LES MEILLEURS MOMENTS

Parce que diffuser en LIVE permet de créer un lien unique et privilégié avec votre communauté afin qu'elle se mobilise derrière vous et devienne ambassadrice, nous pensons qu'il est important d'en sauvegarder les meilleurs moments afin de prolonger cette relation une fois votre LIVE terminé.

Pour cela, quel que soit le device que vous utilisez, vous avez la possibilité d'enregistrer (sans arrêter votre diffusion) des moments de votre LIVE : c'est vous qui choisissez ! L'ensemble des enregistrements est directement stocké en cloud et immédiatement disponible à la fin de votre LIVE.

Les meilleurs moments des LIVE de M&GO ont ainsi été enregistrés ce qui a permis de mettre en ligne instantanément pour M&GO de courtes vidéos uniques et de continuer d'échanger avec la communauté qui a pu partager ces vidéos à l'intérieur et à l'extérieur de CatchMyWorld.
Parallèlement, de courts clips géolocalisés de 30 secondes ont été postés dans les lieux où les produits (les Mouillere) sont actuellement vendus.

CATCHMYWORLD CRÉE DU TRAFIC HYPER QUALIFIÉ VERS LE SITE E-COMMERCE

Dernier maillon de la chaîne : après avoir créé plus de visibilité et de proximité entre les internautes et M&GO via l'innovation de la diffusion LIVE dans sa stratégie de communication, nous avons mis en ligne les produits (les Mouillere et leurs accessoires) dans le profil de M&GO via son onglet « E-Shop ».

Ces produits sont ainsi soumis spécifiquement à chacun des fans Catchers en fonction de leurs intérêts déclarés (couleurs préférées, types de produits favoris, etc.).

C'est aussi sur cette base que CatchMyWorld permet de créer un merchandising adapté à chacun des Catchers comme si chaque magasin était achalandé différemment selon chaque client !

Ces interactions uniques permettent de préserver la qualité de la relation instaurée au travers des différentes diffusions LIVE et contenus vidéo mis en ligne tout en fournissant de l'information pertinente aux Catchers (fans) et créant du trafic extrêmement qualifié pour le site e-commerce de la marque.

Le but étant de générer un maximum de transformations dans une relation « win-win » entre pertinence de l'information pour les Catchers et retour sur le temps investi au sein de la plateforme CatchMyWorld.

LES RÉSULTATS

M&GO a ainsi pu :
• facilement, rapidement (en 2 jours) et à faible coût (moins de 1000 €) innover dans sa stratégie de communication en diffusant en direct LIVE via les smartphone, tablette ou ordinateur,
• créer les bases d'une interaction unique et de qualité avec une communauté mondiale. Elle a, aujourd'hui, tous les outils à disposition pour accroître et impliquer davantage son audience afin que ses clients ou futurs clients soient les meilleurs ambassadeurs pour la marque,
• obtenir, en 2 semaines, un trafic qualifié de + 13 % venant de CatchMyWorld,
• augmenter sur les 4 semaines suivantes son taux de transformation de 7 %.

Au vu de ces résultats, M&GO a décidé de poursuivre dans cette stratégie de communication unique permettant de tisser un lien particulier et de qualité avec sa communauté et d'aboutir à un fort taux d'implication et d'affection entre cette dernière et M&GO.

DE LA « CONVERSATION » AU « SOCIAL MEDIA »... UN **PAS EN AVANT, TROIS PAS EN ARRIÈRE.**

Agence Dagobert
www.dagobert.com

› Guillaume Gartioux
Responsable Communication
guillaume.gartioux@dagobert.fr

**[Paris. 28 février 2014 - 16h.
Une conversation téléphonique]**

Dagobert : Comme je te le disais, nous avons envie de rédiger un article pour la rubrique « Conversation », nous avons plein de choses à dire...
EBG : Sans problème, mais la rubrique cette année ne s'intitule plus « Conversation » mais « Social media ».
Dagobert : Hein ?! Mais pourquoi ce retour en arrière ? C'est aller à l'encontre de ce que nous nous efforçons de dire aux marques.
EBG : Je suis d'accord avec toi, mais nous nous sommes tout simplement adaptés à la demande de nos annonceurs pour qui « Social media » est plus intelligible que « Conversation »...
[D'autres palabres, puis fin de la conversation]

Un « simple » changement de nom de rubrique comme point de départ de cet article. Enfin, pas si « simple » que ça. Bien au contraire. Car penser le social media comme territoire exclusif de la conversation entre une marque et ses cibles nous semble illustrer l'expression d'une grande incompréhension. En voici les raisons.

MARQUE, OUTILS ET STRATÉGIE TU NE CONFONDRAS PAS !

Restreindre la conversation au territoire du social media, c'est souvent confondre outils et stratégie. C'est définir les moyens avant les objectifs.

Lorsqu'une marque veut engager une conversation avec ses publics, son réflexe est de penser «social media », mais d'agir « réseaux sociaux ». Les médias sociaux dans ce cas, sont avant tout les moyens (sites, applications et fonctionnalités communautaires) au service de « l'interaction sociale » : mise en relation (LinkedIn), discussion (Facebook), publication (Tumblr), géolocalisation (Foursquare), partage (YouTube), achat (Pinterest) ou encore jeu (Playfish). Le social media comme moyen ne peut donc pas se substituer à une véritable stratégie de communication de marque et encore moins être un objectif en soi.

Ainsi, si pour incarner au quotidien un positionnement, faire vivre une politique relationnelle ou de promotion, les médias sociaux peuvent s'avérer pertinents, dans bien des cas de figure ils seront insuffisants.

MARQUE, CONVERSER TU FERAS ! (VRAIMENT J'ENTENDS...)

Restreindre la conversation au territoire du social media, c'est penser que les marques conversent réellement avec leurs fans. Mais pour cela, encore faut-il savoir ce que converser signifie. Prenons la définition du Larousse : « Converser : échanger des propos sur un ton familier avec une ou plusieurs personnes ; causer, bavarder ».

Or, le constat est sans appel, pour une très large majorité d'entre elles, les marques ne conversent que très peu voire pas du tout sur les médias sociaux.

Elles se contentent souvent de diffuser des flux standardisés : post de photos, messages promo unilatéraux, ou pire encore

« Like ce post si tu aimes les chats ».
Cela peut être un choix, mais alors quel intérêt ou apport pour la marque ? Conversez avec vos communautés, elles sont vos prescripteurs, vos clients, vos ambassadeurs, pour peu que vous sachiez aussi les écouter !

À titre d'exemple, des marques comme « Allo Resto » sur Twitter* ou encore Playstation France** sur Facebook ont parfaitement compris la nécessité de converser en engageant une démarche d'échange pro-active.
** https://twitter.com/ALLORESTO*
*** https://www.facebook.com/playstationfrance [QR CODE]*

Ex. : capture d'un échange entre un fan et PlayStation sur Facebook.

MARQUE, BASER TA « RELATION SUR DU SABLE MOUVANT » TU NE DEVRAS PAS !

Restreindre la conversation au territoire du social media, c'est risquer de ne pas maîtriser l'espace de conversation.

Une marque doit impérativement rester maître de sa conversation. Difficile lorsque l'on base sa stratégie de communication sur des réseaux communautaires non propriétaires types Facebook ou Twitter.
En effet, comment construire une véritable relation avec la communauté lorsqu'en substance on ne la possède pas réellement ?

Prenons le cas Facebook. La baisse, que dis-je, la dégringolade continue du reach Facebook* démontre bien qu'il est de plus en plus difficile pour une marque d'être naturellement présente sur ce type de réseaux, ou du moins d'être naturellement visible. Or, comment pérenniser une conversation lorsqu'au final vous n'êtes même pas sûr d'être entendu ?

Une stratégie de communication pérenne ne peut donc simplement se résumer à une présence sur les médias sociaux, mais elle doit être pensée plus globalement.
** Le reach étant la portée de vos publications sur vos fans (like, comment, partage, etc.)*

MARQUE, CONVERSER TU FERAS ! (VRAIMENT J'ENTENDS...)

Restreindre la conversation au territoire du social media, c'est penser que les marques conversent réellement avec leurs fans. Mais pour cela, encore faut-il savoir ce que converser signifie. Prenons la définition du Larousse : « Converser : échanger des propos sur un ton familier avec une ou plusieurs personnes ; causer, bavarder ».

MARQUE, CONVERSER PARTOUT TU POURRAS !

Restreindre la conversation au social media, c'est se couper de nombreux autres canaux de conversation.

Les marques disposent d'une pléiade d'outils à leur disposition pour converser avec leurs publics. De leur site institutionnel à leur site de marque, en passant par leurs boutiques physiques, les marques ont une multitude de points de contact à leur disposition. Encore faut-il savoir adresser le bon message au bon endroit.

Qu'est-ce qui empêche une marque d'aller à la rencontre de ses publics à travers un événement dans une boutique éphémère ? Qui l'empêche de convier ses fans au sein de ses locaux à travers une journée « portes ouvertes » ?
Les leviers à votre portée sont nombreux, reste à les actionner.

MARQUE, DE CONVERSER TU NE SATISFERAS PAS !

Restreindre la conversation au social media, c'est ne faire que la moitié du chemin. Converser, quel que soit le territoire d'expression choisi, ne doit évidemment pas suffire. Une marque doit aller plus loin pour espérer compter. Il faut dépasser le cadre de la conversation, pour passer à celui de l'engagement.
Mais ça, c'est une autre histoire...

[Paris. 20 février 2015 - 14h GMT.
Une conversation téléphonique]

Dagobert : Salut ! On remet ça cette année ! Dans la continuité de ce que l'on avait fait, on aimerait rédiger un article dans la partie « Social media », mais on ne trouve plus la rubrique...
EBG : La rubrique « Social media », n'existe plus... Cette année, elle est entièrement intégrée dans la rubrique «Brand strategy».

– LES DIFFÉRENTES PROBLÉMATIQUES LIÉES AU COMMERCE CONNECTÉ : LE TEMPS RÉEL, LE DIGITAL EN MAGASIN, STRATÉGIES ET OPTIMISATION, LE SUCCÈS DE LA CONSOMMATION COLLABORATIVE. –

E-COMMERCE

POINT DE VENTE ET DIGITAL

STRATÉGIE ET OPTIMISATION

LE SUCCÈS DU TEMPS RÉEL

L'ESSOR DE LA CONSOMMATION COLLABORATIVE

DIGITAL : LA REVANCHE DES MAGASINS ET DES **CENTRES COMMERCIAUX**

L'Internet désormais mobile obnubile tant les esprits des commerçants qu'ils en viennent souvent à confondre le moyen et l'objectif final, à savoir gagner durablement en compétitivité et en rentabilité. Mais peu à peu, le digital s'installe pour le plus grand confort des clients des magasins : la revanche n'est plus très loin.

ET SI L'OBJECTIF ON LINE N'ÉTAIT PLUS DE VENDRE ?

Malgré les scores toujours imposants de la distribution en dur (93 % des ventes au détail), les raisonnements continuent d'aller dans un seul sens : la nécessité de vendre en ligne. Une erreur stratégique ? À prendre en compte sérieusement en tout cas, tant l'angle d'attaque est différent entre un site marchand, un site d'image ou un site à vocation de trafic vers le magasin physique. Plutôt que de se focaliser sur les produits à brader en ligne, certaines enseignes de magasin devraient songer davantage à ce qui pourrait changer le regard de celui qui achète, afin d'éviter sa focalisation sur le prix et la dégradation des marges. Il est donc question aussi d'image quand on pense commerce, car c'est elle qui assure les ventes de demain : les sites marchands peuvent également y réfléchir, 99 % d'entre eux comptant exclusivement sur le web où tout le monde est présent pour se démarquer.

LE WEB-TO-STORE PROGRESSE JUSQU'AUX LIMITES DES INTÉRÊTS DES ACTEURS

Sur le web, l'objectif de commande en ligne continue donc de l'emporter, les chaînes de magasins préférant tenir la vente de l'internaute plutôt que de le laisser partir sur un autre site ou dans un autre magasin. Tout est donc organisé et ciblé pour la vente en ligne. Les drives des supermarchés s'installent dans cette logique.

Quelques chaînes de vêtements commencent à proposer de réserver en ligne et d'aller essayer en magasin avant d'acheter : un avantage coupe-file à l'essayage et en caisse sous réserve qu'une cabine d'essayage et une caisse spéciale « clic & collect » aient été installées.

Mais ce sont surtout les centres commerciaux qui redoublent d'efforts pour proposer ces services avec des sites d'interrogation cross-enseigne (le site du Millénaire à Aubervilliers permet déjà de trouver toutes les petites robes noires vendues dans ses boutiques) qui devraient offrir ensuite la possibilité de

Agence SHOPS

> Denis Caminade
Directeur des Stratégies
d.caminade@shopsagency.com

« L'idée n'est pas de renvoyer sur Internet les clients du magasin, mais de compléter l'offre présentée ou disponible avec du on line »

connaître le stock disponible par taille et par couleur, puis de réserver pour venir essayer en magasin. Le projet de centre commercial connecté Quartz d'Altarea-Cogedim à Villeneuve-la-Garenne devrait à ce niveau contribuer à faire progresser considérablement le lien avec l'e-client.

Avant de passer à l'étape ultime pour le consommateur, mais moins avantageuse pour les enseignes : la recherche cross-enseigne autorisant la réservation centralisée en ligne, puis l'essai de plusieurs modèles de plusieurs enseignes dans un « drive-lounge » central du centre commercial, qui permettra aussi l'achat centralisé sans passer par les enseignes. Cette dernière étape pose nombre de problèmes pratiques (si la taille réservée n'est pas la bonne), de gestion de stock et de flux d'informations et financiers, et implique une logistique cross-enseigne difficile à implémenter (les enseignes traînent un peu des pieds). Enfin, elle omet complètement le contact avec les marques et les enseignes : plus d'achat coup de cœur ou de découverte de la nouvelle collection en magasin, les ventes globales devraient s'en ressentir. De plus, étant donné les coûts d'une telle organisation, sa gratuité semble impossible : les comptes déficitaires des drives alimentaires incitent ici à la prudence.

L'IDÉE N'EST PAS DE RENVOYER SUR INTERNET LES CLIENTS DU MAGASIN, MAIS DE COMPLÉTER L'OFFRE PRÉSENTÉE OU DISPONIBLE AVEC DU ON LINE

Si le magasin où tous les produits ont disparu au profit d'écrans tactiles semble ridicule, autant rester chez soi avec sa tablette. Le mix produits réels présentés en magasin et produits on line présentés sur tablette, mur géant ou borne tactile devrait devenir la norme pour des raisons de coût de surface d'exposition et d'extension continue de l'offre : jamais la demande n'a été aussi variée et les références nombreuses pour y répondre.

L'exemple des magasins de décoration ou de bricolage est à ce niveau des plus parlants : un magasin de centre-ville bien placé aura souvent du mal à trouver plus de 200 ou 300 m², alors qu'en zone commerciale, 2 000 ou 3 000 m² pourront être facilement atteints. L'offre on line devrait faire la jonction, unifiant aussi les images de l'enseigne.

Mieux, rien n'empêchera, étant donné la typicité de clientèle de certains quartiers urbains ou touristiques, de spécifier totalement l'offre localement sachant qu'elle pourra être complétée fortement par l'appli consultable en magasin.

ET SI LE WEB SERVAIT D'ABORD À ACCROÎTRE LES RELATIONS ?

Le web fonctionne aussi comme un très bel outil d'information pour le commerçant, par exemple pour l'arrivée d'un livre commandé chez son libraire, ou d'un article en rupture de stock en magasin, sur les horaires et ouvertures exceptionnelles, sur les fêtes et évènements du commerce : cet outil de lien pourrait de plus fonctionner à merveille transversalement entre clients d'une boutique particulière – un café musical ou une librairie de quartier animée par des vrais passionnés – qui souhaiteraient faciliter leur rencontre. Idem, pour les clients d'un centre commercial qui souhaiteraient pouvoir échanger davantage entre eux : les écrans « double screen » (un écran tactile de rentrée des données personnelles et de dialogue, un grand écran de diffusion mixant promotion pour les enseignes et messages

« Les objectifs de communication des lieux de commerce doivent également être repensés : miser davantage sur le contact, l'humain, la relation, que sur le show off, sur le sens plus que sur le sensationnel »

particuliers) leur en fourniraient l'occasion (voir article de l'auteur paru dans Stratégies n°1754 janvier 2014).

Et, rappelons à ce stade les attentes relationnelles des clients :

• 67 % privilégient l'accueil, le conseil et le contact humain pour acheter dans un magasin plutôt qu'un autre.

• 27 % attendent des espaces commerciaux plus conviviaux, avec notamment des boutiques de mode intégrant des cafés ou des bars ou encore un coin bibliothèque. Le client semble écartelé entre la recherche de rapidité et la volonté d'y passer un moment agréable et convivial.

• La présentation des produits (26 %), le fait de voir des nouveautés (24 %), la notoriété des marques proposées (18 %) et la vitrine (12 %)*.

LE RÔLE DE L'ESPACE COMMERCIAL CONNECTÉ REPENSÉ SOUS 3 ANGLES

• Assurer une relation chaleureuse d'accueil et de conseil : les lieux de commerce vont devoir mettre en place une équipe experte répondant à cet objectif prioritaire, munie de tablettes qui désormais assisteront la vente en magasin, pour à la fois mieux répondre à la demande du client et élargir l'offre du magasin. Les écrans intelligents devraient compléter le dispositif et notamment sur des produits exigeant des connaissances particulières permettant de venir de plus en plus souvent en aide à l'achat.

• Améliorer la convivialité et renforcer le plaisir de visite en développant des espaces cosy générant de la bonne ambiance : café, salon de thé, aire de jeux pour petits et grands, médiathèque... vont se multiplier dans les magasins et les centres commerciaux, la connectivité images, sons, vidéos et jeux devrait être clé dans la réussite de l'animation du lieu.

• Optimiser la présentation des produits, mettre en avant les nouveautés par un espace spécial dans le centre commercial, travailler/théâtraliser les vitrines et les rayons : relier aussi les nouveautés à leur histoire, leur donner du contenu pour leur apporter du sens, les magnifier par des écrans géants, des témoignages d'utilisateurs, des tests d'agrément et d'utilité en tout genre que de nouvelles applications viendront proposer...

*Source Viavoice-Equipmag 2012

LE RÉEL, LE VIRTUEL ET L'HUMAIN ENFIN RÉCONCILIÉS

Au-delà des animations régulières qui permettent de fidéliser des publics et d'en attirer d'autres, les commerces ne pourront faire l'économie de cette démarche d'accueil et d'amélioration des espaces, à commencer par leur site Internet. Ainsi, ceux des centres commerciaux généralement axés sur l'information pratique ont encore beaucoup de progrès à faire pour attirer la clientèle à eux en web-to-store. Un engagement dans la proximité avec la clientèle, en en étant le partenaire-conseil, lui montrant la mode, les idées du moment, la décoration, et les moyens d'y accéder, permettra de reprendre la main.

Un engagement dans le rassemblement des clients habituels pour se rencontrer (entre mamans, entre solos, entre papas...), échanger des informations (entre spécialistes ou entre simples utilisateurs), échanger des services (échange cours de maths contre cours de musique ou heure de bricolage), jouer (les enfants et les adultes aussi), ou construire un projet ensemble (un voyage, une association, une activité lucrative)... serait également une voie à développer très largement tant les perspectives sont prometteuses. Être là pour créer du lien, autour d'activités récurrentes pour les clients, c'est s'assurer une fréquentation et une fidélité inestimables.

En ce sens, les objectifs de communication des lieux de commerce doivent également être reposés : miser davantage sur le contact, l'humain, la relation, que sur le show off, sur le sens plus que sur le sensationnel, sur l'émotion pure, vraie, plus que sur la sensation, sur le conseil expert et l'offre élargie et personnalisée, plus que sur le 'bonjour - au revoir'. C'est toute l'idée du « full commerce » : réconcilier le virtuel et le réel autour de l'humain. Tisser des liens forts et durables, pour les marques, les commerces, les centres commerciaux, afin de les connecter inoubliablement à leur public.

ETUDE DE CAS : LA DIGITALISATION DES BOUTIQUES **KARL LAGERFELD**

KARL LAGERFELD

> **Caroline Lebar**
> *Directrice de la communication*
> **Candice Collomb**
> *Responsable digitale et social media*

PROBLÉMATIQUE BUSINESS DE LA MARQUE

Le contexte

Si la marque KARL LAGERFELD existe depuis 1984, une réflexion a été menée par le créateur afin de la relancer en 2012. L'objectif est d'offrir à la marque un positionnement clair, qui permette au public de la différencier des autres marques de luxe dont Karl Lagerfeld est déjà directeur artistique : Chanel et Fendi. Il s'agit d'une refonte de la marque, à l'image de son créateur, avec un concept fort et moderne qui démarquerait cette nouvelle vision des autres maisons du designer. L'ADN de la griffe reposera sur le luxe abordable, elle sera lancée en exclusivité sur Internet (pas de défilés donc) via le site net-à-porter. Au-delà d'une cible, la marque fédère une communauté.

L'étape suivante consistait à déployer cette nouvelle approche dans les points de vente KARL LAGERFELD, lieu par excellence où le consommateur vit son expérience avec la marque. La boutique ne doit pas seulement être un bel écrin au service des créations de l'homme. Les consommateurs exigent en effet davantage de proximité avec les marques et les personnalités qu'ils admirent. Si Karl Lagerfeld suscite un véritable engouement auprès de son public, l'engouement doit pouvoir se retrouver et se partager dans ses points de vente.

La cible

C'est aussi bien la férue de mode, que le fan inconditionnel de Karl Lagerfeld... Véritable love brand, la marque rassemble autour d'elle une communauté mixte, moderne, ultra connectée et engagée.

Les objectifs

• Conjuguer les codes du créateur et la fibre digitale de la marque.
• Créer une nouvelle expérience de shopping relationnelle, retrouver l'histoire de la marque mais aussi de l'homme sur les canaux digitaux.
• Utiliser ces canaux digitaux pour créer du trafic en boutique et prolonger l'expérience vécue on line.
• Créer un concept store unique en son genre qui puisse être décliné rapidement à l'international.
• Collecter des données personnelles et des informations sur les usages digitaux des clients in store dans les différents pays tout en prolongeant leur expérience en boutique auprès des équipes de vente.

SOLUTION STRATÉGIQUE

Le concept des stores KARL LAGERFELD doit refléter l'univers du créateur aux multiples talents. La marque s'étant lancée initialement sur le web, la boutique se devait de placer le digital au coeur de l'expérience consommateur : du parcours client à la relation au couturier, la stratégie s'est ainsi articulée autour de ses collaborations, ses citations, ses créations, son univers qui inspire au-delà de la mode. Le consommateur devient « visiteur » actif de la boutique où l'architecture et le design se mêlent aux écrans géants interactifs. Le digital retail par KARL

> *« Le consommateur devient « visiteur » actif de la boutique où l'architecture et le design se mêlent aux écrans géants interactifs »*

LAGERFELD, c'est une véritable immersion au cœur de l'univers du créateur.

Les innovations

Une série d'innovations ont été développées afin de permettre aux visiteurs ce voyage au cœur de l'expérience « Karl Lagerfeld » :

• **Karl's Booth :** un iPad intégré dans chaque cabine d'essayage, la transformant ainsi en une véritable cabine photo... et permet aux clients d'immortaliser leur look, puis d'y appliquer un filtre photo « à la manière de Karl » et de la partager avec leurs amis par mail et sur les réseaux sociaux.

• **Karl's book :** composé de plusieurs applications, le Karl's book permet notamment au visiteur de partager ses impressions, témoigner son attachement à la marque ou tout simplement laisser un petit message (ou photo) à l'attention du créateur grâce au GuestBook digital de la boutique. Le plus : les photos prises par les clients (où qu'ils se trouvent) sont accessibles dans toutes les boutiques de la marque. Chaque semaine, la maison sélectionne parmi ces photos la « pic of the week », qui valorisera à la fois l'auteur et le store d'où elle a été prise auprès de sa communauté sur les réseaux sociaux et également sur le site KARL LAGERFELD.

Du bout des doigts, on s'approprie l'univers de Karl Lagerfeld en contrôlant, à l'aide d'un iPad, un mur d'écrans géants où l'on fait défiler les différentes collections (LookBook section) et les nouveautés (What's new). Il est aussi possible de consulter les dernières vidéos (watch Videos), surfer sur le site de la maison et s'inscrire à la newsletter sur ce même iPad.

• **The Kollection :** des iPad mini se sont glissés en bout de portants et proposent aux visiteurs de découvrir l'ensemble des looks de la collection. Ils peuvent y partager leurs coups de cœur sur les réseaux sociaux ou repérer les pièces qui ne seraient pas disponibles en boutique au moment de leur visite. Une application qui favorise le cross-selling... Un grand coup de pouce pour les équipes de vente.

Les étapes

Une première ouverture à Paris durant la fashion week, avec une campagne de communication forte, intégrant parfaitement les réseaux sociaux dont un teasing sur Twitter, Facebook et Instagram. Un évènement presse permettant aux journalistes et blogueurs de découvrir la boutique en avant-première et tester les différentes innovations.

L'inauguration de la boutique a donné lieu à une soirée, « livestreamée » sur le site Karl.com et la page Facebook Karl Lagerfeld est livetweetée depuis le compte @karllagerfeld : les internautes ont pu voir Karl Lagerfeld le temps d'une vidéo, durant laquelle il a répondu à quelques questions de sa communauté.

RÉSULTATS

En moins d'un an, plus de 10 stores intégrant cette expérience digitale ont été déployés à travers le monde. Fin 2013, une étude démontrait que parmi 8 des magasins KARL LAGERFELD, on comptait une interaction avec les « devices digitaux » toutes les 2 minutes. On compte également 2 500 partages et 6 000 selfies par mois en boutique (octobre 2013).

La page Facebook de KARL LAGERFELD comptait 80 000 fans en février 2012 avant la mise en place de la stratégie sociale. Début 2013 elle en compte plus de 650 000 sans aucun achat média.

COMMENT LE GÉOFENCING PEUT-IL S'INTÉGRER DANS UNE **STRATÉGIE WEB-TO-STORE ?**

Fidzup
www.fidzup.com
@fidzup

> Anh-Vu Nguyen
Directeur Marketing
> Justine Joliveau
Chargée de clientèle

Avec l'arrivée du e-commerce, puis du m-commerce et la propagation des smartphones, la vision du shopping a évolué. Aujourd'hui, face à des consommateurs cross-canal, il est nécessaire pour les retailers de s'adapter à ces nouveaux comportements d'achat, grâce à des approches web-to-store.

Pour contrer le showrooming et proposer des expériences connectées, la détection de présence en point de vente devient indispensable. Ainsi, des technologies de géofencing en intérieur voient le jour. Elles permettent aux retailers de savoir quand leurs consommateurs visitent leur point de vente afin de mieux communiquer avec eux.

LE SHOWROOMING : ÉMERGENCE D'UNE TENDANCE

Avec la crise financière des années 2000, le showrooming a explosé : les consommateurs se rendent en magasin pour repérer et tester les produits, avant de comparer les prix et d'acheter sur Internet.

Depuis 2011, avec la forte augmentation du taux d'équipement en smartphones – passant en France de 2,7 à 11,4 millions d'unités vendues entre 2009 et 2011 – les consommateurs se rendent en magasin pour repérer un produit, avant de comparer avis et prix directement dans les rayons depuis leur téléphone.

Face aux nouveaux géants du e-commerce comme Amazon, même des retailers seniors tels Walmart ont dû fermer des points de vente suite aux pertes engendrées par les achats en ligne. Tous les secteurs ne sont pas touchés à l'identique par cette tendance et selon une étude réalisée par Digitas en mars 2013, les industries les plus concernées sont l'high-tech et l'équipement de la maison.

DES BRICK & MORTAR DÉPASSÉS

Par méconnaissance des évolutions du web, les « brick & mortar » ne se sont pas préparés à ce changement dans les modes d'achat. Les stratégies mises en place manquaient de cohérence, avec des sites internet, lorsqu'il y en avait, et des sites physiques traités comme deux silos différents, très loin des attentes des consommateurs.

Avec l'essor, dès 2012, du m-commerce (achat sur mobile) et des paiements depuis le téléphone, la concurrence s'est accrue pour les commerces physiques.

DES CONSOMMATEURS EXIGEANTS

Pour les consommateurs, le monde devient un grand magasin et ils font aussi bien leur shopping dans le monde physique que digital, à la recherche de bons plans – d'après une étude Nielsen de 2012, 91 % des Français sont de grands consommateurs de coupons de réduction. Les enseignes ont dû s'adapter en passant à des stratégies omnicanal où site marchand, mobile et magasin évoluent en synergie pour ramener les clients du « web » au « store » et proposer des expériences digitales à la hauteur de leurs attentes.

« les consommateurs se rendent en magasin pour repérer un produit, avant de comparer avis et prix directement dans les rayons depuis leur téléphone. »

LA GÉOLOCALISATION, DONNÉE INDISPENSABLE DANS UNE STRATÉGIE WEB-TO-STORE

Le mobile étant de plus en plus utilisé en situation de shopping, il en devient l'outil de prédilection

pour les marketeurs en quête de ce fameux "pont" entre le digital et le point de vente physique. Par ailleurs, le nouveau comportement des consommateurs pousse les retailers à contextualiser et personnaliser - grâce aux données de géolocalisation - leur communication sous peine de perdre leurs clients. Un nouveau besoin est né : pousser la bonne information, au bon endroit et au bon moment. Mais qu'en pensent les consommateurs ? Trouvent-ils ce genre de démarche intrusive ? Les différentes études menées démontrent que tout est question de contexte puisque 59 % acceptent de recevoir des messages sur leur smartphone selon leur position géographique et 68 % acceptent de recevoir des messages commerciaux, s'ils sont clients de la marque Mobile Marketing Attitude", édition 2013, menée par la SNCD).

GÉOLOCALISATION EN POINT DE VENTE : USAGES

La technologie GPS intégrée au smartphone devient obsolète en intérieur, un point de vente étant une surface fermée, avec dans certains cas une connectivité (3G, Wi-Fi) limitée. Elle laisse alors place à une poignée de technologies de géolocalisation en intérieur permettant de connaître la position des consommateurs pour mieux communiquer avec eux. Ces technologies possèdent chacune leurs spécificités techniques et répondent à des besoins différents, allant du guidage en intérieur (technologie Wi-Fi qui nécessite un déploiement lourd pour une précision optimale), à la détection dans une zone virtuelle (déploiement plus léger, mais pour une granularité moins fine).

LE GÉOFENCING, TECHNOLOGIE ADAPTÉE AUX BESOINS DES RETAILERS

Le géofencing est un principe dérivé de la géolocalisation. Il consiste en la définition de frontières virtuelles permettant la détection de consommateurs dès qu'ils se rendent dans la zone, pour déclencher l'envoi de contenus riches et interactifs directement sur les mobiles des consommateurs. La première application de ce type de technologie est marketing, permettant à une enseigne/centre commercial d'envoyer coupons et promotions à ses clients au bon moment, au bon endroit, et sur le bon produit. Par ailleurs, son mode de déploiement fait de ce type de technologie le plus adapté aux besoins des enseignes et centres commerciaux.

QUELS CRITÈRES POUR CHOISIR LA BONNE TECHNOLOGIE ?

Face à la multitude de technologies de géolocalisation/géofencing en intérieur, il devient de plus en plus difficile de s'y retrouver, tant le sujet est technique et novateur. Pour qu'une technologie rencontre son marché, elle doit d'une part être déployée massivement chez les retailers, mais aussi être utilisée par une majorité de consommateurs.

Ainsi, on peut identifier quatre facteurs-clés de succès pour ces technologies :

• Précision : puisqu'il s'agit de capter des consommateurs dans une surface fermée, il est indispensable d'avoir une technologie fiable, capable de différencier l'intérieur de l'extérieur ou alors un rayon A par rapport à un rayon B.

« Les différentes études menées démontrent que tout est question de contexte puisque 59 % des consommateurs acceptent de recevoir des messages sur leur smartphone selon leur position géographique et 68 % d'entre eux acceptent de recevoir des messages commerciaux, s'ils sont clients de la marque ("Mobile Marketing Attitude", édition 2013, menée par la SNCD).»

• Déploiement : afin de favoriser un déploiement massif, il est primordial d'avoir une technologie facile à installer et à maintenir, pour un coût économiquement viable pour le retailer.

• Audience : bien évidemment, plus l'audience est large plus la technologie est efficace. Compte tenu de la multitude de devices, marques, et version d'OS sur le marché, une technologie permettant de toucher un maximum de smartphones sortira du lot.

• Usage : le mobinaute d'aujourd'hui étant pressé et exigeant, un usage fluide - en limitant au maximum les actions à effectuer de la part du consommateur - assure un usage massif.

LES TECHNOLOGIES DE GÉOFENCING

LA TECHNOLOGIE SONORE DE FIDZUP

Pensée et développée par la start-up, la technologie de géofencing proposée par la start-up fonctionne grâce au son. En diffusant un signal inaudible à l'oreille humaine à travers les sources audio installées en point de vente (système d'enceintes, télévisions, etc.), Fidzup est capable de détecter la présence des consommateurs porteurs de l'application mobile du retailer. Cette détection déclenche l'envoi automatique de promotions et instants gagnants personnalisés et géolocalisés. Cette technologie est le fruit du programme de R&D de la start-up, qui l'a construite autour des quatre critères cités plus haut :

• Précision : les propriétés physiques du son assurent une détection fiable et précise en intérieur.

• Déploiement : une installation matérielle sur place légère, voire inexistante, en s'intégrant aux infrastructures sonores présentes dans la majorité des points de vente.

• Audience : la technologie fonctionne sur 99,9 % des smartphones iPhone et Android, soit plus de 80 % de l'audience mobile mondiale.

• Usage : un usage fluide pour le consommateur en limitant au maximum les actions à faire de sa part puisqu'il lui suffit de télécharger l'application mobile du retailer.

Par ailleurs, demander aux consommateurs de télécharger l'application de l'enseigne/centre commercial présente deux avantages :

• Opt-in : c'est à ce moment-là que l'utilisateur devra accepter, ou non, de partager sa localisation pour recevoir du contenu personnalisé. Pour rappel, 59 % acceptent de recevoir des messages sur leur smartphone selon leur position géographique.

• Branding : le consommateur reste dans l'univers de la marque, ce qui favorise sa compréhension du service novateur qu'on lui propose.

LA TECHNOLOGIE BLE FACE À LA TECHNOLOGIE SONORE

Quel est l'avenir de la technologie sonore avec l'arrivée de la technologie BLE - *Bluetooth Low Energy* -, et son adoption par Apple sous le nom de iBeacon ? Si les deux technologies présentent les mêmes avantages, à savoir des usages en point de vente similaires, le BLE présente aujourd'hui des limites :

• Précision : les ondes bluetooth pouvant traverser les murs, la fiabilité n'est pas aussi aboutie qu'avec la technologie sonore.

• Déploiement : le BLE nécessite le déploiement de boîtiers tandis que la technologie sonore peut être déployée simplement et à distance, sans aucune installation matérielle sur place.

• Audience : aujourd'hui limitée aux derniers devices et versions d'OS sur iPhone et Android, la technologie BLE ne permet pas de cibler une audience aussi large que celle de la technologie sonore. En revanche, cela est amené à évoluer avec le taux de pénétration et de renouvellement des smartphones.

• Usage : la technologie BLE nécessite l'activation du bluetooth sur le smartphone des consommateurs, fonction très peu utilisée par les mobinautes d'aujourd'hui et donc peu ancrée dans leurs habitudes.

À l'avenir, la technologie BLE gagnera en maturité, compte tenu de la puissance des acteurs qui l'ont adoptée (Apple et PayPal, entre autres), qui l'évangélisent dès aujourd'hui et feront potentiellement les meilleurs choix pour lever ces barrières qui ne dépendent que d'eux. Dans ce cadre, la start-up n'exclut pas d'utiliser le BLE, en complément du son, pour optimiser sa technologie de détection de présence en point de vente.

Les +/- des ces technologies

Les + :
Précision en intérieur
Portée réglable (jusqu'à 50m)
Pas ou peu de déploiement hardware

Les - :
- Application mobile nécessaire - Micro activé par défaut sur Android mais pas sur iOS

Les + :
Aucun déploiement hardware
Le prix

Les - :
Précision en intérieur
Application mobile nécessaire

Les + :
Déploiement hardware léger
Portée théorique de 100m
Activable via Passbook

Les - :
Application mobile nécessaire
Bluetooth activé

Les + :
Capte une audience large (40% du trafic)
Pas d'app mobile nécessaire
Portée réglable (jusqu'à 50m)
Précision en intérieur

Les - :
Wi-Fi doit être activé
Adressage direct impossible

LA VACHE NOIRE Qui ?
DU TRAFIC SUR UNE APPLI DE CENTRE COMMERCIAL Quoi ?

Téléchargement X3

92 %
d'engagement
sur les jeux

Branding • Gamification • Fidélisation

LE CONTEXTE

La Vache Noire est un centre commercial de 120 boutiques, appartenant à la CBRE et géré par la Shopping Center Company (SCC), situé à Arcueil en banlieue parisienne. Le centre commercial souhaite digitaliser ses canaux de communication, en particulier son catalogue de promotions. Le centre voudrait donc s'appuyer sur une application dédiée, lui permettant de créer une communication privilégiée avec ses visiteurs, grâce à laquelle il pourra communiquer offres spéciales, promotions et animations.

En plus d'un objectif de téléchargement de son application, le centre commercial souhaite faire entrer l'usage de l'application dans les habitudes de ses visiteurs pour, à maturation, digitaliser plus de contenus et augmenter le trafic dans ses magasins.
Pour rappel, une application lifestyle comme celle des centres commerciaux a un taux de rétention d'environ 8 %.

LA SOLUTION PROPOSÉE

Afin de promouvoir le téléchargement et l'utilisation de l'application, Fidzup, qui développe une technologie de détection de présence par le son, a installé sa technologie dans le centre commercial et sa brique logicielle dans l'application smartphone de La Vache Noire. Cette technologie permet, grâce à la diffusion d'un signal sonore inaudible, mais entendu par le micro des smartphones, de détecter la présence d'un porteur de smartphone et de déclencher l'envoi de messages préconfigurés.

L'opération a démarré en mars 2013, lorsque la nouvelle application du centre commercial a été lancée. Cette dernière a été entièrement repensée pour soutenir l'objectif de digitalisation du centre commercial.

MISE EN PLACE STRATÉGIQUE

Notre approche a été d'utiliser sa technologie pour soutenir l'adoption de l'application par les visiteurs de La Vache Noire, en s'appuyant sur trois axes stratégiques.

BRANDING ET USAGE

L'application, habillée aux couleurs du centre commercial, permet au mobinaute d'être plongé au cœur de la marque. Les contenus exclusifs poussés dans l'application lorsque le visiteur pénètre dans La Vache Noire, le maintiennent dans l'esprit de la marque.

Avec cette technologie, les possesseurs de smartphone sous Android sont détectés à leur entrée en point de vente et reçoivent, sans autre action de leur part, les contenus. En moyenne, deux tiers des mobinautes touchés sont sous Android. Les possesseurs d'iPhone, à cause de restrictions imposées par Apple, doivent ouvrir leur application pour vivre l'expérience La Vache Noire.

A La Vache Noire, le taux de rétention de l'application est de 20 à 30 %, les visiteurs ayant pris l'habitude d'ouvrir leur application en entrée de centre, afin de découvrir les nouveautés proposées.

GAMIFICATION

La gamification est un mode d'engagement très fort. Son utilisation, en particulier en soutien d'actions de marketing ponctuelles, permet de capter l'attention des utilisateurs de l'application. Partant de ce constat, Fidzup et La Vache Noire ont mis en place des instants gagnants - jeux à gratter permettant aux joueurs de savoir immédiatement s'ils ont gagné - afin d'appuyer le lancement de l'application. Ils permettent d'incentiver le téléchargement de l'application. Les instants gagnants créent à la fois un engagement rapide et une instantanéité correspondant aux attentes des mobinautes, habitués à la rapidité d'Internet. Ainsi **92 % des jeux envoyés sont joués et ils bénéficient d'un taux d'engagement équivalent sur Android et sur iOS.**

FIDÉLISATION

La Vache Noire et les commerçants du centre ont la possibilité d'utiliser l'application comme un assistant shopping et de pousser des promotions exclusives vers des mobinautes très qualifiés, ayant installé l'application sur leur smartphone. Le centre commercial les récompense ainsi pour leur fidélité et leur attachement.

Les enseignes du centre ont d'ailleurs compris l'intérêt de ce canal privilégié puisque leur engouement et leur taux de participation n'ont jamais été aussi forts que depuis la mise en place de l'application.

RÉSULTATS

L'usage de la technologie Fidzup a permis, sur le premier mois et demi, de tripler le nombre de téléchargements attendus de la nouvelle application.

Afin de capitaliser sur ces résultats et de poursuivre les téléchargements de l'application, la stratégie de promotion de l'application comprend un relais sur le site Internet et les réseaux sociaux, ainsi que de la PLV sur place. Des jeux-concours cross-canal on line, partant de Facebook pour faire venir au centre commercial où un nouveau jeu est proposé, ou off line, lorsqu'ils sont liés à une animation en centre, ont également été mis en place.

O ***Centre Commercial La Vache Noire***
Application La Vache Noire disponible sur iTunes et le Google Play Store
O ***Fidzup*** • www.fidzup.com • @fidzup
Justine Joliveau, *chargée de clientèle*

« Le taux de rétention de l'application est de 20 à 30 %, les visiteurs ayant pris l'habitude d'ouvrir leur application en entrée de centre »

TRANSITION NUMÉRIQUE ET **SHOW-ROOMING**

Catherine Barba
@cathbarba

A PROPOS DE TRANSITION NUMÉRIQUE...

Le plus marquant dans la transition numérique que nous sommes en train de vivre est d'assister chaque jour à la transformation du commerce et de la relation client.

Un magasin n'est plus un lieu à part, avec une existence propre. Il est à tout moment relié au monde virtuel par nous, les clients, qui sommes connectés en permanence à travers notre mobile, avant, pendant et après l'achat. « Le magasin, c'est la force du web, mais dans la rue » disait un artisan de l'e-commerce.

En 2014, je vois les commerçants se mettre à accepter l'idée de travailler autrement avec les outils d'aujourd'hui pour parler la même langue que leurs clients ; ils apprennent à apprivoiser le « web-to-store », le « web-in-store » et enrichissent leurs offres et leurs services avec le digital. Il n'y a pas de meilleur moyen aujourd'hui pour faire revenir ses clients et en attirer de nouveaux.

Au-delà des techniques, le sujet de l'année est bien le virage de toute organisation, grande ou petite, vers le numérique. Cette transition, qui est une véritable révolution pour les entreprises ayant plus la culture du produit que celle du client, irrigue toute l'entreprise, concerne tout le monde.

J'observe qu'elle ne s'opère que si elle est portée tout en haut, à sa tête, par un dirigeant avec une vision de long terme, lucide et courageux, convaincu que « si c'est bon pour le client, c'est bon pour l'entreprise ». C'est cette vision qui permet de prendre les bonnes décisions d'investissement : dans une équipe digitale, dans une plateforme de commerce et des outils de reconnaissance client cross-canal, dans le mobile, la vidéo, les réseaux sociaux...

Avoir une culture digitale n'est clairement plus une option, ni pour Carrefour, ni pour Hermès, ni pour mon fromager de la rue de Grenelle. Pour se l'approprier, c'est comme pour le sport, il faut commencer par s'y mettre ! Faire de la veille, tester, accepter de se laisser surprendre, accepter de ne pas savoir, de désapprendre... Ce qui est difficile dans cette transition que l'on vit tous, c'est que même si on a le sentiment de bien faire son travail, de savoir acheter, vendre, servir, ça ne suffit plus. Le numérique nous invite à nous remettre profondément en question.

S'interroger sur le nouveau rôle du magasin pour donner envie de venir, de rester et d'acheter, ce n'est pas juste théâtraliser son lieu de vente avec du digital dedans. C'est d'abord repenser en profondeur sa relation client, le rôle et la compétence de ses vendeurs, pour faire de son magasin un lieu de relation et de service à forte présence humaine où les clients se sentiront toujours plus aimés et reconnus qu'ailleurs.

La pièce maîtresse du commerce connecté, c'est le vendeur, appelé à jouer un nouveau rôle de toute première importance. Le vendeur-bonheur, vendeur-passion, c'est lui qui crée le lien, c'est lui le passeur d'envie. De sa formation, de son équipement et de sa motivation dépendra la capacité d'un commerce à faire progresser ses ventes, malgré une consommation ralentie et une concurrence pléthorique.

> « La pièce maîtresse du commerce connecté, c'est le vendeur, appelé à jouer un nouveau rôle de toute première importance. »

ET LE SHOWROOMING DANS TOUT ÇA ?

Faute de faire valoir leurs inestimables atouts (l'humain !), beaucoup de commerçants laissent une sourde peur les envahir, qui porte un nom fantomatique : le « showrooming ».

Leur peur ? Voir leurs rayons se transformer en musées, en salons d'essayage d'Internet, où les gens viendraient admirer les produits, s'informer auprès des vendeurs, pour finalement acheter plus tard, parfois sur le site e-commerce du magasin, plus souvent auprès d'un pure player du web affichant des prix moins chers avec livraison le jour même...

Il ne faut pas se mentir, vérifier le prix sur son mobile en magasin est devenu pratique courante. La moitié des consommateurs équipés de mobiles utilisent leur smartphone pour faire des recherches Internet sur le lieu de vente pour obtenir des informations supplémentaires. Et près d'un client sur trois retarderait son achat après avoir constaté une différence de prix de seulement 5 % : c'est significatif !

Il faut prendre conscience de la réalité d'Amazon, qui offre à la fois des prix (souvent moins chers), un assortiment (pléthorique) et une expérience client (exceptionnelle) : livraison rapide, recommandations utiles, service client ultra réactif... Face à des pure players dont le modèle économique n'est pas basé sur la marge, est-il possible de limiter ce showrooming ?

Voici quelques suggestions pour affirmer haut et fort sa différenciation, sa « value for money », la valeur unique que l'on apporte en contrepartie du fait que l'on n'est pas le moins cher... à vous d'en trouver d'autres.

1. L'habile esquive : délestez vos clients de leurs téléphones à l'entrée du magasin
Proposez un stand « Detox Mobile » où vos visiteurs déposeraient leur portable pour un nettoyage, une remise à jour des apps, une réparation minute d'écran cassé... De la résistance, certes, mais qui rend aussi service ;)

2. La carte prix : jouez l'happy hour
Sur une sélection de produits, alignez-vous sur le prix Amazon et signalez-le visiblement. Autorisez vos vendeurs à vendre au prix Internet dans certains cas.

3. La transparence : expliquez pourquoi vos produits sont plus chers
Acheter chez vous permet de soutenir les fabricants locaux et les emplois français, une association, la planète... ? Faites-le savoir ! Affichez la couleur sur des vignettes/stickers pour justifier la différence de prix.

4. La méthode Coué : communiquez très visiblement sur les avantages magasin
Affiches, kakémonos, présentoirs : multipliez les messages mettant en avant tous les bénéfices à ne pas différer son achat. Immédiateté du retrait, facilité de paiement, retouche offerte, livraison maison, SAV...

5. L'incomparabilité : rendez la comparaison impossible
Proposez des exclusivités magasin : des packs (appareil photo + carte + housse...), des looks...

6. L'émotion : donnez à vos clients le sentiment d'être des VIP
Identifiez votre client dès son entrée dans le magasin (au travers de votre application), personnalisez sa visite et ses promotions, comme le font Macy's ou Neiman Marcus aux Etats-Unis ; venez le saluer si c'est un fidèle.

7. L'achat facile : rendez possible l'encaissement mobile par le vendeur
L'attente en caisse peut être le moment fatal où le client décide d'aller surfer sur les comparateurs. Rendez vos vendeurs polyvalents, comme le font l'Apple Store ou Sephora.

8. Le petit cadeau : seulement pour les clients magasin
Réservez à vos visiteurs passés en caisse, fixe ou mobile, le droit de participer à un tirage au sort pour gagner un cadeau. Dommage pour ceux qui seront allés acheter chez le concurrent Internet pour économiser 10 euros !

9. Les services + : direction le magasin !
Sur le ticket de caisse, ajoutez un code unique donnant droit à participer à une animation exclusive en magasin : un rendez-vous avec un « Make-up Artist », un atelier relooking, bricolage, cuisine, une dégustation...

10. L'humain, toujours l'humain : misez tout sur les vendeurs
Il faut toujours miser sur une relation à long terme avec le client. On peut perdre une vente au profit d'Internet mais si le vendeur a rendu service à son client, gageons qu'il reviendra pour ses futurs achats.

On le voit bien avec l'exemple du showrooming, l'enjeu du basculement numérique que l'on est tous en train de vivre est d'arriver à se réinventer, à repenser son métier autour du digital, le mieux possible, le plus vite possible, dans le respect de ses valeurs.

Et si voir dans tout cela une opportunité n'est pas naturel, il faut se faire violence, faire le choix de dépasser ses peurs, penser « out of the box », en dehors des cadres établis, de son métier historique ; désapprendre ce que l'on sait et apprendre des autres. Les anciens modèles n'ont pas à être protégés contre l'innovation, les commerces classiques contre le showrooming ! L'innovation ne tue que ceux qui n'innovent pas.

COMMENT DÉVELOPPER UNE STRATÉGIE DE **PRIX PERFORMANTE ?**

Pricing Assistant
www.pricingassistant.com/fr

> Matthieu Jung
Directeur marketing
matthieu@pricingassistant.com

QU'EST-CE QUE LE PRICING ?

Le pricing est un ensemble de pratiques et d'outils qui permet de fixer un prix à un moment donné afin de maximiser les ventes et les marges d'un produit. Ce prix correspond à la rencontre de l'offre et de la demande et au montant qu'un client est prêt à payer pour obtenir un bien ou un service.

POURQUOI METTRE EN PLACE UNE STRATÉGIE DE PRICING ?

Le premier argument est à la fois simple et percutant : le prix est le premier critère de choix d'un site e-commerce selon les chiffres de la FEVAD. Avec la possibilité de comparer tous les prix en un clin d'œil et sans aucun effort, le consommateur choisira souvent le site qui propose le prix le plus bas. Bien entendu, le service client, la livraison ou les commentaires des consommateurs sont autant de critères pris en compte dans l'acte d'achat, mais le prix reste le choix numéro un.

L'autre argument est d'utiliser le pricing en tant que levier inhérent à l'entreprise afin d'améliorer ses marges. Trop d'entreprises délaissent le pricing alors que c'est un levier puissant sur la rentabilité. Concrètement, en augmentant un prix, il est fort probable que les ventes diminuent légèrement mais que la marge totale augmente.

Finalement, l'e-commerce est un secteur qui est devenu mature où il est devenu impératif de surveiller son positionnement prix au regard de la concurrence qui s'intensifie d'année en année. Le consommateur devient également de plus en plus aguerri dans ses recherches avec une multitude d'outils à sa disposition et sa volonté croissante de trouver LA bonne affaire. Finalement, ce qui se passe dans l'e-commerce n'est rien d'autre que la transposition du monde physique. Le prix est donc un des axes majeurs de la stratégie commerciale pour attirer les clients.

MISE EN PLACE OPÉRATIONNELLE

La mise en place de la stratégie s'accompagne d'une analyse approfondie des concurrents avec un degré d'importance accordé à chaque concurrent. Plusieurs outils gratuits sont disponibles pour mesurer la popularité des concurrents : société.com, alexa rank, google analytics, FIA-NET, Trusted Shops...

Les concurrents sont identifiés et analysés, la fréquence des prix est décidée, il faut maintenant trouver un angle d'attaque pour donner envie aux clients de venir sur votre site avec des prix

« Une stratégie de pricing est une méthode puissante pour améliorer ses marges en utilisant un levier inhérent à l'entreprise. »

attirants. Plusieurs produits vont être sélectionnés pour devenir des produits « d'appel », c'est-à-dire des produits avec des prix très bas afin d'attirer des clients et leur faire acheter d'autres produits avec des marges plus élevées.

D'autres catégories de produits pourront être créées telles que les produits d'accompagnement (proposés lors d'achats complémentaires), le cœur du catalogue et le fond du catalogue. Lorsque ces catégories seront identifiées, un pricing segmenté pourra débuter avec des objectifs et des actions particulières pour chacune des catégories.

La dernière étape consistera à déterminer un prix optimisé pour tous les produits. Une approche par coûts permettra de réfléchir à un prix en fonction des coûts directs et indirects afin de déterminer un prix permettant de dégager des marges suffisantes. L'approche par marge doit être complétée par une approche sur la valeur perçue par le client. La confiance dans le site, la rapidité de livraison et l'expérience d'achat sont autant d'éléments qui enrichissent la valeur du bien acheté.

UTILISATION D'UN OUTIL AUTOMATIQUE

Une stratégie de pricing peut s'avérer extrêmement puissante mais aussi longue à mettre en place. La veille concurrentielle couplée à une veille tarifaire peut nécessiter plusieurs jours par mois et l'erreur humaine peut venir interférer dans ce processus. Prenons l'exemple d'un e-commerçant qui a 30 concurrents et 1 000 produits à surveiller, cela fait 30 000 pages produits à surveiller ! Si vos concurrents changent en moyenne les prix une fois par mois, cela implique des changements de prix quotidiens.

Des outils permettant de collecter et d'historiser des données doivent être mis en place afin de gagner du temps et de se concentrer sur les fondamentaux, à savoir la valeur ajoutée que rapporte l'application d'une stratégie de pricing. Le premier outil qui vient généralement à l'esprit est Excel.

Un tableur atteindra vite ses limites pour de nombreuses raisons. Il deviendra rapidement compliqué pour toutes les équipes liées au pricing de partager un seul document, mais c'est surtout le processus manuel de collecte de données qui deviendra vite long et contraignant.

C'est pourquoi des solutions d'automatisation existent afin de simplifier la vie des e-commerçants et de rendre le pricing accessible à tous et pas seulement aux sites e-commerce réalisant plusieurs millions de chiffre d'affaires par an. Une solution automatique telle que Pricing Assistant vous fera gagner du temps et vous permettra d'analyser facilement votre positionnement prix afin de fixer le bon prix pour chacun des produits.

Les changements de prix à la hausse ou à la baisse ne seront plus réalisés à l'aveugle, les actions promotionnelles des concurrents pourront être analysées plus rapidement et une véritable politique de pricing se mettra en place en fonction de votre marché et de vos concurrents. Si les prix sont optimisés régulièrement avec une stratégie cohérente, les marges et le panier moyen augmenteront avec un afflux de visiteurs et une meilleure vue sur l'ensemble de vos concurrents.

N'attendez plus, appliquez dès maintenant une stratégie de pricing performante !

RÉMUNÉRATION PONDÉRÉE : COMMENT VALORISER LA CONTRIBUTION DES LEVIERS INTERVENANT AU **DÉBUT DU CYCLE DE VENTE ?**

Eulerian Technologies
www.eulerian.com

> Emmanuel Brunet
Directeur exécutif
emmanuel@eulerian.com
www.linkedin.com/in/emmanuelbrunet

Aujourd'hui beaucoup de systèmes d'attribution sont trop simplistes et élisent souvent un seul canal selon la règle du dernier levier payant. Cela a pour effet de limiter les investissements des e-commerçants sur les leviers prescripteurs de la vente. Pourtant ces canaux alimentent naturellement les sites en nouveaux prospects, qui pourront être transformés en clients par les canaux marketing plus proches de la vente comme le retargeting display, l'e-mail retargeting ou les liens sponsorisés.

Afin de ne pas assécher ce bassin de prospects et d'impacter mécaniquement les ventes à moyen terme, il est important de mettre en place une rémunération pondérée qui permettra de valoriser les canaux à l'origine de l'engagement du consommateur.

L'ATTRIBUTION DES CONVERSIONS AUJOURD'HUI

a. Comment les sites marchands rémunèrent-ils leurs partenaires ?

Les sites attribuent la conversion pour la plus grande majorité au dernier levier ou au dernier levier payant. De ce fait, l'attribution des ventes se fait principalement aux canaux qui interviennent juste avant la vente. Bien souvent, pour les e-commerçants, il s'agit des comparateurs de prix, des liens sponsorisés, du retargeting ou du couponing. Quand la répartition des budgets se fonde sur ce type d'attribution, les canaux qui interviennent très en amont de la vente sont pénalisés.

b. Limites de l'attribution modélisée

L'attribution modélisée consiste en l'exploitation de modèles statistiques pour attribuer une part de la valeur de chaque conversion à plusieurs leviers marketing.

Elle permet d'élire pour une même vente plusieurs partenaires présents dans le chemin de conversion de l'internaute. Mais elle se résume cependant à une attribution statique imposant l'affectation de la vente en fonction de la position des partenaires dans le chemin de conversion. Le plus souvent, il s'agit du premier et du dernier levier.

L'attribution modélisée est limitée puisque figée et décorrélée de l'évolution d'engagement du consommateur. A aucun moment l'influence propre d'un partenaire n'est prise en compte. Seule compterait sa position dans le chemin de conversion ?

Comment alors rémunérer les partenaires en fonction de leur réelle influence sur le client au cours de son processus d'achat ?

Pour contrer le manque de flexibilité et de cohérence face à la réalité du marché des modèles d'attribution classiques, une réponse s'est manifestée : la rémunération pondérée.

MISE EN PLACE D'UNE RÉMUNÉRATION PONDÉRÉE

a. Prérequis fondamentaux

Avec la rémunération pondérée, chaque partenaire ayant influencé la décision d'achat sera rémunéré pour sa participation à l'évolution du consommateur dans son tunnel de conversion.

« Avec la rémunération pondérée, chaque partenaire ayant influencé la décision d'achat sera rémunéré pour sa participation à l'évolution du consommateur dans son tunnel de conversion »

Pour garantir la pertinence et la finesse de la rémunération pondérée, il est essentiel pour les e-marchands de mettre en place :

Une qualité de collecte et d'analyse de la donnée

- 100 % des données collectées en temps réel
- Tracking des campagnes marketing par redirection
- Pose d'un cookie première partie

Une solution fiable de gestion des partenaires

- Solution tierce de confiance et sécurisée, qui n'opère aucun levier
- Solution interfacée avec tous les partenaires
- Tags intégrés nativement
- Mises à jour automatiques ne requérant aucune intervention sur le site de l'annonceur
- Règles d'appels de tags entièrement personnalisables

Ces prérequis respectés, comment mettre en place une rémunération pondérée prenant en compte l'influence des différents partenaires sur le comportement d'achat du consommateur ?

b. Cadre de fonctionnement

Une bonne rémunération pondérée est une rémunération qui se fonde sur l'évolution de l'engagement des internautes au cours du cycle de vente. Pour cela, il faut définir des profils adaptés au cycle de vente du marchand concerné.

Prenons l'exemple d'une évolution de profil simple, avec quatre niveaux d'engagement standards :

- **Visitor** : l'internaute a visité le site mais sans visiter de fiche produit
- **Looker :** l'internaute a visité une ou plusieurs fiches produit
- **Shopper :** l'internaute a mis un produit dans le panier, mais sans acheter
- **Buyer :** l'internaute a acheté un produit

Au-delà de l'exemple simple, il est fondamental de maximiser l'adéquation entre les niveaux d'engagement définis et le parcours consommateur propre à l'e-marchand concerné. Le plus grand potentiel d'optimisation et de personnalisation se situe sur le profil *Looker*, qui peut être spécifié selon le produit vendu. En effet, le niveau d'engagement d'un consommateur n'est pas le même entre un *Looker* qui aurait visité une seule page produit et un *Looker* qui aurait visité une dizaine de pages produit avec des paramètres connexes, comme toute la gamme d'appareils photo d'une même marque.

Le prix et les promotions entrent également dans le cycle d'achat des produits. L'achat d'une TV écran plat à plus de 500 euros implique une concertation et une réflexion d'achat. Elle fera l'objet d'un cycle décisionnel de consommation très différent de celui d'un produit à moins de 15 euros, comme un livre. De plus, l'achat d'un livre dont le prix de vente est fixe ne nécessitera pas de comparaison de prix contrairement à la plupart des autres produits.

Il est donc nécessaire d'approfondir la définition des niveaux d'engagement d'un consommateur en fonction du marché, des produits et du cycle décisionnel propres à chaque e-commerçant.

Le principe fondateur de la rémunération pondérée consiste en l'identification des visites au cours desquelles a eu lieu le changement d'engagement du consommateur, par exemple le fait qu'il devienne *Looker* alors qu'il n'était qu'un simple *Visitor*. A chaque visite au cours de laquelle un changement de profil a lieu est associé un partenaire qui l'a générée. Ce partenaire est identifié par l'intermédiaire d'une règle marketing du même type que les règles d'attribution des ventes.

c. Mise en pratique

Trois étapes préalables sont nécessaires à la rémunération pondérée des partenaires :

1. Identifier et créer des niveaux d'engagement en adéquation avec le modèle économique de l'e-commerçant
2. Elaborer des règles d'attribution à un partenaire lors d'un changement de niveau d'engagement
3. Définir le niveau de rémunération de chaque partenaire en fonction du changement de niveau d'engagement généré chez le client

Prenons l'exemple d'un parcours d'achat d'un internaute lambda pour l'achat d'une TV écran plat :

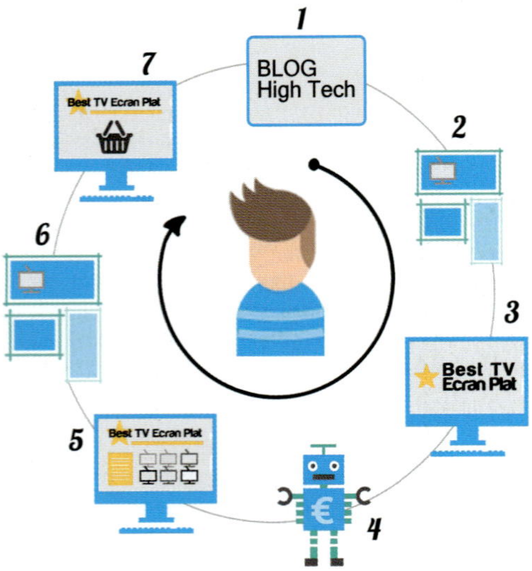

1. **L'internaute visite un blog** dédié au high-tech. **Il lit un contenu sur le produit** TV écran plat de la marque X.

2. Plus tard, **il clique sur une pub connexe**.

3. **Il est redirigé vers le site e-commerce** www.best-tv-ecran-plat.com. Il devient donc « *Visitor* » pour ce site et mémorise que la TV écran plat de la marque X qui l'intéresse y est commercialisée. Il retient également son prix de vente. L'internaute se dit qu'il va réfléchir et n'effectue pas l'achat.

4. 2 jours plus tard, il souhaite approfondir sa recherche et **comparer les différents produits** disponibles sur le marché. Il se connecte et effectue une recherche sur son comparateur de prix favori. Plusieurs produits vendus sur le site www.best-tv-ecran-plat.com apparaissent dans les résultats, à un prix compétitif.

5. Il clique donc et visite de nouveau le site www.best-tv-ecran-plat.com. Cette fois-ci, **il consulte 7 pages produits** au cours de sa session sans mettre de produit au panier. Il devient « *Looker* » mais n'achète toujours pas.

6. 3 jours plus tard, **il est exposé à une bannière de retargeting** lui montrant plusieurs des produits consultés lors de sa dernière visite sur www.best-tv-ecran-plat.com.

7. **Il clique et finalement achète** une TV écran plat sur le site www.best-tv-ecran-plat.com.

Il devient donc « *Shopper* » et « *Buyer* » dans la même session.

Si le site en question attribue au dernier levier, alors le partenaire en charge du retargeting se verrait attribuer toute la valeur ajoutée générée par l'ensemble du dispositif marketing.

Or, dans le cas de la rémunération pondérée, ce partenaire se verra certes attribuer la vente, mais les deux autres seront également rémunérés, car ils auront amené l'internaute à visiter pour la première fois le site puis à y retourner pour consulter plusieurs produits. Cette rémunération plus équitable permet de ne pas délaisser les canaux générateurs ou contributeurs dans le processus d'engagement du consommateur. Si ces canaux ne sont pas des canaux à la performance (achat d'espace sur un blog au CPM, ou achat au CPC sur un comparateur de prix), l'annonceur ainsi que chacun des partenaires concernés disposeront de l'information afin de réaliser les arbitrages budgétaires et d'optimiser les programmes en conséquence.

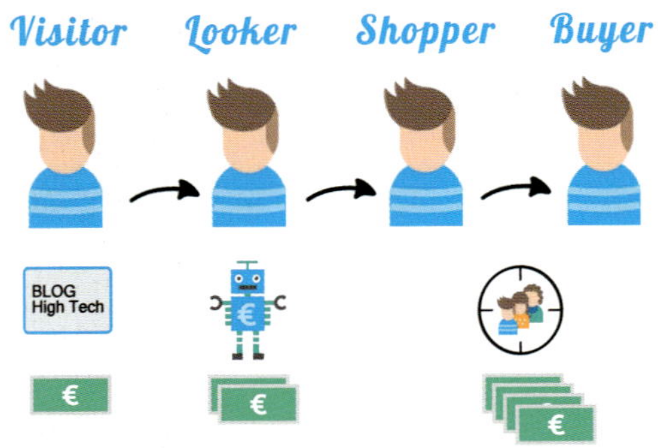

A chaque changement de niveau d'engagement généré, le partenaire est rémunéré en conséquence.

VERS UNE RÉMUNÉRATION PLUS ÉQUITABLE

Les e-marchands automatisent dynamiquement la rémunération de leurs partenaires influenceurs qui participent à la conversion de leurs clients. C'est un pas décisif vers une rémunération plus équitable entre les différents partenaires avec une prise en compte de toutes leurs contributions. Mieux adaptée au business model du e-commerçant et de ses partenaires, la rémunération pondérée permet de gommer les biais des systèmes d'attribution actuels en rémunérant tous les leviers qui contribuent à la vente.

L'AMÉLIORATION DE LA CONVERSION EST UNE DISCIPLINE SCIENTIFIQUE, NON UN **ART ABSTRAIT**

Romain Boyer
@RomainBOYER

Il y a trois grandes phases dans la relation de votre client avec votre commerce qui peuvent affecter votre chiffre d'affaires : l'acquisition de trafic, la conversion, la fidélisation. Je vais ici tenter de vous démontrer la facilité avec laquelle vous pouvez découvrir puis régler les problèmes qui affectent votre taux de conversion.

Le taux de conversion sur un site e-commerce varie la plupart du temps entre 1 et 3,5 %, suivant les secteurs d'activité. Présenté autrement, entre 96,5 et 99 % de vos visiteurs n'achètent rien. A mettre en relief face aux 10 à 90 % de conversion des boutiques physiques (certes, l'engagement client n'est pas le même).

L'amélioration continue de la conversion est encore une discipline mal maîtrisée, souvent faite au feeling.

EN QUOI L'AMÉLIORATION DE LA CONVERSION EST-ELLE SOUVENT UN ART ABSTRAIT ?

Comprendre les problèmes qui coûtent à la conversion n'est pas en soi un exercice compliqué, c'est un exercice qui peut se révéler fastidieux si on n'a pas les bons outils. Cela n'en est pas moins nécessaire et le manque de méthodologie pousse souvent à se détourner vers de petits projets sans impact sur l'amélioration de la conversion.

L'occasion m'est souvent donnée de discuter avec des dirigeants et des cadres du web, et s'il est une mesure commune, c'est le manque de moyens. Malgré beaucoup de bonne volonté, il semble que l'habitude des petits projets à répétition reste la règle. Une idée émerge, devient préoccupation, trouve solution, est développée puis mise en ligne. Ni business plan, ni étude de retour sur investissement, l'idée meure souvent faute d'intérêt ou d'être réellement suivie. Et une autre idée arrive.

Trois problèmes à identifier dans ce cas générique. Le premier est le manque d'organisation pour faire émerger des idées légitimes. Le deuxième est la complexité de ces projets alors que de petites touches bien pensées, de petits détails travaillés peuvent vraiment faire la différence. Le troisième est le manque de suivi pour vérifier la validité des hypothèses, apprendre de son expérience, et être meilleur la fois suivante.

Je vous propose donc ici une méthode rigoureuse en trois points pour améliorer de façon continue votre taux de conversion : (i) identifier un axe d'amélioration, (ii) comprendre en détail le souci (iii) imaginer des solutions et tester.

« L'amélioration continue de la conversion est encore une discipline mal maîtrisée, souvent faite au feeling. »

1 - IDENTIFIEZ DES AXES D'AMÉLIORATION

Il y a différentes manières d'identifier des axes d'amélioration :
1. Via votre outil d'analyse site centric en suivant certains indicateurs phares ;
2. Via un tableau de bord permettant de mettre en lumière des dysfonctionnements dans le tunnel de conversion ;
3. Via les contacts avec les clients, en lisant entre les lignes les points qui leur posent question dans leur parcours d'achat.

› Utilisez votre (vos) outil(s) d'analyse site centric pour identifier des axes d'amélioration

Il faut regarder notamment :
• Les pages d'arrivée à fort taux de rebond (sorties après une et une seule page vue) ;

• Les pages à fort taux de sortie (par type de page : page listing, fiche produit, panier...) ;

• Le pourcentage de pages vues par modèle de page (page listing, fiche produit...), vous pourriez avoir des surprises ;

• À quel moment les paniers sont le plus abandonnés ;

• De manière générique, il faut identifier des indicateurs qui ont une certaine stabilité sur des ensembles et identifier des exceptions et les comprendre pour faire émerger des points de travail intéressants.

Par type de page de sortie, vous aurez des points d'attention plus précis. Si c'est la fiche produit qui est en cause, il faudra vérifier le niveau de prix, de stock, le niveau d'informations techniques sur le produit. Si c'est une page de liste de produits, les visuels sont-ils suffisamment grands et beaux, les facettes (pour affiner le nombre de produits) sont-elles pertinentes et efficaces ? Si c'est un panier, vérifier les éléments de réassurance et que rien ne vient perturber le parcours d'achat (épurez au maximum !).

› Mettez en place un tableau de bord avec des métriques signifiantes

Il est impossible de piloter quelque activité que ce soit sans tableau de bord, tout comme il est impossible de conduire correctement une voiture sans cet outil indispensable. Toute panne imminente ou excès de vitesse serait difficile à déceler.

Un tableau de bord n'est pas forcément un tableau de bord automatisé, la plupart des managers (chacun à son niveau) reportent un à un les indicateurs dont ils ont besoin dans un fichier Excel, ce qui permet de prendre le temps d'analyser chaque indicateur et son évolution par rapport aux derniers relevés.

Les indicateurs suivants combinés vous permettent de faire émerger des problématiques intéressantes du point de vue de la conversion:

› Intérêt de la visite
• Taux de discount moyen
• Pages par visite
• Taux de rebond
• Nombre de produits
• Taux d'ajout au panier

› Conversion
• Coût par commande
(acquisition notamment, mais aussi promotions)
• Taux de conversion
• Montant moyen de commande
• Nombre de produits par panier

› Résultat
• Pourcentage de nouveaux clients
• Nombre de commandes
• Chiffre d'affaires
• Marge moyenne

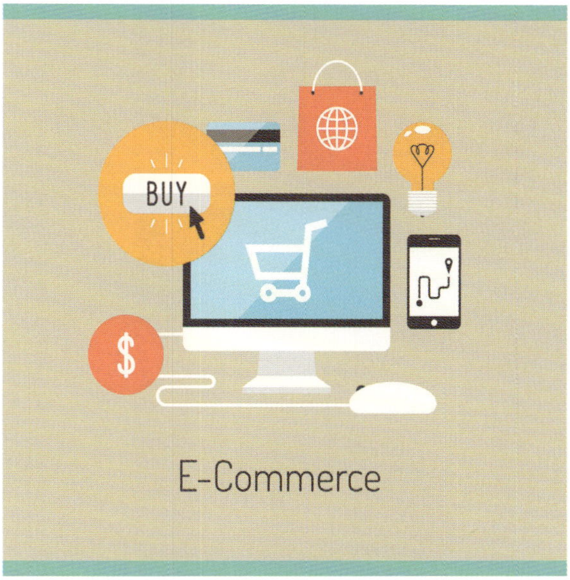

« Les outils de test A/B d'aujourd'hui vous permettent en quelques clics de mettre en ligne et tester vos modifications (forme, contenu...) et de diffuser la nouvelle version à un échantillon déterminé de vos visiteurs »

› Soyez à l'écoute de vos clients pour identifier des points bloquants

Tout le monde s'accorde à dire que le client est roi, que sa parole a de l'importance, que son retour permet de s'améliorer. Là encore, combien disposent ne serait-ce que du niveau de satisfaction régulièrement mis à jour ou des 3 problèmes majeurs qui poussent à contacter le service client ?

Quand un client vous parle, il vous donne des informations qui sont autant d'indicateurs de ce qui pourrait être amélioré sur votre site. Une question récurrente ? Une clarification sur le site permettrait de la limiter. Une erreur courante du client ? Non, il n'est pas stupide, il est pressé. Et par conséquent mieux baliser son parcours limitera sûrement ses erreurs et les appels associés également. Trop de retours ? Est-ce que tous les outils d'aide au consommateur pour choisir le bon produit ont bien été mis en place (descriptifs complets, guides des tailles, comparateurs de produits, etc.) ?

Vous avez donc tout intérêt à remplir une mini-fiche à chaque fois qu'un client vous contacte (même via les réseaux sociaux !) avec 3 informations-clés : motif du contact (information produit, question pendant la commande, demande de retour, défectuosité produit), temps nécessaire pour répondre (échelle de 1 à 5), degré de satisfaction ressenti (échelle de 1 à 5). En 3 clics réalisables en moins de 5 secondes par le service client, vous avez 3 informations qui vous permettent de connaître les problèmes les plus récurrents, les plus chronophages et les plus anxiogènes et de cibler des actions correctrices.

Rien ne vous empêche pour aller plus loin de rapprocher l'historique de commande du client pour identifier des catégories de produits qui semblent plus problématiques que d'autres pour certains motifs de contact.

2 - ALLEZ AU FOND DU PROBLÈME

Lorsque vous récupérez un bout de ficelle correspondant à un problème, vous pouvez tirer cette ficelle de plusieurs manières pour arriver à l'origine précise du problème. Il s'agit souvent d'informer le client au bon moment dans son parcours d'achat.

La première est de consulter les métiers en contact avec le problème : petit comité avec une ou deux personnes du service client pour mieux comprendre ce qui se cache généralement derrière un motif précis ou analyser avec un responsable e-merchandising les données analytiques à même de mettre en évidence les pages à problèmes.

Il ne faut surtout pas hésiter à faire un appel ou un e-mail sortant pour contacter un client qui sera généralement ravi (voire flatté !) que vous le contactiez pour comprendre plus en détail son problème.

3 - IMAGINEZ DES SOLUTIONS ET TESTEZ-LES

Une fois les problèmes identifiés, vous pouvez faire des brainstormings (réunions de réflexion) pour imaginer des solutions.

Puis il sera temps de passer à l'action. Les outils de test A/B d'aujourd'hui vous permettent en quelques clics de mettre en ligne et tester vos modifications (forme, contenu...) et de diffuser la nouvelle version à un échantillon déterminé de vos visiteurs (dans un contexte figé : "il est conseillé de tester sur une large période sans perturbation extérieure comme un lancement d'opération marketing pour avoir des résultats fiables", conseille Anthony Brebion d'AB Tasty). S'ensuit alors un reporting permanent qui vous permet de suivre si cela améliore le taux de conversion ou non.

Parfois les solutions qui vous semblent évidentes, c'est le meilleur moment pour tester qu'elles sont vraies. Jean-Noël Rivasseau (fondateur de l'outil d'A/B testing Kameleoon) m'a fait part de trois cas typiques qui montrent à quel point il est important de tester sur votre propre site vos hypothèses :

• Un même test A/B sur deux sites différents peut donner des résultats différents. Un formulaire de contact simplifié sur deux sites ayant sensiblement la même approche a amélioré sensiblement la conversion (du formulaire) d'un côté et a généré l'effet inverse sur l'autre site ;

• Un site e-commerce pensait avoir une étape en trop dans son processus de conversion, il avait donc fait un test qui supprimait une étape dont l'unique intérêt était de sélectionner une quantité qui dans une très large majorité était toujours la même. Contre toute attente, c'est le processus avec l'étape en plus qui fonctionnait le mieux, question de réassurance probablement ;

• Certaines sociétés pratiquent le test A/B pour convaincre le patron de l'intérêt de certaines mises en place, cela légitime le travail accompli et permet d'évacuer toute réticence (si c'est mieux, tant mieux, si c'est moins bien, on enlève).

Cet exemple fourni par Anthony Brebion d'AB Tasty est également révélateur : une société travaillant dans la mode pensait qu'en rajoutant dans les shootings produits une partie plus large du corps du modèle incluant une partie du visage (jusqu'au menton), cela ferait meilleur effet et apporterait plus de conversion. Un test A/B a montré le contraire et prouve bien l'importance de tels tests avant d'engager des frais importants. Les utilisateurs ont alors persévéré dans leurs tests et eu un gain allant jusqu'à 10 % en ajoutant des photos de tenues complètes en plus des photos focalisées sur la simple pièce vendue (haut ou bas).

En conclusion, ces quelques méthodes simples à mettre en place vous permettront d'adopter une démarche d'amélioration continue de votre taux de conversion. En prenant petit à petit de l'assurance avec celles-ci, vous pourrez aller plus loin. Ces mêmes méthodes sont utilisées à grande échelle par les plus grands (Google, Amazon...) et la méthode est par définition sans faille : vous ne pourrez que progresser si vous êtes attentif aux soucis rencontrés sur votre site, que vous testez des résolutions et les validez avant mise en ligne à 100 %.

KIABI Qui ?

LE CROSS-CANAL Quoi ? CHEZ KIABI

E-mailing • Cross canal • Data

PROBLÉMATIQUE BUSINESS DE LA MARQUE

Identifier, collecter et centraliser les données clients pour segmenter, personnaliser et scénariser ses campagnes marketing cross-canal.

Le contexte
Kiabi compte plus de quatre cent cinquante magasins en France et à l'étranger, un site de vente en ligne dans 8 pays, développé en pure player en Belgique et aux Pays-Bas. La communication de la marque mêle catalogue papier, prospectus, e-mail, site internet, page Facebook, blog, application mobile et Twitter. « Nous positionnons le client au centre de notre stratégie» explique Elisabeth Fauvarque, Responsable Communication Digitale et E-mailing, chez Kiabi.

La cible
Les clients Kiabi mixent tous les canaux en fonction de différents critères :
• Leurs besoins
• Leurs envies
• La situation

Ils choisissent le canal de communication qui leur facilite le plus la vie. Kiabi souhaite les accompagner partout et s'attache à placer les clients au cœur de son organisation. Pour Kiabi, l'animation marketing client cross-canal consiste à utiliser toutes les occasions pour :
• Faire référence aux magasins dans les communications digitales : digital to store.
• Introduire du digital en magasin : store to digital.

Les objectifs
Le cross-canal chez Kiabi, c'est (volume sur 1 année) :
• Des millions de clients 100 % magasins, porteurs de cartes de fidélité, de visites en magasin et sur les sites web.
• Des dizaines de millions de tickets de caisse.
• Des centaines de millions de catalogues et d'e-mails.
• Des centaines de milliers de mailings papier, de téléchargements de l'application mobile, de participants aux jeux-concours, de clients 100 % web et clients mixtes (magasin et web).
• 1,9 million de fans sur Facebook.
• Plusieurs millions de commandes web.

SOLUTION STRATÉGIQUE

Cabestan a mis en place pour Kiabi sa propre base de données marketing multicanal centralisant l'ensemble des informations provenant de ses différents systèmes d'informations : magasins, carte de fidélité, jeux-concours, site web, e-mails, mailing papier, mobile. Kiabi bénéficie ainsi d'une vision client à 360° tournée vers l'action marketing ciblée et personnalisée. Cabestan a également mis à disposition sa plateforme qui agit en véritable prolongement du système d'information de Kiabi et permet de piloter ses campagnes marketing en totale autonomie.

MISE EN PLACE OPÉRATIONNELLE

« L'outil fourni par Cabestan nous permet de segmenter notre fichier client. Les contacts « non-ouvreurs » ont ainsi été exclus des campagnes e-mails. La base de données a été découpée en fonction des canaux d'achat privilégiés. La segmentation RFM (récence, fréquence, montant) nous permet d'attribuer une note au client. Une méthode qui nous permet de concentrer une communication personnalisée sur une cible précise pour de meilleurs résultats » ajoute Elisabeth Fauvarque.

Segmentation de la base :
• Qui a ouvert ouvrira : découpage de la base sur des critères d'ouverture des e-mails. Les non-ouvreurs sont exclus des envois de nos campagnes d'e-mails.
• Qui a acheté achètera : découpage de la base en fonction des canaux d'achat (magasin/web/mixte).
• Qui a acheté beaucoup achètera beaucoup : découpage en fonction de la segmentation RFM/PMGTG.

« En fonction de ses préférences, différents scénarios sont proposés au consommateur : e-mail délivrant un code promotionnel valable en magasin ou sur le site, guide d'achat sur les smartphones, carte de fidélité utilisable dans les points de vente et en ligne. » explique Elisabeth Fauvarque,

Des e-mails personnalisés en fonction du profil et du comportement du client et des offres marketing : « l'e-mail met en avant le magasin où la carte de fidélité du client a été validée, son rayon préféré et les produits qu'il a l'habitude de consulter. »

• Des e-mails envoyés de la part du magasin du client pour une offre valable en magasin et sur site web : enquête de satisfaction suite à un achat en magasin et sur site web, e-mail envoyé suite à la création d'une carte de fidélité en magasin, e-mails promotionnels avec code-barres ou e-code valable en magasin ou sur site web.

• Des e-mails cycliques : e-mail de bienvenue, e-mail anniversaire, e-mail animation programme de fidélité, e-mail abandon de panier.

• Des e-mails envoyés en fonction du statut RFM du client.

L'un des enjeux de Kiabi est d'enrichir en continu la connaissance client et de préparer les stratégies futures grâce à l'envoi régulier de questionnaires de satisfaction et de sondages pour mesurer l'avis de ses clients sur les prochaines innovations (par exemple, avec l'envoi d'un sondage pour mesurer leur appétence au canal mobile).

LES RÉSULTATS

Kiabi a parfaitement su prendre en considération les différents comportements et les attentes de ses clients en adaptant les canaux de communication aux préférences de ceux-ci. C'est, en outre, grâce à une segmentation pertinente de ses consommateurs en termes de points de contacts, de scoring et de comportements que Kiabi est parvenu à établir une relation privilégiée avec eux, via des offres adaptées et personnalisées à chaque segment. Une tactique payante puisque Kiabi affiche un taux d'ouverture multiplié par trois.

« L'un des enjeux de Kiabi est d'enrichir en continu la connaissance client et de préparer les stratégies futures grâce à l'envoi régulier de questionnaires de satisfaction et de sondages pour mesurer l'avis de ses clients sur les prochaines innovations. »

○ Cabestan : www.cabestan.com

Marion Bajeux, *Responsable Marketing & Communication*
bajeux@pro.cabestan.com

RÉUSSIR SUR **LES MARKET-PLACES EN 2014**

Se lancer sur les marketplaces, comme Amazon, la Fnac ou encore Priceminister est devenu depuis quelques années très tentant pour beaucoup de e-commerçants. Les outils à leur disposition ont en effet beaucoup progressé et permettent désormais d'exporter un catalogue en toute simplicité vers un grand nombre de marketplaces.

Le nombre de marketplaces a également beaucoup augmenté et tous les secteurs voient fleurir une ou plusieurs marketplaces spécialisées.

L'énorme trafic de la plupart des marketplaces adossées à un site e-commerce les classe souvent dans le top 10 du e-commerce français, de quoi promettre de belles ventes aux e-commerçants qui sauront exploiter ce canal.

Cependant, vendre sur les marketplaces n'est pas de tout repos et nécessite de faire attention à certains points pour transformer cette expérience en vraie réussite et satisfaire vos clients. Veillez donc à éviter les écueils suivants.

EN QUOI L'AMÉLIORATION DE LA CONVERSION EST-ELLE SOUVENT UN ART ABSTRAIT ?

De nombreux e-commerçants essaient de se lancer sur un grand nombre de marketplaces simultanément. Or, la clé du succès est bien souvent dans l'exécution plutôt que la quantité, il vaut mieux dès le départ se concentrer sur une marketplace et l'exploiter convenablement que de diffuser ses produits sur toutes les marketplaces et ne pas arriver à gérer l'ensemble.

Chaque marketplace possède ses propres caractéristiques et va réagir différemment à votre catalogue produit, il va également falloir optimiser les attributs et les contenus pour chaque marketplace... Bref, il est préférable d'optimiser sa présence sur une marketplace puis de passer à la suivante après.

Dans le cas où vous n'arriveriez pas à vendre sur une marketplace, il faut en premier lieu trouver pourquoi cela ne fonctionne pas et corriger les points bloquants plutôt que de reproduire le problème sur toutes les marketplaces.

Il faut également savoir que les marketplaces demandent un niveau de qualité élevé et n'hésitent pas à exclure les e-commerçants les moins performants, une raison de plus de fournir un service de qualité.

EXPORTER TOUT SON CATALOGUE PRODUIT

Exporter l'ensemble de son catalogue produit sur les marketplaces est relativement risqué pour plusieurs raisons. La première étant qu'il vous sera plus difficile de gérer des centaines/milliers de produits (vérifier les prix, le stock, etc.) que si vous avez sélectionné une partie de votre catalogue. Procéder par étape est le meilleur moyen de ne pas se retrouver avec un catalogue inutilisable sur les marketplaces.

La deuxième raison, c'est que votre site doit rester plus intéressant que la marketplace, exporter tout son catalogue ne va pas inciter les internautes à se rendre sur votre site. La meilleure solution est donc d'exporter votre top vente et/ou les

Skeelbox

› Benoit Gaillat
Consultant E-commerce
et Directeur Associé
benoit.gaillat@skeelbox.com
@benoit_gaillat

> *« Chaque marketplace possède ses propres caractéristiques et va réagir différemment à votre catalogue produit, il va également falloir optimiser les attributs et les contenus pour chaque marketplace... »*

produits à destocker et de garder votre fond de catalogue pour vous. Cela évitera également que les marketplaces vous passent devant sur Google sur l'ensemble de vos produits.

La dernière raison de ne pas exporter son catalogue est moins évidente mais tout aussi utile. Lorsque les internautes vont naviguer sur votre boutique « vendeur » de la marketplace, ils n'auront sûrement pas les mêmes catégories et filtres que sur votre site. Si vous avez exporté tous vos produits, cela va être très compliqué pour les internautes de naviguer sur votre catalogue et le risque de les perdre est donc relativement important. Il serait dommage de rater une vente en ayant voulu faire « trop » bien.

NE PAS VISER LA QUALITÉ

La qualité dans l'exécution du traitement de la commande doit être votre priorité lorsque vous vendez sur les marketplaces. La plupart des marketplaces imposent des contraintes très strictes de qualité de service, de délai d'expédition, généralement 48 heures, ce délai d'expédition est à respecter à tout prix pour être sûr d'obtenir de bonnes évaluations de la part de vos clients.

Obtenir de bonnes évaluations est non seulement obligatoire pour un grand nombre de marketplaces mais aussi un moyen de rassurer et de convertir plus de visiteurs.

La qualité de service post-achat, comme le temps de réponse aux mails et la qualité de réponse sont aussi à prendre en compte, l'objectif principal étant de résoudre le problème au plus vite pour obtenir une note satisfaisante.

SOUS-DIMENSIONNER LA LOGISTIQUE

Vendre sur les marketplaces à des millions de visiteurs peut impacter votre logistique si une de vos ventes « cartonne ». C'est d'ailleurs une des raisons pour lesquelles il est conseillé de se lancer marketplace par marketplace, d'obtenir une croissance régulière et gérable plutôt que d'être submergé de commandes et ne pas réussir à gérer ce flux.

Si vous souhaitez faire des promotions sur une marketplace, il est conseillé de les faire à une période peu chargée en commandes pour vous, évitez donc de faire des promotions le week-end pour devoir gérer l'équivalent de quatre ou cinq jours de commandes le lundi, en plus des propres ventes de votre site. Une promotion le mercredi ou le jeudi permet, par exemple, de lisser votre logistique dans la semaine et de ne pas être pris au dépourvu le lundi matin.

ÊTRE PLUS CONCURRENTIEL QUE SUR SON SITE

Lorsque l'on exporte ses produits vers d'autres sites il est nécessaire de vérifier que votre site reste l'option la plus intéressante pour le client. Par exemple, si vous vendez un produit à 50 € avec 3 € de frais de port sur Amazon mais que sur votre site le même produit est vendu avec des frais de port à 5 €, il n'y a aucune chance que la commande soit passée sur votre site...

L'exercice est donc délicat : ajuster ses prix pour être assez concurrentiel sur la marketplace mais sans pour autant rendre la marketplace plus intéressante que sur son site. Certains internautes ne vont pas hésiter à comparer les prix du vendeur sur la marketplace et sur votre site, on arrive souvent à trouver qui se cache derrière les « pseudo ». Si la commande est passée sur votre site, c'est toujours ça de gagné.

INTÉGRER LA RELATION CLIENT DANS SON SITE E-COMMERCE POUR **MIEUX CONVERTIR ET FIDÉLISER**

Beaucoup trop d'entreprises conçoivent encore la vente en ligne comme un canal de distribution sur lequel le client est complètement autonome pour aller au bout de sa commande. Ce n'est déjà pas le cas dans le monde du commerce traditionnel lors d'un achat en magasin physique, comment cela pourrait-il l'être dans le monde virtuel ? Acheter en ligne, même en 2014, s'apparente souvent à un acte anxiogène pour le consommateur, seul face à son écran. Avant de passer à la caisse, il aura toujours quelques questions légitimes :

• Sur le produit, sa composition, son installation, ou son usage, sa compatibilité avec un autre produit, ou sa disponibilité en stock.

• Sur les modalités de livraison, les délais, le coût, surtout pour des produits volumineux ou chers.

• Sur le paiement.

• Sur le Service Après-Vente en cas de problème avec le produit. Echange ou remboursement ? Qui joindre ? Aux frais de qui se fait le renvoi du produit ?

• Et plus généralement sur le site. Est-ce que cette entreprise est fiable ? A-t-elle bonne réputation ?

Laisser ces questions sans réponse revient à créer autant de freins à l'achat, et donc de la perte de chiffre d'affaires. Un site qui se veut efficace ne peut donc pas se contenter de n'être qu'un catalogue en ligne de produits. Il doit aussi **jouer le rôle du vendeur qui va informer et rassurer le visiteur à toutes les étapes du parcours client :**

• En phase d'avant-vente, pour déclencher la confiance dans le produit et le site.

• En phase d'achat, pour lever les objections potentielles au processus de commande en ligne, et permettre de conclure la transaction.

• En phase post-achat, pour faire revenir le client.

La relation avec le client reste donc un facteur-clé de réussite dans l'e-commerce. Elle participe activement à la création d'une expérience d'achat positive, de l'arrivée sur la page d'accueil jusqu'à la livraison de la commande, et même au-delà. Elle influence directement la conversion, puis la fidélisation. Voyons les points importants à prendre en compte.

MULTIPLIEZ ET VALORISEZ LES MOYENS DE CONTACT, RASSUREZ LE CLIENT, PROPOSEZ DES PLAGES DE DISPONIBILITÉ PLUS LARGES

Le visiteur sur internet est toujours pressé. Il n'a pas le temps d'aller à la chasse aux informations pour trouver ce qu'il lui manque. Il faut lui faciliter la tâche au maximum et être réactif face à ses besoins en lui proposant des moyens de communication adéquats, sous peine de le voir directement partir chez le concurrent qui fera mieux sur ce point.

Les récentes études sur les moyens de contact préférés des clients de sites e-commerce montrent que le téléphone et l'e-mail restent largement en tête, devant le click to chat, le call back ou Facebook.

Skeelbox
www.skeelbox.com

> Ludovic Passamonti
Consultant e-commerce
ludovic@skeelbox.com
http://www.linkedin.com/in/ludovicpassamonti
https://twitter.com/LudoPassamonti

« La relation avec le client reste un facteur clé de réussite dans l'e-commerce. Elle participe activement à la création d'une expérience d'achat positive, de l'arrivée sur la page d'accueil jusqu'à la livraison de la commande, et même au-delà. »

Le téléphone permet de satisfaire les plus pressés, mais les reproches qui lui sont faits se cristallisent sur la disponibilité des interlocuteurs : des plages horaires peu adaptées, et un temps d'attente souvent trop long. L'extension de la disponibilité de l'entreprise en dehors des heures de bureau et des jours ouvrés est une forte demande des clients. Cette demande est d'ailleurs aussi valable sur les créneaux de livraison comme le montrent les dernières études sur ce sujet. Pour le marchand, le téléphone est l'outil idéal pour jouer à fond son rôle de conseiller, pour décrocher une commande immédiate en accompagnant le client dans le processus d'achat.

L'e-mail est toujours fortement plébiscité et offre une meilleure marge de manœuvre pour le marchand sur le temps de réponse. La réactivité attendue est en moyenne de 8 heures. Au-delà, le client considère le marchand peu efficace. L'e-mail est aussi apprécié car il permet de garder une trace des échanges et des informations fournies par le site.

Enfin, le chat en ligne est une solution qui connaît une forte démocratisation car offrant l'instantanéité du téléphone pour avoir des réponses et la praticité de l'e-mail pour le stockage des informations. De nombreuses solutions sont apparues sur le marché en quelques années, démontrant à coup de statistiques et de cas clients les bénéfices de l'usage de cet outil sur le taux de conversion. Le chat peut être activé sur toutes les pages du site, ou configuré pour n'être activé que sur les pages cruciales pour la conversion, comme les fiches produits, ou le tunnel de commande, qui sont les étapes où le client va se poser le plus de questions en rapport avec la gestion de sa commande.

« BIENVENUE CHEZ NOUS, CHER CLIENT ! » NE NÉGLIGEZ PAS L'E-MAIL DE CRÉATION DE COMPTE

La création d'un compte client reste une étape quasiment obligatoire pour passer commande. C'est souvent le premier point de contact personnalisé avec le client. **L'e-mail de création de compte est le seul e-mail qui est systématiquement lu et conservé par les clients**, car il contient les codes d'accès.

Malheureusement, le contenu de cet e-mail est souvent complètement négligé par la plupart des e-commerçants, car il est vu comme une simple procédure automatique de rappel des identifiants de connexion.

En réalité, c'est une occasion en or pour créer un message qui valorisera les atouts du site, pour initier une démarche de fidélisation. Dans l'idéal, ce message contiendra les informations suivantes :

- Un message d'accueil dynamique et sympathique.
- Un rappel des identifiants.
- Un rappel des liens vers le site, l'espace client, le suivi des commandes.
- Une invitation à mettre l'adresse de contact en white-list pour éviter aux e-mails suivants d'arriver en spam.
- Une mise en avant des éléments de réassurance > le numéro de téléphone, les moyens de livraison & les délais, les moyens de paiement sécurisé, vos garanties, vos services, vos avantages, etc.
- Un bon d'achat sur un produit que vous souhaitez promouvoir, ou un cadeau de bienvenue valable 48h uniquement, histoire de booster sa décision d'achat.
- Remerciez et souhaitez un bon shopping sur votre site !

ÉVITEZ LE CUL-DE-SAC DE LA PAGE DE CONFIRMATION DE COMMANDE

Ça y est, le client a payé en ligne. Mission accomplie ? Loin de là… La phase d'acquisition vient de se conclure, il faut désormais préparer la prochaine étape, cruciale pour la rentabilité d'un site e-commerce : la fidélisation. Ou comment faire revenir le client à moindre frais ?

« La relation client dans l'e-commerce est une démarche globale dont la qualité doit être placée au cœur des priorités marketing. Face à la hausse permanente des coûts d'acquisitions de trafic, il n'est plus envisageable de continuer à investir sans s'assurer que tous les moyens sont mis en œuvre pour convertir ce trafic en client, puis pour le faire revenir. »

Les pages de confirmation de commande ont généralement le défaut d'être un quasi cul-de-sac pour le visiteur, alors que c'est le moment idéal pour proposer toutes sortes d'actions visant à créer les bases de cette fameuse relation client. Si ce n'est pas déjà fait, l'inscription à la newsletter est la 1ère option à privilégier, avec l'inscription à la page Facebook de l'entreprise, pour garder le lien.

Il est aussi possible d'emmener le client vers du contenu éditorial en rapport avec ses achats, soit sur son propre site, soit sur des sites partenaires.

Enfin, dans une optique de divertissement, proposez de participer à un quizz (qui servira au passage à essayer de mieux connaître le client) avec la possibilité de gagner des bons d'achat valables sur un prochain achat.

AIDEZ LE CLIENT À SUIVRE L'ÉVOLUTION DU TRAITEMENT DE SA COMMANDE

La confirmation de commande va de pair avec le début d'une période de stress pour le client, qui se résume en une question : ma commande va-t-elle arriver à temps (et en bon état) ? Cette question est d'autant plus cruciale en période de Noël, ou pour des cadeaux visant à célébrer une occasion spéciale à une date précise.

Sans nouvelles régulières de la part du e-commerçant, le client risque de vite basculer dans un comportement de harcèlement par e-mail ou par téléphone pour savoir où en est le traitement de sa commande, ou à quelle heure arrive son colis.
Les études sur la livraison e-commerce montrent que le suivi avec des alertes par SMS est le meilleur moyen de se prémunir contre ce type de situation.

Il est donc impératif d'avoir un scénario bien rôdé pour déclencher des e-mails de suivi du traitement de la commande, pour lui montrer que l'on s'occupe de lui, et que le colis se rapproche. Les étapes essentielles sont :

• E-mail de confirmation de commande.

• E-mail de traitement de la commande

• E-mail de confirmation d'expédition, contenant le code de tracking permettant de suivre l'acheminement du colis sur le site du transporteur.

• Appel téléphonique par le transporteur pour prendre rendez-vous.

SURPRENEZ À L'OUVERTURE DU COLIS, POUR CRÉER LA PRÉFÉRENCE

Combien d'entreprises se contentent de mettre le produit commandé dans le carton, sans apporter plus d'attention à l'expérience de l'ouverture du colis tant attendu ? Très peu.

Pourtant, c'est souvent là que se joue la première brique de la fidélisation, l'occasion de ramener le client sur un terrain de marque, un terrain relationnel plus qualitatif.

Sous réserve que le colis soit en bon état et la commande complète, le moment de l'ouverture est toujours un bon moment pour le client. Au cas où, il est essentiel d'insérer un formulaire de retour dans le carton. C'est une pratique peu répandue, mais très appréciée, qui montre l'attention portée aux problèmes du client par le marchand.

A ce stade, le client s'attend juste à avoir ce qu'il a payé, rien de plus. Dès lors, il est assez simple de renforcer le sentiment de satisfaction en personnalisant votre colis avec une lettre de remerciement, un échantillon, un bon de réduction sur un prochain achat, ou des goodies.

Hormis dans la parfumerie et la cosmétique, ce type de pratique est peu répandu, alors qu'il génère une perception très positive du site marchand.

Offrir un échantillon est une bonne manière de faire découvrir d'autres produits de son catalogue, et de favoriser un deuxième achat. Pour les fabricants, cela peut permettre d'écouler des invendus, des produits retournés, ou des produits ne répondant pas parfaitement aux normes de qualité internes.

Faites preuve d'imagination pour surprendre agréablement votre client et lui donner envie de revenir sur votre site.

AFFICHEZ DES ÉVALUATIONS POUR RENFORCER VOTRE BONNE RÉPUTATION

Un client satisfait, et qui le dit, représente une belle opportunité de valoriser la qualité de son site, pour renforcer la confiance qu'il peut susciter.

« Site sérieux, Très bon rapport qualité prix, Ma commande est arrivée dans les délais, Le Service Client est joignable et réactif, etc. », ces messages valent de l'or pour renforcer la réputation et donc la crédibilité d'un site. Les e-commerçants ont bien compris la force de la recommandation, et les éditeurs de solutions d'évaluation ont prouvé par des études leur impact positif sur la conversion.

Ces outils permettent de solliciter automatiquement le client quelques jours après la réception de son colis. Les témoignages obtenus sont affichés sur le site, à un endroit bien visible, couplés à une note globale, pour faire jouer l'effet d'évaluation à plein.

En cas d'avis négatif, c'est l'occasion de démontrer l'efficacité et la qualité de votre Service Client. C'est aussi une opportunité de comprendre les points qui doivent mériter plus d'attention, afin de vous améliorer.

La relation client dans l'e-commerce est une démarche globale dont la qualité doit être placée au cœur des priorités marketing. Face à la hausse permanente des coûts d'acquisitions de trafic, il n'est plus envisageable de continuer à investir sans s'assurer que tous les moyens sont mis en œuvre pour convertir ce trafic en client, puis pour le faire revenir. La rentabilité de votre activité e-commerce en dépend.

HÔTELS MERCURE *Qui ?*
LE WEB TESTING *Quoi ?*

23 000 visites par version

31 versions testées

+4,3% de taux de réservation

Conversion • Web testing

PROBLÉMATIQUE BUSINESS DE LA MARQUE

Mercure est une marque du groupe Accor, premier opérateur mondial dans l'hôtellerie. Des outils de web analyse (AT Internet notamment) ont été mis en place au niveau groupe. L'objectif de Mercure est d'utiliser les données ainsi collectées pour améliorer la performance commerciale de son site www.mercure.com.

Le contexte
Comme la plupart des acteurs du secteur, Mercure fait migrer une grande partie de son activité de réservation vers l'e-commerce. Cette évolution s'inscrit dans une logique fortement multicanale, où l'enjeu est de développer la performance du canal internet.

Les objectifs
- Augmenter le nombre de mises au panier
- Augmenter le nombre de réservations sur le site
- Augmenter le chiffre d'affaires généré par la marque

SOLUTION STRATÉGIQUE

La solution
L'agence fifty-five propose de réaliser un test multivarié sur les fiches-hôtel.
L'objectif de cette mission d'optimisation est de maximiser à la fois le taux de mise au panier et le taux de réservation des visites comportant un passage par une fiche-hôtel. Des changements graphiques et structurels sont apportés aux fiches et toutes les versions obtenues sont testées simultanément afin d'identifier une version améliorant significativement la performance du site.

Les indicateurs de performance
L'indicateur primaire est le taux de mise au panier : 'nombre de visites comportant un passage par une fiche-hôtel et une mise au panier' / 'nombre de visites comportant un passage par une fiche-hôtel'. Il permet de mesurer un signe d'engagement fort (mises au panier réalisées par des visiteurs intéressés par un hôtel Mercure).

L'indicateur secondaire est le taux de réservation : 'nombre de visites comportant un passage par une fiche-hôtel et la page de confirmation de réservation' / 'nombre de visites comportant un passage par une fiche-hôtel'. Il permet de mesurer la performance du site en termes de conversion et de chiffre d'affaires généré.

MISE EN PLACE OPÉRATIONNELLE

Durée de la mission : 2 mois

Les étapes :
Définition des éléments variants et des variantes
Il s'agit de sélectionner les éléments d'une page de fiche-hôtel dont la modification est susceptible d'impacter la performance de la page. L'agence les identifie et crée plusieurs variantes pour chacun d'entre eux : présence/absence de la carte, agencement des visuels, libellés des boutons d'action (ex : « *Réservez maintenant* », « *Voir les prix* »), ou encore, prévoit le déplacement de fonctionnalités existantes (ex. : apparition du calendrier des disponibilités et tarifs réels).

Définition des versions
Il s'agit de choisir quelles combinaisons de ces variantes (« versions ») seront présentées aux visiteurs lors du test. Précisons que le test réalisé par fifty-five n'est pas purement multivarié, car il ne teste pas la totalité des combinaisons des variantes créées. Afin d'avoir un volume de visites sur chaque version suffisant pour obtenir des résultats statistiquement concluants, le nombre de versions testées a été limité à une trentaine. Cette sélection a été faite sur la base d'une étude des données de web analyse (usage des fonctionnalités, etc.) et d'une connaissance des meilleures pratiques d'ergonomie et des pratiques concurrentes (pure players et acteurs traditionnels).

Paramétrage de l'outil de web testing
L'outil retenu par Mercure est Maxymiser. Chaque version est paramétrée manuellement dans l'interface et testée sur chaque navigateur, appareil et résolution d'écran. Tout ceci est fait en environnement de pré-production afin de lancer le test en toute sécurité.

Lancement du test et suivi des résultats
Le test est lancé et les visiteurs sont répartis aléatoirement sur chacune des versions des fiches-hôtel. L'agence pilote les résultats et vérifie qu'il n'y a pas d'incohérence dans les données de web analyse remontées. Par exemple, on doit pouvoir rapidement identifier et éliminer la présence d'un bug sur une version et un navigateur donnés qui fait chuter les indicateurs. A la fin du test, une analyse détaillée des résultats est présentée à l'équipe digitale de Mercure.

LES RÉSULTATS

Les versions alternatives proposées par fifty-five ont une performance nettement supérieure à la version en production avant lancement du test. Le passage en production de la version gagnante a un impact positif immédiat et direct sur le chiffre d'affaires généré par le site de Mercure.

La mission a également permis de distinguer les facteurs influant sur la performance des fiches-hôtels, comme le libellé des boutons d'action et les différents gabarits présentés, des facteurs dont l'impact est négligeable (ex. : présence/absence du numéro de téléphone). Un autre enseignement du test est que la version la plus performante n'est pas la somme des meilleurs éléments pris individuellement.

- 1 mois de test
- 31 versions testées, déclinées en 3 langues
- ~23 000 visites par version
- + 17 % de taux de mise au panier (entre + 11 % et + 31 % selon la version linguistique)
- + 4,3 % de taux de réservation
- Une performance nettement supérieure des libellés d'information (ex. : « *Voir les prix* ») face aux libellés d'action (ex. : « *Réservez* »)

Yohan Amiot, *pricing and distribution director, Mercure*
yohan.amiot@accor.com
Denis Gence, *conversion & media analyst, Fifty-Five*
denis@fifty-five.com

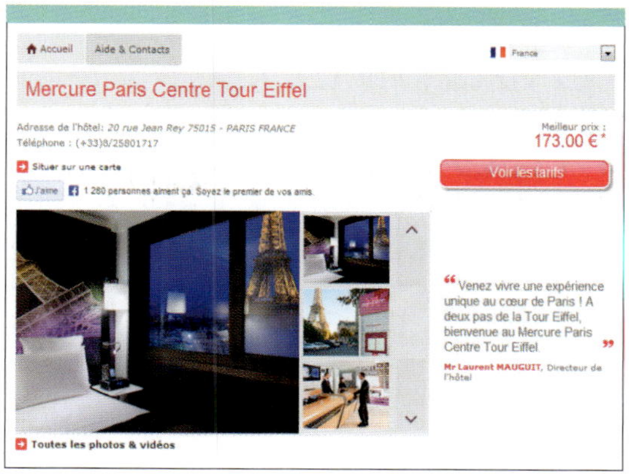

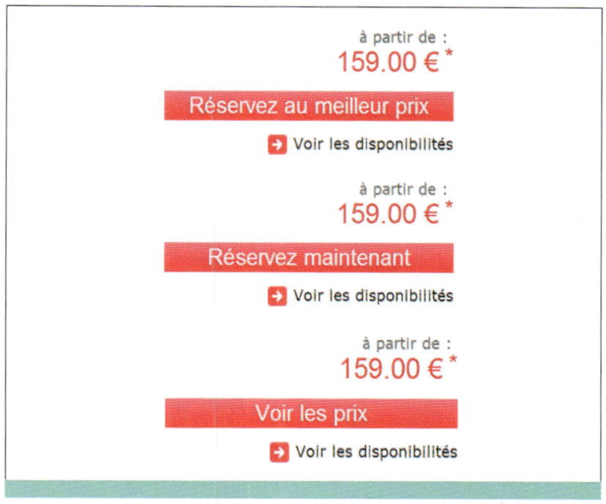

« L'objectif de cette mission d'optimisation est de maximiser à la fois le taux de mise au panier et le taux de réservation des visites comportant un passage par une fiche-hôtel. »

E-BUSINESS : L'HEURE DU **MARKETING TEMPS RÉEL**

Depuis quelques mois, nous entendons parler de big data et splinternet comme de deux phénomènes majeurs du digital marketing. Que cela signifie-t-il concrètement pour les e-marchands et quelles solutions ont-ils pour y faire face ?

D'ABORD LES CONSTATS

1/ Avec un peu plus de 2 % de taux de conversion (versus 55 % en distribution physique), la bataille de la rentabilité du e-commerce se joue clairement sur le terrain de l'optimisation de l'efficacité commerciale des sites marchands et de leur capacité à mieux connaître leurs visiteurs et interagir de manière efficiente avec eux... pendant qu'ils naviguent sur leurs sites.

2/ Le nombre de données que doivent traiter les entreprises double tous les 18 mois. Leur capacité à le faire n'augmente que de 3 % dans le même laps de temps. Or le marketing prédictif classique présente un inconvénient majeur : il est surconsommateur d'infrastructures et de ressources de captation-stockage-traitement-analyse de données.

3/ Le rebond et la décision d'achat se jouant en quelques secondes, le caractère opérationnel des techniques prédictives et/ou réactives traditionnelles est sousqualifié. Elles nécessitent des modélisations complexes, lourdes à concevoir et à gérer.

Pour répondre de manière satisfaisante à ces enjeux de big data, il est nécessaire de passer d'une logique de modèles, établis sur des comportements passés, à une logique d'extraction de sens en temps réel à partir de données non structurées. Ainsi les modèles prédictifs devraient céder la place à des moteurs de psychologie artificielle qui permettent de délivrer immédiatement un sens commercialement exploitable.

PASSER AU MARKETING TEMPS RÉEL...

Les enjeux économiques sont énormes : il ne s'agit ni plus ni moins, vu du côté e-marchand que de rentabiliser les 98 % d'internautes qui quittent son site sans avoir réalisé un achat et donc les investissements très importants qu'il consent pour générer du trafic sur son site.

Vu du côté de l'internaute, il s'agit de rendre sa visite plus satisfaisante en lui offrant un site « intelligent » qui saura comprendre ses vraies attentes, prendre immédiatement en compte les évolutions de celles-ci et le guider vers leur satisfaction.

Cela passe essentiellement par la capacité à « identifier - comprendre- décider – interagir - évoluer » pendant que l'internaute est en situation de demande, c'est-à-dire tant qu'il est connecté sur le site.

Il faut pour cela :
• identifier la situation qui conditionne ses comportements futurs,
• de cette situation, induire quelles sont ses attentes probables,
• décider en temps réel du meilleur input commercial à lui délivrer,
• le délivrer,
• prendre en compte sa réaction pour adapter le prochain input.
Et tout cela, en temps réel, pendant sa navigation.

Netwave • www.netwave.eu

› Jean-Luc Bernard,
Président
jl.bernard@netwave.eu

> « Vu du côté de l'internaute, il s'agit de rendre sa visite plus satisfaisante en lui offrant un site « intelligent » qui saura comprendre ses vraies attentes, prendre immédiatement en compte les évolutions de celles-ci et le guider vers leur satisfaction. »

C'est cela qu'apporte l'analyse situationnelle inductive.
Cette nouvelle technologie Big Data Insight travaille :
a) sur des données non stockées – non structurées
b) sans modélisation a priori de l'interaction. Et donc sans maintenance de modèles.
L'analyse situationnelle inductive permet de réduire de manière radicale les coûts de traitement d'une relation one to one tout en augmentant sa pertinence.

UN VRAI CHANGEMENT DE PARADIGME...

Une des principales missions que s'est fixé le marketing relationnel est de segmenter en classes de plus en plus fines clients et prospects, représentatives de potentiels de croissance rentable différenciés. Malgré le raffinement grandissant d'un datamining omniprésent, la segmentation ne semble pas pouvoir atteindre ce Graal nommé « one to one ». Et en tout état de cause, nous ne savons pas définir et mettre en œuvre des scénarios d'actions tout à la fois pérennes et adaptés à chaque individu.

La chasse aux critères conduit à augmenter sans cesse le nombre d'attributs et leurs valeurs possibles, dans une recherche d'exhaustivité et donc à multiplier les colonnes des tableaux, réduisant d'autant leur maniabilité. Sans oublier que ces techniques ont été mises au point pour travailler la fidélisation (client) et non la conversion (visiteur). Entre un client et un visiteur, chacun peut saisir les quelques nuances qui fondent leur différence... L'une d'entre elles et non la moindre est que si un client est identifié, le visiteur d'un site est, lui, anonyme.

Si le marketing traditionnel voit le client et le prospect comme une collection vectorisée d'attributs, l'analyse situationnelle, elle, part du principe qu'ils sont avant tout des êtres humains, et qu'à ce titre leur comportement est induit par la situation qu'ils vivent.

Nul n'est besoin de creuser et fouiller, il faut observer et anticiper. Un bon vendeur dans un magasin va rassembler des indices sans a priori, identifier la situation grâce à des marqueurs habituels, comprendre les raisonnements de l'acteur, anticiper ses réactions, appliquer une stratégie adaptée et gagnante.

Ce qui différencie un client d'un autre est infiniment plus important que ce qui les rapproche. La singularité est source d'inspiration pour le vendeur attentif qui saura personnaliser son discours.

Autrement dit : rien ne sert de disséquer des milliers d'individus pour savoir quelles sont les attentes d'un individu. Mieux vaut l'observer, lui.

L'ANALYSE SITUATIONNELLE PRIVILÉGIE LA CÉLÉRITÉ ET L'INSTANTANÉITÉ

Là où l'on nous a dit qu'il faut analyser a posteriori les attentes des clients pour adapter des scénarios préétablis, l'analyse situationnelle, et sa volonté très opérationnelle nous commandent de faire l'inverse. Cela est d'autant plus pertinent sur le web que la fugacité des visites et l'instantanéité des comportements imposent d'agir en temps réel.

De l'observation des situations émergent de nouveaux phénomènes issus des changements dans les attentes des internautes, de l'influence des environnements média ou du mimétisme social. En s'adaptant dans l'instant, le marketing situationnel développe sa puissance et son agilité au service de l'entreprise. Il opère avec harmonie au cœur des situations des clients, là où l'action issue d'une modélisation préconçue peut se révéler contre-productive, voire intrusive, n'intervenant plus quand l'internaute est en situation d'attente ou de demande.

À consommateur « plastique », c'est-à-dire fugace et multiforme, il faudra des outils agiles assis sur des capacités d'analyse-interaction-correction temps réel plus que sur des potentiels d'analyse statistique « après coup ». La célérité devient plus importante que l'exhaustivité.

Le trop grand nombre de données à « collecter – gérer – exploiter » (big data) ainsi que la fragmentation et la fugacité des comportements d'achats condamneront, sur le plan opérationnel - qui désormais se réduit à l'immédiat - les outils déductifs et statistiques classiques du simple marketing comportemental. Bienvenue dans le monde du marketing temps réel !

MILIBOO *Qui ?*
TRANSFORMER SES VISITEURS EN CLIENTS *Quoi ?*

2,2% de taux de clic

5,7 MILLIONS d'impressions en site

Temps réel • Transformation • E-shopping

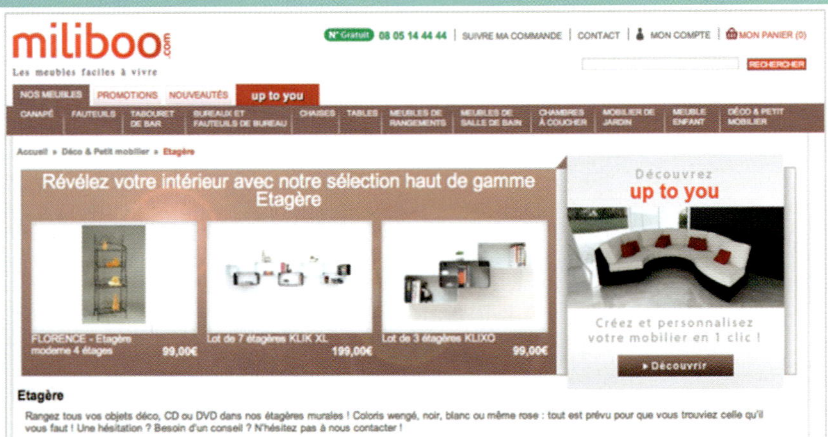

PROBLÉMATIQUE BUSINESS DE LA MARQUE

Animer et personnaliser en temps réel une expérience e-shopping pour transformer ses visiteurs en clients.

Le contexte
Suite à une première levée de fonds, Miliboo a multiplié son catalogue par 4. Ainsi, son offre s'est considérablement élargie, de 400 modèles l'offre miliboo.com s'est portée à 1 500 modèles. En parallèle, miliboo.com a multiplié par 3 ses investissements marketing avec une priorité sur les canaux d'acquisition de nouveaux clients.

Le problème : miliboo.com a vu croître l'affluence de ses nouveaux visiteurs pour lesquels le site ne possédait aucune donnée permettant de les satisfaire et les fidéliser.

La cible
L'ensemble des visiteurs de miliboo.com : clients et prospects particuliers, hommes et femmes, ayant un projet d'équipement de la maison, et aux revenus annuels moyens.

Trois objectifs
1. Maintenir une expérience d'achat on line de bonne qualité pour l'ensemble des visiteurs de miliboo.com, nouveaux et anciens ;
2. Développer un e-merchandising personnalisé afin d'assurer aux visiteurs, anciens ou nouveaux, de choisir et chercher le/les produits pertinents correspondant aux attentes de chacun en temps réel, sans données visiteurs préalables ;
3. Augmenter le taux de conversion, tout en multipliant par 3 le trafic de miliboo.com :
Malgré une hausse de trafic significative, augmenter le taux de conversion de miliboo.com en optimisant drastiquement son trafic entrant était une priorité pour amortir les investissements en acquisition de trafic et de produits consentis par le site e-marchand de meubles design accessibles.

SOLUTION STRATÉGIQUE

L'idée
Ne disposant d'aucune donnée marketing préalable pour adresser les visiteurs, nouveaux et anciens de miliboo.com, la solution de RT Recommending On Site WebSAles Booster de Netwave a mis en œuvre un dispositif d'e-merchandising personnalisé en temps réel, automatisé et auto-apprenant, qui lui permet de comprendre les attentes des e-shoppers et d'être totalement user centric.

Les aspects innovants : la mise en œuvre de mécanismes d'intelligence artificielle
3 ruptures sont à l'œuvre dans la solution Real Time Recommanding On Site WebSAles Booster de Netwave : deux sont technologiques et l'une est marketing.

Première innovation technologique : no datamart, no dataming

WebSAles Booster traite le trafic des visiteurs d'un e-shop à la volée en temps réel. Elle n'a donc besoin d'aucune donnée préalable personnelle sur les visiteurs qu'elle détecte et auxquels elle effectue des recommandations en temps réel.

Seconde innovation technologique : l'Active Recommending ou l'auto-apprentissage par IA

WebSAles Booster améliore, grâce à des mécanismes d'intelligence artificielle, ses recommandations personnalisées en reproduisant prioritairement les stratégies gagnantes apprises auprès des e-shoppers on site. La solution de RT recommending on site est donc pilotée par l'IA, et ses mécanismes auto-apprenants non supervisés peuvent se passer de toute intervention humaine.

Troisième innovation, marketing, cette fois : l'approche situationnelle

L'identification et l'analyse de chaque situation, propre à chaque visiteur sur miliboo.com, apportent un sens inédit jusqu'alors à des approches plus conventionnelles comme l'approche contextuelle et/ou l'approche comportementale à l'œuvre dans des solutions d'e-merchandising plus classiques de 1ère et 2ème générations.

Il existe une trentaine de situations pré-packagées de manière standard dans la solution WebSAles Booster, relatives à la navigation, aux centres d'intérêt.

Mise en action de ces trois innovations dans le RT Recommending on site proposé par WebSAles Booster :

En temps réel, la solution produit en mode non supervisé (sans intervention humaine) une approche tri-dimensionnelle qui la fait entrer dans le cercle très restreint des solutions de RT Personalization et RT E-merchandising de 3ème génération :

• l'approche **contextuelle** pour analyser les pages vues par chaque e-shopper et établir ainsi des connexités produits (exemple connu : Amazon) ;

• l'approche **comportementale** pour analyser les actions/interactions de chaque e-shopper avec miliboo.com (clics, survols, téléchargements, scrolls, sélections, consultations...) et les comparer dans une bibliothèque d'interactions qui les stocke et les classe ;

• l'approche de **profiling** du e-shopper pour détecter des tendances relatives à sa psychologie à l'instant T et comprendre ses attentes.

Ainsi les recommandations dynamiques, reproductions de millions de stratégies gagnantes enregistrées, sont elles-mêmes issues d'une transposition des contextes et des comportements des visiteurs, placés récemment dans la même situation.

Les recommandations produites généralisent les cas particuliers observés sur les e-shoppers de miliboo.com, par induction.

○ Netwave - www.netwave.eu
Jean-Luc Bernard, *Président*

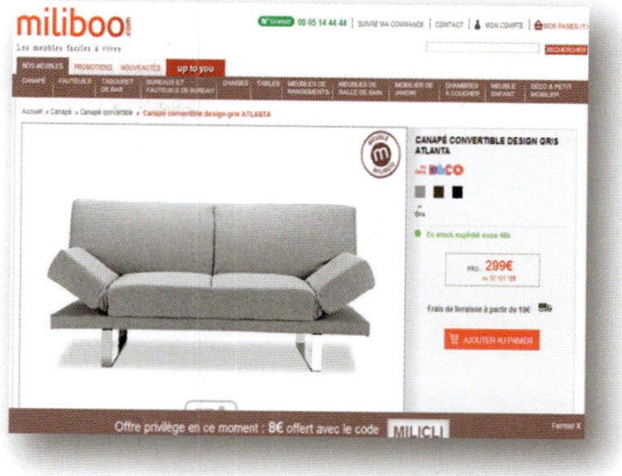

« Les recommandations dynamiques, reproductions de millions de stratégies gagnantes enregistrées, sont elles-mêmes issues d'une transposition des contextes et des comportements des visiteurs, placés récemment dans la même situation. »

« La personnalisation et l'animation de l'expérience e-shopping sur miliboo.com est une réalité dont miliboo.com a saisi l'importance capitale dans l'optimisation de son trafic en vue d'accroître ses ventes. »

La pertinence de ses recommandations est donc son point fort : la solution WebSAles Booster adapte en temps réel et en permanence ses recommandations à l'évolution de la nature des situations marketing détectées et identifiées pour coller aux attentes évolutives des visiteurs on site.

Les contraintes

Des contraintes psychologiques pour miliboo.com : l'acceptation de déléguer une partie des actions de sa politique e-merchandising à des mécanismes d'intelligence artificielle, en mode non supervisé, sans intervention de ses équipes marketing et e-commerce.

Les avantages

L'automatisation par miliboo.com d'une partie de ses actions e-merchandising en temps réel on site dont l'objectif principal est l'optimisation du trafic, s'accompagne d'une certaine sécurité en matière de ROI.

Explications :

• le pilotage de la solution en active recommending réduit l'intervention humaine à une journée par mois (reporting mensuel fourni) car l'analyse des visiteurs de miliboo.com s'effectue à la volée sur le trafic entrant du site ;

l'impression des bannières est réalisée par un adserver :

• d'où un faible nombre de bannières à produire au préalable : 3 bannières seulement ont été intégrées dans la solution à son déploiement ;
• le contenu cependant est dynamique : les recommandations produits poussées sont agrégées en temps réel.

Et sans danger pour l'accessibilité capitale du site :

• de manière asynchrone au chargement des pages du site, les blocs de recommandations ne se publient que lorsque la page a terminé de s'afficher au visiteur avec le risque de ne pas se publier, si le taux de rebond est élevé sur cette page ;

Les KPIs

• Nombre d'impressions on site des recommandations en temps réel
• Taux de clic sur les recommandations en temps réel
• Progression du taux de conversion

Les outils de mesure

• Google Analytics.
• Interface administration de la solution RT Recommending on site WebSAlesBooster de Netwave.
• A/B testing permanent intégré à l'interface d'administration de WebSAles Booster.

MISE EN PLACE OPÉRATIONNELLE

Déroulement : 9 jours, 3 étapes

Etape 1 : La création mutuelle des scénarii marketing, des messages associés et des zones d'animation e-merchandising sur miliboo.com a sollicité les ressources marketing de Miliboo et du Pôle Services de Netwave pendant 3 jours (allers-retours compris) pour aboutir au déploiement de 30 situations marketing et à l'écriture de 120 messages personnalisés à l'attention des visiteurs, nouveaux et anciens de miliboo.com sur 4 zones de recommandations : la Home Page, la Page Sous/Catégorie, la Page Produit, la Page Panier.

Etape 2 : La création des bannières intégrant les messages personnalisés selon les situations définies à l'étape 1 a mobilisé les ressources graphiques de Miliboo pendant 1 journée pour créer 3 modèles de bannières de recommandations produits.

Etape 3 : L'implémentation technique de la solution a fait appel aux ressources informatiques de Netwave et de Miliboo et a nécessité 5 jours, tests et corrections inclus.

Les choix créatifs : un design des bannières de recommandations maîtrisé

Miliboo a opté pour un design de bannières de recommandations en parfaite adéquation avec sa charte graphique pour s'adresser à ses visiteurs de manière non intrusive, tout en facilitant leur repérage par ses visiteurs en fonction de 3 grandes familles de recommandations liées aux situations de navigation/code couleur gris et blanc, situations promotions/code couleur rouge et situations premium/code couleur taupe.

LES RÉSULTATS

KPI's moyens pour 2012
- Progression moyenne du taux de conversion (%) : + 9,2 %
- Taux de clic moyen sur les recommandations WebSAles Booster (%) : 2,2 %
- Nombre d'impressions on site : 5 712 000

Nouvelles Perceptions
Le dispositif Real Time Recommending On Site en mode non supervisé de la solution WebSAles Booster de Netwave sera complété pour miliboo.com en 2014 par un mode supervisé.

Les équipes marketing et e-commerce de Miliboo se serviront de la solution pour encore mieux piloter leur politique e-merchandising selon des objectifs business précis.

Les analyses en mode non supervisé de la solution de RT Recommending On Site WebSAles Booster de Netwave, ont permis, grâce à son approche situationnelle « user centric », de pointer du doigt des étapes ciblées du parcours d'achat de ses visiteurs nécessitant d'être encore plus animées et dynamisées.

De nouvelles zones de mises en avant produits et services de l'offre Miliboo seront donc déployées : le nombre d'emplacements de blocs de recommandations sera ainsi multiplié par 3 en 2014.

La personnalisation et l'animation de l'expérience e-shopping sur miliboo.com est une réalité dont miliboo.com a saisi l'importance capitale dans l'optimisation de son trafic en vue d'accroître ses ventes.

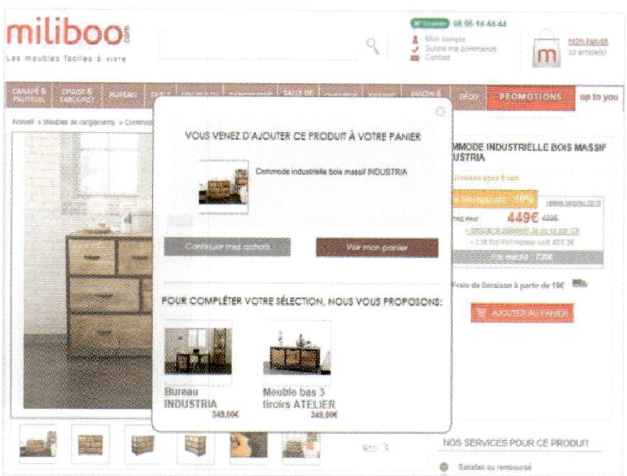

L'ENJEU DE LA CONFIANCE DANS LA CONSOMMATION **COLLABORATIVE**

En matière de consommation, le numérique remet au goût du jour des pratiques très anciennes (comme le troc ou le don) et joue un double rôle : en permettant à quiconque d'optimiser l'usage des biens qu'il possède, il ouvre des possibilités jusque là insoupçonnées (économie financière, lutte contre l'obsolescence programmée des produits, etc...). En facilitant la mise en relation avec ses voisins, son quartier, il peut contribuer au développement du lien social et à la sauvegarde de l'environnement.

Après l'âge de l'information (relier les gens au contenu) et l'âge social (connecter les gens ensemble, en ligne), nous sommes arrivés au troisième âge de l'Internet, celui où les gens se connectent en ligne pour partager (des biens, des expériences ou des usages). A l'ère de l'économie collaborative, les clients sont de plus en plus autonomes. C'est cette relation d'autonomie qui place au cœur de la réflexion la question de la confiance.

« Ça ne marchera pas ! Les gens ne se feront jamais confiance ». C'est à peu de chose près ce que récoltait Frédéric Mazzella, fondateur de BlaBlaCar lorsqu'il évoquait son projet de site de covoiturage en 2008. C'est dire l'enjeu que représente la confiance lorsqu'il s'agit de permettre à des inconnus d'engager une relation, et éventuellement une transaction en ligne.

Aujourd'hui BlaBlaCar compte plus de 6 millions de membres, transporte 1 million de personnes par mois dans 6 pays sur des trajets de 330 km en moyenne et est reconnu comme un moyen de transport fiable.

PAR QUEL MIRACLE ?

La construction de la confiance a été la ligne directrice de toutes les fonctionnalités implémentées depuis 5 ans. En 2013, après avoir mesuré le fort degré de confiance interpersonnelle instauré au sein de sa communauté de covoitureurs, le site a analysé a posteriori toutes les fonctionnalités qui avaient contribué à construire cette confiance.

En 2013, le site a mené une étude quantitative pour évaluer le niveau de confiance au sein de sa communauté. Le sondage en ligne proposait aux covoitureurs d'attribuer des notes de confiance de 1 à 5 à différents cercles de personnes : un inconnu croisé dans la rue, un contact Facebook, un voisin, un collègue, un membre de sa famille et un ami.

Ensuite, l'étude demandait de noter de la même manière la confiance accordée à un autre covoitureur dont le profil est bien renseigné (photo, biographie, préférences, e-mail et numéro certifiés, avis positifs) selon la méthodologie DREAMS expliquée plus bas.

Aujourd'hui, les covoitureurs se témoignent presque autant confiance qu'à leurs amis, et font davantage confiance aux autres covoitureurs qu'à leurs collègues ou leurs voisins !
(Résultats complets de l'étude « Trustman » sur Betrustman.com)

BlaBlaCar

> Laure Wagner
responsable communication corporate
laure.wagner@blablacar.com

« Chez BlaBlaCar la corrélation entre construction de la confiance et croissance est évidente. Plus les piliers de la confiance ont été installés sur le site, plus la croissance s'est accélérée. »

FOLLOW YOUR DREAMS

Pour expliquer et exporter le savoir-faire de BlaBlaCar en termes de « construction de confiance en ligne », son fondateur, Frédéric Mazzella, a formalisé les 6 piliers de la confiance sous forme d'un framework : D.R.E.A.M.S.
Cette recette explique que pour interagir en toute confiance dans une communauté en ligne, les membres doivent avoir accès à une information **D**eclared (déclarée), **R**ated (évaluée), **E**ngaged (engagée par une transaction), **A**ctivity-based (basée sur l'activité), **M**oderated (modérée) et Social (sociale).

• D pour Declared
Les usagers déclarent leur nom, ajoutent une photo et indiquent leurs préférences. C'est le premier pas pour sortir de l'anonymat.

• R pour Rated
Les évaluations par la communauté augmentent considérablement le niveau de confiance et de crédibilité. Elles sont la garantie qu'une personne a fait l'expérience avant vous et vous la recommande.

• E pour Engaged
Il s'agit là de donner plus qu'un simple accord oral. La plupart du temps, l'engagement passe par le paiement en amont, rendu simple et sécurisé par les technologies actuelles.

• A pour Active
Le site tiers de confiance a le pouvoir d'afficher sur chaque profil la dernière date de connexion et le temps de réponse du membre. Ainsi un membre « actif » qui répond vite donne davantage confiance qu'un autre.

• M pour Moderated
La modération est la garantie que le membre a bien donné ses coordonnées réelles et sera effectivement joignable pour finaliser la transaction. Par exemple, BlaBlaCar vérifie et certifie l'e-mail, le RIB, le numéro de téléphone et l'adresse postale de ses membres.

• S pour Social
Enfin, en vous connectant avec tous les autres réseaux sociaux, vous créez un « tiers de confiance automatisé ». L'existence digitale d'un individu sur Facebook, Twitter, Linkedin, etc. est une preuve supplémentaire de son existence dans la vie réelle.

Voilà donc un outil efficace à destination des entrepreneurs de l'économie collaborative pour créer une communauté d'utilisateurs où la suspicion n'a pas sa place.

Pour autant, Frédéric Mazzella ne recommande pas forcément d'implémenter toutes les fonctionnalités D.R.E.A.M.S dès le lancement d'un service. En effet, c'est tout d'abord un frein en termes de développement technique et cela implique une lourde gestion au quotidien.

Mais surtout, il ne faut pas oublier que, parce que les early adopters sont des pionniers naturellement confiants, il n'y a pas de nécessité immédiate.

RECETTE À PARTAGER

Ce qui a été observé chez BlaBlaCar est valable dans toutes les communautés de consommation collaborative émergente.

Si les « early adopters » sont capables de faire confiance a priori, les profils D.R.E.A.M.S. deviennent indispensables pour qu'un service devienne mainstream et engage la croissance à grande échelle.

Chez BlaBlaCar la corrélation entre construction de la confiance et croissance est évidente. Plus les piliers de la confiance ont été installés sur le site, plus la croissance s'est accélérée.

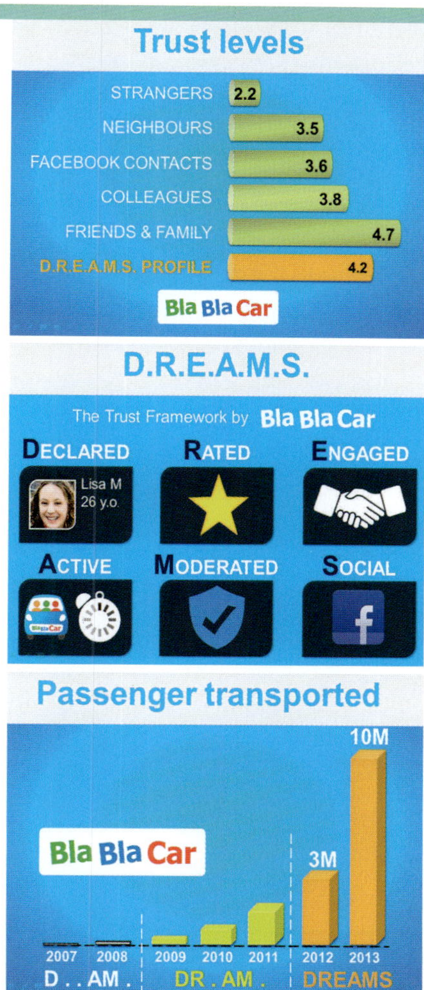

MARKETPLACE ET CONSOMMATION COLLABORATIVE : **LE CAS VINTED**

VINTED, C'EST QUOI ?

Vinted.fr est une marketplace (ou place de marché) consacrée à la mode seconde main. Une place de marché est une plateforme mise à disposition des utilisateurs pour qu'ils puissent acheter, vendre ou échanger des biens. Amazon, Ebay ou encore Le bon coin sont des places de marché, mais à l'inverse des deux premières, Vinted est uniquement destiné aux particuliers. Seules les personnes sans société commerciale peuvent proposer leurs articles de mode à la vente. Vinted s'est en effet positionné sur un créneau porteur du marché de l'occasion : la mode arrive en seconde position des articles d'occasion les plus achetés en CtoC après les livres. 41 % des interrogés au 8ème baromètre PriceMinister/OpinionWay sur les ventes CtoC ont déclaré avoir acheté, vendu ou donné à un particulier un ou plusieurs articles de mode au cours des 12 derniers mois.

Le marché de la mode seconde main est donc une nouvelle tendance de consommation bien ancrée dans le contexte économique actuel. Mais le succès de Vinted s'explique également par un concept situé à la croisée de la marketplace et du réseau social. Le site Vinted.fr ainsi que ses applications mobiles pour iPhone et Android sont en effet construits à l'image d'un véritable réseau social. Les membres, principalement des femmes de 16 à 28 ans, sont baptisées les « Vinties ». Elles possèdent un profil personnalisé et peuvent s'abonner les unes aux autres pour suivre les actualités de leur «dressing» et se noter de façon transparente entre elles. Elles échangent quotidiennement via le forum hébergé par le site et les applis, et peuvent également contribuer au blog « collaboratif ». Ce sont justement les valeurs de communauté via la mise en avant de User Generated Content (ou Contenu généré par les Utilisateurs) ou encore des valeurs éco-friendly telles que le recyclage ou les bonnes affaires entre particuliers qui ont contribué au développement du concept de Vinted. C'est l'une des success-stories de cette nouvelle tendance de l'e-commerce qu'est la consommation collaborative.

EN QUELQUES CHIFFRES, VINTED C'ÉTAIT 9 MOIS APRÈS SON LANCEMENT :

- Près de 400 000 membres confirmés
- Plus d'1,3 million d'articles catalogués
- Près de 300 000 fans Facebook
- Plus de 60 millions de pages vues/mois
- 20 jours d'utilisation/mois/utilisatrice
- 7 heures d'utilisation/mois

Vinted • www.vinted.fr

> **Anaïs Blarel**
anais@vinted.fr

> « Le marché de la mode seconde main est une nouvelle tendance de consommation bien ancrée dans le contexte économique actuel »

LA CONSOMMATION COLLABORATIVE OU SHARING ECONOMY

La consommation collaborative désigne un modèle économique dans lequel l'usage d'un bien ou service est mis à disposition de l'ensemble d'une communauté via le partage, l'échange, le troc, la vente ou la location de celui-ci. Ces 5 dernières années ont vu l'émergence de nombreux concepts collaboratifs tels que la location entre particuliers avec OuiCar.fr ; le prêt entre particuliers avec prêt-dunion.fr ; des services d'hébergement ou restauration chez les particuliers avec respectivement Airbnb.com ou Cookening.com ; l'autopartage avec Blablacar.fr ; ou encore l'échange de savoirs entre particuliers avec Wikipedia.com. L'économie collaborative s'étend aujourd'hui à tous les domaines possibles et bouscule les anciens modèles économiques en changeant non pas ce que les gens consomment mais la manière dont ils le consomment. Selon l'Observatoire de la Confiance, en novembre 2013, 48 % des Français pratiquaient la consommation collaborative de manière régulière, invoquant deux bénéfices principaux : l'envie d'améliorer leur pouvoir d'achat, mais aussi la confiance dans un nouveau modèle économique fondé sur des valeurs de solidarité et de recyclage.

ÉTUDE DE CAS : FACEBOOK COMME LEVIER ACTIVATION DE LA COMMUNAUTÉ VINTED

Le modèle de la consommation collaborative sur Internet reposant quasi-exclusivement sur le contenu mis en ligne par des membres, il était alors essentiel pour un concept comme Vinted de recruter avant même son lancement une communauté très ciblée et active de vendeuses, acheteuses et troqueuses.

Internet offre aujourd'hui de nombreux leviers payants d'acquisition d'e-consommateurs, tels que les publicités en forme de bannières display (ayant pour but la notoriété d'une marque ou un produit), via le RTB (dont l'apparition dépend d'enchères en temps réel) ou encore l'affiliation (ayant pour but de générer des visites ou même des ventes directes depuis un réseau de sites éditeurs). Il existe encore le Search Engine Optimization (SEM), l'e-mailing, les e-RP, les partenariats, etc. Ceux-ci peuvent être parfois très peu coûteux et ont l'avantage d'être plutôt extensibles à une audience très large. L'inconvénient se trouve en revanche dans le manque de ciblage.

La stratégie e-marketing de Vinted s'est alors naturellement portée sur les réseaux sociaux, et plus précisément Facebook, dont les possibilités de ciblage au niveau de l'âge, des intérêts et habitudes de consommation sont très avancées.

CONSTITUTION D'UNE COMMUNAUTÉ DE FANS

La première étape avant même le lancement du site Vinted.fr a été de constituer une communauté de fans sur sa page officielle.

Sans contenu propre au site, la technique pour acquérir des fans sur une page consiste à publier du contenu ciblé et intéressant pour les prospects que l'on veut attirer. Cette phase peut s'apparenter à la stratégie d'« inbound marketing », consistant à faire venir le client vers soi plutôt que d'aller le chercher avec les techniques de marketing traditionnelles de type « outbound marketing ». Grâce à la production de contenus pas forcément liés à un produit mais qui intéressent une audience ciblée, il est facile de fédérer une communauté propice à partager les

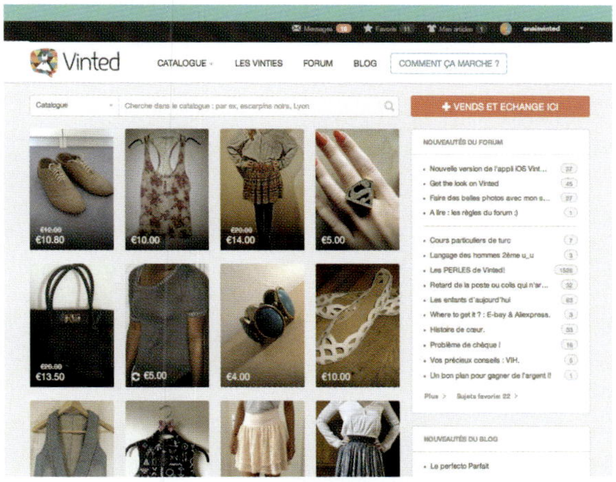

« L'économie collaborative s'étend aujourd'hui à tous les domaines possibles et bouscule les anciens modèles économiques en changeant non pas ce que les gens consomment mais la manière dont ils le consomment. »

contenus, à créer du buzz et qui sera facilement réceptive aux messages commerciaux de la marque dilués dans une stratégie de communication éditoriale. La seule règle d'or de cette stratégie est de ne jamais trop s'éloigner ou élargir le sujet des contenus par rapport à son propre produit pour ne pas risquer d'attirer des prospects mal ciblés.

Bien entendu, il ne suffit pas de créer des contenus, il faut ensuite les propager. Les réseaux sociaux sont des véhicules favorables à la diffusion de messages, mais sans audience préalable, il est nécessaire de « booster » les publications à l'aide de publicité.

Pour stimuler la visibilité (ou reach) des publications, il convient de pratiquer des publicités d'engagement (ou actualités sponsorisées) avec les publications de page. La portée des publications (le nombre de personnes qui verront la communication) sera alors supérieure et davantage susceptible de recevoir de l'engagement à travers des mentions J'aime, des commentaires ou encore des partages. De plus, la force du message sera accrue puisque le message est véhiculé par une personne faisant partie du cercle d'amis Facebook de la personne exposée. Même si ce type de publicité n'est pas la forme la plus directe pour obtenir des fans, elle apporte de la visibilité à la page et par conséquent des J'aime de page.

Pour obtenir des fans, il existe deux formats de publicités : les publicités en colonne droite qui affichent un simple logo de la marque et les publicités en fil d'actualité qui affichent une image au choix dans le fil d'actualité des personnes sélectionnées. Il existe de même la possibilité d'activer les actualités sponsorisées (via les amis sur ce type de publicité).

ACTIVATION DE MEMBRES SUR LE SITE

Une fois la page Facebook établie et le buzz initié, Vinted a lancé son site au public. Il fallait alors recruter des membres pour vendre, acheter et troquer des articles de mode.

Le format de publicité privilégié dans un premier temps a été la publicité en colonne droite. A l'instar de la publicité pour obtenir des mentions J'aime de Page, la publicité se situe à droite de l'écran d'accueil de Facebook. Il est en revanche possible de choisir une image pour accompagner le texte de sa publicité. Il convient de représenter un produit ou tout autre élément identificateur du site. Ce format bénéficie d'un CTR (click-through rate ou taux de clics) plutôt bas mais d'un CPM assez avantageux.

Le format qui a été préféré par la suite a été la publicité en fil d'actualité. Ce format de native advertising (ou publicité indigène) s'inscrit directement dans l'expérience d'utilisation des internautes de Facebook puisqu'il s'insère dans leur fil d'actualité aux côtés des publications de pages organiques (non-sponsorisées) et des messages générés par leurs amis. Il existe différentes formes de publicités en fil d'actualité : cela peut être des publicités visant les clics vers le site web, qui peuvent être des publications provenant de la page Facebook. Les annonces peuvent aussi prendre la forme de publications non publiées sur la page et apparaissant uniquement en fil d'actualité de l'audience ciblée. On peut même créer des publicités destinées à déclencher des actions précises sur le site (il faut pour cela poser des pixels de tracking sur les pages en question).

Ont enfin été utilisées les publicités Facebook visant à générer des téléchargements d'application. Celles-ci apparaissent dans le fil d'actualité des personnes qui utilisent Facebook depuis un mobile. Elles ont été, à ce jour, l'un des canaux les plus efficaces pour recruter des utilisateurs de l'application avec un CPD (Cost per Download ou Coût au téléchargement) modéré.

Pour toute publicité sur Facebook, il faut déterminer l'audience à laquelle on souhaite exposer son message. Plus l'audience est ciblée, plus le coût de la publicité (le CPM ou coût par mille impressions) sera important, mais la performance n'en sera qu'accrue. Le ciblage est donc nécessaire, surtout pour des produits dédiés aux besoins d'une frange spécifique de la population. Les options de ciblages sont multiples : sexe, âge, intérêts déclarés sur Facebook… on peut aller jusqu'à détecter l'activité de membres Facebook sur certains sites grâce à la fonctionnalité « Audiences Personnalisées ». On peut également sélectionner différents modèles de facturation pour sa publicité, soit à un CPM maximal déterminé par l'annonceur, soit à un CPM qui s'optimisera automatiquement par Facebook. On peut également choisir un modèle au CPC (coût par clic).

FACEBOOK : LA FIN D'UN CANAL DE COMMUNICATION GRATUIT ?

Une fois qu'une grande communauté de fans a été réunie, il faut l'animer et maintenir un lien fort entre eux et la marque pour éviter que les fans ne masquent les publications ou cliquent sur « Je n'aime plus ». Il n'existe pas de bonnes pratiques pour obtenir une portée organique importante, en raison notamment de l'algorithme d'apparition des publications en fil d'actualité qui change très fréquemment. Cela est d'autant plus vrai depuis que Facebook a publiquement annoncé que les publications de pages sont amenées à perdre de leur portée (on a d'ailleurs constaté une baisse moyenne de la portée des publications allant jusqu'à – 40 % sur certaines pages) et que le seul moyen d'y remédier est de stimuler les publications de façon payante…

– L'ÉCRAN ET SON CHAMP DES POSSIBLES : LE RESPONSIVE DESIGN, LES OBJETS CONNECTÉS, LA TENDANCE SELFIE, LE MOBILE, LA SOCIAL TV, LE SECOND ÉCRAN. –

MULTI -SCREEN

BAROMOBILE : LE BAROMÈTRE DE **L'INTERNET MOBILE**

Pour la 5ème année consécutive **Omnicom Media Group** en partenariat avec **SFR Régie**, a mené une grande enquête[1] sur **la place du téléphone et de l'internet mobile** dans la vie quotidienne des Français et son **impact sur le parcours consommateur.**
Des usages aux fonctions utilisées, de la fréquence de connexion aux audiences... Cette nouvelle édition du Baromobile inscrit le mobile dans **une phase de maturité et d'interaction avec les autres médias, faisant de ce device l'outil « drive to shop » par excellence.**
Au travers des **10 tendances** dégagées par cette étude, nous vous proposons **une lecture** à la fois **contextuelle et opérationnelle des enjeux du marketing mobile**, afin de comprendre les freins et les potentialités de ce device bientôt incontournable.

Vidéo 1 - Nissan
Olivier PIERINI, Marketing Communication Manager de Nissan West Europe SAS, explique l'importance de la stratégie mobile dans la communication media de Nissan. Interview réalisée par Omnicom Media Group dans le cadre de la sortie de l'édition 2013 du « Baromobile : le baromètre de l'internet mobile »

Vidéo 2 - McDonald's
Marielle BREYSSE, Directrice Media de McDonald's France, explique l'importance de la stratégie mobile dans la communication media de McDonald's. Interview réalisée par Omnicom Media Group dans le cadre de la sortie de l'édition 2013 du « Baromobile : le baromètre de l'internet mobile »

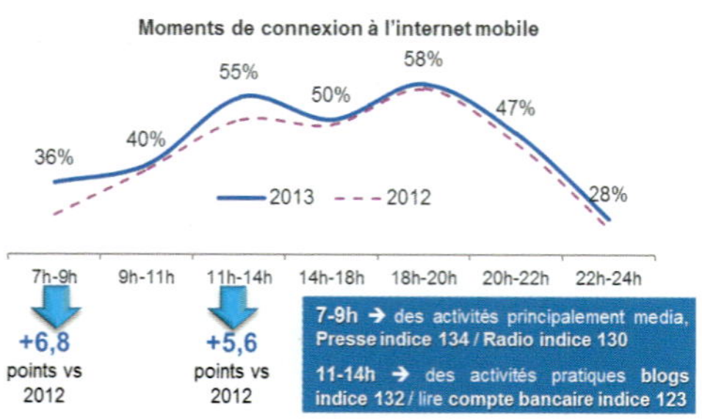

OmnicomMediaGroup
www.omnicommediagroup.com
› **Corinne Abitbol**
Directrice Générale Etudes et Recherche
› **Alexandra Sutour**
Chargée de communication
En partenariat avec SFR Régie

[1] Cette étude menée auprès des 15-60 ans via le panel on line propriétaire Omnicom Media Group (MegaSnapshots), porte sur 1 048 répondants représentatifs de la population française.

LES 10 TENDANCES-CLÉS DU MOBILE EN FRANCE

1. EQUIPEMENT : PLUS ÉQUIPÉS MAIS MOINS SOPHISTIQUÉS

En 2013, **les ventes de smartphones en France ont progressé de 12,8 %** pour atteindre **15 millions d'unités. En 2013, 49,7 % des Français sont équipés d'un smartphone** (vs 40 % en 2012 - source Comscore 2013). Les prévisions **2014 annoncent une croissance de 16,6 %**, et devraient atteindre 17,5 millions d'unités (estimation GFK / Mediamétrie).
Pour autant, on remarque une **forte baisse de l'intention de renouvellement en équipement mobile** (+ 5,9 pts vs 2012). Cette tendance peut s'expliquer par l'arrivée de Free et des offres de forfait sans subvention du téléphone portable, augmentant la période de renouvellement du parc mobile.

2. OS : ANDROID IS KING

Android confirme son écrasant leadership avec **56,3 % de parts de marché en 2013** et enregistrant une progression de plus de 63 %, suivi par Apple représentant 21,8 % de parts de marché. (source Comscore 2013)

3. LA CONSOMMATION MOBILE S'ACCÉLÈRE

Le mobile se consomme tout au long de la journée. **Le temps moyen** passé sur téléphone hors appel téléphonique est de **36 min par jour,** soit une progression de 7 min vs 2012.
Près de **¾ des usagers** de l'internet mobile (71 %) **se connectent à domicile** et **60 %** sur leur **lieu de travail**.

4. FONCTIONS ET USAGES

Parmi les fonctions les plus utilisées, on constate que l'information et le divertissement font les belles heures de l'internet mobile :

- Jeux : 47%
- Consultation de sites d'information : 42%
- Consultation de comptes bancaires sur les sites de banques : 41%
- Vidéo online (Dailymotion, YouTube...) 38% / +4 points vs 2012
- Musique en ligne (Deezer ...) : 18%

La consommation des réseaux sociaux sur mobile est en constante progression, représentant 58 % des usages en 2013 (+ 7 pts vs 2012). C'est la 3ème fonction la plus plébiscitée par les mobinautes, après les mails (81 %) et les moteurs de recherche (72 %), et avant la géolocalisation (56 %).

5. LE SMARTPHONE : L'OUTIL DE PRÉDILECTION POUR ACCÉDER AUX RÉSEAUX SOCIAUX

Instantané, personnel et quotidien sont les principaux points communs entre smartphones et réseaux sociaux.
Le téléphone mobile est le 2ème device (23 %) le plus utilisé pour se connecter aux réseaux sociaux, où Facebook règne sans partage avec 13 millions de visiteurs uniques sur mobile en 2013 (vs 1,7 million pour Instagram).

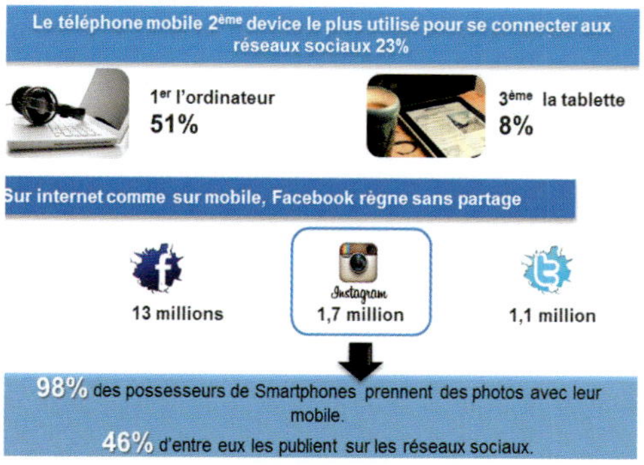

6. MÉDIA ET MULTI-TASKING SUR MOBILE

La presse reste le 1er média consommé sur mobile, réunissant 38 % des mobinautes en 2013 (+ 3 pts vs 2012), mais la condition de la **gratuité** reste fondamentale : **72 %** des personnes lisant la presse sur smartphone **ne sont pas prêtes à payer** pour un **quotidien** et **71 %** pour un **magazine. Les médias prolongent l'expérience avec leur audience via le mobile :**

- 25 % écoutent la radio en ligne
- 15 % regardent des émissions TV

Par ailleurs, le mobile favorise le phénomène du **« multi-tasking »**,

- **41 %** des 15-60 ans **regardant la TV tout en surfant sur leur smartphone :**
- **45 %** des possesseurs de smartphone ont déjà commenté une émission/un programme TV sur leur mobile
- **25 % des possesseurs de smartphones ont déjà utilisé une application connectée pour identifier une publicité**, dont la plus populaire est Shazam (25 %).

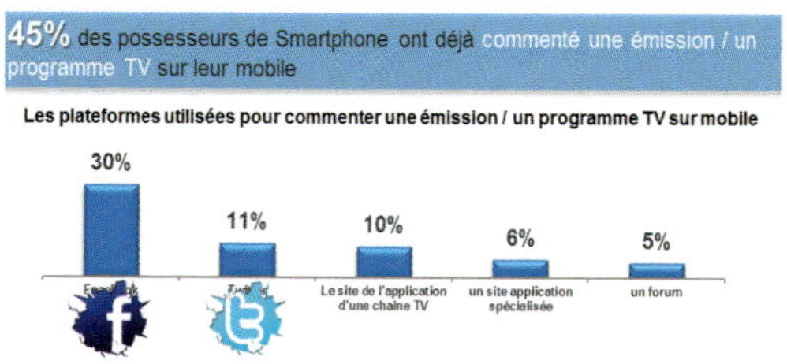

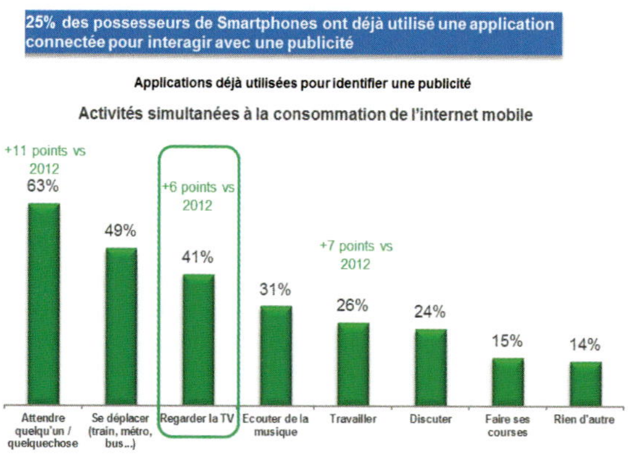

7. ENVOLÉE DES INVESTISSEMENTS PUBLICITAIRES

Les investissements publicitaires sur le mobile (display et search) sont en constante progression et **font un bond de 57 % en 2013**, représentant **229 millions d'euros** en France en 2013 et pesant **8 % de parts de marché** des dépenses publicitaires digitales. Pour autant, **ce média reste sous-investi par les annonceurs** au regard de nos voisins : 17 % de pdm aux UK, 15 % aux US.

8. LE MOBILE : L'OUTIL « DRIVE TO SHOP »

Le mobile est le dernier point de contact avant l'achat : 40 % des individus qui se connectent à l'internet mobile consultent leur mobile avant d'acheter en magasin. On remarque également que 56 % des mobinautes consultent leur mobile dans la rue, et **32 %** dans un centre commercial.
Le mobile devient ainsi un outil de « drive to shop », 63 % des possesseurs de smartphone se disant **prêts à recevoir** sur leur mobile en magasin **des réductions** ou **promotions** personnalisées **géolocalisées**.

9. APPLICATIONS : VERS PLUS D'AFFINITÉ

On dénombre plus de **102 milliards d'applications téléchargées dans le monde en 2013** (Gatner).
En France, 52 % des possesseurs de smartphone téléchargent moins d'une application par mois (+ 6 % vs 2012).
L'accumulation d'applications s'estompe, les utilisateurs choisissent plus soigneusement les applications qu'ils téléchargent et les trient plus souvent. Ainsi, 71 % des 15-60 ans possédant un smartphone ont désinstallé au moins une application au cours des 6 derniers mois (68 % en 2012).
On constate également un **recul d'achat d'applications**, au profit de téléchargement d'applications gratuites. Ainsi, un peu plus d'**1/3** des individus qui téléchargent des applications sont prêts à payer pour une application, soit 16 % de moins qu'en 2012.

10. DE LA 3G À LA 4G

Les clients **3G** ont une **consommation moyenne** autour de **800 Mo** par mois d'après les opérateurs. La montée en puissance de la couverture 4G, qui assurera un meilleur débit et une meilleure connexion, entraînera de fait une évolution des usages :
Concernant l'équipement, l'avènement de la 4G va encourager le renouvellement du parc des mobiles, car aujourd'hui peu d'individus ont un portable compatible 4G :

- **7 %** des équipés mobile prévoient de **passer à la 4G** dans **moins de 6 mois**
- **11 % de 6 mois à 1 an**

La consommation du média TV sur mobile, aujourd'hui freinée par les limites de la 3G, devrait connaître un véritable essor grâce à la puissance de la 4G, donnant ainsi aux marques média un puissant relais d'audience à leurs programmes.

En conclusion, **le smartphone s'inscrit désormais comme omnicanal, susceptible d'agir à chacune des étapes du tunnel de conversion**. Ce levier qui connaîtra certainement d'autres évolutions en 2014 avec le déploiement de la 4G offre dès aujourd'hui de très nombreuses possibilités en termes de stratégie média. **Le mobile** s'inscrit d'autant mieux dans le parcours consommateur qu'il est **le seul point de contact always ON** !

PANORAMA DE LA **MONÉTISATION D'APPLICATIONS SUR SMARTPHONE**

L'année 2013 a confirmé un ralentissement de la croissance mondiale du taux d'équipement de smartphones. Celui-ci s'est élevé à 33 % en 2013 et est attendu à 50 % pour 2017, mais il croît désormais moins vite.
Cet infléchissement encourage donc les créateurs d'applications à exploiter au mieux leur part de gâteau qui rétrécit. Face à une concurrence et des investissements à la hausse, les stratégies de monétisation et la recherche de performance deviennent un enjeu capital.

LE CRITÈRE DE MONÉTISATION PRINCIPAL RESTE LIÉ AU MARCHÉ

Vers la globalisation des territoires et des langues
Sans surprise, le revenu moyen par utilisateur reste le plus fort au Japon, aux Etats-Unis, en Australie et au Royaume-Uni. D'où l'intérêt de localiser son application, ce qui augmente son volume de téléchargements de 128 % en moyenne. La localisation est un service désormais proposé à même le store (ex. Google) ce qui va progressivement démocratiser cette pratique.

L'âge et le sexe influencent la façon d'utiliser une app
Les stratégies de monétisation à l'intérieur des apps, en particulier des jeux, dépendent de la fréquence d'utilisation et de la longueur de session. Elles-mêmes sont largement influencées par l'âge et le sexe. Sessions fréquentes sur le court terme (jeux de stratégie ou de casino, plébiscités par les hommes) ou plus espacées sur le long terme (jeux de puzzle et match3, plus appréciés des femmes) doivent être à la base de la définition de l'offre publicitaire.

Une segmentation du hardware et des stores toujours grandissante
La multiplication des appareils et des formats segmente un marché où le multi-portage devient une nécessité. Même Apple, ancien bastion du format unique, propose désormais de multiples résolutions parmi ses smartphones. De plus, la croissance des stores Samsung, Windows et Amazon oblige les développeurs à adapter leur approche marketing (icône, titre, description, captures d'écran...) pour chaque plateforme.

Red Appz
http://redappz.com

> Ambroise Fensterbank
CEO & Fondateur Red Appz
Conception & distribution d'applications mobiles

COMMENT LA CATÉGORIE DE L'APP INFLUENCE-T-ELLE SA MONÉTISATION ?

Monétisation vs acquisition
Les catégories les plus populaires en termes de téléchargements (messageries & social, outils & productivité, divertissement) ne sont pas celles qui offrent le meilleur revenu par utilisateur. Ce sont toujours les jeux qui offrent le meilleur rendement. Les jeux multijoueurs de gestion/stratégie inspirés des MMO par

« La multiplication des appareils et des formats segmente un marché où le multi-portage devient une nécessité. Même Apple, ancien bastion du format unique, propose désormais de multiples résolutions parmi ses smartphones. »

navigateur sont les champions de la catégorie, au détriment de leur portée auprès du grand public. Ils sont de très utiles sources d'inspiration concernant les achats in-app innovants et les tactiques avancées d'engagement utilisateur.

DES STRATÉGIES SOCIALES ENCORE TROP CENTRÉES SUR L'ACQUISITION

L'incorporation des mécanismes sociaux dans les apps reste trop souvent limitée à de simples invitations à partager sur Facebook et Twitter, bénéficiant à l'acquisition, mais peu à la monétisation. Il y a pourtant des pistes prometteuses en la matière. Par exemple, en accroissant l'engagement de l'utilisateur (plus enclin à regarder une vidéo promotionnelle, par exemple), en exploitant le pouvoir de la recommandation («17 de vos amis ont acheté ce contenu») ou encore en avançant la promotion de soi («dépenser x pour montrer votre score/succès en tête des feeds de vos amis»).

NON, GOOGLE ET APPLE NE SONT PAS LES PREMIERS PARTOUT

Témoin de l'enjeu de la publicité sur mobile, ainsi que de son immaturité, la diversité des régies offre aux développeurs une saine concurrence. Les leaders du software (Google, Apple) du hardware (Apple, Samsung) ou même de la publicité web (Google) s'imposent comme fournisseurs de publicité mobile plus par défaut que par véritable choix. En effet, ils n'offrent rien de plus alléchant que leur taux de remplissage, toujours proche des 100 %. A l'inverse, les nouveaux networks, plus dynamiques, innovent. Parfois trop (Airpush ou Leadbolt par exemple en proposant des push notifications trop intrusives) mais souvent en bien (formats 3D, fréquence de paiements plus avantageuse pour les développeurs, utilisation du profil social de l'utilisateur...) On espère que la concurrence actuelle continuera d'apporter davantage de créativité sur ce secteur.

DES STRATÉGIES D'ACHATS IN-APP ENCORE TIMIDES

L'énorme potentiel des achats in-app reste encore sous-exploité, et souffre d'un manque d'innovation dans ses usages. On aimerait avoir plus souvent la possibilité de supprimer les publicités par micro transaction, de gagner et dépenser de la monnaie virtuelle cross-platform ou cross-apps (tentative ratée de Zynga) ou même de profiter de partenariats avec des magasins physiques (7-Eleven en Corée). Autrefois simples gadgets, les apps répondent de plus en plus à nos besoins usuels, il serait donc logique que les achats in-app quittent le domaine du «clin d'oeil» pour aller vers celui du «quotidien».

Quelques chiffres ...

- Plus de 400 000 applications disponibles n'auraient jamais été téléchargées ou moins d'une dizaine de fois.
- L'App' Store de Apple possède environs 800 000 applications, de même que le Play Store. En revanche, Microsoft en compte à peine 100 000.
- Le store qui compte le plus grand nombre d'application téléchargées est de loin celui d'Apple, avec 40 milliards de téléchargements depuis son lancement en 2008.
- IOS 7, dernière version de la plateforme a été installée sur 64% des terminaux compatibles.
- 20 millions d'utilisateurs ont écouté 1 milliard de morceaux depuis le lancement d'iTunes Radio il y a un mois.
- l'App Store compte désormais 1 million d'applications et 60 milliards de téléchargements qui ont généré 13 milliards de dollars (dont 30% pour Apple).

AMÉLIORER LE RÉFÉRENCEMENT NATUREL D'UNE APPLICATION MOBILE ET AUGMENTER SON **NOMBRE DE TÉLÉCHARGEMENTS**

AugmenteDev
http://augmentedev.com/fr/

> Mickaël Jordan,
Co-fondateur & CMO
mickael@agmt.co

Avec plus d'1 million d'applications disponibles sur l'App Store et Google Play, il est de plus en plus difficile de sortir de la zone de bruit et d'installer durablement votre application dans le top des app stores avec de solides niveaux de téléchargement. Je suis co-fondateur et directeur marketing d'Augment, une start-up spécialisée dans la visualisation de modèles 3D en réalité augmentée. Notre application a été téléchargée plus de 500 000 fois sur iPhone, iPad et Android en l'espace de 2 ans, dans plus de 200 pays, avec un budget publicitaire de... 0 euro ! Et elle continue d'être téléchargée environ 1 200 fois par jour, à un rythme croissant. **Nous vous proposons de découvrir le levier gratuit qui a eu le plus d'impact sur le nombre de téléchargements de notre app : l'App Store Optimization.**

L'App Store Optimization (ASO) est l'équivalent du SEO de Google, mais pour les app stores. A savoir, comment faire pour que mon application soit bien classée sur l'App Store d'Apple, Google Play, ou un autre app store quand un utilisateur cherche une expression-clé liée à mon application ?

Par exemple, Augment est dans le top 3 de l'App Store et Google Play pour la recherche "augmented reality" aux Etats-Unis, "réalité augmentée" en France, "realidade aumentada" au Brésil, etc. Alors qu'elle était 250ème, autant dire introuvable, les premiers mois du lancement, avant que l'on ne s'attaque sérieusement à l'ASO. Les téléchargements venaient alors essentiellement du bouche-à-oreille et des articles de presse.

Pour passer de la 250ème à la 1ère place sur la recherche "réalité augmentée" en l'espace de quelques jours (la mise à jour des classements est très rapide), nous avons apporté 3 modifications principales à la fiche descriptive de notre application :

1. Insérez vos mots-clés de recherche directement dans le titre de votre app.
Pour Augment, nous avons changé le nom de l'application de "Augment" par "Augment – Réalité Augmentée 3D". C'est le critère qui a le plus d'impact. Essayez par exemple de rechercher "finance" sur l'App Store, et vous verrez que toutes les apps qui occupent les premières places ont des titres à rallonge du type "App XXX – Gérez vos finances facilement". En résumé, nommez votre app avec la structure "Nom de l'app – Mots clés".

2. Insérez vos mots clés de recherche plusieurs fois dans le texte descriptif de votre application.
Cela suppose de rédiger un texte suffisamment long, de plus de 100 mots. Ajoutez ces mêmes mots-clés dans les tags de la fiche de l'app.

3. Traduisez le titre et la description de votre app pour le top 20 des langues
(anglais, chinois, espagnol, portugais, japonais, coréen, etc.). L'App Store et Google Play vous proposent de gérer facilement

> *« Avec plus d’1 million d’applications disponibles sur l’App Store et Google Play, il est de plus en plus difficile de sortir de la zone de bruit et d’installer durablement votre application dans le top des app stores avec de solides niveaux de téléchargement. »*

les différentes fiches de votre application pour chaque pays. Pour la traduction, nous recommandons le site I Can Localize, qui permet de crowdsourcer la traduction rapidement et à moindre coût. Pour monitorer le classement de l’app par expression-clé, par pays, et par App Store, comparé à ses concurrents, nous utilisons la plateforme SensorTower.

D’autres astuces d’ASO existent, comment la localisation des screenshots de votre app, mais elles ont un impact beaucoup plus limité sur le classement.

Attention, les techniques d’ASO sont des conditions nécessaires mais non suffisantes pour que votre app soit bien classée sur des expressions-clés. Il faut aussi et surtout que votre app ait un bon score intrinsèque avant de se positionner sur une expression de recherche. Les critères qui impactent le plus le score de votre app sont :

1. Les notes utilisateurs.
Développez une app top qualité, bien designée, qui fait ce qu’elle dit, et surtout qui ne crashe pas (les utilisateurs ont une fâcheuse tendance à mettre 0 étoile aux mauvais développeurs…). Puis placez des notifications in-app demandant aux power users de noter l’app. Si certains utilisateurs vous mettent 1 étoile parce que l’app crashe sur leur vieil Android, réparez le bug et demandez-leur de changer leur note. Google Play vous permet en effet de répondre aux utilisateurs qui vous notent. Augment a 4,5 étoiles sur l’App Store et 4,1 étoiles sur Google Play et a reçu plus de 1 000 notes depuis son lancement, ce qui nous assure une longueur d’avance sur nos concurrents qui stagnent autour de 2 ou 3 étoiles.

2. Le rythme de mise à jour de l’app.
Corrigez les bugs. Ajoutez les fonctionnalités les plus demandées par vos utilisateurs. Poussez votre mise à jour sur les App Store une à deux fois par mois. Envoyez une notification à vos utilisateurs pour qu’ils mettent l’app à jour. Les App Stores aiment les apps fraîches, pas les vieilles rentières !

3. Le nombre de téléchargements.
C’est un effet boule de neige : plus votre app sera téléchargée, meilleur sera son score, mieux elle sera classée, plus elle sera téléchargée, et ainsi de suite. Il existe des techniques pour booster vos téléchargements rapidement et sans vous ruiner, comme passer l’app de payant à gratuit, puis de nouveau à payant, sur des cycles de quelques semaines. Ou encore convaincre votre beau-frère qui travaille chez Apple de featurer votre app sur la Home de l’App Store. Mais ces leviers, extrêmement puissants s’ils sont activés, sont très aléatoires et pas vraiment sous votre contrôle.

Un bon score et un bon ASO sont des armes fatales et faciles à activer pour assurer un succès durable à votre application.

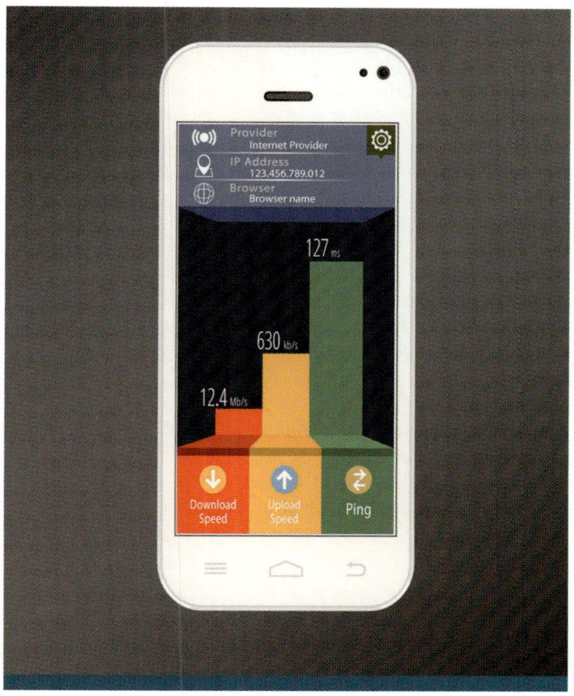

VERTBAUDET *Qui ?*
DISPOSITF MOBILE *Quoi ?*

+ 22 MILLIONS
d'impressions smartphones

Un taux de nouveaux clients supérieur à celui observé sur le desktop

Un e-CPM inférieur à **1 €**

Branding mobile • Display • Mailing responsive

PROBLÉMATIQUE BUSINESS DE LA MARQUE

Contexte
Fondée en 1963 par Anselme Dewavrin, vertbaudet est une marque 100 % dédiée à la mode enfant.
Dans les années 2000, la marque lance son site de vente en ligne vertbaudet.fr. Face à l'explosion des usages smartphone, vertbaudet a souhaité effectuer une première prise de parole sur le mobile en 2013.

Cible
Emilie, 31 ans, en couple avec un enfant en bas âge, hyperactive, ayant une vision utilitaire du web qui l'aide à conjuguer vie familiale et vie professionnelle. C'est cette « digital mum » que l'annonceur désirait toucher dans sa mobilité, ayant bien identifié que le smartphone était un véritable assistant shopping.

Objectifs
A travers cette prise de parole mobile, vertbaudet avait l'ambition de se constituer un historique sur le canal mobile, tracker les performances générées afin de mesurer le coût d'acquisition « nouveau client » sur le canal mobile (KPi) et développer sa notoriété auprès d'une audience nouvelle, complémentaire de celle présente sur le desktop.

SOLUTION STRATÉGIQUE

L'idée stratégique
Déjà au fait des best practices en termes de performance sur desktop et disposant d'un site m-commerce, vertbaudet souhaitait dupliquer ce modèle dans un contexte mobile. C'est pourquoi la marque a fait appel à Mister Bell, réseau publicitaire mobile à la performance, afin de l'accompagner dans la réalisation de ses objectifs.

Aspects innovants et différenciation
Mister Bell a proposé un déploiement multi-leviers sur mobile : une diffusion via du display (interstitiel et bannière) ainsi que via du mailing responsive. Ce dernier permet en effet un meilleur engagement des utilisateurs qui consultent leurs e-mails également depuis leur smartphone, l'action pouvant être finalisée sur le mobile ou sur le desktop.
Outre la mise à disposition d'une audience affinitaire exclusive pour vertbaudet, Mister Bell, à travers sa solution technologique propriétaire, a tracké les transactions réalisées pendant la campagne, de l'arrivée sur le site jusqu'à la validation de la transaction.

Les KPI
Les indicateurs clés de performance recherchés étaient :
- le nombre d'affichages des différents dispositifs (exposition),
- le nombre de visites effectives, le nombre de ventes générées,
- le nombre de nouveaux clients et le coût de recrutement des « nouveaux clients par levier ».

MISE EN PLACE OPÉRATIONNELLE

La durée

La campagne a duré 1 mois pendant la période des soldes d'été (entre juin et juillet 2013).

Les étapes

Côté annonceur, le site mobile marchand répondait parfaitement aux exigences ergonomiques et techniques requises permettant de proposer la meilleure expérience possible à l'utilisateur en termes de navigation et de processus d'achat. En outre, avant le lancement de la campagne, le tracking Mister Bell a été intégré sur le site mobile de l'annonceur. De plus, vertbaudet a mis en place un déclencheur d'intérêt sur ses créations graphiques : jusqu'à 60 % de remise sur les commandes passées pendant la période de la campagne.

Côté diffusion, la solution propriétaire de Mister Bell a permis de segmenter et de cibler les utilisateurs en affinité avec le brief initial :

- Un ciblage démographique (femmes 25-45 ans).
- Un ciblage sociologique (femmes en âge d'avoir un enfant, femmes enceintes ou avec au moins 1 enfant en bas âge).
- Un ciblage comportemental (sites fréquentés par des femmes dans la cible).

En parallèle, Mister Bell a également enrichi son réseau existant en fédérant de nouveaux affiliés pour répondre toujours mieux aux attentes de vertbaudet tant en termes de volume que de qualité.

Il convient de souligner que le contexte de cette prise de parole (soldes, déclencheur d'intérêt) a joué un rôle non négligeable dans les résultats positifs constatés. En effet, certains éléments tels que la limitation de l'offre dans le temps, le volume disponible ou encore le prix, sont autant de facteurs-clés à prendre en compte pour maximiser les chances de succès d'une telle opération.

« Le budget alloué au branding sur le mobile a eu un impact positif sur la fréquentation du site web. En effet, le mobile permet de s'adresser à une audience complémentaire de celle du desktop qui n'a pas les mêmes habitudes de consommation selon le canal utilisé. »

05 MULTI-SCREEN

LES RÉSULTATS

Sur la période des soldes d'été (26 juin au 30 juillet 2013)

- + 22 millions d'impressions smartphones.
- Un taux de nouveaux clients supérieur à celui observé sur le desktop.
- Un e-CPM inférieur à 1 €.

Le budget alloué au branding sur le mobile a eu un impact positif sur la fréquentation du site web. En effet, le mobile permet de s'adresser à une audience complémentaire de celle du desktop qui n'a pas les mêmes habitudes de consommation selon le canal utilisé. Des utilisateurs exposés aux publicités diffusées sur le mobile pendant la période ont également effectué ou finalisé des transactions sur desktop démontrant ainsi l'impact vertueux d'une communication mobile.

O ***Mister Bell :*** http://misterbell.fr/

Charles d'Hueppe, *Account Manager Europe*
cdhueppe@misterbell.com
François Cusset, *Marketing Product Director Europe*
fcusset@misterbell.com

INTÉGRER LE MOBILE DANS SA **STRATÉGIE MARKETING MULTICANALE**

Cabestan
http://www.cabestan.com/

> Marion Bajeux,
Responsable marketing et communication
bajeux@pro.cabestan.com
http://www.linkedin.com/in/marionbajeux

TRANSFORMEZ VOS SMS CLASSIQUES À L'ÈRE DES DES SMARTPHONES & PROLONGEZ L'EXPÉRIENCE CLIENT SUR MOBILE

Les mobiles ont évolué, ils font aujourd'hui partie de notre quotidien et ne sont plus vraiment intrusifs. Le taux d'équipement en mobile est assez important en France, puisqu'en 2012, 88 % de la population des 12 ans et plus étaient équipés d'un mobile. Pour plus de 80 % d'entre eux, ils sont intéressés par la réception de SMS de la part d'entreprises. Ils sont 72 % à porter un intérêt aux SMS délivrant une information utile (jour de livraison, disponibilité d'un produit) et 40 % à la réception de SMS commerciaux comme des réductions en boutique et des avantages. Le SMS assure une instantanéité et une lisibilité, et offre un contact ciblé et individualisé qui touche directement le destinataire.

L'enjeu aujourd'hui est d'exploiter le potentiel des nouvelles technologies : site mobile, page responsive, géolocalisation, m-couponing... pour atteindre vos utilisateurs au cœur de leur smartphone.

Exemples d'applications :

Distribuez des m-coupons à vos contacts
• Vos contacts reçoivent un SMS leur permettant d'accéder à un bon de réduction à présenter au magasin le plus proche de leur position géographique (code-barres, code promo personnalisé, géolocalisation, itinéraire, appel téléphonique).

Recueillez les avis de vos clients
• Vos clients reçoivent un SMS leur permettant d'accéder à un mini-questionnaire de satisfaction qu'ils remplissent immédiatement (sondage, mini-enquête personnalisée selon le service utilisé).

Invitez vos clients à vos événements
• Vos clients reçoivent un SMS les invitant à vos événements (formulaire d'inscription, ajout de l'événement dans l'agenda mobile, géolocalisation, itinéraire, appel téléphonique).

Invitez vos contacts à participer à vos jeux-concours
• Vos contacts reçoivent un SMS pour participer à un jeu-concours (jeu-concours sur mobile, jeu à instant gagnant).

Faites la promotion de vos produits & services
• Vos contacts reçoivent un SMS leur permettant de découvrir vos offres promotionnelles (vente flash, contenus personnalisés selon les centres d'intérêt, géolocalisation, itinéraire, appel téléphonique).

LES PUSH NOTIFICATIONS, UN OUTIL DE POIDS DANS VOTRE STRATÉGIE MARKETING MULTICANALE

Les push notifications regroupent l'ensemble des communications adressées par la marque au consommateur, encore appelé porteur d'application, dès lors qu'il a téléchargé l'application adéquate et aaccepté de recevoir les messages associés. Elles offrent des perspectives alléchantes en termes de fidélisation et de développement des ventes pour les entreprises. A condition toutefois de parvenir à cerner les attentes de leur audience et d'adapter leurs communications en conséquence.

> *« Au-delà des données comportementales et des préférences de leur clientèle, les services marketing disposent désormais de données physiques pour paramétrer leurs messages. 59 % des consommateurs se déclarent d'ailleurs intéressés par la réception d'informations en lien avec leur situation géographique »*

Les ressources potentielles des push notifications ont de quoi attirer les annonceurs. Adoptés par une majorité des porteurs d'application, ces messages d'un nouveau genre cumulent plusieurs avantages, notamment ceux de permettre de prolonger sur le support mobile l'expérience client, de fidéliser cette audience, d'amplifier 'usage de l'application développée par la marque et d'animer la communauté mobile.

Dès lors que le client a téléchargé l'application de la marque et qu'il a accepté formellement de recevoir des messages depuis cette application, l'enseigne va pouvoir diffuser régulièrement ses messages, et ce, au plus près du consommateur. Une alerte peut être envoyée sur le smartphone même si l'utilisateur n'a pas lancé l'application. Du push de bienvenue qui marque l'adhésion d'un nouvel abonné aux offres spéciales, des alertes marquant le lancement de nouveaux produits aux promotions personnalisées, le champ des thèmes de communication est vaste et revisite sur mobile les recettes éprouvées par les canaux de communication plus classiques. Des possibilités d'autant plus alléchantes en termes de marketing que le smartphone figure comme un média à part tant du point de vue de sa diffusion, 50 % des Français en possèdent un, qu'en termes d'usage, la majorité des utilisateurs consultant leur écran du lever au coucher.

Une étude publiée par Forrester fin 2012 a fait le point sur la perception des consommateurs au sujet des push notifications. Un panel de 13 000 consommateurs a été interrogé à cette occasion. 76 % des porteurs d'application sur smartphone, déjà largement sollicités par l'ensemble des canaux de communication, reçoivent et donc acceptent les push notifications sur leur mobile. Les annonceurs, pourtant, utilisent modérément les notifications. L'étude Forrester montre que seul un quart des propriétaires de smartphone reçoivent plusieurs fois par jour des push notifications. Sur quatre porteurs d'application, un seul reçoit plusieurs push par jour, le second est contacté quotidiennement, le troisième à un rythme hebdomadaire et le dernier moins d'une fois par semaine. Dernier enseignement de ce rapport, le comportement des propriétaires d'un iPhone et d'un mobile sous Android diffère légèrement. Les utilisateurs d'iOS reçoivent plus de notifications, tandis que les propriétaires d'un mobile Android les ouvrent plus souvent.

La communication sur smartphone nécessite une personnalisation accrue du message. Le support, rangé dans la poche ou le sac du destinataire, confère au discours un caractère plus intime. Dès lors, l'annonceur qui choisit de contacter son fichier client via ses push notifications à l'occasion d'anniversaire, de paniers abandonnés avant la commande, de date d'expiration de certaines promotions par exemple ou de réassort sur des produits consultés par le porteur d'application, peut développer une relation particulière avec ses contacts et ainsi les fidéliser. Il peut également parvenir à capter de nouveaux clients. L'application mobile ne va pas être uniquement téléchargée par des clients de l'enseigne.

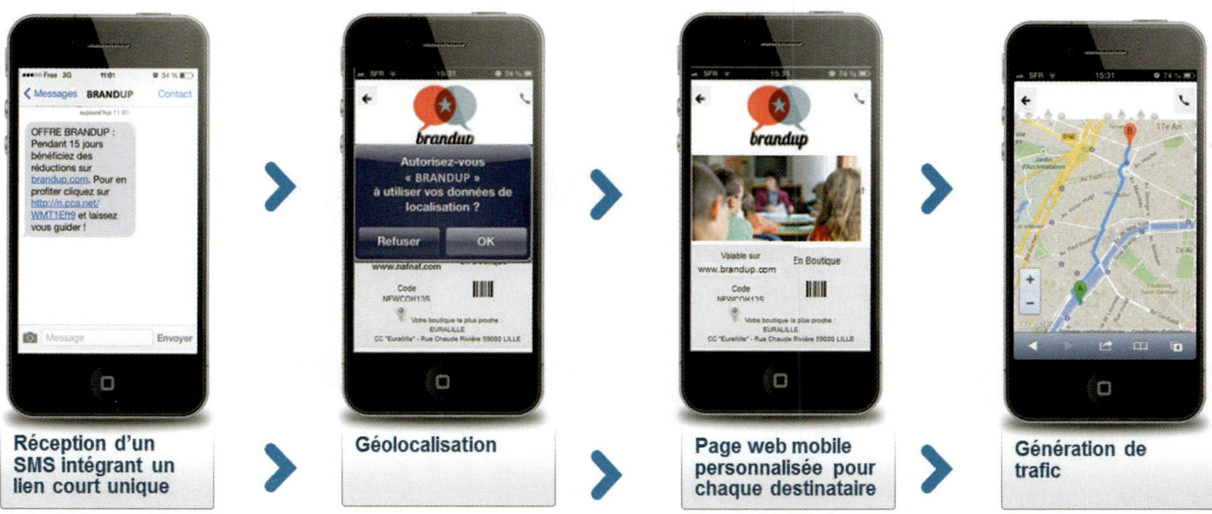

Réception d'un SMS intégrant un lien court unique › **Géolocalisation** › **Page web mobile personnalisée pour chaque destinataire** › **Génération de trafic**

AFFINER LA CONNAISSANCE CLIENT EN CROISANT LES DONNÉES

La majorité des annonceurs désireux d'affirmer leur présence sur mobile ont fait développer leur application par des agences spécialisées, qui assurent également l'envoi des push notifications. Ces prestataires peuvent connaître le nombre d'applications téléchargées, les taux de lecture et de clics mais sans réellement identifier individuellement ces porteurs d'applications.

Pour obtenir une connaissance optimale de ces porteurs d'applications, l'approche doit être sensiblement différente. Celle-ci consiste à identifier chaque porteur d'application en croisant les données statistiques recueillies des applications avec la base CRM contacts déjà constituée. La centralisation des données va permettre de segmenter et de cibler l'audience, puis, d'affiner l'envoi des push notifications jusqu'à une communication one to one. Les applications adossées à un programme de fidélité prennent tout leur sens dans ce type de communication. Grâce aux push notifications, les marques communiquent au plus près des attentes de leurs clients et renforcent leur stratégie multicanale.

La géolocalisation offre également des perspectives intéressantes dans ce contexte de croisement des canaux de vente et de communication. Les utilisateurs de l'application qui ont validé l'option de géolocalisation reçoivent ainsi des notifications push sur les opérations réalisées dans le point de vente le plus proche de l'endroit où ils se trouvent. En cas de refus de leur part, par défaut, on leur proposera des informations relatives au magasin installé à proximité de leur domicile.

Au-delà des données comportementales et des préférences de leur clientèle, les services marketing disposent désormais de données physiques pour paramétrer leurs messages. 59 % des consommateurs se déclarent d'ailleurs intéressés par la réception d'informations en lien avec leur situation géographique. Il devient alors possible de délivrer le bon message au bon moment et surtout au bon endroit. Et de développer une communication efficace sur le plan local.

Prolongez l'expérience client sur mobile en envoyant des notifications push sur vos applications mobiles. Profitez des informations présentes dans votre base de données marketing pour diffuser des messages cohérents et personnalisés sur les applications mobiles iOS et Androïd.

LA VIDÉO SUR **MOBILE**

POURQUOI FAIRE DE LA VIDÉO SUR MOBILE ?

Le mobile fait partie de notre quotidien : « feature phones » (les téléphones ayant des fonctionnalités limitées), smartphones ou tablettes, ils sont partout. 91 % des personnes dans le monde possèdent un mobile, 56 % d'entre elles un smartphone.

Un consommateur ayant regardé une vidéo a une probabilité 144 fois plus importante d'acheter le produit. Des études menées par Google montrent qu'en France, 69 % des utilisateurs de smartphone regardent des vidéos sur leur mobile (75 % aux Etats-Unis, 71 % en Allemagne). L'accès à la 4G va démultiplier ces chiffres et faciliter l'accès aux vidéos quelle que soit la situation.

Composer le pouvoir de la vidéo avec celui du smartphone devient alors une stratégie marketing gagnante !

LE MONDE DU MOBILE, UN MONDE BIPOLAIRE

Le monde du mobile se développe selon deux axes majeurs : le web mobile, et le monde des applications. Ces applications se monétisent souvent par la publicité, avec une tendance forte vers l'affichage de vidéos. Côté web-mobile, l'internaute doit pouvoir accéder au même contenu qu'il soit sur ordinateur ou mobile.

UN PROSPECT, PLUSIEURS DEVICES

Un internaute utilise plusieurs appareils différents en fonction du moment auquel il accède au contenu. Une étude de ComScore montre qu'en termes d'usage, un internaute utilise son mobile le matin avant le travail, un ordinateur entre 10 h et 18 h et sa tablette en soirée.

LA VIDÉO SUR MOBILE : UNE HISTOIRE DE FORMAT

Une vidéo réussie est une vidéo capable de fonctionner non seulement sur ordinateur, mais également sur mobile, et pouvant être consultée quelles que soient les conditions de visionnage de la vidéo (réseau, appareil).

Phonitive
www.phonitive.fr

› Elena Lemoine
CMO
elena.lemoine@phonitive.fr

« La vidéo mobile interactive est un formidable outil, qui comme la vidéo personnalisable, permet de décupler l'engagement de l'utilisateur, mais également facilite l'acquisition de fans. »

LA RÉSOLUTION

Le monde du mobile se développe selon deux axes majeurs : Lorsque l'on parle de mobile, il est difficile de savoir quelle résolution d'écran cibler : la fragmentation du parc est telle qu'il est impossible de créer une vidéo pour chaque type d'appareil. En revanche, il ne faut pas oublier que les surfaces sont souvent réduites : inutile donc de créer des vidéos full-HD à 30 images par secondes, des résolutions plus légères peuvent très bien faire l'affaire. De même, l'utilisateur peut être en itinérance, il est donc recommandé de créer des versions différentes de vos vidéos en fonction du type de réseau (3G, Wi-Fi, 4G).

LA COMPRESSION

L'algorithme de compression choisi dépend du type d'appareil ciblé. La norme HTML 5 permet la diffusion de vidéos directement à partir du navigateur. Tous les smartphones, tablettes et navigateurs récents suivent cette norme. Cependant chacun reste libre de choisir le format de compression qui lui convient. Aujourd'hui, la majorité des smartphones/tablettes supporte le format H264. Mais prévoyez cependant également des fichiers au format OGV si vous ciblez Firefox ou Opera sur ordinateur. De même certains téléphones Android ne supportent que les fichiers au format WebM.

L'ORIENTATION

Un appareil mobile peut être tenu dans 2 positions : en mode portrait ou en mode paysage. Si sur vos sites vous pouvez tout à fait imposer le sens de lecture de la vidéo, lors de vos campagnes média dans les applications, il est préférable de proposer la vidéo dans le sens où l'application diffusant votre vidéo se trouve. Pour rester tout le temps en plein écran et attirer au maximum l'attention de l'utilisateur, n'hésitez pas à prévoir de diffuser votre vidéo non pas avec une largeur plus grande que la hauteur, mais l'inverse en mode portrait.

L'AVENIR DE LA VIDÉO MOBILE : L'INTERACTIVITÉ

1. Ajoutez du fun dans vos vidéos : rendez-les personnalisables
Il est beaucoup plus simple pour un utilisateur d'interagir avec une vidéo sur mobile, n'hésitez donc pas à proposer des technologies innovantes permettant de donner une nouvelle dimension à votre contenu.

Vous pouvez par exemple proposer à votre utilisateur de devenir le héros de votre vidéo. Vous démultiplierez l'efficacité de votre vidéo :
- Vous passerez votre message.
- Vous engagerez votre utilisateur, il passera plus de temps dans le visionnage.
- Vous rendrez viral votre contenu.

2/ Interactivité : augmentez l'engagement et le ROI
Qu'elles aient un but informatif ou promotionnel, les vidéos gagnent à être enrichies par des interactions apparaissant au fil du temps. Ces interactivités pouvant être de simples boutons apparaissant à un moment de la vidéo, jusqu'à la création de fenêtres plus complexes.

Sur mobile, la proximité de l'utilisateur avec le contenu lui donne un accès aux informations du bout des doigts. La vidéo mobile interactive est un formidable outil, qui comme la vidéo personnalisable, permet de décupler l'engagement de l'utilisateur, mais également facilite l'acquisition de fans (via l'intégration de boutons sociaux directement dans la vidéo), l'acquisition de leads (ajout de call-to-actions pour demander des renseignements), ou encore l'achat à partir de la vidéo.

Lorsque l'on sait que 40 % des utilisateurs regardent une vidéo avant d'acheter un produit on line, faciliter l'acte d'achat est un atout indéniable.

RENAULT AVANTAGES ET CONTRAINTES D'UN SITE EN RESPONSIVE DESIGN

Augmentation du SEO de **27%**

Trafic smartphone **+21,1%**

Trafic tablette **+33,7%**

Trafic ordinateur **+45,2%**

SEO • Responsive • Multi-écran

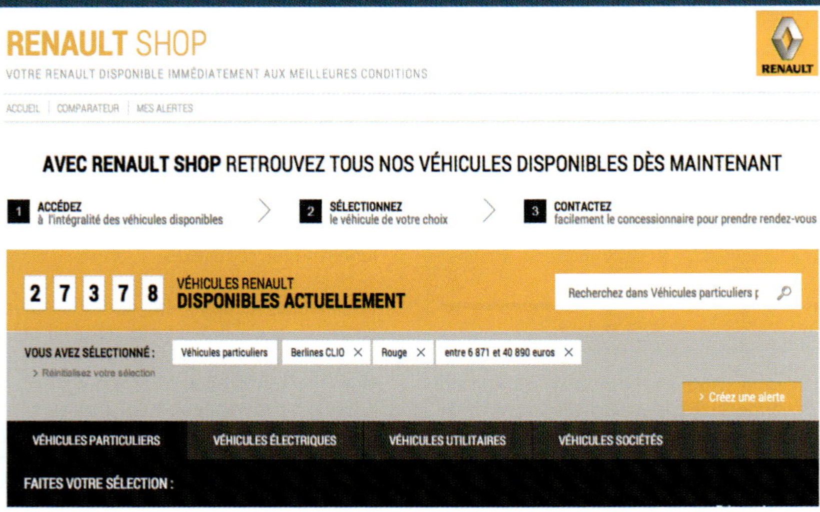

LE CONTEXTE

Le site Renaultshop.fr est le site de déstockage des véhicules Renault. On peut y trouver des véhicules neufs ou à faible kilométrage disponibles immédiatement dans les concessions et affichant des niveaux de réduction importants. Ce site était, il y a encore peu, développé en Flex (Technologie Flash) et son concept était mal connu.

Exit la technologie Flash et place au responsive design : RenaultShop est désormais accessible sur smartphone mais aussi à partir de toutes les tablettes numériques et bien sûr depuis son ordinateur.

Entièrement remanié, doté d'une ergonomie plus intuitive et de fonctionnalités attendues par les internautes (suite à une étude client approfondie), le site permet, désormais, de trouver en quelques clics le véhicule correspondant à ses attentes et de contacter directement le concessionnaire via un formulaire ou d'être rappelé gratuitement par la concession.

Renault n'a ainsi pas choisi de créer une version mobile spécifique avec une URL du type m.renaultshop.fr mais a décidé d'utiliser le responsive design avec une adresse unique : www.renaultshop.fr.

Avec une charte graphique et un contenu adaptés automatiquement aux différents périphériques de lecture, le site RenaultShop a vu la typologie de son trafic évoluer de manière importante – trafic smartphone = 21,1 % ; trafic tablette = 33,7 % ; trafic ordinateurs = 45,2 % – alors qu'auparavant son usage était quasi exclusivement limité aux ordinateurs.

LES AVANTAGES ET CONTRAINTES DU RESPONSIVE DESIGN POUR LA GESTION DU PROJET

Développer un site en responsive design suppose, dans un premier temps, un coût de développement important et une recette allongée du fait du nombre important de « devices » à tester pour maximiser la compatibilité. Il apparaît que la méthode Agile semble être le meilleur moyen de limiter des dérives potentielles de planning et d'offrir une expérience enrichie aux internautes. Ainsi, un échange permanent et réactif avec les UX et les développeurs permet de limiter ces risques.

Par ailleurs, il faut également être très vigilant sur le codage et l'optimisation des images utilisées pour des contraintes de bande passante (notamment pour les appareils mobiles) afin de ne pas dégrader l'expérience.

LES AVANTAGES DU RESPONSIVE DESIGN POUR LA MAINTENANCE DU SITE

Les avantages en termes de gestion des contenus sont un point fort du responsive design puisque qu'un seul CMS permet d'alimenter plusieurs interfaces en front office. Le webmaster gagne ainsi un temps considérable et sa réactivité est accrue.

LES AVANTAGES ET CONTRAINTES DU RESPONSIVE DESIGN POUR LE SEO

Du fait de la technologie utilisée (Flex), le référencement naturel du site nécessitait, avant sa refonte, un travail d'optimisation poussé, la technologie Flash n'étant pas des plus «SEO-friendly» : utilisation de contenu alternatif, création de landing pages spécifiques.

De plus, la technologie Flash rendait partiellement voire totalement inaccessible le site sur les mobiles et les tablettes, aucune version mobile spécifique n'ayant été créée auparavant.

Or, Google a tendance à favoriser les sites accessibles quel que soit le « device » pour éviter une mauvaise expérience à l'utilisateur et rester dans sa logique de pertinence du contenu proposé.

Le choix de Renault n'a pas été de créer une version spécifique mobile. Pourtant, il existe bien des moyens d'optimiser son SEO avec des versions de son site accessibles à des URL différentes suivant le type de « device » mobile ou fixe (Redirections, Canonical URL, Robots.txt). Mais cela complexifie la gestion SEO des sites et multiplie les sources d'erreurs pénalisantes vis-à-vis des moteurs (Duplicate Content, par exemple).

Matt Cutts, le porte-parole de Google en matière de SEO, est très clair sur ce point : le responsive design n'impliquant qu'une page à optimiser quel que soit le « device » facilite énormément le travail de référencement naturel. (vidéo de Matt Cutts de Novembre 2013 sur SEO et Responsive Design : http://goo.gl/awX2sw)

Afin de proposer une expérience augmentée et cross-device à ses utilisateurs, RenaultShop.fr a donc été développé en responsive design. Mais pour permettre les recherches multicritères complexes propres à RenaultShop, il a été nécessaire de recourir à la technologie AngularJS. Cette technologie a un prix en termes de référencement naturel mais celui-ci a été comblé par la mise en place d'un dispositif nommé GhostWriterJS.

GhostWriterJS est un robot permettant de générer les mêmes vues (ou pages) étant parfaitement indexables et bien évidemment conformes aux attentes des moteurs de recherche. Autre avantage, GhostWriterJS n'a pas besoin d'évoluer avec le site, il s'adapte et regénère les contenus indexables régulièrement, fidèle à la réalité de ce que les visiteurs peuvent voir.

Les données Google Analytics montrent bien l'avantage SEO depuis la sortie du site RenaultShop en responsive design : le trafic SEO a augmenté de 27 %.

O *Renault*
Laurent Le Fers, *Digital Project Manager France / Product Owner RenaultShop*
Christophe Dieu, *Brand Manager / Digital & Media/ Europe G9 Region*
O *Agence Full Six*

« Les données Google Analytics montrent bien l'avantage SEO depuis la sortie du site RenaultShop en responsive design : le trafic SEO a augmenté de 27 %. »

GUIDE DE SURVIE EN **MILIEU RESPONSIVE DESIGN**

Aujourd'hui, le Responsive Web Design (RWD) est plus qu'un concept à la mode ou un "buzzword". Il s'agit d'une solution à un vrai problème : comment répondre de façon pérenne à la fragmentation des tailles d'écran, à l'éclosion de nouveaux terminaux et aux nouveaux usages qu'ils permettent ?

Les projets responsive rebattent les cartes, à chaque étape du projet. Dès le cadrage, il faut prendre en compte plusieurs terminaux, dans différentes situations de mobilité. Lors de la phase de création, il faut abandonner tout réflexe "print" (essayez d'aller démontrer un comportement dynamique avec des maquettes figées). Lors de la phase de développement technique, il faut savoir concilier expérience avec performance. Voyons ça dans l'ordre...

CADRAGE DE VOTRE PROJET RWD

Constituer une "dream team" :

> Du côté annonceur :
- 1 à 2 personnes à grande disponibilité
- Selon le projet, personnes représentantes du métier

> Du côté agence :
- 1 consultant UX
- 1 expert front-end
- 1 web designer

Planifier et animer les premiers ateliers sur :

> Définition du périmètre fonctionnel
- Identification des familles de terminaux cibles
- Sélection des paliers et de l'architecture RWD
- Planification des parcours utilisateurs et pages-clés

> Identification des impacts techniques
- SEO
- Outils de contribution
- Tracking
- Accessibilité

Livrable : note de cadrage RWD

Cycle d'itération lean UX

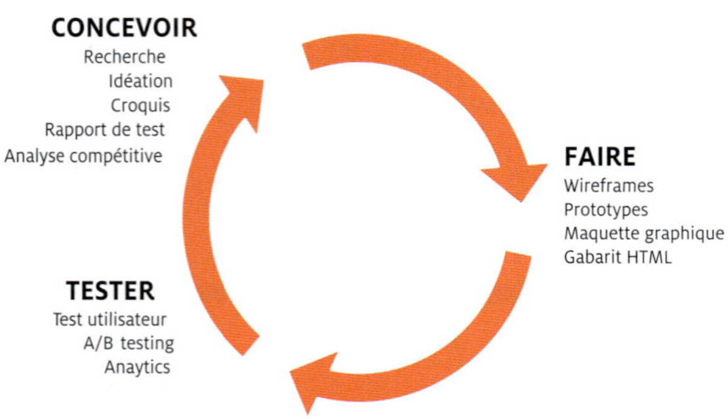

PROTOTYPAGE DE L'EXPÉRIENCE UTILISATEUR

Dans un projet RWD, le prototype est l'un des livrables UX le plus efficace pour représenter l'expérience finale. C'est surtout une manière concrète de donner une vision, une cohérence, une anticipation forte à l'ensemble des parties prenantes du projet.

Depuis maintenant 3 ans émerge une approche de l'UX qui se focalise sur le prototype : le LEAN UX.

Les principes du LEAN UX pour votre projet :
- Annonceur + développeur + UX + graphiste = 1 équipe produit.
- Concevoir toujours en collaboration et non seul.
- Valider en interne avec les décideurs, tester à l'externe avec des utilisateurs.
- Résoudre les problèmes des utilisateurs au lieu de concevoir la prochaine fonctionnalité «WOW».
- Moins de livrables, plus de prototypes.

Dites au revoir aux storyboard, wireframe, spécifications fonctionnelles, charte ergonomique et dites bonjour aux cycles

Agence Ekino • groupe FullSIX
www.ekino.com

> Guillaume Abel
User eXperience Team Leader
> Florian Harmel
Creative Technologist

d'itérations et à une nouvelle relation annonceur - agence de création - agence digitale. Ce cycle itératif, à mener avec une équipe pluridisciplinaire, permet de trouver et de solutionner rapidement les problématiques de conception.

Livrable : un prototype HTML simulant les comportements responsive de l'interface.

INTÉGRATION

Performance front-end
La problématique technique du RWD doit être transparente pour l'internaute, qu'il soit sur tablette, sur mobile ou sur tout autre terminal, il s'attend à ce que ça fonctionne, vite.

Les techniques à mettre en oeuvre:

1. **Réduire les latences réseau**
    a. Gestion des images (cf. encart)
    b. Optimisation des ressources locales
2. **Accélérer le temps d'affichage**
    a. Chargement à la demande
    b. Prendre en compte les spécificités des supports
3. **Optimiser l'exécution des scripts pour chaque terminal**
    a. Adapter les fonctionnalités au contexte d'utilisation
    b. Bonnes pratiques de développement JavaScript.

La réponse à ces enjeux de performance nécessaire au bon fonctionnement sur mobile permettra, en plus, d'offrir un confort de navigation optimal sur les autres supports plus puissants.

Intégration continue et nouveaux outils
La multiplicité des terminaux rend indispensable l'industrialisation de vos projets. Les outils d'intégration continue vont permettre d'automatiser les tests, les livraisons et les mises à jour des frameworks et librairies. Aucun livrable ne sortira de vos équipes sans passer par les tests suivants :

- Couverture de tests unitaires
- Tests fonctionnels de navigation
- Tests de rendu multi-terminaux

Des tests humains avec de vrais terminaux restent inévitables pour valider certains points essentiels :

- Ressenti utilisateur
- Temps de chargement
- Fluidité de la navigation
- Affichage de l'interface
- Fonctionnalités liées aux interactions tactiles

Think Mobile First but Do Internet Explorer First
D'un point de vue pure conception, la bonne pratique est de penser votre site sur le mobile en premier. Cela permettra de vous aider à simplifier votre démarche UX et de vous concentrer sur l'essentiel.
D'un point de vue développement et pour anticiper d'éventuels problèmes de support, il faut commencer par traiter les vieux navigateurs (ex. : Internet Explorer 8 et 9). Il sera toujours plus simple de faire de l'amélioration progressive et d'ajouter des fonctionnalités aux navigateurs récents et aux mobiles que l'inverse.

Gestion des images
Les navigateurs qui consulteront votre site RWD auront des tailles d'écrans et des contextes d'utilisation différents. Il est nécessaire de délivrer à votre visiteur une image optimisée, retaillée voire recadrée en fonction de son terminal. À date, le W3C travaille sur une nouvelle nomenclature d'intégration des images. Celle-ci permettra d'adresser la bonne image en fonction de la taille du navigateur. Des pistes sont déjà évoquées, mais aucune n'a été validée par le consortium. En attendant, il existe des solutions JavaScript qui simulent certaines de ces pistes et nous vous encourageons à les utiliser :

- PictureFill
- Srcset polyfill
- SrcN polyfill

CONCLUSION

Maintenant que votre projet est sur de bons rails, n'oubliez pas de penser au SEO et aux outils de contribution, si vous souhaitez que vos clients trouvent les contenus qu'ils attendent en fonction du contexte d'utilisation (canapé, métro, bureau...) :-)

Le RWD est l'opportunité de vous concentrer sur les utilisateurs finaux de votre site, d'être plus proche de leurs besoins et de leur ressenti. Vous devez placer l'expérience et donc le prototype au coeur du projet, vous changerez vos méthodologies de cadrage, de conception et de développement pour les rendre plus agiles et itératives.

Le RWD permet certes de mieux adresser les besoins de vos utilisateurs en situation de mobilité, mais il représente un réel investissement. Si vous ne changez pas votre mode de travail, l'investissement sera décuplé, en coûts comme en délais.
En revanche, si vous modifiez votre mode de travail, alors vous réalisez un premier pas dans votre transformation digitale.

Exemple d'une semaine d'itération lean UX

Jour	1	2	3	4	5
Matin	**TESTER** Test utilisateur (TU)	**CONCEVOIR** Pour itération en cours	**FAIRE** Matérialisation / développement HTML Eléments graphiques	**FAIRE** Préparation démo	**FAIRE** Itération démo intégration HMTL graphique
Après-midi	**TESTER** Plan d'action suite TU	**CONCEVOIR**	**FAIRE**	**DEMO** VALIDATION	
Qui ?	Ensemble équipe	Ensemble équipe	Dév / UX / Créa	Ensemble équipe	Dév / UX / Créa

RENAULT *Qui ?*
CONFIGURATEUR 3D RENAULT *Quoi ?*

Configurateur 3D • Expertise mobile • Multi devices

27 179 762
visiteurs sur www.renault.fr

11 min
passées sur l'application

Nombre moyen
de pages par visites :
11,18

PROBLÉMATIQUE BUSINESS DE LA MARQUE

Le Contexte
L'industrie automobile fait face depuis plusieurs années à un changement des comportements d'achat des consommateurs qui s'orientent davantage vers l'achat de véhicules d'occasions aux dépens des ventes de véhicules neufs. En 2013, la France enregistre un recul de 5,7 % sur les ventes de véhicules particuliers neufs *(source Comité des constructeurs français d'automobiles*), portant les ventes à leur plus bas niveau depuis 1997. Sur cette même période, les volumes de ventes de Renault n'ont fléchi que de 1,7 %, ce qui permet à la marque de gagner 0,8 point de parts de marché, à 18,86 %, notamment grâce à la nouvelle Clio IV et au SUV Captur.

En effet, en juillet 2012 le constructeur sort la Clio IV, une voiture avec possibilité d'hyper-personnalisation offrant ainsi plus de 300 000 combinaisons au client.

Or aujourd'hui en concessions les vendeurs sont limités dans le nombre de modèles exposés avec l'espace dont ils disposent. Ils ne peuvent présenter qu'un nombre restreint de combinaisons à leurs clients qui ont du mal à se projeter dans la configuration choisie pour leur véhicule, changeant parfois significativement l'allure du modèle.

C'est dans ce contexte que Renault a demandé à l'agence de mettre en place un configurateur 3D de véhicules multicanal, permettant au consommateur de mesurer toute l'ampleur de la gamme des véhicules

La Cible
Le configurateur de véhicule est destiné à plusieurs typologies de public :
• Les vendeurs en concessions
• Les acheteurs présents en concessions (outil BtoBtoC)
• Les consommateurs/prospects à la recherche d'un véhicule de la gamme correspondant à une typologie de besoins bien précis (parents avec enfants, CSP+, célibataires, classe moyenne, longs trajets...)

L' Objectif
Le développement d'une application tablette Renault répond à plusieurs objectifs, mais le principal enjeu a été d'augmenter le nombre de leads en améliorant le taux de transformation.
Les autres enjeux sont les suivants :
• Permettre aux vendeurs en concession de présenter l'ensemble des configurations sans avoir le véhicule physique dans leur parc.
• Partager avec le client la configuration afin qu'il puisse la retrouver à son domicile (ou permettre à un client de transmettre sa configuration à un concessionnaire).
• Créer un outil d'aide à la vente en élargissant la visibilité des véhicules Renault à tous les choix.

SOLUTION STRATÉGIQUE

L'idée stratégique
« Changeons de vie. Changeons l'automobile. » Une signature qui montre que l'automobile doit s'adapter aux envies des consommateurs et non l'inverse.
Le projet de configurateur 3D de véhicules vient s'insérer dans la stratégie menée par le constructeur depuis quelques années sur son image de marque, une entreprise innovante et proche des gens, rendant la mobilité durable et accessible à tous. Ce projet répond ainsi à la problématique de la marque d'une digitalisation accrue de ses points de vente.

Le concept ? Un configurateur de véhicule 3D, appelé DISCOVERED qui propose une véritable immersion dans le véhicule permettant de présenter l'ensemble des options et accessoires de chaque modèle et de mesurer toute l'ampleur de la diversité de la gamme de véhicules Renault.

Afin de booster l'expérience client en concession, le configurateur de véhicules a également été développé pour une utilisation sur tablette. Se basant sur l'expérience métier acquise lors de la création du configurateur DISCOVERED l'agence a créé l'application CONTACT, un configurateur tactile pour 2 typologies de public : une version pro de l'application utilisée par les concessionnaires pour les démonstrations (BtoBtoC), et une orientée client pour poursuive l'expérience de chez lui (BtoC).

En complément de cet écosystème, des bornes tactiles, déclinées à partir de l'application BtoBtoC, ont été installées en concession permettant aux clients de s'approprier et de tester librement l'application in-store.

Les aspects innovants et de différenciation
La réflexion principale a été d'apporter une attention particulière à l'unicité du parcours et de l'expérience client sur tous les supports digitaux de la marque. En conséquence, plusieurs aspects innovants ont été mis en place afin de pouvoir répondre à ces enjeux.

Dans un premier temps, c'est d'un point de vue technique que plusieurs systèmes ont été mis en place afin de pouvoir gérer des demandes complexes mais très utiles pour les besoins Renault.

Un visuel 3D généré dynamiquement
Chaque image est générée dynamiquement afin de correspondre à la configuration en cours, à partir d'une API externe à la plateforme qui traite en temps réel les données relatives à la configuration en cours afin de générer des images respectant les paramètres souhaités en fonction du type de support.

La reprise de la configuration sur tous les supports à tout moment
Les applications sont toutes basées sur la même API JAVA mais possèdent des technologies (Flash pour le configurateur web et Air pour les tablettes) et des règles de gestions métiers Front différentes (règles adaptées en fonction du besoin métier).

○ *Ekino / Groupe FullSIX / www.ekino.com*
Sébastien Collery, *Consultant Technique Senior*
Florian Garcia, *Consultant Technique Senior*

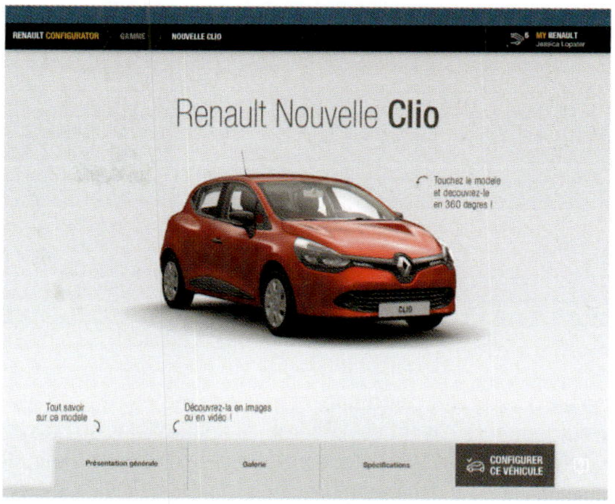

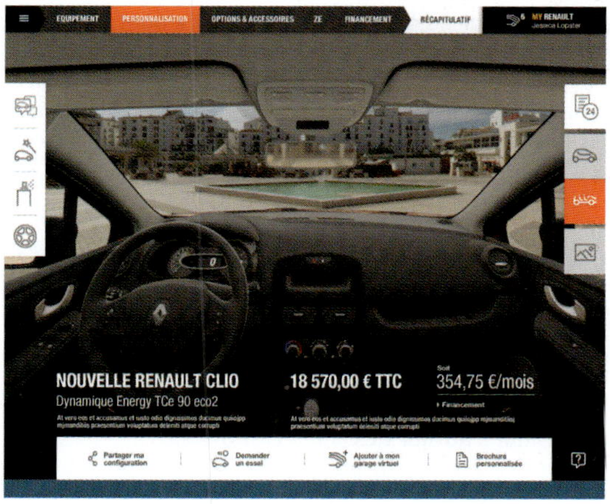

« Le développement d'une application tablette Renault répond à plusieurs objectifs, mais le principal enjeu a été d'augmenter le nombre de leads en améliorant le taux de transformation. »

C'est grâce à cette API commune, et grâce au moteur de configuration sur lequel se basent ces différentes applications qu'un système de génération d'URI (URL courte) a été conçu par Renault. L'application intègre également une brique native (iOS - Air Play) permettant au vendeur de diffuser, s'il le souhaite, le rendu véhicule sur grand-écran d'un simple mouvement de doigt.

Dans un second temps, c'est une méthodologie de travail innovante qui a été utilisée.
L'agence a opté pour une approche UX novatrice : méthodologie de conception des applications imaginées au plus près du client. Une méthode de fonctionnement agile avec un système itératif pendant le développement des applications : développement de prototypes, tests, implication du client, adaptation selon les retours...

MISE EN PLACE OPÉRATIONNELLE

La durée
Le développement du configurateur 3D web a duré 5 mois, en enchaînant respectivement les phases suivantes : co-conception avec Renault, production de l'application web, tests et lancement du configurateur 3D. Le lancement de l'application Discovered sur le web a été réalisé en décembre 2011 avec comme véhicule pilote la nouvelle Twingo en Allemagne.

Début 2012, le projet CONTACT commençait permettant un lancement de l'application Contact BtoB mi 2012 en France. Son déploiement dans toutes les concessions (8 000 dans 26 pays) a été finalisé en décembre 2012.
L'application Contact BtoC a quant à elle été lancée courant 2013 dans 5 pays européens (disponible en France courant mars 2014.)

Les explications autour des choix créatifs
L'approche a été orientée principalement vers une véritable expérience de marque plus que vers un simple configurateur. Les applications ont été conçues afin d'être :
• Synthétique
• Riche, complète, attractive
• Haut de gamme, exclusive
• Simple et accessible

Le tout avec plusieurs contraintes induites par les objectifs mêmes du projet :
La digitalisation du configurateur sur de nouveaux supports nous a contraints à avoir une taille liée à un écran plus petit sur tablette possédant en conséquence des zones de clics plus grosses.

De plus, nous avons adapté le parcours utilisateur sur les applications afin de pouvoir restituer l'ensemble des fonctionnalités disponibles sur le configurateur web (qui peuvent toutes être affichées sur le même écran).
Des contraintes de terrains spécifiques aux outils BtoB ont été intégrées dans la production du support pour les concessions afin d'assurer un parcours utilisateur extrêmement fluide.

Un découpage de l'information ultra-simplifié
Une séparation des couches de visualisation 360° et des outils de configuration ont été décidés afin de ne pas perturber l'utilisateur lorsqu'il découvre visuellement le véhicule configuré ou bien, lorsqu'un nombre important d'informations sont affichées, et de ne pas le perturber lorsqu'il sélectionne les options du véhicule.
Une scénarisation dédiée à la visualisation et à la configuration afin de ne pas entraver l'argumentaire de vente et l'immersion du consommateur, dans l'univers du modèle Renault choisi (aucun prix n'est visible à l'écran afin d'éviter d'entrer dans une discussion de négociation pendant la découverte de la gamme : ainsi la montée en gamme d'un véhicule est plus simple pour le vendeur.)

Les étapes
Le processus utilisé pour la mise en œuvre opérationnelle du projet est un processus itératif, impliquant l'agilité du projet et des équipes par rapport à des contraintes de brief posées par Renault et en prenant en compte les réalités techniques et créatives.

La définition du concept de l'application, la conception de prototypes, des parcours et des écrans-clés.
L'ensemble des métiers gravitant autour du projet ont été intégrés à cette phase de conception : métier Renault, directeur artistique, consultant UX et technique, architecte technique.
Une fois le concept de chaque application défini, des prototypes ont été réalisés afin de récupérer les premiers feedbacks des utilisateurs et de présenter une version déjà optimisée aux équipes de Renault.

Différentes phases de tests ont été réalisées dont le contenu a pu varier entre les types d'applications :
CONTACT : des consultants de l'agence ont animé des ateliers de co-création sur 3 concessions Renault (post-its, sketching, tests de prototypes, jeux de mises en situation), ainsi que dans les concessions Renault afin de prendre possession du parcours de vente, d'identifier les besoins des vendeurs,
DISCOVERED : des wireframes représentant les premières interfaces du configurateur ont été soumises à des utilisateurs
Ces tests ont permis aux équipes de prioriser les éléments à afficher et déterminer quel « layout » adopter, et de modifier en conséquence les premières maquettes réalisées.

Une coordination créative, et une création graphique en relation étroite avec Renault.
La création des maquettes de l'ensemble des pages avant

de lancer la production technique. En effet, ces maquettes permettent de définir des règles de gestions fonctionnelles afin de détailler tous les comportements attendus dans l'application. Ainsi chaque écran est détaillé scrupuleusement et permettra d'éviter d'éventuelles erreurs de conception.
Elle a nécessité la continuité du travail de la même équipe ayant réalisé les prototypes, d'experts travaillant de façon collaborative entre consultants UX, créatif, chef de projet, développeurs (front/back), experts mobile et AX, et avec les métiers Renault.

Les applications intègrent de nombreuses contraintes technologiques afin de créer un rendu fluide, simple et unifié que l'on observe sur tous les devices (web/tablettes/bornes).

Ensuite les applications ont été présentées aux premiers pays pilotes afin que les digital managers puissent comprendre le périmètre de l'application et les éléments mis à leur disposition afin de pouvoir l'administrer.
Une fois les outils pris en main, les applications ont pu être lancées au fur et à mesure dans les pays.

LES RÉSULTATS

Voici les statistiques quantitatives et qualitatives des applications CONTACT BtoB et CONTACT BtoC :

Contact BtoB (2013 – France) :
• 32 639 utilisateurs de l'application (Moyenne 4 000/mois)
• 198 412 configurations réalisées

Contact BtoC (de juillet à décembre 2013 – sur 5 pays) :
• 7 595 utilisateurs de l'application (Moyenne 1 500/mois)
• 9 723 configurations réalisées
• 11 min passées sur l'application
• Nombre moyen de pages par visites : 11,18

Configurateur Discovered (extract de résultats sur l'année 2013 en France) :
• 27 179 762 visiteurs sur www.renault.fr
• 3 309 371 visiteurs sur discovered
• 12 % des visiteurs qui entrent sur le site naviguent sur le configurateur 3D de Renault.

Au final, avec la mise en place de ces applications, c'est l'ensemble du parcours client qui est suivi et digitalisé.

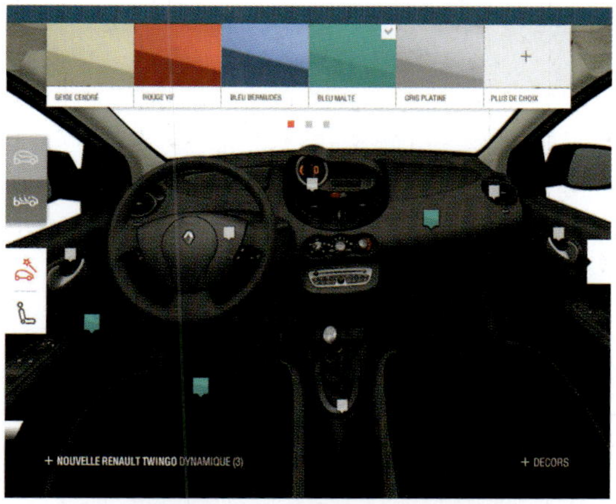

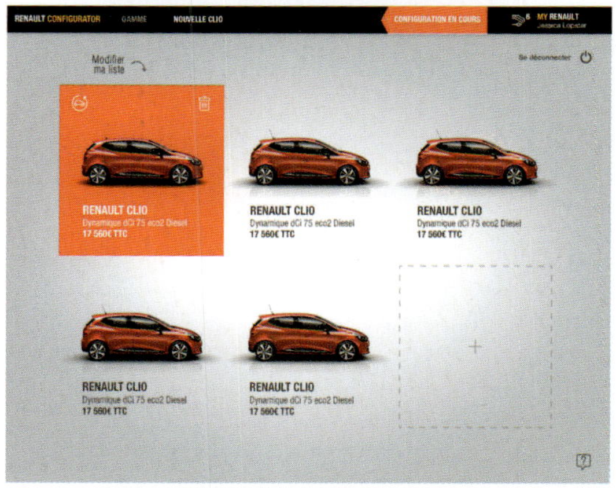

LA SELFIE, QUELLES **PERSPECTIVES ?**

LA *SELFIE* MANIA

Ellen Degeneres, Bradley Cooper et une ribambelle d'acteurs lors des Oscars 2014 (3,3 millions de *retweets*, un record) ; les journalistes français dans le Bureau Ovale pendant la visite d'État de François Hollande en février 2014 ; Barack Obama, David Cameron et Helle Thorning-Schmidt, à côté de Michelle Obama, boudeuse, lors de la cérémonie d'hommage à Nelson Mandela... Que ce soit de parfaits anonymes, des stars ou des politiques, toujours plus de monde cède à la tentation de la *selfie*, même le pape François ! Dans un lieu connu, devant le miroir de la salle de bain, avec ses derniers achats, dans l'isoloir, avec une célébrité ou des amis, et même pour certains avec des SDF ou à un enterrement, toutes les occasions sont bonnes pour s'immortaliser.

Alors que l'usage du terme a augmenté de près de 17 000 % en 2013, les Dictionnaires Oxford ont consacré *selfie* comme mot de l'année. Définie comme un « autoportrait photographique, réalisé à l'aide d'un smartphone, d'une webcam ou d'un appareil photo numérique, et partagé sur les réseaux sociaux », elle est devenue une norme sociale en quelques années. Ce néologisme s'accompagne de déclinaisons à foison : *usie* (*selfie* prise en groupe), *selfise* (l'individu qui prend la photo), *drelfie* (contraction de *drunken* et *selfie* ; une *selfie* prise ivre), *legsie* (les jambes du *selfise*, généralement à la plage)... Les possibilités sont légion.

DE L'ANCESTRAL AUTOPORTRAIT AU TRIOMPHE DE NARCISSE

Si l'usage semble récent, grâce aux smartphones et aux réseaux sociaux comme Instagram, l'autoportrait ne date pas d'hier. L'Homme a toujours été obnubilé par sa propre image. C'est presque un besoin primaire. Les Anciens en avaient conscience en écrivant le mythe de Narcisse. Dès la Renaissance, lorsque les Vénitiens ont mis au point des miroirs de meilleure qualité, aux reflets moins flous, les peintres n'ont cessé de se représenter dans leurs propres créations, en partie pour des raisons d'introspection. C'était un moyen de mieux se connaître. Même les premières photographies, prises au XIXe siècle, étaient souvent des autoportraits.

Néanmoins, pour certains, la *selfie* n'est que l'aboutissement de l'individualisme de nos sociétés, un symbole de la vanité d'individus uniquement obsédés par leurs propres images. L'AAFPRS (une association américaine de chirurgiens plastiques) a constaté une forte augmentation des demandes de chirurgie esthétique en 2013, notamment chez les moins de 30 ans, qui manifesteraient le désir « d'avoir une meilleure apparence sur les réseaux sociaux ». La *selfie* autoalimenterait ces pulsions narcissiques.

Valtech
www.valtech.fr/fr

> Arthur Sotto
Planneur Stratégique
> Pascal Malotti
Directeur Conseil

« Une selfie est partie intégrante, si ce n'est l'expression la plus primaire, du personal branding. Pour les selfistes, c'est un moyen de communiquer leur moi fantasmé, l'image d'eux-mêmes qu'ils veulent renvoyer, de se mettre en scène. »

DE LA CONSCIENCE DE SOI À LA CONSTRUCTION – SOCIALE – DU MOI

S'il y a probablement du vrai dans ces critiques, limiter les *selfies* au seul narcissisme serait réducteur. Contrairement aux autoportraits traditionnels, une *selfie* a vocation à être immédiatement partagée en ligne. Certes, c'est un autoportrait mais c'est surtout un signal aux autres, une façon d'attirer l'attention. La *selfie* est par essence sociale, alors que Narcisse n'avait d'yeux que pour lui-même.

Or, avec les réseaux sociaux, beaucoup s'adonnent au *personal branding*, à savoir un processus de construction et promotion de sa personne, à l'identique d'une marque. Par conséquent, une *selfie* est partie intégrante, si ce n'est l'expression la plus primaire, du *personal branding*. Pour les selfistes, c'est un moyen de communiquer leur moi fantasmé, l'image d'eux-mêmes qu'ils veulent renvoyer, de se mettre en scène. Sartre disait « l'enfer, c'est les Autres » ; avec une *selfie*, ça l'est un peu moins, je reprends en partie possession de la perception qu'ont les autres. La *selfie* doit créer l'interaction sur les réseaux sociaux, être un facteur de conversation, provoquer des réactions.

À travers la *selfie*, l'individu crée un *storytelling*, raconte son histoire : celle d'un moment futile, ou drôle, ou de réussite, peu importe. Je suis comme ceci, je suis comme cela, regardez-moi, je suis des vôtres, je n'en suis pas... L'app BitStrips joue sur les mêmes ressorts : l'utilisateur crée des situations concrètes, avec sa propre personne et parfois ses amis, où il choisit les dialogues. Si les stars raffolent des *selfies*, c'est qu'elles peuvent se livrer à brut, communiquer directement avec leurs fans sans le filtre déformateur des médias. Juste avec un filtre Instagram.

Et le rituel est presque plus prépondérant que la photo en elle-même. Auparavant les photographies étaient plus rares. Un portrait devait alors être réussi, l'individu devait apparaître sous son meilleur jour. Ce même portrait qu'on donnait à sa chère et tendre avant de partir pour le front, que l'on gardait dans son portefeuille. Sans nier l'importance de la composante esthétique, sur laquelle nous reviendrons, ce qui compte le plus aujourd'hui dans beaucoup de *selfies*, c'est le partage d'un moment.

Le choix de la plateforme de partage donne le ton : sur Snapchat, ce sera plus drôle et éphémère ; sur Instagram, plus esthète et élitiste ; sur Facebook, plus universel et classique... Le visuel est là pour donner de la force à l'histoire. Avec des outils de communication parfois jugés trop désincarnés, c'est un moyen de remettre de l'humain dans les rapports sociaux. À l'image d'un *émoticône*, la *selfie* participe à une meilleure compréhension de l'information échangée.

UN NOUVEAU GENRE ARTISTIQUE

La *selfie* est un moyen d'expression donc, qui peut s'inscrire aussi dans une démarche artistique. La photographie a toujours attiré les amateurs : à la fin du XIXe siècle, Kodak connut un succès important en inventant des appareils photos très ergonomiques, d'une simplicité déconcertante, dont le slogan était « you push the button, we do the rest ». En effet, prendre une photo correcte demandait alors des connaissances techniques conséquentes pour effectuer tous les réglages nécessaires. Kodak initia la démocratisation de la photographie.

« La particularité de la selfie est d'être plus qu'une photo, c'est une importante réserve de data. Disponibles en ligne, dans des formats standardisés, ces données concernent tant l'utilisateur lui-même que sa géolocalisation, les tags employés... »

Néanmoins, une bonne photo exigeait toujours du doigté, un œil créatif, un appareil de bonne facture et beaucoup de patience. Aujourd'hui, la *selfie* est bien plus accessible. Quiconque possède un smartphone peut se lancer, secondé par une application mobile pour retoucher le cliché et y ajouter un filtre, avec un résultat immédiat. Le digital a bouleversé la création artistique, l'ouvrant au plus grand nombre : la *selfie* appartient à une large palette d'œuvres d'un nouveau type, comme un GIF ou un Vine. Pour une génération Y férue de *Do It Yourself*, qui s'alimente de savoir et de culture par elle-même en s'affranchissant de l'influence parentale et enseignante, la *selfie* est un moyen de retranscrire ses aspirations créatives, fortement valorisées dans notre société.

Bien sûr, il ne s'agit pas d'affirmer que toutes les *selfies* ont leur place dans un musée, loin de là. Mais certains selfises tirent leur épingle du jeu et poussent l'exercice à un niveau résolument artistique. Cette évolution est en voie d'institutionnalisation. Ainsi, à Londres était organisée la « National #Selfie Portrait Gallery », une exposition sur le thème des *selfies* avec la participation d'une vingtaine d'artistes reconnus. Le fabricant d'appareils photos Leica a publié un beau livre de *selfies*, « Leica Myself », prises par les inconditionnelles de la marque.

UNE MINE DE *DATA*

Avec une telle omniprésence sur le web, la *selfie* est naturellement devenue un objet d'études. Philosophes, sociologues et psychologues s'épanchent régulièrement sur le sujet pour expliquer une telle frénésie. Le thème engendre nombre de mèmes et d'infographies. Et même l'EBG n'a pas résisté et a décidé d'inclure un article sur le sujet dans la présente édition ! La particularité de la *selfie* est d'être plus qu'une photo, c'est une importante réserve de *data*. Disponibles en ligne, dans des formats standardisés, ces données concernent tant l'utilisateur lui-même que sa géolocalisation, les tags employés...

Par exemple, *SelfieCity* est un projet qui étudie les *selfies* prises dans 5 villes à travers le monde. À partir du hashtag #selfie sur Instagram, près de 5 000 photos géolocalisées furent sélectionnées puis scannées. Le selfise est analysé sous toutes les coutures : genre, âge, pose, humeur, s'il a la bouche et les yeux ouverts, s'il porte des lunettes... On apprend ainsi que, d'après le panel observé et malgré les quelques différences culturelles, le *selfise*-type est une femme, de 23,7 ans et qu'elle sourit sur la photo ! Le Time magazine a aussi récemment publié un classement des villes où les habitants prenaient le plus de *selfies* : ainsi, Makati City (Philippines) est la capitale mondiale de la *selfie*, Paris se classe 17e. Alors que la reconnaissance faciale s'apprête à débarquer dans notre quotidien pour faciliter l'authentification, les *selfies* seront peut-être notre prochaine signature électronique !

DE NOUVELLES OPPORTUNITÉS POUR LE BUSINESS

Évidemment, un tel engouement suscite la convoitise des marques, prêtes à capitaliser sur cet usage. C'est déjà une vraie raison d'être pour Instagram, Snapchat et le réseau social Shots of Me, dédié aux *selfies*. Vine a récemment permis à ses utilisateurs d'utiliser la caméra frontale des smartphones pour réaliser leurs vidéos.

La *selfie* a aussi une influence sur la technologie. Par exemple, avec sa double caméra (sur les faces avant et arrière), l'iPhone 4 rendit la *selfie* facile d'exécution. Une fonctionnalité commune à presque tous les smartphones aujourd'hui. L'entreprise Looq System a développé un bras télescopique pour y accrocher son mobile et prendre des *selfies* avec plus de champ. L'app mobile CamMe permet à l'utilisateur de se prendre en photo sans tenir son smartphone à l'aide d'un système de détection et reconnaissance de gestes de la main. « Selfie Ticket », une autre app mobile, propose de transformer les m-tickets : l'utilisateur prend une *selfie* lors de l'achat de son billet, *selfie* qui remplace le code-barres impersonnel à montrer aux ouvreurs. D'ailleurs, l'App Store a désormais une section particulière pour les applications « spéciale *selfies* ».

De même, on ne compte plus les marques de cosmétiques et de mode qui lancent des concours alliant UGC et *selfies* pour inviter les consommatrices à poster leurs looks. Les directeurs artistiques s'inspirent de plus en plus de ce nouvel usage pour leurs créations. Ainsi, pour vanter ses informations « de première main », le quotidien sud-africain Cape Times avait lancé une série de publicités où il reprenait de célèbres photographies, retouchées afin de faire croire que c'étaient des *selfies* : William et Kate d'Angleterre sur le balcon lors de leur mariage, Churchill et son cigare, JFK et Jackie O dans leur voiture...

D'une nature résolument sociale, à la croisée d'*insights* puissants et parfois contradictoires, forte d'un héritage historique conséquent, la *selfie* semble avoir encore de beaux jours devant elle. Cet usage est une aubaine pour les entreprises : non seulement il peut accroître l'engagement des consommateurs, avides de se photographier, mais il permet surtout à la marque de renforcer sa présence sur le mobile, un point de contact privilégié avec les utilisateurs.

LES SERVICES CONNECTÉS AUX OBJETS, **NOUVEL ELDORADO DES ENTREPRISES ?**

CGI Business Consulting
www.cgi.fr/conseil

› Ivan Bertrand
Vice-President Digital Enterprise
ivan.bertrand@cgi.com

Ils sont la grande tendance de la décennie et entrevoient un brillant avenir : les objets connectés sont partout et s'installent en masse dans notre quotidien. D'ici 2020, les analystes estiment d'ailleurs que plus de 80 milliards de « choses » seront connectées dans le monde. En France, nous sommes majoritairement enclins à les adopter. Preuve ultime de cette appétence, nous sommes prêts à soutenir financièrement et collectivement les idées qui nous séduisent. Porte-clé connecté, box domotique, thermomètre connecté, système d'alarme intelligent... On recense un nombre pléthorique de projets financés grâce au *crowdfunding* (financement participatif).

Mais malgré ce plébiscite, seules 10 % de ces initiatives finissent par être commercialisées. Et pour cause. Si l'objet connecté représente un nouveau segment stratégique pour les entreprises, il n'est rien sans un ou plusieurs services associés, générateurs de valeur pour l'utilisateur final.

Evidemment, l'alliance entre l'objet et le service connecté n'est pas simple dans la mesure où elle implique une nouvelle chaîne de valeur dont la maîtrise est complexe. Pour autant, l'écosystème actuel réunit toutes les conditions nécessaires pour transformer l'essai.

UN CONTEXTE FAVORABLE À L'ESSOR DES SERVICES CONNECTÉS AUX OBJETS

L'objet connecté est la réunion de l'électronique, du logiciel et du service. Il représente une véritable rupture et implique de nouvelles chaînes de valeur d'un marché naissant. Pour générer des usages inédits, ses acteurs devront associer une série de partenaires dans un écosystème ouvert (protocoles de transmissions, infrastructures télécoms, autonomie, usages...). La gestion de cet écosystème nécessite donc de combiner un certain nombre de disciplines et de savoir-faire. Ce challenge n'est pas simple à relever, mais le développement de services connectés aux objets est aujourd'hui favorisé par un contexte facilitateur.

Outre la demande croissante d'objets connectés, plusieurs avancées technologiques ouvrent la voie et accélèrent le mouvement. A titre d'exemple, sur le plan de l'autonomie, il est à noter des progrès significatifs notamment dans l'optimisation des phases de veille. L'objet connecté n'a désormais plus besoin d'être rechargé quotidiennement et selon sa nature, son autonomie peut même s'étendre jusqu'à six mois. Autre pas en avant majeur : l'arrivée du Bluetooth 4.0 et de ses terminaux, qui simplifie profondément l'embarquement du smartphone, plateforme applicative la plus courante de l'objet.

« L'objet connecté est la réunion de l'électronique, du logiciel et du service. Il représente une véritable rupture et implique de nouvelles chaînes de valeur d'un marché naissant. Pour générer des usages inédits, ses acteurs devront associer une série de partenaires dans un écosystème ouvert. »

S'INSCRIRE DANS UNE LOGIQUE DE *SWITCH-TO-SERVICE*

Réduire notre consommation d'énergie, simplifier, guider nos prises de décisions, nous amuser : le succès d'un objet connecté repose avant tout sur sa capacité à nous être d'une aide précieuse. Il devient un nouveau segment stratégique dès lors qu'il est perçu comme un canal d'interaction et d'incitation à de nouveaux services. Aujourd'hui, en un passage de contexte d'usage, il est possible de déclencher l'utilisation d'un ou de plusieurs services pertinents, associés à l'objet connecté. C'est ce qu'on appelle le *switch-to-service*.

En règle générale, les entreprises – et tout particulièrement les industriels – créent un objet connecté et des services liés ou complémentaires. La stratégie la plus connue pour illustrer ce cas de figure est celle d'Apple avec l'iPhone et l'AppStore pour y télécharger des applications.

Mais les organisations – issues de l'industrie ou non – peuvent également se positionner sur des objets qui existent déjà et y développer de nouveaux services à coupler. Quoi qu'il en soit, les organisations devront inscrire leur démarche dans une recherche d'adéquation parfaite entre le service de l'objet connecté et l'intérêt commercial pour elles-mêmes.

LES SERVICES, UN TERREAU FERTILE POUR LES OBJETS CONNECTÉS

Les objets connectés ouvrent un champ des possibles incroyable en termes de services. Grâce à l'extrême profondeur de leur chaîne de valeur, ils promettent des bénéfices multiples et donnent naissance à de nouveaux paradigmes d'affaires. Plus encore, ils peuvent agir en puissants leviers de croissance et de performance. Les entreprises peuvent parfaitement se servir d'un objet connecté pour proposer aux utilisateurs des produits ou services complémentaires ou supérieurs (techniques de *cross-selling* et d'*up-selling*).
Prenons l'exemple de la fourchette connectée via Bluetooth à notre smartphone. Autour de cet outil d'aide au régime alimentaire, en un passage de contexte, on pourrait proposer une multitude d'autres services : la mise en relation avec un réseau de diététiciens, l'achat d'un produit complémentaire pour un suivi plus fin de notre comportement lié à la nourriture, la souscription à un service de coaching sportif, etc. Nous avons aujourd'hui les moyens de sortir du cadre des modèles classiques de l'internet des objets.

Par ailleurs, à l'heure du Big Data, les objets connectés constituent une véritable mine d'or pour le marketing. Les données qu'ils collectent peuvent former un capital informationnel extrêmement pertinent et précieux. Elles permettent d'identifier, de comprendre précisément les usages liés à l'objet, de les segmenter et d'envisager la revente de ces informations.

Pour finir, l'objet connecté règne en vedette sur les prochains cycles technologiques. S'il a assurément le vent en poupe, y associer des services adaptés et à fort potentiel de pérennité n'est pas une tâche aisée. Les entreprises devront rivaliser d'intelligence et d'innovation pour créer des services utilisés au-delà du temps de la découverte. On trouvera des angles d'exploration tels quel le *quantified-self* (l'auto-mesure) ainsi que de nombreux modèles types, désormais facilement accessibles. Ils aideront notamment à identifier les contraintes de ces objets et les nouvelles attentes de leurs utilisateurs. *In fine*, ils faciliteront l'émergence de nouveaux services porteurs de valeur.

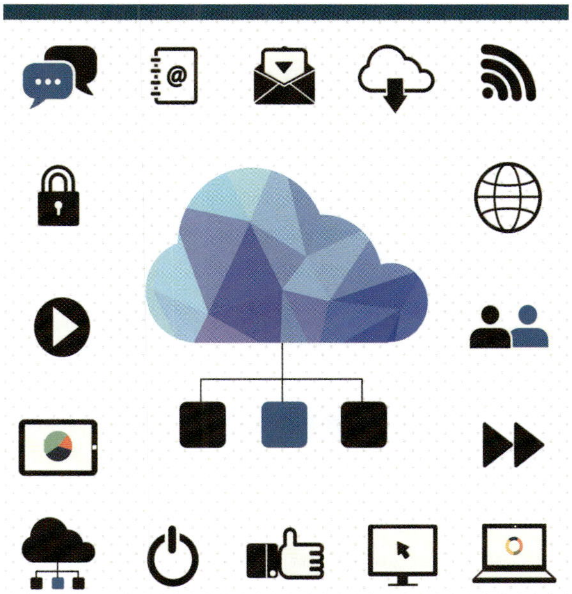

UN POUDRIER CONNECTÉ POUR INITIER UNE STRATÉGIE DE **SWITCH-TO-SERVICE**

Perçu comme un véritable gisement de croissance par le gouvernement, l'internet des objets fait partie des 34 priorités de la politique industrielle définie pour la France. Vedette de l'année, ce phénomène est en passe de devenir le nouvel Eldorado des entreprises, tous secteurs confondus (santé, textile, services publics...). Il évolue dans un écosystème naissant qui marie de nouveaux protocoles de transmissions, infrastructures télécoms ou encore usages inédits. Bien que complexes, ces nouvelles chaînes de valeur vont faciliter la capacité de l'objet connecté à s'inscrire dans une logique de *switch-to-service*, facteur-clé de son succès. Cela signifie qu'il doit être envisagé comme un canal à partir duquel l'utilisateur peut recourir à des services associés.

Pour relever ce challenge, il est essentiel qu'il se démarque des services déjà existants, qu'il tire avantage des paradigmes économiques innovants et qu'il offre une grande simplicité d'usage. A partir de l'exemple d'un poudrier connecté, voici comment – sans modifier le prix du produit « classique » – il est possible de repenser un *business model*, en proposant des services complémentaires et en collectant des **données jusqu'ici inaccessibles.**

DONNER VIE À UN PRODUIT COSMÉTIQUE D'USAGE COURANT

CGI a imaginé un produit connecté et des usages associés. Cette initiative a été menée afin de nourrir la réflexion sur ces nouveaux objets et de dessiner les contours d'un écosystème de services. Le point de départ du projet : un poudrier, objet cosmétique du quotidien, qui en lui-même, porte très peu d'intelligence. A partir de ce produit « inerte », les experts ont conçu un prototype électronique qui, connecté à un smartphone, est capable de rendre de nombreux services à ses utilisatrices en un passage de contexte simplifié.

LE PARCOURS IMAGINÉ AUTOUR DU POUDRIER CONNECTÉ

L'alliance du poudrier connecté et de services associés va initier des parcours inédits d'utilisation. Le poudrier est apparié au smartphone de l'utilisatrice qui peut détecter, lire et interpréter ce qu'il contient (couleurs de la palette, quantité des consommables...). A partir d'une application mobile liée à l'objet, un ensemble de services de maquillage sont proposés à l'utilisatrice qui peut aussi faire sonner le poudrier quand elle le cherche ou recevoir une alerte si elle l'oublie quelque part. Elle peut se servir de son smartphone comme d'un miroir pour se maquiller. Puis, si elle le souhaite, elle a la possibilité d'accéder

CGI Business Consulting

Ivan Bertrand
Vice-President Digital Enterprise
ivan.bertrand@cgi.com

« Le parcours d'utilisation présenté ci-dessus illustre le potentiel du poudrier connecté dans sa logique de switch-to-service. Mais l'internet des choses, nouveau segment stratégique pour beaucoup de marques, offre des possibilités pléthoriques en termes de services. »

à des conseils et des tutoriels, adaptés aux teintes de sa palette. L'utilisatrice peut alors demander une mise en relation avec un professionnel du maquillage ; c'est là qu'a lieu le *switch-to-service*. Pour cela, en un simple geste, elle effectue un achat « in-app » pour accéder à cette prestation. L'objet connecté va alors piloter ce changement de contexte et initier un appel vidéo avec un conseiller maquillage disponible. On peut imaginer que celui-ci fasse partie d'un réseau de professionnels indépendants ou soit rattaché à l'entreprise de cosmétique qui commercialise le poudrier.

Au final, cet exemple de parcours illustre la faculté du produit connecté à renforcer la relation entre la marque et le consommateur. La question du maintien d'une relation humaine est d'ailleurs fondamentale. Les entreprises doivent prendre conscience qu'attirer le consommateur en magasin pour le pousser à l'acte d'achat – via les techniques de web-to-store notamment – ne suffit pas. Il convient de continuer à accompagner humainement le client. Grâce à la conversation vidéo engagée et aux précieux conseils prodigués par le professionnel, l'objet devient ainsi une fabuleuse opportunité pour la marque de prolonger la relation avec le consommateur.

UN VASTE CHAMP DE POTENTIELS EN MATIÈRE DE SERVICES

Le parcours d'utilisation présenté ci-dessus illustre le potentiel du poudrier connecté dans sa logique de *switch-to-service*. Mais l'internet des choses, nouveau segment stratégique pour beaucoup de marques, offre des possibilités pléthoriques en termes de services.

A partir du poudrier connecté, il est parfaitement possible d'avoir recours à des techniques marketing telles que le *cross-selling* ou l'*up-selling*. La première désigne la vente croisée de produits ou de services complémentaires. Dans notre exemple, il peut s'agir - pendant l'interaction avec le client – de lui proposer l'achat d'un autre produit cosmétique dont les teintes s'accordent parfaitement avec celles du poudrier utilisé. La seconde fait référence à la montée en gamme : proposer par exemple un service de maquillage en face à face avec des services complémentaires. Classiques mais efficaces, ces deux techniques ont vocation à favoriser l'engagement avec le client si celui-ci est satisfait par le produit et par son service associé.

D'autre part, par sa capacité à mesurer le consommable, le poudrier connecté permet de comprendre l'utilisation qui en est faite et de créer un modèle d'usage du produit. Cet avantage offre la possibilité de créer un circuit de rachat du produit, par exemple, en alertant la consommatrice lorsqu'il ne lui reste plus beaucoup de poudre.

Plus encore, le produit connecté collecte des données qui forment un capital informationnel extrêmement utile et précieux tant pour le fabricant que pour le distributeur. A l'heure du Big Data, ces données permettent de qualifier autrement la consommatrice, de segmenter finement les usages et comportements autour du poudrier et d'aller jusqu'à envisager la revente de ces informations.

Ainsi, l'internet des objets peut constituer un espace stratégique rentable et pérenne. Toutefois, de nombreux objets connectés finissent par tomber dans l'oubli, considérés comme de simples gadgets. Pour éviter ce réveil difficile, il faudra orienter le produit sur le service et initier une expérience utilisateur optimale et personnalisée.

ANNONCEURS : SOYEZ **SOCIAL TV READY !**

Nous assistons depuis 2012 à un phénomène né de l'hybridation naturelle entre le média TV et les réseaux sociaux, le tout pollinisé par les téléspectateurs. C'est l'avènement de **la social TV**, et la naissance d'une nouvelle espèce : **les télénautes**.

L'objet de cette étude réalisée par le département Etudes & Recherche d'Omnicom Media Group en partenariat avec Mesagraph, est d'**analyser les facteurs** qui ont permis l'émergence de la social TV, de **comprendre l'impact** que ces nouvelles pratiques peuvent avoir sur les programmes, la programmation et les animateurs, et enfin, d'**accompagner les marques** à trouver leur place pour toucher leurs publics, engager les conversations ou les enrichir, sur plusieurs écrans en même temps.

UN CONTEXTE PROFITABLE

La TV reste le média leader
Si la télévision reste leader dans le paysage média, touchant quotidiennement 81,7 % de la population française (source SNPTV 2014), l'avènement du numérique a modifié les usages et comportements des téléspectateurs.

Multi-tasking et multi-écrans
Avec 6,5 écrans en moyenne par foyer, les usages s'inscrivent dans une consultation simultanée avec la télévision. Près de 2 personnes sur 3 utilisent au moins une fois par semaine un autre écran en même temps qu'elles regardent la télévision.

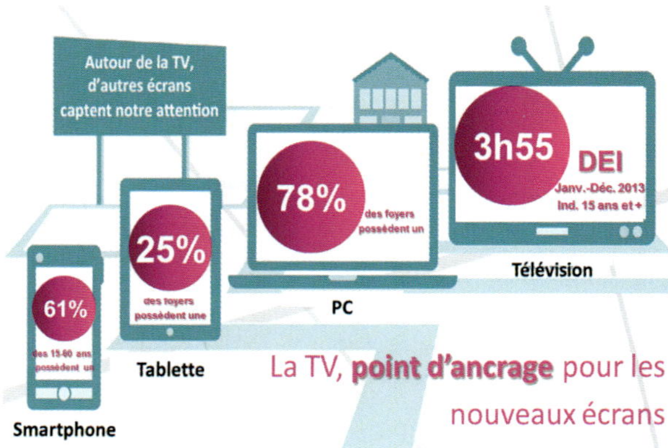

Démocratisation de l'accès à internet
Que ce soit **l'ancrage fort de l'internet fixe** dans les foyers, ou **l'essor de l'internet mobile**, la population française est aujourd'hui résolument « connectée » :

• 86 % de la population française a un accès internet
• 75 % des possesseurs de smartphone se connectent tous les jours ou presque à l'internet mobile

Explosion des réseaux sociaux
C'est dans ce contexte que l'on assiste à l'**explosion des réseaux sociaux** puisque 86 % des internautes se déclarent membres d'au moins 1 réseau social en 2013 (en moyenne, un internaute serait membre de 4,5 réseaux sociaux, source IFOP Observatoire des réseaux sociaux 2013)

OmnicomMediaGroup
www.omnicommediagroup.com

› **Corinne Abitbol**
Directrice Générale Etudes et Recherche
› **Alexandra Sutour,**
Chargée de communication

COMMENT DÉCRYPTER LA SOCIAL TV ?

La social TV, c'est donc la **convergence** de la télévision, d'internet, du multi-tasking et des réseaux sociaux. Son éco-système est composé de différentes formes de **conversations**, mais surtout de différentes formes de **relations et d'interactions** : commentaires, tweets, replay, vidéos, likes, fans, votes, jeux-concours, etc.

La social TV représente ainsi :
• **Les relations « one to one »** : l'ensemble des interactions qu'il peut y avoir entre un téléspectateur et un programme TV
• **Ou, les relations « many to one »** : l'ensemble des interactions qu'il peut y avoir entre téléspectateurs à propos d'une émission de TV.

Le phénomène social TV
Plus d'un Français sur deux a déjà interagi sur les réseaux sociaux concernant un programme TV, et 1 personne sur 5 interagit souvent. Il s'agit donc bien d'un phénomène qui s'installe dans notre quotidien.

Télénautes vs téléspectateurs : complémentarité des profils
Parmi la population de **télénautes**, un profil se dégage et se démarque des téléspectateurs :
- **Mixte**, bien que légèrement plus féminin sur les utilisateurs réguliers
- **Jeune** : près d'1 télénaute sur 2 à moins de 35 ans
- **Actif** : avantage aux CSP –

La social TV représente ainsi une aubaine pour un 2ème contact sur des cibles parfois difficiles à toucher en TV.

Réseaux sociaux : à chacun ses usages et comportements
Contrairement aux idées reçues, **c'est Facebook qui domine les interactions avec la télévision**, capitalisant 74 % des interactions pour 66 % des audiences, alors que Twitter réunit 18 % des interactions pour 10 % d'audiences.
Deuxième idée reçue : les réseaux sociaux ne sont pas des défouloirs, mais permettent d'exprimer une opinion construite.
Nous remarquons que les **profils sont différents selon la nature des réseaux sociaux**, de même que les **usages et comportements** :

Profil généraliste, avec légères tendances
• Femme (51,5%)
• Jeune (52% des 15-34 ans)
Temporalité des conversations : **Avant / Après**
• Avant le programme : promouvoir, informer
• Après le programme : Garder le lien, recruter, faire évoluer le format
Genre de programme : Sport, Télé-réalité, cinéma, série, émissions politiques
Tonalité : la « positive attitude »

Profil plus marqué:
• Homme (62%)
• Jeune (62% des 15-34 ans)
• Inactifs (46%)
Temporalité des conversation : l'instantanéité
• Créer 49% interagissent en live au programme TV
• de l'engagement, capter
Genre de programme : Divertissements, émissions politiques, téléréalité
Tonalité: L'ironie et l'humour

Profil plus mature
• Homme (56%)
• +35 ans (72%)
Temporalité des conversation : **à postériori**
• Après le programme pour continuer le débat
• Garder le lien, recruter, faire évoluer le format
Genre de programme : Documentaires, infos, cinéma, sport
Tonalité : Un ton plus dur, parfois dénigrant

Les éléments motivant l'engagement des télénautes
Le **programme apparaît comme un catalyseur** des différentes raisons motivant les activités des télénautes, l'animateur arrivant beaucoup plus loin dans le ranking. On note que **74 % des commentaires postés concernent le programme en lui-même**. Toutefois, les **programmes de téléréalité** vont favoriser les échanges sur les participants et à ce titre **s'inscrire de façon différenciante** en termes d'interaction.

COMMENT ADAPTER SON MÉDIA PLANNING À LA SOCIAL TV ?

La social TV nécessite une **réflexion stratégique spécifique à la croisée du média planning et du social média**. En fonction du budget, des objectifs, de la cible, les marques doivent avant tout se poser les questions suivantes :
- Le choix du réseau social
- L'élément motivant l'interaction
- La temporalité de la prise de parole
- Le ton de la prise de parole
- L'audience incrémentale recherchée

Il convient également de définir si la communication est tactique (surfer sur l'énorme succès « one shot ») ou plus stratégique (s'associer sur la durée à un programme fédérateur et puissant).

Pour conclure :
La social TV, c'est la convergence de l'audience TV et de l'engagement des téléspectateurs sur les émissions, le tout générant des interactions. A terme avec la délinéarisation de la consommation TV, c'est bien la richesse et la force du contenu qui vont prendre le pas sur les diffuseurs. **Les réseaux sociaux vont être capables de compenser cette perte de grands « RDV devant la TV »** (hors cas exceptionnels, notamment le sport) en devenant le réceptacle des discussions sur ces « marques programmes » plus fortes donc que leurs animateurs et que les chaînes qui les diffusent.
En ce sens la social TV n'en est qu'à ses débuts et **les marques ont intérêt dès à présent à se positionner**, puisqu'au-delà d'amplifier leur communication en TV classique, **la social TV va à terme prendre une place à part entière dans le mix de communication des marques** et offrir une formidable opportunité de prise de parole au sein des conversations.

HASBRO *Qui ?*
LANCEMENT DE "FURBY" VIA LA SOCIAL TV *Quoi ?*

3,2 MILLIONS d'impressions

12 000 vidéos vues

9,5 % des internautes ont partagé la vidéo de Karine Ferri

Engagement • Dispositif viral • Branding

Dans le cadre **du re-lancement de Furby**, la peluche star des années 90' d'Hasbro, devenue en 2013 interactive et révolutionnaire, un partenariat est créé avec l'émission phare « The Voice » de TF1. **La peluche prend vie sur le second écran relayé par MyTF1, et devient le « 5ème coach » de l'émission.** En intégrant ce lancement au cœur du dispositif social de l'émission, ce partenariat permet de communiquer auprès des adultes de la génération Furby, et d'associer la marque à un dispositif innovant et moderne.

Pendant plus de 2 mois, Furby le « 5ème coach » permet aux télénautes de se mettre dans la peau d'un coach lors des auditions à l'aveugle ou lors des battles, et d'interagir en direct avec le programme. Il accompagne et coache ainsi les fans de « The Voice » au cœur de leurs usages numériques : chacun peut interagir pendant l'émission sur son écran, l'expérience est enrichie d'une manière inédite et associe Furby à des moments de partage et de jeu.

OPTIMISER LA DÉSIRABILITÉ DE FURBY, SUSCITER L'ENVIE, LA DEMANDE

Le dispositif global de cette opération consiste à **investir en exclusivité l'ensemble de l'éco-système de l'émission** par la présence **Furby**, faisant de la peluche le **« 5ème coach »** incontournable de la saison :

- Présence permanente au sein de MYTF1 Connect pendant la diffusion de The Voice.
- Présence exclusive au sein du « 5ème coach ».
- Association au dispositif de promotion du « 5ème coach ».
- Vidéo exclusive avec Karine Ferri.
- Quizz vidéo.
- Dispositif Twitter.

UNE OPÉRATION ULTRAPUISSANTE ET VIRALE, CRÉANT DE L'ENGAGEMENT

Ce dispositif s'appuie sur la puissance d'audience d'une marque programme « The Voice », amplifiée par l'engagement des télénautes évoluant dans un **univers spécifiquement créé et dédié à « Furby le 5ème coach »** sur second écran. C'est une véritable **personnification de la peluche** qui a été réalisée, retranscrivant son langage « Furbique » et son caractère espiègle, contribuant ainsi à **infuser l'image de la marque dans les conversations visibles.**

Cette opération, qui se déroule tout du long de la saison 2013 de « The Voice », est rythmée par plusieurs dispositifs interactifs, créant ainsi plusieurs temps forts :

- 5ème coach : 10 semaines à partir du 2 février 2013
- Dispositif Twitter : du 1 mars au 31 avril 2013
- Vidéo Karine Ferri : 11 au 16 mars 2013
- Quizz vidéo : du 22 mars au 27 mai 2013

5ème coach

Le « 5ème coach » est un jeu sponsor de l'émission, accessible sur second écran, via MyTF1 Connect (tablette, PC et mobile). Il permet aux télénautes de se mettre dans la peau d'un coach, et d'interagir simultanément à l'émission.

Résultats :
- 1,6 million de visites
- + 300 000 joueurs
- 19 % des visiteurs ont participé au jeu 5ème Coach.

On constate ainsi une audience significative et en adéquation avec l'audience TV du programme.

Dispositif Twitter :

Un compte Twitter @FurbyFrance a été créé, permettant de donner corps à Furby et d'ancrer l'image de la marque auprès des utilisateurs. L'objectif est de recruter de nouveaux followers sur le compte, de stimuler l'activité organique et de donner davantage de volume aux conversations existantes.

Résultats :
- Une campagne réussie avec un CPE et un CPF moins cher que la moyenne.
- Le tweet sponsorisé Recherche le plus performant a obtenu un taux d'engagement de 5,17 % en raison de sa simplicité et de l'incentive proposée.
- Le tweet sponsorisé Fil d'actualité le plus performant a obtenu un taux d'engagement de 2,33 % en raison de sa simplicité et de l'incentive proposée.

« KARINE FERRI EN CURIEUSE COMPAGNIE ».

Furby est également omniprésent aux côtés de Karine Ferri dans la vidéo relais de l'émission sur l'interface MyTF1 diffusée sur : la home page de MyTF1, la home page de Thevoice.fr, la timeline sociale de MyTF1 connect, la newsletter MyTF1, l'application MyTF1, l'application IPTV MyTF1.

Résultats :
- 3,2 millions d'impressions
- 12 000 vidéos vues
- 9,5 % des internautes ont partagé la vidéo de Karine Ferri

Quizz vidéo / jeu-concours

Résultats :
- +13 000 visites
- + 5000 joueurs
- 41 % des visiteurs ont joué au quizz vidéo
- Plus de 2 visualisations de la vidéo quizz par personne

Un dispositif qui a su capter son public et accroître l'attractivité de la marque

« 5ème coach » est devenu un jeu connu par plus de 68 % des utilisateurs de MyTF1 Connect, score qui atteint 81 % auprès des téléspectateurs de The Voice. Ce jeu fait l'unanimité auprès des joueurs, il est considéré comme **familial, différent et innovant**. De plus il est **valorisant pour les joueurs et renforce leur engagement au programme**. L'association de Furby avec cette nouvelle fonctionnalité 5ème Coach a été bien identifiée par ses joueurs et a permis à Furby de **doubler son score de connaissance** (gain joueurs vs. non joueurs). **L'attractivité pour la marque** a également été **significativement renforcée : + 17 pts.**

Ce partenariat, inédit en France, a permis d'affirmer le statut de marque innovante d'Hasbro, et d'installer la notoriété et l'attractivité de Furby auprès des prescripteurs. L'utilisation du second écran en relais d'une marque programme installée permet de créer un véritable **engagement** de la part des fans et d'**installer un vrai dialogue** avec la marque au travers de la personnification de Furby.

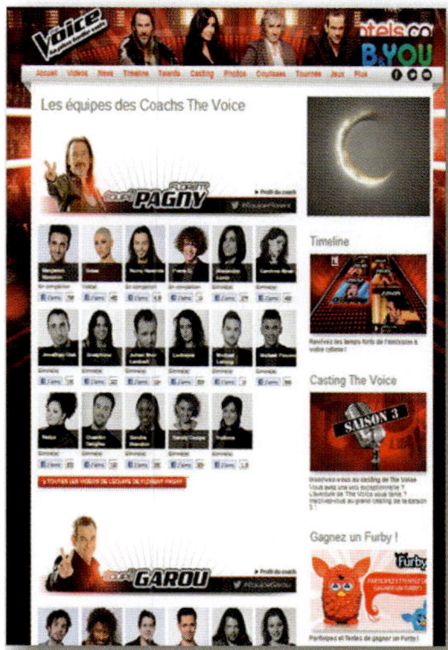

« L'utilisation du second écran en relais d'une marque programme installée permet de créer un véritable engagement de la part des fans et d'installer un vrai dialogue avec la marque. »

Annonceur: Hasbro
Produit: Furby
Agences: OMD/Fuse (Omnicom Media Group)

SOCIAL TV : ÉVOLUTIONS 2013 **TENDANCES 2014**

Après son éclosion courant 2012, la social TV s'est imposée, au fil de l'année qui vient de s'écouler, comme un élément incontournable de notre paysage audiovisuel. Désormais omniprésente sur les chaînes de télévision, elle est également, plus que jamais, au cœur de la stratégie des grandes plateformes sociales telles que Twitter ou Facebook.

Parallèlement à la progression du nombre de tweets échangés ou du nombre de twittos, l'année 2013 aura été caractérisée par de nombreux partenariats et par d'importantes acquisitions notamment dans les domaines des outils d'analytics et de mesure de l'audience sociale.

Par ailleurs, les diffuseurs ont pris conscience que le phénomène dépassait largement le simple cadre des «live tweet» et la publication de «hashtags» à l'antenne. Ils ont par conséquent commencé à investir, en partenariat avec les sociétés de production, dans des dispositifs éditoriaux plus élaborés sur le second écran via des applications dédiées incluant, outre la dimension communautaire, des mécaniques d'enrichissement des programmes synchonisées avec la diffusion live, de la gamification et, de plus en plus, l'intégration d'annonceurs au cœur du système applicatif.

De leur côté, ces derniers ont cherché à canaliser à leur profit ces nouveaux comportements par le biais de produits publicitaires innovants et immersifs afin d'interagir avec leurs cibles pour mieux renouer avec elles. Cet élargissement du champ d'action des marques aura été facilité par la mise à disposition par Facebook et surtout Twitter de nouveaux dispositifs de monétisation performants et ultra-ciblés.

Au-delà de ces évolutions, plusieurs questions cruciales perdurent. L'apparente communauté d'intérêts entre les diffuseurs et les plateformes sociales débouchera-t-elle sur un modus vivendi ou sur une concurrence de plus en plus frontale pour le partage du gâteau publicitaire ? Quelle sera la stratégie de Facebook pour combler son retard sur Twitter et s'affirmer en tant qu'acteur incontournable de la social TV ? Parviendra-t-on à s'accorder sur la mise en place d'outils de mesure de l'audience sociale fiables et performants ? De nouveaux formats susceptibles d'engager le public de manière plus efficace grâce à davantage d'interactivité verront-ils le jour ?

UNE OPPORTUNITÉ POUR LES DIFFUSEURS

La crainte que la social TV ne vienne cannibaliser des modèles plus rentables, plus simples et moins onéreux à mettre en œuvre, telles que les opérations de vote et de jeu par SMS ou numéro audiotel surtaxés, sources de revenus additionnels conséquents a, pendant un certain temps, dissuadé les chaînes d'en faire la promotion à l'antenne.

Il faut dire qu'avec 5 millions de comptes Twitter, dont à peine la moitié seraient actifs, la social TV reste, dans les faits, encore relativement marginale auprès du grand public français. Malgré cela, les chaînes n'en ont pas moins clairement identifié les nombreux avantages que représentent pour elles ces nouvelles pratiques.

Possibilité de promouvoir leurs programmes en amont de la diffusion et d'en prolonger la durée de vie au travers de communautés de fans ; optimisation du taux de rétention des téléspectateurs grâce à des contenus enrichis et interactifs ;

Observatoire des Smart TV
www.observatoiredessmarttv.com

> Bruno Rouanet
Rédacteur de l'Observatoire des Smart TV
Consultant Digital Marketing

« Au cours de l'année 2013, ce sont ainsi plus de 85 millions de tweets qui auront été échangés par 2,2 millions de twittos autour des programmes diffusés par les chaînes françaises. »

utilisation des réseaux comme voie de retour pour mieux connaître les attentes et le comportement de leurs audiences ; exploitation de nouveaux relais de croissance via des dispositifs publicitaires innovants proposés aux annonceurs ; engagement d'un auditoire plus jeune et moins captif ; possibilité, enfin, d'accroître leur audience, même si ce dernier point fait encore l'objet de controverses.

De fait, rares sont les émissions qui, aujourd'hui, ne prennent pas en compte la dimension sociale. Près de 50 % des tweets échangés aux heures de grande écoute seraient d'ailleurs en rapport avec un programme télévisé et plus d'un internaute sur 5 a déjà posté des commentaires liés à un programme TV sur un réseau social ou le site d'une chaîne.

Au cours de l'année 2013, ce sont ainsi plus de 85 millions de tweets qui auront été échangés par 2,2 millions de twittos autour des programmes diffusés par les chaînes françaises. Ce qui représente un taux de croissance de 187 % pour le volume de tweets et de 110 % pour le nombre de twittos par rapport à l'année précédente.

UNE PROGRESSION QUI CACHE D'IMPORTANTES DISPARITÉS

Cette progression impressionnante dissimule néanmoins d'importantes disparités selon les diffuseurs. En effet, deux chaînes se détachent nettement de leurs concurrentes : TF1 et NRJ12.

La première, en lançant son dispositif MyTF1 Connect dès le début de l'année, avait d'emblée manifesté la volonté de se positionner sur le terrain de la télévision sociale en engageant son audience au travers d'une plateforme propriétaire centralisant l'ensemble de ses programmes et offrant de nombreuses fonctionnalités. Pari réussi puisqu'avec 35 millions de tweets, TF1 totalise à elle seule 42 % des échanges relatifs aux programmes TV sur les réseaux sociaux. Soit le double de sa part d'audience sur le petit écran. En outre, les 13 émissions les plus tweetées de l'année ont toutes été diffusées par la première chaîne.

Avec des émissions comme les NRJ Music Awards, The Voice ou encore Secret Story, la Une dispose en effet de programmes particulièrement attractifs auprès de la cible des 15-34 ans, davantage encline à l'utilisation des réseaux. La mise en place systématique sur ce type d'émissions, de dispositifs complets intégrant en plus de Twitter et Facebook, des outils comme Vine ou Instagram ou des fonctionnalités plus spécifiques, comme le 5ème coach sur The Voice, a permis à TF1 d'acquérir une véritable courbe d'expérience et d'optimiser son audience sociale. Les 2,3 millions de tweets générés par la dernière édition des NRJ Music Awards sont un bon exemple de l'efficacité de ce type de dispositifs.

Avec 11 millions de tweets échangés en 2013 autour de ses programmes, les résultats de NRJ12 sont, si on les rapporte à sa part d'audience moyenne de 2,5 %, encore plus impressionnants que ceux de TF1.
Pour y parvenir, la chaîne s'est beaucoup appuyée sur ses animateurs ainsi que sur des programmes comme «Les anges de la télé-réalité» très en phase avec son public de teenagers.

A l'inverse de ces deux champions toutes catégories, M6 et, plus encore, France Télévision, enregistrent une véritable contre-performance. Avec respectivement 5,2 millions et 6,6 millions de tweets (répartis à peu près en 2/3 - 1/3 entre France 2 et France 3) aucun de leurs programmes ne figure parmi les 50 émissions les plus tweetées de l'année. Ceci malgré des dispositifs second écran très intéressants mis en place par France télévision autour de «Plus belle la vie» et, pour M6, en dépit d'émissions de télé-réalité qui, comme «L'amour est dans le pré», se prêtent pourtant parfaitement à la conversation sur les réseaux.

LA NÉCESSITÉ DE PROGRAMMES PLUS INTERACTIFS

L'une des explications de ces performances décevantes, mais cela vaut également pour NRJ12 et TF1, est que les dispositifs mis en place par les diffuseurs apparaissent encore trop souvent comme artificiellement plaqués sur les programmes.

Pour pallier ce travers qui pourrait, à terme, peser sur les taux d'engagement de leurs audiences, les chaînes devront de plus en plus réfléchir à améliorer l'intégration en profondeur de dispositifs interactifs au sein des programmes.

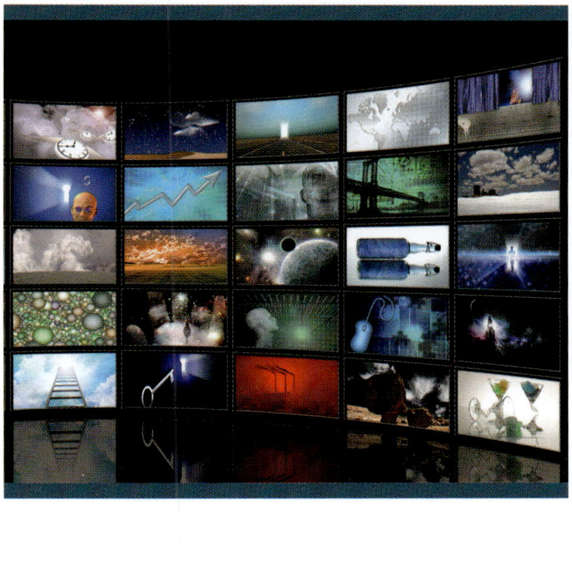

« Le partenariat conclu cette année avec Nielsen pour la conception du premier indicateur de l'activité liée à la social TV, le «Nielsen Twitter TV ratings», souligne l'importance, pour l'ensemble de l'écosystème, d'outils fiables permettant d'analyser les données pour les contextualiser, leur donner du sens et en optimiser l'exploitation. »

Cela suppose de travailler davantage en amont et en synergie avec les sociétés de production sur des concepts intégrant de manière native le digital et l'interactivité. Par exemple, en permettant aux téléspectateurs de visualiser concrètement et en temps réel sur l'écran principal, le résultat de leurs actions sur le companion device. Ou encore en les incitant à influer véritablement sur le cours d'une émission via des call to action s'appuyant, le cas échéant, sur des promesses en dotation, en numéraire ou en nature (comme la possibilité de participer au casting d'une émission ou d'assister au tournage de l'épisode d'une série, etc.)

La récente acquisition de «Rising Star» par M6, dont le concept intègre nativement la participation live des téléspectateurs via une application second screen téléchargeable gratuitement, ou un programme tel que la «tweet-série» «What Ze teuf» sur D8 qui, en partenariat avec Twitter, permet aux téléspectateurs d'intervenir sur la conception même du scénario en tweetant leurs propositions pour l'épisode suivant, semblent confirmer l'appétence des chaînes envers ce type de format innovant.

LA MONÉTISATION : UN ENJEU MAJEUR

Au-delà de la conception de programmes plus immersifs, l'un des enjeux majeurs de la social TV est sa capacité à monétiser. Notamment au travers de l'intégration de marques au sein des dispositifs interactifs.

Les nouvelles pratiques induites par la multiplication des écrans et par le développement exponentiel des réseaux ont eu, dans un premier temps, tendance à détourner l'attention des télé-spectateurs de l'écran principal. Plus particulièrement pendant les plages publicitaires dont toutes les études démontrent qu'elles sont les principales victimes de ce multitasking.

C'est pourquoi, davantage encore que les diffuseurs, il est essentiel pour les annonceurs d'expérimenter de nouveaux modes d'interaction s'appuyant sur ces nouveaux comportements afin de regagner l'attention de leurs cibles.
Aujourd'hui, toutes les marques le savent, il ne s'agit plus simplement de transmettre un message unilatéralement mais de proposer une expérience engageant le consommateur.

Dans cette optique, la social TV offre aux marques de nombreux bénéfices en leur permettant de s'associer à des événements live tout en créant du lien avec des communautés de fans, de viser une cible directement en affinité avec leur offre et de donner d'elles une image innovante au travers de dispositifs originaux, ludiques et intégrés à une stratégie de communication globale.
De plus en plus, les régies publicitaires des chaînes, imitées en cela par les agences média et certaines sociétés de production,

rivalisent donc d'imagination pour proposer à leurs annonceurs de véritables opérations de brand content multi-écran en utilisant le levier de la télévision sociale autour de programmes forts.
Ces opérations se sont multipliées en 2013 avec des dispositifs de gamification en temps réel, des publicités synchronisées avec le flux broadcast sur un second écran, des expériences de marque immersives ou encore des événements sponsorisés capitalisant sur la notoriété d'un programme au travers d'un univers associé.
En signant un partenariat avec Shazam qui, grâce à la technologie du fingerprinting permet d'enrichir un spot publicitaire sur le second écran ou en proposant à ses annonceurs d'associer leur marque à un programme sur leur page Facebook ou encore en leur proposant de parrainer l'instant replay, - fonctionnalité permettant une viralisation éditoriale par l'envoi de courtes séquences vidéo d'une émission sur les réseaux -, TF1 s'est une fois de plus illustrée comme étant particulièrement dynamique sur le sujet.

DE NOUVEAUX DISPOSITIFS DE MONÉTISATION INNOVANTS

Cette nécessité de réinventer l'expérience publicitaire en surfant sur les usages et en replaçant le téléspectateur au centre du dispositif aura été largement favorisée en 2013 par Facebook et surtout par Twitter qui, avec de nouveaux dispositifs publicitaires pensés pour la télévision et utilisant l'énorme masse de données générées par leurs utilisateurs, ont considérablement renouvelé et enrichi leur proposition de valeur.

Ainsi Amplify, d'abord expérimenté aux Etats-Unis auprès de nombreux annonceurs puis, dès septembre, sur TF1 avec «Danse avec les stars», permet grâce à des outils de ciblage extrêmement fins, de faire remonter des vidéos sponsorisées sur le fil Twitter d'utilisateurs sélectionnés en fonction de paramètres très précis tels que les contenus de leurs tweets ou les comptes auxquels ils sont abonnés.

De même, «Twitter TV ad targeting», outil directement issu de l'acquisition de Bluefin Labs par Twitter début 2013. Cet outil, qui n'a pas encore été testé sur le marché français permet, en se synchronisant avec le direct, de mesurer précisément et en temps réel, la corrélation entre une publicité diffusée à l'antenne et les réactions qu'elle génère sur Twitter et donc de monitorer l'envoi d'un tweet promotionnel vers une cible en affinité avec la marque et le programme.

De son côté, Facebook - en partenariat avec Optimal, société spécialisée dans l'analytics social, et Civolution, spécialiste des technologies d'identification audio - développe un dispositif proposant l'affichage, sur son réseau, de publicités

synchronisées avec leur diffusion live. Ceci, via une application second écran utilisant la technologie du watermarking qui permet de reconnaître des repères sonores inclus dans le signal de la chaîne et de déclencher l'affichage de contenus enrichis sur l'écran compagnon.

UN MARCHÉ QUI COMMENCE À S'ORGANISER

Chacune des plateformes, à la recherche d'un modèle économique viable a donc, comme on vient de le voir, commencé à proposer aux diffuseurs de nouveaux modèles de monétisation. En parrallèle, les acquisitions et les partenariats se sont multipliés au cours de l'année qui vient de s'écouler.

Durant cette année 2013 c'est dans le domaine des outils d'analytics et de mesure d'audience sociale qu'auront eu lieu les principales acquisitions du secteur.

Avec le rachat, en début d'année, de Bluefin labs pour 90 millions de dollars puis, dans le courant de l'été, de Trendrr société spécialisée dans l'analyse en temps réel des échanges sur les réseaux sociaux, Twitter confirme sa volonté d'exploiter les données générées par sa plateforme. Exploitation dont on sait qu'elle constitue la pierre angulaire de toute stratégie publicitaire sur le digital.

Au-delà du discours de Twitter, qui se définit officiellement comme un simple pont entre une audience et un média, on voit donc se dessiner clairement une volonté de remonter la chaîne de valeur et, à terme, de chasser sur les terres de ses partenaires diffuseurs. Le risque pour ces derniers serait en effet que, de plus en plus, les annonceurs arbitrent en faveur de campagnes ciblées sur les plateformes sociales au détriment des campagnes TV classiques.

Twitter ne se prive d'ailleurs pas de vanter les taux d'engagement et les retours sur investissement générés par des dispositifs comme les trending topics ou les tweets sponsorisés par rapport à ceux des campagnes classiques sur le petit écran.

D'autant qu'au-delà de ces performances, Twitter permet également aux annonceurs de mesurer l'impact de leurs campagnes en temps réel, aussi bien en termes quantitatif que qualitatif, avec un degré de précision notablement plus fin que ne le permet Médiamétrie. Ce n'est certainement pas par hasard si de plus en plus de gros annonceurs américains investissent déjà des budgets conséquents sur ce type de dispositif.

L'ARRIVÉE D'UN NOUVEL ACTEUR MAJEUR : FACEBOOK

Quant à Facebook, après avoir longtemps semblé tergiverser, la société semble cette fois-ci bien décidée à se lancer sur le terrain de la social TV et à ne plus laisser le champ libre à Twitter.

En effet, malgré les déclarations d'Olivier Gonzales, DG de Twitter France, selon lesquelles 95 % des discussions concernant la télévision se dérouleraient sur le réseau de microblogging, une étude Orange/terrafemina est venue démontrer qu'en réalité plus de la moitié des 37 % de Français qui commentent les programmes TV sur internet utilisent Facebook pour le faire.

Force est donc de constater que, si Twitter bénéficie d'une considérable notoriété, au point d'être devenu incontournable dans un dispositif digital, il n'en reste pas moins la partie émergée de l'iceberg de la social TV.

Ce paradoxe s'explique par le fait que, contrairement au modèle ouvert de Twitter dont l'interface simple se prête parfaitement à la conversation live, le modèle de FB, restreint à la sphère privée des échanges entre amis, en limite considérablement l'impact à plus grande échelle.

Pour pallier cela, et tirer profit de ses 28 millions d'utilisateurs, le réseau social qui jusqu'alors avait toujours refusé de rendre ses données publiques, a donc décidé de réorienter sa stratégie en ouvrant ses API aux diffuseurs.

Sur la France, des partenariats ont d'ores et déjà été signés avec Canal +, TF1 et, plus récemment, avec France Télévision. Grâce aux outils mis à leur disposition, ces diffuseurs pourront dorénavant mesurer le nombre de messages postés autour de thématiques précises tout en disposant de données d'ordre socio-démographique concernant leurs auteurs. Plus intéressant encore, ils pourront également analyser en live l'intensité des conversations ayant lieu autour de leurs programmes pendant leur diffusion.

Même si, à l'image de Twitter, Facebook semble faire profil bas en déclarant par la bouche de son directeur général Laurent Solly que «ces partenariats s'inscrivent dans une logique éditoriale et non publicitaire», il y a fort à parier que le géant du web compte bien à terme s'inviter dans l'écosystème de la télévision pour en capter sa part de la manne publicitaire.

Reste à savoir comment les deux plateformes sociales universelles pourront cohabiter dans l'univers en pleine expansion de la social TV. Se livreront-elles à une concurrence féroce ou leurs modèles s'avéreront-ils complémentaires avec pour Twitter la partie live et interactive et pour Facebook la cristallisation de communautés sur la durée ? Il sera en tout cas intéressant de suivre leurs stratégies respectives au cours de l'année à venir avec, probablement, de nouvelles acquisitions à prévoir notamment pour Facebook qui pour combler son retard devra se montrer particulièrement proactif sur le sujet.

L'ENJEU DE LA MESURE D'AUDIENCE

Toujours est-il que, à date, et en attendant de voir ce que fera Facebook, Twitter est parvenu à s'imposer comme étalon de référence pour la mesure de l'audience sociale.

Le partenariat conclu cette année avec Nielsen pour la conception du premier indicateur de l'activité liée à la social TV, le «Nielsen Twitter TV ratings», souligne l'importance, pour l'ensemble de l'écosystème, d'outils fiables permettant d'analyser les données pour les contextualiser, leur donner du sens et en optimiser l'exploitation.

En amont de l'enjeu majeur lié aux problématiques de monétisation, la question du monitoring s'avère en effet tout aussi cruciale pour l'avenir du secteur.
La mesure précise des volumes d'échanges relatifs à une émission, l'analyse sémantique fine destinée à évaluer la popularité d'un programme ou d'une publicité, l'identification des influenceurs et des tendances, le calcul du nombre d'utilisateurs actifs, la collecte de métadonnées (âge, sexe, CSP, etc.), toutes ces informations, essentielles pour attirer les annonceurs et justifier leurs investissements, nécessitent l'emploi de méthodes sophistiquées.

Par ailleurs, l'intégration croissante de dispositifs sociaux chez les diffuseurs avec la mise en scène de l'activité sur les réseaux au cœur des programmes (comme le «mur des twittos» affichant des tweets sélectionnés pendant le live), les appels à commenter des animateurs, la promotion à l'antenne des hashtags et des dispositifs double écrans dédiés, démontre à quel point l'audience sociale est devenue déterminante dans la communication des chaînes autour de leurs principales émissions. Aujourd'hui, le

nombre de tweets générés par un programme sur une soirée fait partie intégrante des communiqués de presse publiés par les chaînes.

Or, à ce jour, il n'existe aucun organisme tel que Médiamétrie pour définir et instaurer des règles communes de mesure de l'audience sociale.
Ce manque d'uniformisation dans les méthodes de collecte et de monitoring des données donne lieu fréquemment à d'importants écarts pouvant parfois atteindre 25 % dans les résultats fournis par les 2 principales sociétés spécialisées dans ce domaine sur le marché français, Mésagraph et TV Tweet.

A titre d'exemple, sur l'émission la plus tweetée de l'année, les NRJ Music Awards, Mesagraph a comptabilisé 2,8 millions de tweets contre 2,3 millions pour TV tweet soit une différence de près de 20 %.
Etant donné l'importance des enjeux, il est à espérer que les différentes parties prenantes s'accordent rapidement sur la définition de best practices quant aux règles du jeu de l'audimat social.

Le marché a d'ailleurs déjà commencé, là aussi, à s'organiser avec d'une part les partenariats conclus récemment par Mesagraph avec Médiametrie et Kantar Media et, d'autre part, le rachat de TV tweet par Seevibes le leader canadien de la mesure d'audience. Ce rapprochement entre deux acteurs dont les technologies sont éprouvées et complémentaires, puisque Seevibes bénéficie d'une expérience importante sur un marché plus mature que le marché français et d'une expertise spécifique sur Facebook et auprès des marques, devrait notablement contribuer à la standardisation des indicateurs.

LES PERSPECTIVES POUR 2014

Comme on le voit, les modes de consommation audiovisuelle sont en plein bouleversement et la social TV en est le principal vecteur. Dans un marché en pleine effervescence on voit les stratégies s'affiner progressivement et le marché commencer à se structurer. Avec l'arrivée de formats plus immersifs chez les diffuseurs, la généralisation d'outils de monétisation et de monitoring plus performants, 2014 promet d'être une année faste pour la social TV.

Un dispositif tel que «See it», lancé en novembre dernier par Twitter aux Etats-Unis en partenariat avec l'opérateur Comcast, qui permet de visualiser directement et sur n'importe quel écran une émission à partir d'un tweet qui lui est consacré, va sans doute contribuer à nourrir un cercle vertueux entre le nombre de tweets suscités par un programme et ses audiences sur l'écran principal.
Les négociations menées actuellement entre Twitter et Stripe, start-up spécialisée dans le micro-paiement en ligne, au sujet de solutions permettant de procéder à des achats directement à partir d'un tweet pourraient, au-delà de leur intérêt pour les marques, être le premier pas vers des tweets surtaxés qui, à l'instar des SMS, permettraient aux diffuseurs de monétiser davantage encore leurs dispositifs interactifs.

Le récent rachat par Apple de Topsy, une société spécialisée dans l'analyse de données sur Twitter, pour 200 millions de dollars pourrait être un signe avant-coureur que le géant américain s'apprête, à son tour, à entrer dans la danse.
Facebook, après le rachat de Sportstream spécialiste de la collecte de données sportives en temps réel, procédera également probablement à de nouvelles acquisitions dans le domaine de la social TV dans le courant de l'année. Le partenariat stratégique récemment conclu avec Mass Relevance agence d'éditorialisation experte dans le domaine de l'expérience sociale et des dispositifs second écran pourrait, par exemple, préfigurer un rapprochement plus en profondeur.

Tous ces éléments donnent à penser que le marché de la social TV après avoir véritablement démarré en 2012 puis s'être consolidé en 2013, pourrait véritablement prendre son envol et s'installer durablement dans les habitudes télévisuelles des Français au cours de l'année 2014 comblant ainsi le manque inhérent à la TV, ce média par essence collectif et générateur de lien social mais dont la verticalité rend difficile toute voie de retour avec son public.

La télévision sociale, à travers Facebook et Twitter qui prennent le relais de l'antique standard SVP ou de la machine à café, est clairement en train d'apporter au média audiovisuel classique une nouvelle dimension d'horizontalité, communautaire et collaborative.

SOCIAL TV : LES OPPORTUNITÉS MARKETING POUR **LES MARQUES**

« La logique de continuité TV vers le digital offre de nouvelles perspectives créatives pour entretenir le rêve et susciter la préférence par le contenu de marque. Le storytelling prend une nouvelle dimension pour ne plus être cantonné dans des silos qui opposent TV et digital. »

« Ces nouvelles techniques pour driver l'audience TV vers les devices compagnons vont permettre de donner une plus grande visibilité aux contenus on line produits par les marques. Le taux de rebond et l'engagement sur les réseaux sociaux pourraient devenir centraux dans les objectifs de présence d'une marque en TV. »

Depuis 2004, du temps où Monsieur Patrick Le Lay résumait les besoins de son client Coca-Cola comme "du temps de cerveau disponible", les choses ont bien évolué. Dans un contexte de mutation des usages vers le digital et de crise économique les marques cherchent à allier la puissance de la TV aux capacités d'engagement du digital dans un objectif de mesure et de ROI (ou Cost Per Action).

LA SOCIAL TV PERMET DE CRÉER UN PONT ENTRE OFF ET ON LINE

Les usages et les technologies liés à la social TV ouvrent de nouvelles opportunités aux marqueteurs et permettent d'amplifier, mais surtout de poursuivre le message publicitaire amorcé en TV sur le digital, dans une logique de continuité média. Ce pont entre off et on line permet de réconcilier la pub "TV" qui fait vendre et le contenu de marque qui engage, sur le digital. Le brand content ne peut exister seul et trouve dans la social TV le pont pour driver l'audience TV vers le digital. Ce pont peut se matérialiser sous différentes formes, checking de pub TV via une App (ex. Shazam ou App Second Screen du diffuseur), intégration de la marque dans le format TV via des opérations spéciales, utilisation des solutions publicitaires proposées par Twitter...

TWITTER ET FACEBOOK CONNECTENT LES PROGRAMMES... ET LES PUBS

Les nouveaux acteurs de la social TV, Twitter et Facebook en tête, multiplient les offres pour faire la jonction entre TV et digital et capter une part des investissements publicitaires. La social TV devient un phénomène mass market, 15 à 17% des téléspectateurs américains sont engagés en temps réel avec la TV live via les réseaux sociaux (cf. eMarketer). D'après Nielsen, le nombre de personnes qui tweetent au sujet d'un programme TV a augmenté de 24 % en un an aux US et en France a plus que doublé en quelques mois (Médiamétrie/Mesagraph).

Avec un rapport pouvant aller de 1 à 50 entre les personnes qui postent des messages sur un programme TV et celles qui vont les voir sur Twitter, le taux de viralité est impressionnant. Le taux d'engagement d'un programme TV sur les réseaux sociaux pourrait même rapidement devenir un argument d'achat d'espaces pour les chaînes.

TWITTER MULTIPLIE LES OFFRES DE MIX DIGITAL

En 2013, Twitter accélère son positionnement avec l'acquisition de Bluefin Labs et de Trendrr et lance plusieurs produits à des-

Observatoire des Smart TV
www.observatoiredessmarttv.com

> Mathieu Fiorenti,
Consultant Digital Marketing
Rédacteur Observatoire des Smart TV

« Le brand content ne peut exister seul et trouve dans la social TV le pont pour driver l'audience TV vers le digital [...] sous différentes formes, checking de pub TV via une App, intégration de la marque dans le format TV via des opérations spéciales, utilisation des solutions publicitaires proposées par Twitter... »

tination des annonceurs pour synchroniser la plateforme de microblogging avec la TV. Les enjeux sont de rendre les messages publicitaires plus engageants, interactifs et mesurables :
• Twitter Amplify (Great content, great brands, great engagement !!) permet de sponsoriser les contenus tweetés par une chaîne TV.
• Twitter Conversation Targeting permet de toucher les conversations autour d'un programme TV.
• Twitter TV Ads Targeting permet de re-cibler en temps réel sur Twitter l'audience soumise à une pub TV.
• Nielsen Twitter TV Ratings, partenariat entre Twitter et Nielsen pour mesurer l'impact et l'engagement social d'un programme TV.

FACEBOOK SE RAPPROCHE DES DIFFUSEURS

De son côté Facebook tente de rattraper son retard en donnant accès à ses données, notamment suite à son partenariat avec la société Mass Relevance. En France, cette stratégie se matérialise par des partenariats passés avec Canal+, TF1 et France Télévision pour donner accès à deux APi :
• Keyword Insight API pour mesurer le nombre de publications autour d'un programme et les analyser de manière socio-démographique.
• PublicFeed API permet de son côté de mesurer le taux de conversations qui a lieu sur Facebook en temps réel pendant la diffusion des programmes.
Selon Laurent Solly, DG de Facebook France, ces partenariats s'inscrivent « *dans une dimension éditoriale et non publicitaire* ». Notons que Facebook teste également le ciblage en temps réel des téléspectateurs sur son réseau.

OPPORTUNITÉS CRÉATIVES DES SYNERGIES TV-DIGITAL

La logique de continuité TV vers le digital offre de nouvelles perspectives créatives pour entretenir le rêve et susciter la préférence par le contenu de marque. Le storytelling prend une nouvelle dimension pour ne plus être cantonné dans des silos qui opposent TV et digital.

Ces nouvelles techniques pour driver l'audience TV vers les devices compagnons vont permettre de donner une plus grande visibilité aux contenus on line produits par les marques. Le taux de rebond et l'engagement sur les réseaux sociaux pourraient devenir centraux dans les objectifs de présence d'une marque en TV. Ce gain de visibilité justifierait également l'allocation de budgets de plus en plus conséquents pour la production de brand content.

En dépassant le format du spot publicitaire qui leur était jusqu'ici alloué en TV, les marques ont l'opportunité de gérer elles-mêmes leur propre média on line. La social TV apporte le chaînon manquant pour que les contenus on line produits par les marques trouvent une plus grande audience et deviennent mass market.

Les opportunités créatives s'en trouvent nécessairement bouleversées. Le spot TV n'est plus une fin en soi et ouvre l'opportunité de poursuivre le message ou l'histoire amorcée en TV sur le digital. Par exemple, Kohl's invite les téléspectateurs à choisir en live le prochain spot pub qui met en scène les aventures de JLO ; Dodge pour la Durango produit 70 spots qui seront majoritairement diffusés sur YouTube et vus par plus de 15 millions de fans ; et Adidas pour le lancement des nouvelles baskets CrazyQuick utilise Twitter TV ad targeting pour engager 635 000 fans en prolongement de sa campagne pub TV.

LE CAS KOHL'S (KOHLS.COM) AUX AMERICAN MUSIC AWARDS

La campagne "Choose Your Own Black Friday» orchestrée par Kohl's a lieu pendant la frénésie d'achats de la semaine de Thanksgiving et met en vedette la collection de vêtements de Jennifer Lopez. Le dispositif cross-media a pour objectif de faire entrer en résonance réseaux sociaux, spots TV et show TV. Les spectateurs sont invités à suivre Jennifer Lopez lors de sa préparation aux American Music Awards et à voter en temps réel via Twitter pour choisir l'itinéraire qu'elle empruntera pour se rendre aux studios TV de l'émission.

La série de spots TV débute 3 jours avant la cérémonie lorsque JLO est coincée dans les embouteillages pour se rendre à la cérémonie. Elle est confrontée à deux options, courir sur le toit de chaque voiture ou monter derrière un homme en scooter. Les téléspectateurs ont pu choisir son itinéraire, en votant via Twitter. Le jour de la cérémonie, à chaque coupure publicitaire

« En dépassant le format du spot publicitaire qui leur était jusqu'ici alloué en TV, les marques ont l'opportunité de gérer elles-mêmes leur propre média on line. La social TV apporte le chaînon manquant pour que les contenus on line produits par les marques trouvent une plus grande audience et deviennent mass market. »

les nouveaux spots se succèdent pour mettre en scène JLO et inviter les auditeurs à voter pour choisir chaque étape de son itinéraire semé d'embûches. Jusqu'à son arrivée sur le plateau en fin d'émission TV. Au total 7 spots seront tournés et uniquement 4 diffusés.Même si cette campagne rappelle le dispositif Coca-Cola du Super Bowl 2013, elle a été une première dans son orchestration live en impliquant les auditeurs via Twitter à influencer le storytelling et à avoir un lien direct avec l'émission TV. Michelle Gass, Chief Customer Officer chez Kohl's, déclarait qu'il était maintenant nécessaire de penser aux nouvelles stratégies d'engagement et de consommation des médias. Et, de réunir entertainment et engagement.

LE CAS DODGE DURANGO

Cette campagne US illustre parfaitement les synergies narratives entre TV et digital. L'acteur Will Ferrell reprend dans 70 vidéos le personnage de Ron Burgundy qu'il incarne dans le film Anchorman. En plus d'une stratégie de co-branding entre le film Anchorman 2 et Dodge, la campagne s'illustre par une stratégie multi-plateformes, TV+digital, avec un dispositif conséquent sur les réseaux sociaux (YouTube, Twitter, Instagram, Tumblr, Pinterest et Vine) et le site humoristique FunnyorDie.com. Sur l'ensemble des vidéos produites, seulement une douzaine sont diffusées en TV et le reste est dédié au web.

Il est intéressant de noter le ton très décalé de cette campagne qui colle parfaitement à la stratégie de déploiement sur les réseaux sociaux et plus particulièrement à la publication des 70 vidéos sur la chaîne YouTube de Dodge. Pour ce faire, la marque s'est entourée des créatifs du site FunnyorDie.com habitués à écrire et produire des vidéos virales.

Des résultats probants, les ventes de la Durango ont augmenté de 59 % en octobre et de 36 % en novembre 2013. Le trafic du site de Dodge a fait un bond de 80 % et les vidéos YouTube ont été vues plus de 15 millions de fois.

LE CAS ADIDAS #CRAZYQUICK

Cette campagne permet de bien illustrer le potentiel que peut apporter la solution de Twitter TV ad targeting. Adidas souhaite toucher les lycéens basketteurs et les engager autour d'un contenu de marque développé en TV et on line. Adidas produit une série de spots TV mettant en scène les performances des stars de la NBA grâce à la nouvelle chaussure.

En ciblant sur Twitter les téléspectateurs qui ont vu les spots Adidas durant la diffusion des NBA Playoffs, la marque propose de prolonger le spot TV par une vidéo de 6 secondes qui montre en détail le geste technique de chaque joueur.

La stratégie d'activation a été axée sur l'excitation créée autour du produit, qui permet de réaliser des actions de jeu «ultra rapides». Avec les basketteurs sponsorisés par Adidas, les spots TV mettent en scène la rapidité pour engager l'audience sur Twitter via #crazyquick.
Pour amplifier l'activation sociale, les athlètes Adidas demandent aux fans de donner un nom aux différentes figures, «Quick Moves», qu'ils réalisent via le hashtag #QuickAintFair. Les fans inspirés tweetent le nom qu'ils souhaitent donner aux figures. Les meilleurs noms sont choisis par les pros et rediffusés avec l'adresse du participant.
TV ad targeting a permis à Adidas de diffuser un contenu complémentaire et pertinent à la bonne cible juste après la diffusion du spot TV. La promesse de participer à une conversation avec la marque et ses ambassadeurs a largement bénéficié au succès de l'opération.
Avec 3,4 % de taux d'engagement des tweets promotionnels, Adidas a fait participer 635 000 utilisateurs, recruté 30 000 nouveaux followers et bénéficié de 19,7 millions d'impressions.

2014, ARRIVÉE DES FORMATS SOCIAL TV NATIVE" : RISING STAR

2014 devrait marquer un nouveau tournant dans la social TV et ses opportunités marketing. Ceci notamment avec le nouveau format "Rising Star" qui intègre totalement le second écran dans sa mécanique et bat des records en Israël. Acheté en France par M6, le programme a été vendu dans plus de 20 pays. Ce format "Social TV Native" sera un événement dans le développement des usages et des applications marketing associées.

Le concept intègre nativement les réseaux sociaux et permet aux téléspectateurs de voter en live via une App tablette ou smartphone. Au fur et à mesure des votes en temps réel des téléspectateurs via leur compte Facebook ou Twitter, les écrans d'un rideau géant qui sépare le candidat du public s'allument. Si 70 % des écrans affichent les visages des votants, le gigantesque rideau se lève et le candidat poursuit sa prestation live face au jury et au public de la salle.

C'est le programme des superlatifs, le plus interactif jamais proposé. En Israël, c'est : 49 % de Pda, 2,3 millions de votes en direct, 30 % de taux de participation sur l'App Second Screen qui a été téléchargée 1,5 million de fois.

Imaginons ce que cela pourrait donner en France. Si ce programme tient ses promesses et se hisse dans les meilleures audiences annuelles de M6, il pourrait atteindre un score de 6 millions de téléspectateurs et 1,8 million de participants sur l'App Second Screen. Nous n'en sommes pas encore là, mais de tels chiffres justifieraient des investissements conséquents de la part des annonceurs pour tirer parti d'une audience massivement connectée devant sa TV et créer un précédent marquant dans les stratégies digital marketing.

COMMENT LE SOCIAL RATING POINT RÉVOLUTIONNE LE **PLANNING MEDIA ET LA SOCIAL TV ?**

Le lien entre la consommation TV et les interactions simultanées sur les médias sociaux n'est plus à prouver. Mais il reste à établir. Aujourd'hui, 2 personnes sur 3 utilisent un second écran quand elles regardent la télévision et 1 internaute sur 5 commente les programmes TV sur les médias sociaux que ce soit sur tablette, mobile ou laptop.

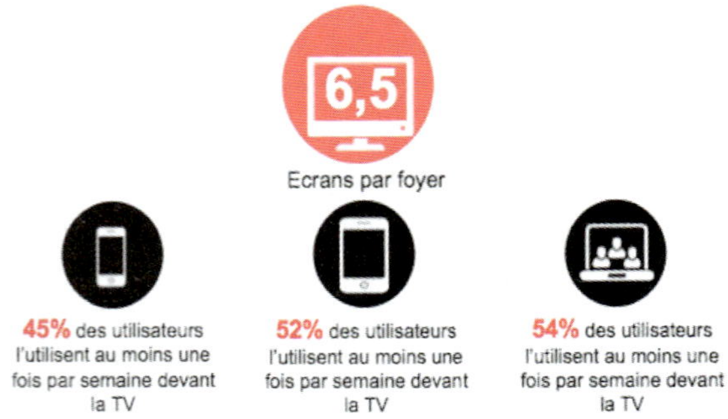

Parallèlement, le nombre de tweets a progressé de 184 % de 2012 à 2013. L'expérience d'une émission, d'un programme, d'une publicité ne se cantonne plus à sa visualisation mais de plus en plus, à ce qu'elle ouvre de perspectives d'échanges et de commentaires.

Les marques peuvent en profiter. Encore faut-il qu'elles puissent s'organiser autour d'un nouveau media planning et qu'elles intègrent de façon cohérente ces comportements dans leurs actions de communication. Une fois ces conditions réunies, elles s'offriront la garantie d'être en place tout au long de l'expérience utilisateur et créeront des opportunités profitant de ces nouveaux espaces pour un engagement plus profond avec leurs cibles, nouveaux médias amplificateurs.

Première étape dans cette approche, être à même de définir des KPi's innovants pour mesurer la propension d'un plan TV à générer plus ou moins de résonance sur les réseaux sociaux. Dans cette optique se créent de nouvelles avancées à l'image du SRP, le Social Rating Point, premier indicateur social des émissions TV qui permet d'accompagner les marques dans leur connexion sur la durée avec les téléspectateurs/internautes.

Afin de définir et d'élaborer l'indicateur SRP, Havas Media s'est rapproché de Seevibes. Avec une base de données de plusieurs milliers d'émissions de télévision - chaînes généralistes et spécialisées -, ils permettent aujourd'hui de mieux comprendre les interactions sociales pour transformer positivement l'engagement du public en business potentiel. Le process d'élaboration se déroule en cinq points :
TV Show : accès aux informations de diffusion pour l'ensemble de la programmation télévisée.
Récolte : collecte sur Twitter et Facebook de l'ensemble des interactions en lien direct avec un programme.
Contrôle : vérification de la qualité des données grâce à un système de scoring.
Archive : mise en base de données des interactions.
Enrichi : réalisation d'analyses quantitatives et qualitatives par l'enrichissement de ces données.

Une fois cette analyse faite, il est possible de définir plusieurs indicateurs spécifiques :
Interactions : total des interactions recensées sur une émission

Socialyse • Groupe Havas
www.socialyse.co.uk

> Frédéric Saint Sardos
Managing director
Frederic.SaintSardos@socialyse.fr

Contact Havas
> Caroline le Moal
Directrice de la Communication
Havas Media
caroline.le-moal@havasmg.com

> *« Le lien entre la consommation TV et les interactions simultanées sur les médias sociaux n'est plus à prouver. Mais il reste à établir. (...) Les marques peuvent en profiter. Encore faut-il qu'elles puissent s'organiser autour d'un nouveau media planning et qu'elles intègrent de façon cohérente ces comportements dans leurs actions de communication. »*

• Les interactions relevées sur Facebook incluent les posts, likes et commentaires sur les pages officielles
• Les interactions Twitter considèrent tous les tweets et retweets filtrés à partir de hashtags, mots-clés et participants liés à une émission pendant la diffusion ou pendant les 2 heures suivant et précédant la diffusion.
NB : pour les programmes de téléréalité/télécrochet, cette période est de 12 heures pour une émission de diffusion quotidienne, et de 72 heures pour une émission de diffusion hebdomadaire

Couverture sociale : nombre de personnes uniques commentant les émissions.

Fréquence sociale : répétition moyenne d'interactions par personne sur une émission.

Portée sociale : nombre de personnes uniques sur Twitter qui ont potentiellement été exposées aux interactions liées à un programme (somme des followers Twitter).

Le Social Rating Point va donc se baser sur le nombre d'interactions totales autour de l'émission, rapportées à l'audience de cette dernière. On obtient ainsi la formule ci-dessous, que l'on peut mettre en perspective avec le GRP actuel :

$$\text{GRP} = \frac{\text{Nb de contacts}}{\text{Effectif de cible}} \times 100$$

$$\text{SRP} = \frac{\text{Total interactions}}{\text{Audience}} \times 100$$

Note de lecture : 10 SRP = 2 % de l'audience TV a réagi sur FB/Twitter avec 5 messages pendant la diffusion de l'émission ou 5 % de l'audience TV a réagi sur FB/Twitter avec 2 messages pendant la diffusion de l'émission. Le SRP s'apparente à une forme d'affinité sociale. Par ailleurs, Audience = taux cumulé avec un seuil à 20 %. Nb de personnes qui ont regardé plus de 20 % de l'émission

Ce KPI de base peut également être complété, affiné, en fonction d'objectifs spécifiques :

SRPi : total de participants uniques sur l'audience x 100.
SRP Twitter : interactions sur Twitter uniquement.
SRP Twitter femmes : interactions sur Twitter & faites par des femmes uniquement.

Des focalisations loin d'être inutiles lorsque l'on constate, dans une grande logique finalement, qu'à chaque type de programme sa plateforme sociale de prédilection :
• Twitter : événements, rencontres sportives, grands films, téléréalité, cérémonies de remises de prix.
• Facebook : magazines, séries...
L'un des premiers constats que l'on peut tirer de l'analyse de l'indicateur SRP est qu'il bouleverse la hiérarchie des chaînes. Comme dans le classement établi ci-dessous autour des 1 000 émissions ayant généré plus de 1 000 tweets sur Q1 2004, des chaînes considérées comme « petites » dans le cadre d'une analyse « audience » peuvent se positionner beaucoup plus haut dans la hiérarchie lorsqu'on les regarde à l'aune du rapprochement de l'audience et de leur résonnance sociale.

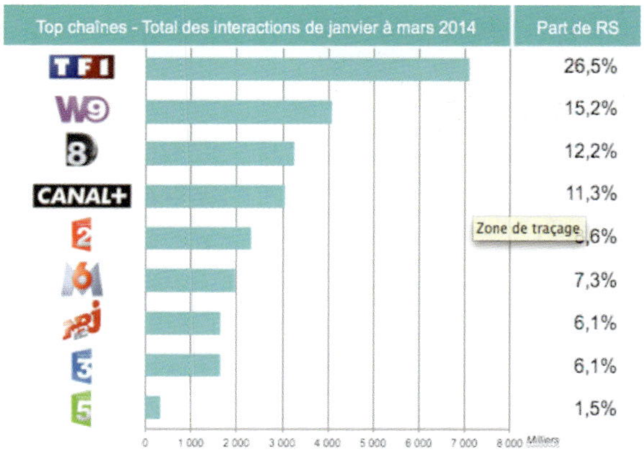

Cela peut permettre dans certains cas, pour certaines marques avec, notamment, des objectifs de cible et d'engagement particuliers, de modifier leur vision planification média et, accompagnées de leur agence-conseil, de programmer des campagnes ad hoc.

Au-delà de cette nouvelle approche du media planning et de la Social TV, reste toutefois à transformer l'analyse en dispositifs performants et mesurables.

Un défi qu'il reviendra de relever à ceux qui sauront mixer cross-planning, expertise TV et compétences dans la génération de conversations sociales. Un défi bien plus complexe que celui qui fit passer la couverture TV en des approches de couvertures globales à l'avènement des audiences digitales. Un défi où l'objectif final n'est plus simplement d'apporter un complément d'exposition mais plutôt de maintenir le contact avec la cible au gré de son parcours média puis de saisir l'opportunité de le transformer en expérience consommateur.

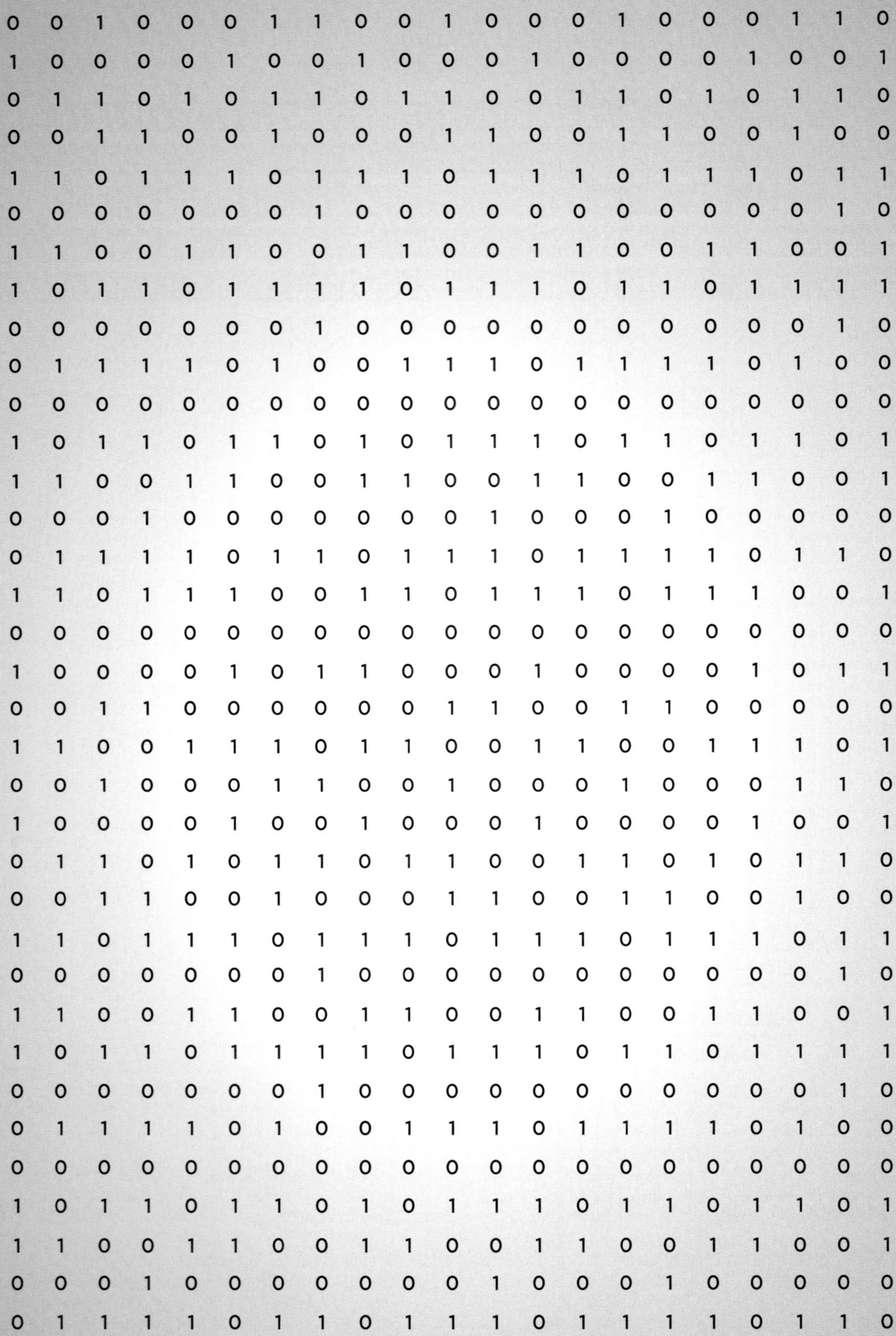

BIG DATA

SUR WWW.DDOG.FR
Data
Driven
Organic
Growth
DDOG.
HAVAS
MEDIA GROUP

INJECTER DU **TEMPS RÉEL** DANS LES GRANDS MÉDIAS ET DU **MOYEN TERME DANS LE DIGITAL**

Holimetrix by D-Bi
www.holimetrix.com

> Franck Farrugia
Président
ffarrugia@d-bi.fr

LE SYNDROME DE L'ENFANT GÂTÉ

Tous les acteurs présents en digital observent sans difficulté une forme de mutation des comportements consommateurs. En l'espace de 20 ans, le consommateur est devenu de plus en plus éduqué, connecté, aguerri aux pratiques mercantiles, marketing et publicitaires... Il devient de plus en plus volatile, volage même, exigeant, imprévisible, quel que soit le groupe sociodémographique auquel il appartient. Il a aussi parfaitement intégré que l'offre est supérieure à la demande, qu'à tarif équivalent, de nombreuses offres sont disponibles.

Ce comportement peut être assimilé à une forme de syndrome de l'enfant gâté : « je peux avoir ce que je veux, quand je veux, au meilleur prix, et tout de suite ! »

Concrètement cela se traduit par les constats suivants : exacerbation de l'effet dernière minute, certains sont de plus en plus impulsifs, d'autres deviennent des comparateurs acharnés, le prix n'est plus un facteur de choix mais d'exclusion (être le moins cher ne suffit plus, mais être plus cher est de manière certaine un facteur d'exclusion de la Shopping List) et forte dépendance aux promotions.

La relation commerciale se déséquilibre, et l'acteur qui n'arrive pas à proposer un service équivalent aux leaders, tout en proposant un tarif aussi compétitif, se voit exclu de plus de plus vite de cette relation, ou contraint de payer de plus en plus cher cette fameuse mise en relation avec le consommateur.

Il existe un dispositif marketing qui illustre parfaitement ce déséquilibre, c'est l'e-mail retargeting ciblé sur les « abandonnistes ». Faites le test du panier abandonné, vous verrez que bien souvent, en moins de 24H, vous recevrez directement par e-mail un coupon de réduction pour finaliser votre panier. A votre avis, que fait l'enfant gâté lorsqu'il observe qu'en retenant sa respiration il obtient tout ce qu'il veut ? Ne soyons donc pas surpris si nous voyons le taux d'abandon de panier augmenter... J'entends cependant d'ici les défenseurs de ce dispositif marketing, qui preuve à l'appui, montrent que le coût d'acquisition de ce type d'e-mails est ultra performant. Pour cause !! Et il le sera de plus en plus d'ailleurs. Mais est-ce vraiment le bon indicateur pour juger de la performance de ce dispositif ? Ne devrions-nous pas au contraire étudier son réel apport incrémental, sa réelle capacité à récupérer de vrais « abandonnistes » ?

RÈGLE DU JEU, CONNAISSANCE ET SCÉNARISATION !

Cet exemple met en exergue 3 notions qui semblent vitales désormais pour toute action marketing :

• **Avoir les bonnes règles du jeu** : par règle du jeu, il faut entendre, « indicateurs » communément appelés KPI. Si le juge de paix de vos actions marketing est le coût par vente, le retargeting e-mail est en effet en haut de la liste en termes de performance, à l'instar de votre marque en SEM dans Google. A l'inverse, si votre juge de paix est le coût d'acquisition d'un nouveau client, ce dispositif risque de ne pas apparaître dans le top 5 de vos dispositifs les plus efficaces. Que dire si votre juge de paix devient la rentabilité, c'est-à-dire combien de marge supplémentaire un euro de marketing rapporte à l'entreprise...

« L'un des enjeux majeurs du multiscreen devient « la non-rupture de chaîne relationnelle ». Concrètement, il est primordial de réussir à suivre la relation avec un consommateur qui serait exposé à un spot TV, qui se rendrait immédiatement sur le site annonceur via sa tablette, pour in fine concrétiser une action 2 jours plus tard depuis son ordinateur personnel, ou dans un magasin. »

• **La connaissance** : on la confond souvent avec la notion de « data », à tort. S'il suffisait de posséder de la donnée pour « savoir »... La connaissance, c'est l'analyse des données permettant de décrypter et de comprendre les performances marketing et publicitaires. En somme, identifier les facteurs explicatifs des résultats, afin d'être en mesure de prendre les bonnes décisions. Et dans notre cas, il faut surtout décrypter et comprendre les comportements consommateurs, en temps réel et dans le temps, pour être en mesure de prendre les bonnes décisions marketing et publicitaires.

• **La scénarisation** : lorsque vous disposez des bons indicateurs pour évaluer vos performances, que vous comprenez les comportements du consommateur au point de savoir quoi lui proposer, et quand, alors, il ne vous reste plus qu'à scénariser vos actions marketing et publicitaires en fonction.
Lorsque vous réunissez ces 3 éléments, vous continuez bien sûr de faire de l'e-mail retargeting, mais en ciblant uniquement certains segments de consommateurs, les prospects (personnes connues mais n'ayant jamais acheté) et les « churners » (clients connus mais n'ayant pas acheté depuis une longue période). En termes de scénarisation, vous proposerez sûrement aux premiers une forme de « satisfait ou remboursé », et aux seconds, un programme de fidélité.

MAIS QUEL EST LE RAPPORT AVEC LE MULTISCREEN ?

Le rapport est en fait tout simple : le multiscreen ne fait qu'exacerber un peu plus les constats décrits précédemment et complexifier l'application des bonnes pratiques.
• Il accentue le phénomène du tout, tout de suite ! (l'impulsion est d'autant plus facile avec un mobile en permanence sur soi)
• Il crée une rupture de chaîne (changement de devices) complexifiant la « connaissance » du consommateur (le parcours utilisateur devient difficile à suivre)
• La scénarisation devient elle aussi difficile à mettre en place, si l'on ne peut plus suivre le parcours utilisateur dans sa totalité
• Etc.

Avec cet éclairage, on comprend que l'un des enjeux majeurs du multiscreen devient « la non-rupture de chaîne relationnelle ». Concrètement, il est primordial de réussir à suivre la relation avec un consommateur qui serait exposé à un spot TV, qui se rendrait immédiatement sur le site annonceur via sa tablette, pour in fine concrétiser une action (vente par exemple) 2 jours plus tard depuis son ordinateur personnel, ou dans un magasin.

NOTRE CAHIER DES CHARGES POUR HOLIMETRIX :

Ce dernier point n'est ni plus ni moins que le cahier des charges d'Holimetrix : **être en mesure de suivre de manière holistique la relation entre un consommateur et une marque**, quels que soient l'écran qu'il utilise, le segment auquel il appartient (client, prospects, churners, etc.), le dispositif marketing auquel il est exposé ou le lieu où il décide in fine de consommer. Holimetrix a été spécifiquement développé pour les entreprises qui investissent en marketing (acquisition et fidélisation) et en média (on line et off line). La principale préoccupation était de fournir une vision complète et multi devices des performances marketing et publicitaires, afin de permettre aux annonceurs de générer des gains de productivité marketing, dans un contexte, rappelons-le, de déséquilibre progressif de la relation commerciale.

Digital Business Intelligence (D-Bi), société éditrice d'Holimetrix, a en effet regroupé les technologies de détection vidéo, de tracking digital, d'attribution marketing et de « data advertising » pour proposer un outil de mesure de la performance marketing et publicitaire des entreprises digitales qui réconcilie l'ensemble des points de contact entre une marque et un consommateur, quel que soit l'écran utilisé dans son parcours utilisateur.

Concrètement pour le média TV, cela sous-entend qu'Holimetrix permet d'identifier **seconde par seconde** l'apport incrémental de trafic web de chaque diffusion TV :

• Holimetrix **repère automatiquement chaque passage publicitaire TV** d'un annonceur (grâce à un « crawler de spots TV ») afin d'identifier l'horaire exact de passage (hh :mm :ss), ainsi que le contexte de diffusion (chaîne, écran, programme, présence de concurrents, emplacement, etc.)

Le **trafic web incrémental** généré sur un site, hors canaux d'acquisition digitaux, est alors identifié, également seconde par seconde, grâce à un dispositif de tracking par utilisateur, quelle que soit le device utilisé.

Holimetrix est également en mesure d'identifier tous les points de contact digitaux bien évidemment (bannières vues, SEM, SEO, CRM, réseaux sociaux, etc.) afin de consolider en un seul outil tous les médias.

Un algorithme d'attribution prend alors le relais, intégrant à la fois les indicateurs de performance TV (couverture et répétition) et les autres points de contact digitaux, pour attribuer une **origine multiple** à chaque visite, et partager ainsi l'apport de valeur.

On parle alors d'attribution proportionnelle tous médias, dédupliquée, quelle que soit le device utilisateur. Une forme de chaînon manquant, qui permet enfin de disposer des mêmes indicateurs en TV qu'en digital, en calculant par exemple des **coûts par visite TV**, par chaîne, par GRP, par type d'émission, par créneaux horaires, par spot, par emplacement, etc. Dès lors, l'ensemble des autres indicateurs (KPI) de performance peut également être calculé avec le même niveau de granularité, pour optimiser les diffusions TV (pendant une vague et d'une vague à l'autre) :

- Coût Par Visite (CPV), par visiteur unique, ou nouveau visiteur
- Coût par inscrit ou lead (CPL),
- Coût par action (CPA, ventes, ou autre),
- Etc.

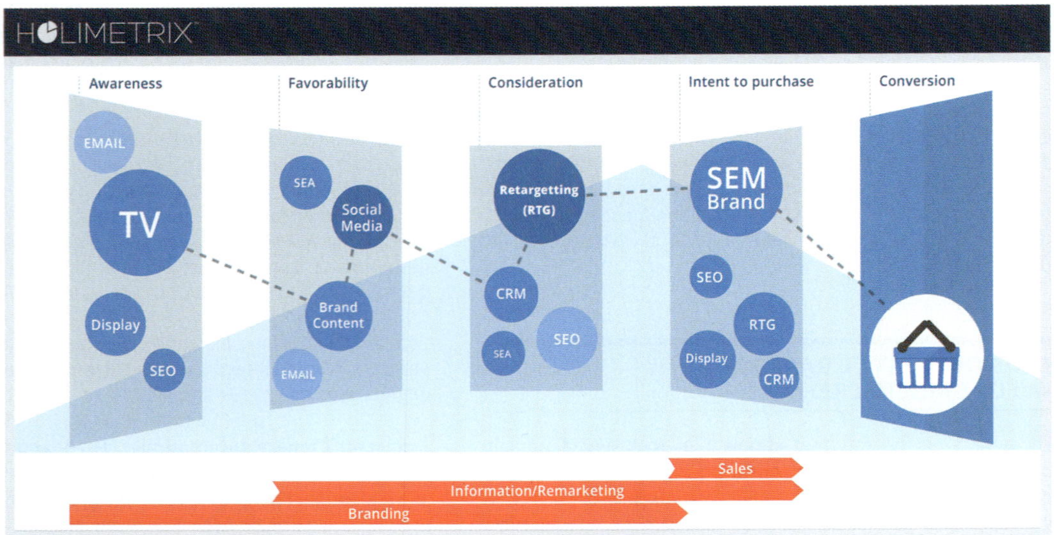

« Disposer d'un outil qui fournit une mesure temps réel d'une diffusion publicitaire TV n'apporte rien si l'agence ou l'annonceur ne s'est pas organisé pour traiter cette donnée temps réel et réagir en fonction. Idem, si les chaînes n'apportent pas en contrepartie de ce temps réel un peu de souplesse et à terme n'en tiennent pas compte dans leur mode de commercialisation ou leur offre. »

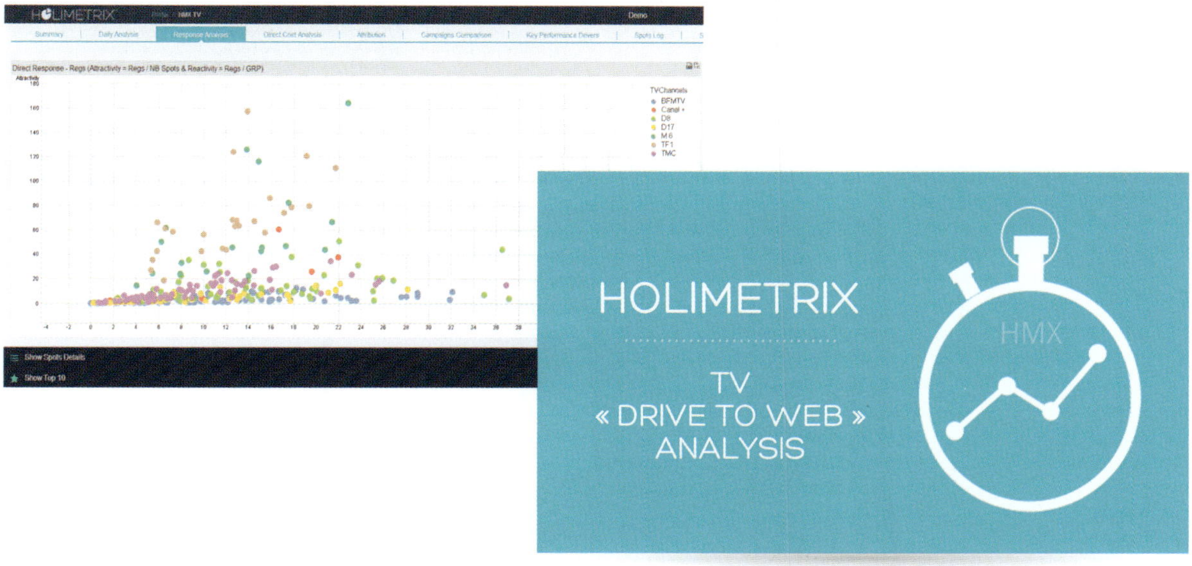

IL ÉTAIT UNE MUTATION...

Chacun a bien conscience de l'évolution des comportements consommateurs que l'on décrit depuis le début de cette article, et l'apparition d'outils qui permettent de décrypter ces comportements est somme toute logique. Mais au même titre que « **data n'est pas égal à savoir** », un outil n'est pas à lui seul un facteur d'efficacité. Ce sont les décisions prises grâce aux analyses fournies par un outil et les actions qui en découlent qui génèrent des gains de productivité.

Disposer d'un outil qui fournit une mesure temps réel d'une diffusion publicitaire TV n'apporte rien si l'agence ou l'annonceur ne s'est pas organisé pour traiter cette donnée temps réel et réagir en fonction. Idem, si les chaînes n'apportent pas en contrepartie de ce temps réel un peu de souplesse et à terme n'en tiennent pas compte dans leur mode de commercialisation ou leur offre.

Notons que pour les chaînes TV, cette nouvelle forme d'indicateur (KPI) peut permettre de **redonner de la valeur à leurs espaces publicitaires** en complétant le traditionnel C/GRP d'un scoring drive-to-web.

Tout cela sans tomber dans la caricature dans laquelle le digital semble s'enfermer : le dictat du 100 % temps réel, qui réduit toute action digitale à une rentabilité immédiate, quand bien même le consommateur lui, ne se décide pas toujours en temps réel et continue de prendre son temps lorsqu'il le veut, voire finalise son achat ailleurs que sur une plateforme digitale.

Il faut donc conserver les bons éléments de base de chaque univers et les mixer avec les nouveaux apports. En TV, cela veut dire continuer d'exploiter les notions de GRP, de couverture et de répétition tout en intégrant les méthodes et mesures issues du digital. Le meilleur des 2 mondes finalement. En digital, il faut aussi réfléchir sur la façon d'adapter nos « KPI » au séquençage même du parcours utilisateurs et ne pas demander à tous les dispositifs marketing une performance uniforme sur un même indicateur. **Une mutation par la fusion de 2 ADN, celui des médias traditionnels avec celui du digital, mais en ne conservant que les meilleurs gènes de chacun.**

Il faut enfin que chaque intervenant de la chaîne marketing et publicitaire devienne acteur de cette mutation. Injecter du temps réel dans les grands médias et du moyen terme dans le digital sous-entend d'adapter nos organisations, nos méthodes, nos outils et surtout nos états d'esprit. Car la difficulté dans une mutation, c'est que nous pouvons à peu près identifier quand elle commence, mais que l'on ignore quand elle s'arrêtera, et surtout à quel stade et sur quel résultat elle s'arrêtera...

C'est le principe même de l'incertitude, et n'oublions pas qu'il est impossible de savoir ce que l'on ignore ! Cette ignorance doit donc nous inciter coûte que coûte à rester humbles, ouverts à l'innovation et à la nouveauté, en acceptant de systématiquement **replacer le consommateur au centre de nos préoccupations.**

FAMIHERO *Qui ?*
CAMPAGNE *Quoi ?*
« LA MAMMA »

Visits/GRP x3.6

Lead/GRP 2.7

Subscription/GRD +22%

Stratégie bi-média • Social média • Display

PROBLÉMATIQUE BUSINESS DE LA MARQUE

FamiHero est la 1ère plateforme de mise en relation entre des familles à la recherche d'un coup de pouce au quotidien et des personnes qui proposent leurs services (les «héros»). La problématique de FamiHero était de réussir à installer ce nouveau service le plus rapidement possible sur le marché français. Il fallait donc faire connaître ce nouveau type de service, permettre à la marque d'émerger pour préempter ce secteur naissant, tout en recrutant le plus rapidement possible des clients (familles) et des personnes proposant leur service (les héros).

L'enjeu de cette campagne était double : recruter le plus rapidement possible de nouvelles familles utilisatrices de FamiHero et développer notre notoriété. En somme, il fallait mixer performance directe et problématique de marque en une même campagne. FamiHero a opté pour une stratégie bi-média, TV/web mais en gardant son ADN de « pure player ».

« Cela sous-entend que nous avons géré l'ensemble de la campagne avec la même logique d'optimisation quotidienne et un unique KPI, le coût par inscription d'une nouvelle famille, et ce, aussi bien en TV qu'en digital. Cela fut possible grâce à l'utilisation de l'outil de Convergence Analytics Holimetrix, qui nous a permis de suivre jour par jour et spot par spot, la performance directe et indirecte en termes d'acquisition de la diffusion TV. Cette campagne TV étant la seconde gérée de cette manière, nous avons pu profiter des apprentissages de la première vague afin d'optimiser fortement les performances, comme ce cas l'illustre parfaitement. » explique Swann Robbes, PDG de FamiHero.

SOLUTION STRATÉGIQUE

La solution stratégique retenue a été de mettre en place un dispositif média ayant fait ses preuves en termes d'émergence, de construction de notoriété et de présence à l'esprit, mais en lui appliquant les bonnes pratiques du digital afin de générer le plus d'inscriptions de familles possible pendant la phase de campagne. Dit autrement, réunir le meilleur des 2 univers : problématiques de marque et de performance.

« Fort des apprentissages d'une première vague TV suivie avec Holimetrix TV, en septembre 2013, nous avons pu déployer de manière plus massive une seconde vague TV optimisée sur le « drive-to-web direct ». Nous avions en effet identifié les meilleures conditions de diffusion TV possible : les spots qui permettent à la fois de générer le niveau de couverture et de répétition sur cible, tout en assurant un trafic qualifié incrémental important sur le site Famihero.com, au meilleur coût bien sûr. Cette campagne TV a également été complétée par un dispositif digital « réceptacle », garantissant à FamiHero de profiter de toute l'émergence générée par la TV » ajoute Franck Farrugia, président de RE-MIND.

MISE EN PLACE OPÉRATIONNELLE

En amont de la campagne :
RE-MIND s'appuyant sur les analyses fournies par Holimetrix TV a donc initié une deuxième vague TV optimisée (achetée par OMD) :
• Répartition budget sur les Top Chaînes en termes de drive-to-web
• Choix des meilleurs écrans, jours et horaires par chaîne
• Choix des programmes, etc.
La campagne s'est déroulée au mois de janvier 2014, avec une création conçue par Hérézie : « La Mamma »
En cours de campagne :
Des points quotidiens entre RE-MIND, FamiHero et les équipes TV d'OMD pour étudier les performances de chaque spot diffusé la veille en termes de recrutement de familles, afin d'optimiser les placements de chaque spot pour les jours suivants.
En termes de budget TV, la répartition a finalement été :
• 67 % du budget sur les chaînes hertziennes : TF1, Canal+ et M6
• 33 % du budget sur les chaines TNT : BFM TV, TMC, D8, D17

Un dispositif digital dit de « réceptacle » a été mis en place en complément du dispositif TV :
• SEM, avec notamment l'achat de toutes les déclinaisons orthographiques possibles de la marque FamiHero, et une surpression sur les mots-clés génériques adaptée à la pression GRP par tranche horaire.
• E-mailing de conquête pour garantir que l'écho de la campagne TV soit bien associé à FamiHero et favoriser l'attribution.
• Social media : pendant les tranches horaires de forte émergence afin de maximiser l'effet second écran durant les diffusions TV.
• Display : principalement en retargeting pour s'assurer que les nouveaux visiteurs générés par la TV se transforment bien en inscription rapidement.
A noter : l'ensemble de ce dispositif digital a notamment été déployé sur mobile et tablettes, principaux devices concernés par le drive-to-web.

LES RÉSULTATS

Témoignage de Swann Robbes, FamiHero :
A périmètre constant, rapporté à une base 100, avec notamment une pondération en fonction du nombre de jours de chaque vague, de la répétition et de la couverture, entre les spots de la vague 1 et ceux de janvier 2014, nous avons pu sur la campagne TV « La Mamma » :
• Multiplier par 3,6 nos visites/GRP
• Multiplier par 3,6 nos leads/GRP
• Gagner 22 % d'abonnements/GRP

En dépit d'une forte augmentation du trafic sur site, les indicateurs de qualité sont restés bons, voire pour certains ont progressé :
• Le taux de rebond et la durée moyenne/visite restent stables.
• Le taux d'inscription s'est également maintenu.

« *En complément des apprentissages sur la performance drive-to-web de chaque spot, les équipes d'Holimetrix ont également permis d'identifier les facteurs explicatifs de cette performance. En injectant des données sur la couverture obtenue par le plan média TV sur d'autres cibles que la cible achetée, nous avons en effet pu identifier les sous-cibles les plus réactives au message et à l'offre FamiHero. Ainsi, non seulement les prochaines vagues pourront être optimisées en termes de chaînes, de créneaux horaires et de type de programme, mais les cibles pourront être affinées afin d'obtenir le media planning le plus efficient possible* » conclut Franck Farrugia.

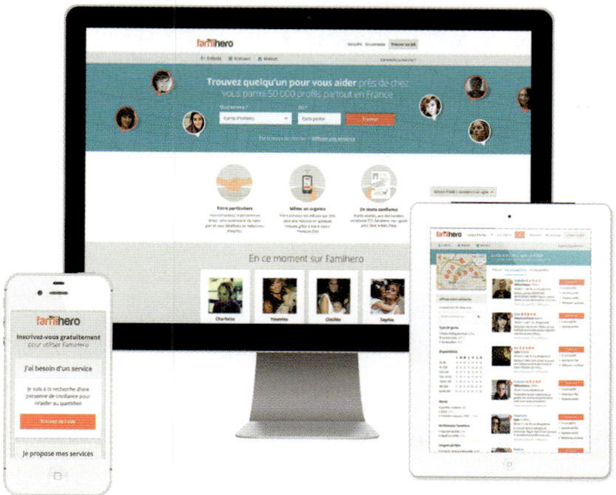

« L'enjeu de cette campagne était double : recruter le plus rapidement possible de nouvelles familles utilisatrices de FamiHero et développer notre notoriété. En somme, il fallait mixer performance directe et problématique de marque en une même campagne. »

O Annonceur : FamiHero
www.famihero.com
Swann Robbes, *PDG*

O Agence : RE-MIND
www.remind.fr
Franck Farrugia, *Président*
+33 (0)4 72 10 49 19
farrugia@remind.fr

— CETTE PARTIE EST DÉDIÉE À L'ACHAT MÉDIA ET À LA DATA : DES CONSEILS OPÉRATIONNELS POUR MAXIMISER SA VISIBILITÉ ET SON ROI. —

DIFFUSION

LE RÉFÉRENCEMENT

GESTION DES DONNÉES

ALLER PLUS LOIN AVEC LES **CAMPAGNES GOOGLE ADWORDS**

Clickoo France
www.clickoo.fr

› Baptiste Delamare
Gérant
baptiste@clickoo.eu

Dans un premier temps nous allons revenir sur les bases d'AdWords en 4 grands points, puis nous verrons comment augmenter votre visibilité avec les nouvelles solutions qu'AdWords vous propose.

LES BASES D'ADWORDS

1) Structure du compte
Faire en sorte que chaque mot-clé soit le plus pertinent possible par rapport à vos annonces. Plus vous serez précis à cette étape, plus votre niveau de qualité sera meilleur. Si ce n'est pas le cas, scindez vos campagnes en plusieurs groupes d'annonces.

2) Attractivité des annonces
Afin de tester vos annonces, il est impératif d'avoir au minimum deux annonces par groupes d'annonces. Ceci permettra d'analyser l'annonce la plus attractive pour les internautes. Une phrase d'accroche différente peut vous permettre d'augmenter votre taux de clic, ce qui aura pour conséquence, sur du moyen-long terme, la baisse de vos CPCs (coût par clic).

3) Page de destination
L'importance de la page de destination est cruciale. En effet, la pertinence de celle-ci sera décisive dans le choix de l'internaute de rester ou non sur votre site. Sachez qu'il faut moins de sept secondes avant qu'un internaute ferme sa page s'il pense qu'elle n'est pas pertinente.
N'hésitez pas aussi à mettre vos différentes pages de destinations en concurrence afin de voir quelle sera celle qui convertira le plus !

4) Analyse des requêtes de recherche
Afin de ne pas limiter votre visibilité dans un premier temps sur AdWords, il est pertinent de se positionner sur des mots-clés en large modifié. Cependant, il est impératif de suivre de très près toutes les requêtes qui ont généré la diffusion de vos annonces.

En effet, il faut trier régulièrement tous ces termes et ne pas hésiter à exclure tous ceux qui ne sont pas pertinents, créer des nouveaux groupes d'annonces pour ceux qui le sont. Ce travail régulier vous permettra d'avoir le maximum de visibilité mais aussi de mieux gérer votre budget.

DIFFÉRENTES SOLUTIONS GOOGLE ADWORDS

Le remarketing
Via le réseau Display de Google qui recouvre près de 75 % des espaces publicitaires sur la toile, le remarketing est la solution la plus pertinente d'utilisation sur ce réseau.
Celui-ci vous permet de cibler les internautes ayant déjà visité votre site via des bannières ou des annonces textuelles.
Plusieurs stratégies peuvent être mises en place en créant des listes d'internautes différentes.

1er exemple : un internaute ayant fait un achat sur un site peut être «remarketé» avec une promotion. Il peut lui être proposé 15 % de réduction pour un nouvel achat sur le site pendant une période limitée.

2ème exemple : les internautes ne validant pas leur panier peuvent être «remarketés» en incluant dans les bannières les produits de leur propre panier (remarketing dynamique).

« Le système AdWords devient de plus en plus complexe et performant. C'est pour cela que les annonceurs se doivent d'être informés sur les nouveautés du système afin de profiter au maximum du potentiel AdWords. »

3ème exemple : tous les internautes ayant visité le site peuvent être «remarketés» avec un message plus générique.
Les deux objectifs principaux du remarketing sont :

- Augmentation de la rentabilité
- Gain de notoriété

L'impact visuel des bannières augmente notoirement la crédibilité de l'annonceur auprès de son public stratégiquement ciblé.

Remarketing audience similaire

Le remarketing avec audience similaire vous permet de cibler des profils d'internautes similaires à ceux de votre liste de remarketing existante.
En effet, Google analyse votre audience et vous propose des listes bien plus importantes de profils d'internautes similaires.
Vous pouvez donc toucher de nouveaux profils avec cette solution.

Campagnes RLSA (remarketing search)

Les campagnes RLSA vont vous permettre de «remarketer» les internautes via le réseau de recherche, ceci grâce aux listes de remarketing déjà créées. Nous pourrons par conséquent ajuster des enchères spécifiques à ces internautes.

Dynamique search ads

Saviez-vous que chaque jour, 15 % des requêtes faites sur Google n'avaient jamais été recherchées auparavant ?!
Sur le réseau de recherche de Google, il est parfois difficile de se positionner sur tous les termes que les internautes recherchent.
Pour cela, nous avons la solution !
Les campagnes DSA vous permettent de générer dynamiquement des annonces sur tous les termes qui sont pertinents par rapport à toutes les pages de votre site.
Cette campagne est aussi très appréciée par les annonceurs qui possèdent une large gamme de produits en ligne.
Ce type de campagne peut aussi nous permettre de trouver de nouveaux mots-clés pertinents à ajouter dans de nouveaux groupes d'annonces.

Product listing ads

Pour les e-commerçants uniquement, Google propose d'augmenter votre visibilité via Google Shopping.

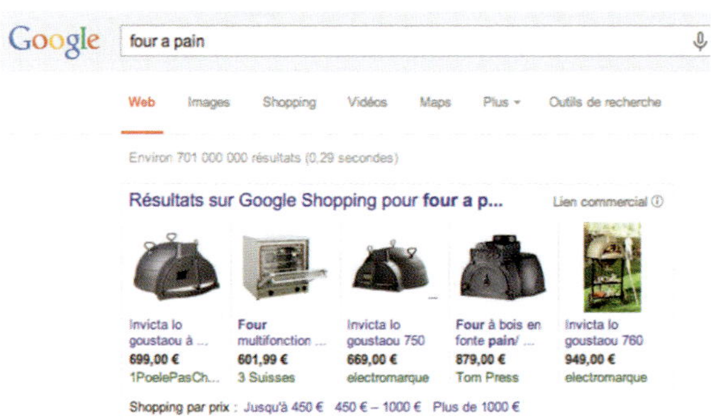

Les campagnes shopping permettent de mettre une image de votre produit avec son prix, et une promotion (en option). Ceci permet aux internautes de voir directement sur la première page de recherche l'image et le prix de votre produit sans même cliquer sur votre annonce.

Il est à noter que si vous vous positionnez sur Google Shopping et le réseau de recherche, vous pouvez avoir une double visibilité !

Afin d'utiliser cette solution, il faut en amont avoir créé votre compte Google Merchant Center et l'avoir associé à votre compte Google AdWords.

Les vidéos TrueView avec YouTube

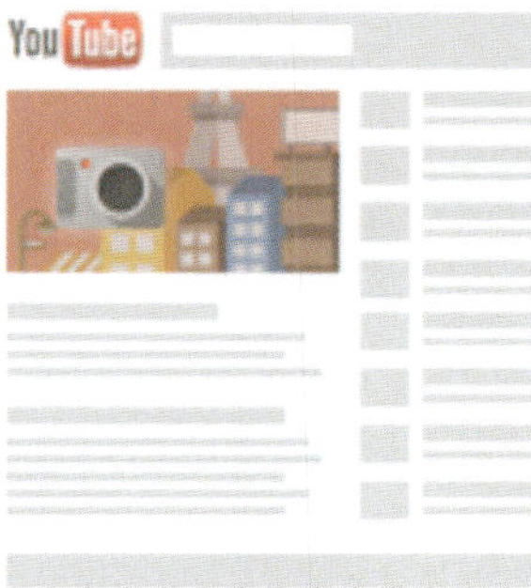

Les vidéo TrueView sont diffusées lorsqu'un internaute visionne une vidéo YouTube. Ces annonces peuvent être diffusées au format pre-roll, mid-roll ou post-roll dans des vidéos de toutes durées. Après cinq secondes de diffusion de l'annonce, l'internaute peut choisir de l'ignorer ou de regarder la suite. Vous ne payez que lorsque l'internaute visionne 30 secondes de l'annonce, ou l'intégralité de cette dernière si elle dure moins de 30 secondes.

L'avantage, c'est que vous ne payez que si l'internaute est intéressé par votre vidéo.

Le système AdWords devient de plus en plus complexe et performant. C'est pour cela que les annonceurs se doivent d'être informés sur les nouveautés du système afin de profiter au maximum du potentiel AdWords.

EXPLOITER LA PUISSANCE DE YOUTUBE VIA **GOOGLE ADWORDS**

YouTube, Dailymotion, Vimeo, Wat... de nombreuses plateformes vidéo existent sur Internet. Ces services de streaming vidéo ne cessent de progresser avec la démocratisation du haut débit. YouTube est le leader incontesté de la vidéo en ligne avec 26 millions d'utilisateurs en France (chiffres Médiamétrie Novembre 2013). C'est même le 2eme moteur de recherche après Google. Il existe un potentiel important à exploiter. Mais quelle stratégie adopter ? Comment la mettre en place et en mesurer l'impact ? Décryptage du service de publicité YouTube, appelé Google AdWords for Video.

LES 3 FAÇONS D'ANNONCER SUR YOUTUBE

L'affichage de la publicité se présente sous 3 formes. La plus populaire est InStream, permettant de rediriger sur une page web spécifique via un clic sur la vidéo. La publicité se lance automatiquement avant la vidéo de l'internaute. Il est essentiel qu'un message passe dans les 5 premières secondes, avant de pouvoir fermer la publicité. Il faut donner envie de consulter un contenu initialement non souhaité. Une vidéo de 30 secondes est recommandée : un contenu trop long lassera l'utilisateur.

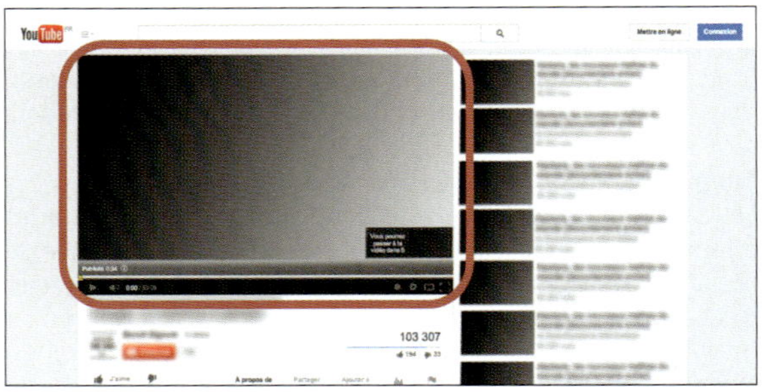

Les 2 autres formats d'annonce sont axés sur la promotion de votre chaîne YouTube ou d'une de ses vidéos. InSearch est ce qui se rapproche le plus du Search Google avec la rédaction d'une annonce et l'achat de mots-clés. On apparaît dans les résultats de recherche avec une vignette d'aperçu de la vidéo. Quant à InDisplay, il se présente sous forme de suggestion vidéo à droite de la vidéo consultée.

Ad For All
www.adforall.fr

› Grégor Savidan
Directeur général
gregor@adforall.fr

> « Contrairement à l'idée reçue, la population YouTube est homogène. Google AdWords for Video permet de cibler spécifiquement en fonction de critères simples tels que l'âge, le sexe, la zone géographique... mais pas seulement. »

UN PANEL DE CIBLAGE COMPLET

Contrairement à l'idée reçue, la population YouTube est homogène. Google AdWords for Video permet de cibler spécifiquement en fonction de critères simples tels que l'âge, le sexe, la zone géographique... mais pas seulement.

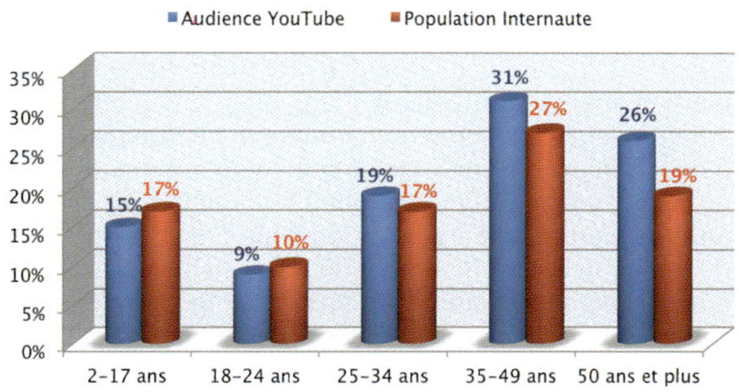

Il est également possible de cibler des audiences spécifiques. On profite alors de toute la puissance de l'écosystème Google. A l'instar de AdWords en display, des fonctionnalités comme retargeting, audience similaire, thèmes, centres d'intérêt sont présentes.

On profite également de spécificités propres à YouTube. Toutes les informations relatives à votre chaîne YouTube sont récupérables à des fins publicitaires : abonnés, visionnages, interactions... Ces listes sont même réutilisables sur vos campagnes display AdWords. Un élément-clé pour garder toujours plus l'attention de l'internaute.

LA PUBLICITÉ YOUTUBE, UN OBJECTIF DE NOTORIÉTÉ AVANT TOUT...

La publicité sur YouTube vous permet d'acquérir une notoriété supplémentaire et même complémentaire par rapport aux médias classiques. Une étude comScore montre que 30 % de la cible d'une marque n'est pas atteinte avec une unique campagne TV de notoriété.

Le comportement des internautes n'est pas le même sur un service de vidéo en ligne que sur un moteur de recherche. Sur Google, l'internaute montre une intention et une implication plus marquées, plus actives. Sur YouTube, le vidéonaute cherche à se distraire et navigue d'une vidéo à l'autre.

InDisplay et InSearch sont les plus adaptés pour des vidéos de plus d'une minute. Les taux de visionnage sont faibles (0,20 % à 0,40 %). L'engagement est par contre assez fort : l'internaute fait lui-même le choix de regarder votre vidéo. Ces 2 formats sont davantage pensés pour la notoriété de votre marque et de votre chaîne YouTube.

InStream demande un autre type de vidéo, court et efficace, capable de divertir l'internaute. Les taux de visionnage sont nettement plus importants. On constate des taux de 15 % à 35 % en fonction de la cible et de la qualité de la vidéo. Le volume potentiel de visibilité y est conséquent.

... QUI N'EMPÊCHE PAS UN RETOUR SUR INVESTISSEMENT DIRECT

Le coût représenté par la publicité YouTube est intéressant en comparaison des médias traditionnels. Vous payez uniquement lorsqu'on regarde votre vidéo. En France, on peut ainsi obtenir une grande visibilité pour un coût par vue n'excédant pas quelques centimes.

On distingue 2 types d'interactions : avec votre site web (clics, conversions) et avec votre chaîne YouTube (nombre de J'aime, de partages, d'abonnés). Vous avez accès à un reporting détaillé de performances sur votre vidéo en fonction de votre cible. Cela vous permet d'optimiser vos campagnes en fonction de vos objectifs.

Vous pourrez avoir de bons retours directs sur un ciblage remarketing et audience similaire, avec un ROI proche de vos campagnes classiques. Le ciblage par centres d'intérêt amène un volume important de clics sur votre site web. Les retours directs y sont faibles, mais une analyse montre souvent de bons retours indirects.

Tout est réalisable sur AdWords for Video. Ce sont vos objectifs qui vont définir le volume de diffusion sur YouTube. Un objectif de conversions directes vous entraînera sur des cibles et des volumes restreints. Un objectif de visibilité et de notoriété vous permettra de toucher un volume conséquent et homogène d'internautes que vous ne touchez pas forcément aujourd'hui.

ANALYSE DU ROI ET DES ENTONNOIRS MULTICANAUX AVEC **GOOGLE ANALYTICS**

Agence YouzWeb
www.youzweb.com

> Emmanuelle Conte
Web planner
emmanuelle@youzweb.com

Dans un contexte de plus en plus concurrentiel et avec une multiplication de l'offre, les internautes comparent et réfléchissent avant d'acheter. Ils visitent parfois plusieurs fois un même site web et plusieurs canaux peuvent intervenir dans l'acte d'achat. Analyser les rendements publicitaires des différents leviers utilisés permet d'ajuster les investissements.

En utilisant les rapports de Google Analytics nous identifions quel canal permet l'atteinte d'objectifs et la génération de chiffre d'affaires et nous comparons le taux de conversion, le CA et le ROI par canal.

Par défaut, l'atteinte d'un objectif ou la transaction sont affectées à la dernière source de trafic indirecte (hors trafic direct). Mais en tenant compte uniquement de la dernière touche, nous n'accordons pas d'importance aux performances des canaux ayant permis de faire découvrir une offre ou de contribuer indirectement à la conversion. Quel est le rôle des différents canaux ? Interviennent-ils plutôt pour la première visite, une visite intermédiaire ou en conclusion ? Un canal qui ne conclut pas est-il présent dans une part importante de conversions ?

Nous pouvons sous-estimer ou surestimer les performances des différents canaux en nous focalisant uniquement sur la dernière touche. L'analyse des entonnoirs multicanaux doit nous permettre d'avoir une vision plus globale et réaliste des performances des différents canaux et ainsi d'optimiser les investissements et le ROI.

1. L'ANALYSE TRADITIONNELLE

Une grande majorité d'annonceurs utilisent les rapports traditionnels où les transactions et le chiffre d'affaires sont affectés à la dernière source de trafic indirect (dernière source hors trafic direct), correspondant à une attribution au dernier clic.

Nous partons de l'hypothèse où en tenant compte de la dernière source de trafic indirect, le levier « Liens commerciaux » représente :
- 35 % des visites
- 10 % du CA
- 50 % du budget marketing

Nous pouvons juger ce levier très coûteux (50 % du budget) au regard de la part de CA généré (10 % du CA). Néanmoins, le CPC intervient peut-être dans 60 % des transactions et pourrait agir en première touche permettant de découvrir la marque.

Un levier, permettant peu de conversions et un ROI bas, peut paraître non rentable mais contribuer indirectement à de nombreuses conversions.

Les rapports « entonnoirs multicanaux » permettent de mieux appréhender les conversions indirectes et les chemins de conversion. Les rapports « d'attribution » vont permettre de revoir l'affectation des transactions et du CA aux différents canaux.

« L'analyse des entonnoirs multicanaux doit nous permettre d'avoir une vision plus globale et réaliste des performances des différents canaux et ainsi d'optimiser les investissements et le ROI. La performance d'un canal ne se juge pas uniquement sur la dernière interaction, un canal peut être à l'origine d'une transaction ou y contribuer. »

2. ENTONNOIRS MULTICANAUX

Les rapports « entonnoirs multicanaux » permettent une meilleure vision des interactions entre les canaux. Pour mener à bien l'analyse, nous allons définir un groupe de canaux à analyser et interpréter les rapports disponibles.

2.1 Définir des groupes de canaux personnalisés
Un groupe de canaux personnalisé permet d'avoir une vision plus représentative du plan trafic mis en place et du retour sur investissement des actions menées.

Selon les canaux que nous utilisons dans le cadre du plan d'acquisition de trafic, il peut être intéressant de créer son propre groupe de canaux personnalisé, dans lequel nous pourrions avoir :
- Display
- Retargeting
- SEA « marque »
- SEA « hors marque »
- SEO
- Réseau social
- Site référent
- E-mail
- Affiliation
- Accès directs

Un groupe de canaux personnalisé doit refléter le plan trafic et permettre l'analyse selon les investissements réalisés.

2.2 Comprendre les rapports de Google Analytics
Le groupe de canaux personnalisé défini, nous pouvons analyser correctement les interactions et le rôle des différents canaux dans la réalisation d'une transaction ou d'un objectif.

Nous retrouvons plusieurs rapports dans « Entonnoirs Multicanaux » :
- Vue d'ensemble
- Conversions indirectes
- Chemins de conversion les plus fréquents
- Laps de temps avant la conversion
- Longueur du chemin

Nous nous focaliserons sur « Conversions indirectes » et « Chemins de conversion les plus fréquents ».

Conversions indirectes
Ce rapport nous permet d'obtenir plusieurs indicateurs-clés dont l'interprétation est à réaliser avec précaution.
Le premier point de vigilance se situe dans le fait que dans les rapports « standards », une conversion est affectée au dernier canal « indirect » alors que les rapports « entonnoirs multicanaux » affectent la conversion à la dernière interaction même s'il s'agit de trafic direct. Le nombre de conversions directes pour « Accès Directs » peut donc être considérablement plus élevé que dans les rapports traditionnels.

Le second point de vigilance se situe au niveau des conversions indirectes. La « conversion indirecte » est définie comme le « nombre de conversions pour lesquelles ce canal est apparu dans le chemin de conversion, mais n'a pas constitué l'interaction finale avant la conversion. » Or nous constatons que sont comptabilisées dans les « conversions indirectes » des conversions pour lesquelles le canal est apparu dans le chemin de conversion ET a constitué l'interaction finale avant la conversion.

Exemple :
Les liens commerciaux comptabilisent 811 conversions indirectes y compris des chemins pour lesquels le canal constitue l'interaction finale avant la conversion.

Les « conversions indirectes » dans Google Analytics correspondent aux conversions pour lesquelles le canal est intervenu dans le chemin de conversion et pour lesquelles le canal n'est pas présent une seule fois en dernière interaction.
Exemple :
- Liens commerciaux => Accès directs => Liens commerciaux : comptabilisé comme conversion directe et indirecte
- Liens commerciaux => Accès directs : comptabilisé comme conversion indirecte uniquement
- Accès directs => Liens commerciaux : comptabilisé comme conversion directe uniquement.

« Les liens commerciaux sont plus rentables avec modèle, ce canal pouvant agir principalement en phase de découverte, nous constatons que son impact est plus important. L'affiliation par contre, qui agit plutôt en conclusion est moins rentable que ce à quoi nous nous attendions. Une partie de l'investissement affiliation pourrait être affectée à d'autres canaux. »

Attention aux doublons
Le volume de conversions directes + indirectes sera supérieur à la présence réelle dans la mesure où nous avons une partie de « doublons » comptabilisés dans les deux colonnes.

Evaluer le rôle du canal, plutôt direct ou indirect ?
L'indicateur « Nombre de conversions indirectes/nombre de conversions directes » est intéressant, il permet d'évaluer le rôle global joué par un canal. Une valeur proche de 0 indique que le canal a réalisé plus de conversions directes qu'indirectes, une valeur proche de 1 indique que le rôle est partagé, une valeur supérieure à 1 indique que le canal agit davantage sur les conversions indirectes.

2.3 Identifier la présence d'un canal sur l'ensemble des transactions

Nous partons de l'hypothèse où nous avons sur une période donnée les résultats suivants dans rapports traditionnels :

Canal	Visites	Transactions	Chiffre d'affaires	Taux de conversion
Affiliation	123 456	1 358	101 850 €	1,10%
Retargeting	234 567	4 691	351 825 €	2,00%
E-mail	345 678	4 839	362 925 €	1,40%
Liens commerciaux	465 987	2 796	209 700 €	0,60%
TOTAL	**1 169 688**	**13 684**	**1 026 300€**	**1,17%**

Les budgets marketing et résultats « ROI » sont les suivants :

Canal	Budget	Transactions	Chiffre d'affaires	CPA	ROI
Affiliation	13 580,00€	1 358	101 850 €	10,00€	650%
Retargeting	28 148,04€	4 691	351 825 €	6,00€	1149,9%
E-mail	1 000,00€	4 839	362 925 €	0,21€	36 192,5%
Liens commerciaux	144 455,97€	2 796	209 700 €	51,67€	45,2%
TOTAL	**187 184,01€**	**13 684**	**1 026 300€**	**13,68%**	**448,28%**

Les liens commerciaux sont les moins rentables avec un CPA et un ROI bien supérieurs à la moyenne. Ils représentent 20 % des transactions pour 77 % du budget.

Le nombre de conversions où apparaissent « Liens commerciaux » peut être réalisé à partir du rapport « Chemins de conversion les plus fréquents. » Nous pourrions avoir :

Canal	Présence	Total Transactions	% présence
Affiliation	1 845	13 684	13%
Retargeting	6 000	13 684	44%
E-mail	5 200	13 684	38%
Liens commerciaux	5 350	13 684	39%

Nous constatons que les liens commerciaux sont présents dans 5 350 transactions soit 39 % des transactions.

Une transaction pouvant être présente dans plusieurs canaux, nous devrons utiliser un modèle d'attribution pour l'affectation des transactions.

Pour aller plus loin
Il est possible d'étudier pour chaque canal les « moments de présence » et d'évaluer le nombre de fois où un canal apparaît en premier lieu, en dernier lieu et entre la deuxième touche et l'avant-dernière touche.

Les conversions indirectes peuvent être réévaluées en soustrayant les « conversions directes » de la présence. Nous aurons alors le total, hors doublons, des conversions directes et indirectes.

ATTRIBUTION

La performance d'un canal ne se juge pas uniquement sur la dernière interaction, un canal peut être à l'origine d'une transaction ou y contribuer.

Quelques modèles d'attribution proposés dans Google Analytics sont régulièrement utilisés :
• Dernière interaction : affecte la transaction au dernier canal
• Première interaction : affecte la transaction au premier canal
• Linéaire : accorde le même crédit à chaque point de contact
• Basé sur la position : les premières et dernières touches reçoivent chacune 40 % du crédit et les touches intermédiaires 20 %.

Il est également possible de créer son propre modèle d'attribution qui correspond davantage à notre stratégie marketing, secteur d'activité, objectifs commerciaux et à l'importance et la manière dont sont exploités certains canaux.

En considérant que notre marque est peu connue et que nous accordons davantage d'importance à la première touche, nous avons revu le modèle d'attribution :

Canal	Budget	Transactions	Chiffre d'affaires	CPA	ROI
Affiliation	13 580,00€	450	33 750€	30,18 €	148,5%
Retargeting	28 148,04€	3 202	240 150€	8,79 €	753,2%
E-mail	1 000,00€	5 154	386 550€	0,19 €	38 555%
Liens commerciaux	144 455,97€	4 878	365 850€	29,61€	153,3%
TOTAL	**187 184,01€**	**13 684**	**1 026 300€**	**13,68%**	**448,28%**

Les liens commerciaux sont plus rentables avec modèle, ce canal pouvant agir principalement en phase de découverte, nous constatons que son impact est plus important.

L'affiliation par contre, qui agit plutôt en conclusion est moins rentable que ce à quoi nous nous attendions. Une partie de l'investissement affiliation pourrait être affectée à d'autres canaux.

En conclusion, il est indispensable, lors de la répartition du budget publicitaire, de bien mesurer l'impact du « multitouche ».

LES FACTEURS-CLÉS DE SUCCÈS D'UNE **CAMPAGNE D'AFFILIATION**

L'affiliation peut se définir comme l'ensemble des moyens mis en œuvre par une marque pour mener une activité commerciale par le biais d'internet sur supports fixes (les ordinateurs connectés au réseau) ou mobiles (les tablettes et smartphones). C'est une activité en perpétuelle mutation dont les règles changent au gré des innovations et des nouveaux usages du Net.

En dégager les facteurs-clés de succès est donc forcément une entreprise temporaire qui consiste plutôt à faire apparaître des tendances.

LA TENDANCE MAJEURE : LE COMPORTEMENTAL

Celle qui se dégage parmi toutes depuis quelque temps est la nécessité de tirer profit de la masse énorme d'informations comportementales tirées des historiques de navigation et des données de visite des sites pour cibler l'activité commerciale de sa marque.

Toutes les marques et tous les secteurs sont présents sur le web et la somme quotidienne de publicités auxquelles sont soumis les utilisateurs atteint un seuil critique. Ceux-ci réagissent, avec l'aide des fournisseurs d'accès, pour préserver leur confort de navigation et d'utilisation de leur boîte mail, par l'utilisation de logiciels de navigation libres, d'anti-spams, d'adblocks, et autres systèmes de notation de l'e-réputation des sites.

On ne mesure donc plus le succès de sa campagne d'affiliation au seul degré de présence de sa marque sur le web. Il faut aussi que cette présence soit opportune et positivement perçue par l'internaute ; à défaut la campagne, et surtout la marque, prennent le risque d'être durablement sanctionnées.

Construire une campagne d'affiliation consiste aujourd'hui à se donner les moyens de faire une diffusion précise et de jouer sur tous les leviers d'acquisition pour détecter les besoins et les suivre afin d'être présent au moment opportun, sous la forme la plus agréable possible, et par les moyens les plus simples pour l'utilisateur.

QUELLES SONT LES ÉTAPES À SUIVRE POUR UNE CAMPAGNE D'AFFILIATION RÉUSSIE ?

Il faut donc établir un plan de bataille précis au moment de mettre une nouvelle campagne en ligne, qui prend en compte les caractéristiques de son produit, de sa marque, de sa cible et du web.

Place des Leads
www.placedesleads.com

> Auteur : Samuel Fayaud,
Responsable de l'Affiliation

> Contact : Herve Degauchy
Directeur Commercial
herve.degauchy@placedesleads.com

> *« L'efficacité de votre campagne d'affiliation se verra renforcée par la complémentarité des leviers. Chaque levier à ses atouts et doit faire l'objet d'évaluations séparées, ne serait-ce que parce que le temps d'évaluation de la rentabilité de chacun n'est pas du tout le même »*

A. EVALUER SES PROBLÉMATIQUES

Pour ce faire, il faut en tout premier lieu évaluer la complexité de l'action commerciale que la campagne doit provoquer, que celle-ci soit une simple visite sur son site, une détection de prospects, ou une vente en ligne.

Un organisme de rachat de crédit cherchant des ménages désireux de rééchelonner leurs dettes devra concevoir un tout autre modèle de campagne qu'un site marchand vendant des produits de grande consommation à la mode et utilisant l'affiliation pour générer du trafic.

L'un et l'autre doivent être attentifs à restreindre leur diffusion à un trafic utile, mais pour des raisons très différentes.
Ce que risque le site marchand à ne pas cibler sa diffusion, c'est de voir s'envoler son coût d'acquisition en payant des visites qui ne sont pas motivées par le besoin mais par la curiosité gratuite, les biens qu'il vend étant à la mode.

Le site de rachat risque lui d'être perçu comme importun avec un plan de diffusion trop large, et de baisser en e-réputation.
Pour vous aider à situer votre risque, vous pouvez utiliser un schéma, une sorte de balance, où les deux plateaux tentent d'évaluer d'un côté le risque d'impopularité, de l'autre le risque d'attirer une curiosité sans fondement réel.

Attractivité

- Popularité des produits vendus
- Nouveauté
- Largeur du public cible
- Récurrence du besoin
- Notoriété de la marque
- Valeur perçue
- Promotions et gratuités
- Simplicité et brièveté de l'action commerciale

impopularité

- Confidentialité du besoin
- Chronicité/invariance de l'offre
- Complexité/longueur du formulaire
- Immixtion dans la vie privée
- Coût
- Irréversibilité de l'acte
- Contraintes géographiques
- Contraintes de ciblage

Que votre produit, et donc votre campagne, pèse plutôt sur tel ou tel plateau de la balance n'est ni bien ni mal. Cela doit simplement influencer vos choix à l'heure de concevoir votre campagne.

Cette question de la complexité est fondamentale car elle va déterminer le prix auquel l'action sera rémunérée, le nombre d'actions à attendre de sa campagne et le degré de pression marketing qu'il sera possible de mettre, d'où découlent en premier lieu le budget mensuel estimé, mais aussi les contraintes de ciblage, de filtrage et de déduplication à mettre en œuvre, et enfin les leviers d'acquisition à solliciter.

B. TRAVAILLER L'ERGONOMIE DE SON SITE ET L'ATTRACTIVITÉ DE SES SUPPORTS DE DIFFUSION

Observer les taux de rebond et de transformation
L'ergonomie du site reste le premier moyen de s'adapter aux caractéristiques de sa campagne et aux risques et opportunités qui en découlent. Dans la nécessité où se trouvent les marques de rechercher un trafic plus ciblé et donc plus rare, elle doit être travaillée et retravaillée en permanence pour optimiser les visites.

Les premiers indices à scruter pour réussir à évaluer sa landing page (la page sur laquelle le programme d'affiliation redirige les internautes) sont le taux de transformation et le taux de rebond. Vos outils de suivi de campagne fournissent des statistiques sur ces points qu'il convient d'examiner à la loupe.

Taguer et débriefer les équipes commerciales
Il faudrait aussi prévoir un tagage du site permettant une détection fine des comportements de l'internaute. Il permettra par exemple de détecter si un champ de formulaire ou une page du site provoque un taux d'abandon particulièrement important. Gardez à l'esprit que sur-qualifier une demande de devis ou prolonger un tunnel de conversion se fait au détriment du taux de transformation. Il faut rechercher le point d'équilibre entre besoins opérationnels, opportunités de cross-selling, et risque d'abandon.

Enfin, dans le cas du lead, il est bon d'obtenir des équipes commerciales qui les exploitent un retour régulier permettant de détecter les éventuelles faiblesses de qualification des prospects.

Le travail sur l'ergonomie permet aussi de compenser certaines contraintes opérationnelles comme la complexité des formulaires. Le web regorge de données pré-enregistrées. En fonction des caractéristiques de sa campagne, si le potentiel d'impopularité est fort par rapport au potentiel de curiosité par

« Construire une campagne d'affiliation consiste aujourd'hui à se donner les moyens de faire une diffusion précise et de jouer sur tous les leviers d'acquisition pour détecter les besoins et les suivre afin d'être présent au moment opportun. »

exemple, il peut être pertinent d'avoir recours aux solutions de pré-remplissage proposées par les éditeurs et les réseaux sociaux (Facebook Connect, etc.).

Faire joli ou technique ?
Les supports de diffusion doivent eux aussi être évalués, à partir du taux de clic.
Le tracking permet maintenant de détecter sur quelles zones du support de communication l'internaute a cliqué. Cela ouvre de nombreuses possibilités d'A/B testing pour dégager quels arguments, quels mots, quelles images ont attiré l'internaute vers votre produit. Optimisez aussi l'encodage de vos publicités. En e-mailing, par exemple, on estime que le code entre pour 15 % dans la délivrabilité, c'est-à-dire la faculté de votre support de communication à arriver en bon état sur la boîte mail des internautes.
Et n'oubliez pas que 40 % des e-mails ouverts et un tiers des recherches proviennent des smartphones et tablettes. Alors pensez aux kits et landing responsives.

C. TROUVER UN TRAFIC EFFICACE

Deux axes de travail permettent d'optimiser la qualité de son trafic.

Segmenter
Le premier axe est un travail de segmentation de la population et du territoire tout à fait classique que le web peut maintenant prendre en compte, et dont il ne peut plus se passer.

Profitez des possibilités de géolocalisation et de ciblage sur de nombreux critères d'âge et de revenu que proposent les éditeurs. Ayez recours aussi à la déduplication sur votre base client en amont de la diffusion pour que vos propres clients ne soient pas sollicités sur des produits et des services qu'ils ont déjà.

Evaluer ses partenaires un par un
Le deuxième axe est la sélection de ses supports de diffusion et de ses leviers d'acquisition.

Le choix est très vaste, permettant de nombreuses expérimentations.
Nous nous permettons d'ailleurs cette remarque de bon sens : vous devez pouvoir rattacher chaque visite à un partenaire précis pour que la qualité du trafic qu'il vous amène puisse être évaluée. Donc dédiez un tracking à chacun et mettez en place un système de sub-id (de sous-identifiants) si l'un de vos partenaires est un réseau. Cela vous permettra de garder une partie des solutions du réseau et d'en rejeter d'autres sans avoir à vous positionner sur les performances moyennes des divers acteurs du réseau.
Néanmoins, ne concluez pas trop vite.

Laissez le temps à vos partenaires de rechercher les bons canaux de diffusion. Le web est immense. Trouver les bons filons prend parfois quelques jours.

Le Big Data

Néanmoins les possibilités offertes par le big data ont un peu changé la donne.

De nombreux acteurs de l'affiliation sont maintenant capables de tracer des portraits de consommation de leurs internautes au travers de leurs comportements de navigation passés. Il est possible d'en déduire l'appétence probable que ces internautes auront si vous leur soumettez votre offre. Le gain de temps et d'efficacité pour mettre en place un plan de diffusion efficace est considérable. Il s'applique aussi bien à l'e-mailing qu'au display et progresse très rapidement, le succès de Criteo en témoigne.

D. CONCEVOIR UN PLAN MÉDIA COMPLET

Explorer tous les leviers

Le risque d'impopularité étant de l'ordre du ressenti, un bon moyen de rester très présent et d'atteindre des objectifs d'acquisition ambitieux sans lasser l'internaute est de varier les supports sur lesquels sa marque est positionnée. Ne négligez donc aucun levier. Voici une liste de ceux auxquels vous pouvez avoir recours :

- Référencement
- Display, retargeting et RTB
- E-mailing, retargeting mail
- Digital (mobile et tablette)
- Sponsoring et co-registration
- Réseaux sociaux
- Partenariats
- Marketplace

Profiter de la complémentarité d'un plan médiat complet

L'efficacité de votre campagne d'affiliation se verra renforcée par la complémentarité des leviers. En revanche n'attendez pas la même chose de chacun. Il est même déconseillé de faire migrer sans modification une campagne d'un support à l'autre. Chaque levier à ses atouts et doit faire l'objet d'évaluations séparées, ne serait-ce que parce que le temps d'évaluation de la rentabilité de chacun n'est pas du tout le même (le référencement naturel s'évalue sur des mois, tout comme le sponsoring qui va alimenter votre stratégie d'acquisition en fidélisation, alors que l'impact de l'e-mailing, du display ou de la marketplace ne prennent que quelques jours).

Aussi ne transigez jamais, même dans l'urgence, même pour un petit test, avec la nécessité de clairement séparer les statistiques de chacun des leviers sur vos outils de suivi.

Enfin profitez du web pour maximiser le retour sur investissement de vos campagnes sur les médias traditionnels. L'influence d'un spot télé sur les performances de vos campagnes d'affiliation est limpide, et systématiquement positif. Il provoque une augmentation des taux de clic et de transformation par laquelle vous pouvez commencer à en mesurer l'impact.

Une campagne d'affiliation réussie est une campagne adaptée

Pour conclure, le facteur-clé de réussite d'une campagne tient en grande partie à la capacité de la faire évoluer. Etablir un rythme de diffusion pérenne, affiner le ciblage, le discours, retenir les leviers et les partenaires les plus efficaces peut en partie se prévoir. Mais c'est surtout le fruit d'un travail quotidien basé sur l'observation des statistiques et leurs évolutions. D'autre part le web évolue très vite, de nouveaux dispositifs et partenaires apparaissent presque tous les jours.

Donc ne vous reposez jamais sur vos lauriers. Expérimentez, testez, re-testez, et ne concluez pas trop vite qu'un levier n'est pas pour vous. Certes la toile n'est plus aussi simple à conquérir. Mais avec un minimum d'implication et en optimisant ses dispositifs, elle reste ce lieu magique qui transforme des étudiants, certes géniaux, en quadras milliardaires.

DÉBUTER DANS LE MARKETING DE DONNÉES AVEC **LES «SMALL DATA»**

Dolist.net • www.dolist.net

› Gaëlle Guillocheau
Responsable communication
g.guillocheau@dolist.net

EST-ON VRAIMENT PRÊT POUR LE BIG DATA ?

Big, Smart Data... quel que soit son qualificatif, la data est dans toutes les bouches avec des techniques d'exploration et d'exploitation de données à faire tourner la tête ! Certes, les annonceurs comprennent désormais bien les bénéfices qu'il y a à analyser les données cumulées sur leurs contacts : meilleure connaissance des profils, adaptation des communications pour un meilleur ROI, fidélisation, adaptation de la pression portée sur les internautes...

Mais entre terminologies abusives, méconnaissances, problématiques technologiques ou encore budgétaires, la réalité à laquelle nous nous confrontons tous a bien souvent du mal à s'intégrer dans de tels schémas et process techniques. Ainsi, alors qu'environ 75 % des entreprises françaises de plus de 250 salariés comprennent bien l'intérêt du Big Data et en ont un avis positif, elles ne seraient concrètement que 6 % à avoir déjà mené tout ou partie d'un projet de Big Data et seulement 5 % à être équipées des technologies adaptées.[1]

A la vue de tels chiffres, que conclure pour les sociétés d'autres dimensions ?

UN PREMIER PAS VERS L'EXPLOITATION DES DONNÉES ET LE BIG DATA

La quantité de données collectées par les entreprises a littéralement explosé avec le développement des échanges on line et des opérations marketing sur le web, ce que confirment 65 % des décideurs français lorsqu'ils appréhendent l'évolution de ces volumes depuis 20101.

Démographiques, déclaratives, participatives, comportementales, transactionnelles ou encore analytiques... Les données collectées sont aujourd'hui illimitées, d'origines multiples, bien souvent éparpillées entre les divers systèmes d'information, finissant par se perdre, voire par tomber en désuétude, avant même d'être exploitées.

Les recommandations des experts du Big Data fusent alors : *« Centralisez vos données pour les rendre accessibles, nettoyez-les, structurez-les puis lancez-vous dans leur traitement au moyen d'analyse RFM ou encore du scoring comportemental ! ».*

Mais ces multiples organisations qui ne sont pas encore prêtes à aller si loin, doivent-elles pour autant rester passives ? Et si l'exploitation des données débutait déjà par une réaction adaptée à ces petits signaux du quotidien, ces signes qui font sens et qui sont disponibles pour tous types d'entreprises, ces « Small Data » ?

LES «SMALL DATA» À VOTRE SERVICE !

La première question à se poser concerne la nature des données naturellement entrantes dans votre système d'information. Date, nature et montant de la dernière commande de votre client, date anniversaire de la signature du contrat, date d'échéance de garantie, informations diverses liées aux comptes en ligne des utilisateurs, paniers abandonnés, visites authentifiées sur une

> *« Canal de marketing direct par excellence, l'e-mail marketing répond à de nombreux avantages dans l'exploitation des «Small Data» : coût maîtrisé, automatisation simple des messages, forte traçabilité, mesure facile du ROI, potentiel élevé de personnalisation des contenus, possibilité d'interconnexion des solutions d'envoi avec les CRM et autres systèmes d'information... »*

page web spécifique, inscriptions à un événement, clics dans un message e-mail... Dans n'importe quelle structure, pour peu que l'on s'y attarde, on trouve ainsi nombre d'opportunités légitimes de communiquer.

En lien avec des objectifs marketing clairs et sur la base de chacune de ces données, une réflexion peut ensuite être engagée pour aboutir à de nouvelles questions, de nouveaux scénarios.

Ainsi la date de la dernière commande peut certainement initier une réflexion sur la fréquence d'achat ou faciliter la détection d'une baisse d'activité. La première commande permet d'identifier une date anniversaire. Le clic dans une campagne e-mail ou la visite d'une page web peut définir un thème ou une catégorie de produit favorisé par votre contact...

Chaque action, changement de situation, modification de comportement est à voir comme un signal qui fait sens ! Il suffit de se pencher sur les data facilement et rapidement actionnables sans avoir besoin d'être soumises à un processus analytique complexe.

LA PERTINENCE INHÉRENTE AU TRAITEMENT DES «SMALL DATA»

Inimaginable pour n'importe quel individu de recevoir un avis d'échéance un mois après la date d'expiration ou encore de recevoir sa confirmation de commande une semaine après l'avoir validée ! Inutile non plus de réagir sur tous les signaux émis si le contenu du message n'entre pas dans une logique de bénéfice utilisateur ou d'amélioration de l'expérience client.

Si le travail de ces petits signaux qui font sens est opportun, il ne tient qu'à peu de choses que la pertinence de leur exploitation tombe à l'eau. Le manque de pertinence des messages est par exemple la première raison du désabonnement en e-mail marketing[2]. La sanction des consommateurs peut ainsi s'avérer lourde, jusqu'à la rupture de relation.

Ainsi, qu'il s'agisse du délai de traitement, du contenu de la communication adjointe ou encore du format de cette dernière, la pertinence doit rester le fil conducteur des « Small Data » et des opérations marketing qu'elles génèrent.

SIGNAL	MESSAGE CORRESPONDANT	BÉNÉFICES ESCOMPTÉS
Inscription newsletter	Confirmation / double opt-in	Engagement relation / validation adresse
Création compte en ligne	Message de bienvenue avec centre de préférences	Intérêt pour un univers spécifique
Réservation	Confirmation / rappel réservation	Optimisation de la relation client
Signature contrat	Anniversaire contrat	Fidélité / renouvellement
Achat e-commerce	Message ventes additionnelles	Achat produits complémentaires
Commande non finalisée	Relance suite à abandon de panier	Validation commande
Demande produit indisponible	Alerte disponibilité	Achat produit voulu
Dernière commande éloignée	Relance intérêt offre dédiée	Réactivation client

« Chaque action, changement de situation, modification de comportement est à voir comme un signal qui fait sens ! Si le travail de ces «small data» est opportun, il ne tient qu'à très peu de choses que la pertinence de leur exploitation tombe à l'eau. »

PAS DE RÉACTIVITÉ MARKETING SANS AUTOMATISATION

Répondre à un signal émis est intéressant si la réaction tombe à point nommé. L'automatisation de celle-ci devient alors incontournable si l'on souhaite gagner du temps tout en évitant au maximum les erreurs liées aux interventions manuelles.

Qui dit marketing automatisé dit également nécessité de déterminer clairement le fait déclencheur du message, les délais de réaction, les contenus et formats de la communication. Ainsi, à l'occasion du téléchargement d'un livre blanc par exemple, un e-mail peut immédiatement fournir le lien vers ladite ressource. Puis une relance téléphonique peut être programmée 10 jours après avec proposition d'auditer gratuitement les pratiques de la personne, en lien avec le sujet du livre blanc. Les scénarios pour chaque signal exploité peuvent ainsi rapidement se démultiplier et prendre en compte une dimension multicanale.

Ce travail d'automatisation marketing a l'avantage de pousser à se reconcentrer sur ses objectifs finaux, à anticiper et programmer les divers scénarios auxquels on peut être confronté mais aussi, à vérifier la qualité des données collectées.

DES DONNÉES FIABLES ET UTILISABLES ?

Le préalable à toute manipulation de données reste sans conteste le contrôle et l'optimisation de leur qualité. Au-delà de leur format et accessibilité, plusieurs questions se posent en effet : provenance, validité, récence des data ou encore autorisation d'exploitation dans le cas des données personnelles.

Sur ce dernier point, 39 % des dirigeants français affirment avoir notamment des lacunes concernant la législation relative à l'utilisation des données personnelles[3]. Un aspect à ne pas négliger dans une période où la confiance des internautes sur ce point est en chute libre. En 2 ans, ils sont 30 % de moins à accepter de communiquer en ligne des informations personnelles et sont aujourd'hui 47 % à donner volontairement de fausses informations sur le web[4]. L'enjeu est réel et la CNIL, de plus en plus vigilante, a d'ailleurs multiplié par 2 ses contrôles entre 2010 et 2013.

Il incombe donc aux entreprises de s'en préoccuper et il en va directement de leur intérêt. Au-delà de la mise en conformité de leurs actions, il s'agit aussi d'obtenir les droits d'utilisation et de s'assurer de la validité des données personnelles. On connait le potentiel de ces dernières en matière de personnalisation des échanges, un atout pour communiquer au travers du canal e-mail (affirmé par 78 % des dirigeants), des réseaux sociaux (par 34 %), de la publicité on line (par 33 %) ou encore du mobile (par 25 %)[3].

Ainsi, après identification des data nécessaires, si leur utilisation n'est pas validée en l'état, une étape primordiale de nettoyage, d'actualisation, de requalification et de collecte de consentement est à mettre en place avant qu'elles deviennent totalement opérationnelles. En découle l'efficacité des actions mises en place en aval.

L'E-MAIL ADAPTÉ POUR ACTIONNER LES «SMALL DATA»

Canal de marketing direct par excellence, l'e-mail marketing répond à de nombreux avantages dans l'exploitation des «Small Data» : coût maîtrisé, automatisation simple des messages, forte traçabilité, mesure facile du ROI, potentiel élevé de personnalisation des contenus, possibilité d'interconnexion des solutions d'envoi avec les CRM et autres systèmes d'information... Avec 9 internautes sur 10 qui consultent quotidiennement leurs messages, le canal e-mail assure une pénétration élevée mais aussi une influence importante. En effet, les internautes utilisent ouvertement ce canal dans un objectif de consommation (39 % adhèrent aux programmes e-mails des marques pour recevoir des offres promotionnelles) et 69 % affirment être passés à l'acte d'achat suite à la réception d'un message[2].

Mais alors qu'il est considéré comme canal de prédilection pour de nombreux internautes dans leurs relations avec les marques et entreprises[2], il est également décrié depuis longtemps pour son côté envahissant, pour certaines pratiques frauduleuses ou pour le manque d'adéquation des contenus aux intérêts des concernés. Avec 416 messages promotionnels reçus par mois par internaute[2], un programme e-mail doit obligatoirement s'inscrire dans une démarche de proximité et de légitimité forte pour se distinguer et être efficace.

L'utilisation des «Small Data» comme déclencheur de communications vient relever la pertinence de l'utilisation du canal e-mail au travers de contenus appropriés (car liés à la situation ou attente de l'internaute), tombant au moment opportun (car basé sur des réactions rapides aux données entrantes) et personnalisé (car intégrant des données propres à la personne).

Avec des taux de clic multipliés jusqu'à 150 % sur ce type de campagnes montrant le réel intérêt des internautes[5] et des revenus estimés à 4 fois supérieurs par rapport à ceux de campagnes e-mails traditionnelles non ciblées6, l'exploitation des «Small Data» via le canal e-mail s'inscrit définitivement dans une relation plus efficace et durable.

Au final, les «Small Data» ne seraient-ils pas tout simplement à considérer comme une approche pragmatique et simple des actuels enjeux du Big Data ?

[1] Markess International 2013
[2] SNCD EMA 2013
[3] IFOP pour Makazi 2013
[4] IDATE pour la CDC et l'ACSEL 2013
[5] EmailInstitute 2013 6 Forrester Research 2013

ÉTUDE DE CAS : MILLÉSIMA BOOSTE SES REVENUS EN ALLIANT **SMALL DATA & E-MAIL AUTOMATION**

Dolist.net • www.dolist.net
> Gaëlle Guillocheau
Responsable communication

Millésima
> Stéphanie Grégoire
Responsable des analyses marketing

OBJECTIFS CONVERSION ET FIDÉLISATION ON LINE

Fondée en 1983 à Bordeaux, Millésima est aujourd'hui leader dans la vente de Grands Crus Classés, vins en primeurs et Champagne. Comptant aujourd'hui près de 80 000 clients particuliers dans 120 pays différents, la société possède un stock de 2,5 millions de bouteilles. Multicanale (catalogue, téléphone, web, points de vente...), elle mise surtout sur son site Internet pour réaliser plus de la moitié de son chiffre d'affaires. Lancée en 1997, la boutique en ligne a depuis été déclinée en 14 versions, une par marché avec langue et devise adaptées, et attire 120 000 visiteurs uniques mensuels.

Le 1er objectif marketing de Millésima est de développer le trafic et les ventes réalisées sur son site e-commerce. La société comptant une base de données déjà étoffée de quelque 60 000 contacts opt-in, elle compte sur son exploitation pour détecter de potentiels intérêts et convertir de nouveaux clients. Le 2ème objectif stratégique : fidéliser les clients existants pour tendre vers un business model plus récurrent.

EXPLOITER LES DATAS ACCESSIBLES POUR PLUS DE PERTINENCE

Saturés de messages publicitaires, les internautes exècrent les e-mails non légitimes tout comme ceux qui ne cadrent en rien avec leurs attentes. Ainsi, le défaut de pertinence d'un message e-mail est la 1ère raison de désabonnement[1]. S'en suivent les e-mails jugés inadaptés (54 %) ou encore faiblement différenciés (51 %)[1]. Et ne parlons pas des motifs de plaintes des internautes avec le bouton «ceci est du spam» qui coûtent si chers à la réputation d'un expéditeur. Mais ne pas croire pour autant que l'e-mail commercial ne séduit plus les internautes, bien au contraire. Ils attirent toujours autant ceux en recherche de bons plans et d'offres qui leur correspondent[1].

Alors que Millésima est depuis longtemps dans une démarche multicanale, elle a cumulé nombre de data sur le comportement de ses contacts : historique d'achat (dates, nature des produits...), canal d'achat et point de contact privilégiés, éléments de personnalisation du compte en ligne, liens cliqués dans les newsletters, pages visitées sur le site, etc. Avec de telles sources de connaissance des centres intérêts de ses clients et prospects, la société dispose de multiples signaux pertinents à exploiter. L'idée est donc d'utiliser au maximum les occasions légitimes de communiquer et de monter la pertinence et la qualité des communications.

SIMPLIFIER LES PROCESS AVEC DES MÉCANIQUES AUTOMATISÉES

Avec 69 % d'internautes français fortement influencés dans leurs achats par la réception de messages commerciaux[1], ils seraient pourtant 80 % des cyberconsommateurs à ne jamais passer à la 2ème commande. De même, moins de 5 % des e-commerçants auraient mis en place un système de relance sur panier abandonné[2] alors qu'en moyenne, 65 % des paniers ne seraient pas validés[3] ! Et pourtant, face à des coûts d'acquisition globalement élevés et un taux de conversion moyen d'environ 2,6 % dans l'e-commerce[4], la marge de progression apparaît considérable.

> *« Pour ne pas laisser définitivement tomber les paniers abandonnés, Millésima a opté pour la mise en place d'une relance automatique des paniers abandonnés. Envoyée dans les 72h après l'abandon, elle permet de faire réagir tout potentiel acheteur qui peut avoir oublié de finaliser sa commande. »*

Mais pour tendre vers un fonctionnement optimisé, plusieurs préalables : une base de données fiable et un minimum qualifiée, des communications légitimes, pertinentes et réactives aux comportements ou actions de l'internaute qui font sens (small data) ainsi que des contenus adaptés aux réels centres d'intérêt et attentes des contacts. Pour répondre à ces nécessités tout en s'appuyant sur des processus sûrs et sécurisés, la scénarisation des communications et l'automatisation des envois apparaissent incontournables.

L'INÉVITABLE INTERCONNEXION DES SYSTÈMES D'INFORMATION

Impensable de déclencher automatiquement des actions sans une synchronisation des données entre les différents systèmes d'information de Millésima. La société utilisant la plateforme e-commerce Magento, Dolist lui met à disposition un connecteur dédié permettant un échange synchrone, permanent et sécurisé entre celle-ci et la solution d'e-mail transactionnel Dolist-EMT. La société bénéficie ainsi des avantages de ces deux systèmes avec des gains notables pour les envois d'e-mails : délivrabilité optimisée, réputation technique d'expédition préservée, traçabilité des messages (aboutis, ouverts, cliqués...), gestion multilingue, etc. Loin d'être complexe, cette interconnexion a nécessité 5 jours de mise en place.

D'autre part, afin de simplifier les processus de recherche de données et de segmentation, Millésima a privilégié une centralisation de l'ensemble des informations entrantes dans son système interne. Elle utilise notamment diverses API et Web Services Dolist pour faire remonter au sein de son ERP les informations jugées utiles en provenance des envois réalisés sur les plateformes Dolist : abonné ou non aux newsletters, aux alertes primeurs, messages reçus, cliqués, sur quels thèmes, etc. Lorsque Millésima ouvre une fiche client, elle a aujourd'hui un regard complet sur les points, dates de contacts et centres d'intérêt. Un vrai plus côté relation client !

DES MESSAGES PROMOTIONNELS ? OUI, MAIS CIBLÉS !

La lettre d'information est un basique qui, pour être efficace et se distinguer, doit savoir apporter un réel bénéfice au destinataire. Dans une optique de vente, Millésima l'oriente nouveautés et promotions. Elle s'aperçoit vite qu'un rythme d'envoi soutenu couplé à un manque de ciblage a un impact négatif sur la réputation, la délivrabilité des messages et tout simplement, sur l'efficacité des communications.

« Grâce au travail de segmentation et de ciblage sur les envois promotionnels, Millésima obtient des taux de réactivité moyens de 25 % mais surtout des taux de conversion oscillant entre 6 et 7,5 %. De leurs côtés, les e-mails transactionnels et automatisés obtiennent une délivrabilité de 99,7 % avec des taux d'ouverture toujours supérieurs à 55 %. »

MILLÉSIMA
BORDEAUX

Bonjour
Vous avez sélectionné des vins sur notre site mais peut-être n'avez-vous pas eu le temps de finaliser votre commande ?

Avez-vous besoin de conseils ?

N'hésitez pas à contacter par email Hélène Bernard ou Ariane Bissirier ou par téléphone au 00 800 267 33 289 ou au 0800 710 02, qui pourront répondre à toutes vos questions.

Retrouvez en cliquant simplement ici le récapitulatif de votre panier (panier conservé 15 jours dans la limite des stocks disponibles).

Château Citran 2010
Haut-Médoc - **Rouge**

À tout de suite sur www.millesima.be

L'équipe Millésima.

Vous avez besoin d'un conseil
*Contactez **Hélène Bernard** ou **Ariane Bissirier***

00 800 267 33 289
Du lundi au vendredi de
9h à 17h

@
hbernard@millesima.com
abissirier@millesima.com

Pour y pallier sans risquer d'amoindrir le ROI, le ciblage de cet envoi a été réduit aux seules personnes opt-in ayant été réactives aux précédentes communications. Une importance forte est par ailleurs accordée à la détection des centres d'intérêt des abonnés avec la mise en place de thèmes de liens et d'historique de clics. Un pas en avant vers une meilleure connaissance des prospects.

En parallèle de ce programme, Millésima a développé des envois promotionnels hyper-ciblés. L'objectif : augmenter le revenu généré par le canal e-mail sans risquer d'essouffler la base de contacts. Ainsi, à chaque semaine s'est vu associer une offre centrée sur un seul produit. Par exemple, un message dédié à un champagne est envoyé uniquement aux clients ayant acheté par le passé du champagne, aux prospects ayant visité une page du site en rapport ainsi qu'à ceux ayant cliqué sur un thème similaire dans une précédente lettre d'information, le tout avec une notion de réactivité récente.

DES MESSAGES TRANSACTIONNELS FIABLES

Lorsqu'un internaute arrive sur un site e-commerce, il n'est pas seulement muni de sa carte bleue, prêt à acheter le produit qu'il aime. Il arrive également avec une multitude d'attentes qui forme son niveau d'exigence. Parmi ses motivations, on note l'attractivité des tarifs ou le besoin de comparer, mais également d'être rassuré quant au sérieux du prestataire et à la sécurité des transactions. Quoi de pire qu'un 1er achat sur un site sans réception de confirmation de commande ? Panique, coups de téléphone en cascade au call center, énervement assuré et, très certainement, perte d'un client avant même d'avoir tenté une démarche de fidélisation.

L'e-mail transactionnel joue ici un rôle essentiel pour apporter une réponse sécurisante et réactive aux attentes de l'internaute. Ainsi, dans l'optique d'améliorer la qualité de sa relation client, Millésima a choisi d'envoyer les habituels messages liés aux comptes en ligne (création de compte, rappel de mot de passe, partage de liste d'envie) et au cycle de commande (confirmation de commande, avis d'expédition de colis...) via une solution professionnelle pour une optimisation maximale de la délivrabilité, un réel contrôle de la diffusion (aboutissement, ouvertures, clics, réactivité) ainsi que des opportunités de personnalisation élevées avec notamment l'adaptation du contenu en fonction des pays ciblés.

PLUS LOIN DANS LE MARKETING AUTOMATION

Pour ne pas laisser définitivement tomber les paniers abandonnés, Millésima a opté pour la mise en place d'une relance automatique des paniers abandonnés. Envoyée dans les 72h après l'abandon, elle permet de faire réagir tout potentiel acheteur qui peut avoir oublié de finaliser sa commande.

Et Millésima va plus loin. Dans son secteur d'activité, certains moments comme la sortie des vins primeurs sont particulièrement forts. Nombre d'amateurs se ruent alors littéralement sur des stocks qui s'épuisent parfois moins de 24h après l'ouverture de la vente. Face à une telle demande, Millésima s'est orientée vers un système d'alerte en temps réel. Les alertes primeurs sont ainsi réceptionnées par e-mail ou SMS selon la volonté du contact. Un système souple et réactif.

DU ROI ET DE LA QUALITÉ

Grâce au travail de segmentation et de ciblage sur les envois promotionnels, Millésima obtient des taux de réactivité moyens de 25 % mais surtout des taux de conversion oscillant entre 6 et 7,5 %. De leurs côtés, les e-mails transactionnels et automatisés obtiennent une délivrabilité de 99,7 % avec des taux d'ouverture toujours supérieurs à 55 %. Les relances sur paniers abandonnés enregistrent quant à elles 15 % de conversion alors que la moyenne générale se situe à 9 %[5].

Globalement, le canal e-mail draine ainsi environ 15 % du chiffre d'affaires de l'entreprise, devant les autres canaux (catalogues, réseaux sociaux, téléphone). Et pour 1€ investi, Millésima génère un ROI de 56€.

Mais d'autres éléments comptent également parmi les bénéfices : base de données plus qualifiée, amélioration de la connaissance client, baisse des désabonnements aux programmes e-mails, amélioration du suivi de commande ou encore gain de temps grâce à l'automatisation qui a permis aux équipes opérationnelles de se consacrer davantage sur l'amélioration graphique.

Une démarche qualitative de Millésima qui ne compte pas s'arrêter là. Prochaine étape : l'automatisation de la gestion de la pression marketing basée sur la volonté des contacts.

[1] SNCD EMA 2013
[2] Webmarketing&Com 2013
[3] Invesp 2012
[4] Fevad 2012
[5] Whereoware 2013

EN 2014, OPTEZ POUR LE **SMART DATA !**

En 2013, le Big Data a été sur toutes les lèvres. Il est vrai que la promesse est alléchante : des technologies avancées permettant d'analyser en profondeur des volumes de données en progression constante pour les transformer en de nouvelles sources de connaissances... et donc de revenus. Voilà pour la théorie. Mais dans la pratique, le Big Data, ce n'est pas pour tout de suite : si 74 % des entreprises françaises sont convaincues qu'il permet une meilleure prise de décision, 41 % d'entre elles ne lui allouent aucun budget, son ROI restant incertain*...

Et si les entreprises se concentraient sur des Smart Data vraiment pertinentes pour atteindre leurs objectifs ?

Parmi les nombreux freins identifiés pour le développement du Big Data au sein des entreprises, citons « pêle-mêle » :
• la multiplicité des bases de données (bases de données marketing, fichiers commerciaux, bases de données des call centers, des centres de SAV, etc.)
• l'absence de référentiel unique (identifiant unique de contact, homogénéisation des bases de données entre elles, etc.)
• le manque de qualité des informations collectées
• leur manque de structuration au sein d'un système rationnel et exploitable
• les ressources matérielles nécessaires à leur hébergement et gestion
• la faible compétence des entreprises sur ce sujet
• le ROI encore trop indécis, etc.

En se concentrant sur leurs Smart Data - regroupées au sein d'un datamart intégrant des fonctionnalités/outils décisionnels/prédictifs adaptés - et fortes de l'expertise collégiale des différents acteurs de l'entreprise (services commerciaux, marketing, logistique, etc.), les organisations peuvent rapidement gagner en compétitivité. En effet, l'analyse de grandes quantités de données, en plus d'être coûteuse, n'est pas forcément indispensable pour prendre les bonnes décisions.

3 questions simples doivent toujours guider la réflexion des entreprises concernant la construction et l'utilisation de ce datamart :
• quels sont ses objectifs ?
• quelles sont les données existantes et/ou à collecter ?
• vers quelle(s) solution(s) technologique(s) se tourner ?

QUELS SONT LES OBJECTIFS DE MON DATAMART ?

Les objectifs des entreprises qui souhaitent élaborer de nouveaux modèles de construction et d'utilisation de leurs systèmes de données au sein d'un datamart sont le plus souvent liés :

• au **développement de leurs opérations marketing relationnel cross-canal** (segmentation & ciblage, choix des canaux les plus performants par groupe d'individus/en fonction de données comportementales, etc.)

• au **web analytics** (optimisation du trafic et du parcours client web, personnalisation de la navigation et des messages publicitaires, etc.)

Il s'agit de se concentrer sur des objectifs bien délimités. Une fois posés sur le papier, reste à fixer les KPI (Key Performance Indicators) pour chacun, en fonction de l'existant.

* Etude EMC - Novmbre 2013

EmailStratégie
www.emailstrategie.com

> Frédéric Buron
Directeur Général
marketing@emailstrategie.com
www.linkedin.com/in/fburon
twitter.com/FBuron

QUELLES SONT LES DONNÉES PERTINENTES POUR L'EXPLOITATION D'UN DATAMART ?

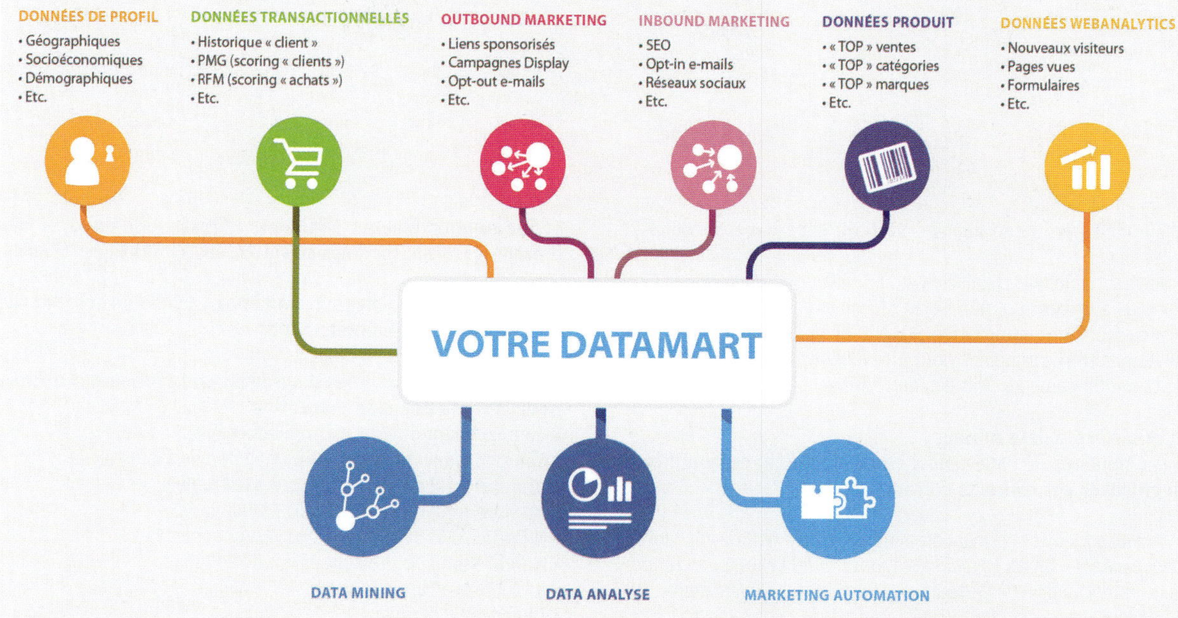

QUELLES SONT LES DONNÉES EN MA POSSESSION ET/OU À COLLECTER ?

Pour les deux catégories d'objectifs citées précédemment, nul besoin de quantités « faramineuses » de données - excepté peut-être pour les pure players déjà bien avancés sur un certain nombre de pratiques *on line*.

Trop de data tue la data

Ecrasée sous un Everest de connaissances, l'entreprise sera certes gorgée d'informations, mais incapable d'identifier des corrélations pertinentes entre elles... D'où l'intérêt d'opter dès le début de la démarche pour un datamart adapté aux besoins actuels de l'entreprise mais également évolutif :

• le datamart sera-t-il « mono » ou « multi » base(s) de données ?

• quelles seront ses possibilités de stockage à court, moyen, long termes ?

• comment sera-t-il structuré et mis à jour que ce soit au niveau de sa construction, de ses champs ou encore des données hébergées qu'il contient, etc. ?

Le choix des données à intégrer au sein du datamart de l'entreprise dépend évidemment des objectifs et KPI identifiés en amont.

VERS QUELLE(S) SOLUTION(S) TECHNOLOGIQUE(S) SE TOURNER ?

Pour permettre aux entreprises de gérer efficacement et simplement leur Smart Data, de nouvelles solutions orientées **digital data intelligence** voient le jour, proposant des fonctionnalités avancées de **data mining**, **data analyse** et **marketing automation.**

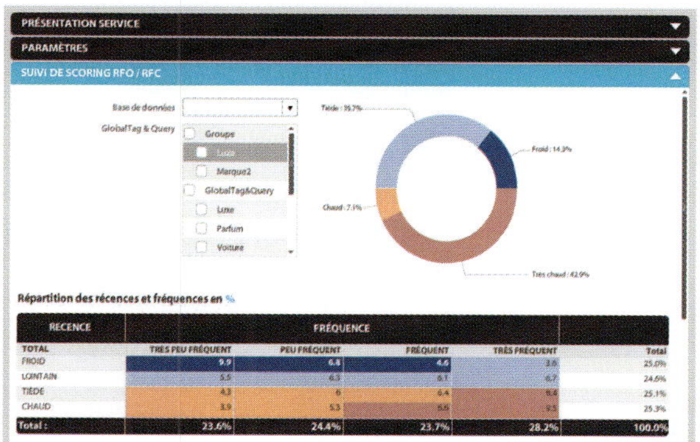

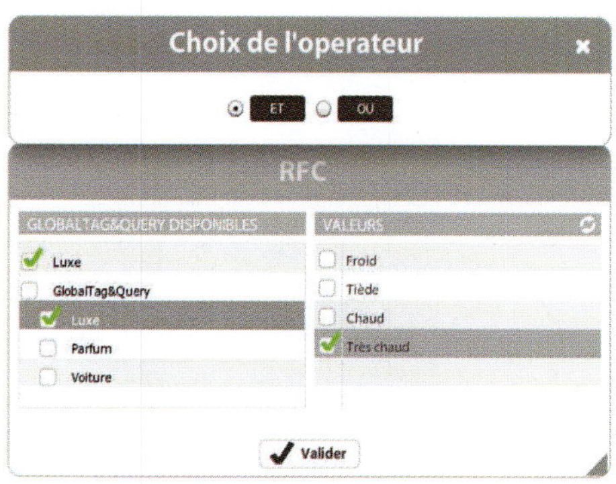

Disponibles en mode logiciel, SaaS ou encore webservice/API, elles :

• sont capables de rivaliser avec les solutions digitales et CRM les plus avancées du marché au niveau des performances,

• proposent une alternative SIMPLE et ACCESSIBLE face à des systèmes trop complexes pour être exploités par les marketeurs et communicants au sein des entreprises.

A quoi sert le data mining ?

• Les solutions de data mining vous permettent de **qualifier et segmenter vos contacts en fonction :**

• de méthodes de scoring « classiques » (*types PMG - Petit/Moyen/Gros ou RFM - Récence Fréquence Montant des achats*) ou comportementaux (*types RFO - Récence Fréquence des Ouvertures ou RFC - Récence Fréquence des Clics*). L'objectif de ces scorings ? **Vous permettre d'identifier des groupes de contacts aux profils et/ou comportements similaires afin de leur envoyer des e-mailings, SMS, mailings postaux, etc. ciblés et pertinents.**

• d'agrégats liés à la pression marketing exercée sur ses contacts ou relatifs à leurs comportements.

Voici quelques exemples d'agrégats communément utilisés pour gérer la pression marketing :

• Contact ayant ouvert un e-mail depuis moins de...
• Contact ayant cliqué sur un e-mail depuis moins de...
• Nombre total de sollicitations e-mail depuis...
• Nombre total de sollicitations SMS depuis...
• Nombre total de messages ouverts depuis...
• Nombre total de messages cliqués depuis...
• Taux d'ouverture depuis...
• Taux de clic depuis...
• Nombre de NPAI Soft depuis moins de...

COMPARATIF Résultats de l'analyse

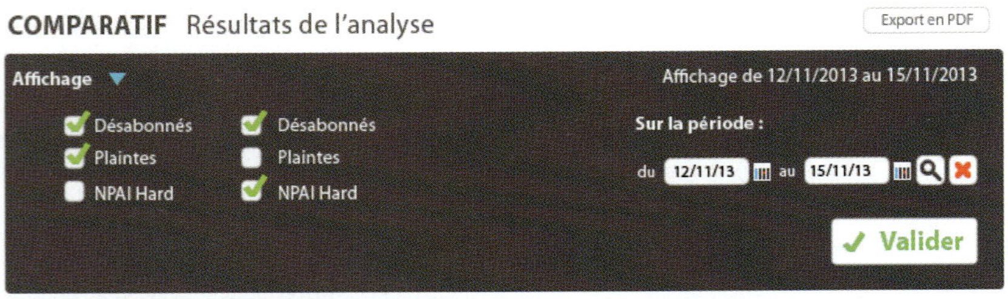

Liste des suivis de segments	Inscrits	Désinscrits	Ouvreurs	Cliqueurs
Ouverture	25 354			
Addicts / Curieux Clic Email	7 297			
Acheteurs (online ou offline)	581			
Moyenne	11077			
Total	33 232			

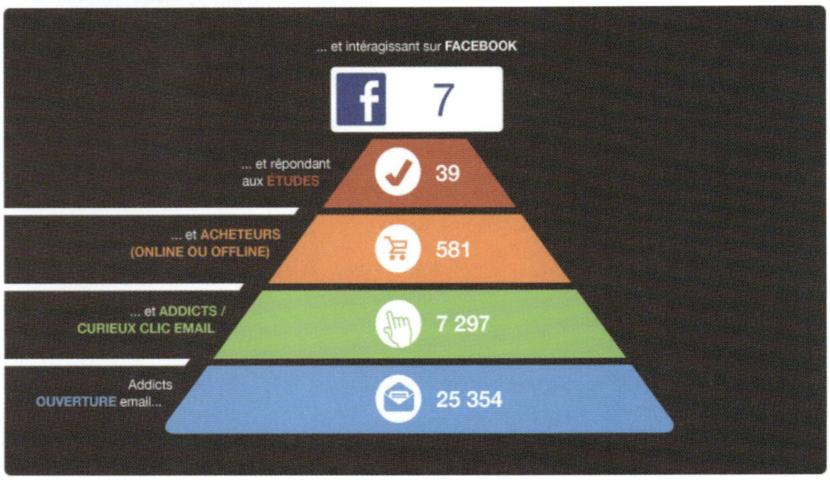

A quoi sert la data analyse ?
La data analyse va servir à **sélectionner une ou plusieurs cibles (segments) pour suivre et comparer leurs comportements dans le temps**. Une analyse qui va permettre aux entreprises non seulement de juger de l'efficacité de leurs programmes relationnels en temps réel mais surtout de la confronter aux résultats passés, voire d'en extrapoler des données prédictives.

Ventes de la marque A			
	M-1	M	M+1
Segment 1 40 à 50 ans	14%	12%	10%
Evolution réelle & prédictive	-1%	-2%	-2%

A quoi sert le marketing automation ?
But final des datamarts orientés « marketing relationnel cross-canal », le marketing automation va permettre de **rattacher des scénarios de campagnes à des segments pour automatiser l'envoi de messages (e-mail, SMS, print) en fonction d'événements déclencheurs.**

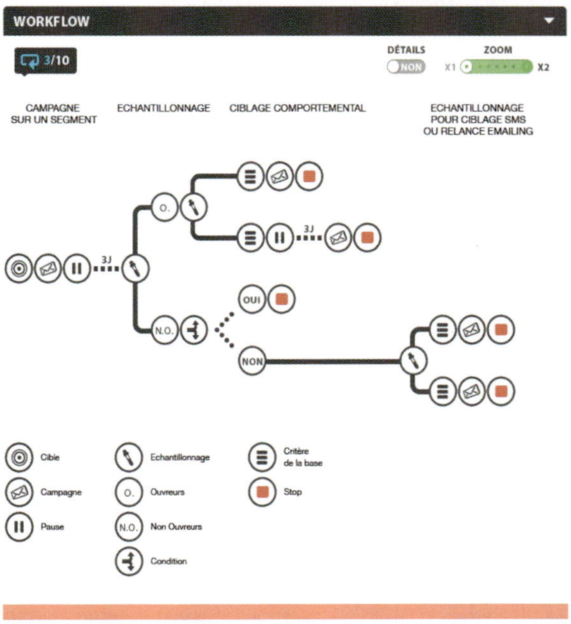

CAS PRATIQUE

Le ciblage comportemental
Une boutique de prêt-à-porter en ligne est mandatée par l'un de ses partenaires pour lancer une campagne e-mailing destinée à promouvoir le nouveau sac à main d'un grand maroquinier.

Au-delà des critères classiques de ciblage (données de profil : sexe, CSP, etc.), sa solution digital marketing CRM lui permet de combiner d'autres éléments issus de son Smart Data pour enrichir son ciblage, par exemple, les personnes :
• ayant précédemment (sur les 3 derniers mois) ouvert un e-mail ou cliqué sur un lien qui avait trait au luxe (mot-clé « Luxe »)
• dont le profil RFO/RFC (Récence Fréquence Ouvertures/Clics) est « Chaud » voire « Très chaud » sur le mot-clé « Luxe »
• ayant liké un produit de l'univers « Luxe » durant M-1
• etc.
N. B. : dans cet exemple, les données liées aux achats n'ont sciemment pas été utilisées. Seuls des critères comportementaux ont été retenus !

Résultats
La solution digital marketing CRM de cette boutique de prêt-à-porter en ligne a permis de faire ressortir des profils qui n'auraient pas forcément été contactés avec une segmentation « classique » (données de profils avec les critères sexe ou CSP, données liées aux achats, etc.) alors même qu'elles avaient montré leur appétence pour les marques de luxe en général et sont donc potentiellement acheteuses et/ou prescriptrices.

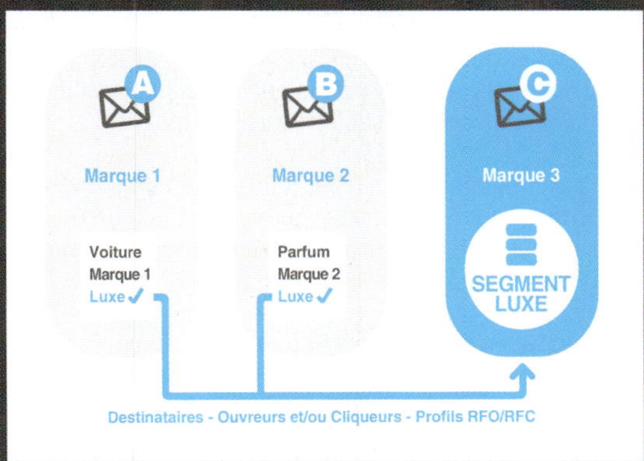

KOMPASS INTERNATIONAL *Qui ?*
UTILISER DES DONNÉES *Quoi ?* EN AUTONOMIE

Base de données • E-mailing • Ciblage et routage

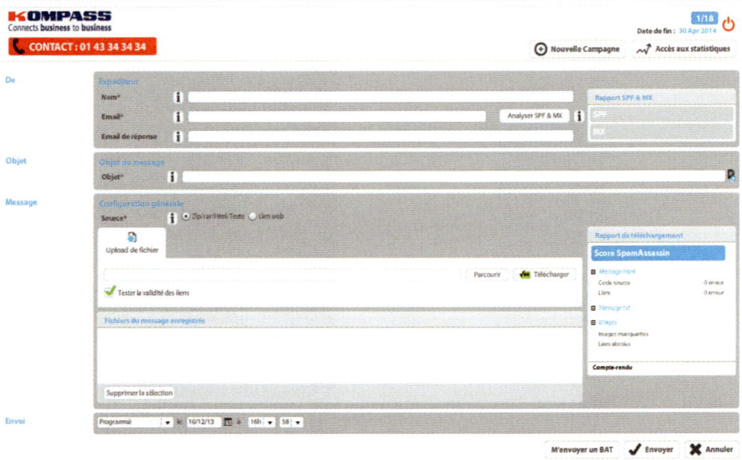

PROBLÉMATIQUE BUSINESS DE LA MARQUE

Permettre aux clients Kompass International d'utiliser les données en toute autonomie

1. Contexte

Kompass International, filiale de Natixis, leader mondial de l'information marketing, présent dans 70 pays au travers de son réseau de partenaires, a pour vocation de développer le business entre entreprises, en France et à l'international. Ses métiers :

• développer la **visibilité** des entreprises via une offre publicitaire multimédia et notamment sur son site Internet Kompass.com (*plus de 5 millions de visites par mois au niveau mondial dont plus de 1,5 million en France*) et son réseau de partenaires,

• mettre en relation acheteurs et fournisseurs du monde entier grâce à son service **Contact+** qui permet à tout utilisateur d'envoyer gratuitement des demandes de devis aux entreprises qu'il aura sélectionnées sur Kompass.com,

• optimiser la prospection des entreprises en proposant l'accès à sa **base de données France** (*6 millions d'entreprises incluant une information qualifiée sur les 200 000 entreprises BtoB*) et **Monde** (*5 millions d'entreprises*) sous forme d'abonnements à sa plateforme Easybusiness, et aux prestations marketing direct (*ventes et locations de fichiers dont e-mails*).

C'est cette dernière offre (*mise à disposition de données marketing & commerciales dans le cadre d'actions de prospection*) que KOMPASS International a souhaité faire évoluer. En effet, il était logique pour les équipes de KOMPASS International d'accompagner la mise à disposition de ces données brutes d'outils et de services permettant à leurs clients :

• de juger de la qualité des données mises à disposition (*et donc d'asseoir la crédibilité de KOMPASS International*),

• de les utiliser en toute autonomie sans forcément passer par les services de KOMPASS International (*et ainsi leur permettre de prendre la main sur leur stratégie e-mail marketing*),

• de vérifier la pertinence et le ROI de leurs actions en fournissant des retours statistiques complets leur permettant de confronter le budget alloué aux résultats obtenus.

KOMPASS International a donc fait appel à EmailStrategie pour créer une plateforme de routage e-mailing sur-mesure accessible depuis l'URL : http://kompass.wewmanager.com/.

2. Cible

La clientèle de KOMPASS International est multi-facettes puisque des entreprises de toutes les tailles et de tous les secteurs d'activité font appel à ses services de location de bases de données.
La plateforme wewmanager light a donc été conçue pour permettre à toutes les entreprises, même celles ne disposant pas

d'énormes ressources matérielles et humaines, de diffuser des campagnes e-mailing en moins de 3 minutes, et ce, sans aucune installation logicielle et/ou connaissance technique.

3. Objectif

L'objectif de ce partenariat KOMPASS International/EmailStrategie consistait à associer deux savoir-faire complémentaires (location de BDD/routage e-mailing) pour permettre aux clients de KOMPASS International de bénéficier d'une solution accessible, performante, globale et clé en main.

SOLUTION STRATÉGIQUE

1. Idée stratégique

Accessible en mode SaaS depuis n'importe quel navigateur web - sur PC/MAC ou tablette - la plateforme wewmanager light a été conçue pour sécuriser et simplifier au maximum le chargement des données KOMPASS International ainsi que leur utilisation dans le cadre de la création d'une ou plusieurs campagnes e-mailing :

• **Etape 1 :** création du compte client chez EmailStrategie

• **Etape 2 :** chargement des bases de données KOMPASS International par EmailStrategie (le ciblage est effectué en amont par KOMPASS International en fonction de la demande de son client). L'utilisateur final n'a pas la main sur les fichiers uploadés afin de préserver la sécurité, l'intégrité et la confidentialité des données.

• **Etape 3 :** pour créer sa campagne, le client de KOMPASS International se connecte à la plateforme wewmanager light via un login et un mot de passe personnel et sécurisé. Contrairement à sa « grande sœur » wewmanager, seules les fonctionnalités « majeures » nécessaires au routage de l'e-mailing ont été déployées sur wewmanager light :
• nom et e-mail de l'expéditeur
• analyse des SPF & MX (*NB : pour assurer la délivrabilité optimale des campagnes, il est fortement conseillé d'installer des enregistrements SPF et MX sur les DNS qui gèrent les domaines de l'e-mail expéditeur*)
• e-mail de réponse
• objet
• upload des fichiers HTML/TXT /JPG (*ou lien web à partir duquel wewmanager light se chargera de récupérer le code source*)
• vérification du code source HTML, de la validité/accessibilité des liens HTML et de la présence des images
• calcul d'une note SpamAssassin afin de s'assurer de la délivrabilité du message AVANT son envoi
• programmation de l'envoi (immédiat ou programmé)
• envoi d'un ou plusieurs BAT (Bon A Tirer) de contrôle

KOMPASS International
www.kompass.com
Olivier VILLAIN, *Chef de Produits DATA / Marketing & Stratégie*
olivier.villain@kompass.com

EmailStrategie
Frédéric BURON, *Directeur Général*
fr.linkedin.com/in/fburon
twitter.com/FBuron
marketing@emailstrategie.com

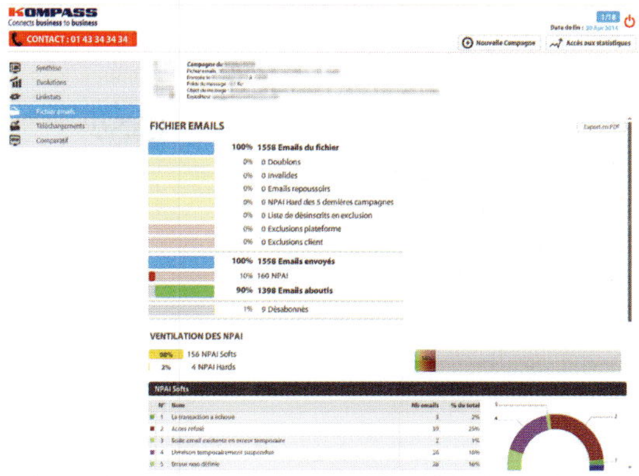

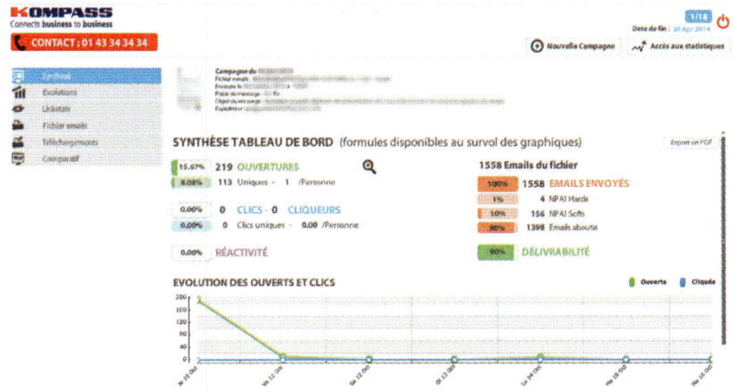

« L'objectif de ce partenariat KOMPASS International/EmailStrategie consistait à associer deux savoir-faire complémentaires (location de BDD/routage e-mailing) pour permettre aux clients de KOMPASS International de bénéficier d'une solution accessible, performante, globale et clé en main. »

Les utilisateurs de la plateforme wewmanager light ont la possibilité de créer jusqu'à 18 campagnes par an - avec une semaine d'intervalle entre chaque envoi - de manière à gérer la pression marketing exercée sur la base de données KOMPASS International en évitant toute sur-sollicitation.

Les NPAI Hard et demandes de désabonnements sont automatiquement regroupés sur une liste d'exclusion « utilisateur » propre à chaque client de KOMPASS International.

2. Aspect innovant et différenciation
wewmanager light obéit donc à un modèle complètement novateur puisque les clients de KOMPASS International gèrent leurs campagnes de façon autonome, au gré de leurs besoins.

Chaque utilisateur dispose de ses propres contacts, sélectionnés par KOMPASS International en fonction de ses attentes. Ce ciblage en amont permet à l'utilisateur de faire l'impasse sur une étape chronophage mais ô combien lourde d'enjeux - celle de la segmentation de ses contacts - en bénéficiant de l'expertise et de l'accompagnement de KOMPASS International.

3. KPIs
Libérés des contraintes opérationnelles liées au ciblage et au routage, les utilisateurs disposent d'un accès illimité à 6 modules de statistiques très graphiques leur permettant de se concentrer sur leurs résultats et leur ROI :

• la synthèse (campagne unique, campagnes compilées ou campagnes comparées) : nombre d'ouvertures/d'ouvertures uniques, taux d'ouverture, nombre de clics/ de clics uniques, taux de clic

• l'évolution des ouvertures et des clics pendant un mois à compter du démarrage de la campagne

• le classement des liens les plus cliqués (*clics/clics uniques*) avec LinkStats

• l'analyse des fichiers e-mails (*e-mails du fichier, e-mails aboutis, doublons, invalides, e-mails repoussoirs, NPAI Hard des cinq dernières campagnes, désinscrits déjà exclus, exclusions plateforme/client, désabonnés, etc.*)

• le téléchargement (*liste nominative des ouvreurs, liste nominative des cliqueurs par lien, sources du message*)

• le comparatif des campagnes
En outre, les utilisateurs reçoivent les listes nominatives des ouvreurs/cliqueurs après chaque envoi (*sans les adresses e-mails*).

MISE EN PLACE OPÉRATIONNELLE

1. La durée
La plateforme wewmanager light a été conçue et développée en 1 mois.

Le paramétrage de chaque nouveau compte utilisateur KOMPASS International ne nécessite que quelques minutes : une rapidité de mise en place largement appréciée par les clients de KOMPASS International puisqu'elle leur permet de router leur première campagne très rapidement après la signature du contrat.

2. Les explications autour des choix créatifs
Largement inspirée de la plateforme wewmanager - déjà utilisée par KOMPASS International dont EmailStrategie est le routeur officiel - wewmanager light a été chartée aux couleurs de KOMPASS International.

Comme wewmanager, wewmanager light propose une interface de création de campagne sur une seule page web. Il n'est donc pas nécessaire d'ouvrir plusieurs fenêtres/onglets dans son navigateur (et de multiplier les temps de chargement) : l'interface de création de campagne respecte les mêmes étapes que celles d'une messagerie e-mail « classique » avec les champs « De », « Objet », etc. qui s'ouvrent et se ferment à loisir, en un clic.

Une ergonomie rendue possible par l'utilisation de la technologie FLEX.

3. Les étapes
EmailStrategie a pris en charge la direction du projet. La mise en place de la plateforme wewmanager light a été effectuée selon les étapes suivantes :

3 jours / rédaction du cahier des charges suite à l'expression des besoins de KOMPASS International
2 jours / définition des fonctionnalités à mettre en œuvre (*front-office et back-office*)
3 jours / conception du design du front-office et de la navigation
15 jours / création des pages FLEX (*page d'identification, header de la plateforme, interface de création de campagne, statistiques*)
1 jour / validation du référentiel des bases de données KOMPASS International (*chargement, hébergement et traitement des NPAI/désinscriptions*)
1 jour / développement des fonctionnalités nécessaires sur le back-office EmailStrategie
1 jour / développement du webservice permettant d'échanger les données entre KOMPASS International et EmailStrategie
3 jours / recette et contrôles
1 jour / mise en production

LES RÉSULTATS

Plusieurs dizaines de sociétés ont déjà adopté cette nouvelle plateforme et les premiers retours utilisateurs sont très positifs : un lancement qui correspond aux attentes quantitatives et qualitatives de KOMPASS International.

La vision d'EmailStrategie

Créer le même lien **d'affinité** que vous avez avec votre **smartphone**.

Frédéric BURON
Directeur Général

LES APPLICATIONS CONCRÈTES DU BIG DATA AU **SEARCH MARKETING**

Le search marketing n'est pas seulement un levier gros consommateur de data, il est né avec la data et n'existerait pas sans elle. La profusion de données, non seulement digitales mais aussi off line, est enfin exploitable de façon concrète et efficace grâce à l'avènement du real time bidding. Ce concept, souvent associé à l'achat d'espace en display sur les ad exchanges, est né avec le search marketing.

Les moteurs de recherche offrent en effet depuis plus de 14 ans la possibilité d'acheter de l'espace digital grâce à un système d'enchères en temps réel sur les CPC. Aussi, à l'instar du display via les ad exchanges, le search permet d'exploiter de plus en plus concrètement la profusion de données afin d'aller toujours plus loin dans l'ambition marketing ultime : toucher la bonne personne, au bon moment, au meilleur endroit. Nous vous proposons de décrire 5 applications concrètes de l'ensemble des données on line et off line disponibles pour le search marketing.

LE SEARCH-TO-STORE OU COMMENT UTILISER LES DONNÉES MÉDIA GÉOLOCALISÉES ET LES REMONTÉES LOCALES POUR GÉNÉRER DU BUSINESS EN POINT DE VENTE

Le search ne sert pas uniquement à générer des ventes e-commerce, il est aussi un outil de plus en plus efficace dans la génération de trafic et de business en points de vente. En effet, une partie croissante de la population reste toujours attachée au contact réel en point de vente avec le produit mais effectue ses recherches préliminaires sur internet pour préparer son achat. C'est ce que l'on appelle le **phénomène ROPO** (Research Online Purchase Offline), en forte croissante depuis quelques années, il atteint **entre 30 % et 60 % des ventes selon les secteurs** d'activité (voir le site www.consumerbarometer.com pour plus de détails).
Exemples du secteur automobile et des télécoms :

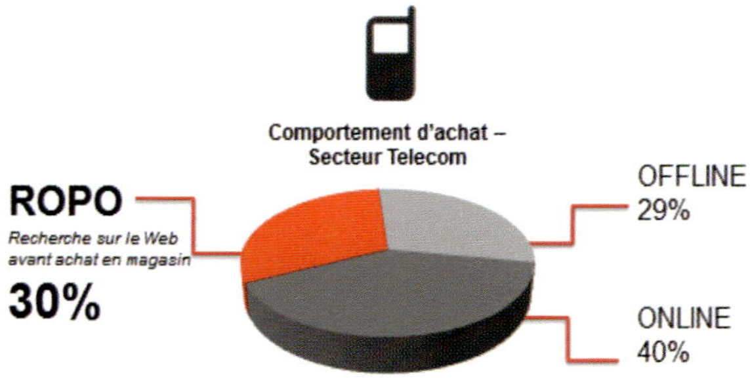

Source : 2012 CDJ Survey Mc Kinsey

Escelis, Groupe Havas

> Bertrand Fraboulet
Co-Directeur Général
bertrand.fraboulet@ecselis.com

Contact agence
> Caroline Le Moal
Directrice de la Communication Havas Media
caroline.le-moal@havasmg.com

« Le Big Data n'est pas qu'un vain mot ni un vague concept marketing. Ses applications concrètes au search permettent aujourd'hui d'adresser des messages de plus en plus personnalisés à vos prospects et clients et ainsi de rentabiliser toujours plus vos opérations marketing. »

À partir de ces principes, notre équipe s'est installée dans une Pour un annonceur automobile mondial, nous avons mené récemment des campagnes de search destinées à générer directement du trafic en concession. La stratégie employée s'appuie sur la création d'un site web individuel pour chaque concessionnaire et le lancement d'une campagne search générant du trafic vers celui-ci : géolocalisation précise autour de sa zone de chalandise, diffusion de messages localisés (par exemple remontée dans l'annonce de promotions propres au concessionnaire, comme des déstockages de modèles particuliers), diffusion des coordonnées du concessionnaire et boutons d'appels (sur mobile) directement présents dans l'annonce. Ce dispositif permet à la fois à la marque d'adresser des messages adaptés par localité et donc plus efficaces, mais aussi de fortifier sa présence globale au niveau national (plusieurs résultats par mot-clé au lieu d'un seul). Cette stratégie n'est rendue possible que par une maîtrise de plus en plus grande de la data locale :

- Data média géolocalisée : analyse très fine avec Google des potentiels de recherches par zone (20 km de rayon) afin d'adapter un budget, une stratégie d'enchère et de mots-clés spécifiques par zone.
- Data d'engagement : les analyses des données des sites des concessionnaires permettent de remonter les données de comportement sur le site web témoignant d'engagement vis-à-vis de la visite du point de vente : demande d'essai ou de RDV, demande de brochure, localisation du concessionnaire sur une carte.
- Remontée de la data de transformation off line : par exemple, il est désormais possible de remonter en temps réel dans les plateformes search des conversions générées par le web mais concrétisées en dehors du canal, comme les appels téléphoniques. La granularité des données est impressionnante : pour un mot-clé donné, vous saurez le nombre d'appels générés, leur durée moyenne, voire leur transformation finale si le call center est connecté directement à l'outil CRM.

Des études économétriques ponctuelles permettent également de déterminer quel est l'impact direct du search sur le nombre d'immatriculations.

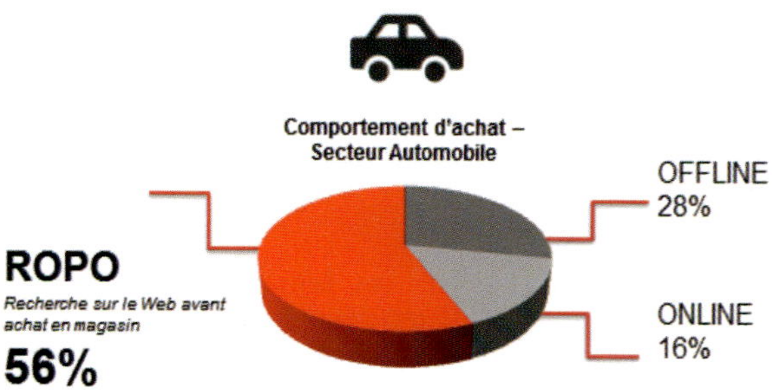

Source : étude Nielsen Consumer Barometer 2013

TV-TO-SEARCH OU COMMENT UTILSER LES DONNÉES DE GRP TV POUR BOOSTER L'EFFICACITÉ DE VOS CAMPAGNES SEARCH

Le search est un levier média PULL, qui démontre toute son efficacité par sa capacité à répondre à une demande précise et facilement identifiable par l'intermédiaire des mots-clés. Mais encore faut-il que cette demande existe. Aussi, le search marketing a-t-il plus que jamais besoin d'être alimenté en amont par les leviers branding et notamment la télévision. Nos différents tests (pour des acteurs purs e-commerçants, des banques en ligne comme des retailers) ont démontré qu'une campagne TV pouvait générer jusqu'à 35 % de volumes search incrémentaux pendant la campagne et garder jusqu'à 20 % de rémanence deux semaines après.

Analyse Comparative GRP TV vs. recherches pour une marque de grande consommation :
Chaque vague TV provoque un pic de recherche : + 32% en moyenne

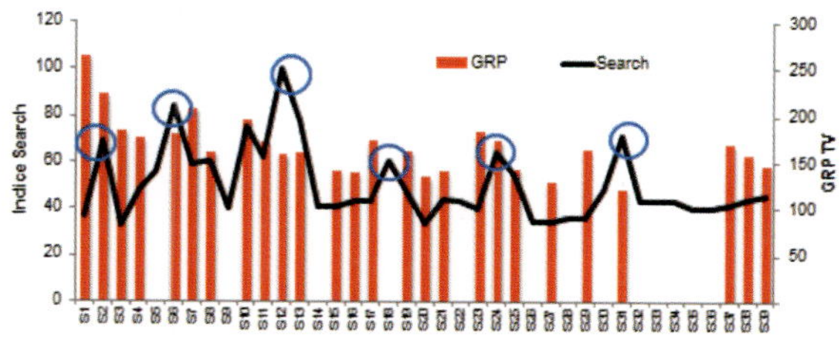

L'usage de la data est central dans l'optimisation de cette synergie entre la TV et le search :

- Les données des plans média TV : l'intégration des données de GRP TV de nos outils de media planning TV vers les plateformes search, permet d'accroître les CPC et donc la visibilité de la campagne search au moment même où le spot publicitaire passe sur le grand écran.

- Certains outils dits de « watermarking » permettent désormais de détecter automatiquement le passage de spots de marques concurrentes à la TV. Ces outils envoient alors un signal à l'outil search qui déclenchera l'activation de campagnes search sur la marque concurrente avec un message spécifique.

« A l'instar du display via les ad exchanges, le search permet d'exploiter de plus en plus concrètement la profusion de données afin d'aller toujours plus loin dans l'ambition marketing ultime : toucher la bonne personne, au bon moment, au meilleur endroit. »

SEARCH RETARGETING OU COMMENT UTILISER DES DONNÉES DE COMPORTEMENT DE VOS PROSPECTS OU DE VOS CLIENTS POUR ADRESSER DES MESSAGES SEARCH QUI LEUR SONT TRÈS FINEMENT ADAPTÉS

Resté longtemps l'apanage du seul display, le retargeting est désormais également disponible en search depuis la création de la fonctionnalité RLSA (Remarketing List for Search Ads) par Google. Le principe consiste à pouvoir adresser un message et une enchère spécifiques à quelqu'un dont le comportement sur votre site a été tracké au préalable. Une diversité de plus en plus variée de data permet d'adresser les stratégies de retargeting search les plus fines :

• L'utilisation de données client : il est possible via les cookies de détecter quel type de clients tape la recherche au moment T et ainsi de lui adresser un message sur mesure. Quelques exemples : proposer l'ouverture d'un livret d'épargne à quelqu'un qui a récemment ouvert un compte en ligne dans votre banque, proposer un forfait triple play à un abonné mobile...

• L'utilisation de données tierces : il est désormais possible de connecter votre DMP (solutions audience connect de Bluekai par exemple) à votre plateforme search et d'utiliser dans ce levier des listes d'audience sur mesure. Il est par conséquent aujourd'hui possible d'employer en search des données tierces (third party data) comme celles permettant de détecter les intentionnistes à l'achat, des données primaires (first party data) comme les données CRM (pourquoi, par exemple, ne pas adresser un message différent à un internaute que l'on sait client fréquent).

• Partage des listes de retargeting du search et du display : certains outils search sont désormais directement connectés aux DSP du display RTB pour transférer automatiquement leurs listes d'audience. Il est donc aujourd'hui possible de contrôler l'ensemble du parcours d'exposition de l'internaute du display au search.

CROSS SEARCH OU COMMENT UTILISER LES DONNÉES CROISÉES SEARCH PAYANT/SEARCH NATUREL POUR CRÉER DE LA CROISSANCE ORGANIQUE

Chaque annonceur achetant des liens sponsorisés peut se demander légitimement si cet investissement est réellement nécessaire lorsqu'il est bien positionné en référencement naturel. Une méthodologie simple et efficace permet d'y apporter la réponse. Il est en effet possible de désactiver et réactiver vos campagnes de search payant 6 fois par jour. En comparant sur plusieurs jours les périodes où le search payant est On avec les périodes Off, il est possible de déterminer la part de l'incrémental réel de ce levier. Nos différents tests pour une diversité d'acteurs dans la finance, le e-commerce, le crédit... nous ont permis de tirer deux conclusions majeures :

• Il y a quasi systématiquement une cannibalisation des volumes du search naturel par le search payant (en moyenne 50 % des volumes payants sont « récupérés » par le naturel lorsque le payant est désactivé). Une bonne présence en SEO doit donc théoriquement permettre de désinvestir en SEA.

Exemple d'une analyse de test cross search pour un annonceur du secteur finance :
• Quand le search payant est activé, le search naturel réalise 70 % des conversions.
• Lorsque le search payant est désactivé, le search naturel récupère un tiers de ses conversions pour représenter 80 % des ventes de la période précédente.
• La meilleure solution n'est donc pas un arrêt total du search payant (risque de baisse de volume au total), mais une baisse des enchères et des investissements permettant de préserver les volumes tout en baissant le coût.

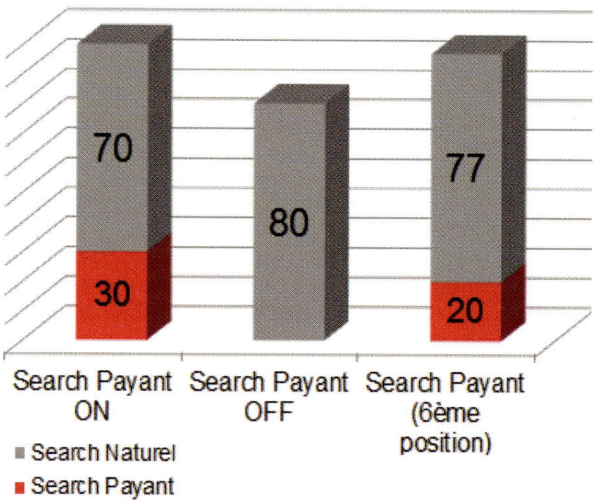

• Les résultats sont extrêmement variables selon le type de mots-clés, la position en search naturel, l'intensité concurrentielle. Il est donc important de faire le test pour chaque mot-clé à fort potentiel de volumes et de le renouveler fréquemment.
A noter que les moteurs de recherche (Google puis Yahoo) ont récemment rendu l'analyse de plus en plus difficile en encryptant le mot-clé lors des recherches naturelles (data désormais « not provided », il n'est donc plus possible de déterminer précisément le trafic et les conversions produites par un mot-clé donné en SEO). Ce problème est contournable en affinant l'analyse des données site centric (notamment les données par page d'atterrissage).

WEATHER PLANNING SEARCH OU COMMENT UTILISER LA DONNÉE MÉTÉO POUR OPTIMISER LE ROI DE VOS CAMPAGNES SEARCH

Différents tests dans de multiples secteurs (textile, tourisme, distribution...) ont répondu à la question : l'internaute est-il sensible aux mêmes messages selon s'il fait chaud ou froid, beau ou nuageux ?

En connectant directement les flux météo aux campagnes search d'un distributeur de produits textiles, il nous est notamment possible de mettre en ligne automatiquement les campagnes sur les tee-shirts dans les zones où il fait chaud ou les pull-overs à l'inverse quand il fait froid, les bottes en plastique lorsqu'il est prévu de la pluie...

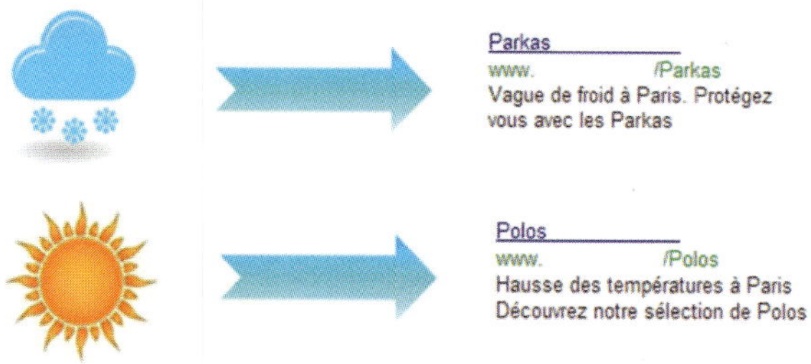

Ce type de connexion de données externes aux campagnes search a des résultats impressionnants car cela permet une bien plus forte réactivité de l'internaute qui y voit un message très adapté à son contexte (en moyenne taux de clic supérieurs de 50 % aux taux généralement constatés, ceci baissant les CPC de 25 % et le CPA de 31 %).

Le Big Data n'est pas qu'un vain mot ni un vague concept marketing. Ses applications concrètes au search permettent aujourd'hui d'adresser des messages de plus en plus personnalisés à vos prospects et clients et ainsi de rentabiliser toujours plus vos opérations marketing. A vous de tenter aussi l'expérience du smart data !

OPEN DATA, NOUVEL OR NUMÉRIQUE

Alors que nous passons de la France télé à la France Twitter, la fièvre digitale s'étend avec les poussées de You Tube, Le Bon Coin, Amazon... avant les nouvelles vagues BeachMint, Shoe-Dazzle...

Notre société, notre économie, la relation du public avec les médias, les marques se transforment.

Les Français perçoivent de plus en plus les marques à travers leur publicité média, leurs sites internet, l'avis des internautes et de moins en moins via les imprimés publicitaires...

Les médias payants (paid media) restent donc incontournables : plus de 5 contacts sur 10 perçus par les Français de 15 à 59 ans... d'ailleurs les marques qui ont développé leurs investissements publicitaires l'an passé ont augmenté leur perception, Renault, Peugeot, Free...

Si les médias publics (earned media) reposent encore largement sur les retombées éditoriales et le bouche à oreille, ils surfent sur les vagues Twitter, Facebook et s'installent de manière durable dans la vie de nos compatriotes avec 14 % des contacts média perçus (+2 %). Des médias sociaux qui vont jusqu'à créer une nouvelle dimension de l'audience TV ; l'audience sociale, nouvelle opportunité d'engager les publics dans un dialogue avec les marques qui peut aller jusqu'à la transaction.

Après les « couch potatoes », les « couch shoppers », marketeurs à vos « TV commandes » !

Les médias privés (owned media) gagnent également 2 pts à 32 %. « Clics et briques » réconciliés... le multicanal s'impose, le drive déroule, + 49 % en nombres d'unités en 2013, autant que d'hypermarchés en France, nouvel espace de liberté, de compétitivité. Le pur e-commerce n'est pas en reste à + 13,5 % en valeur l'année passée.

La transformation digitale de notre société s'accélère, les points de contact deviennent des points de vente, les points de vente des points de contact ; les marques, des médias, des points de vente ; les points de vente, des médias ; les médias des points de vente... des bars, des restaurants... Seule limite aux business modèles : l'imagination.

Havas Media
www.havas.fr

> Yves Del Frate
COO Havas Media France

Contact agence
> Caroline Le Moal
Directrice de la Communication Havas Media
caroline.le-moal@havasmg.com

> « Nous sommes passés du media planning, au data planning, notre créativité et l'efficacité qui en découlent s'élèvent désormais à la puissance des algorithmes développés sur mesure pour des marques en quête d'un retour de plus en plus concret sur leurs investissements média... points de contacts d'hier devenus points de vente aujourd'hui. »

CETTE NETAMORPHOSE NOUS CONDUIT EN DATAMORPHOSE

Nous voilà entrés en « data cratie », sans la data plus de salut et plus de salut sans y laisser sa data.
Sa data, ma data, ta data ? Qu'importe la propriété, seule importe l'utilité ; la data, fille de netamorphose engendre sa propre révolution...

TOUS GAGAS DE DATA

La presse assume enfin son statut de premier média communautaire et réinvente sa commercialisation via la donnée, mutation en cours...

La TV, média au plus fort impact social expose sa réalité au grand jour via une nouvelle data complémentaire de l'historique GRP : le SRP, ou Social Rating Point.

Cette nouvelle race de data mesure la banalisation du second écran (smartphone ou tablette en complément de la télé), que pratiquent désormais deux Français sur trois, et l'explosion des interactions dans les réseaux sociaux (le nombre de tweets a été multiplié par trois en un an).

Une nouvelle donnée, une nouvelle donne, qui crée de nouveaux espaces publicitaires interactifs à conquérir, en complément des plans télé traditionnels.

Nouvelle data, nouveau défi.
CARREFOUR avec ses 600 millions de passages en caisse par an et ses 13,7 millions de porteurs de cartes, a lancé à l'instar de Walmart aux USA son offre média en France. Business modèle en évolution.
APPLE a aujourd'hui accès à plus de 600 millions de cartes de crédit via iTunes... Son app de commerce électronique est 4e aux USA derrière AMAZON, eBAY et GROUPON.
A l'écoute de la planète Terre, NETFLIX a su monétiser l'accumulation de données qui submergent les entreprises pour définir le contenu de la série « House of Cards », succès planétaire...

Au pays de la libre entreprise, de la « libre collection » de la data, les assurances récoltent déjà les fruits du « pay as you drive » via des app embarquées, les constructeurs auto les plus «hype» valorisent déjà leurs possesseurs auprès de tiers via des trackers de data embarqués, buy as you drive...

GOLDEN DATA. RUÉE VERS LA DATA, NOUVEL OR NUMÉRIQUE

Pour Henri Verdier, Directeur d' Etalab, « *La révolution de la donnée est la troisième étape de la révolution numérique. Après l'informatique, puis l'Internet, elle aura un impact tout aussi imprévisible et tout aussi important.* »

Pour le public, une nouvelle source de revenus ?
Si 89 % des Britanniques se disent inquiets de l'intrusion de la data dans leur vie privée... ils sont 45 % à se déclarer prêts à partager plus de data en échange de rémunération. Après le Bitcoin, le Datacoin ?

Pour notre part nous sommes passés du media planning, au data planning, notre créativité et l'efficacité qui en découlent s'élèvent désormais à la puissance des algorithmes développés sur mesure pour des marques en quête d'un retour de plus en plus concret sur leurs investissements média... points de contacts d'hier devenus points de vente aujourd'hui.

De la netamorphose à la datamorphose, notre écosystème média est en transformation accélérée.

Il est temps de passer de la ligne Maginot de l'info en silo à la ligne imaginaire de l'info en réseau, c'est pourquoi nous créons Havas Media Open Data, le premier site open data média.

Toutes les données structurantes de l'écosystème média en France : démographiques, économiques, audiences et profils des supports média, marketing direct, sport et entertainment... et leur challenge à travers leur perception par le public.

Une information exhaustive, une énergie nouvelle pour écrire une nouvelle odyssée des médias. Porte ouverte sur l'innovation.

Havas media Open Data, c'est un pas vers le corporate venture à l'image de CISCO, INTEL, APPLE... pour développer un écosystème entrepreneurial, défricher de nouveaux marchés, démultiplier notre R&D à la puissance des cerveaux indépendants... Publier nos données pour nous donner le pouvoir de transformer notre métier, nous sommes open à toutes propositions de logiciels, start-up, plateformes...

L'open data, c'est la data rock and roll, la porte ouverte sur un monde volatil, incertain, complexe et ambigu. L'open data c'est Havas Media à la puissance lambda.

LES DATA MANAGEMENT **PLATFORMS (DMP)**

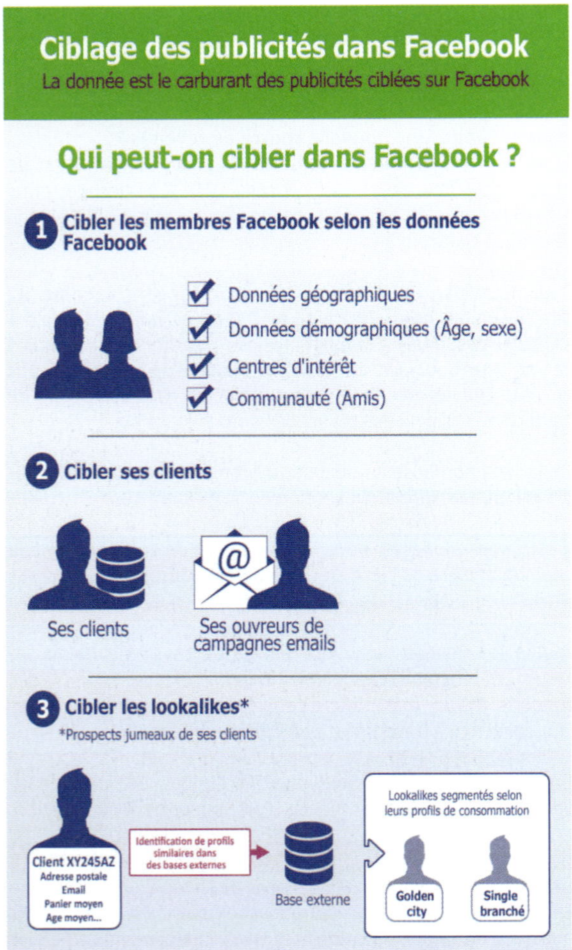

Agence Acxiom
www.acxiom.fr

› Vihan Sharma
Managing Director
vihan.sharma@acxiom.com

UN OUTIL MARKETING PRÉCIEUX POUR LES ENTREPRISES

Dans un monde qui génère sur de multiples canaux des volumes de données consommateurs jamais atteints auparavant, les Data Management Platforms (DMP) ou « plateformes de gestion d'audience » se sont imposées sur le marché nord-américain comme une réponse à ce déluge de données. Même si le secteur n'en est qu'à ses balbutiements, ces plateformes vont sans aucun doute jouer un rôle plus important dans les stratégies marketing du futur.

Alors que permettent de faire ces DMP ?

Ces plateformes de gestion de l'audience permettent d'accéder à des données de profil d'internautes anonymes afin d'améliorer le ciblage de la publicité en ligne pour l'annonceur. Elles permettent également aux annonceurs de capitaliser sur leurs propres données clients, leurs propres segmentations et scores marketing directement sur le digital et plus particulièrement sur le display. Ainsi, les annonceurs sont en mesure de retrouver leur audience sur le web.

L'EMERGENCE DES DMP

Le marché nord-américain a toujours un pas d'avance quant à l'adaptation et l'utilisation des nouveaux outils marketing. Les plateformes de gestion d'audience servaient initialement à optimiser les achats médias ; elles permettaient en effet aux entreprises d'utiliser les données issues de la consultation de sites en vue d'améliorer l'efficacité des campagnes dans l'environnement d'enchères en temps réel (RTB, Real Time Bidding). Compte tenu du fait que cet environnement RTB est à un stade plus avancé aux États-Unis, les spécialistes du marketing ont adopté plus rapidement les DMP.

Au cours des 18-24 derniers mois, les entreprises du secteur se sont attachées à utiliser la donnée consommateur dans le but d'améliorer le ciblage de leurs publicités en ligne. Ce secteur est actuellement en pleine évolution ; les experts en marketing sélectionnent désormais les données qu'ils souhaitent utiliser et analysent les usages en dehors de l'environnement d'achat média.

MIEUX CONNECTER LES DONNEES ENTRE ELLES

Lorsque l'on conçoit un site responsive, il est nécessaire Les spécialistes du marketing comprennent aujourd'hui l'importance d'exploiter la multitude de données dont ils disposent pour améliorer leurs communications. Grâce aux évolutions technologiques, les consommateurs interagissent avec les marques par le biais de supports variés et génèrent ainsi des volumes de données exponentiels. Il est donc indispensable de savoir affiner et distiller ces connaissances. Les marketeurs tirent parti de données de navigation d'internautes (1st party data) pour améliorer leur connaissance client ou cibler leurs audiences. Mais ils souhaitent également être capables d'utiliser tout type de données, aussi hétérogènes soient-elles (données on line, off line, CRM, prospects, transactionnelles et tierces, entre autres) pour créer une vue unifiée du client indépendamment des supports, des médias, et ce afin d'en tirer la valeur maximale. Les annonceurs qui tireront parti de leurs données de gestion de la relation client (CRM) au sein d'une DMP bénéficieront d'un avantage certain. Ils seront capables de capitaliser sur les segmentations et les scorings utilisés off line, basés sur des données sociodémographiques et transactionnelles, qui viendront ainsi améliorer le ciblage de leurs campagnes. L'intégration des données et connaissances clients disponibles sur les programmes CRM dans une DMP améliorera considérablement l'efficacité de la plateforme. Résultat : les spécialistes du marketing pourront se permettre le luxe d'établir des communications personnalisées à grande échelle. s peuvent apparaître dans la hiérarchisation des contenus.

UNE VUE CONNECTEE DE L'AUDIENCE DANS UN CADRE RESPONSABLE

Dans un marché en constante évolution, la plateforme de gestion des données se retrouvera forcément au cœur de toutes les communications avec les clients, prospects, visiteurs de sites Web, etc. Elle permettra en effet d'optimiser les sites, de personnaliser des offres, et servira d'espace centralisé, ou du moins tiendra une place de choix dans cet espace, pour mettre en rapport les audiences et la connaissance client.
Une vue connectée de l'audience permettra aux entreprises de créer des campagnes marketing personnalisées à grande échelle sur l'ensemble des canaux et supports, dans un environnement sécurisé et conforme aux normes de confidentialité. Les fournisseurs de DMP qui aident les spécialistes du marketing et les annonceurs à optimiser l'expérience client sur les différents canaux et plateformes devraient eux aussi connaître une forte croissance.
Les principaux défis sont liés à la législation concernant la confidentialité et la possibilité d'utiliser la donnée consommateur dans un environnement anonyme. Même si l'Europe a établi une politique d'orientation en matière de confidentialité pour ses pays membres, l'interprétation de cette législation reste locale, ce qui pose problème aux entreprises qui offrent une solution de DMP à l'échelle internationale.

UNE APPROCHE CUSTOMER CENTRIC

Les principales opportunités s'ouvrent aux entreprises capables de proposer une valeur ajoutée à leurs clients et prospects grâce à la mise en place d'une stratégie digitale construite à partir d'une DMP.
D'un point de vue technique, la plupart des solutions de DMP est basée sur un cookie. Or, dans la mesure où les consommateurs accèdent désormais au contenu des marques à partir de supports mobiles, les DMP doivent être capables de fournir une vue unifiée des clients sur toutes les plateformes, de façon à exécuter des campagnes marketing intelligentes et pertinentes. Là aussi, le consommateur doit rester au cœur de la stratégie : lorsque les marques parviennent à satisfaire les besoins du consommateur, celui-ci sait les récompenser.
Les entreprises qui sont « customer centric » et qui ne se limitent pas à établir des stratégies marketing intelligentes, mais qui les envisagent d'un point de vue du client, réaliseront les plus gros bénéfices. Les entreprises qui se focalisent sur les fonctionnalités et la technologie répéteront inévitablement les erreurs commises au cours des décennies précédentes où l'on pensait qu'il suffisait de se procurer un logiciel de CRM pour gérer la relation client de façon intégrée et personnalisée.

CONCLUSION

La génération et l'exploitation de grandes quantités de données passent inévitablement par une restructuration de l'organisation des entreprises. Les anciennes structures devront évoluer vers une organisation plus souple au sein de laquelle les DMP joueront un rôle central dans la collecte, la consolidation, la connexion et l'exploitation de données.
Les entreprises doivent envisager la plateforme de gestion d'audience comme une partie centrale de l'écosystème de marketing client. Elles doivent également être prêtes à structurer les opérations en fonction de cette plateforme centrale.
A noter que le talent y joue aussi pour beaucoup. Le secteur manque en effet d'analystes et les « data scientist », spécialistes de la donnée consommateur que tout le monde s'arrache, se font de plus en plus rares. Il ne suffit pas d'être créatif et dynamique et de faire preuve de capacités entrepreneuriales ; il est également essentiel de disposer de solides compétences techniques et analytiques. Il est donc nécessaire de former dès maintenant les talents du futur.

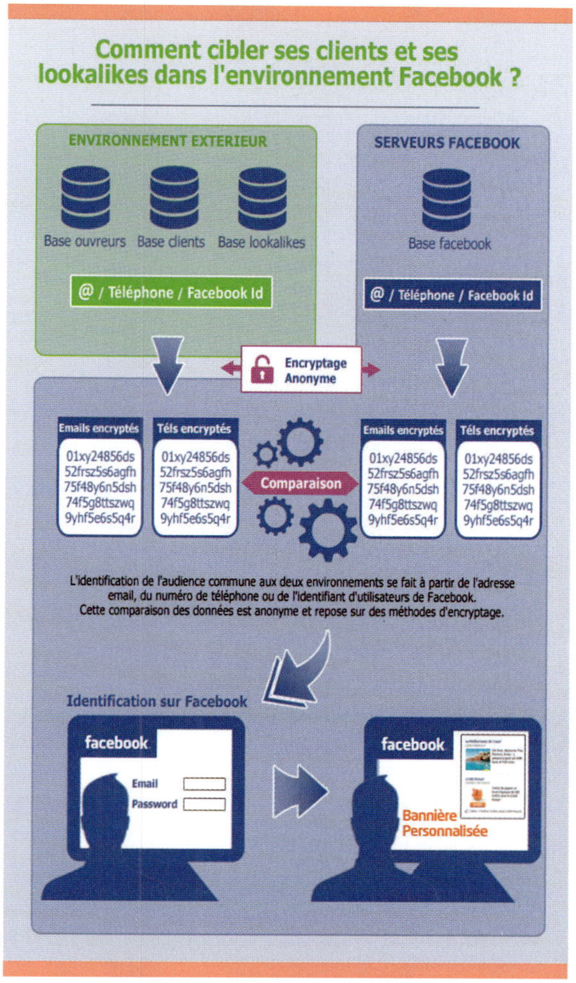

LES COMMUNICATIONS **PERSONNALISÉES**

D'un objectif périphérique, la gestion des données est devenue stratégique. Ce changement permet de personnaliser la relation entre le client et l'entreprise.

MATRIX DISAIT VRAI

Le responsive design regroupe différents principes et 1999, la sortie du film Matrix des frères Wachowski révolutionnait le cinéma avec l'utilisation du Bullet Time. Les réalisateurs nous présentaient un monde apocalyptique où l'humanité serait plongée dans un rêve artificiel par des robots afin de la maintenir dans l'esclavage. Le scénario s'inscrivait dans la trame d'une science-fiction bien ficelée, mais complètement irréaliste. La partie la plus intéressante de l'histoire était sans doute le monde artificiel, rien de moins qu'un monde réel régi par des combinaisons de chiffres : la Matrice.

Il y a 15 ans, cette idée de matrice séduisait, mais elle ne pouvait prétendre à autre chose que de la pure science-fiction. Le monde connecté n'en était qu'à ses débuts. Google existait à peine à l'époque, Mark Zuckerberg était au collège, et Twitter n'avait pas commencé à gazouiller. L'Internet de Yahoo!, MSN, Lycos et Caramail n'avait pas encore changé les modes de vie.

En 2014, le monde virtuel décrit dans Matrix n'a jamais été aussi proche de la réalité. Internet est une vraie mise en chiffres du monde. Rien ne se passe sur la toile sans être enregistré sur des serveurs. Le comportement des internautes est disséqué, et parfois anticipé. Dans le combat final de Matrix, Néo anticipe tous les faits et gestes de son ennemi, l'agent Smith ; il est capable d'analyser en temps réel l'ensemble des chiffres à sa disposition. Beaucoup d'entreprises ont aussi un combat à gagner grâce à une meilleure analyse des données web : celui de la conquête des parts de marché. Elles peuvent le faire en mettant en oeuvre une communication toujours plus personnalisée, plus pertinente et dans le bon tempo.

L'IMPORTANCE DE LA PERSONNALISATION DE LA COMMUNICATION

C'est une règle élémentaire de la communication (et du commerce) : *on ne vend pas des chaussettes à un cul de jatte.* Une communication réussie est un message reçu, compris et qui suscite l'adhésion de la part du récepteur. Le moyen le plus sûr d'y parvenir est de s'assurer de la bonne adéquation entre le message et la cible. L'introduction de données personnelles permet de rapprocher l'émetteur et le récepteur et de casser la

Ubisoft

> Damien Glorieux
Chef de groupe acquisition et fidélisation Europe
damien.glorieux@ubisoft.com

> Luken Aragon
Responsable CRM Europe
luken.aragon@ubisoft.com

« Non seulement la communication arrive au bon moment, mais le corps de la communication intègre des informations personnalisées sur le consommateur. C'est par exemple la communication d'Air France qui inclut le dernier relevé de Miles, ou bien un rappel de l'identifiant de connexion. »

glace dans la communication. Ce ne sont plus deux inconnus qui échangent des propos, mais deux personnes qui se connaissent. Les techniques de personnalisation offrent tout un camaïeu de combinaisons possibles : du respect de l'anonymat à l'intrusion éhontée dans la vie privée des gens. Le tout est de trouver le niveau adéquat.

L'IMPORTANCE DE LA PERSONNALISATION DE LA COMMUNICATION

La donnée est aussi abondante que le sable sur une plage : dès qu'il y a du digital, il y a de la donnée en grande quantité. Les technologies qui permettent de les tracker sont quant à elles toujours plus sophistiquées.

Deux cas de figures :
1/ les informations collectées pour un navigateur anonyme : adresse IP, historique de navigation (avec les cookies), type de navigateur utilisé, type de terminal, résolution d'écran...
2/ Les informations collectées pour quelqu'un d'identifié : nom, prénom, adresse e-mail, numéro de téléphone, historique d'utilisation, historique d'achat, historique de navigation, historique des communications (e-mail, contact service client, etc.), information provenant des réseaux sociaux.

UNE DONNÉE À STRUCTURER POUR LUI DONNER DU SENS

Pour paraphraser une publicité du fabricant de pneus Pirelli «sans maîtrise la puissance n'est rien», on pourrait dire que «sans structure, la donnée est inexploitable». Les données collectées doivent être organisées et classées de manière à être réutilisables par la suite. La définition des référentiels est une étape particulièrement sensible. Le référentiel de données définit les catégories d'information collectées, la façon dont ces catégories sont organisées ainsi que le niveau de détail recherché. Une fois ces données collectées et bien organisées, un contrôle qualité permet de savoir comment valoriser ces données. Par exemple, un programme de fidélisation doit récompenser de la même manière toutes les personnes qui ont eu le même comportement. Cependant, si la collecte des données est fiable à 100 % sur un PC, mais seulement à 80 % sur les mobiles (le tracking des applications mobiles est toujours compliqué), cela peut générer beaucoup d'insatisfaction de la part des 20 % d'utilisateurs sur mobile qui n'auront pas été récompensés. La solution sera soit de changer le programme, soit de corriger les défauts de tracking.

LES TROIS GRANDES CATÉGORIES DE PERSONNALISATION

Les trois âges de la personnalisation :

UNE COMMUNICATION CONTEXTUALISÉE

Il est possible de collecter beaucoup d'informations sur... un anonyme. La communication peut réutiliser à la volée des informations qui auraient été stockées sur la machine de l'internaute afin de faire une communication ciblée et personnalisée. C'est ce qui permet de voir des publicités françaises sur des sites américains. L'adresse IP permet d'indiquer que la personne se situe en France, et qu'elle est donc éligible pour les publicités françaises. Une utilisation plus sophistiquée du même principe est la pratique du «retargeting» (reciblage). Qui n'a pas vu des bannières apparaître proposant EXACTEMENT la paire de chaussures aperçue un instant plus tôt sur un site d'e-commerce. C'est un type de communication personnalisée même si le niveau de pertinence reste relatif. Ces publicités peuvent continuer pendant un long moment, même quand ladite paire de chaussures a été achetée entre-temps (pour arrêter de voir la publicité, il faut nettoyer ses cookies).

« Si pendant de nombreuses années les jeux vidéo proposaient une progression relativement linéaire, aujourd'hui ce n'est plus le cas. Les jeux sont de plus en plus ouverts (« Open World ») et le joueur est libre de choisir sa manière d'évoluer dans l'aventure. Cela nécessite de la part des éditeurs un accompagnement de l'expérience beaucoup plus poussé. »

UNE COMMUNICATION QUI S'ADRESSE AU BON MOMENT

La communication ne contient pas d'information personnalisée dans le corps du message - mais elle arrive à point nommé et correspond à une information intéressante pour le consommateur.

• des messages déclenchés à l'entrée d'une zone spécifique. Par exemple, l'arrivée dans un nouveau pays s'accompagne de la réception de SMS indiquant les conditions tarifaires des communications téléphoniques du pays.

• des messages déclenchés suite à une action - ou communication de service. Lorsqu'un paiement se fait en ligne, un e-mail de confirmation est attendu. Ne pas revoir cette communication serait perçu comme une erreur.

• Le rendez-vous régulier : journalier, hebdomadaire. Ce sont les messages d'alerte par exemple.

UNE COMMUNICATION UNIQUE

Non seulement la communication arrive au bon moment, mais le corps de la communication intègre des informations personnalisées sur le consommateur. C'est par exemple la communication d'Air France qui inclut le dernier relevé de Miles, ou bien un rappel de l'identifiant de connexion.

Encore mieux, il est possible d'intégrer les consommateurs dans des parcours clients et de les amener d'une étape à une autre avec les embranchements. A bien des égards, le parcours proposé est similaire au livre dont le lecteur est un héros. Au final, la meilleure communication personnalisée consiste à anticiper le prochain besoin du consommateur afin de toujours l'intéresser.

CONCLUSION

Tout le challenge de la communication personnalisée est de réussir à créer un lien de proximité avec le client, de manière industrialisée. Il s'agit des techniques utilisées par les petits commerçants, mais appliquées à très grande échelle. Cela est possible grâce aux données collectées sur les consommateurs et par leur utilisation afin de rendre cette communication toujours plus efficace.

FOCUS SUR UBISOFT : CRÉER DES EXPÉRIENCES MÉMORABLES

L'industrie du jeu vidéo a connu une évolution significative depuis 20 ans : les joueurs ne sont plus les mêmes, la façon de communiquer avec eux est radicalement différente.

Finie l'image stéréotypée du jeune joueur isolé dans sa chambre progressant dans son jeu vidéo préféré. Cette même personne peut désormais être un homme d'affaires, un enfant se rendant à l'école, une femme récemment retraitée ou encore un étudiant. Vous l'aurez compris, le développement des supports mobiles, l'essor technologique des consoles de jeu ainsi que l'hyper-connectivité ont tout métamorphosé.

Les jeux eux-mêmes se sont métamorphosés. Si pendant de nombreuses années les jeux vidéo proposaient une progression relativement linéaire, aujourd'hui ce n'est plus le cas. Les jeux sont de plus en plus ouverts (« Open World ») et le joueur est libre de choisir sa manière d'évoluer dans l'aventure. Cela nécessite de la part des éditeurs un accompagnement de l'expérience beaucoup plus poussé.

Ainsi la communication a évolué : **nous sommes passés d'un monologue à un dialogue**. C'est dans ce contexte de service que la collecte et l'utilisation de données jouent un rôle primordial :

• Permettre d'envoyer le bon message au bon « gamer » en fonction de ses tendances de jeu,

• Créer une expérience de jeu personnalisée à travers un dispositif digital transverse (e-mail, mobile, web, etc.),

• Analyser les comportements de jeux pour aider les joueurs en cas de difficulté.

Le développement d'un titre peut prendre plusieurs années : s'assurer que le gamer profite pleinement des efforts réalisés par des centaines de développeurs est donc essentiel pour Ubisoft. La place de l'analyse et de l'exploitation de données est donc un enjeu stratégique qui ne cessera de s'accentuer avec toujours le même objectif en tête : proposer une expérience mémorable !

OXYBUL ÉVEIL ET JEUX *Qui ?*
SÉQUENCE ANNIVERSAIRE *Quoi ?*
CRM DISPLAY GRÂCE AU RTB

+ 48,5 % taux de transformation

2,6 MILLIONS d'impressions

4 979 commandes

Vidéos • Viralité • Interactivité

PROBLÉMATIQUE BUSINESS DE LA MARQUE

Le contexte

Oxybul éveil et jeux est une marque de jouets, puériculture et décoration spécialisée dans l'éveil et l'apprentissage ludique. Oxybul éveil et jeux propose aux parents d'accompagner leurs enfants dans la découverte du monde, tout au long de leur croissance. La marque privilégie ainsi le marketing des moments de vie, afin d'être présente à chaque étape du développement de l'enfant. Le moment de vie permet de rebondir sur un événement important dans la vie de l'enfant, ce qui s'avère donc incontournable dans le cadre du suivi de la relation avec les parents, de la part de la marque.

Au sein de ce parcours, l'anniversaire demeure une occasion d'achat très fréquente puisqu'elle arrive en deuxième position après Noël pour la marque. Pour faire levier sur ce moment de vie clef, le dispositif relationnel est habituellement composé d'une séquence d'e-mails automatiques. Pour renforcer le potentiel de cet événement, il fallait un nouveau canal relationnel, afin de souligner son importance. Le couplage des données CRM et de la technologie RTB a permis de créer ce nouveau canal à travers le CRM Display, et la réalisation de bannières personnalisées.

La cible

La cible était composée des individus ayant un enfant renseigné dans la base de données et dont c'est l'anniversaire dans les 21 jours à venir. Dans le cadre de l'anniversaire, il était également nécessaire de collecter les informations liées à ces individus (enfants, âges, sexe, lien de parenté, données de consentement, données de réaction...).

Les objectifs

L'objectif de la campagne était de :

• Coupler les données CRM et la technologie RTB afin de décliner la relation client sur un nouveau canal relationnel : le CRM Display,

• Faire levier sur le RTB pour accroître la fidélité client et augmenter les ventes.

SOLUTION STRATÉGIQUE

L'idée stratégique

L'idée était de mettre en place une stratégie de relance fortement personnalisée afin de créer plus d'efficacité au sein de la relation client, augmenter les ventes et optimiser le ROI.

Afin d'implémenter cette stratégie, un plan d'action multicanal, e-mail et bannières personnalisés, a été développé.

Les aspects innovants et de différenciation

Le RTB (real time bidding) présente des opportunités de personnalisation et de contextualisation jusqu'ici majoritairement exploitées à travers les données de navigation. Ce cas présente une application particulièrement fine de cette technologie puisqu'elle est ici liée aux données des clients Oxybul éveil et jeux.

La bannière devient un véritable canal de communication, personnalisé en fonction de l'ensemble des données individuelles disponibles dans la base CRM.

MISE EN PLACE OPÉRATIONNELLE

La durée
La campagne a duré 49 jours à partir du 30 octobre 2013.

Explications autour des choix créatifs
Différentes bannières ont été développées, en fonction de deux critères :
• l'âge de l'enfant : « Découvrez notre sélection de produits pour les 0-2 ans / 2-5 ans / 5-8 ans / 8-12 ans ».
• le sexe de l'enfant (avec une sélection de produits mis en avant adaptés au genre).
La campagne RTB a en outre été mise en place sur différentes cibles :
• pour les clients et prospects opt-in e-mail, elle s'est appuyée sur une séquence d'e-mails et des bannières.
• pour les clients et prospects opt-out, elle s'est uniquement déroulée sur des bannières.

Afin d'éviter tout sentiment d'intrusion, les bannières n'étaient pas personnalisées au prénom de l'enfant ou à la date de naissance précise.

Les étapes
Calendrier de déploiement :

1. Afin de mesurer l'efficacité du dispositif un protocole de test incluant un groupe témoin de 10 % non exposé à la surpression bannière a d'abord été mis en place.

2. La conception et la réalisation graphique des bannières ont ensuite été élaborées.

3. Les segments de ciblage ont ensuite été définis à partir de la base de données CRM, puis implémentés dans le DSP AppNexus. Au total le délai de mise en œuvre du projet fut d'environ un mois.

4. La campagne a ensuite été lancée. Pour tous les enfants concernés durant cette période, cinq e-mails ont été envoyés (anniversaire J-30, anniversaire J-21, anniversaire J-14, anniversaire J-7, anniversaire J-3, anniversaire), et des bannières ont également été diffusées durant ces trois semaines précédant la date anniversaire, ainsi que le jour de l'anniversaire.

5. La campagne a duré 49 jours à partir du 30 octobre 2013. Elle a été accompagnée d'un suivi et d'un reporting quotidien de ses résultats par les équipes mobilisées par sa réalisation.

LES RÉSULTATS

L'utilisation de l'ensemble de ces données a permis d'augmenter de manière significative le taux de transformation puisqu'il a atteint un résultat de + 48,5 % en comparaison avec le groupe témoin.
La campagne a généré 4 979 commandes et touché 400 000 individus à travers 2,6 millions d'impressions.
Compte tenu des excellents résultats de ce test, d'autres tests sont en cours de mise en place par Oxybul éveil et jeux, sur d'autres temps forts pour la marque. Par ailleurs, la stratégie relationnelle de la marque est en train d'être revue afin d'intégrer ce nouveau canal et ainsi optimiser le ROI sur l'ensemble des campagnes.

« Le RTB présente des opportunités de personnalisation et de contextualisation jusqu'ici majoritairement exploitées à travers les données de navigation. »

O *Oxybul éveil et jeux*
www.oxybul.com
Caroline Launois-Beaurain
Chef de projet CRM

O *Agence 1000mercis*
www.1000mercis.com
Aurélien Beaumont
Directeur B2C et Marketing Corporate
aurelien@1000mercis.com

MAÎTRISER L'HISTORIQUE MARKETING CLIENT POUR MIEUX CIBLER LES **CAMPAGNES RTB**

Eulerian Technologies
www.eulerian.com

> Emmanuel Brunet,
Directeur exécutif
emmanuel@eulerian.com
www.linkedin.com/in/emmanuelbrunet

A la fin des années 90 sont apparues les premières campagnes d'affichage sur Internet dans une logique purement publicitaire. Au départ cantonnée à de simples affichages, l'e-publicité a vu émerger au fil des ans une logique contextuelle puis, début des années 2000, les éditeurs ont commencé à utiliser leurs propres data pour optimiser leurs opérations. Il aura fallu attendre 2008 et l'avènement du retargeting pour que les annonceurs intègrent de la donnée première partie dans leurs campagnes display.

Aujourd'hui, suite au développement du retargeting et à la progression soutenue des investissements en RTB (Real Time Bidding), les annonceurs entament une exploitation de plus en plus étendue de leurs données première partie. Nous assistons actuellement à une réelle convergence entre l'achat média et les données CRM et PRM des annonceurs qui, grâce aux nouveaux moyens d'achats comme le RTB, leur permet d'atteindre un niveau de ciblage encore insoupçonné il y a quelques années.

En quoi consistent ces nouvelles opportunités d'optimisation du ciblage des campagnes e-pub et surtout, quelles en sont les limites ?

PROBLÉMATIQUE

La concurrence dans le secteur e-commerce ainsi que le changement des comportements d'achat online, à savoir le raccourcissement du cycle de vente, exigent une interaction en temps réel entre les marques et leurs audiences. Répondant aux évolutions du marché, le RTB est un système d'achat d'espaces publicitaires aux enchères qui permet de cibler en temps réel des audiences qualifiées et de leur diffuser des messages pertinents. Ce nouveau mode d'achat séduit de plus en plus les marques qui peuvent ainsi se focaliser sur des profils cibles prédéfinis, ce qui a pour effet de les voir s'éloigner progressivement de l'achat d'espace classique, fondé sur la contextualisation.

Une étude récente publiée par eMarketer indique qu'aux Etats-Unis, les dépenses des annonceurs en RTB avoisineront les 9 milliards de dollars d'ici 2017, soit 29 % des dépenses en display. En France, avec + 99 % en 2013, les dépenses en RTB connaissent une croissance encore plus rapide que prévue et devraient représenter près de 27 % des dépenses en display d'ici 2017, selon la dernière étude RTB de l'institut de recherche IDC.

Cependant, dans la pratique, le Real Time Bidding est limité par un manque d'informations sur les profils proposés aux enchères. Faute de pouvoir les reconnaître précisément, les annonceurs et leurs partenaires en charge du bid sont contraints de dépenser

« Il faut tout d'abord pouvoir centraliser les données au sein d'une seule et même solution, qui peut regrouper et enrichir les données entre elles, qu'elles soient online ou offline. »

une part non négligeable de leurs budgets en aveugle. Afin d'y remédier, certains annonceurs transmettent à leurs prestataires des informations CRM complémentaires sur les internautes exposés à leurs opérations marketing ou ayant visité leur site, qu'ils soient clients ou non. Ces données additionnelles permettent ainsi d'identifier les internautes à cibler en priorité, d'adapter les enchères en fonction des profils et de concentrer les investissements sur les profils à fort potentiel.

A l'heure actuelle, la transmission des données se fait par passage de paramètres via des Systèmes de Tag Management (TMS), ce qui signifie que les données sont transmises via le navigateur de l'internaute lorsqu'il passe sur le site de l'annonceur. Sans visite sur le site, la transmission des données via TMS est impossible. Les annonceurs sont donc limités dans le volume de données à partager avec leurs prestataires car ils n'ont aucune maîtrise sur les délais de transmission. Cela les contraint à ne pas passer certaines données puisqu'elles deviendraient obsolètes le temps que l'internaute visite le site et que la transmission via TMS puisse se faire.

Quels sont donc les enjeux à adresser en priorité et les solutions technologiques envisagées afin de tirer le meilleur parti de la révolution display que représente le RTB ?

LES ENJEUX DU RTB

Les enjeux sont multiples et propres à chaque annonceur. Cependant, il existe trois enjeux fondamentaux qui font consensus :
- L'identification des profils sur lesquels enchérir.
- L'optimisation de l'enchère en fonction du potentiel du profil.
- La personnalisation du message adressé.

D'autres questions se posent également :
- Comment alimenter ses campagnes avec des informations dispersées dans plusieurs outils et rarement homogènes ?
- Comment s'affranchir de la contrainte liée au passage de l'internaute sur le site ?
- Comment échanger toutes ces données en temps réel, afin qu'elles ne soient pas obsolètes au moment du bid ?

SOLUTION TECHNOLOGIQUE PROPOSÉE

Il faut tout d'abord pouvoir centraliser les données au sein d'une seule et même solution, qui peut regrouper et enrichir les données entre elles, qu'elles soient online ou offline, et pouvoir créer des segments de profils. Les annonceurs doivent être certains d'acheter les bons profils. Pour cela, leurs différents prestataires doivent pouvoir bénéficier de la même richesse d'information sur leurs audiences. Via le partage de données, l'annonceur est donc à même de les éclairer.

Pour s'affranchir des contraintes bridant le potentiel du RTB, il est nécessaire d'établir une connexion entre les serveurs de l'annonceur, ceux des différents intervenants (DSP, trading desk, retargeters) et ceux du prestataire tiers de confiance en charge de la collecte et de la gestion de la data. Cela permet un échange constant et la mise à jour des données présentes sur les serveurs des partenaires qui achètent l'espace média pour le compte de l'annonceur.

Pour mettre en place une connexion serveur/serveur entre l'annonceur et ses partenaires, il faut au préalable :
- Paramétrer les conditions d'activation du passage de data entre les serveurs

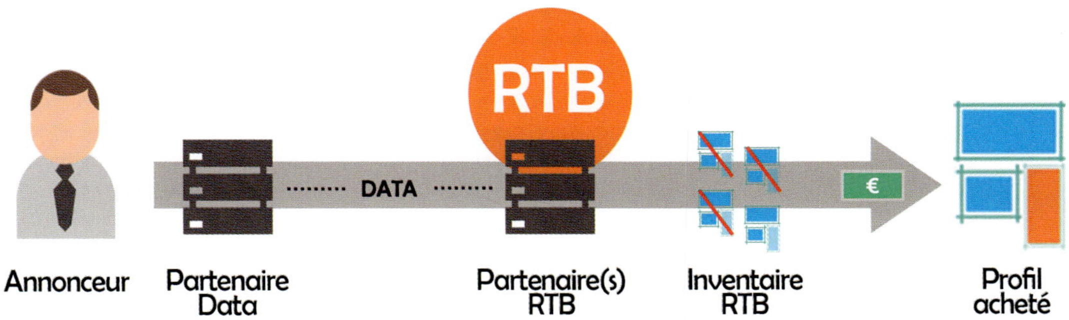

« ...optimiser les opérations de reciblage en RTB est déjà une réalité. Les défis pour les annonceurs et leurs prestataires sont maintenant de communiquer en temps réel et de placer le profil CRM et PRM de l'internaute au cœur de la stratégie marketing... »

• Lister les données utilisateurs à passer pour chaque partenaire

Une fois les connexions en place, les différents partenaires (DSP, trading desk, retargeters) et les annonceurs identifient les audiences pertinentes sur lesquelles investir et optimisent en conséquence leurs stratégies de bidding.

PRÉ-REQUIS FONDAMENTAUX

a) La collecte de la donnée
Pour garantir l'homogénéité et la qualité des informations qui sont exploitées lors du ciblage, il est préconisé de travailler à partir de données collectées respectant les règles suivantes :
• Collecter 100 % de la data en temps réel
• Centraliser toute cette data au sein d'une solution unique
• Poser un cookie première partie
• Tracker les campagnes marketing par redirection

Il est effectivement essentiel d'intégrer la totalité de la donnée dans le ciblage des messages, c'est-à-dire toutes les composantes de navigation et de consommation des internautes. Les interactions entre une marque et ses clients sont diverses et ne se cantonnent pas au online. Les appels au call center, les achats en boutique, les ouvertures de newsletters ou encore les expositions aux messages publicitaires sans clics sont autant de points de contacts qu'un TMS ne pourrait pas traiter en temps réel, mais qui sont néanmoins indispensables à la compréhension du comportement d'achat du client.

b) Les données cross-device
A cela viennent s'ajouter des types de terminaux de plus en plus nombreux : ordinateurs fixe et portable, tablette, smartphone, etc. La navigation multi-écrans n'a jamais été aussi complexe et exige un tracking innovant qui permet de reconnaître un même client derrière plusieurs écrans.

Sans données cross-device, les annonceurs peuvent acheter un même internaute plusieurs fois sans le savoir, du fait qu'il navigue sur différents terminaux :
• 1 internaute = 3 terminaux **= 3 profils achetés en RTB**

Grâce à une technologie de collecte de données cross-device, l'internaute peut être reconnu quel que soit son terminal :
• 1 internaute = 3 terminaux **= 1 profil acheté en RTB**

Cette approche cross-device est obligatoire pour enchérir sur le marché RTB en prenant en compte l'ensemble des points de contact marketing entre le consommateur et la marque, quel que soit le terminal utilisé. Enchérir sans disposer d'une information prenant en compte le comportement cross-device du consommateur revient à acheter de l'espace en se fondant sur des bribes du parcours client, segmenté en fonction du terminal.

c) La sécurisation des données

Les données première partie collectées appartiennent aux annonceurs. Elles concernent la vie privée de leurs clients et elles déterminent leurs investissements marketing. Pour garder le contrôle sur le niveau d'information partagé, les données sensibles doivent être cryptées et filtrées lors de leur transmission.

UNE STRATÉGIE BIEN DÉFINIE

Il est essentiel pour les annonceurs d'investir et d'adresser différemment un nouveau et un ancien client, un prospect et un client premium, une première visite et un abandon de panier... et ce, tout au long du tunnel de conversion. Chaque annonceur doit scénariser son propre parcours client. Aux annonceurs ensuite d'adapter leurs investissements en fonction du profil et de la rentabilité de chaque consommateur, en intégrant la notion de Customer Life Time Value dans leur stratégie marketing. Charge à eux également d'adapter la pression média et les messages diffusés en fonction du profil des internautes exposés à leurs campagnes marketing. Enfin, une fois l'achat réalisé, les annonceurs doivent fidéliser et concentrer leurs efforts sur du reciblage afin de maximiser les chances de ré-achat des clients.

Imaginons un cas concret d'un cycle d'achat lambda dans lequel la data viendrait optimiser la stratégie d'achat publicitaire :

• **L'internaute n'a pas encore visité le site mais a été exposé à une de ses publicités display >** L'annonceur indique à ses prestataires d'intensifier la diffusion d'e-pub pour accroître la présence à l'esprit de sa marque.

• **Le même internaute vient sur le site, visite une page sans faire d'achat >** L'annonceur adapte son message en mettant en avant des produits de la marque consultée lors de la visite. Ses partenaires sont informés de l'intérêt de l'internaute pour ces produits.

• **L'internaute revient sur le site, visite plusieurs pages et repart toujours sans acheter >** Cette fois-ci, le site marchand veut l'inciter à acheter, il lui propose une livraison gratuite par e-mail.

• **Décidé par les frais de port offerts, l'internaute retourne sur le site puis achète >** L'annonceur avertit ses prestataires, l'internaute a acheté, il faut adapter la pression média en conséquence.

• **Convaincu par son premier achat, le client revient sur le site et achète à nouveau >** Il devient un client premium. L'annonceur demande à ses prestataires de lancer des campagnes de reciblage dans une optique d'up-sale et cross-sale.

DES PERSPECTIVES PROMETTEUSES

Bien que limitée, l'exploitation des données pour optimiser les opérations de reciblage en RTB est déjà une réalité. Les défis pour les annonceurs et leurs prestataires sont maintenant de communiquer en temps réel et de placer le profil CRM et PRM de l'internaute au cœur de la stratégie marketing afin d'automatiser et d'optimiser en temps réel leurs investissements RTB.

LE REAL TIME CREATIVE APPORTE LE POUVOIR DE LA CRÉATION AU PLACEMENT MÉDIA

ADventori
www.adventori.com

> **Carole Ellouk**
Directrice Marketing
carole.ellouk@adventori.com
@adventori

Le RTC – Real Time Creative – est une manière de concevoir la publicité digitale en temps réel du point de vue créatif. Tout comme le RTB, le RTC personnalise l'approche publicitaire et en améliore les performances : le RTB adresse la bonne cible au bon moment, le RTC le bon message.
En s'appuyant sur les 3 composantes clés « **média, data et créa** », la pertinence des campagnes est renforcée et permet de provoquer l'engagement du consommateur au-delà du contact.
Cette nouvelle approche va prendre en compte tous les paramètres de la création - charte graphique, message, ton – et s'adosse à la technologie pour intégrer des données disponibles qui vont permettre la personnalisation des dispositifs publicitaires.
Des plateformes indépendantes existent pour accomplir techniquement ces objectifs sous la forme aboutie du DCO – Dynamic Creative Optimization.

Bienvenue dans l'ère de la Real Time Creative.

RTB + RTC = RTA

Pourquoi intégrer le RTC dans sa stratégie marketing ?
L'approche RTC répond à une réalité que chacun doit adopter – annonceurs, médias, éditeurs et acteurs de la data. Car là où Gutenberg, en inventant l'imprimerie, a crée le moyn de dire une chose uique à des miliers de gens (1=> N), Internet à le pouvoir d'adresser autant de messages qu'il y a de lecteurs (N =>N).
Traduction publicitaire : autant de communications que de consommateurs évoluant eux-mêmes dans leurs choix et leur besoin.
Tous les acteurs du RTB le constatent : cette technologie a permis d'automatiser les placements médias mais a induit « *la nécessité de mettre en place des milliers de processus créatifs là où une campagne média traditionnelle n'en exigeait jusque-là que 4 ou 5* » (J-B Rouet – JDN 16/05/13).
Le DCO permet de gérer de manière automatique ces formats créatifs en adaptant leur contenu à l'internaute.
Le Graal est atteint : le bon message, à la bonne personne au bon moment. L'équation parfaite qui nous fait entrer dans le Real Time Advertising.

UTILITÉ, PERTINENCE ET ANTICIPATION

La publicité digitale souffre d'un déficit créatif, et ce, de manière injustifiée. Le média digital (le plus magique) recueille encore

« Le RTC – Real Time Creative – est une manière de concevoir la publicité digitale en temps réel du point de vue créatif. Tout comme le RTB, le RTC personnalise l'approche publicitaire et en améliore les performances : le RTB adresse la bonne cible au bon moment, le RTC le bon message. »

souvent les créations les plus basiques. L'affichage réussi plus de pertinence dans les messages qu'il véhicule alors que son ciblage est à l'opposé du digital.

Le RTC va permettre de réveiller les bases de la publicité :
• Etre utile : relier l'offre à l'internaute.
• Susciter l'intérêt : adresser un message interpelant car individualisé.
• Faire rêver : se réapproprier les codes créatifs de la publicité, déclencheurs d'envies.

Encore trop souvent, l'annonceur tombe dans deux écueils opposés :
• lorsqu'un individu n'a pas réagi à une publicité, il n'y est purement et simplement plus exposé.
• à l'inverse, même sans intention d'achat, un individu sera surexposé au message publicitaire jusqu'à épuisement du budget de l'annonceur.

Dans les deux cas, l'offre publicitaire n'est pas efficace et impose à l'annonceur de structurer sa relation à sa cible comme une conversation. Par exemple : grâce à sa connaissance client, une marque automobile qui achète du média digital doit créer et diffuser à la volée des messages différents d'un consommateur à l'autre ; il peut s'agir d'une famille, d'un célibataire, d'une femme, ou de cette même femme dans 2 mois : le message se doit d'être différent. L'offre proposée devient en adéquation avec la cible et avec ses attentes, l'efficacité publicitaire est renforcée. La relation one-to-one avec son consommateur est créée en temps réel.

L'enjeu est clair : adresser le bon message à la bonne audience en transformant l'intrusion en intérêt, la sur/sous-exposition en pertinence, et l'impression en anticipation.

SCÉNARISER LA CAMPAGNE

Il s'agit de la réconciliation entre l'annonceur, ses cibles, les datas, le temps réel, le message et le contexte média. Etant donnée la complexité de l'équation (N=>N), la campagne ne délivre plus un message, mais raconte une histoire. Il faut prévoir tous les chemins possibles que la campagne empruntera, en changer le décor tout en gardant en ligne de mire l'objectif. Chacun doit recevoir une histoire qui lui est personnelle.

Ce scénario technique s'appuiera sur l'hémisphère droit en « objectivant la donnée » et sur l'hémisphère gauche en la rendant créative et émotionnelle.

Il en découle 2 approches : « data driven » et « objective driven » :
• en analysant la donnée, il est possible de dégager des objectifs commerciaux et publicitaires. Par exemple, savoir en temps réel qu'un avion ne sera pas suffisamment rempli (pour être rentable) peut se transformer en message promotionnel ciblé et géolocalisé sur la zone de départ du vol.
• en analysant les objectifs, on imaginera les données nécessaires pour les accomplir. Pour pousser les ventes d'une enseigne alimentaire de livraison, il est sensé faire appel à la géolocalisation, à la météo (les commandes augmentent quand il pleut), à la proximité des points de vente, à la variété des prix et d'une promotion spéciale appliquée à un créneau horaire ou une région spécifique...

Le socle commun est de décortiquer :
• les données annonceurs (prix, stock, promotion,...).
• les données utilisateurs (critères de ciblage, historique et contexte de navigation).
• les données conditionnelles (météo, localisation, calendrier sportif,... toute data open source).

La combinaison de ces données établira la scénarisation de la campagne : à chaque nouvelle exposition, l'utilisateur verra un nouveau message. La mise en scène est narrative, sera affinée en cours de campagne, calée sur les besoins de l'internaute et les performances de la campagne.

Le but est bien de faire évoluer les utilisateurs dans le tunnel : de l'attention à l'achat, en d'autres termes : l'engagement.

COMMENT ÊTRE RTC READY ?

Les solutions techniques pour accomplir cette nouvelle relation existent et ont déjà fait leurs preuves. Elles impactent tous les dispositifs: bannières, email, mobile, vidéo, formats rich – donc également en HTML5 et VPAID – et ce, sur tous les devices.

Avec la numérisation globale de tous les médias et le RTB qui s'y appliquera, le RTC sera tout aussi pertinent et réalisable qu'il l'est aujourd'hui sur le web : demain les messages publicitaires TV, Outdoor ou même radio pourront être dynamiques et inspirés par la donnée. Le RTC s'appuie sur les mêmes valeurs fondamentales et technologiques que le RTB : Big Data, ciblage, tracking, cookie matching, travailler en millisecondes, adresse IP et plus encore.

Dans la pratique, elles permettent d'atteindre divers objectifs commerciaux et de répondre aux impératifs de l'achat média. Quelques exemples :

Le DCO appliqué au retargeting, permet non seulement d'utiliser

« La personnalisation des messages imposent la scénarisation des campagnes, car il y a autant d'internautes que de fins possibles à l'histoire que peut raconter une bannière. »

la donnée de navigation de l'utilisateur, mais de pouvoir l'associer à tout autre type de données (telles que décrites plus haut). Dans cette stratégie de re-proposition, le DCO jouera un rôle essentiel dans l'optimisation des messages et gommera le caractère intrusif du retargeting. On parle alors de « Remarketing ».

La démarche et les effets sont identiques pour les campagnes qui sont achetées en RTB. Certains trading desk proposent déjà la solution sur des critères simples. Les annonceurs qui mènent des campagnes exclusives en RTB en bénéficieront. Si la campagne est mixte (achats classiques et RTB), la dynamisation des bannières doit se faire en amont de l'achat afin d'être diffusée sur toute la chaine.

Dans un objectif « Opé Spé », le DCO permet de contextualiser les messages avec le site éditeur qui les accueille : c'est voir son message s'inspirer de la page consultée et proposer une offre en directe affinité avec l'internaute. Exemples : proposer « un voyage aux Caraïbes » sur la page « Caraïbes » de TripAdvisor ou « un hôtel pour Madrid » sur la page « réservation pour un match du Real » de billetrealmadrid.fr, avec le prix correspondant à la date de l'évènement.

Intégrer du DCO à la stratégie globale quand la campagne se met en place permettra sa diffusion totale, quels que soient : la méthode d'achat, le plan média (web, mobile), les formats (1 concept, 10.000 créas) ou la plateforme technique (DMP, AdEx, AdServer). Ce point de vue opérationnel est essentiel pour les annonceurs ou des agences « 360 » qui recherchent de la simplicité dans le monitoring de leur campagne mix-médias.
L'autre avantage se trouvera dans l'expertise que ce plombier moderne apportera tant au niveau de la programmatique de campagne que dans sa construction : trouver la donnée, la faire parler, scénariser et respecter l'environnement créatif.

Le DCO peut être particulièrement stratégique pour le secteur du Tourisme, car il influera directement son Yield Management : personnaliser l'offre avec du DCO permet d'informer l'internaute en temps réel de la disponibilité d'un produit et donc de le faire réagir. Ce système combine à la fois la publicité de l'offre et sa rentabilité. Le remplissage des avions, des hôtels et des trains est optimisé : la publicité agit comme un nouveau canal d'acquisition.

REAL TIME CRÉATION DE BÉNÉFICES

Implémenter un dispositif RTC peut se faire tout au long de la campagne et tous les métiers de la publicité vont en bénéficier.
• Les agences médias : le « bon message » apporte un ROI plus important, avec des taux de clic multipliés par 3 sur des bannières plus engageantes.

• Les éditeurs et régies : la contextualisation des communications valoriseront leur data et donc leur inventaire. Ceci inclut de la publicité non invasive et un contrat de lecture amélioré avec l'internaute.
• Les agences conseils : donneront à la naissance de la campagne un souffle créatif à leurs dispositifs digitaux en jouant avec la data et en imaginant des scenarios plus impactants qu'une simple déclinaison du spot TV.
• L'Annonceur : cette chaine a cumulé pour lui un meilleur ROI, un meilleur contexte et une meilleure rentabilité. Il gagne de son côté une relation plus fine avec son consommateur ainsi qu'une meilleure image de marque. Il peut (enfin) associer « Performance » et « Branding » sur une même campagne digitale.

LA FIN DE LA MUE

Le métier de publicitaire a définitivement changé : un acheteur média n'achète plus que du média mais une cible avec un paramètre 3D incluant le temps, le lieu et l'emplacement.
La personnalisation des messages imposent la scénarisation des campagnes, car il y a autant d'internautes que de fins possibles à l'histoire que peut raconter une bannière. Cette phase créative est la dernière mue que devra accomplir la révolution digitale qui achèvera la relation one-to-one entre l'annonceur et son audience. La conjonction de l'achat et de la création en temps réel nous projette de plein fouet dans la publicité en temps réel.

Avant

Après

BLABLACAR Qui ?

CONTEXTUALISATION Quoi ? DE MESSAGES DIGITAUX

Meilleur **ROI**

Augmentation de l'engagement

Branding • Trafic • Temps réel

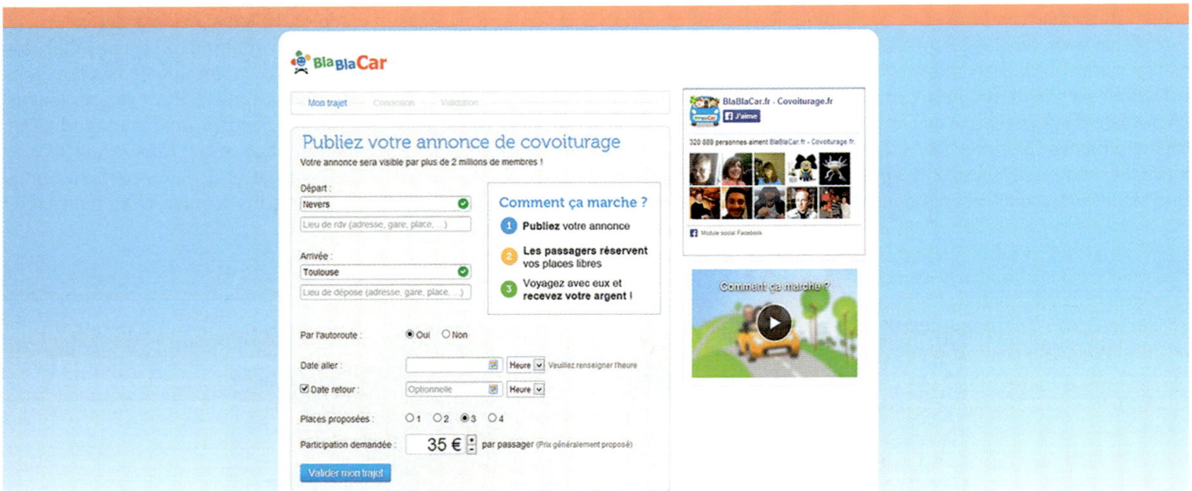

PROBLÉMATIQUE BUSINESS DE LA MARQUE

Le contexte

BlaBlaCar est un service de covoiturage mettant en relation les conducteurs et les passagers souhaitant partager les frais d'un même trajet. Les conducteurs publient une annonce dans laquelle ils décrivent leur trajet et indiquent leur nombre de places libres.

L'inscription est gratuite. Chaque mois, un million de personnes utilisent les services de BlaBlaCar disponibles sur web et mobile. BlaBlaCar est aujourd'hui présent dans 10 pays et compte plus de 5 millions de membres.

La cible

Dans le cadre d'une stratégie globale de communication (digital, affichage), BlaBlaCar souhaitait s'adresser à son cœur de cible, les voyageurs, et tout particulièrement dans cette campagne aux conducteurs.

Population active 20-50 ans qui se déplace en utilisant sa voiture.

Les objectifs

Communiquer sur l'avantage économique du covoiturage pendant les Fêtes (Noël + Nouvel An) auprès des conducteurs ;

Augmenter le trafic vers le site BlaBlaCar pour développer l'offre de sièges offerts pour les Fêtes ;

Augmenter la notoriété de BlaBlaCar (branding).

SOLUTION STRATÉGIQUE

L'idée stratégique

L'idée a été amenée par BlaBlaCar. Sa position de pure player lui permet d'appréhender plus facilement le potentiel publicitaire du digital, et donc d'être force de proposition. La mécanique était déjà pensée quand BlaBlaCar a contacté Horyzon Media pour développer une campagne exclusive sur Mappy.fr et la contextualiser par ADventori.

L'idée est frappante de bon sens : capter l'attention du prospect à la source de son projet de voyage (sur Mappy) et proposer de faire appel aux services de BlaBlaCar (appel de notoriété). Jusque-là, une campagne classique. Elle prend une autre tournure grâce à la technologie DCO mise en place par ADventori, qui a permis de contextualiser les messages au site Mappy, et ainsi de personnaliser l'offre en fonction de la demande de chaque utilisateur.

La bannière BlaBlaCar reprend les informations de recherche de trajet (ville d'arrivée, ville de départ), et informe en temps réel un montant estimé d'économies réalisables en faisant du covoiturage. L'utilisateur peut ainsi comparer le coût de son trajet estimé par Mappy et le montant qu'il pourrait économiser en utilisant BlaBlaCar.

Le post clic est géré de manière différenciée et renvoie directement sur BlaBlaCar, dans la page pré-remplie de ces mêmes informations. Il n'y a plus qu'à valider la publication du trajet.

Ex. : un trajet Toulouse-Paris est estimé à 122,98 € par Mappy (0,065 € x 678 km + 34,20 € de péage)
La bannière de BlaBlaCar indiquera qu'il est possible de faire une économie de 132 € (44 € x 3 passagers)

Les aspects innovants et de différenciation
2 éléments différenciants sur cette campagne.
Le 1er est la position qu'Horyzon Media a prise en plaçant Mappy.fr dans cette synergie, à la fois dans le cadre d'une opération spéciale et en acceptant de partager sa data. Ici, plus que de l'inventaire, c'est la data publisher qui a été mise en valeur et échangée.
La 2ème est l'utilisation de la technologie DCO d'ADventori (le Dynamic Display™), qui a permis d'ajuster en temps réel le bon message, et d'en gérer le post-clic.

Les KPIs
- Campagne A/B testing
- Taux de clics
- Taux de transformation sur site

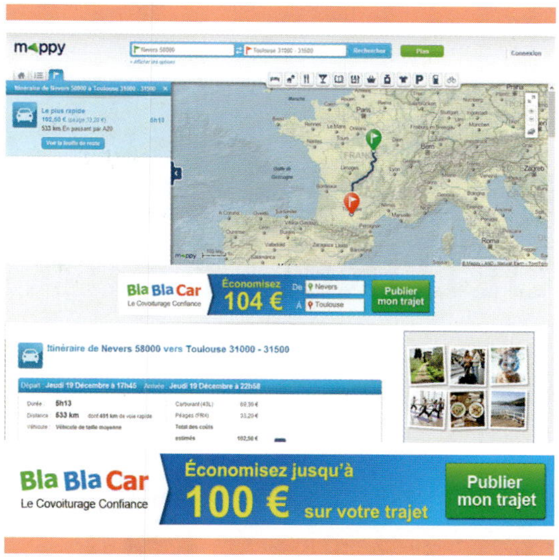

MISE EN PLACE OPÉRATIONNELLE

La durée
18 jours : du 12 au 30 décembre 2013

Les explications autour des choix créatifs
La création reprend les codes de la communication de BlaBlaCar, et a été fournie par l'Annonceur. Les espaces de personnalisation ont été respectés afin de pouvoir intégrer de la façon la plus fluide tout type de destination.

Les étapes
Une fois l'accord signé entre BlaBlaCar et Horyzon Media qui coordonne la campagne, ADventori a apporté son expertise sur la scénarisation de la campagne et la capacité à traiter les données. ADventori a mis en place les protocoles techniques au traitement de la data en temps réel entre Mappy.fr, d'une part, et BlaBlaCar.com, d'autre part. La campagne est A/B testée avec un message générique qui permettra de libérer des metrics sur la campagne. Le split-testing a été effectué sur 10 % du volume d'impressions.

« La bannière BlaBlaCar reprend les informations de recherche de trajet (ville d'arrivée, ville de départ), et informe en temps réel un montant estimé d'économies réalisables en faisant du covoiturage. »

LES RÉSULTATS

Le taux de clics sur les bannières dynamiques est 2,1 fois supérieur à celui enregistré sur la bannière qui comportait le message générique.
Si l'on affine l'analyse, on constate que, plus la distance demandée est grande, plus le taux de clic augmente. Les bannières qui affichaient un prix sur des longues distances influent encore plus sur l'intérêt en portant ce chiffre à x 3,5. L'économie réalisée affichée dans la bannière a donc provoqué un intérêt supplémentaire, qui :
- N'aurait pas été le même en cas de message générique.
- Evolue en fonction de la donnée générée.

Stratégiquement, cette information apporte 2 enseignements : le Dynamic Display™ a un impact probant sur la campagne et son optimisation pourrait pousser le client BlaBlaCar à ne concentrer son achat d'espace qu'à partir d'une certaine distance demandée.
- Meilleur ROI.
- Augmentation de l'engagement de l'internaute.
- Amélioration du taux de notoriété sur la cible.

BlaBlaCar
Loraine Habib, Romain Fau
www.blablacar.fr

ADventori
Pierre-Antoine Durgeat, Robin Sur
www.adventori.com

BEST WESTERN Qui ?

ECHAPPÉE Quoi ? CULTURELLE

+ 20% de clics

+ 5% de taux de clics en display

12,6% de taux d'ouverture

Acquisition • Visibilité • Display

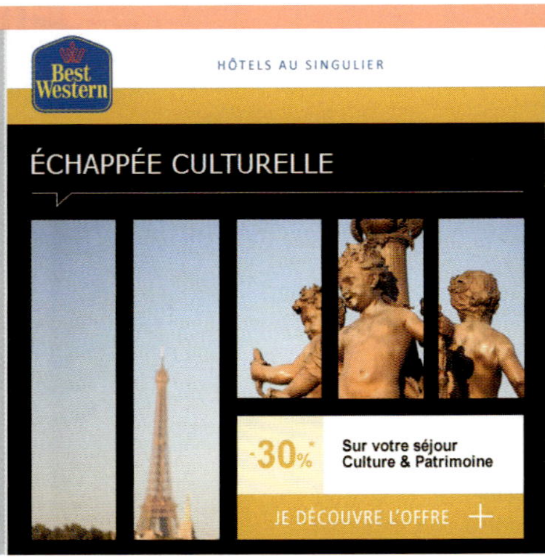

PROBLÉMATIQUE BUSINESS DE LA MARQUE

Première enseigne hôtelière mondiale, Best Western est une marque d'hôtels indépendants disposant d'un parc de 313 établissements en France. Qu'il s'agisse d'hôtels de charme à l'architecture unique ou d'hôtels boutiques au design recherché, l'enseigne fait découvrir la richesse et l'authenticité des régions dans lesquelles ils sont implantés. Majoritairement situés en cœur de ville, et dans les zones touristiques, ils constituent une véritable invitation au voyage. La diversité, l'authenticité du réseau en France ainsi que le niveau de qualité et la spécificité de chaque établissement font de Best Western une marque prisée des voyageurs français et une valeur sûre pour les voyageurs internationaux.
Durant l'été 2013, Best Western a lancé une offre promotionnelle attractive, destinée à faire voyager les internautes vers des destinations culturelles reconnues, avec des tarifs avantageux.

La cible
Les foyers au niveau de vie plutôt élevé, majoritairement âgés de 40 et 75 ans.

Les objectifs
- Identifier les clients potentiels de la marque
- Déployer une campagne d'acquisition de nouveaux clients
- Valoriser une offre promotionnelle estivale et accroître la visibilité de la marque auprès de ses publics cibles

SOLUTION STRATÉGIQUE

Afin de faire rayonner cette promotion dans des délais très courts, il apparaissait clair que l'option digitale serait le mieux à même de répondre aux objectifs de gain de chiffre d'affaires de la marque. Il fut décidé de déployer des actions marketing cross-canal alliant des campagnes d'e-mail marketing à du display et des bannières publicitaires sur Facebook. L'utilisation du retargeting (reciblage publicitaire) sur les contacts réceptifs à la campagne e-mail fut retenue afin de travailler l'engagement cross-canal du cœur de cible.

MISE EN PLACE OPÉRATIONNELLE

Etape 1 : qui sont les clients cœur de cible de Best Western ?
La première démarche a été d'**identifier le cœur de cible prospects de Best Western**. La projection de ce cœur de cible sur **PersonicX**®, la segmentation descriptive et explicative du comportement de consommation de 24 millions de foyers français, a permis de dégager des profils types. Le profil client Best Western est ainsi constitué de foyers au niveau de vie plutôt élevé, majoritairement âgés de 40 et 75 ans. Parmi les segments les plus représentatifs, on compte les Golden Family, Dolce Family, Dynamiques Solos, Masters, Cosy Boomers, City Boomers et Very Important Papys.

Etape 2 : une campagne e-mailing pour diffuser l'offre
Sur la base de cette connaissance affinée, l'agence a déployé dans un second temps une campagne d'e-mail marketing. Au total, 500 000 e-mails ont été envoyés à des prospects « jumeaux » ayant un profil similaire aux meilleurs clients de la marque avec le message commercial initial.

Etape 3 : des actions retargeting en display sur les ouvreurs de l'e-mail
Il a été décidé d'exposer uniquement les ouvreurs de la campagne e-mail à des bannières publicitaires de la marque Best Western afin de renforcer l'engagement des clients potentiels. Ainsi la pression publicitaire s'en est trouvée réduite sur le canal e-mail permettant une baisse du taux de désabonnement et un renforcement du message clé de la marque en combinant 2 canaux marketing complémentaires. Soumis à moins de sollicitations par mail et à des bannières publicitaires ciblées, les internautes vivent alors une expérience web améliorée. Les leads obtenus correspondent à des consommateurs très engagés envers la marque.

Etape 4 : un ciblage sur Facebook auprès des prospects jumeaux
En parallèle, l'agence a uploadé de manière sécurisée et anonyme la base de clients potentiels Best Western sur le réseau social, pour faire correspondre le cœur de cible de la marque aux utilisateurs Facebook. Ainsi, ces individus ont pu être ciblés par des actions de display lorsqu'ils étaient connectés sur le réseau social. Dans un second temps, la couverture de cibles dans Facebook a été étendue à 700 000 « lookalike », ces prospects qui ressemblent à des clients.

LES RÉSULTATS

Campagne e-mail :
Via ce canal, Best Western a pu enregistrer un taux d'ouverture de 12,6 % et un taux de clics atteignant 4,3 % soit 21 500 clics.

Campagne ciblée display :
Les bannières publicitaires Best Western ont été diffusées plus de 1 180 000 fois et ont généré 1 032 clics, soit 5 % de taux de clics supplémentaires par rapport à une campagne e-mail classique, grâce aux rebonds entre le message électronique et les sites web.

Campagne ciblée display sur Facebook
Plus de 15 millions d'impressions qui ont généré 3 194 clics.

Les 2 solutions de display réunies ont permis d'augmenter de 20 % les clics par rapport à une campagne e-mailing seule.

« Il a été décidé d'exposer uniquement les ouvreurs de la campagne e-mail à des bannières publicitaires de la marque Best Western afin de renforcer l'engagement des clients potentiels. »

www.bestwestern.fr
Lucas Platel, *Coordinateur Marketing Opérationnel*
lucas.platel@bestwestern.fr

Agence Acxiom
www.acxiom.fr
Fatima Aliane, *Responsable Produits*
fatima.aliane@acxiom.com

LE DISPLAY POUR OPTIMISER L'EXPÉRIENCE CLIENT DANS VOS **DISPOSITIFS MARKETING BTOB**

Histoire d'Adresses
www.histoire-adresses.com

> Benoît Dugelay
Directeur Général
b.dugelay@histoire-adresses.fr
@HdAdresses

Ces dernières années ont vu l'émergence du display dans les campagnes marketing. Véritable révolution dans l'approche du prospect/client, le display permet de mener des actions de marketing CRM offrant une cohérence et une pertinence du message sur les canaux digitaux selon un storyboard précis. Plus encore : il est possible de renforcer qualitativement les dispositifs selon le contexte client d'après un plan de contacts capitalisant sur l'effet de répétition et de complémentarité des canaux sélectionnés.

- Il faut savoir exploiter toute la puissance des ad exchanges pour adresser le bon message au bon contact au moment le plus adéquat et au bon prix d'achat.
- Plus on est pertinent et cohérent en termes de message, d'offre, d'approche et de discours, plus la campagne est performante. Il est donc indispensable, de bout en bout sur le display, de proposer le même type de message sur la cible sélectionnée.

LES DISPOSITIFS BTOB

1. L'e-mail display

Définition : stratégie de contacts basée sur des mécaniques de campagnes couplant l'e-mail et l'achat de display en temps réel sur les ad exchanges.

Mécanique : l'e-mail envoyé à une cible déterminée par l'annonceur contient un lien HTML renvoyant vers une landing page (page d'atterrissage) dont le contenu est adapté au message et aux objectifs de la campagne. Le but est de générer des leads et/ou du trafic sur le site de l'annonceur.

En amont, il est indispensable de procéder à un travail de ciblage pointu et de déterminer le potentiel d'e-mails disponibles sur le profil sélectionné. Suite à l'ouverture de l'e-mail, l'internaute entre dans une mécanique display avec un scénario de campagne modulable et parfaitement adaptée au profil de l'ouvreur et aux objectifs de l'annonceur.

Exemple : Une entreprise (l'annonceur) décide de cibler les artisans du BTP afin de leur proposer un produit dédié aux professionnels. Après avoir déterminé son potentiel d'e-mails sur les artisans du BTP, l'agence crée et envoie un e-mail au contenu exclusivement adapté à cette cible. 20 % des destinataires de l'e-mail ouvriront ce dernier (et parmi eux, 10 % cliqueront sur le lien renvoyant vers la landing page). Il est dès lors possible, via une campagne display, de recontacter les 20 % d'ouvreurs en leur proposant toujours le même type de message (« achetez tel produit »), avec le même type de discours verticalisé. **La cohérence du message sur la même cible dans le temps et l'effet de répétition non perçu comme une surpression publicitaire sont ainsi préservés.**

DISPOSITIF

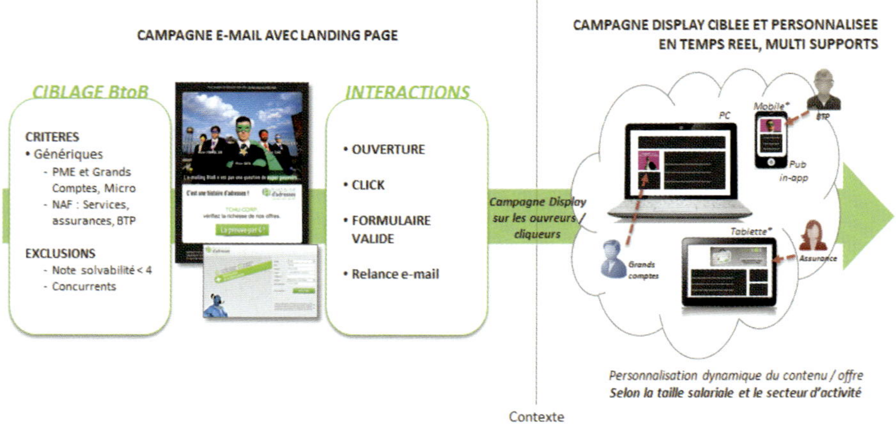

DISPOSITIF

2. L'e-mail retargeting

Définition : e-mail de relance envoyé à une cible définie ayant visité le site web de l'annonceur sans valider de formulaire de contact. Il s'agit de prolonger, compléter, finir une action déjà entamée par le prospect.

Mécanique : l'internaute identifié lors de sa visite du site reçoit un e-mail personnalisé. Le type d'e-mail (contenu, message, fréquence) est adapté au comportement de navigation du prospect et à des **critères de ciblage BtoB**, et l'annonceur peut lui soumettre de nouveau l'offre déterminée, gardant ainsi une cohérence du message pour la cible donnée.

Exemple : L'entreprise construit un scénario de campagne selon lequel lorsqu'un artisan du BTP – identifié comme tel grâce à une base marketing BtoB tiers – vient spontanément sur la page spécifique de son site, un e-mail présentant le produit dédié lui est envoyé. **Cela garantit ainsi une cohérence du message pour la cible donnée**.

• Si l'artisan BTP ouvre l'e-mail et qu'il va sur le site web de l'annonceur à partir du lien HTML contenu dedans, la mécanique s'arrête pour lui.

• S'il ouvre l'e-mail mais qu'il ne se rend pas sur le site web de l'annonceur, on continue la mécanique en proposant du display. Un scénario différent est envisageable selon que le prospect a ouvert, cliqué, validé son formulaire de contact ou pas, etc.

3. Le CRM display

Définition : stratégie de contacts basée sur la connaissance des parcours de visite de son lectorat et du ciblage BtoB, couplée à l'achat de display en temps réel.

Mécanique : achat d'impressions ciblées pour un profil précis n'ayant pas été précédemment soumis à une action marketing de l'annonceur. Ce dispositif permet une personnalisation dynamique des contenus display en construisant des scénarios de campagnes *adaptables et modulables*[1] qui exploiteront toute la puissance et la souplesse de l'achat de display en temps réel sur les ad exchanges.

Exemple : La mécanique est sensiblement la même que pour l'e-mail retargeting, à la différence près qu'au lieu d'envoyer un e-mail à l'artisan BTP qui aura spontanément visité le site de l'annonceur, on lui proposera une campagne display. Les contenus display sont personnalisables de façon dynamique. Ainsi, si l'internaute est identifié comme un artisan BTP appartenant à une TPE, il recevra un message disant « pour vous petites entreprises, achetez notre produit ».

4. Webkey avec display

Définition : stratégie de contacts intégrant, dans un mailing postal, l'envoi d'une WebKey proposant du display.

Mécanique : la Webkey, intégrée au mailing postal et personnalisée selon le profil de chaque contact, permet de réaliser le lien entre l'envoi postal et une campagne de CRM display ciblée et personnalisée. Connaissant le nombre d'individus allés sur le site à partir de cette Webkey, l'annonceur adapte le display (type et message) à la cible au moment de lancer une campagne CRM display, optimisant logiquement la performance de cette dernière.

Exemple : Un artisan du BTP reçoit un mailing postal dont l'objet est d'inciter à l'achat d'un produit dédié, dont le message pourrait être « Découvrez-nous en vous connectant avec la Webkey jointe à ce courrier ». Une campagne display spécifique lui est alors proposée à partir de la page web qui s'ouvre à l'insertion de la Webkey. Comme pour les trois autres dispositifs, une cohérence dans le message et une gestion de la pression par l'effet de répétition sont ici garanties.

WEBKEY AVEC DISPLAY

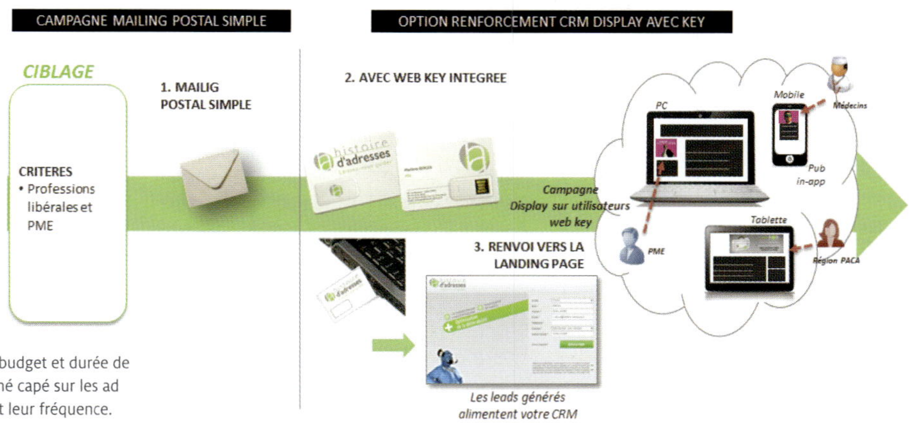

[1] Cible, type de display, mécanique, budget et durée de la campagne, prix d'achat programmé capé sur les ad exchanges, nombre d'impressions et leur fréquence.

« Plus on est pertinent et cohérent en termes de message, d'offre, d'approche et de discours, plus la campagne est performante. »

« Le multicanal est désormais très présent en BtoB dans les campagnes display, et il est indispensable de bien en comprendre les mécaniques pour en optimiser l'expérience client et donc les performances de la campagne »

PRINCIPE (ET IMPORTANCE) DU CIBLAGE BTOB

Le ciblage est la technique marketing consistant à identifier les prospects/cibles potentiels d'une entreprise en fonction des produits proposés par celle-ci. À partir d'une base de données qualifiée proposée par l'agence, l'annonceur peut constituer un fichier BtoB selon ses besoins en fonction des critères de segmentation tels que la fonction, le secteur d'activité, la taille salariale, la forme juridique, la zone géographique de la société, etc. Les quatre mécaniques décrites ci-dessus ne prennent sens que si un ciblage fin a été effectué en amont, en fonction de critères de population déterminés par l'annonceur.

Exemple :
• dans le cas de campagnes d'e-mail display, on utilise tout le potentiel de la donnée BtoB lors des **ciblages d'e-mails** et d'achat d'impressions en temps réel pour la personnalisation du message à chaque cible.
• dans le cas de campagnes de CRM display, on utilise toutes les **données de navigation** du site lors d'achat d'impressions en temps réel couplées aux critères de ciblage BtoB afin de proposer l'offre/le message le plus pertinent selon sa typologie de visites.

L'agence conçoit le dispositif (CRM display, e-mail display, e-mail retargeting) et programme la campagne digitale en paramétrant le ou les dispositif(s) sélectionné(s) pour chaque cible BtoB. Elle procède à une gestion proactive des stratégies d'achat en temps réel. Toutes les variables peuvent être modifiées à tout moment afin de s'adapter finement au prospect/cible de la campagne : durée, budget, prix d'achat du display, séquencement de bannières, etc.
Ces campagnes ont donc des ROI très performants puisque seuls les profils ciblés font l'objet de la campagne. Cette démarche s'inscrit dans l'optimisation de la diffusion des campagnes display, évitant ainsi l'impression de messages publicitaires sur des populations d'internautes hors cible.

PLAN DE CONTACTS BTOB

La capacité à imbriquer ces dispositifs les uns avec les autres pour en faire une mécanique complète et puissante prolonge significativement l'expérience client des campagnes display en reciblant le même individu et en lui proposant le même message via divers canaux display. Il faut maîtriser l'expérience client de bout en bout sur le display en proposant un message cohérent afin d'être plus performant et plus pertinent auprès de la cible.
• Seules les cibles déterminées font l'objet d'impressions de messages publicitaires.
• Le message délivré sur chacune des interactions reste pertinent et cohérent tout le long de l'expérience client, optimisant sa performance.

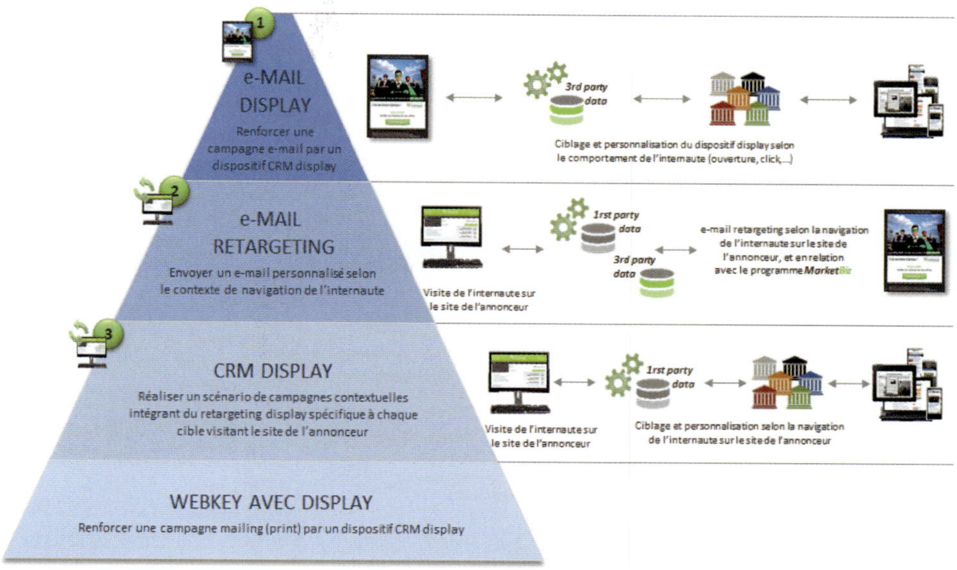

Exemple :
Un prospect/client visite le site de l'entreprise, montrant donc un intérêt pour son offre. Il est identifié comme habitant telle zone géographique. L'annonceur décide que dès que ce type de personne navigue sur son site, il reçoit un e-mail personnalisé lui proposant de le mettre en contact avec le commercial associé à sa région.

• Soit la personne ouvre l'e-mail et contacte le commercial dédié -> la mécanique s'arrête.

• Soit elle ouvre l'e-mail mais ne va pas jusqu'à la validation du formulaire de contact -> elle fait l'objet d'une campagne display lui proposant par exemple un baromètre économique de sa région.

Dans ce dispositif multicanal, deux mécaniques se sont complétées : **l'e-mail retargeting et l'e-mail display.**

Le multicanal est désormais très présent en BtoB dans les campagnes display, et il est indispensable de bien en comprendre les mécaniques pour en optimiser l'expérience client et donc les performances de la campagne :

• ciblage BtoB fin
• message cohérent quel que soit le point de contact tout au long de la mécanique et pertinent par rapport à la cible
• cadencement et répétition des impressions
• renforcement qualitatif de tel dispositif par tel autre

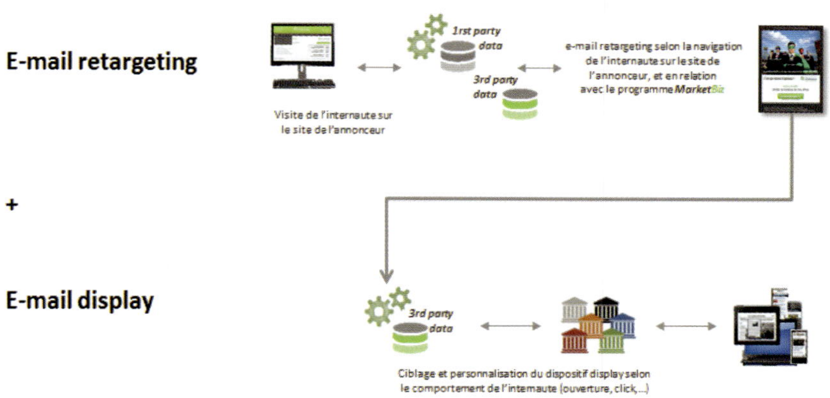

ORANGE - MA PUBLICITÉ LOCALE
MAXIMISER ET OPTIMISER LA GÉNÉRATION DE LEADS BtoB

Génération de leads • Ciblage • A/B Testing

Taux de leads de l'offre payante : **7,66** pour mille

Cible optimisée à **150 000** entreprises

PROBLÉMATIQUE BUSINESS DE LA MARQUE

La régie Ma Publicité Locale, spin off de la régie Orange Advertising Networks, propose des offres et services adaptés aux besoins des TPE et PME pour optimiser leur visibilité sur Internet et gagner plus de clients à travers 3 gammes d'offres.

• La gamme *contact* pour être mis en avant sur tous les supports (web, mobile, vocal...) de l'annuaire d'Orange, le 118 712.

• La gamme *Google AdWords* pour booster sa visibilité sur Google en apparaissant dans les annonces sponsorisées et bénéficier de l'expertise d'Orange.

• La gamme *site sur-mesure* : Orange réalise un site web et mobile sur-mesure et facilite la prise de contact.

Pour développer son activité et adresser le marché, Ma Publicité Locale se pose la problématique suivante : **comment inciter les professionnels à s'inscrire à l'offre gratuite *contact start* sur mapublicitelocale.fr, pour ensuite les transformer en clients sur les offres payantes : *contact premium* et *Google Adwords* ?**

Le contexte

Ma Publicité Locale souhaitait **adresser un marché de professionnels** (artisans, commerçants...) non experts sur Internet **pour les accompagner dans leur développement sur le web**.

Pour ce faire, Histoire d'Adresses devait trouver des supports ludiques et agiles, adaptés à la cible, permettant de former ces professionnels.

Le second challenge était de **déterminer la cible appétente** pour ensuite la travailler dans le temps.

La cible

La cible de professionnels à solliciter était constituée de plusieurs segments pour pouvoir analyser les comportements de chacun et optimiser l'approche :

• Générique
• Artisans
• Informatique
• E-commerçants

Ces cibles de professionnels ont des attentes multiples :

• Une promesse de simplicité : « simplifier votre gestion », « simplifier la vie de bureau »
• La reconnaissance via des avantages, des prix ou des promotions dédiés
• Une exigence de qualité permanente : face à leur prise de risques, ils attendent des outils performants
• Un accompagnement et une approche dédiés : site web et contenus...
• Une communication personnalisée : investissements de plus en plus forts sur la cible
• Des offres/packs spécifiques adaptés à leurs besoins

Une approche verticale a ainsi été adoptée pour évangéliser et éduquer ces cibles.

Les objectifs
1. Cadrer le marché
2. Adopter une approche dédiée, de proximité
3. Générer des leads pour les commerciaux, de manière efficace et les transformer dans la durée

SOLUTION STRATÉGIQUE

L'idée stratégique
Pour répondre à la problématique et aux objectifs, Histoire d'Adresses a recommandé la **mise en place d'une couveuse prospects** et le développement de campagnes pour alimenter la couveuse et transformer les prospects.
Cette démarche nous a permis de **maximiser la génération de leads** sur l'offre gratuite *contact start* et de capitaliser sur leurs comportements (ouvreurs, cliqueurs, formulaires) pour les amener vers les offres payantes de Ma Publicité Locale (*contact premium* et *Google Adwords*).
La clé de cette stratégie est de concevoir un fil rouge d'animation pour éduquer ces cibles, peu appétentes au web pour le développement de leur activité. Ainsi, les prospects voient une cohérence dans les différentes sollicitations.

Les aspects innovants et de différenciation
Constituer une couveuse est le premier axe de différenciation de cette campagne. En effet, elle nous a permis :
• d'expérimenter des mécaniques et approches,
• et de déterminer le profil appétent.
Au niveau du ciblage, Histoire d'Adresses a fait preuve d'innovation à plusieurs niveaux :
• notre capacité d'enrichir un profil d'e-commerçant et un profil d'acheteur web, deux cibles à part entière des campagnes
• l'identification des entreprises ayant un site internet
Au niveau opérationnel, nous avons travaillé les campagnes de manière à les optimiser et à simplifier le process d'inscription pour les prospects :
• Travail préparatoire sur le ciblage pour optimiser la démarche et les coûts des campagnes
• Couplage des formulaires de la landing au process d'inscription du site pour minimiser la saisie des informations par le prospect
• Verticaliser les prises de parole et faire de l'A/B testing

Les KPIs
Outre les indicateurs « classiques » de l'e-mail marketing BtoB que sont les taux d'ouvertures, de clics et de réactivité, Histoire d'Adresses a suivi la performance des campagnes d'après **le taux de leads sur les différentes cibles.**

MISE EN PLACE OPÉRATIONNELLE

Explications autour des concepts créatifs des campagnes
Les créas des e-mailings et des landing pages des différentes campagnes ont été développées pour répondre au plus près aux besoins des cibles et à la problématique de Ma Publicité Locale.

Les supports créatifs ont ainsi privilégié :
• la verticalité de prise de parole dans les visuels, accroches, etc. pour répondre aux promesses de reconnaissance de la cible et d'accompagnement dédié

« Comment inciter les professionnels à s'inscrire à l'offre gratuite contact start sur mapublicitelocale.fr, pour ensuite les transformer en clients sur les offres payantes : contact premium et Google Adwords ? »

www.mapublicitelocale.fr
Aurélie Lemaire, *Responsable Marketing*
fr.linkedin.com/in/aurelielemaire/
aurelie.lemaire@orange.com

Agence Histoire d'Adresses
www.histoire-adresses.com
Marlène Berger, *PDG*
m.berger@histoire-adresses.fr

« Grâce à une meilleure approche de cadrage de marché reposant sur une politique d'A/B testing, Ma Publicité Locale et Histoire d'Adresses ont maximisé les taux de leads. La dernière campagne sur l'offre payante Google Adwords met en exergue un taux de leads de 7,66 pour mille sur une cible appétente, soit le double de la précédente campagne. »

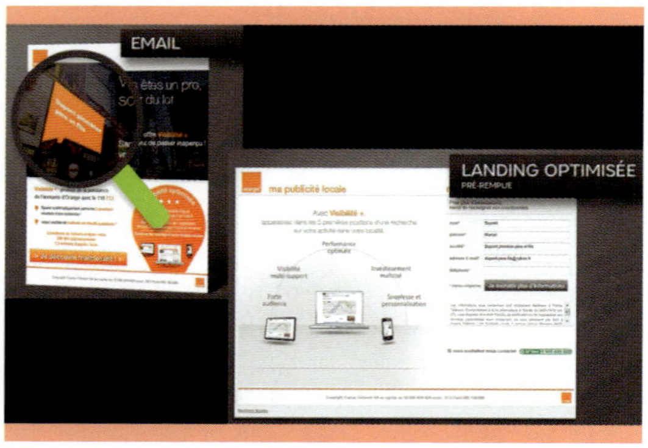

• la personnalisation dans la créa de l'e-mail avec la raison sociale et l'activité selon l'axe créatif
• la mise en avant des leviers d'action : bouton, accélérateur...
• la simplification de la saisie des formulaires sur la landing avec le pré-remplissage automatique et le couplage avec les process d'inscription aux offres.

Travail préparatoire sur la cible et ciblage des campagnes
Histoire d'Adresses a réalisé un travail en amont des campagnes pour identifier les caractéristiques des prospects à intégrer dans la couveuse. Il a notamment fallu qualifier certaines données pour les rendre exploitables et leur affecter les référentiels marché. C'est par exemple le cas des codes annuaire que nous avons transformés en codes NAF (activité).

Une fois cette étape réalisée, Histoire d'Adresses a étudié le potentiel marché pour recommander un ciblage sur la base de plusieurs critères :
• L'activité (codes NAF)
• La géographie en privilégiant les grandes villes notamment
• L'effectif

> Constitution de la couveuse par la conduite d'un e-mailing sur l'offre gratuite
Objectif : générer des inscriptions à l'offre gratuite *contact start* sur mapublicitelocale.fr

Pour optimiser les résultats de cette 1ère étape, Histoire d'Adresses a :
• Utilisé 3 teasers personnalisés sur l'activité : générique/informatique/artisans. Cette approche verticale assure une meilleure adhésion de la cible et un meilleur impact.
• Testé 3 objets et inséré des personnalisations dans l'objet pour améliorer la pertinence aux yeux des prospects et augmenter les taux d'ouvertures de façon significative.
• Pré-rempli le formulaire, couplé sur le process d'inscription du site.

Cette 1ère campagne a recueilli d'excellents résultats avec un taux de leads de 15 pour mille pour toute la campagne.

> Détection des profils d'acheteurs d'offres payantes en travaillant la couveuse
Objectif : présenter l'offre payante *contact premium* en s'appuyant sur l'expertise de l'opération précédente

Cible : du fait des excellents résultats de la précédente campagne, nous avons capitalisé sur la cible des artisans pour cette deuxième opération.

Dans un souci de personnalisation et de reconnaissance de la cible, la créa e-mail contenait une personnalisation de la raison sociale directement dans le corps du message. Le formulaire pré-rempli de la landing permettait également d'optimiser la réactivité des cliqueurs.

Résultats

• Le taux de leads a été de 3,65 pour mille

• L'analyse du profil des acheteurs a mis en exergue les entreprises ayant un site Internet et les interlocuteurs ayant un comportement d'acheteur web. Cette boucle d'apprentissage nous amène les clés pour généraliser la campagne et adresser le marché en ciblant les bons interlocuteurs.

> Généralisation sur le marché : adresser globalement les acheteurs du marché

Au préalable : enrichissement en données comportementales

Suite à l'analyse de la précédente opération sur l'offre *contact premium*, nous avons réalisé un enrichissement des données pour identifier les entreprises ayant un site Internet et un comportement d'acheteur web.
Sur 800 000 SIRET de départ, seules 300 000 entreprises disposaient d'un site Internet.
Dans cette population d'entreprises, 150 000 avaient un profil d'acheteurs web, ce qui constituait donc la cible prioritaire à toucher pour généraliser sur le marché.

Objectif : générer des leads sur l'offre payante *Google Adwords*
Cible : les acheteurs web

Résultats

La constitution de la couveuse et l'analyse des précédentes campagnes ont permis d'obtenir un taux de leads de 7,66 pour mille pour cette campagne, en touchant la cible des acheteurs web.

CONCLUSION

L'approche stratégique préconisée a été concluante puisqu'elle a permis de :
• Cadrer le marché : de 4 millions d'entreprises, la cible a été réduite à 150 000 entreprises ayant un site Internet et un profil d'acheteurs web
• Déterminer la cible la plus appétente aux offres pour la travailler dans le temps selon une stratégie de couveuse (lead nurturing)
• Tester les mécaniques et l'approche verticale

L'approche globale mise en œuvre optimise les taux de leads :
1. Inciter les professionnels à s'inscrire à une offre gratuite : taux de leads de 15 pour mille
2. Solliciter ces prospects sur une offre payante : taux de leads de 3,65 pour mille
3. Analyser les résultats et détecter la cible appétente pour leur adresser une offre payante : taux de leads de 7,66 pour mille.

Grâce à une meilleure approche de cadrage de marché reposant sur une politique d'A/B testing, Ma Publicité Locale et Histoire d'Adresses ont maximisé les taux de leads.

La dernière campagne sur l'offre payante Google Adwords met en exergue un taux de leads de 7,66 pour mille sur une cible appétente, soit le double de la précédente campagne.

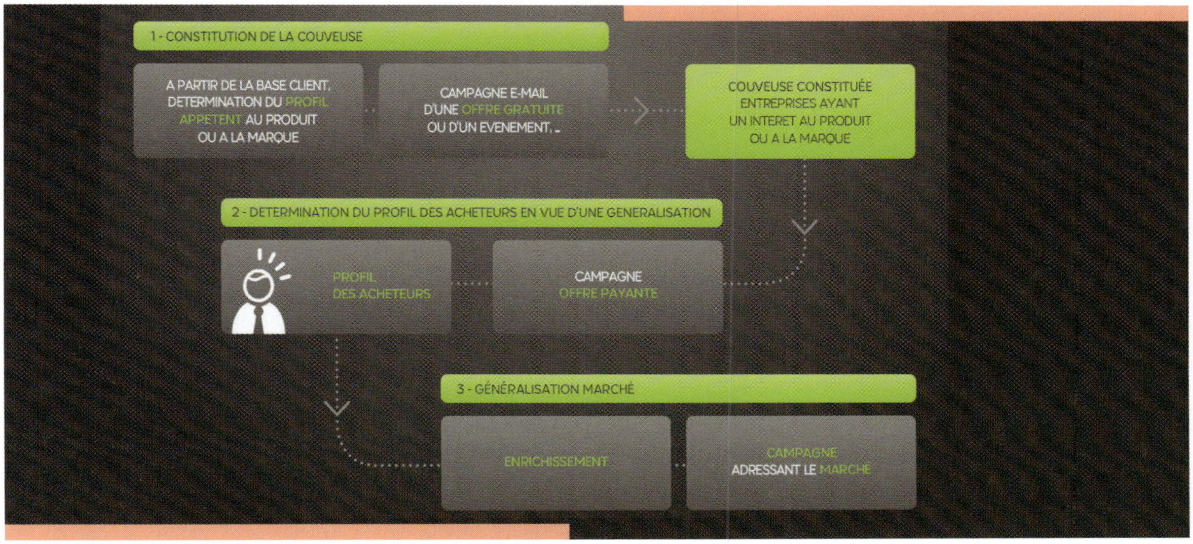

LES CLÉS POUR OPTIMISER LA CONVERSION DE SON SITE **AVEC L'A/B TESTING**

Savoir ce qui se passe dans la tête de ses visiteurs est le rêve de tout responsable marketing de sites web : avec l'augmentation continue des coûts d'acquisition et de la concurrence, l'optimisation de son taux de conversion est désormais un must pour ne pas dépenser en acquisition un trafic qui ne transforme pas ses visiteurs en acheteurs.
C'est dans ce contexte que le web testing (tests A/B, split tests et tests multivariés) s'est imposé comme une pratique incontournable. Outre-Atlantique, il fait désormais partie de la panoplie des outils web de toute entreprise digitale selon le principe que quand vous ne testez pas, vous gaspillez du trafic !

LA SUPÉRIORITÉ D'UNE APPROCHE DATA-DRIVEN POUR MAXIMISER SON ROI

S'il fallait ne retenir qu'un seul bénéfice de l'A/B testing, ce serait sans nul doute son caractère nativement ROIste.

• L'A/B testing est par nature une démarche data-driven. Elle est réalisée sur l'ensemble du trafic dans des conditions réelles : vous obtenez donc des données objectives sur ce que souhaitent, le plus souvent inconsciemment, vos visiteurs sans même que ceux-ci ne s'aperçoivent que vous les avez interrogés !

• L'augmentation de la conversion générée par une variante gagnante a un effet non seulement à court, mais aussi à long terme ; les marchands adeptes du testing observent un effet « fidélisation client » qui fait croître les taux de conversion avec le temps.

• Enfin, l'investissement en web testing reste minime au regard des gains observés : là où un budget mensuel d'acquisition a un effet positif essentiellement sur ce seul mois, le même budget en A/B testing a un effet durable au moins jusqu'à la prochaine évolution majeure de son site.

PAR QUOI DÉMARRER ?

Une des erreurs majeures observées chez les acteurs encore novices en A/B testing est la volonté de démarrer par des tests complexes : tests multivariés, refonte complète de page, passage de redirect en overlay avec ouverture de pop-up, etc. Au même titre qu'il est recommandé de démarrer par un audit analytique et ergonomique qui permettra d'identifier les zones de sous-performance, il est tout aussi essentiel de démarrer par les tests les plus simples à implémenter : sans se cantonner forcément à des micro-optimisations, démarrer par les « quick wins » permet d'enclencher une dynamique vertueuse de testing.

Kameleoon

> Jean-René Boidron
Président
jrboidron@kameleoon.com

> Jean Noël Rivasseau
CTO
jnrivasseau@kameleoon.com

> « L'A/B testing est par nature une démarche data-driven. Elle est réalisée sur l'ensemble du trafic dans des conditions réelles : vous obtenez donc des données objectives sur ce que souhaitent, le plus souvent inconsciemment, vos visiteurs sans même que ceux-ci ne s'aperçoivent que vous les avez interrogés ! »

QU'EST-CE QU'UN TEST SIMPLE AVANCÉ OU COMPLEXE ?

Pour le béotien, il n'est pas toujours aisé d'identifier ce qui différencie un test simple d'un test complexe. Dans l'appréciation de la difficulté de réalisation d'un test, il ne faut pas seulement considérer les modifications graphiques mais également les modifications fonctionnelles qu'elles impliquent jusqu'au back-office.
Un test simple implique peu de changement graphique sur une ou plusieurs pages ; il peut être réalisé par toute personne même sans compétence technique à partir d'un bon outil d'A/B testing : modification de texte, couleur, visuel produit, taille de bouton d'action, déplacement de blocs, redirection vers une nouvelle page, bannering, ajouts de CTA...

Un test avancé implique peu de changements fonctionnels mais des changements graphiques avancés. Il nécessite des compétences raisonnables en CSS et JS : passage d'une liste de produits de 3 à 2 colonnes, réorganisation d'un menu de navigation, suppression de champs d'un formulaire, redirection d'URL vers plusieurs pages...

Un test complexe implique des changements fonctionnels importants et une bonne expérience des techniques du web : passage d'une redirection à une page à un affichage en overlay avec ouverture de pop-up, refonte globale de toutes les fiches produit, passage d'un formulaire d'achat en plusieurs étapes (sans redirection d'URL), entonnoir de conversion plus court...

QU'EST-CE QU'UN TEST RÉUSSI ?

Il est difficile de juger dans l'absolu ce qu'est un « bon » résultat d'A/B test. Un « uplift » de 10 à 15 % sur le KPI primaire visé (nombre de ventes ou de mises au panier) qualifie généralement un A/B test « à fort succès » avec des pointes, rares mais réelles jusqu'à 30 % : ces chiffres sont fréquemment observés chez des marchands à fort trafic. Un « uplift » de 2 à 6 % tend à qualifier un test à succès « modéré ».

En réalité, l'appréciation doit être faite au regard du contexte :
• Si le site est jeune, des résultats exceptionnels peuvent être atteints mais qui peuvent être, en creux, l'illustration d'une conception originale loin d'être aboutie.

• À l'inverse, certains marchands déjà matures en testing sont très satisfaits avec une augmentation de leur mise au panier même inférieure à 1 % : le gain reste très conséquent sur leur volume d'affaires et il est surtout obtenu avec un effort et un coût très faibles au regard des alternatives (acquisition de trafic, publicité, promotion, etc.)

• Lorsque le KPI n'est pas le nombre d'achats visiteur (ce qui est notamment le cas chez les acteurs média), les gains sont d'un tout autre ordre de grandeur : il n'est pas rare de voir des améliorations de l'ordre de 60 à 80 % sur des taux de clics sur publicité. Un test de wording simplissime mené chez l'un de nos clients a obtenu un bond de 250 % sur l'objectif défini !

« When in doubt, test…

…when not in doubt, test twice »

5 %
A.« I am on twitter »

7 %
B. « Follow me on twitter »

13%
C.« You should follow me on twitter here »

10%
D.« You should follow me on twitter »

Se lancer: priorisation des tests

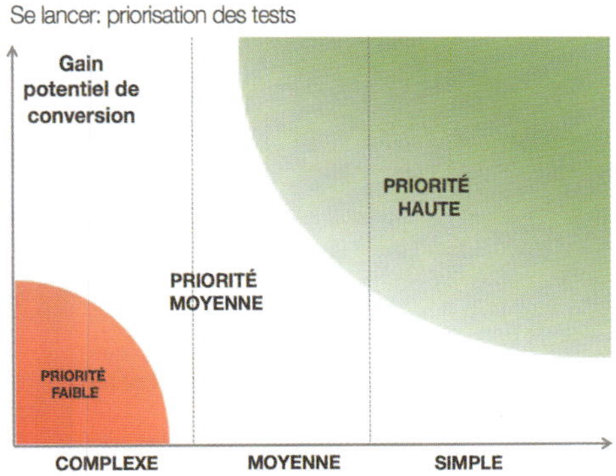

« Savoir ce qui se passe dans la tête de ses visiteurs est le rêve de tout responsable marketing de sites web : avec l'augmentation continue des coûts d'acquisition et de la concurrence, l'optimisation de son taux de conversion est désormais un must pour ne pas dépenser en acquisition un trafic qui ne transforme pas ses visiteurs en acheteurs. »

INTERNALISER OU EXTERNALISER LA CONDUITE D'A/B TESTS

Evacuons d'abord l'éventuelle tentation de vouloir développer en interne une solution d'A/B testing. Réaliser un tel développement est coûteux et surtout très risqué : un bug, difficile à déceler dans un domaine où l'expertise est très pointue, risque de rendre les résultats inexploitables, voire faux, sans même que vous ne vous en rendiez compte. A moins de s'appeler Google ou Amazon, prendre un outil du marché est une évidence.

La question se pose en réalité pour la roadmap de tests (définition des pistes d'optimisation), la réalisation technique des variantes et le paramétrage des tests.

La décision dépend essentiellement des choix organisationnels de l'entreprise. Si vous êtes prêts à dédier au moins une compétence, l'internalisation offre de nombreux avantages : coût faible, connaissance intime de l'activité, interaction régulière avec toutes les parties prenantes. Le nombre de tests lancés sera logiquement plus important et les résultats mécaniquement plus élevés. Après un an et demi d'expérience, l'un de clients réalise jusqu'à une huitaine de tests en production par mois (dont la moitié complexes ou avancés).

L'appel à un acteur extérieur fait sens quand trois composantes ne sont pas réunies en interne : la compétence, le temps et l'appétence. Nombre de marchands ont clairement les compétences mais négligent souvent la composante temps : inutile d'imaginer faire du testing en y dédiant une heure à la volée, la pratique exige de la rigueur et de la méthode. Le management devra également s'assurer de valoriser la pratique du testing : certains pensent, à tort, qu'il est intellectuellement plus intéressant de refondre un site (dire ce qui est « bien ») que de chercher à l'optimiser (dire ce qui est « mieux »).

Exemple de test A/B : réorganisation de la page d'accueil

EFFECTUER UN TRANSFERT DE COMPÉTENCES RÉUSSI

Si l'externalisation est à court terme parfois la bonne option, elle l'est rarement à long terme. Il est en effet essentiel que vos équipes acquièrent une meilleure connaissance de leur trafic plutôt que de réserver cette information-clé à votre prestataire. Le bon moment pour démarrer un processus de transfert de compétences intervient généralement après avoir mené une bonne dizaine de tests : des gains conséquents sont alors observés, l'entreprise voit les premiers résultats de son investissement et la pratique devient très rapidement addictive !

Le transfert de compétences doit se faire progressivement et dépend des compétences existantes en interne. Démarrez par les compétences dont la densité est la plus forte :

- si elles sont marketing, la définition des tests est généralement la meilleure solution.
- si elles sont techniques, c'est l'intégration des tests et le paramétrage de l'outil.
- si vous disposez de web analysts, c'est l'analyse.

METTRE EN ŒUVRE LES PROCESS ORGANISATIONNELS ADAPTÉS

Une politique continue d'amélioration de ses sites par l'A/B testing ne peut se faire sans organisation efficace.

Sauf exception étayée par de bonnes justifications, l'A/B testing est et doit être piloté par le département marketing car l'amélioration de la conversion (qui induit l'augmentation du CA) fait naturellement partie de ses objectifs. Notre expérience montre qu'il est essentiel de nommer un chef de projet, véritable moteur et coordinateur des différents acteurs à impliquer dans le web testing : il définira les tests, s'assurera de leur bonne intégration, supervisera la recette, la collecte des données en production, vérifiera la tenue du planning et l'analyse des résultats.

L'idéal est de lui adjoindre un collaborateur « tech-savvy » : ce peut-être un développeur front-end (JavaScript) ou un web marketer ayant de l'appétence pour les techniques du web, a minima pour CSS et HTML. On observe l'émergence rapide de ces profils dans les départements marketing qui ont maintenant besoin d'intervenir directement sur le site en production en s'affranchissant de la ressource IT de l'entreprise.

Une compétence dédiée à l'analyse des tests est également très souhaitable même si ce sujet est facilement externalisable. Dans tous les cas, il convient de s'assurer que l'analyse est correctement réalisée sous peine de ruiner les efforts consentis dans la conception et réalisation des tests.

Un dernier élément, malheureusement souvent négligé, est la communication en interne des résultats : ils restent trop souvent confinés au département marketing alors qu'ils recèlent des informations inestimables sur la connaissance des clients. Les organisations les plus matures dédient du temps sur ce sujet lors de leurs comités de direction : c'est ainsi que la pratique et la culture du testing, et au-delà des méthodes data-driven, s'imposent naturellement dans l'organisation.

Les compétences nécessaires pour la mise en œuvre d'une offre d'A/B testing

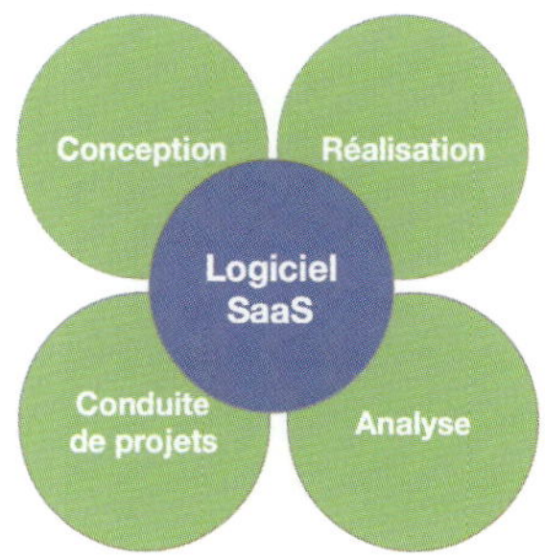

Pratique de l'A/B testing

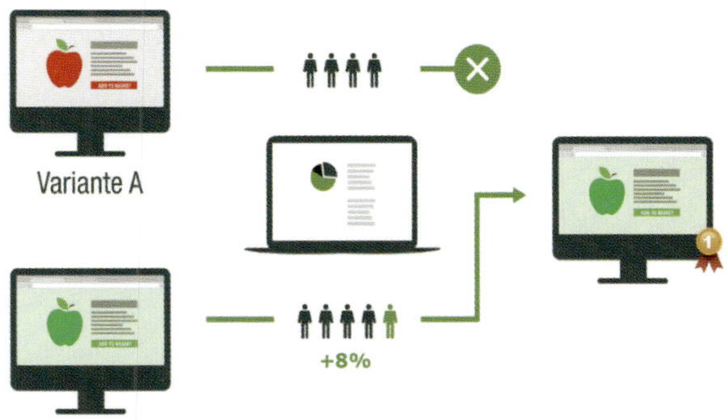

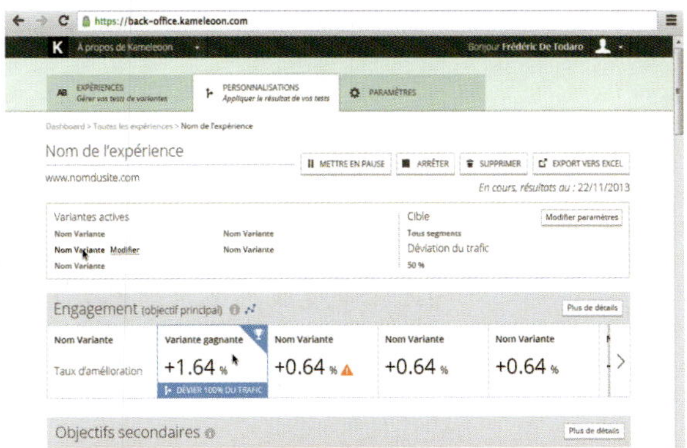

– QUELS SONT LES MÉTIERS DE DEMAIN ? COMMENT LE DIGITAL BOULEVERSE-T-IL LES DIFFÉRENTES FONCTIONS DE L'ENTREPRISE ?. –

RESSOURCES HUMAINES

LE DIGITAL DANS L'ENTREPRISE

LES MÉTIERS DE DEMAIN

DIGITALISATION : DE LA STRATÉGIE À **L'ORGANISATION !**

TO CHANGE OR NOT TO CHANGE ? LÀ N'EST PLUS LA QUESTION !

L'explosion de la technologie, depuis plus de vingt ans, modifie profondément les attentes et les usages des consommateurs vis-à-vis des entreprises. Quel secteur d'activité n'a pas été impacté directement par l'arrivée du web et du mobile ? Aucun. La révolution digitale est aussi bouleversante pour l'économie que la révolution industrielle en son temps.

Si pendant longtemps les entreprises ont regardé cette évolution sans vraiment l'intégrer dans leur stratégie, toutes comprennent désormais la nécessité et l'urgence de l'action. La digitalisation est l'action de s'appuyer sur la technologie et ses usages pour modifier une organisation ; s'adapter à ce changement n'est plus une option, mais bien une obligation.

La technologie, la data et le consommateur se sont imposés comme les trois réformateurs des entreprises. Comment peuvent-elles en tirer parti pour se développer durablement ?

REDÉFINIR SA STRATÉGIE EN FONCTION DE CETTE NOUVELLE DONNE

a. Le « client est roi » est devenu le « customer first ! »
La stratégie du « client roi » ne date pas d'hier. Depuis toujours c'est le client qui oriente la politique de l'entreprise, car sans ce dernier point de business. Pourtant depuis quelque temps (les années 1960 ?) le client est parfois relégué au second plan. Certaines entreprises ont décorrélé leur stratégie du consommateur en favorisant la perfection de la mécanique au détriment de l'objectif. La conséquence était des produits matériellement bien conçus, mais qui ne répondaient pas aux attentes des consommateurs.
Il est pourtant essentiel de savoir ce que veut le client. L'écouter et s'adapter à ses désirs est vital : **le digital a redonné au consommateur le pouvoir de choisir, comparer, acheter ou quitter une marque en un clic.**
Le digital n'est ni un outil technologique, ni un média, ni un lien direct avec le consommateur... c'est tout cela à la fois !

b. Le consommateur à tous les étages
C'est en intégrant cette approche consommateur de manière transversale, et non uniquement dans le département commercial de l'entreprise que la mutation doit être appliquée.
Réussir à se mettre dans la peau du consommateur pour mieux se réformer : s'adapter à ses attentes de la conception du produit jusqu'au service après-vente !
Chaque département de l'entreprise doit s'interroger sur sa

On Trust • Cabinet de conseil en digital
www.ontrust.fr

› Guillaume DE VILLÈLE
gdv@ontrust.fr

« La technologie, la data et le consommateur se sont imposés comme les trois réformateurs des entreprises. La digitalisation n'est plus une option, mais bien une obligation ! »

manière d'apporter de la valeur ajoutée et du temps au client. Cette réflexion doit être menée de manière pluridisciplinaire pour en tirer de véritables synergies et rendre concrètes ses applications. Un exemple simple : pourquoi le département R&D n'écoute-t-il pas directement les consommateurs sur les réseaux sociaux gérés par le service communication ?

c. Observer, comprendre la réalité des usages avant d'agir
Le risque de toute stratégie digitale est d'être en décalage avec le rythme des consommateurs. Le fameux « time to market » est sans doute la partie la plus glissante dans la mise en œuvre de la stratégie. Beaucoup d'acteurs ont dès les années 90 anticipé la réalité de l'onde de choc de la révolution digitale. Pourtant aucun consommateur n'achetait en ligne... Ce décalage entre les technologies et leur application a bien sûr gonflé la bulle que nous connaissons. Combien d'annonceurs ont cherché dans les années 2000 à investir publicitairement la plateforme virtuelle Second Life alors que ce monde était inoccupé ? **A l'inverse, de nombreux acteurs de la distribution sont passés, jusqu'à très récemment, totalement à côté du mouvement e-commerce le jugeant inadapté à leur secteur.**
Ces erreurs de jugement ne sont que des erreurs d'observation... ou d'observateurs. La peur de manquer le RDV avec le nouveau Facebook a tendance à nous le montrer à travers chaque nouvelle start-up.
Avant d'avancer dans la stratégie, il convient de n'écouter que les clients : eux seuls ont le bon tempo. Cette veille active du marché doit engendrer de la part de l'entreprise une action rapide et adaptée : « rien ne sert de courir il faut partir à point ».

d. Mesurer la digitalisation !
La digitalisation d'une entreprise doit être une véritable stratégie et non de la cosmétique d'entreprise. Aussi comme pour toutes les stratégies, chaque action se doit de répondre à un objectif clair. Un impératif : définir clairement les objectifs et fixer les indicateurs de performance. Qu'apporte telle ou telle action pour le consommateur ? A l'entreprise ?

e. Ne pas oublier le consommateur interne à l'entreprise
Souvent la digitalisation de la relation avec le consommateur est freinée par l'absence de digitalisation au sein même de l'entreprise. Au-delà de ce point, les collaborateurs et les fournisseurs sont aussi une espèce de consommateurs. En effet, ils recherchent aussi à titre professionnel : plus d'efficacité, d'économies, et de reconnaissance.
La digitalisation doit aussi être menée dans un usage interne et avec les partenaires de l'entreprise. Pourquoi garder des process que la technologie rend archaïques ? Pourquoi le collaboratif ne marcherait-il qu'en dehors de l'entreprise ?

Cette stratégie de digitalisation doit s'accompagner du changement profond de l'organisation !

DIGITALISER SON ORGANISATION

a. Vouloir et oser le changement !
Tout part de la volonté de l'entreprise à changer. Si le changement est vital, encore faut-il que l'entreprise puisse changer. On évolue correctement non pas par obligation, mais parce qu'on accepte de se transformer. Vouloir la digitalisation c'est pouvoir la réaliser. Oui, à condition de passer à l'action.
La mutation pour la plupart des entreprises est extrêmement pénible et douloureuse. Aussi, faut-il être courageux et audacieux pour le faire !
Cette volonté et cette pugnacité ne peuvent être portées que par le dirigeant de l'entreprise car il faut un moteur et un moteur puissant. Il doit porter et accompagner le changement tout au long du processus... c'est-à-dire perpétuellement.

b. Re-placer la digitalisation au sein de la stratégie globale
Les échecs de mutation s'expliquent souvent par des stratégies mal définies ou mal comprises. On associe parfois à tort la digitalisation à de la cosmétique d'entreprise. Certains y voient simplement une volonté de rajeunissement de l'entreprise. Alors que c'est généralement une question de survie. C'est pourquoi la digitalisation doit être inscrite dans la stratégie globale de l'entreprise. Expliquer la stratégie de l'entreprise et y faire adhérer ses membres est indispensable.
Cette phase de validation de la stratégie passe par la clarification des fondamentaux et par la remise à plat de la culture de l'entreprise. Reconstruire sur des bases solides et sur lesquelles les membres pourront s'appuyer et se référer.
Casser les silos
Tous les architectes vous le diront : il est souvent plus facile de tout casser que de rénover... Concernant la digitalisation c'est un peu la même chose.
Sans pour autant tout démonter, il est important de ne pas s'encombrer des silos existants, probables freins au changement. L'organigramme doit désormais servir non plus à positionner les hommes les uns par rapport aux autres, mais les projets entre eux, créer une cartographie fonctionnelle des projets de l'entreprise pour permettre à chacun d'apporter sa pierre à l'édifice.
Le consommateur qui appelle le SAV d'une entreprise se moque de savoir qui va régler son problème, il attend uniquement une solution à celui-ci. L'entreprise doit plier son organisation à la réalisation de projets cohérents.
Donc casser les silos c'est bien sûr ne pas en recréer un nouveau : le silo « digital » ! Pour ce faire, permettez-moi de citer John Donahoe, le président d'eBay : « Le e-commerce est

« Les échecs de mutation s'expliquent souvent par des stratégies mal définies ou mal comprises. On associe parfois à tort la digitalisation à de la cosmétique d'entreprise. Certains y voient simplement une volonté de rajeunissement de l'entreprise. Alors que c'est généralement une question de survie. »

mort ! Ce qui existera, c'est le commerce, le commerce tout court, sans qu'il y ait plus de distinction entre e-commerce et commerce traditionnel. La frontière entre le commerce en ligne et le commerce hors connexion va disparaître ».
Le digital est donc bien un mot qui doit transpirer par tous les pores dans l'organisation !

c. « Il n'est de richesse que d'hommes »
Dans cette mutation, il y a un autre élément-clé du succès : l'humain ! Sans lui, aucun changement possible. Les valeurs humaines des équipes sont bien sûr fondamentales.
Néanmoins, elles ne suffisent pas toujours pour réussir cette digitalisation.
Il faut des hommes qui soient digitalement expérimentés et capables de créer un mouvement. On ne peut plus laisser la place du digital à des hommes qui n'en parlent que de manière théorique. La confrontation avec la réalité est fondamentale. La digitalisation c'est une stratégie mais cela repose sur de la technique et de la technologie. Si on fait le parallèle avec le marketing digital, ce n'est pas la stratégie qui est la plus compliquée mais bien sa mise en place opérationnelle. Pour ne pas perdre un temps précieux et franchir les premiers obstacles, l'entreprise doit s'appuyer sur des catalyseurs digitaux chevronnés.

d. Repenser la flexibilité des ressources humaines
Tout comme le consommateur qui bouleverse ses habitudes grâce au web collaboratif, l'entreprise doit aussi évoluer concernant sa relation avec ses membres.
Le salariat avec le contrat à durée indéterminée ne doit plus n'être que la seule collaboration possible avec l'entreprise.
Entre la complexification des tâches et la lourdeur naturelle des organisations, il devient plus simple et plus efficace de s'appuyer sur une flotte mobile et externe à l'entreprise.
Le patron d'eBay, pré-cité, était lui-même consultant extérieur à l'entreprise avant d'en devenir la tête.
Le mélange des hommes et de leur culture est très bénéfique lorsqu'ils partagent une orientation commune. Mixer les départements, mixer les équipes, changer les rôles... en gardant une culture d'entreprise et un objectif commun à tous. Le succès d'une équipe ne réside pas dans l'addition des objectifs individuels de ses membres mais bien dans l'atteinte d'un objectif commun.

e. La technologie : un serviteur et non un maître !
Notre société regorge de technologies ! A titre personnel, nous sommes souvent de gros utilisateurs, pourtant dès que nous sommes dans l'entreprise nous devenons des « technophobes ».
Pourquoi ? Sans doute car ce domaine a été trop souvent confié

exclusivement à des « experts de la technologie » et ainsi coupé des attentes opérationnelles.
La technologie est au cœur de la digitalisation car elle apporte cette connaissance du client. Par exemple, le projet d'intégration de DMP (Data Management Platforms) - qui permettent de collecter, classer et exploiter la donnée client - doit être mené par l'ensemble des acteurs concernés de l'entreprise et non uniquement via le seul prisme de la technologie.
L'entreprise doit revenir à l'essentiel : l'usage versus la finalité technologique !

f. La construction empirique
L'e-commerce a adopté très vite la célèbre méthode du « test & learn » développée dans les années 90. Son principe est simple : on teste, on observe ce qui fonctionne et ce qui ne fonctionne pas... on apprend et on améliore !
Les méthodes agiles reposant sur l'observation de la réalité et la correction au fur et à mesure du projet et donc des erreurs intègrent l'entreprise uniquement dans le département IT. Ces méthodes empiriques sont pourtant utiles dans bien d'autres domaines que ceux de la technologie.
L'organisation doit accepter l'erreur comme l'élément bâtisseur du succès. Le changement sera plus aisé quand l'erreur sera admise.

g. L'apprentissage continu
La mutation commence un jour, mais ne s'arrête jamais ! Le monde évolue et les techniques avec. Nul ne peut rester à la pointe dans son domaine sans se remettre en question et réapprendre sans cesse.
Former les équipes et les initier à la notion du changement sont les conditions du succès de la digitalisation perpétuelle.

LA RÉVOLUTION DIGITALE CATALYSEUR DE L'ENTREPRISE DURABLE !

Le progrès ne s'arrête pas ! Cette révolution digitale continuera à changer durablement les entreprises. Si nul n'est capable de prédire avec exactitude l'avenir et les technologies futures, l'enjeu aujourd'hui est de parvenir à adapter l'entreprise à toutes les nouvelles évolutions.

Cette nouvelle vision est un changement de paradigme pour la plupart des grandes entreprises mais cela reste finalement ce qui s'applique déjà dans la majorité de PME et TPE : beaucoup de réalisme, pas mal d'échanges et une dose d'actions. Osons demain !

LA FORMATION DES COLLABORATEURS AUX **USAGES DIGITAUX**

Jean-Noël Chantreuil
@jnchaintreuil
www.jnchaintreuil.com
www.linkedin.com/in/jnchaintreuil

ET SI LA DIGITALISATION DE L'ENTREPRISE PASSAIT AVANT TOUT PAR LA FORMATION DES COLLABORATEURS AUX USAGES DIGITAUX ?

Une grande partie des collaborateurs utilise smartphones et tablettes à titre personnel, mais aussi à titre professionnel avec mails, réseaux sociaux professionnels et travail sur des documents effectués en mobilité. L'un des enjeux incontournables de la digitalisation de l'entreprise est aujourd'hui d'optimiser ces usages professionnels digitaux pour en tirer profit et cet enjeu ne peut que se penser au travers de formations digitales.

Loin des méthodes classiques, voici 3 méthodes innovantes et pertinentes qui vont permettre à votre entreprise de prendre pied dans le digital.

LE M-LEARNING

Le m-learning (pour *mobile learning*) permet aux apprenants de se former partout et à tout moment depuis leur téléphone portable ou leur tablette. C'est de la formation ATAWADAC (AnyTime, AnyWhere, Any Device, Any Content). Ce type de formation a été popularisé avec le BYOD, qui permet aux collaborateurs d'une entreprise d'utiliser leurs propres équipements dans le cadre de leur travail. Les cours de m-learning prennent souvent la forme de podcasts audio ou vidéo associés à des exercices et quizz de mise en application et vérification des acquis.

Il permet notamment d'optimiser facilement les temps creux des apprenants (trajets, attente avant un rendez-vous...) grâce à la possibilité de création de modules de durée variable. Les contenus courts – ou « pépites » – permettent d'ailleurs d'apprendre plus facilement (*nugget learning*). En fonction de l'organisme de formation auquel l'entreprise fait appel, elle pourra personnaliser l'intégralité de ses modules de m-learning et même les co-créer pour répondre au mieux à ses besoins.

A l'heure où il se vend en France plus de tablettes que de PC, le m-learning permet de s'inscrire dans les usages des apprenants tout en élargissant les possibilités d'interaction grâce aux fonctions tactiles des appareils.

LA GAMIFICATION

La gamification (ou ludification) est l'application de mécanismes du jeu dans d'autres domaines, que ce soit la recherche, les

Et si la digitalisation de l'entreprise passait avant tout par la formation des collaborateurs aux usages digitaux ?

réseaux sociaux ou le retail. Elle s'appuie sur des ressorts tels que la mise en compétition ou le dépassement de soi.
Dans la formation, la gamification permet de motiver facilement les apprenants en leur donnant un autre but que celui d'apprendre. Les outils peuvent en être les suivants :

• **L'attribution de badges et de points.** Cette méthode simple consiste à montrer à l'apprenant sa progression en lui permettant d'accumuler des repères qui le situent par rapport à la formation totale ou montrent simplement son avancement dans le temps. Les badges ou points, collectionnés de façon individuelle, permettent de faire disparaître la pression éventuelle qui peut être due à la compétition et de donner un objectif ludique dans l'apprentissage.

• **La compétition.** Cette méthode permet aux apprenants de comparer leurs progrès à ceux des autres à tout moment ou à intervalles réguliers avec les autres apprenants de leur session et de leur donner envie d'être en haut du tableau. Evidemment, elle est à manier avec précaution pour rester ludique et conviviale.

• **La formation asynchrone.** L'asynchronie permet de créer des parties où les différents collaborateurs impliqués peuvent jouer sans être connectés en même temps. Cette méthode peut s'appliquer à des quizz, des mises en situation avec création de dialogue... et permet d'apprendre plus facilement par l'interaction et de resserrer les liens entre collaborateurs.

• **Les serious games.** Ils sont l'une des formes les plus abouties de gamification de la formation et la forme de formation qui se rapproche le plus du jeu vidéo. Si les serious games permettent de créer des parties de jeu de plateformes pour joueurs seuls, leur déclinaison en 3D-learning permet également de plonger plusieurs joueurs dans un univers 3 dimensions.

LE 3D-LEARNING, FORMATION EN IMMERSION

Le 3D-learning est une forme de serious game où l'apprenant devient un avatar en immersion dans un environnement en 3D. Les utilisateurs sont placés dans des situations réelles, seuls ou en groupe, et peuvent avoir un formateur présent dans l'espace en 3 dimensions qui observe la scène et la commente. Ce mode de formation s'est développé notamment grâce à l'essor des tablettes, qui rendent les formations accessibles partout et tout le temps aux utilisateurs autorisés.

L'un des avantages du 3D-learning réside dans son aspect immersif. En effet, la mise en situation réelle permet aux apprenants de se projeter plus facilement dans les compétences en cours d'acquisition et leur utilité. Ils sont donc plus motivés et font preuve de plus d'engagement qu'avec une formation classique. Les retours effectués par une personne dont ils entendent la voix permettent également d'humaniser une formation et de la rendre plus personnelle que si les retours étaient donnés par un ordinateur.

L'autre avantage non négligeable du 3D-learning est d'être adaptable aux entreprises. Les formations peuvent être personnalisées en fonction des environnements de travail, des situations et des besoins de l'entreprise. Ainsi, les contrôleurs aériens n'auront pas les mêmes formations que les commerciaux ou le personnel d'accueil d'un aéroport.

LES MOOC

Les MOOC (Massive Open Online Course) sont des cours en ligne gratuits et ouverts à tous, souvent dispensés sous forme de conférences réparties sur plusieurs semaines. Certains cours donnent lieu à du travail individuel corrigé par l'(les) enseignant(s) et à un certificat, d'autres ne sont pas certifiants. Ils nécessitent ou non des connaissances préalables.

La majorité des MOOC sont donnés par des universités et écoles comme le MIT, HEC ou le CNAM sur des plateformes comme Coursera, Udacity ou France Université Numérique, mais certaines institutions ont des plateformes propres.
Les MOOC forment à des sujets allant de l'astronomie moderne à la gestion financière en passant par l'écriture trans-média. Ce large choix et la gratuité font des MOOC un bon outil de e-learning qui ne nécessite que de libérer du temps aux collaborateurs.

Grâce à un partenariat entre LinkedIn et Coursera, les MOOC deviennent un critère de choix lors du recrutement. En affichant les MOOC suivis sur les profils LinkedIn, ils permettent d'ajouter des compétences et de faciliter le sourcing pour un recruteur.

Des entreprises comme Facebook ou Google ont même créé leurs propres MOOC afin de repérer les meilleurs éléments parmi les étudiants et leur proposer un contrat à la fin de leur formation.

LES MÉDIAS SOCIAUX AU SECOURS DES «OUBLIÉS» DE LA **COM-MUNICATION DIGITALE INTERNE**

Annonceur • Sodexo
> Émeric MOISON
Digital Communication Sodexo Group
emeric.moison@sodexo.com

Agence • Dagobert
> Guillaume GARTIOUX
Responsable Communication Dagobert
guillaume.gartioux@dagobert.fr

Pour recruter, impliquer et communiquer avec leurs cadres, les entreprises déploient désormais les grands moyens. Processus de recrutement en ligne, accompagnement et modules de training spécifiques sur les fondamentaux de l'entreprise lors de l'intégration, mise à disposition d'outils digitaux permettant à chacun de rester connecté aux projets et à l'entreprise - intranet, réseau social interne - : tout est mis en place, avec les outils digitaux, pour s'assurer de l'engagement des cadres au sein de l'entreprise. Mais quid de l'ensemble des autres collaborateurs de l'entreprise ? Comment sont-ils connectés ?

Ces collaborateurs, garants du savoir-faire, de la qualité des produits ou des services délivrés, qui font vivre au quotidien la promesse et les valeurs de la marque auprès de leurs publics, sont les grands oubliés de la communication digitale interne. Dans les magasins, les usines, les sites de production, mais aussi les services publics, ces employés disposent d'un accès encore trop limité à l'ensemble des communications et aux messages de l'entreprise. Cette déconnexion a un coût : celle du désengagement des équipes.

Les directions de la communication interne et des ressources humaines ont depuis longtemps œuvré pour rapprocher ces employés de l'entreprise mais les contraintes sont multiples. Les outils digitaux – intranet, extranet – ne sont pertinents que lorsque les collaborateurs ont effectivement une connexion, une adresse e-mail professionnelle, ou encore... un ordinateur de bureau ! La mise en place de ces outils digitaux implique par ailleurs des investissements conséquents pour l'entreprise.

Et pourtant, il existe un espace à investir.
Un espace sur lequel les employés se connectent massivement et quotidiennement.
Un espace sur lequel ils se connectent avec plaisir et curiosité.
Ce nouveau territoire, c'est celui des médias sociaux. Celui de Facebook.

Réussir à introduire l'entreprise au sein du fil d'actualité du collaborateur est un défi d'une rare complexité. Pour être entendues, lues par leurs collaborateurs, les marques ne peuvent plus tricher. Pour être entendues et lues, ces marques doivent faire le pari du double renouvellement du discours et du rôle de la communication vis-à-vis des collaborateurs.

En matière de discours, les marques doivent rétablir un lien émotionnel (et non hiérarchique) avec leurs collaborateurs en traduisant les fondamentaux de l'entreprise en ligne éditoriale, et en stimulant l'esprit de corps. Réussir à capter l'attention de ses propres salariés est moins simple qu'il n'y paraît ! Ce défi implique fondamentalement tous les acteurs de l'entreprise,

« En matière de discours, les marques doivent rétablir un lien émotionnel (et non hiérarchique) avec leurs collaborateurs en traduisant les fondamentaux de l'entreprise en ligne éditoriale, et en stimulant l'esprit de corps »

des RH aux opérationnels, de la stratégie aux communicants, pour comprendre les attentes de ces publics et proposer des contenus et expériences pertinents. Ce discours, transparent sur les succès de l'entreprise, doit l'être tout autant pendant les phases de crise que sur la stratégie de l'entreprise à long terme.

Mais l'investissement des réseaux sociaux pour dialoguer avec l'interne implique aussi une réflexion sur le rôle de la communication. Sur ces réseaux, la communication n'a plus une fonction d'information des collaborateurs, mais celle d'hôte de la communauté : les communicants doivent créer les conditions de confiance qui permettront à un employé de s'exprimer librement sur et avec son employeur, en son nom, et aux yeux de tous. Des conditions particulièrement complexes à mettre en œuvre et un lâcher-prise pour l'entreprise parfois contre-culturel !

Depuis plus d'un an, Sodexo, le leader mondial des services de Qualité de Vie, et 18e plus grand employeur dans le monde (428 000 employés), a fait ce pari, et s'est déployé sur Facebook avec des objectifs clairs : renforcer l'engagement de ses collaborateurs vis-à-vis de l'entreprise, développer la fierté d'appartenance, et faire connaître à tous la diversité des services (plus de 100) de l'entreprise. Ces collaborateurs répartis sur l'un des 34 000 sites des clients Sodexo – entreprises, hôpitaux, bases-vie, écoles, universités, etc.- , sans accès à internet sur leur lieu de travail, ni accès à l'intranet, étaient particulièrement difficiles à adresser via des outils de communication traditionnels.

Dans 11 pays (FR, UK, NL, Canada, etc.), les équipes de communication animent au quotidien leur page Facebook dédiée aux collaborateurs sur site, en partageant avec ceux-ci le meilleur de la vie des équipes - interview de collaborateurs, événements sur site, découverte des expertises - et les temps forts de l'entreprise. Pour aller plus loin dans la démarche, Sodexo organise des événements ponctuels : rencontre des employés et des équipes qui le souhaitent pour des interviews, plongée au cœur de la vie des équipes, concours pour révéler les talents, etc.

Chaque semaine, ce sont plusieurs centaines de collaborateurs qui s'expriment positivement sur les pages Facebook et participent activement à la vie de ces espaces : publication de photos de leur site, conseils et échanges de bonnes pratiques entre collaborateurs, participations aux évènements, etc. Lancé par deux pays pilotes, le dispositif est maintenant décliné dans 11 pays et touche plus de 20 000 collaborateurs, en croissance constante, avec pour objectif de réunir 10 % des collaborateurs sur site à fin 2014. Les résultats : un niveau de participation (commentaires, partages) particulièrement élevé, et un accueil de l'initiative très positif au sein des équipes, désormais connectées.

L'ENGAGEMENT DES **COLLABORATEURS**

Perspectives de développement économique incertaines, fatigue ou manque de lisibilité dans la stratégie, les entreprises doivent aujourd'hui replacer l'humain au cœur de leurs préoccupations.

Il s'agit donc de recréer du lien social avec leurs collaborateurs.
ADP, le leader européen des solutions ressources humaines a réalisé en 2013 une enquête auprès de plus de 1 200 DRH pour déterminer quels étaient selon eux les défis majeurs de leur entreprise.
Les résultats de l'enquête ont révélé que l'engagement des collaborateurs arrivait en tête des préoccupations.
Viennent ensuite les risques psychosociaux, la gestion des talents et la conduite du changement.

Comment motiver, dynamiser les hommes et femmes qui participent chaque jour à l'activité de développement de l'entreprise ?

On a remarqué qu'il existait un lien direct entre l'engagement des collaborateurs et de nombreux facteurs de succès de l'entreprise. C'est le cas par exemple de la performance des salariés ou encore de la rétention des talents.
Plusieurs axes stratégiques sont ainsi mis en œuvre par les entreprises pour aller dans ce sens : la qualité de l'environnement de travail, le niveau d'interaction et de dialogue, la valorisation de l'image.

LA QUALITÉ DE L'ENVIRONNEMENT DE TRAVAIL COMME ÉLÉMENT-CLÉ DE L'ENGAGEMENT DES SALARIÉS

L'objectif est de créer un cadre, des conditions de travail adaptées et particulièrement attractives pour les collaborateurs.
Nous avons tous en tête les exemples d'infrastructures déployées chez Google, Facebook ou Airbnb : salles de pause hyper relaxantes, distributeurs de matériel informatique en libre-service, espaces de co-working ultra connectés, etc.

Les entreprises françaises se distinguent également et on peut citer SFR qui a ouvert au début de l'année 2014 son campus en Seine-Saint-Denis.
Le nouveau complexe de l'opérateur de télécommunications compte 74 000 m² de bureaux et intègre 15 000 m² d'espaces verts.
L'ambition du groupe a été de faire de ce campus un lieu d'excellence pour favoriser le « mieux travailler ensemble ». Ce nouvel espace de travail favorise ainsi les interactions entre les services et les échanges entre les salariés.
La particularité du projet réside aussi dans le fait qu'il a reposé sur la pleine participation des salariés.
Des ateliers mobilisant plusieurs centaines de collaborateurs ont

Jean-Noël CHANTREUIL
@jnchaintreuil
www.jnchaintreuil.com
www.linkedin.com/in/jnchaintreuil

« On a remarqué qu'il existe un lien direct entre l'engagement des collaborateurs et de nombreux facteurs de succès de l'entreprise. C'est le cas par exemple de la performance des salariés ou encore de la rétention des talents. »

permis d'enrichir la réflexion et de mieux répondre à leurs attentes.

Sans être un des géants du secteur des nouvelles technologies, il est tout à fait possible de prévoir des actions facilitant le travail des salariés, contribuant à leur bien-être et favorisant ainsi leur motivation.
A la Foncière des Régions, par exemple, chaque salarié du groupe (en tant que parent ou grand-parent) peut bénéficier du dispositif « Flexi Crèche », une solution de garde de dépannage pour les jeunes enfants, à hauteur de 10 jours par an.

L'ENGAGEMENT DES COLLABORATEURS COMME ÉLÉMENT-CLÉ DE LA MARQUE EMPLOYEUR DIGITALE DE L'ENTREPRISE

L'image de l'entreprise est en partie liée à celle des collaborateurs. Et c'est d'autant plus vrai aujourd'hui avec la place que prennent les médias sociaux dans la construction de la marque digitale.
L'image de marque de l'entreprise (ou marque employeur) sera d'autant plus forte qu'elle est intimement portée par chacun de ses collaborateurs.
L'engagement des salariés peut ainsi s'évaluer dans la façon dont ils se mettent en avant sur les réseaux sociaux professionnels.

En 2013, dans le cabinet de conseil informatique Provadys, un vaste programme de sensibilisation et de formation à l'usage de Viadeo a été lancé auprès des 40 salariés.
Le cabinet a accompagné chacun d'eux dans la création ou le perfectionnement de son profil Viadeo.
Particulièrement intéressés par la démarche, les consultants du cabinet se sont rapidement pris au jeu.
L'engagement des collaborateurs s'est traduit par des résultats concrets tels que la mise à jour systématique des profils individuels, une veille thématique, etc.
Sur les 40 salariés de Provadys, 30 sont devenus des membres actifs sur Viadeo. Avec 75 % de l'effectif engagé dans une dynamique de valorisation professionnelle sur Viadeo, le cabinet bénéficie ainsi d'une image de marque accrue.

DES COLLABORATEURS FÉDÉRÉS. UNE COMMUNICATION RENFORCÉE.

Grégoire Charles, Co-founder et CEO, SoKorpo
« Dynamiser l'engagement des salariés grâce aux médias sociaux, tel est l'objectif poursuivi par SoKorpo.
Notre start-up créée en 2013 vient de lancer en avril 2014 une nouvelle version de sa plateforme en ligne permettant à chaque entreprise de regrouper ses contenus publiés sur les médias sociaux. L'utilisation est très simple à la fois pour l'entreprise et pour les collaborateurs. Une fois inscrits, les collaborateurs découvrent et interagissent sur ces publications sociales.
Afin de dynamiser l'engagement, nous avons introduit la gamification grâce à la mise en place de challenges. Un challenge est organisé autour d'une thématique définie par l'entreprise (lancement d'un nouveau produit, diversité, annonce corporate, etc.). La réussite d'un challenge permet aux collaborateurs de remporter une ou plusieurs récompense(s) que l'entreprise établit librement en fonction de ses objectifs, de sa culture d'entreprise et de son budget.
Nous sommes convaincus chez SoKorpo que les collaborateurs sont les meilleurs relais de communication et qu'il est nécessaire de valoriser leur engagement par des actions concrètes et motivantes. »

LE DATA **SCIENTIST**

CONTEXTE

Chaque jour, 2,5 trillions d'octets de données sont créés et l'on admet que 90 % des données actuellement disponibles dans le monde ont été générées au cours des deux dernières années.
C'est un volume astronomique, qu'il est bien difficile de se représenter, mais qui reflète parfaitement l'évolution technologique de notre société. On parle aujourd'hui de **Big Data** pour désigner ces volumes massifs de données.

Les entreprises doivent aujourd'hui être capables de traiter ces données pour analyser leur écosystème sous l'angle marketing (compréhension et anticipation des besoins des clients), financier (évaluation des coûts globaux et modélisation des opportunités de croissance), ou des ressources humaines (optimisation de la GPEC, environnement de travail...).

LE MÉTIER

Le Harvard Business Review précisait déjà en 2012 que le métier de Data Scientist serait le métier le plus sexy du 21ème siècle.

Le Data Scientist joue ainsi un rôle majeur dans le traitement de ces données (Big Data). C'est un poste de haut niveau qui apporte une nouvelle vision et de nouvelles réponses à la direction générale pour la connaissance et le développement de l'entreprise.

C'est aux Etats-Unis en 2008 que le terme de « Data Scientist » est apparu. Au sein de Facebook et de LinkedIn, deux ingénieurs (D.J. Patil et Jeff Hammerbacher) se sont penchés sur l'évolution technique et l'émergence de nouveaux métiers liés à la problématique de l'organisation des données. Ils ont cherché une expression pouvant ainsi regrouper les compétences liées à la modélisation statistique, au marketing et à l'IT.

LES MISSIONS

Le métier de Data Scientist s'articule autour de trois éléments : *la collecte, le traitement* et la *visualisation*.

La collecte : le Data Scientist commence par récupérer les données présentes dans l'écosystème de l'entreprise.
Jean-Christophe Plantin, post-doctorant à l'Université du Michigan, précise que le Data Scientist travaille sur des sources hétérogènes, peu fiables, avec des informations lacunaires.
De l'autre côté, le business analyst, le data miner et le statisticien opèrent un traitement sur des données plus homogènes provenant souvent de bases de données sources d'un seul type.

Le traitement : le Data Scientist doit nettoyer les données collectées. Il s'agit d'établir une corrélation entre les informations venant des différents systèmes. Le Data Scientist met en œuvre des solutions statistiques permettant d'analyser ces données pour y découvrir des schémas de décision.

La visualisation : lors de l'étape finale du processus, le Data Scientist a pour objectif de présenter les données pour convaincre et participer à la prise de décision. Jean-Christophe Plantin précise que l'une des qualités principales du Data Scientist réside dans un sens solide du *storytelling*.

Benjamin FOUKS

« Le Harvard Business Review précisait déjà en 2012 que le métier de Data Scientist serait le métier le plus sexy du 21ème siècle. Il s'articule autour de trois éléments : la collecte, le traitement et la visualisation. »

LES APTITUDES ET LES COMPÉTENCES

La particularité du métier de Data Scientist tient dans la convergence de multiples disciplines. Il doit disposer de compétences en programmation (collecte) et en statistiques (traitement).

Le Data Scientist doit ainsi maîtriser les principaux langages de programmation et avoir une connaissance des plateformes open source comme Hadoop, Mapreduce, Hive ou Impala.

En interaction avec les différents services de l'entreprise, il doit avoir de réelles compétences en matière de communication pour représenter et transmettre les résultats (visualisation).

LA FORMATION

Pour exercer ce métier récent aux multiples facettes, une solide formation scientifique dans le domaine de l'informatique, des mathématiques et des statistiques est fondamentale.
Une formation approfondie en Big Data est conseillée. Depuis 2012, plusieurs Grandes Ecoles proposent des formations dédiées :

Mastères spécialisés (Bac+6) :
- Mastère spécialisé « Big Data », Telecom ParisTech
- Mastère spécialisé « Data Science », ENSAE ParisTech
- Mastère spécialisé « Big Data : analyse, management et valorisation responsable », Grenoble Ecole de Management et Grenoble INP

MBA
- Cours spécialisés « Big data and Business analytics » ntégrés au MBA, HEC

Master 2 (Bac+5) :
- Parcours de spécialisation « Data Science » en 3ème année, l'ENSAE ParisTech
- Parcours de spécialisation « Statistique et ingénierie des données » en 3ème année, ENSAI
- Parcours d'approfondissement « Ingénierie et Applications des Masses de Données », en 2ème et 3ème années, Telecom Nancy

LE SALAIRE

Le Data Scientist constitue aujourd'hui un atout stratégique pour l'entreprise. Grâce à ses multiples compétences, il peut prétendre à un salaire annuel de 50 000 € (profil junior) à 75 000 € (profil senior).

METIER ET SUCCESS

Les Data Scientists auteurs de la réélection de Barack Obama en 2012.

Durant les 18 derniers mois de la campagne électorale, les Data Scientists ont utilisé l'analyse prédictive pour qu'Obama regagne les faveurs des Américains. Sous la houlette de Rayid Ghani, ils ont collecté des données sur chaque électeur enregistré aux Etats-Unis, mais aussi demandé à tous les militants faisant du porte-à-porte de répondre à quelques questions sur chaque visite grâce à une application mobile simple.

L'analyse de ces données a permis d'une part d'identifier les segments d'électeurs indécis, d'autre part d'optimiser la communication par e-mail et d'ajuster les messages sur les médias sociaux.

Pour la collecte de fonds, les modèles prédictifs ont permis de mieux comprendre et de cartographier le comportement des potentiels donateurs afin d'améliorer la fréquence et les périodes de sollicitation dans le but d'augmenter le montant des donations.

LE GROWTH **HACKER**

Andrea GOULET

CONTEXTE

Le meilleur growth hacker est celui qui fait tout ce que vous n'êtes pas censé faire [Elon Musk].

Tendance de l'année 2013 parmi les start-ups, le growth hacking – que vous pouvez traduire par *bidouillage de croissance* – est en train de s'inviter doucement, mais sûrement dans les PME et les grands groupes.
L'idée derrière cet anglicisme très 2.0 est donc de pousser la croissance d'un produit, d'un service ou d'une organisation en utilisant toutes les méthodes de croissance possibles, d'en analyser les impacts et les retombées et de s'adapter pour en relancer de nouvelles.
C'est le growth hacking qui a fait le succès de Dropbox, d'Airbnb et LinkedIn. Aucune des ces trois entreprises aujourd'hui leaders de leur domaine n'a fait appel à des publicitaires pour attirer des clients. Chacune a intégré une ou plusieurs personnes capables de se servir d'outils peu coûteux et facilement accessibles pour attirer des clients.

LE MÉTIER

Certains le présentent plus comme un état d'esprit : une soif de découverte et d'expérimentation inhérente à la culture hacker, appliquée au marketing. Le growth hacker est donc un individu malin qui présente une somme de compétences allant du code au marketing. Il sait gérer les données et y découvrir des modèles, et présenter des idées toujours plus singulières pour générer de la croissance. En bref, un individu hybride, autodidacte permanent et agile, dont le profil correspond tout à fait aux besoins des start-ups.

LES MISSIONS

Le growth hacker doit avoir une vision à long terme de l'entreprise et trouver les solutions de croissance qui la serviront le mieux. Sa mission principale est de découper la croissance de la start-up en plusieurs phases, tout en ayant plusieurs idées et possibilités de croissance à chaque étape.
Il doit identifier les canaux qui seront propices à la viralité de la start-up, quitte à s'appuyer pour cela sur un service concurrent. En effet, l'une de ses missions est évidemment de réajuster la stratégie de l'entreprise si cela est nécessaire et fonction des innovations qui peuvent faire leur apparition au fil de l'eau.
Dans un second temps, son but est, au-delà de la fidélisation des utilisateurs, la mise en évidence de services pouvant être rendus payants pour pérenniser l'existence de la start-up et lui assurer des bénéfices.

LES APTITUDES ET LES COMPÉTENCES

Le growth hacker doit avant tout avoir des idées novatrices qui sauront servir sa vision à long terme de l'avenir de l'entreprise, mais aussi savoir être agile et réactif pour s'adapter aux éventuels changements de marché et d'usages qui peuvent survenir.
Pour cela, il doit connaître et s'approprier les usages et canaux de communication des publics cibles de la start-up.

« Le growth hacker est donc un individu malin qui présente une somme de compétences allant du code au marketing. Il sait gérer les données et y découvrir des modèles, et présenter des idées toujours plus singulières pour générer de la croissance. »

LA FORMATION

Les growth hackers sont souvent issus de formations dédiées à la communication ou au marketing et ont appris à sortir des sentiers battus, à penser *out-of-the-box*, à actualiser sans arrêt leurs connaissances en matière de diffusion de l'information.

LE SALAIRE

Le growth hacker a aujourd'hui un rôle déterminant dans le développement des start-ups. Si la majorité des offres d'emploi annoncent un salaire entre 40 et 80 000 euros, les salaires proposés peuvent monter jusqu'à 100 000 euros en fonction de la start-up, des enjeux et des objectifs.

METIER ET SUCCESS

Clément Delangue, Mention (application de veille média sur le web et les réseaux sociaux – fr.mention.com) :
J'ai intégré l'équipe de Mention en tant qu'Inbound Marketer en juillet 2013. J'ai ensuite été Growth Hacker de la start-up et en suis depuis février 2014 le Directeur Marketing. Notre stratégie de croissance s'articule autour de 3 axes : le referral (parrainage qui permet d'ouvrir aux membres non-payants plus de fonctionnalités), le news jacking – qui consiste à surfer sur l'actualité pour créer du contenu et mettre en place de nouvelles stratégies, et le content marketing, qui nous permet de poster du contenu sur les sites et blogs partenaires pour gagner en trafic et en référencement. De plus, notre nouvelle home page est optimisée pour un meilleur taux de conversion. Ces différents éléments nous ont permis de passer de 80 000 à 200 000 inscrits en 9 mois. Pour moi, le growth hacker s'inscrit pleinement dans la stratégie marketing d'une start-up. Si les développeurs sont mes alliés privilégiés pour discuter des choix techniques, mon rôle est d'évangéliser l'équipe entière pour que la croissance devienne une préoccupation de tous les employés.

Airbnb : la croissance par la concurrence
Pour faire connaître son service de mise en relation pour des locations de courte durée, Airbnb s'est appuyé en 2008 sur le site Craigslist. En postant des liens vers ses annonces dans la section « location » du site de petites annonces, Airbnb a réussi à rediriger le trafic de Craigslist vers ses propres annonces et à accroître sa notoriété jusqu'à devenir un réflexe pour les utilisateurs qui souhaitent louer un appartement ou mettre à disposition le leur.

Reddit : la croissance par le bluff
A son lancement en 2005, le site de partages d'informations et de liens Reddit a créé de faux profils pour donner l'impression d'être un site populaire et profiter d'un effet boule de neige. Cette stratégie a été payante : de vrais utilisateurs ont été attirés par l'activité artificielle du site et ont eux-mêmes créé de l'activité. Avec 112 millions de visiteurs uniques par mois au début de l'année 2014, Reddit est devenu l'un des sites américains les plus visités, mais aussi l'un des plus puissants politiquement parlant.

LE DESIGNER **UX**

Fabien GRENET

CONTEXTE

Il n'a jamais été aussi facile de consommer qu'aujourd'hui, paradoxalement pour l'entreprise il est de plus en plus difficile de satisfaire ses clients.

À la suite d'une mauvaise expérience, 70 % des Français déconseillent une marque quand 90 % sont prêts à en changer. Pire, pour 65 % il n'est pas acceptable d'attendre plus d'une heure une réponse sur les médias sociaux.

Le marché mondialisé porté par le numérique et son économie de « presque abondance » a basculé de l'industrie vers le service. Ce qui est susceptible de faire la différence, ce n'est plus tant la valeur intrinsèque du produit que l'expérience globale vécue par le client sur l'ensemble de son cycle de vie.

LE MÉTIER

Le Designer UX amène à une meilleure compréhension du contexte global, des acteurs et des problématiques en jeu. Il identifie les concepts et solutions les plus pertinentes à mettre en œuvre sur toutes les étapes du cycle de vie du produit ou service.

Bien que le Design UX ne concerne pas uniquement les moyens d'interaction numérique dont nous disposons, c'est pourtant l'essor fulgurant du web ces dix dernières années et l'omniprésence du numérique dans notre quotidien qui a contribué à faire du Design UX un enjeu stratégique pour l'entreprise. Conséquence directe, la demande d'experts en UX est de plus en plus importante : de + 25 % entre 2010 et 2011, elle a bondi à + 70 % entre 2011 et 2012 !

Pourtant le métier de Designer UX n'est pas récent. Le terme User eXperience a en effet été créé en 1993 par Donald Norman, pionnier du design centré utilisateur, qui cherchait alors un terme permettant de couvrir tous les aspects touchant à l'expérience que pouvait avoir une personne avec un système.

LES MISSIONS

Le métier de Designer UX s'articule autour de quatre éléments : la *découverte*, la *conceptualisation*, le *prototypage* et *l'industrialisation*.

La découverte : phase de recherche et d'observation dans laquelle le Designer UX collecte sur le terrain un maximum de matière sur les parties prenantes, les usages, les interactions et le contexte. Il les analyse et se projette dans une vision d'ensemble sous l'angle de l'utilisateur pour identifier les enjeux et situations-clés afin de construire sa stratégie.

La conceptualisation : il s'agit d'imaginer et de concevoir les solutions répondant le mieux aux situations-clés identifiées précédemment. Par exemple à l'aide d'ateliers de co-création ou en scénarisant le parcours utilisateur, en définissant les dispositifs d'interaction le jalonnant, en construisant les scénarios d'usages associés...

Le prototypage : phase de réalisation de prototypes permettant

> « Le Designer UX amène à une meilleure compréhension du contexte global, des acteurs et des problématiques en jeu. Il identifie les concepts et solutions les plus pertinentes à mettre en œuvre sur toutes les étapes du cycle de vie du produit ou service. »

de tester de manière tangible les solutions définies précédemment. Le Designer UX collecte en continu le feed back des parties prenantes pour améliorer et ajuster les prototypes jusqu'à atteindre le niveau de satisfaction exigé.

L'industrialisation : étape finale du processus qui consiste à accompagner les équipes prenant le relais sur le projet. Le Designer UX doit alors transmettre la vision d'ensemble qu'il a contribué à bâtir et aider à la mise en œuvre finale du produit ou du service.

LES APTITUDES ET LES COMPÉTENCES

Le design UX est un métier pluridisciplinaire par nature qui s'appuie sur les fondamentaux et méthodes de l'ethnologie, de l'architecture de l'information, de l'ergonomie, du design d'interaction, du design visuel, de la stratégie de contenu...

Comme pour beaucoup de métiers du design être curieux, observateur, créatif, sociable, bricoleur et avoir une grande capacité d'abstraction sont des atouts indéniables.

LA FORMATION

Métier récent en France et demandant un bagage conséquent de compétences issues du monde du design, une formation en école de design est recommandée. Peu d'écoles proposent une formation spécifique au Design UX mais les formations relatives à l'architecture de l'information, au design d'interaction ou encore au design de service balayent un grand nombre de thèmes communs. Elles constituent donc des points d'entrée privilégiés pour exercer ce métier.

Mastères spécialisés (Bac+6) :

- Mastère spécialisé « UX Design », L'école Multimédia
- Mastère « Design, médias, technologies », ENSCI
- Mastère « Innovation & Design », Strate Collège

Spécialisation (Bac+3) :

- Bachelor chef de projet multimédia « Design UX », IESA

Formation :

- Module Design UX, Les Gobelins

LE SALAIRE

Parce qu'il apporte à l'entreprise des compétences-clés à l'ère du numérique et du client roi, le Designer UX peut prétendre à un salaire annuel de 33 000 € (profil junior) à 70 000 € (profil senior).

METIER ET SUCCESS

Mailchimp, l'UX au service du ton juste

Ce service de newsletters est perçu par ses utilisateurs comme robuste, accessible, facile et agréable à utiliser. Cette perception est en grande partie due à la justesse du ton utilisé par Mailchimp pour interagir avec ses utilisateurs, tour à tour familier, amical et humain.

Starbucks, l'UX comme levier de croissance

C'est parce que venir dans un Starbucks est pensé comme une expérience globale que ses clients plébiscitent l'enseigne dont le CA est en constante augmentation (12 % au premier trimestre 2014).
Par exemple, si l'application smartphone Starbucks est utilisée à plus de 10 % pour payer les achats, elle permet également de donner un pourboire au serveur (pratique culturellement ancrée aux États Unis). À quoi servirait en effet un porte-monnaie électronique s'il ne remplissait pas le même service que son équivalent physique ?

LE CHIEF OF **TRANS-FORMATION OFFICER**

CONTEXTE

Vous connaissez tous l'histoire de la grenouille que l'on met dans de l'eau et que l'on fait bouillir tout doucement, elle finit par prendre ses aises et mourir. A contrario, si vous jetez une grenouille dans de l'eau bouillante, elle mettra toutes ses forces pour bondir et s'en sortir. Aujourd'hui, la révolution digitale pousse les entreprises à se transformer en profondeur et, tout comme la grenouille, elles doivent bondir hors de leurs habitudes si elles ne veulent pas mourir.

En France, dans les entreprises de plus de 500 salariés, la part des salariés ayant des compétences numériques va augmenter de 60 % dans les 5 ans[1]. Cette digitalisation des entreprises met donc l'accent sur le développement de nouvelles compétences pour les salariés, l'émergence de nouveaux métiers et la transformation des processus et des usages. Améliorer sa productivité, réduire ses coûts et centraliser les informations deviennent des enjeux essentiels.

Quand nous pensons aux changements digitaux, nous pensons avant tout aux changements physiques de la technologie – les ordinateurs, les mobiles. Mais pour une entreprise, l'essentiel ne se voit pas : il s'agit d'accompagner en douceur l'acceptation et la transformation des processus et des usages digitaux, sans dénaturer les valeurs de l'entreprise.
Le Chief of Transformation Officer, CTO, a pour rôle de mener cette transformation et de s'assurer de sa réussite.

LE MÉTIER

Le CTO a pour mission de coordonner les différents métiers qui prennent part à la transformation et d'arbitrer cette transformation afin de l'optimiser.
Pour cela, une excellente connaissance de l'entreprise est nécessaire. Ainsi, les CTO sont plus souvent recrutés en interne qu'en externe ou en prestataire, d'autant plus que les experts de la transformation sont encore rares sur le marché.
Au-delà des transformations qu'il impose aux directions métier, le CTO a également besoin de pouvoir s'appuyer sur une DSI transformée pour faire saisir les opportunités de la transformation aux différents acteurs concernés et de montrer l'exemple par son usage du digital. En effet, celle-ci doit, au-delà de l'accompagnement, être réellement motrice de la transformation, aussi bien en termes de compétences que de pratiques de management et de collaboration.
Il est important de noter qu'a contrario des CIO centrés sur la technologie en tant que telle, les CTO doivent se focaliser sur les impacts que la technologie permet.

LES MISSIONS

La répartition du temps en fonction des tâches :
Analyser les changements : prospective, veille digitale, prévisions sur les évolutions du marché des technologies et des usages digitaux, recommandations sur des options stratégiques. 10 %
Evaluer les évolutions internes : identifier les écarts entre le niveau de formation attendue et le réel, planifier les sessions de formation sur le digital, accompagner. 30 %
Gérer la transition : selon les populations, les accompagner et

[1] Source : étude IDC / Microsoft, *Observatoire de l'évolution des métiers liée à la transformation numérique*, janvier 2014.

Jean-Noël CHANTREUIL
@jnchaintreuil
www.jnchaintreuil.com
www.linkedin.com/in/jnchaintreuil

> « Le CTO a pour mission de coordonner les différents métiers qui prennent part à la transformation et d'arbitrer cette transformation afin de l'optimiser. »

s'assurer de la bonne acquisition des connaissances, gestion des nouvelles connaissances. 40 %
Conduire les accords stratégiques : avec les prestataires extérieurs, avec les différents services principalement RH et IT. 20 %
Le CTO passe une part importante de son temps à convaincre les parties prenantes de l'entreprise d'adopter les changements digitaux.

LES APTITUDES ET LES COMPÉTENCES

Le CTO rapporte directement au directeur général de l'entreprise et a un impact direct sur la stratégie de cette dernière.
Il doit être capable de repenser les processus et modes de fonctionnement de l'entreprise, aussi bien en termes de diffusion des informations qu'en termes de collaboration. Il doit aussi savoir faire face aux freins qui peuvent apparaître face à la transformation.
En interaction avec les différents services de l'entreprise, il doit avoir de réelles compétences en matière de communication pour présenter sa vision stratégique pour l'entreprise, représenter et transmettre les résultats.
Il doit également avoir une perception solide de la prospective numérique et des usages technologiques ainsi qu'une forte capacité à manager des équipes transverses.

LA FORMATION

Métier récent, aux multiples facettes, une solide formation scientifique dans le domaine de l'informatique et des technologies est fondamentale. Elle se doit d'être complétée par de bonnes bases de management d'équipes, de négociations et de facilitateur d'innovation voire de marketing digital.
Ainsi, le CTO est souvent un ingénieur qui a connu au moins un poste de direction (CIO, par exemple) au sein de l'entreprise.
Dans le cas d'un recrutement externe, le CTO recruté aura souvent mené une transformation dans son entreprise précédente.
Il peut par la suite prétendre à un poste de PDG d'une entreprise.

LE SALAIRE

Le Chief Transformation Officer est un poste-clé pour l'entreprise, évolution raisonnée du directeur des systèmes d'information et membre du comité de direction. Grâce à son rôle stratégique et à ses compétences multiples, il peut prétendre à un salaire annuel moyen de 94 000 euros, pondéré selon des critères géographiques, d'expérience et de complexité.

METIER ET SUCCESS

Otto Group (leader allemand de la vente à distance) a remplacé son CIO par un CTO, plus concerné sur les problématiques générales de l'entreprise, afin de déployer un système informatique uniforme sur l'ensemble de ses filiales et de trouver un système plus axé sur la relation client. Leur CTO a des compétences et connaissances plus transverses qu'un CIO, notamment pour ce qui est de l'écosystème du groupe, tout en ayant de solides connaissances en SI. Il effectue ainsi une veille des pratiques mises en place par les concurrents tout en essayant d'avoir en permanence un coup d'avance. Il est entouré par une DSI qui a pris conscience de son rôle crucial dans l'évolution de l'entreprise.

LE SPÉCIALISTE EN **CROWD-FUNDING**

Andrea GOULET

CONTEXTE

Quand la Statue de la Liberté a été expédiée de France à New York, le financement de son piédestal a été complété grâce à un appel aux dons placé par Joseph Pulitzer en une de The New York World. Résultat : plus de 160 000 donateurs et 101 091 dollars récoltés en 5 mois.
Aujourd'hui, le Comité de la Statue de la Liberté aurait lancé une campagne de financement participatif (ou crowdfunding) en ligne, avec différents niveaux de don et différentes contreparties.
En France, ces campagnes passent par des plateformes comme MyMajorCompany, Ulule ou KissKissBankBank. A l'étranger, Kickstarter et Indiegogo sont les leaders, mais beaucoup sont spécialisées dans la recherche scientifique, l'éducation ou les arts.
Les projets crowdfundés s'adressent souvent à un public technophile, mais peuvent aussi miser sur un aspect solidaire ou autrement fédérateur.
Le crowdfunding permet le plus souvent aux acheteurs d'obtenir un prix plus avantageux que lors de la mise en vente officielle et d'accéder à des contreparties (cadeaux, rencontres, visites) à forte valeur ajoutée. Les campagnes permettent à ceux qui les lancent de tester l'intérêt du public pour leur projet et de réaliser des ventes sans intermédiaire avant même la mise en production.

LE MÉTIER

Si les médias sociaux permettent de mesurer l'intérêt porté à un produit, le message y est principalement diffusé du porteur de projet vers le public. C'est là qu'intervient le spécialiste en crowdfunding : il transforme les fans d'un projet en acteurs et investisseurs.

Combien de fans attendent la sortie d'un produit et les avis d'autres utilisateurs pour acheter un produit ? Le défi du spécialiste en crowdfunding est de briser la barrière qui retient le consommateur d'acheter un produit qui n'est pas encore sorti et qui n'a pas été testé par le grand public.

LES MISSIONS

Le spécialiste en crowdfunding dispose d'une large palette de compétences, du marketing à la communication, et intervient à toutes les étapes d'une campagne.

Marketing : comme pour tous les produits mis en vente, il est essentiel avant de lancer une campagne de définir le prix, le positionnement et le public du produit.
En amont de la campagne, il est essentiel de choisir sa plateforme de crowdfunding, les prix des différents lots, le prix de vente final du produit et les contreparties qui seront offertes aux différents investisseurs. Dans le cas d'une innovation, il faut savoir comment le positionner et formuler clairement le besoin auquel il répond.

Communication : le point de départ de la communication du projet est la plateforme de crowdfunding, avec les contenus de présentation et la mise à jour régulière des informations.

« Le spécialiste en crowdfunding dispose d'une large palette de compétences, du marketing à la communication, et intervient à toutes les étapes d'une campagne. »

Le spécialiste en crowdfunding identifie le public qui est susceptible d'investir dans le projet pour savoir comment et où interagir avec lui et le rassembler en communauté qui achètera le produit ou en parlera autour d'elle pour donner de la viralité au projet. Evidemment, la presse ne doit pas être ignorée comme vecteur de visibilité. Le spécialiste en crowdfunding devra lui présenter le produit et organiser des évènements autour de prototypes, des concerts privés, etc., en fonction du projet.

Enfin, le spécialiste en crowdfunding doit aider ceux dont il a accompagné la campagne à en faire un succès de long terme. La campagne de crowdfunding permet de fédérer une communauté et d'éveiller l'intérêt de curieux. Il est important de capitaliser sur ces curieux qui peuvent acheter le produit après la campagne, mais aussi de faire grossir la communauté pour que la durée de vie du produit ne s'arrête pas à la campagne de crowdfunding.

LES APTITUDES ET LES COMPÉTENCES

Le spécialiste en crowdfunding doit être un expert de différents aspects de la communication et du marketing.
Une excellente connaissance de l'écosystème dans lequel il va évoluer est nécessaire : plateformes de crowdfunding, autres projets en cours, relais... Sa capacité d'adaptation lui sera précieuse dans un univers constamment mouvant.

Il doit avoir une véritable vision stratégique de long terme du produit et être prêt à toutes les éventualités, qu'il s'agisse d'un succès fracassant ou d'un échec de la campagne.

LA FORMATION

Les plus grandes plateformes de crowdfunding sont apparues entre 2007 et 2009 et il n'existe pas encore de formation dédiée, mais vous rencontrerez des communicants ou marketeurs devenus spécialistes en crowdfunding.

LE SALAIRE

Le spécialiste en crowdfunding peut aujourd'hui espérer un salaire moyen de 28 000 €. Evidemment, ce salaire varie en fonction de l'expérience, du lieu et de la somme à atteindre qui peut déterminer une part variable de la rémunération.

METIER ET SUCCESS

Les spécialistes en crowdfunding rendent les innovations accessibles

Là où les produits les plus à la pointe étaient auparavant utilisés en priorité par des laboratoires et spécialistes, le crowdfunding les rend disponibles pour le grand public au lieu d'attendre des investisseurs puis des distributeurs.

Des objets connectés comme la montre Pebble et plusieurs imprimantes 3D ont été financés grâce au crowdfunding. Une façon pour les start-upers d'avoir un grand nombre d'utilisateurs dès leur lancement, au lieu de se concentrer sur quelques utilisateurs de niche en attendant une popularisation par la presse ou le bouche à oreille.

Au-delà des campagnes couronnées de succès, une campagne qui a échoué est néanmoins remarquable : celle de l'Ubuntu Edge, téléphone entièrement open source. Si le but de 32 millions de dollars n'a pas été atteint, il s'agit de la campagne qui a réussi la plus grande levée de fonds avec 12 809 906 dollars et celle qui a atteint le plus rapidement les 2 millions de dollars.

– VOS FUTURS PARTENAIRES SE PRÉSENTENT. –

ANNUAIRE

436

1min30

437

Acxiom

438

Cabestan

439

Contenteo

440

Dagobert

441

Dolist.net

442

EmailStratégie

443

Eulerian Technologies

444

Havas Media

445

Histoire d'Adresses

446

Les Navigauteurs

447

NetMediaEurope

450

Netwave

451

Omnicom Media Group

452

On prend un café

453

Piximedia

454

Re-mind

455

Mazarine You to You

1MIN30

INBOUND MARKETING AGENCY

DATE DE CRÉATION : 2012 • GROUPE D'APPARTENANCE : AGENCE MARKETING
47 RUE D'ENGHIEN 75010 PARIS
SITEWEB : WWW.1MIN30.COM • BLOG : WWW.1MIN30.COM/BLOG
/1MIN30
@1MIN30

GABRIEL DABI-SCHWEBEL
PRÉSIDENT – FONDATEUR
TÉL. : 06.73.55.17.36
E-MAIL : GDS@1MIN30.COM
LINKEDIN : WWW.LINKEDIN.COM/IN/GABRIELDS

› POURQUOI 1MIN30?
Aujourd'hui, 1min30 c'est le temps d'attention disponible sur Internet.
Il faut qu'en 1min30, un visiteur sur votre site Internet ait compris ce que vous faites, qui vous êtes, et ce que vous pouvez lui apporter.
Il faut qu'au bout d'1min30, il ait envie de rester en contact, de se souvenir de vous et donc de laisser une trace (like sur Facebook, suivi Google+, inscription newsletter, complétion d'un formulaire, etc.).
De la même façon, nous avons 1min30 pour vous convaincre, alors suivez nous ;-)

› CE N'EST PAS AU CORDONNIER D'ÊTRE LE PLUS MAL CHAUSSÉ
Nous testons donc sur nous-même ce que nous vendons. Une stratégie d'Inbound Marketing que nous appliquons avec succès en mettant à jour régulièrement nos contenus, articles de blog et nos livres blancs, ainsi qu'en gérant nos relations presse avec des publications dans grands des titres comme Le Monde et Les Echos.
En conséquence de quoi notre trafic ne cesse de croître et nous sommes bien référencés sur des mots clés très compétitifs tels que : agence marketing ou agence web.

› NOUS CROYONS EN LA QUALITÉ ET LA DURÉE, CAR L'UN NE VA PAS SANS L'AUTRE.
Qualité et richesse des stratégies proposées, qualité de réalisation des sites Internet, de l'intégration technique, qualité des publications rédigées, qualité des fichiers de prospections, qualité et pertinence des messages. Mais aussi durée de l'accompagnement car présence et prospection digitales se construisent dans le temps, car nos équipes vous serviront mieux en vous connaissant bien.
Chaque client est unique par ses services, sa personnalité et son marché.
Notre approche consiste à trouver la démarche digitale adaptée à votre société. Nous ne faisons pas de copier/coller entre nos différents clients mais nous cherchons en permanence à mettre en œuvre une approche sur mesure pour chaque projet.

› QUELQUES PROFILS DE CLIENTS
Nous avons toujours su nous adapter à des clients aux secteurs d'activité très différents. Des sociétés de services, commerces en ligne, cabinets de conseil, grands industriels, franchises, opérateurs télécom et organismes publics, nos clients sont aussi bien des Grands Comptes que des TPE auxquels nous avons réussi à garantir le même niveau de service avec un véritable retour sur investissement.

« Devenir son propre média et convertir son audience en client. »

ACXIOM

DATE DE CRÉATION : 1969 • GROUPE D'APPARTENANCE : ACXIOM CORPORATION
155 RUE ANATOLE FRANCE – 92688 LEVALLOIS PERRET CEDEX
TÉL. : 01 58 17 73 00 • FAX : 01 58 17 73 73
SITE WEB : HTTP://WWW.ACXIOM.FR
HTTPS://TWITTER.COM/ACXIOMFRANCE

VIHAN SHARMA
MANAGING DIRECTOR
TÉL. : 01 58 17 73 00
E-MAIL : VIHAN.SHARMA@ACXIOM.COM

Acxiom, expert de la donnée client, de l'analytique et des services marketing, s'appuie sur une solide expertise de 40 ans dans l'exploitation de la richesse des données clients pour renforcer les connexions entre consommateurs et annonceurs sur l'ensemble des médias. À travers sa connaissance des consommateurs, et son savoir-faire pointu en segmentation, Acxiom maximise la valeur client en préconisant le choix du canal et du média le plus pertinent.

Spécialiste du Big Data, Acxiom analyse et préserve les données en les hébergeant en mode SaaS de manière anonyme et sécurisée. En gérant et personnalisant plus de 1 trillion d'interactions chaque semaine, Acxiom améliore l'expérience utilisateur des consommateurs et accroît le retour sur investissement de ses 7 000 clients dans le monde.
Pour plus d'information : www.acxiom.fr

Domaine d'expertise / d'intervention :
Intervenant sur toute la chaîne des solutions marketing, Acxiom s'appuie sur 4 expertises :
• **La collecte de leads qualifiés** sur tous les canaux et la mise à disposition des référentiels de données consommateurs les plus riches du marché pour accompagner les entreprises dans le ciblage et l'optimisation des actions de conquête.
• **L'intégration des données clients :** la fiabilisation et l'enrichissement des bases de données clients pour maximiser le retour sur investissement des systèmes d'information marketing.
• **La gestion des campagnes multicanales :** garantir l'efficacité et la pertinence des campagnes de conquête et de fidélisation sur tous les canaux.
• **La publicité ciblée sur Internet :** en 2013, Acxiom déploie sa plateforme de gestion d'audience AOS (Audience Operating System) qui a pour vocation d'unifier toutes sortes de données marketing (on line et off line, propriétaires (1st party) et tierces (3rd party), structurées et non structurées, etc.). Cette plateforme permet d'extraire les informations essentielles, de cibler les meilleures audiences et de les contacter sur différents canaux afin d'améliorer la relation des consommateurs avec les marques et les produits.

› RÉFÉRENCES :
plus de 7 000 clients à travers le monde font confiance à Acxiom dont 47 entreprises du top 100 des Fortunes.

Article 374
Les Data Management Platforms (DMP)

Étude de cas 394
Best Western - Echappée culturelle

CABESTAN

Date de création : 1998 • Groupe d'appartenance : MEDIAPOST COMMUNICATION
7 quai André Citroën 75015 PARIS
Tél. : 01 70 64 96 90 • Fax : 01 70 64 96 89
Site web : www.cabestan.com
https://twitter.com/cabestan_fr/

Marion Bajeux
Responsable Marketing & Communication
Tél. : 01 70 64 97 08
E-mail : bajeux@pro.cabestan.com
LinkedIn : www.linkedin.com/in/marionbajeux

Cabestan est né en juillet 1998 et est, à cette époque, spécialisé dans les outils pour site web. Début 1999, Cabestan choisit de se recentrer sur le secteur de l'e-mail marketing et en fait son cœur de métier. Cabestan est alors le 1er acteur français de solution d'e-mailing en ASP. L'activité a, au fil des années, évolué vers la gestion de campagnes marketing de plus en plus personnalisées et automatisées en prenant en compte les besoins et attentes des consommateurs.

Depuis août 2012, Cabestan est une entreprise du groupe MEDIAPOST Communication. Aujourd'hui, Cabestan commercialise et édite une plateforme de gestion de campagnes marketing multicanal en mode SaaS : un outil complet capable d'exécuter des actions marketing sur les canaux e-mail, mobile (SMS et push apps), téléphone, courrier et réseaux sociaux, tout en prenant totalement en charge l'intégration et le routage des campagnes e-mails, SMS et push apps. Cabestan est présent en France, Espagne, Angleterre, Canada, Roumanie et Portugal.

Nous vous permettons de :

› AVOIR UNE VISION À 360° DE LA CONNAISSANCE CLIENT
Cabestan conçoit et implémente le datamart marketing propre à chaque annonceur. Cabestan centralise l'ensemble des informations clients issues de différents systèmes d'informations (points de vente, e-mail, site web, webanalytics, outil CRM...) et en permet une vision agrégée tournée vers l'action marketing ciblée et personnalisée.

› ASSURER UN LIEN FORT ENTRE UNE MARQUE ET SES CLIENTS
Cabestan permet de personnaliser les communications en fonction des besoins, attentes, historique d'achat et de navigation des consommateurs et de scénariser les envois en fonction du cycle de vie client.

› MAÎTRISER ET OPTIMISER SON BUDGET MARKETING
Cabestan dispose de son propre modèle économique et facture au prorata du nombre de profils sollicités en base de données. Le budget des annonceurs est fonction du nombre de profils hébergés en base et non en fonction du nombre de messages envoyés. Ce qui donne la possibilité à nos clients de tester et d'affiner ensuite leur stratégie, sans avoir l'œil rivé sur la facture.

› NOS CLIENTS :
Kiabi, Gallimard, Orange, NAF NAF, Yves Rocher, PSG ou encore Renault et GDF Suez.

Étude de cas 252

Le cross-canal chez Kiabi

Article 288

Intégrer le mobile dans sa stratégie marketing multicanale

CONTENTEO

DATE DE CRÉATION : MARS 2013
152 BIS RUE DANTON, 92300 LEVALLOIS
TÉL. : +33 (0) 9 81 99 03 74
SITE WEB : WWW.CONTENTEO.COM
ContenteoLab

MICHEL FANTIN • DIRECTEUR OPÉRATIONNEL
TÉL. : 06 50 63 65 15
E-MAIL : MICHEL.FANTIN@CONTENTEO.COM
FLORENT D'AMATO • RESPONSABLE DES PARTENARIATS ET DES VENTES • TÉL. : 06 64 20 46 00
E-MAIL : FLORENT.DAMATO@CONTENTEO.COM

> CONTENTEO AU CŒUR DE LA MUTATION DES MARQUES

Nous partons du double constat que grâce à Internet les marques accèdent au rang de média, et grâce au contenu les annonceurs peuvent déployer un marketing digital à la fois efficace (ROI) et d'affinité (expérience).

De là est né Contenteo, premier acteur global en France sur l'ensemble de la chaine du content marketing :

- conseil en stratégies de contenus
- production des contenus
- gestion des contenus
- diffusion (web social, affiliation éditoriale...)
- monétisation des contenus, ROI, génération de leads
- Content Services : Brand Publishing, Contenteo Press, WebTV, Digital Event, RP 2.0

> LES ENJEUX

Le « Content Marketing » consiste à déployer des stratégies et des actions marketing à partir du contenu, lui-même directement issu du métier, des produits, des actualités des marques. C'est un mode de communication impactant, créant de fortes affinités car en lien direct avec la réalité d'une entreprise (ses technologies, ses compétences, ses réalisations...).

Le Content Marketing permet de renforcer une image, de fidéliser les clients, d'augmenter les ventes... avec une ampleur nouvelle et multipliée par le Web et ses capacités innovantes dont entre autres les réseaux sociaux et la Web vidéo. **Les marques accèdent ainsi au rang de média.**

Le Content Marketing se présente ainsi comme une discipline clé du e-marketing, au même titre que les SEO, SEA, SEM, affiliation, et autres actions ROIstes...

> LES OUTILS

Contenteo propose plus de 20 formats : textes SEO compliant, micro-sites ou encore articles divers, dossiers, fils d'information métier, fiches conseils, conseils pratiques et avis d'experts. Mais aussi books print et pdf, eBooks et manuels en ligne, case studies (témoignages clients textes ou vidéo), information guides et blogs, pages sur les réseaux sociaux (Facebook en BtoC, Linkedin et Viadeo en BtoB...) et micro-bloging (Twitter).

Sans oublier les cours en ligne, les tutoriels et autres webdémos, les podcasts/videocasts, les présentations diverses en slideshares, teasers, fiches produits, et reference guides. Ou encore les bibliothèques de ressources, glossaires, flux RSS/XML. En vidéo : les reportages, interviews, vidéos de présentation produits-métiers, la WebTV événementielle et les webséries. De même que le visual content (infographie, motion design), les Webinars/Webcasts, les Widgets ou les Workbooks...

Étude de cas 100

UNGE -Campagne globale de content marketing

Étude de cas 104

BPI Group -« Op culture web », le lancement en vidéo

DAGOBERT

dagobert

DATE DE CRÉATION : 2000 • GROUPE D'APPARTENANCE : GROUPE GOFAST
39 RUE DES MATHURINS 75008 PARIS
TÉL. : 01 56 03 99 80 • FAX : 01 56 03 99 89
SITE WEB : WWW.DAGOBERT.FR
HTTPS://WWW.FACEBOOK.COM/AGENCE.DAGOBERT
HTTP://TWITTER.COM/AGENCEDAGOBERT

CHRISTELLE DIDELOT • DIRECTRICE STRATÉGIE ET DÉVELOPPEMENT • TÉL. : 01 56 03 99 85
E-MAIL : CHRISTELLE.DIDELOT@DAGOBERT.FR
VINCENT SACCOMANNO • DIRECTEUR GÉNÉRAL
TÉL. : 01 56 03 99 82
E-MAIL : VINCENT.SACCOMANNO@DAGOBERT.FR

> NOUS SOMMES...
Une agence indépendante créée en 2000, nous mettons notre culture digitale au service de stratégies de communication de marque.

> ... AVEC POUR AMBITION QUE LES MARQUES COMPTENT !
Dans une société où l'attachement à la marque est en pleine perte de vitesse, nous nous fixons un objectif ambitieux : faire que votre marque compte !
Pour y parvenir, nous avons mis en place une approche inédite sur le marché : PULP ™, comme révélateur de votre empreinte de marque.
A l'ère du digital, nous sommes convaincus que les marques doivent être perçues avant toute chose comme des Personnalités (ne parle-t-on pas de 'personne morale' ?), dotées de qualités, de défauts, de projets et d'ambitions...
Autour de cette Personnalité, nous actionnons 3 leviers au profit de l'engagement et du business :
• L'Utilité, au service des besoins des consommateurs,
• Le Lien comme modalité des interactions entre votre marque et les consommateurs
• Le Plaisir, en réponse aux aspirations de vos consommateurs.

Nous pensons digital, nous construisons global, nous créons de la valeur durable.

> PAR UN ENSEMBLE D'EXPERTISES ADAPTÉES AUX ATTENTES DE NOS CLIENTS.
• Stratégie de communication de marque
• Stratégie Relationnelle et Sociale
• Design d'interfaces – Brand Design
• Conseil et production de contenus de marque
• Définition et mise en œuvre d'écosystèmes globaux
• Retail : parcours clients, scénarisation et théâtralisation du point de vente, contenus spécifiques.
• Identité de Marque & Edition / Médias

Par un engagement constant, qui dépasse le cadre projet.
Parce qu'appréhender les nouveaux territoires de communication, décrypter les innovations et anticiper les tendances sont pour nous des impératifs à l'analyse d'une marque, Dagobert livre tous les mois le fruit de son savoir-faire en réalisant une série d'études disponibles sur son compte www.slideshare.net/agencedagobert

> DES SAVOIR-FAIRE ET UN ENGAGEMENT RÉGULIÈREMENT RÉCOMPENSÉS.
En 2013, Dagobert compte près de 12 récompenses de renom sur le marché, à la fois pour **la pertinence et la performance des stratégies de marque** mises en place pour ses clients (*L'or aux Grands Prix Stratégies du Luxe et aux Grands Prix Stratégies du Marketing Client ; L'or aux Top Com Consumer et Corporate*) mais également pour **la qualité d'exécution et d'esthétisme de ses réalisations** (*2 FWA Mobile, 3 CSS Design Awards, 2 Awwwards, 1 Popaï awards d'argent*)

« Nous pensons digital, nous construisons global, nous créons de la valeur durable. »

Article 120
Pourquoi votre marque ne vaut rien ou l'art de compter

Article 122
Bienvenue dans l'ère du contenu jetable !

Article 222
De la « conversation » au « social media »... un pas en avant, trois pas en arrière

Article 418
Les médias sociaux au secours des oubliés de la communication digitale interne

Étude de cas 22
BNP Paribas - « Mes comptes »

Étude de cas 28
Danone - Nouveau site corporate

DOLIST.NET

DATE DE CRÉATION : 2000 • ADRESSE PARIS : 11 RUE DE MOGADOR - 75009 PARIS
ADRESSE BORDEAUX (SIÈGE) : 16 AVENUE PYTHAGORE - PELUS PLAZA - 33700 MÉRIGNAC
TÉL. : 05 57 26 25 70 • FAX : 05 24 07 14 00
SITE WEB : HTTP://WWW.DOLIST.NET • BLOG : HTTP://WWW.DOLIST.NET/BLOG
HTTP://WWW.FACEBOOK.COM/DOLIST.NET HTTP://TWITTER.COM/DOLIST_NET

JEAN-PAUL LIEUX
DIRECTEUR ASSOCIÉ
TÉL. : 05 57 26 25 76
E-MAIL : JP.LIEUX@DOLIST.NET
LINKEDIN : HTTP://WWW.LINKEDIN.COM/IN/JPLIEUX

> NOUS ACCOMPAGNONS LA PERFORMANCE DE VOS CAMPAGNES !

Dolist, spécialiste de l'e-mail et du data marketing depuis 2000, propose des plateformes sécurisées d'envoi d'e-mails, de SMS et d'e-mails transactionnels ainsi que des services d'accompagnement et de conseils.

Notre objectif : fournir aux professionnels une gamme complète d'outils, de formations et de prestations afin de mener efficacement leurs opérations d'e-mail et de data marketing (collecte, automatisation, scoring, analytics, personnalisation temps réel...).

LA PLATEFORME E-MAIL & SMS MARKETING DOLIST-V8

Pilotez facilement vos campagnes e-mails et SMS grâce à un ensemble de services sécurisés en ligne. Segmentation avancée (comportementale, score...), scénarisation et automatisation des messages, personnalisation dynamique du contenu, formulaires et questionnaires, retours statistiques et analytiques détaillés, échange automatisé de données (API)... Disposez d'un outil efficace bénéficiant d'une large couverture fonctionnelle.

Plus d'information : www.dolist.net/V8

DOLIST-EMT, LA PLATEFORME E-MAIL & SMS TRANSACTIONNEL

Ouverture de compte, confirmation de commande, alerte disponibilité produit, trigger marketing... Optimisez l'usage de vos messages de service générés par n'importe quel logiciel ou système d'information (CRM, plateforme e-commerce, CMS, logiciel de caisse, etc.) et assurez instantanéité des envois, délivrabilité, traçabilité et hyper-personnalisation de vos messages.

Plus d'information : www.dolist.net/emt

DES SERVICES DE CONSEIL ET D'ACCOMPAGNEMENT

Au-delà des technologies, Dolist vous conseille et vous accompagne avec une large gamme de services. Misez sur un suivi marketing permanent avec nos conseillers de l'accompagnement marketing, boostez vos performances avec nos consultants spécialisés en stratégies e-mail et data marketing, montez en compétence grâce à nos formations en marketing digital ou encore, externalisez la gestion opérationnelle de vos campagnes e-mails et SMS.

Plus d'information : www.dolist.net/services

> PLUS DE 1000 CLIENTS ET ANNONCEURS NOUS FONT CONFIANCE

Agence Nationale des Services à la Personne, Ciel, CRT Aquitaine, Cultura, Fondation l'Abbé Pierre, Hachette, Laboratoires Pierre Fabre, Max Havelaar, NRJ Mobile, Orange, Sage, Société Générale, Voyages Auchan...

« Dolist est née de notre motivation à explorer les nouveaux médias et les nouvelles technologies. Nos premières batailles ont concerné le respect des normes, des lois et des personnes. A tout cela s'ajoute aujourd'hui un nouveau défi : véhiculer les bonnes pratiques de l'e-mail et du data marketing et transmettre notre savoir. »

Jean-Paul Lieux et Denis Olivier,
directeurs associés de Dolist

Article 350

Débuter dans le marketing des données avec les « small data »

Étude de cas 354

Millésima booste ses revenus en alliant small data & e-mail automation

EMAILSTRATEGIE

emailstrategie

DATE DE CRÉATION : 2001 • GROUPE D'APPARTENANCE : INDEPENDANT
35 BOULEVARD LEFEBVRE 75015 PARIS
TÉL. : 01 58 45 20 00 • FAX : 05 46 66 10 10
SITE : WWW.EMAILSTRATEGIE.COM HTTPS://FR-FR.FACEBOOK.COM/EMAILSTRATEGIE
HTTPS://TWITTER.COM/EMAILSTRATEGIE

FRÉDÉRIC BURON • DIRECTEUR GÉNÉRAL
TÉL. : 01 58 45 20 00
EMAIL : MARKETING@EMAILSTRATEGIE.COM
LINKEDIN : HTTP://WWW.LINKEDIN.COM/IN/FBURON
HTTPS://TWITTER.COM/FBURON

> UN SEUL LEITMOTIV : RENDRE LE DIGITAL MARKETING CRM ACCESSIBLE À TOUS

Créée en 2001, EmailStrategie propose des services et solutions digital marketing CRM.
Historiquement spécialisée dans la conception et l'envoi de campagnes e-mailing & SMS, EmailStrategie a su faire évoluer son périmètre d'action en proposant chaque année de nouvelles applications orientées « customer experience » :

- « responsivEditor » en 2012
- « Datamart » et « Délivrabilité » en 2013
- le trio « Digital Marketing Intelligence » en 2014 regroupant les applications « Data Mining », « Data Analyse » et « Marketing Automation »

> WEWMANAGER : LA PLATEFORME DIGITALE MARKETING CRM LA PLUS ERGONOMIQUE DU MARCHÉ

Seule solution du marché développée en FLEX, l'ergonomie orientée « utilisateur » de la plateforme digital marketing CRM wewmanager tranche singulièrement avec celles des interfaces concurrentes :

- un seul menu pour accéder à toutes les applications
- la création de segments en drag & drop via l'application « Datamart »
- l'application « Campagnes emailing & SMS » pour diffuser des messages aussi rapidement que l'on envoie un simple e-mail
- l'application « Délivrabilité » destinée à rendre l'utilisateur enfin maître de sa réputation on line
- l'application « Marketing Automation » (scénarisation de campagnes marketing cross-canal) à la fois puissante et très graphique
- Etc.

> PLUS DE 450 CLIENTS FONT CONFIANCE À EMAILSTRATEGIE

A la pointe des dernières tendances en matière de digital marketing CRM, EmailStrategie met un point d'honneur à concevoir des solutions toujours plus performantes pour répondre, voire anticiper les exigences de ses clients.
Ce sont désormais plus de 450 Grands Comptes, agences de communication et éditeurs de bases de données marketing qui lui font confiance.
Parmi eux : Boutique Marie-Claire, Concorde Hotels & Resorts, Conseil Général de la Mayenne, Conseil Régional de La Lorraine, Crédit Agricole, eat SUSHI, EDF, KOBA Global Services, Kompass France, MMA, Nespresso, Pages Jaunes, Publicis Activ Lille, Reed Elsevier France, SOS Fichiers, Warwick International Hotels & Resorts, etc.

« C'est la technologie qui doit se mettre au service de l'utilisateur et non l'inverse. Nous avons une vision très précise de ce que nous voulons faire : créer le même lien d'affinité qui lie l'utilisateur à son smartphone. Nos solutions sont extrêmement simples et intuitives, mais leur périmètre fonctionnel est très étendu. »

Article 358

En 2014, optez pour le smart data !

Étude de cas 362

Kompass International - Wewmanager light

EULERIAN **TECHNOLOGIES**

DATE DE CRÉATION : 2002 • GROUPE D'APPARTENANCE : INDEPENDANT
53 BOULEVARD DE STRASBOURG 75010 PARIS
TÉL. : +33 1 84 16 64 54 • FAX : +33 9 50 27 62 75
SITE : WWW.EULERIAN.COM • LINKEDIN : LINKEDIN.COM/COMPANY/EULERIAN-TECHNOLOGIES
TWITTER.COM/EULERIANTECH

AKIM BELLOUR
DIRECTEUR COMMERCIAL
TÉL. : +33 1 84 16 64 54
E-MAIL : COMMERCIAL@EULERIAN.COM

Eulerian Technologies est un éditeur de solutions décisionnelles destinées aux sites d'e-commerce. Via sa suite de 6 solutions, fondée sur une collecte et un traitement sécurisé des données site centric, ad centric et user centric en temps réel, Eulerian Technologies permet aux annonceurs et aux e-marchands de suivre la performance de leurs actions marketing et d'optimiser leur ROI.

Eulerian Analytics : mesurez avec précision et en temps réel la performance de votre site et de vos opérations de création de trafic.

Eulerian Real Time Data : centralisez vos données clients et prospects pour les partager avec vos partenaires afin qu'ils affinent le ciblage et optimisent la diffusion de vos messages.

Eulerian Tag Master : gérez vos tags partenaires en temps réel grâce à notre conteneur de tag asynchrone et unique.

Eulerian Attribution : rationalisez vos budgets d'acquisition à la performance en rémunérant vos partenaires en fonction de leur contribution aux ventes.

Eulerian Merchandiser : établissez une communication one to one avec vos visiteurs en personnalisant votre communication on-site pour favoriser votre conversion.

Eulerian Media : maximisez la rentabilité de vos campagnes média on line et off line en diffusant de manière automatisée et ciblée vos campagnes display.

Eulerian Technologies est le leader français de l'analyse et de l'optimisation en temps réel des opérations e-marketing. Cette société indépendante, créée en 2002 et dotée de sa propre architecture technique, collecte en temps réel 100 % des données et milite pour une utilisation systématique des cookies première partie qui garantissent une analyse des données fiables sur lesquelles construire des analyses de qualité.

Eulerian Technologies est devenu un acteur de référence sur son marché grâce à ses solutions innovantes et à sa collaboration pérenne avec des sites marchands majeurs, comme :
Voyages-Sncf.com, 3 Suisses, Sarenza, BrandAlley, Les Créateurs de Beauté, Netbooster, Go Voyages, Canal +, Rue du Commerce, Galeries Lafayette, Photobox, Pixmania, Fnac, Monoprix, Carrefour, Numéricable, etc.

Article 244

Rémunération pondérée : comment valoriser la contribution des leviers intervenant au début du cycle de vente

Article 382

Maîtriser l'historique marketing client pour mieux cibler les campagnes RTB

HAVAS **MEDIA**

29-30 quai de Dion Bouton 92800 Puteaux
Tél. : 01 46 93 33 33
site web : www.havasmedia.com / www.ddog.fr
https://www.facebook.com/HavasMediaFrance
@ddoghavas

Caroline Le Moal
Directrice de la Communication
Tél. : 01 58 47 84 91
e-mail : caroline.le-moal@havasmg.com
@carolinelemoal

Havas Media est le réseau média du Groupe Havas présent dans 126 pays avec une ambition à la fois très forte et très simple : être l'Agence qui, grâce à son avance technologique, stratégique et son investissement dans le talent humain, extrait le meilleur pour ses clients de la révolution des médias. Cette révolution, c'est l'incroyable multiplication et granularité des usages.

Manager cet environnement c'est tendre vers un idéal de performance, délivrer uniquement le bon message à la bonne personne dans le bon contexte de lieu et de temps au meilleur prix. C'est faire un saut en pertinence et donc en efficacité. Manager cet environnement c'est, contrairement aux idées reçues, rendre la publicité moins intrusive puisque mieux adaptée à celui qui y est exposé. Pour cela Havas Media s'est doté d'un processus stratégique unique : DDOG pour Data Driven Organic Growth qui s'appuie sur :

› L'INTÉGRATION ON/OFF DU CONSEIL ET DE L'ACHAT
Ce qui n'est pas séparé dans la vie ne peut pas l'être dans une Agence qui cherche la meilleure complémentarité des médias

› DES ENTITÉS DIGITALES DE 2e GENERATION À HAUTE VALEUR AJOUTÉE
Sur les métiers du mobile, du RTB, des médias sociaux, de la performance

› LA CAPACITÉ À TRAVAILLER LES CONTENUS POUR SUSCITER L'ENGAGEMENT
Via des services ou thèmes qui les touchent et grâce au talent et l'expertise d'Havas Production ou Havas Sport & Entertainment

› L'INTELLIGENCE DE LA BIG DATA AU CŒUR DE TOUT
Avec des expertises maison mondialement reconnues : MFG Labs, Artemis, 2 MV Data Consulting.

Article 324

Comment le social rating point révolutionne le planning média et la social TV ?

Article 368

Les applications concrètes du big data au search marketing

Article 372

Open data, nouvel or numérique

HISTOIRE D'ADRESSES

histoire d'adresses
Laissez-vous guider

DATE DE CRÉATION : 02/07/2004
87 RUE REAUMUR – 75002 PARIS
TÉL. : 01 53 01 96 00 • FAX : 01 53 01 96 01
SITE WEB : WWW.HISTOIRE-ADRESSES.COM
@HDADRESSES

MARLÈNE BERGER
PDG
TÉL. : 01 53 01 96 03
E-MAIL : M.BERGER@HISTOIRE-ADRESSES.FR

Avec Histoire d'Adresses, laissez-vous guider dans votre stratégie marketing multicanale.

Histoire d'Adresses, agence de marketing spécialisée en BtoB, propose depuis 2004 à ses clients une prestation de conseil et d'exécution de leurs stratégies de prospection et de fidélisation sur le marché des professionnels et des entreprises.

CONSEIL MARKETING : BÂTIR AVEC VOUS VOS STRATÉGIES DE PROSPECTION ET DE FIDÉLISATION

Histoire d'Adresses s'attache à comprendre vos clients pour mieux adresser votre marché et piloter votre parc. Notre intervention s'effectue autour de 3 axes :

- La segmentation et le scoring marketing (appétence, risque, valeur...)
- La projection et l'analyse du potentiel marché
- La cartographie du marché adressable (e-mail, téléphone...)

CRÉATION DE MÉCANIQUES : ÉLABORER LES PLANS DE CONTACTS ET LES AXES CRÉATIFS ASSOCIÉS

L'objectif est de concevoir des axes créatifs répondant aux spécificités du monde BtoB, de déterminer des mécaniques éprouvées pour mettre en œuvre un dispositif de campagnes multicanal (e-mail, display, téléphone...).

Nos mécaniques de campagnes digitales vous proposent notamment de renforcer vos e-mailings, d'exploiter le trafic de votre site Internet, d'optimiser l'expérience client dans vos mailings...

CIBLAGE ET OPPORTUNITÉS : VOUS DONNER ACCÈS À L'ENSEMBLE DES DONNÉES BTOB DU MARCHÉ

L'expertise 360° d'Histoire d'Adresses en data BtoB permet de détecter et créer des opportunités commerciales pour votre activité.

Vous capitalisez ainsi sur des données à valeur ajoutée.

- Données structurelles (effectif, NAF, géomarketing...)
- Moments de vie (création, cession...)
- Economiques (solvabilité, CA...)
- Valeur ajoutée (e-commerçant, franchisé...)
- Contacts (fonctions, e-mails, fax...)
- DADS (col bleu / col blanc...)

GESTION DES OPÉRATIONS : GÉRER L'EXÉCUTION DE VOS PLANS DE CONTACTS EN MODE PROJET

L'équipe d'Histoire d'Adresses vous conseille et vous accompagne à toutes les étapes de vos campagnes :

- Planification et coordination des acteurs
- Gestion et pilotage de la diffusion des messages (e-mail, fax, display...)

En 2013, Histoire d'Adresses a routé 15 millions d'e-mails pour ses clients, sur tout type de produits (télécom, prévoyance, titres de services, énergie...).

SUIVI ET ANALYSE : CRÉER VOTRE BOUCLE D'APPRENTISSAGE ET DÉVELOPPER VOTRE CONNAISSANCE DU MARCHÉ

Histoire d'Adresses effectue un reporting multicanal de vos campagnes et analyse les dispositifs pour élaborer des recommandations.

*Avec Histoire d'Adresses, vous accédez notamment à **4,5 millions d'adresses postales d'entreprises, 3 millions d'adresses e-mails...***

Article 396

Le display pour optimiser l'expérience client dans vos dispositifs marketing BtoB

Étude de cas 400

Orange - Ma Publicité locale : Maximiser et optimiser la génération de lead BtoB

LES NAVIGAUTEURS

DATE DE CRÉATION : 2008 • 8 RUE DE LA ROCHEFOUCAULD 75009 PARIS
TÉL. : 01 75 43 92 76 • FAX : 01 75 43 08 67
SITE WEB : WWW.LESNAVIGAUTEURS.FR • BLOG : WWW.ILIKECONTENT.COM
LINKEDIN : WWW.LINKEDIN.COM/COMPANY/LES-NAVIGAUTEURS
HTTPS://TWITTER.COM/LESNAVIGAUTEURS

SÉBASTIEN BONNEFOY
DIRECTEUR GÉNÉRAL ET ASSOCIÉ
TÉL. : 06 60 89 95 27
E-MAIL : SEBASTIEN@LESNAVIGAUTEURS.FR
LINKEDIN : FR.LINKEDIN.COM/IN/FARSEB

> LES NAVIGAUTEURS, AUTEURS DE LEUR PROPRE HISTOIRE

Les Navigauteurs sont des professionnels chevronnés qui ont choisi l'aventure. Ils ont le goût du challenge et la curiosité des explorateurs de notre temps. Les Navigauteurs forment une équipe de choc singulière et incarnent **un état d'esprit libre, international, et hautement digital.**

Cette énergie humaine est concentrée en 2 bureaux : à **Buenos Aires**, haut lieu de créativité, et à **Paris**, au plus proche des clients européens.

> LES NAVIGAUTEURS, L'AGENCE

Les Navigauteurs constituent une **agence éditoriale digitale et multilingue**, qui vogue allègrement sur les problématiques de prise de parole des marques. Ils co-forment ainsi, naturellement, une agence de **content marketing**.

Les Navigauteurs maîtrisent toute la **chaîne des contenus** : de l'élaboration de la stratégie marketing de prise de parole à la production des contenus, leur déclinaison sur les supports web, mobile et social, sans oublier le community management, les RP blogueurs, et l'animation du comité éditorial, pour garder le cap !
Du cadrage du projet au suivi des KPI, Les Navigauteurs déroulent une feuille de route cohérente et coordonnée et garantissent un **accompagnement** sur mesure.

L'équipage multiculturel des Navigauteurs réunit toutes les **expertises digitales** pour les défis à relever : consultants éditoriaux et marketing, experts SEO, rédacteurs en chef, secrétaires de rédaction, journalistes-rédacteurs, traducteurs, responsables RP et social media, responsables icono, motion designers, développeurs...

> LES LIVRABLES NAVIGAUTEURS

Beaux, complets, pratiques, voire multilingues... ils vous faciliteront la vie : audit des contenus, benchmark, charte éditoriale web, charte social media, contenus texte, visuel, vidéo, contenus traduits localisés et optimisés SEO, infographies, site clé en main, adaptation mobile... et tous ces livrables dont vous n'osez rêver.

> LE NORD DES NAVIGAUTEURS

Faire des **marques** des **médias** collaboratifs et créateurs de sens.

Les Navigauteurs embarquent, dans l'aventure, toutes les marques visionnaires qui se proposent d'être utiles, de divertir, de fédérer, d'engager une audience, avant de chercher à vendre, à tout prix.

Article 90

Content marketing :
qu'attendez-vous pour conclure ?

Article 94

Quelle mesure du ROI des contenus ?

NETMEDIAEUROPE

DATE DE CRÉATION : 2007
GROUPE D'APPARTENANCE : INDÉPENDANT
23 RUE D'AUMALE
TÉL. : 01 53 32 10 00
SITE : WWW.NETMEDIAEUROPE.COM

THUY NGUYEN
DIRECTRICE MARKETING
TÉL. : 01 53 32 10 13
TNGUYEN@NETMEDIAEUROPE.COM

NetMediaEurope touche essentiellement une audience de décideurs et décisionnaires IT. Les fonctions que nous ciblons sont les directions informatiques mais aussi les directions générales, direction marketing, direction commerciale ou encore direction financières.

ITespresso > LA DOSE D'ACTU IT DES TPE-PME

ITespresso.fr est le site de référence sur l'actualité des technologies de l'information à destination des petites et moyennes entreprises en général et des jeunes pousses en particulier.
Chaque jour, les lecteurs bénéficient d'une revue de presse, de dossiers, d'interviews mais également de quizz ou d'espaces de discussion ainsi que d'une sélection de newsletters thématiques : Cloud PME, e-Marketing et Décideurs.

silicon.fr > LE SITE DES DÉCIDEURS IT

Silicon.fr propose chaque jour une sélection d'articles, de dossiers et d'interviews sur les technologies de l'information, les télécommunications et la société numérique pour informer les professionnels et les accompagner dans le développement de leurs activités. Le site s'articule autour de nombreuses catégories IT, fournit également des dossiers permanents et propose une sélection de newsletters thématiques : DSI, Cloud, Mobilité, Sécurité, Réseau et Emploi.

ChannelBiz > L'ACTU DE LA DISTRIBUTION IT

ChannelBiz.fr est un site d'information pour les professionnels du Channel : Grossistes, Distributeurs, Revendeurs, SSII, VARs, etc...
Le site propose aux professionnels du secteur les dernières tendances IT (matériels, logiciels, réseaux, solutions, ..), les stratégies « channel » des grandes marques, les nouveaux programmes, des retours d'expérience de revendeurs mais également les nominations ou l'agenda sectoriel.

> LES CLÉS DE NOTRE RÉUSSITE

• Pas de course à l'Audience mais de l'information sur mesure pour les populations ciblées.

• Une parfaite connaissance des attentes et problématiques stratégiques des décideurs IT.

• Une offre BTB qui permet des actions très ciblées (Lead génération, détection de projets, création de contenu, études sur mesure, évènementiel et webevent).

« NetMediaEurope est le 1er réseau de sites B2B en Europe et met à la disposition des professionnels et des décisionnaires IT, plus de 30 sites Web comme Silicon.fr, Itespresso.fr, Channelbiz, Gizmodo.fr relatant toutes les dernières news de l'informatique et des nouvelles technologies. »

NETWAVE

netwave
REALTIME BIG DATA INSIGHT FOR SMART E-BUSINESS

DATE DE CRÉATION : 2009
10 RUE DE LA PERGOLÈSE 75016 PARIS
TÉL. : 01 40 67 99 55 • FAX : 01 45 01 22 05
SITE : WWW.NETWAVE.EU • BLOG : HTTP://WEBBOOSTING.FR
@NETWAVECORP @JLBNETWAVE

TANGUY PERROT
SALES MANAGER
TÉL. : 06 14 62 35 33
T.PERROT@NETWAVE.EU
@TANGUYPERROT

Netwave, présidée par Jean-Luc Bernard, s'impose désormais en France comme l'acteur de référence sur le marché des solutions de **RT Personalization**, grâce à sa technologie de rupture d'**Analyse Situationnelle Réflexe**.

La start-up qui n'a de cesse de vouloir toujours mieux comprendre la psychologie de l'internaute et anticiper ses comportements, a développé une solution unique sur le marché du e-commerce : **WebSAles Booster.**

C'est à la suite de 10 ans de R&D basées sur la psychologie cognitive et la psychosociologie que la solution WebSAles Booster est née.
La solution identifie en quelques secondes les attentes de chaque visiteur pris individuellement et lui recommande, pendant sa navigation, en mode one to one, le produit, le contenu, le service qui correspondent le mieux à la satisfaction de ses attentes.

WebSAles Booster a reçu l'**Award de l'Innovation e-commerce 2011** et **Netwave** vient d'être sélectionnée au sein de l'**EBG Top 100 qui recense les 100 start-ups digitales françaises les plus prometteuses**.

Commercialisée en mode SaaS depuis 1 an, rémunérée à la performance, elle équipe désormais une vingtaine d'e-marchands français leaders chez qui elle contribue à une **augmentation du taux de conversion, du panier moyen et de l'expérience-visiteur,** par une personnalisation poussée des visites.

Parallèlement Netwave poursuit la commercialisation de son ERP e-commerce/VAD, **Line@ERP**, qui s'est imposé depuis 10 ans comme l'ERP de référence pour les PME de la distribution à distance.

PRINCIPALES RÉFÉRENCES
Modz / Cobrason / Miliboo / Outiror / Atlas For Men / Baron Philippe de Rothschild / Encyclopedia Britannica / Encyclopedia Universalis / Ediloisirs / Editions Ivoire / Essilor / Cdiscount / Rue du Commerce / Aramis Auto / Europcar / Bouygues Telecom / Fleurance Nature / Groupe Pierron / Interforum- Editis / JM Bruneau / Just Foot / Laboratoire Maurice Mességué / Laboratoire Rivadis / Vital Concept / Mondadori / Nathan / Otto Office

« Acteur de référence sur le marché de l'e-commerce, Netwave propose des solutions marketing Temps Réel à forte valeur ajoutée pour le e-commerce qui permettent d'augmenter le taux de conversion et le panier moyen ainsi que d'améliorer sensiblement l'expérience d'achat des internautes. »

Article 262
E-business : l'heure du marketing temps réel

Étude de cas 264
Miliboo - transformer ses visiteurs en clients

OMNICOM MEDIA GROUP

OmnicomMediaGroup

DATE DE CRÉATION : 1981 • GROUPE D'APPARTENANCE : OMNICOM
11-15 AVENUE ANDRÉ MORIZET 92100 BOULOGNE BILLANCOURT
TÉL. : 01 74 31 54 00
FAX : 01 74 31 54 02
SITE WEB : WWW.OMNICOMMEDIAGROUP.COM

MARYAM GHASSEMI
DIRECTRICE DU DÉVELOPPEMENT
TÉL. : 01 74 31 56 75
MARYAM.GHASSEMI@OMNICOMMEDIAGROUP.COM

Omnicom Media Group, avec ses réseaux d'agences (OMD, PHD, M2M et Fuse), est l'un des premiers groupes média mondiaux tant en termes de volume, qu'en termes de créativité. Issu de départements média d'agences de publicité, Omnicom Media a une forte culture de la communication avec une croyance fondamentale en la valeur ajoutée de la stratégie des moyens. Avec 140 bureaux dans plus de 100 pays, Omnicom Media Group accompagne ses clients nationaux et internationaux grâce à ses réseaux indépendants de conseil en communication et stratégie média.

Hervé Brossard – Président
Bertrand Beaudichon – Vice-Président

› ACTIVITÉ/DOMAINE D'EXPERTISE

OMD

Anticiper les attentes de nos clients pour leur garantir innovation et efficacité : INSIGHTS, connaissance et analyse des enjeux d'une action de communication et de son environnement. IDEAS, expertise métier et créativité au service de l'innovation. RESULTS, mesure permanente du retour sur investissement.
Président : Fernando Da Costa

phd

Une approche alternative du métier de l'agence média, destinée à des annonceurs qui se posent plus des questions marketing et business, que des questions purement média. Le réseau PHD est fondé, depuis sa naissance en Angleterre, sur une culture d'excellence stratégique, d'intelligence des structures mémorielles des consommateurs, de créativité média et d'innovation dans l'activation des points de contact, permettant à chaque annonceur de faire mieux contribuer les médias à leurs enjeux de marque et de business.
Directeur Général : Bertrand Beaudichon

m2m

MADE2MESURE
l'agence spécialisée des marques de luxe et iconiques
Business Director : Gisèle Cormier

FUSE

L'agence de brand content d'Omnicom Media Group, qui conçoit, produit et diffuse des contenus, dans le cadre de stratégies éditoriales imaginées pour nos annonceurs : plateformes digitales, espaces dédiés, programmes courts, endorsement, sponsorship marketing (sport – divertissement), évènementiel, opérations spéciales pluri-media, applications...
Directeur Général : Yannick Wittenauer

Article 280
Baromobile : le baromètre de l'internet mobile

Article 310
Annonceurs : soyez social TV ready !

Étude de cas 312
Hasbro : lancement de « Furby » via la social TV

ON PREND **UN CAFÉ**

Date de création : 2001 • Groupe d'appartenance : Indépendant
40 rue du Général Sarrail 59100 Roubaix
Tél. : 09 72 19 00 01 • Fax : 0972136560
Site web : www.onprenduncafe.com • Blog : blog.onprenduncafe.com
www.facebook.com/onprenduncafe www.twitter.com/onprenduncafe

Lionel DAMM, Directeur Associé
Tél. : 03 61 76 13 51
lionel.damm@onprenduncafe.com
LinkedIn : fr.linkedin.com/in/nellio
www.twitter.com/nellio • www.nellio.com

On Prend Un Café est une agence digitale spécialisée sur les dispositifs sociaux. Accompagner les marques dans le développement de leur visibilité sur les médias sociaux et la compréhension des enjeux sociaux est notre quotidien.

Il y a pour nous deux types de web : un traditionnel où l'utilisateur est assez passif, un social où l'utilisateur participe à la création. Bien entendu, nous avons décidé de nous intéresser à cette deuxième version du web, car elle met l'humain au cœur de tout.

Notre métier est de réussir à comprendre ces utilisateurs du web et plus particulièrement tous les utilisateurs des médias sociaux, que ce soient Facebook, YouTube ou Dailymotion mais également ces utilisateurs mobiles accros à Snapchat, WeChat, Instagram ou Twitter.

Mais quand on parle de médias sociaux, cela ne se résume pas simplement à être présent sur ces espaces pour communiquer. Nous utilisons ces plateformes pour créer une véritable expérience utilisateur on line ou off line !

Nous réfléchissons et mettons en place les dispositifs qui se basent sur les conversations et les interactions sociales des internautes pour leur proposer des expériences inédites quels que soient l'endroit, le moment ou le type de connexion.

Nous nous intéressons au contexte d'utilisation des réseaux sociaux par les internautes pour développer avec eux la relation la plus appropriée en fonction de leurs habitudes.

Voilà ce qui anime, depuis 4 ans, les 15 collaborateurs d' «On Prend Un Café », tous digital native et passionnés de leur métier.

NOS DOMAINES D'EXPERTISES :
› STRATÉGIE : CONSEIL & ACCOMPAGNEMENT

Nous accompagnons les marques à comprendre les médias sociaux et à y trouver une place en adéquation avec leurs objectifs. Mais bien plus que l'adoption des médias sociaux, nous analysons au quotidien le comportement du consommateur afin d'en définir ses spécificités sociales et ses évolutions.

› OPÉRATIONNEL SOCIAL MEDIA MARKETING

Nous développons les actions qui permettront aux marques d'être présentes sur les médias sociaux. Ces actions passent par de l'animation de communautés, du développement d'applications spécifiques, de campagnes médias, de campagnes d'influence.

› R&D : INNOVATION

Nous cherchons au quotidien de nouvelles opportunités d'expression pour ces marques. Que ce soit directement on line ou off line. Nous développons une expertise spécifique sur la digitalisation des points de vente physiques afin de les rendre plus connectés aux communautés.

PRINCIPAUX CLIENTS

LOSC, Vertbaudet, Système U, Center Parcs, Pierre & Vacances, La Grande Récré, Jules, Flunch, Chimay, Norauto, Smeno, La Redoute

Article 200

Digitalisation social, tout est une question de contexte !

Étude de cas 204

LOSC - Créer une communication communautaire

PIXIMEDIA

piximedia

9 rue Benoît Malon 92150 Suresnes
Tél. : 01 79 97 21 50 • Fax : 01 77 75 91 95
Site web : www.piximedia.com
Blog : blog.piximedia.fr
@news_piximedia

Mathieu Mazuel
directeur du développement
Tél. : 01 79 97 21 54
mathieu.mazuel@piximedia.fr

Riveron Clémentine
assistante marketing
Tél. : 01 79 97 21 50
clementine.riveron@piximedia.fr

I Pixi

CRÉATEUR DE SOLUTIONS TECHNOLOGIQUES & D'EXPÉRIENCES ENGAGEANTES.

Piximedia, acteur technologique global, assure sur le web l'intégralité du management des dispositifs publicitaires vidéo & Rich Media pour ses clients (marques, agences et éditeurs).
Notre mission est d'absorber toute la complexité des médias digitaux pour créer des campagnes publicitaires innovantes, créatives et impactantes pour nos clients tout en respectant les attentes des internautes.

Piximedia dispose de plateformes technologiques exclusives ainsi que d'un studio de production et de R&D pour optimiser les investissements et les campagnes de ses clients.
Avec plus de 1000 campagnes par an, Piximedia met au cœur de ses exigences l'excellence de son service et l'agrément des dispositifs publicitaires pour son client final: le Consommateur.

› NOS SOLUTIONS

Nous proposons deux plateformes technologiques propriétaires au service de la création et du média ainsi qu'un studio de production pour accompagner nos clients:

Creative platform® : Adserver Video & Rich Media.
La plateforme permet de créer, diffuser et mesurer les formats et contenus choisis par la marque pour son plan média.

Digital Studio® : Développement de solutions digitales sur-mesure.
Le Digital Studio propose une gamme de solutions interactives complètes pour vos formats: développement d'applications et fonctions, de 3D/motion vidéo, de formats custom, etc.
Le Digital Studio peut également concevoir l'intégralité du concept créatif des campagnes digitales.

Alliance Marketplace® :
Real Time Trading for Engaged Audience.
La marketplace publicitaire est une plateforme d'achat en temps réel qui permet de piloter une gamme de formats vidéo & Rich Media innovante avec une technologie d'optimisation des campagnes (RTB).

› UNE ANALYSE DÉTAILLÉE

Centrée sur l'engagement, Piximedia mesure l'efficacité globale des dispositifs publicitaires réalisés à partir d'un indicateur d'engagement.

› UNE TECHNOLOGIE MULTI-DEVICES

Nous adaptons nos solutions aux différents supports de la communication digitale afin d'optimiser la valeur de l'expérience publicitaire et d'augmenter votre couverture média: Smartphones, Tablettes, Web.

› NOS ÉQUIPES

Toujours à la pointe de l'innovation, Piximedia répond aux attentes du marché en proposant à ses clients des produits hautement technologiques et un savoir-faire unique.
Notre équipe composée de passionnés et d'experts accompagne les agences, les marques et les éditeurs dans leurs dispositifs de communication.

› QUELQUES CHIFFRES

1321 campagnes réussies
4776 créations programmées
11 milliards d'objets Rich Media & vidéo délivrés

Étude de cas 36
Gemey Maybelline - Baby Lips

Étude de cas 64
SEAT - Ibiza

Article 108
Les clés de succès d'une campagne digitale

RE-MIND

RE—MIND.

DATE DE CRÉATION : MAI 2007
14 RUE LA FAYETTE 75009 PARIS
TÉL. : +33 4 72 10 49 00
SITE WEB : WWW.RE-MIND.COM

FRANCK FARRUGIA
PRÉSIDENT
TÉL. : +33 (0)4 72 10 49 19
FARRUGIA@REMIND.FR
FF_RM

Re-mind, membre de l'UDECAM et 1ère agence media digitale indépendante, intervient en conseil media, achat et optimisation sur l'ensemble de la chaîne digitale (mobile, web, AdExchange, SEA, performance, TV connectée, etc.). Les principaux clients de Re-mind : Winamax, Look Voyages, Playstation, Weight Watchers, NRJ Mobile, Buyster, KOOKAÏ, etc.

NOS MÉTIERS

> CONSEIL ET STRATÉGIE

• Recommander les stratégies de moyens les plus adaptées pour atteindre les objectifs de nos clients.
• Exploiter les avantages concurrentiels de nos clients et la connaissance des comportements consommateurs que le digital nous confère, pour définir des segmentations de consommateurs, des ciblages média et préconiser ainsi les dispositifs les plus efficaces, payant ou non.

> REAL TIME DELIVERING (DESKTOP, TABLETTES ET MOBILES)

• Exploiter les dispositifs média qui permettent une diffusion en temps réel des publicités (SEM, AdExchange, Facebook, RTB Vidéo, etc.)
• Maîtriser les outils qui offrent une vraie optimisation temps réel : DSP (Demand Side Platform), DMP (Data Management platform), landing page dynamique, DCO (Dynamic Creative Optimisation), Clustering Dynamic, Remarketing, etc.

> MEDIA PLANNING

• Garantir une couverture sur cible et le niveau de répétition nécessaires aux performances de BRANDING (notoriété, MEMORISATION, image de marque, préférence de marque, présence à l'esprit, etc.)
• Via les canaux online et offline.

> PART DE VOIX RELATIONNELLE

• Optimiser la présence publicitaire sur les réseaux sociaux (twitter, Facebook ads...) pour amplifier la part de voix relationnelle de nos clients avec leurs consommateurs ou prospects.
• Négocier des partenariats et des dispositifs de brand content toujours en amplification de la part de voix relationnelle.

> ACHAT À LA PERFORMANCE

• Intégrer les différents modes d'achat à la performance dans nos stratégies media : Affiliation, CPL, CPA, CPC, CPView etc.
• Déploiement et optimisation des stratégies « Drive to web » en TV, Radio...

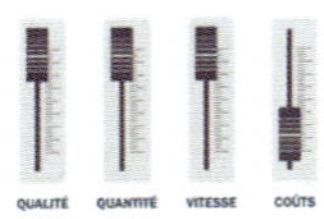

> ATTRIBUTION, TRACKING ET REPORTING

• Mettre à disposition de nos clients des outils propriétaires dédiés à la juste lecture de la performance, notamment via notre algorithme d'attribution proportionnelle, pour prendre en compte tous les points de contact qui participent à la création de valeur, qu'ils soient digitaux ou non (dédupliquer tous les media et leurs performances pour éviter de sur-évaluer ou sous-évaluer certains leviers).

Article 328

Injecter du temps réel dans les grands médias et du moyen terme dans le digital

Étude de cas 332

Famihero - « La Mamma »

MAZARINE YOU TO YOU

Mazarine you to you
SOCIAL MEDIA ET BUZZ MARKETING

DATE DE CRÉATION : JUILLET 2007 • GROUPE D'APPARTENANCE : MAZARINE
8 RUE MARTEL 75010 PARIS • TÉL. : +33 (0)1 84 17 42 79
SITE WEB : YOUTOYOU.FR • BLOG : MARKETING20.FR
FACEBOOK.COM/YOUTOYOU
@AGENCE_YOUTOYOU

FRÉDÉRIC FARRUGIA
CO-FONDATEUR & DIRECTEUR ASSOCIÉ
TÉL. : +33 (0)1 84 17 43 07
E-MAIL : FRED@YOUTOYOU.FR
@FREDFARRUGIA

Agence Mazarine You to You - Social & Digital Native, depuis 2007 Agence 35 personnes, +60% de croissance moyenne depuis 5 ans, CA de 7M€ en 2013. Élue jeune agence interactive de l'année 2011 et agence interactive de l'année en 2013. Spécialisée dans l'activation on-line des marques (lancements de produits, campagnes média digitales...).

> NOTRE MISSION :
concevoir des dispositifs sociaux et des créations virales audacieuses alliés à une forte culture des datas et de la performance.

> NOS MÉTIERS :

Construire des stratégies social media innovantes
- Conseil & Stratégie
- Guidelines éditoriales & Community Management
- RP digitales & eReputation

Susciter l'engagement via des expériences virales audacieuses
- Campagnes vidéo virales
- Buzz marketing

Maximiser la performance de nos actions marketing
- Audit & mise en place de KPI
- Campagnes média
- Tracking & Monitoring

> PRINCIPAUX CLIENTS :
L'Oréal, Orange, Pernod-Ricard, Coty, Samsung, Brasseries Kronembourg, PlayStation, Danone Eaux France.

« Elue jeune agence interactive de l'année 2011 et agence interactive de l'année en 2013. Spécialisée dans l'activation on-line des marques (lancements de produits, campagnes média digitales...). »

Étude de cas 12

Adobe - Campagne Photoshop anti-piratage

Étude de cas 38

Giorgio Armani Beauty - Rouge Ecstasy

CRÉDITS

◆

- Coordination du livre Internet Marketing 2014-2015
SORAYA CABEZON • soraya.cabezon@gmail.com

- Conception Graphique -
ÉLODIE DAGES • elodiedages@gmail.com

- Mise en page -
SÉBASTIEN CERDELLI • sc@lemiroir-creation.com

- Relecture -
Karine Gaudin – karinegaudin.correctrice@orange.fr

- Impression -
Imprimé en France par Aubin Imprimeur

QR codes réalisés dans la bonne humeur par OCITO, spécialiste du marketing mobile

- Un merci tout particulier à toutes les agences partenaires du livre -
1min30
Acxiom
Cabestan
Contenteo
Dagobert
Dolist.net
EmailStratégie
Eulerian Technologies
Havas Media
Histoire d'Adresses
Kantar Media
Les Navigauteurs
NetMediaEurope
Netwave
Nomination
Omnicom Media Group
On prend un café
Piximedia
Re-mind
You to You

-

Ainsi qu'à tous ceux qui m'ont donné de précieux conseils et qui se reconnaitront ☺